《高等财经教育研究》
2014年中国高等财经教育论坛

深化高等财经教育改革 创新人才培养体制机制

Deepening the Reform of Higher Education in Finance Innovating the Mechanism of Talents Development

中国高等教育学会高等财经教育分会
西 南 财 经 大 学

高等财经教育研究中心 编

西南财经大学出版社
Southwestern University of Finance & Economics Press

图书在版编目(CIP)数据

深化高等财经教育改革 创新人才培养体制机制/高等财经教育研究
中心编. —成都:西南财经大学出版社,2015. 10
ISBN 978 – 7 – 5504 – 2176 – 9

Ⅰ.①深… Ⅱ.①高… Ⅲ.①高等学校—财经经济—教育改革—研究—
中国②高等学校—财政经济—人才培养—研究—中国 Ⅳ.①F – 4

中国版本图书馆 CIP 数据核字(2015)第 235030 号

《高等财经教育研究》2014 年中国高等财经教育论坛

深化高等财经教育改革 创新人才培养体制机制

中国高等教育学会高等财经教育分会
西　南　财　经　大　学　　高等财经教育研究中心编

责任编辑:向小英
助理编辑:韩逸凡
封面设计:张姗姗
责任印制:封俊川

出版发行	西南财经大学出版社(四川省成都市光华村街 55 号)
网　　址	http://www.bookcj.com
电子邮件	bookcj@ foxmail.com
邮政编码	610074
电　　话	028 – 87353785　87352368
照　　排	四川胜翔数码印务设计有限公司
印　　刷	四川五洲彩印有限责任公司
成品尺寸	170mm×230mm
印　　张	32. 25
字　　数	615 千字
版　　次	2015 年 10 月第 1 版
印　　次	2015 年 10 月第 1 次印刷
书　　号	ISBN 978 – 7 – 5504 – 2176 – 9
定　　价	98. 00 元

2014年中国高等财经教育论坛编委会名单

主　编：

赵德武

编　委：

张国才　李家和　黄　韬　任迎伟　李　江　李欣玲
马增伦　丁小兰　陈益刚　彭浩波　王耀荣　王　静
刘　洋　刘思涓　侯嘉茵　彭颖怡

2014年中国高等财经教育论坛组委会名单

主　任:

施建军

委员单位:（ 按拼音排序）

安徽财经大学	北京财贸职业学院	北京工商大学
北京物资学院	重庆工商大学	东北财经大学
对外经济贸易大学	高等教育出版社	广东金融学院
广东财经大学	广东财经大学华商学院	广东外语外贸大学
广西财经学院	贵州财经大学	哈尔滨金融学院
哈尔滨商业大学	河北金融学院	河北经贸大学
河南财经政法大学	湖北经济学院	湖南财政经济学院
湖南商学院	吉林财经大学	吉林工商学院
集美大学工商管理学院	江西财经大学	江苏财经职业技术学院
经济科学出版社	兰州商学院	南京财经大学
南京审计学院	内蒙古财经大学	山东财经大学
山东工商学院	山西财经大学	山西财税专科学校
四川财经职业学院	上海财经大学	上海对外经贸大学
上海金融学院	上海立信会计学院	石家庄经济学院
首都经济贸易大学	天津财经大学	天津商业大学
西安财经学院	西南财经大学	新疆财经大学
云南财经大学	浙江财经大学	浙江金融职业学院
浙江工商大学	中国财政经济出版社	中南财经政法大学
中央财经大学	厦门网中网软件有限公司	中国经济信息网

2014年中国高等财经教育论坛 合影

2014年中国高等财经教育论坛 合影

修德立信　博学求真

德才兼备　尚志财经

刘仲藜
二〇二〇年岁末

目　　录

第三篇　论坛书面发言

第一篇

论坛讲话与致辞

西南财经大学党委书记赵德武致欢迎辞

尊敬的各位领导、各位来宾，老师们，大家上午好！

今天，高等财经教育学会 2014 年年会暨第五届高等财经教育论坛，在我校隆重召开。教育部高教司刘贵芹副司长亲临指导，学会和众多高校的领导相聚这里，我们深感荣幸。在此，我代表西南财经大学对大会的召开，表示热烈祝贺；向与会的各位领导和来宾，表示热情的欢迎；向多年来支持我校发展的各位领导和兄弟高校，表示衷心的感谢！

党的十八大以来，我国的政治、经济、文化、社会、生态等各领域 呈现出全方位的新常态。与此相适应，我国高等财经教育，也呈现出一些重要的"新常态"，我把它归纳为"五个新常态"：

一是以质量提升为核心的内涵式发展成为新常态。我国高等财经院校，从总体上看，已经完成了"规模扩张、学科布局、校区建设"三大历史任务，质量提升、内涵发展已经成为发展主题。质量优先的内涵式发展，就是更具特色的发展、更高水平的发展、更可持续的发展。这就需要我们转变发展理念和发展方式，在稳定规模、优化结构上下功夫，在发挥优势、彰显特色上下功夫，在创新驱动、内生增长上下功夫，全面建立保障"质量提升、内涵发展"的制度体系和机制。

二是在改革创新中释放办学活力成为新常态。处在转型发展中的中国大学，未来 5 到 10 年将进行一场重大结构性调整。今后的大学，不管是省属还是部属，不管是 985 还是 211，最终将由市场选择、由社会评价。因为未来理性的教育购买者，不会在乎大学的出生与名分、而在乎它的内涵与品质。在这个高度竞争、机遇无限、跨越发展的时代，每所大学都有出彩的机会。而其关键，是要我们通过改革创新，激发大学组织蕴藏的无限活力。我们要进行的改革，不只是单项改革，而应是综合改革；不仅是增量改革，更是存量改革；不只是学校主导的改革，更是组织成员自觉参与的改革。唯有改革创新，才能赢得主动、赢得未来。

三是以法治思维推进大学治理现代化成为新常态。全面推进依法治国，迫切需要我们以法治思维和法治方式推进大学治理现代化。我理解，大学治理现代化的核心要义有两条，一是依法治理，二是共同治理。"依法治理"的关键是，建立以大学章程为龙头的制度体系，并保障其有效实施；"共同治理"的关键是，合理确立大学内部不同治理主体之间的权利，协同发挥不同治理机制的作用，共同分担大学的事务与责任。一所现代大学，必须建立起现代大学制度。

四是政府宏观管学与社会参与办学成为新常态。在全面深化高等教育领域综合改革的背景下，政府、学校、社会关系的新型格局正在形成。大学，作为自主办学的主体，一方面，要处理好与政府的关系，在用好办学自主权的同时，建立起有效的自律机制；另一方面，要处理好与社会的关系，在获取社会资源的同时，更好地服务社会，接受社会选择和监督。

五是大学深度开放与教育科技引领成为新常态。开放是时代潮流，国际化是必由之路。我国开放型经济体制正在加快构建，客观上要求我们，必须强化开放办学与国际化理念，全方位推进开放与国际化进程，把开放和国际化水平提升到一个新高度。同时，新的科技革命，引发教育教学观念、内容方式方法的创新变革，引发人才培养模式的改革突破。慕课，就是一个生动的例子。这也是一个新常态！

这"五个新常态"，对我们来说，是挑战，更是机遇。我们要以新常态的思维，来把握高等财经教育改革的着力重点；以新常态的思维，来应对学校发展中遇到的各种矛盾和问题。新常态下，财经高校之间尤其需要更经常、更紧密、更有力的交流与合作，共同把握机遇，一起应对挑战。

西南财经大学拥有89年的办学历史。近年来，学校坚持走以质量提升为核心的内涵式发展道路，深入实施四大核心战略（特色发展、创新驱动、人才强校、深度开放），努力构建四大支撑体系（制度保障、文化奠基、资源带动、民生促进），加快建设特色鲜明高水平研究型财经大学。去年以来，学校制定并实施了《关于进一步深化改革、推进内涵发展的若干意见》，我们希望通过进一步深化改革，解决学校发展中在思想观念、体制机制、利益格局等方面存在的深层次问题，进一步创新体制机制，进一步激发办学活力。

人才培养，始终是我们最根本的任务和首要职责。提高人才培养质量，不仅是中国的难题，也是世界的难题。近年来，我校在人才培养改革中主要考虑了以下几点：

一是凸显以学生为中心的理念。以学生为中心推进人才培养改革。"以学生为中心"，就是把学生的需要作为我们改革关注的重点；让学生主动成为教育改革的参与者；让学生有充分的自主权、自由度和选择性。

二是拓展课程建设的学科视野。大学课程在本质上是学科知识的规训，课程体系最能体现学科制度的精髓。我们坚持把课程建设置于学科建设的视野和框架，让课程体系建设成为学科发展的重要组成部分。

三是改革大学的课程教学范式。重点是打破"以知识传递为目标、以教师为主体、以教材为中心、以课堂为阵地"的传统教学范式，彰显现代课程教学的三大理念，即学术性、民主性、协作性。同时，注重综合性、创新性和实践性。

四是优化学生的综合评价机制。我校人才培养的目标指向精英教育。我们理解的"精英教育"，就是激发学生雄心大志和高级思维能力的教育，也就是，努力为学生提供"难度更大、标准更高、要求更严、学业挑战性更强"的教育。这样的教育，不能简单地仅用分数来衡量、用绩点来驱动，而是要建立综合考察和评估学生学习志趣和特点的评价体系，形成更好地挖掘学生发展潜力的机制。

五是坚守从严治教的共同信念。教学是一个共同体，教学改革也是一个共同体，需要师生的共同参与。教学是一个"良心活"，质量是"严"出来的，提高教学质量必须从严治教。我们强调，把学生的知识学习、个体发展、人生进益，作为教学的核心目标，加强"教学共同体"建设，坚持从严治教，切实维护课程教学的严肃性。

本次大会以"深化高等财经教育改革，创新人才培养体制机制"为主题，探讨我们面临的共同课题，这为我们提供了非常难得的向兄弟高校学习的机会，必将有力推动我校人才培养模式创新和学校教育改革。

高等财经教育学会和高等财经教育论坛，经过多年的建设，已经成为我国财经高校之间交流思想、共谋发展的重要平台，成为联络感情、增进友谊的重要纽带。

让我们通过这个平台，增进交流；让我们通过这个纽带，常来常往！最后，祝大家成都之行、西财之行愉快！

教育部高教司副司长刘贵芹讲话

各位领导，各位专家，同志们、朋友们，大家上午好！很高兴参加我们中国高等教育学会财经分会的研会及论坛，首先我受教育部高教司司长张大良同志的委托向会议论坛的召开表示祝贺。

创新人才培养精神是党的十八届三中全会对高等教育提出的最直接、最明确的要求。当初十八届三中全会决定了初稿的题目是"创新高校人才培养模式"，但最后各位领导同志在定稿的时候把"模式"改成了"精神"，而且领导还有一句话，机制比模式大。大家知道十八届四中全会决定在谈到高等法学教育的时候，领句就是创新法治人才培养机制，所以创新人才培养机制，这是全面深化高等教育综合改革的重中之重，关系人才培养指标的提升，关系高等教育内涵的发展，所以我觉得这次论坛以创新人才培养机制为主题很有意义。

我认为这个论坛围绕这个主题就应该有两个问题，第一个大问题是目前在创新人才培养机制方面我们存在哪些突出问题，应该说，教育部规划纲要颁布已经四年多了，特别是三中全会召开以来，各地各高校在探索、在推进人才培养机制创新方面取得了一些进展，也积累了一些初步的经验，但是我们仍然存在一些不容忽视的突出问题。我们自己归纳主要是三个问题，第一个问题，就是对创新高校人才培养机制的基本内涵、实践要求、实现路径认识上有偏差，大多还停留在创新人才培养模式阶段，把重点仅仅放在推动、协同运营上，对机制创新的系统性、整体性思考不深入，措施不到位。第二个问题，学科专业设置优化、招生培养没有很好地与经济社会的发展需求、就业创业状况深度对接、良性互动，比较普遍地存在四个方面结合不紧密的问题，第一个是培养与需求结合不紧密，往往是关门办学、蒙着眼办学，第二个是教学与课程结合不紧密，第三个是理论与实践结合不紧密，第四个是校内资源与社会资源结合不紧密，就是大量社会资源没有聚焦在人才培养上。第三个大问题创新高校人才培养机制的氛围环境、政策保障和评价制度有待加强，比如说从高校内部看，教学管理制度亟待改革，实施教学互聘、课程互选、学分互认、自主选学、弹性学制，还有很多政策性的瓶颈，这些概念我们这些年都提了，但是是不是都落实到位？我觉得，没，还有很大的空间。又从高校的外部来看，促进社会资源协同培养人才的法规政策不到位，影响了有关部门、科研院所、行业企业参与人才培养的积极性，主动性和创造性，比如说现在党政机关和企事业单位不愿意接受大学生实习，为什么？因为我们没有制度性的安排。最近，美国又在炒克林顿和莱温斯基的事情，这个责任是谁，我们不管，但是美国白宫接受大学生实习是一项法定义务，我们现在不愿意接受，没有制度安排，而且接受了以后如税收优惠政策不到位，还有实习期间的安全、政策也不到位，所以影响了接受大学生实习的积极性、主动性。再比如第三方对于高校人才培养质量的评价监督不到位，高校自言自语的多，高校申请经费没有根据专业建设绩效，特别是人才培养质量方面进行差异化的敲定，好坏一个样。那么这个质量的建设体系非常重要，英国有一个诺丁汉大学在质量监督方面有些做法值得我们学习，比如说，学年入学考试，任课老师打完分后，学业的统考老师进行评价，等于是第二次评价，再把学生的卷子寄到英国的诺丁汉大学本部，再由学院老师进行第三次评价，也是一个统考的测评，然后委托第三方对它这个事件进行盲评，盲评合格以后再寄回来给学生发布考试成绩。在这些方面，对人才培养指标评价监督还有待跟进。我们现在很多学校一说评估，一说质量监督，认识上有误区，想当然地认为是上面来评价，外面来评价，第三方来评价，实际上质量建设和监督的主体正好是我们高校自己，如果说我们学校把每一个培养环节、保证环节都做到位，我想我们现在的质量还有一个较好的提高。这是我讲的第一个大问题。第二个大问题，如何创新高校人才培养机制，这是我自己的一个研究心得。创新高校人才培养机制，这是一项复杂的系统工作。这是一个关系到培养什么人，怎样培养人的大问题。从宏观上讲，它涉及教育思想、教育价值、教育目标。要求我们必须全面贯彻党的教育方针，坚持立德树人，把提高人才培养质量，培养德智体美全面发展的社会主义建设者和接班人作为出发点和落脚点。那么从微观方面讲，创新高校人才培养机制主要涉及四个方面，一是学科专业设置与优化，这个体现在学校的办学定位、办学特色和人才培养风格。我们按照新修订的本科专业目录，全国本科专业的总数是506，大致平均每个专业在全国高校的布点是90来个，那么我们现在高等艺术教育大发展，艺术学学科每类的本科专业布点总数占全国高校本科专业布点总数的11%左右，在校本科生总数占到了全国本科生9.5%多。就是很多高校发展艺术教育就没有和自己的办学定位、办学特色紧密联系起来，而且觉得收费可以高一点，办学效率可以好一点。第二个方面，课程体系和教学内容，这个体现在实施素质教育，培养高素质专门人才的知识体系和能力要求。第三个方面，教学组织和教学管理。这个体现在集聚人才培养优质资源，促进学生全面发展与个性发展相统一的运行机制和制度体系。我们现在的高校在开放办学上步伐迈得还不够大，这个开放，不仅是面向国际的开放，而是面向兄弟院校的开放做得也不够。第四个方面就是教师队伍和教学评价。这个体现人才培养的保障力度和社会分工。在我们的一些高校当中，为什么存在重科研轻教学，重兼职轻本职，重理论轻实践，只教书不育人的倾向，就和我们的教学管理制度、教师管理制度密切相关，就是我们在制度设计上，没有体现以教学为中心的导向。搞教学得不到应有的价值。去年，我去新加坡国立大学访问，有一个著名教授，专门研究中国 GDP 和干部升职之间的关系，他的研究表明一届班子如果现任创造的 GDP 比上任提高每 0.3%，这个班子主要成员和部分成员被提拔的概率就会增加 7% 或 8%。如果他把钱用到了改善民生和环保上，不但得不到提拔，而且提拔的概率还是负的。后来，我看政府已经在有关文件和文稿中正式引用了这个研究结果。我们现在在教师队伍建设方面、教师评价方面还有很多工作要做。

在创新人才培养机制方面，我觉得要在认识上求共识，在机制上做文章，在创新上下功夫，激发高校人才培养的潜力和活力，提高人才培养质量，促进高校办出特色，争创一流。具体来讲，我觉得要从五个着力点上来把握创新高校人才培养机制的实践要求及实现路径。

第一个就是着力推动建立主动适应社会需求、优化调整学科专业结构的长效机制。在这些方面，我们有很多工作没有做到位。2012 年我去牛津大学访问，了解了一下牛津大学本科专业的设置。比如，如果学校觉得现在有两个专业没有社会需求，对应该怎么招，学校成立了一个克拉克教授委员会，以外校的同行专家为主，搞了近两年的调查研究，最后得出结论，现有的两个专业确实没有发展前景，可以在现有的两个专业的基础上生成一个新的专业，这个本科专业叫什么，没有告诉我。后来牛津大学又成立了一个后克拉克委员会对新专业研究两年，最后这个专业叫什么，培养方案没详说。也就是说，它用了四年的时间来调整一个本科专业。而我们现在每个本科专业设置这么全，个别高校一年一下备案专业 25 个，我觉得这是很不正确的。在这方面，我想主要是强调两点。第一，进一步落实和扩大高校学科专业设置自主权，重点支持高校根据经济社会发展需要自主设置国家战略性新兴产业发展和改善民生相关学科专业，自主设置学科交叉融合，有利于应用型复合型人才培养的相关学科专业，自主设置有利于凸显学校办学特色和优势的相关学科专业。我自己的体会，办大学一定要有学科专业群的改变，这是办学特色能否得到体现的一个最有利的载体，什么叫世界一流大学，一位诺贝尔奖获得者就说，严格意义上讲，一所大学，有一个学科能进入世界的前十名，而其他学科又不太差的话，这个大学就是世界一流大学。所以现在教育部正在研究如何把 211、985 优势学科创新平台聚焦到一流学科建设上，我觉得意义也在此。这里第二个就是建立建设高校毕业生就业和重点产业人才供需年度报告，建全专业预警退出机制，对连续两年就业率较低的专业调整招生计划直至停招。这是今后努力的方向。

　　第二个着力就是着力推动建立充分反映学科专业研究新进展，相关实践经验、人的全面发展需要、教学内容完善的长效机制。也就是说，我们现在的高等教育教学确实存在教学内容没有充分反映学科研究最新进展情况，确实存在教学内容没充分反映相关实践最新经验情况，也确实存在教学内容没有充分反映人的全面发展新需要的情况。所以这个教学内容很重要。我去年看了一本书，是我们国家最高科学技术奖获得者的一本传记。他寄给我，我看了一下。他的研究生生涯在爱丁堡大学度过，他的导师是诺贝尔奖获得者。这个导师培养了四个中国学生，四个全是院士，有的是中科院，有的是工程院，两弹一星功勋奖获得者两个，国家最高科技奖获得者两个。他自己说，他的导师让他受益最深的就是一项教学制度安排，每天不管什么时间，晚上 8 点半前必须抽空 20 分钟时间和导师本人探讨学术问题。他始终是站在学科的前沿来考虑，反观我们现在是培养了很多考试的尖子，而学术的创新精神严重不足。在这些方面，一个办法就是以国标、行标颁布实施为契机，推动高校修订专业人才培养方案，进一步完善课程体系和教学内容，强化实践育人。我们现在正在修改完善 92 个本科专业类教学质量国家标准，力争在今年年底之前颁布实施。颁布实施以后将推动开设有相关本科专业的高校修订自己的专业人才培养方案，因此可能将会涉及课程体系、教学内容、实践等问题。第二章是扎实做好马克思主义理论研究和建设工程，重点教材组织编写和统一使用，推动社会主义核心价值观进教材、进课堂、进学生辅导。实施马克思主义理论研究和建设工程，这是党的十六大以来重大的思想理论建设工程。我自己把它概括为是马克思主义发展史上具有里程碑意义的大事。这项工作启动以来在国际上引起了很大的反响。其中一项重中之重就是编写 150 本左右学习社会科学的教材，形成具有中国特色、中国风格、中国气派的哲学社会科学的教材体系。现在已经出版了 28 本，从总体来讲，使用情况是不错的，但是还有一些高校由于种种原因不愿意选用马工组的教材。这个我们要引起高度重视。十八届四中全会决定就专门强调要组织编写并全面采用国家编写的专业核心教材，所以我想告诉与会的这些高校回去以后要检查一下。我自己认为我们马工组教材基本达到国内教材的最高水平，是经得起实践和历史的检验的。第三，我们要推动改进高校科研评价办法，强调科研对人才培养的贡献度，及时把科研成果转化为教学内容，支持本科生参与科研活动，早进课题，早进实验室，早进团队。高校科研不同于科研机构的科研，它的一个很大的特点就是哺乳于人才培养，在这些方面虽然我们还有一些差距，但也取得了一些成果。比如说北大和清华的生命科学院是联合开展科研和人才培养的，清华大学的叶明科技组就发表了一项世界级的科研成果，论文的共同第一作者当中就有一个大二的学生。第四个就是推动教育教学方法改革，也就是说鼓励学生进行更多的讨论和课堂参与，这些方面我们还有很大的差距，前年，世界银行工业发展研究中心搞了一个制度的报告《2030 年的中国》，已经出版了，请大家看看。里面关于高等教育的篇幅不多，但说了一些情况。它说中国需要进行破坏性创新，以改进教学方法，它主要是说我们课堂没有互动，我讲你听，我打你通，没有调动学生的积极性、主动性和创造性。第五个是强化现代信息技术运用，促进教师丰富教学手段，提高教学效率，促进学生自主学习，提高学习效率。对于教师来讲就是丰富教学指标，提高教育教法；对学生来讲，它是促进自主学习，提高学习效率，在这个问题上，就是现代信息技术的发展，我们要积极的应对，有一个基本的观点，现代信息技术不是万能的，我们本科教学特别强调"三基"，即强调学生学科专业基本理论、基本知识和基本技能，而这"三基"我觉得课堂讲授依然是最基本的载体。我听过一些年轻老师的课，课堂很丰富，声光画面很丰富，但是教学效果并不好，值得我们深思。

第三个着力就是协同运用机制，着力推动建立集聚社会资源、有效实施部部、校校、校企、校地、校所以及国际合作协同运营长效机制。这里我想强调三点：一是深入实施系类卓越计划，科教结合协同计划。教育部高教司推出了一系列重大的人才培养计划。比如说教育部联合政法委、最高人民法院、最高人民检察院、司法部、公安部联合搞的卓越教育法律人才培养计划，就是一个部部协同的例子。比如说教育部和中央宣传部搞的卓越新闻传播人才培养计划也是部部协同的例子。还有校校协同育人的例子，比如说刚才提到的北大清华的例子。还有校企协同，我们现在这个卓越工程师教育培养计划主要是和企业合作，很多大公司与高校结合，实现了高校人才培养和企业、行业发展的深度对接。那么有关高校和中科院、工程院的科研院所对接，还有国际合作协同，在座高校都有很多探索。所以，我们第一是深入实施系列的卓越计划、科教计划、协同计划，第二是深入实施2011计划。2011计划是贯彻胡锦涛同志在清华大学百年校庆重要讲话精神的一个重大举措。这是我国高等教育改革开放以来第三个重大计划。第一个重大计划211工程，我们现在有114所211工程建设高校。第二个重大工程是985工程。我们现在是有39所985建设高校。应该说211工程、985工程的实施我们取得了很大的成绩。举个例子，按照英国的大学的排名、美国的大学的学术排名，我们目前共有7所高校进入全国200强。我们进入世界500强的高校现在已经达到 28 所。21 世纪初，按照美国的学科分类，我们进入排名前 1% 的学科在世界上是 70 多个，我们现在已经突破 500 个，我们进入世界百强的学科现在已经突破 50 个，说明 985、211 工程还是取得了很大的成绩，但是问题也不少，我自己认为，是竞争缺失、资源分散。所以正在研究如何统筹实施，聚焦在一流学科建设上。而我们的 2011 计划就是一个三位一体的重大计划。什么是"三位一体"，首先是科学研究，通过协同来提高高校科学研究；第二是学科建设，通过科研加强学校学科建设；第三，能够把科研和学科建设成果转化为人才培养。2011 计划就是一个人才、学科、科研三位一体的计划。那么还有一点，我们协同创新就是推动出台法规政策，调动社会各方面参与人才协同培养，特别是接受大学生实习和社会实践自觉性和主动性。在这方面我认为还有很多工作可以做。

那么第四个着力是教学管理要改革。我认为现在制约我们高等教育综合改革的一个很大的瓶颈就是教学管理跟不上。所以在这方面，我们要着力推动建立，有力推进教师互评、课程互选、学分互认、自主选学、弹性学制等教学管理长效机制。在这个方面，我们现在正在研究四个方面的举措。一是推动建立高校联盟和区域教学共通体，推广有关高校第二校园基地的经验做法。也就是说有的联盟、有的教学共同组我们可以教师互评、课程互选、学分互认。二是探索建立学分银行和学分转换制度，推广有关高校完全学生制改革的经验做法。比如说，我作为一个本科生，我发表的论文，我的专题，我的实验成果能不能给我转换成相应的创新创业学分。这个涉及学分转换问题。三是建立更加灵活管用的学籍管理制度，进一步放宽修读年限，允许学生分阶段完成学业。四是开展大学生保留学籍，创业式且按照创业绩效奖励学分。比如，上一年本科以后，休学创业可以保留学籍，干两年回来再上学，干得好的可以奖励学分。

最后一个着力就是着力推动建立以社会化评价为主、多样化评价为辅的人才培养质量长效机制。这里边一个就是国际实质等效的专业认证，并逐步扩大认证能力。我觉得工科和医学完全可以用实质等效的国际认证来评价一个学校的人才培养。第二个是委托第三方机构来对高校本科教学质量年度报告进行评析，并向社会公布。目前，我们实现对本科院校教学质量公布的全覆盖，但是这个报告到底怎么样，到底在本科教学方面有哪些实质性的举措，现在应该由一个第三方来鉴定，这也是接受社会监督，一个激励的方法。三是推动所有普通高校建立毕业生与教育质量年度报告发布。去年我们教育部直属高校都公布了，但是我觉得还要推动所有的本科院校都要建立这项制度。实际上，本科教学质量年度报告和就业质量年度报告对学生、家长报考院校有很重要的参考作用，还有一个就是可以开展本科专业综合评价的试点。推动建立专业建设绩效与招生计划、专业调整、经费拨款等年度机制。特别是进行申请经费的差异化管理。我们现在是进入了以质量提升为核心的内涵发展道路，专业建设绩效与招生计划、专业调整、经费拨款有关。专业办的好不好不能一个样。对此现在有些地方已经做了一些探索。比如说，辽宁省教育部对辽宁省属高校工科类的本科专业搞了一轮综合评估，评估以后，有 5 所学校主动放弃 39 个本科专业。因为那些专业都排在倒数。我想这就是评估的一个很重要的作用——挤出效应。因为我们现在本科专业有 506 个，62 个是国家设立，需要审批，90%都可以自主设置，当然这是公平的，但是我们没有本科专业退出机制，我觉得辽宁省的做法值得借鉴。

创新高校人才培养机制是一个理论性、操作性很强的工作，那么今天我就利用论坛这个机会谈一些思考，若谈得不对，请各位专家、各位领导、各位朋友们指正，谢谢大家。

四川省教育厅副巡视员王嵩建讲话

尊敬的刘司长，各位领导，各位专家：

上午好，天气虽然有几分寒意，但是学术界对于高等财经教育的热情却让人倍感温暖，今天我们齐聚美丽的西南财经大学，隆重召开 2014 年第五届高等财经教育论坛，在此我谨代表四川省教育厅对大会的召开表示衷心的祝贺，向出席本次论坛的各位嘉宾、各位专家表示诚挚的欢迎，向长期关心支持四川教育的各位领导、各位专家表示衷心的感谢。

四川位于长江上游、地域辽阔、民族聚居、人口众多，总面积达 48.5 万平方公里，人口九千多万，是全国第二大藏族聚居区，最大的彝族聚居区，唯一的羌族聚居区。四川是人口大省，也是教育大省，截止到 2013 年年底，全省各级各类学校共计 2.5 万余所，在校学生 1 700 多万，教职员工近一百万，全省共有高校 107 所，全日制在校学生总人数达 130 多万。近年来，四川教育在党中央和省委、省政府的领导下，实现了长足的发展，特别是 2008 年以来，在汶川、芦山等一系列特大地震中经受住了考验，在党中央和全国人民的关怀下，圆满完成了灾后重建的各项任务，促进了教育的跨越发展，无论是改革创新，还是学术研究，无论是教育教学的质量，还是人才培养、科研成果等在全国均名列前茅。这些成绩的取得是全国人民支持的结果。由于四川经济发展不平衡，四川的教育之路还很艰辛，还有很多工作要做，希望各位领导，各位专家，一如既往地关心支持四川的教育发展。

今年 5 月，习近平总书记提出了"新常态"这个重大战略决策，指出了适应全球经济格局的持续调整，创新驱动竞争日趋激烈，传统人口红利逐渐减少和资源环境制约，跨越中等收入陷阱等新挑战，中国必须实施包括经济政策转型、产业结构调整、增长动力变化、资源配置方式转换等内容的全方位转型升级，这不但是经济问题，更是包括高等教育在内的经济社会各方面的转型升级，在这个大背景下，我们要准确把握和理解高等教育发展的新常态，准确把握高等财经教育的新常态。高等财经教育论坛是业内专家讨论高等财经教育发展的重要平台，此前已成功举办了四届，大会的多项活动为高等财经教育的相互交流、加强合作提供了新的服务平台，为深化高等财经教育改革，创新人才培养机制提供了良好机会。今年论坛第一次在四川举办，西财作为会议的主办方，学校高度重视，为论坛的召开认真准备，努力做好各项工作，在这里一并表示感谢。

当前，全国上下正在深入学习贯彻党的十八届四中全会精神，我国高等财经教育发展改革也进入了新的历史阶段，党的十八大和十八届四中全会对教育的改革发展做出了进一步全面部署，对教育的发展制度，奋斗目标、工作任务、发展方式、工作重点等都批示了明确要求，在挑战与机遇并存的情形之下，学会的发展可谓任重道远，通过高等教育学会高等财经教育分会八年的实践告诉我们，必须长期坚持正确的政治方向，把深化财经教育改革，培育合格的优秀人才，满足国家和社会的发展需要作为高等财经教育的第一要务，当前经济社会发展对高等财经教育质量提出了更高的要求，高等财经教育面临了新机遇、新问题。因此，本届论坛的重点将会关注高等财经教育论坛如何适应经济社会发展的新常态，如何紧紧抓住提高质量核心，如何增强解决难点热点问题的能力，如何应对高等财经教育发展过程中的重大理论与实践问题展开讨论。今天，来自全国各地的知名顶尖专家学者齐聚一堂，围绕深化高等财经教育改革，创新人才培养教育机制的会议主题讨论，对高等财经教育之路的意义重大。论坛一定会在集思广益的基础上为高等财经教育的未来发展凝聚共识，就贯彻十八届四中全会精神，真正落实《国家中长期改革和发展规划纲要》，带来新的思路和注入新的动力。我相信一年一度的高等财经教育论坛这一平台，可以凝聚全国高等财经教育战线的理论工作者、有经验的教育行政领导以及广大教师，一起群策群力，在为中华民族的伟大复兴进程中，在高等财经教育改革发展的过程中做出更大的贡献。

各位来宾，四川素有天府之国的美誉，历史悠久，风景优美，借此机会，我真诚邀请各位专家学者可以常来四川走走，可以看看这里可爱的熊猫，也可以尝尝我们这里香浓美味的川菜，欢迎你们对四川高等财经教育发展提出宝贵的意见，最后，预祝本届论坛取得圆满成功。祝各位来宾各位学者在川期间工作顺利、身体健康，谢谢大家。

高等教育学会高等财经教育分会
理事长施建军讲话

各位同志，非常高兴有机会欢聚到西南财经大学，在此，我谨代表学会向关心和支持学会发展的各位领导、嘉宾表示感谢。首先我们要感谢教育部高教司副司长刘贵芹同志。每年，财经院校的领导和专家学者都会齐聚一堂，共同研讨学校的发展，并且得到了教育部领导的指示，这些对我们高等财经教育发展的方向把握和思想引领都至关重要。所以我想以热烈的掌声感谢刘司长出席本届论坛。其次，我们要感谢西南财经大学对本次论坛做出的巨大努力。毫无疑问，要承办好一届论坛并非易事，本届论坛参会的会员单位多达 70 家，包括财经院校和出版机构，参会人数接近 200 人，其规模之大，规格之高，更是使得承办工作难上加难。所以我建议大家以热烈的掌声感谢西南财经大学的各位领导以及广大同仁。最后，我还要感谢在座的来自各财经院校的书记和校长，此次莅临论坛的校级领导人数为历届之最，在此，我代表理事会向大家表示衷心感谢。

此次论坛是一个很好的交流平台，汇集了各财经院校的专家学者，我们在此交流各方的办学体会和办学思路，将会对国家教育改革的实践起到越来越重要的作用。政府在逐步放松宏观管理，大学办学质量的控制，大学的评估以及学位的设定、授予等权利都在进一步下放，这扩大了大学的办学自主权，同时，大学的办学魄力正在逐渐显现。学位授予对于各高校办学质量的提升，提出了新的任务和挑战。近年来，各大工科类、理科类、外语类以及财经类院校不断形成办学实体，以适应"合理定位、特色办学"的重大需求。大学须有合理的办学定位及特色的办学方向，财经类院校即为特色办学的典型代表之一，它对国内外均有重大影响。财经院校录取分数线普遍较高，就业形势总体偏好，在学生培养方面具有较强竞争力，因此加大与国内外财经院校的合作意义深远。如今，在教育部领导的指导下举办的集聚了来自中国和俄罗斯的共计 26 所高校的中国经济类大学联盟会极大地推动了多边交流。作为资源共享平台，我们要致力于研究财经院校的图书资源、信息资源、网络资源、教学资源等各项资源的共享机制的实现，让财经院校在提高质量、深化内涵、特色发展上得出新的发展思路。近年来，许多高校之间都已建立了学生学分互认机制和资源共享机制，即扩大了高校的开课范畴，给予学生更多的选择余地，同时加大了协同创新的合作办学动力。科研方面，国家正大力推动自主创新和原始创新，而创新活动更多体现在推动大学和大学之间，大学和政府之间，大学和企业之间，大学和部门之间的协同合作，研究国家亟待解决的重大科研项目，从而促进体制机制创新，因而，加大财经类院校协同创新的力度也是我们为协作平台的搭建所共同承担的不容推卸的责任。同时，该平台亦有望在人才培养与就业导向，大学制度建设与治理，人才引进与人力资源共享等诸多方面促进各高等财经院校的共同发展。我们希望高等财经教育分会是一个行业自律与自我管理组织，集众人之智，采众家之长，也希望本届论坛能给大家带来收获。我们定会仔细倾听教育部领导的最新指示及动态发展，积极推进办学探索与思考。

另外，该平台同时为校长们提供了相互沟通的机会。通过办学理念的思想碰撞，激发大家进一步理清办学思路，在新的办学理念的基础上创新发展，找到最适合校情的发展之路。希望大家能够踊跃参与，积极发言，加大交流和沟通，提高办学魄力，增强办学主动性。明年，我们有望搭建校长与处长两层次的新型交流平台。校长之间主要针对办学中碰到的困难和问题，如何迎接挑战，通过创新、内涵以及特色发展来提升财经类院校自身的办学效率和质量。处长之间的交流则更多关注办学技巧与思路，实践办学思想理念，自主交流，提高时效。此次会议重在务实，大家通过在思想上的沟通碰撞，提供信息，从而获得启示和思考。此外，由于我们每年的会议将轮流在不同单位举行，因而希望有条件的学校积极申办，努力争取。

总之，我希望在大家的共同努力下，将此平台作为资源共享的平台，联合办学的平台，协作创新的平台，合作发展的平台，能对大家都有所启示，有所帮助，最后，我衷心地祝愿这次研讨会圆满成功，祝各位代表身体健康，谢谢大家。

第二篇

论坛主题发言

管理类专业毕业生"核心竞争力"分析及其实证研究

——基于对外经济贸易大学 2013 届毕业生竞争力调查

施建军　蒋先玲　韩淑伟[①]

摘要：本研究采用第一手资料，通过问卷调查和实证检验，对所关注的管理类毕业生"核心竞争能力"问题采用定量分析与定性分析相结合的方法，在数据分析的基础上提出了我国高校管理类毕业生专业的核心竞争力的构成因素，并进一步将核心竞争力与课程模块有机结合，以对外经济贸易大学 2013 届毕业生为研究对象进行问卷分析与实证检验，检验结果与理论分析高度吻合。研究结论反映出该校管理类专业培养方案和课程体系较为完善，学生的选课过程比较理性，学校的各项教育教学制度得到了学生的认同，学校的人才培养模式适合时代发展和大学生成材成长的需要。本文的研究也为进一步完善管理类专业的人才培养体系和课程体系提供了有益的借鉴。

关键词：主成分分析　毕业生　核心竞争力

前　言

2013 年起大学生就业难问题开始变成人们茶余饭后谈论的话题。据报道，教育部发布关于做好 2013 年全国普通高等学校毕业生就业工作的通知，指出 2013 年高校毕业生达 699 万，教育部称高校毕业生就业形势更加严峻。2009 年，全国大学生毕业人数首次突破 600 万人，达 611 万。2010 年达 630 万，2011 年达 660 万，2012 年增至 680 万，2013 年就达 699 万，比上一年多增 19 万。也因此，2013 年被称为"史上最难就业年"，而 2014 年，大学毕业生又高达 727 万。在这样的就业形势下，对外经济贸易大学本科毕业生的就业质量却佳绩频传，近三年来，该校毕业生初次就业率均保持在 95% 以上。截至 2013 年 11 月 30 日，

---

① 施建军，教授、博士生导师，对外经济贸易大学校长；蒋先玲，教授、博士生导师，对外经济贸易大学教务处处长、国际经济贸易学院副院长；韩淑伟，对外经济贸易大学教务处。

我校 2013 届毕业生本科生就业率为 97.64%，本科生的就业去向更加多元化，就业和在国内外继续学习深造基本各占 50%。2013 年该校共有毕业生 3 400 人，其中本科生 1 947 人。2013 届的毕业生分学科门类规模统计和 2013 届本科生毕业质量分别见表 1、表 2：

表 1　　　　　　　　2013 届毕业生分学科门类规模统计

学历	经济学		管理学		文学		法学	
	人数	比例	人数	比例	人数	比例	人数	比例
本科	862	44.27%	594	30.51%	367	18.85%	124	6.37%

表 2　　　　　　　　2013 届毕业生就业去向统计

学历	出国（境）		升学		就业		未就业	
	人数	比例	人数	比例	人数	比例	人数	比例
本科生	553	28.40%	405	20.80%	943	48.44%	46	2.36%

这种高比例的就业可由多种因素引起，但是，该校本科毕业生的核心竞争力一定是起关键作用的。我们认为，毕业生的就业竞争力主要体现了毕业生内在的"专业核心竞争力"，核心竞争力的价值性、稀缺性、不可替代性和难以复制性决定了该校毕业生区别于其他高校毕业生的显著特质。

因此，本文就以该校管理类专业毕业生为研究对象，来剖析管理类本科生核心竞争力的构成要素，以此除为该校进一步提高本科人才培养质量提供参考以外，还为国内其他高校管理类本科生核心竞争力的构造提供参考。

一、问卷设计及数据说明

调查问卷作为本研究收据数据的主要途径，问卷质量的高低直接关系到研究结果的可靠性与有效性，因此问卷的设计是本研究的重点，也是后续研究的基础。具体来讲，本研究的问卷设计主要分三个步骤完成：首先是确定被调查对象，二是初步设计问卷，三是多次讨论并修改问卷，最终形成正式调查问卷。

在设计问卷之前，对高校学生的国际竞争力方面的研究进行了文献调研，初步将经管类专业毕业生的国际竞争力分为"专业技能"和"国际竞争技能"。在问卷调查设计中采用李克特量表法，因为它的构成比较简单而且易于操作，在调查研究中应用非常广泛。李克特量表中专业技能指标是从对外经济贸易大学本科生培养方案中经管类专业课程简介中总结归纳出来，专业技能主要指经管类专业学生在专业课堂教学中所学到的、并在其经济管理工作中所用到的专业知识技能；国际竞争技能是指经管类专业学生在本科四年中所建立起来的具有国际竞争力的除专业技能之外的其他能力，包括外语、交际等能力。问卷第二部分就是通过李克特五点量表考察专业技能和国际竞争能力对经管类专业毕业生的国际竞争力的重要程度。

本研究的问卷调查对象是对外经济贸易大学经济类专业已落实工作单位并且在工作单位工作一段时间或进行专业岗位实习的大四毕业生。设计的问卷内容主要包括三大部分：第一部分是基本信息和工作信息，用选择题的形式；第二部分是对经管类毕业生国际竞争力的考察，包括专业技能和国际竞争能力，问题采用李克特五点量表的形式；第三部分是学生建议，包括对提高学生国际竞争力的措施建议和课程建议，除最后一题采用开放式问题之外，其余问题均采用李克特五点量表的形式。本次调查问卷具体情况如表3所示：

表3　　　　　　　　　　　　　　样本发放与回收一览表

院系	管理类		总和
	国际商学院	公共管理学院	
发出数	300	122	422
回收数	264	39	303
回收率	88.00%	31.97%	49.80%

二、管理类毕业生就业基本信息分析

毕业生基本信息的调查主要从以下几个维度进行考量，本科毕业后的去向、本科毕业时的就业地域、本科毕业时的就业领域、本科毕业时就业单位的性质、本科毕业时就业单位的规模、从开始求职到签订工作合同所用时间、本科毕业求职/申请出国过程中总计收到的 offer 数量、对就业单位的满意度等。通过样本统计，毕业生基本工作信息就基本反映了该校经济类毕业生的就业竞争力。

（一）管理类毕业生就业基本信息统计

通过频数统计，这些维度的描述性统计结果见表4、表5、表6、表7、表8、表9、表10、表11：

表4 本科毕业后的去向

工作去向	频数	百分比	有效百分比	累积百分比
工作	211	69.64%	69.64%	69.64%
读研	50	16.50%	16.50%	86.14%
出国	35	11.55%	11.55%	97.69%
创业	2	0.66%	0.66%	98.35%
其他	5	1.65%	1.65%	100.00%
合计	303	100.00%	100.00%	

表5 本科毕业时的就业地域

就业地域	频数	百分比	有效百分比	累积百分比
北京	145	47.85%	68.72%	68.72%
上海	14	4.62%	6.64%	75.36%
广州	4	1.32%	1.90%	77.25%
其他大城市	28	9.24%	13.27%	90.52%
中小城市	17	5.61%	8.06%	98.58%
其他地区	3	0.99%	1.42%	100.00%
合计	303	100.00%	100.00%	

表6 本科毕业时的就业领域

就业领域	频数	百分比	有效百分比	累积百分比
三资企业	106	34.98%	50.48%	50.48%
国家机关	23	7.59%	10.95%	61.43%
金融系统	41	13.53%	19.52%	80.95%
其他行业	40	13.20%	19.05%	100.00%
合计	303	100.00%	100.00%	

表7　　　　　　　　　　　　本科毕业时就业单位性质

就业单位性质	频数	百分比	有效百分比	累积百分比
三资企业	102	33.66%	49.04%	49.04%
国有企业	54	17.82%	25.96%	75.00%
科研单位	2	0.66%	0.96%	75.96%
高新技术企业	7	2.31%	3.37%	79.33%
民营企业	19	6.27%	9.13%	88.46%
国家机关	17	5.61%	8.17%	96.63%
其他	7	2.31%	3.37%	100.00%

表8　　　　　　　　　　　　本科毕业时就业单位的规模

就业单位规模	频数	百分比	有效百分比	累积百分比
50 人以下	8	2.64%	3.85%	3.85%
51~300 人	35	11.55%	16.83%	20.67%
301~500 人	20	6.60%	9.62%	30.29%
501~1 000 人	17	5.61%	8.17%	38.46%
1 001~3 000 人	34	11.22%	16.35%	54.81%
3 000 人以上	94	31.02%	45.19%	100.00%
合计	303	100.00%	100.00%	

表9　　　　　　　　　　　从开始求职到签订工作合同所用时间

求职所用时间	频数	百分比	有效百分比	累积百分比
1 个月以内	40	13.20%	19.51%	19.51%
1 个月~3 个月	89	29.37%	43.41%	62.93%
3 个月~6 个月	51	16.83%	24.88%	87.80%
6 个月~9 个月	15	4.95%	7.32%	95.12%
9 个月以上	10	3.30%	4.88%	100.00%
合计	303	100.00%	100.00%	

表 10　　　　　　　　　本科毕业求职/申请出国过程中总计收到 offer 数量

offer 数量	频数	百分比	有效百分比	累积百分比
1 个	51	16.83%	22.97%	22.97%
2~5 个	156	51.49%	70.27%	93.24%
6~10 个	14	4.62%	6.31%	99.55%
11 个以上	1	0.33%	0.45%	100.00%
合计	303	100.00%	100.00%	

表 11　　　　　　　　　　　你对就业单位的满意度

就业单位满意度	频数	百分比	有效百分比	累积百分比
95 分以上	33	10.89%	14.60%	14.60%
85 分以上	127	41.91%	56.19%	70.80%
75 分以上	58	19.14%	25.66%	96.46%
65 分以上	6	1.98%	2.65%	99.12%
65 分以下	2	0.66%	0.88%	100.00%
合计	303	100.00%	100.00%	

（二）管理类毕业生就业基本信息显示该校毕业生具有显著的就业竞争力

通过表 4 至表 11 可以看出，该校管理类毕业生具有显著的就业竞争力。

从表 4 本科毕业后的去向来看，管理类 86.14% 的同学选择"工作"和"读研"，而选择"出国"的同学仅占 11.55%。

从表 5 本科毕业时的就业地域看，管理类 68.72% 的同学会选择在"北京"就业，近 77.25% 的同学会选择"北京、上海、广州"等目标城市，90.52% 的同学会选择在"大城市"就业，只有 8.06% 的同学会选择在"中小城市"就业。

从表 6 本科毕业时的就业领域看，经济类 50.48% 的同学选择了"三资企业"，19.52% 的同学选择了"金融系统"，而选择在"国家机关"就业的占10.95%，从我校毕业生行业服务的面向上，70.00% 的同学分布于"金融系统"和"三资企业"。这种统计结果与"专业技能"部分的问卷分析结果具有高度的一致性，而与经济类毕业生首选"金融系统"形成差别。

从表 7 本科毕业时就业单位的性质看，管理类学生最倾向于在"三资企业"就业，占调查有效样本的 49.04%，其次是"国有企业"，占 25.96%，这两项占总有效样本的 75.00%。值得注意的是，我校管理类学生对就业单位的性质选择出现了新变化，那就是有 9.13% 的学生选择了"民营企业"。

从表 8 本科毕业时就业单位的规模看，管理类 45.19% 的学生选择在"3 000人以上"的大型企业中就业，16.35% 的学生选择在"1 001~3 000 人"的中型企业就业，此两项加总，可以看出，我校管理类毕业生在大中型企业中就业占到了 61.54%。另一比较显著的特点是，选择在具有创业性的"51~300 人"的小企业中就业的管理类毕业生占到了 16.83%。

从表 9 开始求职到签订工作合同所用时间看，我校管理类毕业生在"1 个月~3 个月"的时间内就找到工作的占到 62.93%，在"3 个月~6 个月"的时间内就找到工作的占 87.80%，这说明我校管理类毕业生的就业竞争能力相当强，与经济类毕业生的就业竞争力相当。

从表 10 本科毕业求职/申请出国过程中总计收到的 offer 数量看，管理类毕业生拿到"2~5 个"offer 的占有校样本数年近 70.27%，而拿到"6~10 个"offer 也占 6.31%，这说明 76.58% 以上的我校管理类毕业生能够拿到较多的 offer，在求职的空间选择上保持了一定的自主选择性，体现了较强的就业竞争力。

从表 11 管理类毕业生对就业单位的满意度看，管理类毕业生对所就业的岗位基本上比较满意，非常满意（满意程度达 95 分以上者）的占 14.60%，比较满意（满意程度达 85 分以上者）的占 56.19%，这两项合计达到 70.80%。比较不满意者（程度度为 65 分及以下者）仅占 3.53%。

综上所述，从该校管理类毕业生的就业信息来看，管理类毕业生保持了较强的就业竞争力，从就业区域和就业领域等几个方面看，该校管理类毕业生具有较强的核心竞争力，这种核心竞争力表现为较强的专业技能和国际竞争能力。

三、管理类学生核心竞争力的构成要素分析

（一）管理类学生专业技能的重要性排序

问卷采用李克特五点量表的形式，顺序依次为：非常不重要、比较不重要、一般、比较重要、非常重要（赋值为 0.2、0.4、0.6、0.8、1），我们运用 spss 软件对 14 个专业技能进行综合排序（这里使用主成分分析的方法①），得到结果如表 12 所示：

---

① 通过 KMO 检验和巴特利特球形检验结果可知，KMO 值为 0.950，取值大于 0.6，适合因子分析；巴特利特球形检验给出的相伴概率为 0.000，小于显著性水平 0.05，认为适合因子分析。

表 12   各变量基本统计情况

	Mean	Std. Deviation	Analysis N
了解如何管理企业生产运营	0. 713 588 85	0. 198 041 137	287
了解如何管理竞争优势	0. 735 888 502	0. 213 695 002	287
了解如何管理国际资产和风险	0. 728 222 997	0. 207 561 548	287
如何建设国际员工队伍	0. 723 344 948	0. 204 781 897	287
如何管理国际创新	0. 717 770 035	0. 212 044 434	287
如何管理国际战略联盟和合作	0. 744 947 735	0. 203 897 12	287
全球供应链管理技能	0. 721 951 22	0. 207 648 399	287
如何管理企业市场营销	0. 762 369 338	0. 204 781 897	287
企业财务管理方面的技能	0. 790 243 902	0. 211 989 27	287
知道管理工作中涉及的国际法律法规	0. 767 247 387	0. 207 314 88	287
知道如何进行管理沟通	0. 802 787 456	0. 216 114 529	287
能够进行管理创新	0. 752 613 24	0. 210 855 235	287
具有较强的组织协调能力和领导力	0. 822 996 516	0. 216 522 282	287
知道如何有效地在外国文化环境中工作	0. 774 216 028	0. 200 080 391	287

表 12 第 2 列的均值是对 14 个专业技能的平均得分，我们根据这一项对 14 个专业技能进行排序得到：

1. 具有较强的组织协调能力和领导力；
2. 知道如何进行管理沟通；
3. 企业财务管理方面的技能；
4. 知道如何有效地在外国文化环境中工作；
5. 知道管理工作中涉及的国际法律法规；
6. 如何管理企业市场营销；
7. 能够进行管理创新；
8. 如何管理国际战略联盟和合作；
9. 了解如何管理竞争优势；
10. 了解如何管理国际资产和风险；
11. 如何建设国际员工队伍；
12. 全球供应链管理技能；
13. 如何管理国际创新；
14. 了解如何管理企业生产运营。

(二) 管理类专业技能的主成分分析

下面，通过主成分分析法分析 14 个专业技能中所折射出的核心竞争力体现为：国际化管理技能、经营管理类技能和国际化沟通协调技能。

主成分分析后，我们提取了 3 个公共因子，因为它们反映了原变量的大部分信息，3 个公共因子已占 75.88%。提取 3 个公共因子可以对原变量的信息描述有显著作用。主成分提取的结果如表 13 所示：

表 13　　　　　　　　　　　　. 旋转后因子载荷矩阵

	Component		
	1	2	3
了解如何管理企业生产运营	0. 599 947 724	0. 451 032 629	0. 279 034 924
了解如何管理竞争优势	0. 711 282 559	0. 436 791 399	0. 267 470 995
了解如何管理国际资产和风险	0. 729 932 615	0. 220 709 543	0. 407 885 837
如何建设国际员工队伍	0. 806 989 036	0. 154 110 553	0. 324 234 132
如何管理国际创新	0. 779 465 48	0. 387 546 837	0. 178 352 413
如何管理国际战略联盟和合作	0. 705 243 832	0. 476 826 168	0. 194 839 87
全球供应链管理技能	0. 654 822 643	0. 259 705 094	0. 460 238 521
如何管理企业市场营销	0. 532 013 052	0. 436 087 798	0. 476 875 838
企业财务管理方面的技能	0. 298 593 458	0. 600 745 215	0. 565 506 298
知道管理工作中涉及的国际法律法规	0. 378 776 093	0. 495 518 152	0. 605 462 242
知道如何进行管理沟通	0. 282 855 913	0. 814 227 293	0. 326 626 33
能够进行管理创新	0. 509 384 056	0. 691 352 61	0. 123 904 73
具有较强的组织协调能力和领导力	0. 282 250 709	0. 705 002 125	0. 470 921 525
知道如何有效地在外国文化环境中工作	0. 316 900 573	0. 249 928 186	0. 797 326 653

Extraction Method：Principal Component Analysis.

Rotation Method：Varimax with Kaiser Normalization.

表 13 是按照方差极大法对因子载荷矩阵旋转后的结果。

由表 13 可以看出因子 1 的主成分依次为（我们选取因子变量在 14 个成分中所占载荷大于 0.6 的成分，以下主要成分的选取一样）：如何建设国际员工队伍；如何管理国际创新；了解如何管理国际资产和风险；了解如何管理竞争优势；如何管理国际战略联盟和合作；全球供应链管理技能。这些变量主要反映了该校管理类学生最根本的核心专业技能，反映出该校培养的学生具备管理国际生产要素、参与国际合作、全球产业链管理的国际化管理能力，也包括熟练掌握国内、国际金融市场和金融机构运作、创新、风险管理等国际化管理技能。

因子 2 的主成分为：知道如何进行管理沟通；具有较强的组织协调能力和领导力；能够进行管理创新；企业财务管理方面的技能。这些变量主要反映了该校管理类学生处于第二位的核心专业技能，主要表现了组织、沟通、协调、创新能力和财务管理等方面的管理沟通与财务管理能力等经营管理类技能。

因子 3 的主成分为：知道如何有效地在外国文化环境中工作；知道管理工作中涉及的国际法律法规。这些变量主要反映了该校管理类学生处于第三位的核心专业技能，即包括国际贸易的基本理论与政策、经贸法律与经贸关系等国际贸易类技能。主要反映了跨文化沟通，并通晓国际法律法规，政治、技术等国际环境，并参与其经济建设和社会发展的国际化沟通协调技能。

综上所述，通过主成分分析，我们发现该校管理类学生最核心的竞争力表现为：国际化管理技能、经营管理类技能和国际化沟通协调技能。这些研究发现，为该校管理类专业培养方案的课程体系的架构和各类教学资源的科学合理配置指明了方向，具有重要的指导意义。

四、管理类毕业生专业核心技能的生成机制

以上主成分分析结果来自于我们对毕业生的调查问卷数据，这些数据主要体现了毕业生对我们设计的 14 项专业技能的认同度，在一定程度上刻画了毕业生主观上所认可的各种专业技能。为了对这种问卷调查的分析结果加以检验，我们有必要重新对毕业生在校 4 年的学习过程进行深入分析。主要从以下方面展开：

（一）灵活的选课机制为学生的核心竞争力的形成提供了制度保证

该校富有弹性的培养方案，给予学生足够自由的选课空间。该校一直以来在"培养高素质的国际化复合型人才"理念指引下不断深化学分制改革和人才培养模式改革。自 2002 年开始就实施学分制改革，学校打通了全校公共基础课平台和院内学科基础课平台。全校公共基础课共开设近 300 门课程，囊括政治理论、英语、体育、中文写作、文学艺术、人文基础、数学、计算机技术、经济管理与法律基础 9 大模块，面向全校全体本科生开放。学院学科基础课平台则面向本院所有专业学生开放。

该校学生毕业要求学分中三分之二以上的学分可以由学生自主选择课程来完成，每学期课程安排中近四分之三的课程在不同时段或者由不同教师任课，学生选课具有充分的自由度。学生可以自主选择课程以完成课程模块学分，可以自由选择课程的任课教师、上课时间及上课学期。

（二）学生的自我管理能力为其核心竞争力形成提供了内在动力

为此我们通过检索学生选课数据库，得到了 2013 届管理学学科门类 369 名学生四年全部选课结果共 21 084 门次课程。删除选课人数少于 10 的课程及军事理论、体育等课程，共计 17 161 门次，发现其分布在 188 门课程中，并根据该校不同类型的课程通过课程编码的前缀进行区分，将这 188 门课程所属的 24 个编成类型分别与专业核心技能因子对接，得到管理类毕业生修读的课程类型与核心技能的一致性关系，如表 14 所示：

表 14　　**管理类毕业生修读的课程类型与核心技能因子分布一览表**

（先以主成分的因子排序，再以修读人次降序排列）

课程代码前缀	课程类型	课程门数	修读人次	因子	因子简称
MGT	工商管理类	24	2 521	1	国际化管理能力
CMP	信息管理类	14	2 398	1	国际化管理能力
ECON	经济学类	5	818	1	国际化管理能力
ITR	国际贸易类	7	251	1	国际化管理能力
HRM	人力资源管理类	7	229	1	国际化管理能力
INS	保险类	1	45	1	国际化管理能力
HON	荣誉课程类	3	37	1	国际化管理能力
ITL	运输经济类	1	23	1	国际化管理能力
SEC	证券投资类	1	10	1	国际化管理能力
ACC	会计学类	18	2 853	2	经营管理类能力
MKT	市场营销类	16	1 170	2	经营管理类能力
FIN	金融类	4	301	2	经营管理类能力
CUR	货币银行类	3	148	2	经营管理类能力
ADM	行政管理类	2	98	2	经营管理类能力
LIB	图书文献类	1	53	2	经营管理类能力
IFI	国际金融类	1	26	2	经营管理类能力
ENG	英语类	29	3 606	3	国际化沟通协调能力
HUM	人文基础类	32	1 755	3	国际化沟通协调能力
LAW	法学类	6	418	3	国际化沟通协调能力
FRA	法语类	8	165	3	国际化沟通协调能力
ART	艺术类	1	114	3	国际化沟通协调能力

表14(续)

课程代码前缀	课程类型	课程门数	修读人次	因子	因子简称
MUS	音乐类	2	98	3	国际化沟通协调能力
FLS	公共基础课	1	23	3	国际化沟通协调能力
CLL	汉语言文学类	1	16	3	国际化沟通协调能力
总计		188	17 176		

表 14 结果显示：核心竞争能力构成要素与课程类型及修读人次具有高度一致性。考虑到各课程学分不同，我们对每类课程汇总时采用"人学分"的算法，即修读人次×课程学分。该算法能够更准确地反映和衡量学生在某类课程所投入的时间、精力，不同的课程类型赋予了不同的核心技能因子，体现了该校毕业生核心竞争力的架构，如表 15 所示：

表 15　　　管理类毕业生核心技能因子对应课程修读人次及人学分

因子	因子简称	课程门数	修读人次	人学分	人学分占比
1	国际化管理能力	63	6 332	16 998	40.44%
2	经营管理类能力	45	4 649	10 965	26.09%
3	国际化沟通协调能力	80	6 195	14 067	33.47%
总计		188	17 176	42 030	100.00%

表 15 修读人次和人学分的课程类型与前文"主成分分析"中得出的核心专业技能因子拟合度较高。从课程修读情况来看，因子 1 的国际化管理技能体现在信息管理类、工商管理类、经济学课程中有 6 332 门次，16 998 人学分，占了总样本修读人学分的 40.44%，位于第一位。

因子 2 经营管理与财力管理能力体现在会计学类、市场营销类等课程达到 4 649 门次，10 965 人学分，占了总样本修读人学分的 26.09%。

因子 3 国际化沟通协调能力体现在英语类、人文基础类、法学类课程达到 6 195 门次，14 067 人学分，占了总样本修读人学分的 33.47%。这个结果说明学生对于熟练掌握英语等跨文化沟通技能的重视，体现了该校的国际化办学特色以及该校毕业生"外语好"，这些特质显著区别于其他重点高校毕业生的基本特色，显示出较强的国际竞争力。

以上分析进一步证明了该校学生在核心竞争力的培养上的主动性和内在动力，表明，该校学生在灵活的培养方案和选课机制的约束下，学生具备了专业技能和国际竞争能力的自我设计能力。我们认为学生的选课结果在很大程度上反映了学生的"理性选择"，学生会在选课中选择他们认为更重要，更有助于自身发展的课程，而这种"倾向性"与该校人才培养的国际化、复合型特色遥相呼应。

五、研究结论

通过以上分析，我们发现以下结论：

1. 管理类毕业生的核心竞争力有国际化管理技能、经营管理类技能和国际化沟通协调技能

其中，国际化管理技能包括管理国际生产要素、参与国际合作、全球产业链管理的国际化管理能力，掌握国内、国际金融市场和金融机构运作、创新、风险管理等国际化管理技能。经营管理类技能表现为组织、沟通、协调、创新能力和财务管理等。国际化沟通协调技能表现为跨文化沟通，并通晓国际法律法规，政治、技术等国际环境，并参与其经济建设和社会发展的国际化沟通协调技能。

同时，以上数据分析还为同类高校提高管理类毕业生核心竞争力提供了方向，即为加强学生国际化管理能力（因子1）的培养，各高校应重点加强工商管理类（修读人次2 521）、信息管理类（修读人次2 398）、经济学类（修读人次818）课程体系建设；为提高学生在管理沟通与财务管理方面的能力（因子2），各高校应重点加强会计学类和市场营销类（修读人次1 170）课程体系建设；为加强学生国际化沟通融合能力（因子3）的培养，应重点加强英语类（修读人次3 606）、人文基础类（修读人次1 755）课程体系建设。

2. 国际化管理能力是管理类毕业生最重要的核心竞争力

在上述三技能中，处于第一位的核心竞争力是国际化管理能力。这一结论很好地印证了对外经济贸易大学毕业生在激烈的就业市场上取得优良成绩的事实。这是因为，国际化正是该校的办学特色，培养管理类毕业生的主要学院国际商学院自1982年成立伊始，全面引进美国工商管理教育体系和经济学、企业管理、市场营销、财务管理、会计学等原版教材，融合中国经济发展所创造的人文社会科学成果和中国企业的成功实践，创建了独具特色、贯通中西的工商管理教学与人才培养体系。2004年学院受北京市教委、北京市哲学社会科学办公室的委托建设北京企业国际化经营研究基地；2007年，国际化工商管理类精英人才培养模式实验区成为教育部重点实验区；2009年，学院正式成为国际商学院联合会（AACSB，The Association to Advance Collegiate Schools of Business）的会员。

3. 学生的理性选课与自我规划在核心竞争力的培养过程中发挥重要作用

通过分析发现，该校管理类学生修读人次较高和人学分较高的课程类型与前

文"主成分分析"中得出的核心专业技能因子高度吻合，说明学生的实际选择结果与问卷的主观感受吻合，这表明该校学生在选课过程中充分发挥了自主性，形成了自我管理、自我规划的能力。这一事实可以证明，该校管理类专业的课程体系设计总体合理、教师授课质量总体满意。目前，国际商学院拥有4门国家级双语教学示范课程（国际营销学、营销学原理、战略管理、国际财务管理）；5门国家级精品课程（国际企业管理、企业财务报表分析、中小企业管理、公司理财、营销学原理），1门资源共享课（企业财务报表分析），2门视频公开课（企业财务报表分析、服务的力量——营销的王道）。

总之，该校管理类毕业生核心竞争力的提高是系统的、灵活的学习过程的结果，最近，该校国际商学院接到欧洲管理发展基金会（EFMD）通知，确认对外经济贸易大学国际商学院通过EQUIS国际认证。该校是中国内地第12所获此认证的高校，也是中国内地首个财经类高校获此认证。这充分印证了本研究的结论。

参考文献

[1] 张润楚. 多元统计分析 [M]. 北京：科学出版社，2006.

[2] 杨晓明. SPSS 在教育统计中的应用 [M]. 北京：高等教育出版社，2004.

[3] C. K. Prahalad and Gary Hamel. The Core Competence of the Corporation, Harvard Business Review, May June 1990, 66 (5)：79 - 91.

[4] 谢卫红，王永健，王晓燕，高瞻. 国内大学核心竞争力研究综述 [J]. 广东工业大学学报：社会科学版，2010，10 (3)：1-8.

[5] 徐和清，胡祖光. 论人才培养模式可以成为高校核心竞争力 [J]. 浙江社会科学，2008 (12)：67-71.

[6] 赖德胜，武向荣. 论大学的核心竞争力 [J]. 教育研究，2002 (7)：42-46.

"3+3" 卓越财经人才培养模式的实践与探索

樊丽明[①]

人才培养是大学的核心功能，高水平的人才培养是研究型大学建设的重要环节。上海财经大学以具有鲜明财经特色的高水平研究型大学为发展目标。学校积极借鉴国际先进的现代商学、经济学教育模式，以"创新型、复合型、外向型"为规格取向加大教育教学改革，探索构建了以三类人才、三大平台为特征，贯通本科生、研究生两大培养阶段的"3+3"卓越财经人才培养模式。

一、因材施教，实施"3"类培养计划

学校以实施国家教育体制改革试点项目"卓越财经人才培养模式改革"为契机，以人才分类培养为理念，研究设计了多元化人才培养路径，开展拔尖人才、卓越人才和创业人才"三类型"卓越财经人才培养。

（一）拔尖计划

学校设立"拔尖计划"，致力培养学术拔尖创新人才。拔尖人才培养的核心是提升学生学术素养，增强他们的学术研究能力和创新精神。

开设实验班，对有志于学术的本科生进行针对性的科研训练。为与国际一流大学同类学科接轨，培养拔尖创新人才，学校开设了数理经济实验班、金融实验班、公共管理实验班、英美法班等实验班，从管理方式、课程设置、教学内容、授课方法等方面进行了改革，强化英语教学、专业理论和方法论等方面的训练。以"金融实验班"为例，汇集了海外和校内一流师资，采用国际通行的金融学专业课程设置方式，"统一六门核心课，打通专业选修课"，学生第一、第二学年接受数学、英语与经济学强化训练，数学、英文水平应达到美国一流大学博士项目申请标准；第三学年在少而精指导原则下，强化金融学基础训练，金融学基础达到研究型硕士项目入门标准；第四学年则拓展知识面，学生可自由选修全院

---

① 樊丽明，教授，博士生导师，上海财经大学校长。

课程（含部分研究生课程）。

推进硕博连读研究生培养，促进研究生学术拔尖人才培养。借鉴北美一流大学的培养模式，以提高创新能力为目标，推出"硕博连读"项目。通过数门基础课程的训练，使学生具有扎实的经济理论基础和数理功底；通过启发式的专业课训练和学术报告制度培养学生的创新能力和合作型学习能力；通过严格控制选拔、资格考试、毕业论文等培养环节的质量来确保硕博研究生培养质量。自2002年在国家重点学科——会计学专业试点开始，2004年又由经济学牵头在"经济学创新平台"内推广硕博连读模式，至今已经覆盖全校8个院所的25个专业。

开展通识教育，构建与国际接轨的现代商学和经济学课程体系。通识教育是研究型大学拔尖人才培养的重要途径。2013年，学校全面启动以通识教育为核心的本科教育改革，构建了包含七大模块的通识教育课程体系。同时，学校调整本科生培养方案，从制度上确立通识课程在本科生培养中的基础地位。根据调整后的培养方案，"大通识"课程占全部课堂教学学分的54%，其中选修课比例占27%。开设新生研讨课，由著名教授任课，通过架设教授与新生间沟通互动的桥梁，为新生创造在合作环境下进行探究式学习的机会，探索以探究为基础、师生互动、激发学生自主学习的研究型教学方式。

深化拔尖创新人才招考机制改革，提高人才入口质量。近年来，学校不断完善选拔体系，改革评价方式，提高招生质量。取消博士生的导师报考制，实施专业方向报考制；硕士生实施学院内按学科门类"大口径招生、先考后报、分专业录取"；通过举办优秀大学生夏令营等方式，吸引优秀生源，加大推荐免试生的接收力度。提前"育苗"，通过在上海中学、交大附中等重点高中开设实验班、专业讲座和课题研究，建立专业实验室，举办金融产品设计大赛等培养上海中学生对经济管理学科的兴趣，将本科优质生源的培育和选拔工作前移。

（二）卓越计划

学校启动"卓越计划"，以社会实际需求为导向，突出专业基础和实践能力，为学生提供更多实践、实习的机会，致力培养会计、金融、法律等行业精英和专门人才。

结合社会实际，强化实践实验教学。一方面，深化与行业协会和企事业单位联合培养机制，加大行业企业在人才培养中的参与度，积极与合作单位联合进行培养方案设计，制定符合行业企业人才培养要求、理论与实务相结合的课程体系，实行定制化人才培养，合作推动实践课程开发和建设。教学模式上突出应用性与实践性，积极推行案例教学、行动教学，采取校内主讲教师+若干校外兼职教师的组合授课模式，吸引具有丰富实务经验的外聘老师讲授案例与实例。另一方面，注重通过实验，让教学或研究活动更接近于真实的社会经济发展。建成经济新闻实验室、金融实验室、数学实验室以及集成实验课程和虚拟实验室，其中数理经济学实验室获教育部重点实验室立项，开设实验课程 50 门。实践实验教学提高了学生运用理论知识发现、解决实际问题的能力。

以结构优化为抓手，推进专业学位研究生培养。专业学位研究生是我校卓越计划培养的主体。学校研究生教育已从以学术型人才培养为主向学术型与应用型人才培养并举转变，目前专业学位和学术学位硕士研究生的比例已经达到 6.2∶3.8。按照应用型人才的培养要求，学校以具有职业胜任能力和社会责任感的高级管理人才为培养目标，以"职业胜任能力"为导向，增加职业发展规划环节教育，通过"自贸区调查"等实践项目以及其他实务部门的专题研究项目等，为应用型研究生提供实践实习的社会实践的机会，探索强化专业学位研究生的实践应用能力。

（三）创业计划

创新创业是当代大学生的时代精神，也是现代大学培养人才应秉持的重要责任。然而与理工科和综合性大学相比，人文社科类高校的创业氛围较为淡薄，学生创业热情不高。为此，学校推出创业计划，为学生提供更多实践、实习的机会，培养学生的创新能力与创业意识，激发学生的创业活力与创新潜能，致力培养创业型人才。

推出大学生创新创业训练计划项目，加强创业类社团建设。设立创业计划并不是鼓励学生真刀真枪去创业，但学校依然努力整合资源，尽可能吸引社会资金，同时运用校内力量，为学生提供创业的实践平台。大学生创新创业训练计划项目实施以来，学生创业热情高涨。仅 2014 年，就收到项目申报书 227 份，最后立项 165 个项目。其中，创新项目 73 项，创业项目 32 项，创业实践项目 7 项，"挑战杯"培育项目 53 项。

探索第一、第二课堂融合实践之路，依托创业类项目进行创业创新项目孵化。2013 年，创业中心各学院本科生组建的 Enacts 创行团队代表中国参加墨西哥 2013 年创行世界杯比赛，与全球 33 个国家的商业公益项目同台竞技，凭借利用废弃咖啡渣培育可食用菌菇并进行销售的"咖啡绿植"项目跻身全球八强，在世界舞台上展示了上财学子的创新创业理念与风采。

创业计划的实施，为学生提供了更宽广的发展空间，让学生在大学学习期间能以不同的形式了解社会、参与实践，促生创业意识，规划创业生涯，帮助学生提高适应能力和竞争力，增强责任感与使命感，从而促进了学生综合素质的提高。

二、全面发展，构筑"3"大发展平台

学校着力构筑社会实践、科学研究、国际交流三大平台，为学生多元发展提供实践环境、研究环境和开放环境，让学生通过丰富多彩的社会实践活动、科研创新活动和国际访学交流活动增长实践才干、培养创新精神、开拓国际视野。

（一）社会实践平台

加强实践实验基地和第二课堂建设。首先，整合校内外资源，建设一批教学实习基地和社会实践基地。目前已建立 80 余个实践基地，包括教育部首批卓越法律人才教育培养基地及卓越新闻人才培养基地等，其中 8 个被评为上海市级专业学位研究生实践基地。基地建设为学生实践能力提供了全方位锻炼，树立了卓越人才培养的卓越标准。其次，依托国家经济学基础人才培养基地、创新与创业人才培养实验室、财经人才创业教育创新实验区等三个国家级人才培养模式创新实验区，逐渐完善实验教学体系。此外，充分发挥第二课堂的作用，通过创新性实验、科研创新、社会调查、数学建模、"挑战杯"大赛、大学生英语竞赛、计算机大赛等竞赛项目的实施，推进研究性学习方法，调动学生的主动性、积极性和创造性，激发学生的创造性思维和创新意识。学生获得德勤税务精英挑战赛、中国高校 SAS 数据分析大赛、"外研社杯"全国大学生英语辩论赛、"花旗杯"金融创新应用大赛和全英商务实践大赛等多个全国总冠军；2012 届本科生车林的创业历程成为大学生创业典范。

创新大学生社会实践项目。立德树人是大学的根本任务。一直以来，我校注重通过社会实践项目培育社会主义核心价值观，培养有社会责任感的卓越财经人才。2008 年，学校启动了大型社会实践与社会调查项目——"千村调查"，组织学生围绕一个主题利用寒暑假走出校门、深入农村、深入基层、深入社会开展大型社会实践和社会调查活动，"走千村，读中国"，增强学生的社会责任感和社会实践能力；使学生掌握科学的社会调查方法和创新研究能力，建立数据库支撑科学研究，产生具有重大价值的创新研究成果。项目实施 7 年来已有万余学生参加，每位本科生在校期间基本都有参与经历，已成为我校财经类创新人才培养的重要载体。项目得到了刘延东同志两次批示，回良玉副总理在关于粮食安全问题的成果要报做出了重要批示，后续成果引起了财政部、教育部、卫生部等高度重视，学生调研报告经过当地全国人大代表整理被带入了"两会"会堂，并培育出挑战杯大学生课外学术竞赛全国特等奖和上海市优秀毕业论文等成果，项目荣获 2014 年国家级教学成果奖二等奖、2013 年度上海市教育成果特等奖。

（二）科学研究平台

夯实科研训练平台。本科生方面，依托国家级教学示范中心和省部级重点实验室，开发与研制创新性实验项目，组织学生开展各种类型的实验、咨询、调查等活动，以及在教师指导下进行课题研究。研究生培养方面，探索依托重点科研基地、重点实验室、重点科研项目、创新团队等培养研究生，不断提升研究生创新能力。

设立学生创新培养计划。投入本科生科研创新基金，推进本科生学术研究资助计划，引导本科生积极参与科学研究活动。仅 2014 年第九届本科生学术研究资助计划共有 95 个项目获得立项，其中 88 个项目通过中期检查。目前，一些本科生论文在《经济研究》等国内权威期刊发表，实验班许多学生进入到普林斯顿、哥伦比亚等海外著名高校继续深造。设立研究生创新项目，鼓励研究生从事高水平科学研究；设立优博论文资助项目，促进博士论文的精品化；设立研究生科研资助项目与优秀论文评审制度，促进研究生论文质量的提高；设立学术之星科研创新项目综合资助计划，挖掘并培养具有科研学术潜力的博士生，鼓励其以项目为依托组成创新团队和交叉学科导师组。

推进学业导师和课程助教制度。学业导师在学生选课指引、学习辅导等方面发挥作用，参与指导学生科研训练、学科竞赛、实习与社会实践等第二课堂活动；课程助教向本科学生提供全程的学习辅导服务，帮助及时解决课程学习过程中遇到的问题，加强对学生学业的积极引导等。

（三）国际交流平台

全面推进 Global SUFE 国际化战略。学校全力提升国际合作层次与水平，开拓多门类宽口径的海外学习渠道，推动学生海外交流学习。2013 年，共向海外派出 281 名学生，通过各种项目参加海外交流活动 236 人次，总人数已经达到当届本科学生的 26%。合作学校包括欧、美、澳等国家与地区的 54 所大学，本科毕业生进入国外深造的接近 20%，其中国际名校留学的达 10% 左右。同时，为推动国内本科财经课程教育国际化，深化教育教学改革，学校连续多年面向全国开展 "现代金融学" "现代经济学" "财经法律前沿问题" 为主题的夏令营、暑期学校和暑期师资培训班，仅 2013 年，就接受本科生培训上千人次，接受师资研修和培训 600 余人次。

大力提升研究生国际化教育水平。鼓励研究生参加高水平国际学术会议和行业峰会，提高资助标准，扩大资助面；加强与国外一流高校展开多层次合作，支持学生到国外一流高校攻读硕士和博士学位；按国际先进水平建设和完善课程体系，让更多的本国学生选修全英文课程，也吸引更多的海外学生来华留学；扩大学生出国访学的比例，鼓励大四推荐免试生和专业硕士研究生出国访学；试点举办研究生国际暑期学校，聘请海外名师利用暑期来校授课，让研究生更多聆听来自世界一流学者的课程；在现有全英语系列研究生教育项目的基础上，鼓励更多的学院（系、所）开设全英文系列课程；支持学生出国进修、联合培养，探索 N+N 模式，与国外高校联合培养硕士生和博士生。

三、主要体会

我校的人才培养模式改革进行了一段时间，体会颇多。最主要的感受有两点，一方面，人才培养是一个系统工程，卓越财经人才培养具有连续性和长期性，本科和研究生阶段的培养一定要有机衔接，相辅相成。我校"3+3"卓越财经人才培养模式，通过突出卓越这一主旨，全盘考虑本科人才培养模式改革和研究生教育改革，贯通研究生和本科生两个培养阶段，实现了本科生和研究生三种类型的对接。同时，着力构建三大发展平台，为卓越财经人才多元化成长搭建了广阔空间。今后，我们将在实践中继续总结完善。

另一方面，从人才的素质能力看，今后要更加注重培养学生学会做人、学会学习、学会生活的能力。我校的校训是"厚德博学、经济匡时"，其基础就是做人、学习、生活的能力。所谓学会做人，就是培养学生努力做一个有德行的人，要育公民之德，要修职业之德，要养君子之德。学会学习是学习能力的养成，要指导学生处理好三对关系——学会和会学、专和博、学习和实践，引导他们平衡好各种关系，促进自身全面发展。同时，要鼓励学生发展兴趣爱好，培养高雅情操，提升艺术修养；指导他们养成良好的体育运动习惯、选择健康的生活方式，学会生活。

牵住育人质量"牛鼻子"深化人才培养模式和机制改革

廖进球①

为深入贯彻党的十八届三中全会和江西省委十三届八次全会精神，落实《国家中长期教育改革和发展规划纲要（2010—2020年）》和教育部《关于2013年深化教育领域综合改革的意见》等文件精神，我校以破解制约学校科学发展的关键问题和薄弱环节为突破口，以加强内涵建设、推进创新发展为着力点，把立德树人、促进学生健康成长、全面发展作为改革出发点和落脚点，紧紧抓住提高育人质量这个"牛鼻子"，围绕人才培养配置办学资源，不失时机深化人才管理体制机制、科研管理制度、学校治理结构、国际化办学、管理服务体制、党的建设和反腐败机制等方面的改革，为把我校建成一所特色鲜明、人民满意、全国一流的"百年名校"打下坚实的体制基础。

人才培养模式改革是学校教育事业改革的重中之重，对其他方面的改革起着牵引作用。我校以人才培养为根本，明晰人才培养顶层设计，改革人才培养机制和质量保障机制。具体来说包括三大部分：

一、推进学院大类招生制度改革

根据国家考试招生改革总体方案，参照其他高校的先进做法，我校提出培养"厚基础、宽口径、强能力、高素质"的创新创业型人才，探索经济管理类高校开展大类招生模式，第一步试行以学院为单位开展大类招生制度改革，主要有两个方面的内容：

1. 调整招生类别设置。我校以学院为单位，按照现有专业所属一级学科门类合并、划分拟定招生专业目录，工作中遵循以下几点原则：一是原则上遵循"每个学院不超过两个学科门类"的划分规则；二是在部分学院的部分专业试行"分类招生，共同培养"，即学院内部按照不同一级学科门类进行招生，前两学

---

① 廖进球，教授、博士生导师，江西财经大学党委书记。

年按照共同的培养方案培养，第三学年开始按照"专业分流"方案确定专业；三是高收费专业保留独立招生，其他学费标准第一二年不考虑学费因素，合并招生（培养）时以类别内收费最低的专业确定收费标准；四是涉及注册从业资格考试专门培养的专业保留独立招生。

2. 学生分流与管理。在"公平、公正"的前提下，通过开展学院分流和专业分流，给学生提供更多的选择机会。其中，学院分流指学生在第二学期转换学院，或者转换学院内的专业类别；专业分流指实行"大类培养"的学生于第四学期进行专业选择。

"学院招生、大类培养"的模式改革，势必对学生管理工作产生极大的挑战，带来低年级学生专业认同感下降、高年级学生班级凝聚力不足等诸多问题。对此，我校采取了分阶段进行班级管理的模式，建立起校院班三级学生网络管理信息系统。在一、二年级大类培养阶段，学生管理采用辅导员+专业班主任+辅导员助理（高年级学生）的管理模式，从而达到学生思想教育和专业引导并行的目的。在三、四年级专业培养阶段，学生专业分流后不再编入新专业班，即同一班级可能存在不同专业同学，由辅导员和专业班主任适当调整班干部组成，开展各类班级活动。

二、全面修订人才培养方案

为适应国家经济社会发展需求，体现内涵式发展和高水平大学办学思想，理顺通识教育与专业教育、理论教学与实践教学、共性要求与个性培养等关系，构建更加科学完善、反映时代特征、符合学生发展需要的本科人才培养体系，我校对本科人才培养方案进行修订，主要内容包括四个方面：

1. 学院招生、大类培养。从 2014 级开始在部分本科专业推行"学院招生、大类培养"的人才培养模式改革，将本科人才培养的全学程分为大类培养阶段（2 年）和专业培养阶段（2 年）两个阶段，即"2+2"模式。一、二年级大类培养阶段集中开设通识课程和学科大类课程，淡化专业界限，强化基础教育，三年级开始实行学生分流，进入两年的专业学习。

此外，学校构建了多元、立体的人才培养体系：实施拔尖人才培养工程，对学校优势专业可经过论证以"创新班""创业班"的形式培养拔尖人才；实施卓越人才培养工程，凡列入卓越工程师、卓越法律人才等培养计划的专业，以"卓越班"的形式培养应用型人才；实施校企等合作育人工程，各专业要建立和实施合作育人的机制和途径，培养创新精神，提高创新能力、实践能力和社会适应能力。

2. 降总量、调结构，强基础、重实践，小学分、多课程。具体来说：一是适当降低各专业应修学分总量，经、管、文、法、教育类专业的总学分调整为162学分，理、工、艺术类学分调整为172学分；二是确立国情教育与公民素养、哲学与逻辑、语言与文化沟通、数学与科技、经济与社会发展、艺术与体育和创新创业教育等通识教育课程；三是严格控制大学分课程，32课时以上的课程不得超过课程总量的三分之一，选修课程以16课时为主；四是夯实学生的专业基础，严抓"3+7+X"专业主干课程；五是强化实践教学，实践实验学分文科不低于总学分的20%，理工科不低于总学分的25%，各专业的实践活动（见习、研习、实习、实训）不少于10周，每个专业设置6个课外科研实践活动学分，由教务处、相关职能部门协同实施。

3. 优化第二阶段教学。每年春季学期安排2周（也就是春季学期的第19、第20周）时间的第二阶段教学，由学院以行政班的形式安排授课或者实践活动。原则上，特色化培养阶段总学分9学分，总学时144学时。

4. 改革教学方式。全面推进探究式、项目式、访谈式、案例式、大作业、翻转课堂等教学，强化理论与实践互动教学方式；建构自主学习平台，引导学生进行自主、合作、研究性学习，强化学生的创新、研究和协作等能力，强化教师对学生学习的指导。

5. 重构课程体系。为培养出知识面宽、专业基础厚、创新创业意识强的高级人才，学校全面调整课程体系，提高通识教育课程比重，优化通识教育课程内容，促进学科大类的交叉和融合，加大选修课程比重，重新整合课程资源。课程体系调整为通识教育课程、学科大类课程和专业课程三大平台。

通识教育课程平台占总学分的45%~50%，包含七大模块，每个模块下设必修课和选修课。根据大类培养要求，同一类别的专业设置了相同的通识必修课程。

学科大类课程平台占总学分的10%~15%，包含各专业按所在学科来设置的学科基础课程，各学科门类教学指导委员会所规定的核心课程，一定比例跨学科的学科基础课程。

专业课程平台占总学分的35%~45%，包括专业必修课和选修课，参照《普通高等学校本科专业目录和专业介绍（2012年）》实施。专业课程原则上在第三学年开设，尽可能有选择地开设反应专业前沿、理论动态的课程。根据学生职业规划与发展的需求，整合专业选修课程内容，按照"专业提高性课程+专业口径拓展性课程+专业技能性课程"构建专业选修课程体系。

三、完善监控评价机制

为了切实落实人才培养质量责任，强化全面质量管理，我校进一步健全了教学质量责任制。

1. 修订教分计算办法。全面修订《江西财经大学学院教分计算办法》，提高教学工作量津贴在总量中的比重，突出教学工作中心地位；扩大工作量计算范围，全面覆盖教师教学工作；设立课堂教学"质量系数""新开课系数""全英文课程系数"，引导教师注重教学绩效；减少大班教学，通识必修课人数系数1.5封顶，其他课程人数系数1.7封顶。

2. 制定本科教学工作奖励办法。面向本科教学，着重鼓励在本科教学工程、专业建设、实践教学改革等本科教学各个环节表现突出的教师和教学管理人员，主要奖励从事一线教学的教师。突出重点，加大对国家级、省（部）级项目中对办学特色、办学水平提高具有重大价值成果奖励的力度，加大对有效提高学校影响力而取得的标志性的成果的奖励。突出示范性，着重奖励能够带动学校教学改革、专业发展，具有示范性的项目。

3. 完善人才培养质量监控体系和评价机制。制定学校本科教学工作质量考评办法，建立与完善各项教学质量标准，重点开展对教学过程、教学目标和教学效果、实践教学环节的评价，评价结果将作为学院年度考评和资源分配的重要依据。

4. 建立院校两级人才培养质量自我评价机制。学校成立教学评估机构，按照教育部的要求开展常态化专业自我评估。建立学校本科教学工作质量考评办法，明确评估核心指标，对学院进行本科教学评价，评价结果将作为学院年度考评和资源分配的重要依据。完善本科教学基本状态数据库，定期发布本科教学质量年度报告。

围绕人才培养模式和机制改革项目，我校配套推出了人才管理体制机制改革、校院治理结构改革、后勤管理机制改革、构建学生综合服务体系4项重点改革项目。其中，人才管理体制机制改革以"区别引进、并轨运行、分类管理、重点支持、有效激励"的方式，重点从高层次人才引进、实施"百名人才计划"、分类管理、职称晋升、转岗分流5个方面推进改革，努力建设一支师德优良、结构合理、业务精湛、充满活力的师资队伍。校院治理结构改革在于完善学院治理结构，建立责权利相统一的学院管理体制和运行机制，探索教研单位去行政化。后勤管理机制改革坚持后勤社会化改革方向，实现从以"办后勤"为主向"选后勤、管后勤"为主的职能转变，建立权责明晰、行为规范、监督有效、保障有力的监管机制，从对外服务和对内管理两个方面推行后勤信息化建设，力争到 2020 年基本实现学校后勤服务的社会化、专业化、现代化。构建学生综合服务体系立足于更好地为大学生提供优质便捷服务，分校区设立"一站式窗口服务"机构——大学生服务中心，通过现场和网上办公，发挥咨询服务、现场办公、信息发布、事务协调、领导接待、监督引导的职能，实行精简办事、首办负责、效率优先、贴心微笑、当面评价的工作规则。在此基础上，我校还将系统推进科研管理制度综合改革、国际化办学体制机制改革、研究生培养与管理体制综合改革、独立学院办学体制机制改革等 10 个改革项目。

在推进教育事业综合改革特别是创新人才培养机制方面，很多兄弟高校已经走在了前头，积累了丰富的改革经验和实践成果。目前，我校人才培养模式改革及相关配套改革举措尚处于起步阶段，以上是对我校改革思路和初步举措的简要汇报，不足之处希望兄弟院校多批评指正。

创新人才培养模式 提升毕业生就业质量

李维安①

摘要：培养高素质创新型人才是现代大学的首要任务。随着我国高等教育领域教育体制改革和教育观念更新步伐的加快，创新人才培养机制，培养具有创新意识、创新能力的高素质创新型人才，已成为高等教育发展的重要趋势。本文结合天津财经大学的具体做法，对如何创新财经人才培养模式进行了深入思考。

关键词：创新　人才培养模式　财经　创新创业

一、问题的提出

党的十八届三中全会《关于全面深化改革若干重大问题的决定》中明确提出"创新高校人才培养机制，促进高校办出特色争创一流"，这对高等教育改革发展提出了最直接、最明确的要求。本科教育的本质特性决定了高校是创新人才培养的重要场所，因而培养具有创新意识、创新能力的高素质创新型人才，无疑已成为今后我国高等教育发展的重要趋势。因此，对创新人才培养模式的研究，不仅有利于理论研究的完善，同时也是对我国创新人才培养模式的一种有效探索。天津财经大学一直致力于把人才培养作为教学和科研发展的出发点和落脚点，将人才强校列入学校"四大战略"之一，并确立了人才培养精细化的工作着力点。本文结合天津财经大学的一些有益实践做法，探讨高校应如何做好创新人才培养工作。

二、天津财经大学人才培养模式创新实践

当前，中国高等教育已经进入大众化阶段，某些专业已经明显出现过剩的情况，教育部也已经提出"调整教育结构，提高教育质量，为经济转型升级提供强

---

① 李维安，教授，博士生导师，天津财经大学校长。

有力的人才和智力支撑"的目标要求，在这种形势下，财经类高校更应改变战略，重新定位。近年来，天津财经大学瞄准社会对财经类人才的需求，大胆探索和创新财经类人才培养模式，将其作为学校教育教学改革的突破口，着力培养具有实践能力、创新能力、学习能力、交流能力和适应能力的综合竞争力的本科人才。围绕服务地方经济发展，强化有针对性的就业服务与指导，重锤打铸育人品牌，取得了明显成效。毕业生初次就业率始终保持在95%以上，实现高质量就业的人数超过就业总人数的50%，人才培养质量得到了社会的充分认可，荣获教育部颁发的"全国就业工作典型经验高校"荣誉称号。

总结而言，重点是把握"五个一"，即一个中心、一个试点、一个契机、一个平台、一个突破口。

（一） 突出一个中心，以高质量人才培养促进高质量就业

1. 优化培养方案，构建学生可持续发展的知识体系

以提升教学质量作为工作中心，将"培养顺应时代要求、具有可持续发展潜质的人才"作为培养目标，确立"宽口径、厚基础、因材施教"的人才培养模式，从经济管理学科中筛选出23门主干课程作为核心必修课程，打通学科专业壁垒，以优化"宽口径"；将数学、英语、信息技术、语文四门课程摆在重中之重的位置，以强化"厚基础"。加大实践教学环节，增加综合性、设计性实验教学内容，着力培养学生的实践能力和可持续发展能力，促进学生全面发展。

2. 开设专业导论课，激发专业学习的兴趣和动力

针对新生开设专业导论课，由各专业领域的名师从学科前沿进行专业导读，为学生提供了解本专业的平台。使学生在入学之初，能对本专业的培养目标、基本要求、课程设置、主干课程、专业特点、学习方法等有一个初步认知，尽快适应从中学生到大学生的转变。同时，通过探讨式教学，学生可以和知名教授面对面交流互动，带着问题去研究学习思考，有助于激发其对专业的兴趣和探究动力。

3. 优化培育过程，形成多样化的培养途径

突出因材施教，依据学生的学习基础设置本科生实验班、普通班、基础强化班，实施不同教学安排，满足各类学生学习需求，助推学生成长成才。模块化设置专业方向课，以满足社会的多元需求和学生考研、出国、创业、就业等个性需求。开设辅修专业和双学位，并创新推行主辅修互换制度，允许达到规定标准的学生将辅修专业和主修专业互换，切实提升了学生的核心竞争力。

（二） 抓实一个试点，以校企协同为路径培养卓越财经人才

校企协同订单式人才培养模式是一种以宽口径、厚基础人才培养为主要目

的，面向经济社会发展现实需求的开放式教育模式，注重培养基础好、上手快的应用型人才，最大限度地实现产学研结合，强化学生实践和创新能力培养，为区域经济建设发挥作用。

基于上述理念，我校强化需求导向，搭建了学校与各类金融机构、工商企业和行业监管机构的协同平台，即根据各类人才需求设置"定制班"。2007年，我校与中国民生银行天津分行签署合作培养人才协议，这在天津尚属首例，受到了社会各界的广泛重视。此后，学校分别开办了五期"民生银行班"、五期"滨海银行班"、两期"华夏银行班"和"中信银行班"等，分别与民生银行天津分行、天津滨海农村商业银行、华夏银行天津分行、中信银行天津分行等多家企业联合培养人才，实施财经人才的定制培养，反响良好。2007年底，我校与大公国际资信评估有限公司正式合作成立"大公信用管理学院"，培养社会紧缺的信用管理及信用评级人才，合作培养的范围包括本科生和研究生，从本、硕、博三个层次培养人才。还与北京大学、中国人民大学、大公集团作为主发起单位，联合包括清华大学、中国社会科学院等全国五十多所高校和研究单位，共同在全国率先发起成立了"信用教育联盟"，在北京钓鱼台国宾馆发布《北京宣言》。我校信用管理专业被有关部门评价为全国第二。2010年，学校首次与中国人民银行天津分行合作，共同开设"征信与个人信用管理"选修课程。2014年，我校又与天津商务委员会合作举办跨境电子商务人才定制班，培养跨境电子商务人才。

我校典型的协同合作机制主要表现在以下几方面：一是协同拟定人才培养方案，做好顶层设计。我校根据对学生的培养方向，在原人才培养方案的基础上，与企业协同商讨，补充与实际工作需求有关的培训内容，科学合理地设置课程体系，有针对性地增加学生在今后工作中所必须具备的理论知识和实务操作。把企业项目研发的前沿趋势带进课堂，让学生萌生创新意识，培养创新精神。二是协同组建实验室、实习实训基地。实验室建设以专业建设规划为方向，以实验项目建设为重点，以提升本科教学质量为根本，突出并强化实验教学在大学生的科学精神、基本技能和创新能力培养等方面的作用，构建特色明显、符合应用型人才培养需要的实验教学体系。此外，还包括协同开发教材资源；协同建设课程；协同打造专兼职结合的高水平师资队伍；协同创新培养模式，促进优质资源共享，共同解决学生毕业就业问题，等等。

定制班的优势和特点之一就是定制班学生从学校各专业大四学生中择优选拔，入选后即与企业签订正式就业协议；学员毕业后，达到企业的入职标准，即直接成为正式员工，不再安排试工期。这一机制将学生实习、员工培训与试工期前移，通过个性化的集中培养，学生入职后能够快速适应工作角色，既有利于提高学生的就业竞争力，又为合作企业提供了优先选择优秀毕业生的机会。在"定制培养"模式下，高校自觉与企业的需求紧密结合，既发挥了为地方经济和社会发展服务的作用，也增强了办学活力、生存价值和发展空间，形成了学校、学生、企业"三赢"的良性循环。

（三）把握一个契机，推进实施学校发展战略

当前天津面临重大国家战略和改革创新政策叠加的千载难逢的机遇，多重战略机遇叠加和有机结合，必将放大国家战略效应，进而形成了天津更大的发展机遇。高校是思想高地、学术殿堂和人才摇篮，区域的发展离不开各级各类人才的培养。我校正在全面实施"学科立校、人才强校、质量提升和国际化"的发展战略，积极探索创新举措，将学校发展融入国家和天津经济社会发展的大局。

1. 采取与天津滨海新区人民政府共建的模式，成立了"天津市自由贸易区研究院"，天津市 16 家政府部门成为研究院理事单位，聘请了中国社科院经济所裴长洪研究员担任院长，负责学术指导。研究院将充分利用区位、人才、学科、专业等优势开展基础性、前瞻性、战略性和对策性的研究，整合天津市乃至全国自贸区研究力量，促进学校人才培养、科学研究和社会服务能力的同步提升。

2. 把握京津冀协同发展成为国家战略以及天津市被批准为国家级创新示范区的契机，与天津市地方政府共建"京津冀协同创新经济管理研究院"，创办"京津冀协同创新发展论坛"，合作成立"科技金融学院"和"科技金融研究院""大学生创业园"等。通过这些平台建设，与相关政府部门就涉及经济与社会发展的战略性、前瞻性的热点难点问题和重大项目开展决策论证和咨询研究，在高端制造业转型升级、科技型中小企业发展、科技金融产品创新、企业投融资等方面积极开展研究。通过校政合作，进一步促进了我校科研成果转化、大学生就业、人才队伍建设等方面的工作。

3. 在国际化战略的引领下，去年上半年，我校"苏格兰商务与交流孔子学院""西弗吉尼亚孔子学院"相继成立，拓展了国际教育交流与合作渠道。两所孔子学院都充分发挥专业特色的优势，一个是苏格兰第一家商务孔子学院，一个以能源金融为切入点，适应了能源发展战略对金融服务提出的特殊需求。

（四）搭建一个平台，不断完善就业指导服务体系

近年来，学校以"全方位、全程化、专业化、信息化"为目标要求，多措并举搭建服务平台，强化就业指导和服务。开设就业指导课程，定期发放就业指导材料，组织开展主题活动月、就业能力实训营、创业大赛等就业指导活动，开

展职业生涯规划指导、职业素质提升训练和择业与职场适应指导，形成了第一课堂与第二课堂相结合、立体化、全覆盖的就业指导和服务体系。通过举办大型招聘会和专场招聘会、使用校讯通、手机 APP、微信等多种渠道及时发布就业信息，编辑《就业导读》和《就业 88 问》手册。加强对困难就业群体的帮扶，形成了"经济资助、心理救助、岗位援助与能力辅助"为一体的"四助"帮扶模式，并对困难就业群体进行摸底建库，有针对性提升其就业能力，优先提供就业信息。

（五）寻求一个突破口，以创业促进就业

学校注重创业引领，加强学生创新创业教育，突出草根创业。鼓励学生通过创业活动激发创业梦想，开展大学生创业测评、下发创业管理手册等途径普及创业知识；帮助学生将创业点子转化为创业项目；通过创业"孵化器"，将创业项目转化为创业行动。学校承担了深化大学生创业教育改革试点项目，还建立了天财创业街、创业实习实训基地，目前已有大学生创业团队近 20 个，几十个创业创意项目进行可行性分析和进一步孵化，一批创业好项目不断涌现。学校还开展创新创业方面的国际合作，获得了联合国、世界银行等国际机构的高度认可。学校组织数百名大学生深入我国近 30 个省市的农村，搜集民间创新项目达 2 000 余项。与国际民间创新运动的发起者和推动者——印度国家创新基金会副主席 Anil Gupta 教授保持长期合作。现今，天津财经大学被国家科技部指定为联合国亚太地区技术转移中心民间创新推广项目中国民间创新牵头机构，天津财经大学创新与创业研究中心与印度可持续技术与制度研究会共同构成了国际民间创新运动的双中心。

可以说，我校已经形成以创业教育为龙头，创业实训课程为抓手，创业孵化器为载体的创业教育模式，成为天津市唯一一家大学生创新创业示范基地。《华尔街日报》、新华社、人民网等媒体给予了相关报道。

随着全球高层次人才竞争的日益加剧，无论在自然科学还是在哲学社会科学领域都急需创新创业人才。因此，高校要积极响应我国建立创新型国家的战略要求，以创新能力提升计划为契机，高瞻远瞩，科学规划，始终坚持以人才培养为本，以创新为宗旨的理念，实现高校多种功能的协同发展，创新人才培养机制，高效配置人力、物力、财力等资源，提升人才的创新能力与实践能力，将高校毕业生塑造为高素质的创新型人才，为社会发展提供强有力的智力支持和人才支撑。

财经院校实务课程服务外包的思考与建议

杨继瑞[①]

各位财经院校的领导和同行们，今天回到我的母校，我和我的同事一同来向"老大哥"高校学习，就我们共同面临的一些困惑求教于大家。上午几位发言人都是财经院校中的"老大哥"，他们培养的人才更多的是研究型、学术型的人才，而像我们这样的地方性财经大学，更多的是培养应用型、创意创新型的人才。今天，结合我校实务课程服务外包的实践探索来谈一谈体会。

一、实务课程是我校"五实"教育的重要组成部分

大家知道，我们现在的财经类高等教育已经步入了一个大众化的新常态阶段。如何适应互联网背景下财经人才的创新性需求，这是我们必须要突破的瓶颈。就我们财经学科来讲，实务课程是须臾不可缺少的，特别是像我们这样的地方性财经高校更是如此。

我校人才培养实行的通识教育加专业教育。在专业教育中，我们强调"五个实"的教育，就是"实验""实训""实习""实践"和"实务"。这"五个实"是我们创业、创新教育必须落实的。我从西南财经大学到重庆工商大学，看到了重庆工商大学跟我履职过的西南财大在人才培养定位方面是明显不一样的。我校在专业教育中特别强调"五个实"的教育理念。在"五个实"的教育中，我觉得实务课程又是非常重要的。理论始终是晦涩的，实践才是长青的。实务课程，是贴近社会需求、动态把握财经专业发展需要的必由之路。

二、实务课程最佳的选择就是服务外包

实务课程，一定要采取外包形式，这是最佳的选择。为什么实务课程采取服务外包是最佳的选择呢？从理论上，我们节约了实务课程的配置成本，提高了实

---

① 杨继瑞，教授，博士生导师，重庆工商大学校长。

务课程的配置效率。我们都是同行，有共同的体会。科斯有一个定理说明了服务外包是资源配置的一种比较好的选择路径。事实上，国际上像美国的社区学院，它们在课程设置方面就选择了教学服务外包的模式，而且我们高校的不少后勤服务也在推行服务外包。我们重庆工商大学的一些后勤服务项目很早就采取了服务外包的形式。我们一些非核心的实务课程资源尽量通过服务外包的选择，实现配置成本最少、效率最高。

有一种观点认为，应尽可能引进一些在实务上很有造诣的精英到学校成为我们体制内的教师队伍，从事实务课程的教学。我认为这种观点是欠妥的。

第一，引进的实务精英，可能很难适应高校的教师既要有教学又要有科研的双重目标，很难在他们后续的职业生涯中有大的发展。更重要的是，他们到校后就会与千变万化的财经实践脱节，他的武功就要被废掉。他们开始的确很强，但由于财经变化的实践非常迅速。现在是"互联网+N产业"的新时代。在这样的新形势下，他们肯定不能适应，所以他们很多实务的知识、技能就变成了"过去时"。然而，我们培养的创业创新人才所需要的技能是"现在时"和"未来时"。我记得我在川大工作的时候，有一天是不开会的，我们叫作"无会工作日"。为什么？因为我们班子里有一两个是外科大夫，一定要他们赶回去上手术台，要不然他们的"武功"就会废掉。

第二，派教师到企业和实践一线挂职，然后让他们回来从事教学。我认为这种路径只能学到表皮，只能学到当时的模式，但实践实务后来又变了，又跟不上了。所以，派老师去学习实务再回来从事实务教学也不是最佳路径。

实务课程的服务外包，能够使我们学生更好地把握社会需求的脉络，既能够让我们高校的教师得到训练和提高，又能够找到我们在人才培养方案中存在的缺失。所以，我认为，实务课程最好的办法，不是引进实务教师，也不是外派教师去挂职，而是服务外包。

三、我校实务课程服务外包的实践与路径

重庆工商大学非常重视实务课程。和一般的财经高校不一样，我们所说的"工商"不是简单的财经定义，而是"Technology and Business"。我校废油资源化的装备用到了国防的坦克装甲车上。在60周年国庆阅兵式经过天安门广场的坦克装甲车有重庆工商大学的功劳，"重庆工商大学制造"的装备可以出口到欧美等地区。这是我工作过的川大和财大都没有的。而我校对财经新闻人才的培养也颇有体会，如今重庆广电集团有3个频道就在我们重庆工商大学。与广电合作的具体模式为：我们给广电集团提供场地，广电集团提供设备。不是我校买不起

设备，而是学校设备的更新跟不上现实的需要，让广电集团来更新更为现实。但广电集团的老师、编导人员就都我们的老师，这是双赢的。还有很多的事例，我就不在此一一举例。

我校在推进教学范式改革、课程设置改革过程中，要求每个专业一定要选择至少一门实务性强的课程实行服务外包，并且要进入人才培养方案。这里面的关键点，是如何保证真正能使选择的课程是实务性的。

一是，必须做好整个实务课程服务外包的顶层设计，要把标准做好。我们认为，这对掌握实务知识具有重要价值，这样才能科学地确立实务课程的服务外包方案。作为服务外包的实务课程，对我们整个专业体系的整体性和竞争性不会构成实质性威胁，要做到便于管理、风险可控。这是我们确定服务外包的实务课程的重要考量点。

二是，要组建好实务课程服务外包的教学团队。这个教学团队我们要依靠合作单位来选拔，最好在实践基地里面选择。选择的老师，不应该是一个，他们必须组成一个教学团队。因为如果仅仅选择一个教师，他可能因为公务走不开会影响到正常教学，因此必须组成教学团队才能保障实务课程不开"天窗"。同时，我们要把实务授课的老师纳入学校的整个教师管理体系中去，还要配备相应的助教进行沟通和联系。

三是，建立实务课程服务外包的激励机制。实务课程服务外包教师酬金的确定既要考虑到对外包教师的吸引力，还要考虑内部教师的平衡，有助于建立有效的激励机制。实务课程服务外包教师的酬金，我们认为应在学校薪酬体系中的课时津贴和培训班的课程津贴里面找到一个中间参考值，还有由他所授课程的重要性和稀缺度、市场的需求等来确定；此外，还要根据授课的对象人数来进行修正。我们也可以采取基本工资加奖金等办法。必须指出的是，服务课程的外包一定要签署一个有效的协议，要依法治校，要经得起日后检查，也要维护各方权益。

我相信，通过以上途径，能够较好地完成实务课程的服务外包。目前，我校实务课程服务外包也在探索的过程中，希望各兄弟院校能在实践中给我们提供更多的学习范式。

凝练特色　创新模式
努力培养财经政法类拔尖创新人才

刘茂林①

一、凝练办学特色，提升教育质量新理念

中南财经政法大学历经 60 多年的建设，已成为教育部直属的"211 工程"重点建设和"985 平台"建设的高校，为国家培养了一大批财经政法类高素质人才。全校师生员工深入贯彻落实胡锦涛同志清华大学百年校庆重要讲话精神，根据《国家中长期教育改革和发展规划纲要（2010—2020 年)》《国家中长期人才发展规划纲要（2010—2020 年)》，遵循教育发展的客观规律，弘扬"砥砺德行、守望正义、崇尚创新、止于至善"的大学精神，秉承"办特色、创一流"的办学理念，紧紧抓住"教育质量"这一生命线，凝练办学特色，以培养人才为学校第一要务，围绕创建"高水平、有特色的人文社科类研究型大学"的目标，以本为本，创建与研究型大学相适应的一流本科教育。在原有的"应用型、融通性、开放式"人才培养特色的基础上，不断凝练，提高，深化改革，学校又适时提出了"创新型、融通性、国际化"的人才培养目标与特色。创新型主要表现为培养具有创新精神和创新能力的人才，这些人才通常表现出开拓性，灵活、开放、好奇的个性，具有充沛的精力和坚持不懈的品格，创新型的人才培养主要通过改变死记硬背的学习方式，增强学生的创新意识，创新能力，拔高学生的思维方式，培养跨学科思维和批判思维，适应社会的变化和用人单位的需求，而非简单的实际操作能力的培养。融通性主要体现在学生对知识的融会贯通以及知识迁移能力培养上，即通过不同学科之间、教学与科研之间、理论与实践之间、学校与社会之间的融通，促进学生形成以融会贯通、触类旁通为核心的发散型知识结构。我校融通型的知识结构由经济学、法学、管理学为主体，以哲学、人文科学、自然科学和艺术为辅助构架而成。"国际化"则体现为培养具有国际视野，

---

① 刘茂林，教授，博士生导师，中南财经政法大学副校长。

具有国际思维的国际性人才，主要体现在学生的"适应、创造和发展"能力培养上，即改变传统较封闭的培养模式，通过对内对外开放办学，引导学生形成开放性的知识结构及国际化的知识视野，增强学生的创新精神和发展潜力，培育学生的国际视野和尊重多元文化的博大胸怀。我校的国际联合培养为学生提供了成长的土壤。

为了更好地实现我校新的人才培养特色，学校通过思想观念大讨论等多种方式，提高认识，实现教育理念创新，树立"以人为本，以学生为主体，以学生发展和终身学习为中心"的现代大学理念，突出学生的主体地位，使学生从被动学习者变成主动学习者。尊重学生的需要，突出个性化的培养，积极开展研究性学习、归纳式教学，给学生有自由探索的时间和空间，鼓励学生自主学习，鼓励学生参与科学研究，培养他们的科研兴趣。通过通识教育发掘学生的潜质，注重学生整体素质的培养，使他们具备智力上的灵活应变和终身学习的能力。同时以更新教育观念为先导，以创新人才培养模式为重点，以提高教育教学质量为根本，优化人才培养过程，注重课内与课外相结合、学校与社会相结合、通识教育与专业教育相结合、科学教育与人文教育相结合，着力培养创新型、融通性、国际化的人文社科类高素质、拔尖创新人才。

二、把握契机，探索拔尖创新人才培养新模式

人才培养模式的创新是人才培养体制改革的核心环节，也是创新型、融通性、国际化的人文社科类高素质、拔尖创新人才培养目标实现的核心环节。我校抓住学习《国家中长期教育改革和发展规划纲要》强调高校走内涵式发展道路，提高高等教育质量，实施拔尖创新人才实施计划的有利契机，在教育教学改革过程中不断积累经验，积极探索多样化的人才培养模式，形成了如文澜人才培养模式、国际化联合培养、辅修双学位制、国内游学、国际联合办学等模式，为人才培养开辟了新的途径，对培养学生创新意识、创新能力起到了积极的影响，进一步扩大了我校的影响力。

（一）探索经济学、管理学、法学优势学科创新拔尖人才培养的新模式：文澜模式

文澜模式以我校经济学、管理学和法学等优势学科为基础，以文澜学院为平台，以学生创新精神和实践能力培养为核心，通识教育和复合融通型的专业教育相结合，为学生提供更为自主的拓宽知识基础、形成跨学科优势的学习机会，同时给予学生更多的学习选择权，促进学生个性化发展。培养具有高层次、创新

性、融通型以及国际化的特质，有良好的人文底蕴和科学素养、强力的社会责任感、高尚的道德品质、坚韧不拔的创业精神和追求卓越成就的气质；基础宽厚、具备自我构建知识结构和创造知识的能力，具有深邃洞察力、敏锐的创新意识和高效的执行力，具备战略科学家潜质的拔尖创新人才。

文澜模式的创新之处体现在以下几个方面：

第一，招生体制创新：科学选才，多元选拔。

文澜模式的培养首先需要有优质的生源。文澜学院招生体制采取高考自主招生、高考录取与在校学生选拔等方式进行。第一种是通过高考自主招生，采取以下途径吸引优质生源：一是加强自主招生和特殊人才培养选拔制度，选拔有特殊才能的生源；二是与中学合作，联合选拔优质生源。第二种方式是通过高考志愿填报录取，将"文澜学院"所设专业列入招生目录，以特殊政策吸引高考高分生源。第三种方式是在大一新生中选拔。新生入校后再通过面试等方式选拔优秀生源。

第二，专业设置创新：复合型、交叉型。

文澜学院依托我校经济学、法学、管理学等学科优势，秉承我校"创新性、融通式、国际化"人才培养特色，自主设置复合型交叉型专业。目前拟设置的专业是：经济、管理与法学专业。今后将根据科学发展及社会发展需要设置其他专业。

第三，学分制改革与学制创新：本硕连读与学分制。

文澜学院的学制为"4+2"，本硕连读。

"4"年为文澜学院的学生本科阶段学习年限。其中，进校前两学年不分专业，主要进行通识教育，目标是培养学生具备成为社会英才的素质；后两学年进行专业教育。文澜学院将设计"经济学""管理学""法学"三个专业课程模块，学生在指导老师的指导下，根据自身的特长和未来职业发展取向自主选择其中一个专业课程模块进行学习，目标是培养学生具备扎实的专业理论素养和技能，四年学习完成后授予相应的专业学科学士学位。

"2"年为文澜学院的学生硕士研究生阶段的学习年限。学生在完成本科阶段的学习并取得学士学位后，将采取分流机制，以硕士推免生资格转入本校研究生阶段学习或推荐到国外高水平的学校攻读学位，在校内本硕连读的学生，可根据相关的要求规定自主选择硕士专业攻读硕士学位。

文澜学院实行学分制。其基础是在文澜学院特有的各个专业教学计划框架内由导师指导学生进行自由选课。学生完成通识必修、选修课及相关专业课的学习，修满规定的学分（学生毕业时要求总学分达到180分。其中必修课110学分左右，自主选修70学分左右；学分成绩按百分成绩用学分加权累计平均计算）后，即可毕业，并获得所学专业的学士学位证书，学生所学专业体现为所选修专业课程模块。

文澜学院将试办"一学年三学期"制。春秋两季的学期与日常学期安排一致，每年7~8月为一个小学期，主要是安排聘请的部分外校教师（包括外籍教师）进行授课，或学生进行实习、实践、科研等活动。

第四，课程体系创新：交叉融通与创新教育

文澜学院打破以专业圈定学科的传统人才培养模式，尝试以学科形成专业、课程在先专业在后的模式，整合我校现有优势资源基础上，对经济学专业、管理学专业和法学专业的课程体系进行重新开发，创新设计一套覆盖三个专业、强化三个专业内在联系的新的课程和课程体系。

"经济、管理与法学专业"的课程体系主要由四部分组成：第一部分是通识教育课程，分为通识必修课程和选修课程，要求在前两年完成。通识教育必修课主要涉及高等数学、英语、政治理论、体育、计算机，其目的是培养学生掌握和运用观察问题、分析问题、解决问题的工具，以及有效地处理公共关系，开展团队合作的技能。为强化"文澜人才"在未来社会的核心竞争力，特别加强学生的外语能力和数学能力的训练。通识选修课程涵盖数学与哲学与方法论、自然科学类、人文社会科学类、文学与艺术类共四个领域。目的在于使所有的本科生在学习本专业的同时，广泛学习其他不同学科领域的知识，拓宽知识面，了解其他学科领域在研究思路和方法上的特点，培养学生具备良好的现代人文主义素养、强烈的社会道德责任感以及掌握对问题认知的不同思维方式。第二部分为学科交叉融通性课程。主要培养具有复合型理论知识结构体系而设置的交叉融通性课程，如逻辑学、社会学、法经济学、经济组织与管理、知识产权保护、战略管理等。第三部分为专业教育课程模块。学生在文澜学院相关专业课程模块中选课，进行专业学习，修学各专业教学计划规定的专业必修课和选修课。第四部分为创新素质教育平台课程，包括科研、实践训练课程和毕业论文等

通过课程的整合、重组，不断深化教学内容改革，建立与经济社会发展相适应的课程体系，通过优化课程体系，促进专业内涵建设。

第五，培养方式创新：导师制与名师教学。

文澜学院实行导师制。文澜学院集中全校学术造诣深、责任心强、具备先进的人才培养理念的教师，组成若干个导师组，对经济、管理与法学专业的学生在课程学习、能力训练方面进行全程指导。每位导师对指导对象进行选课、选专业、学习内容及方法、思想品德等方面的指导。导师由相关院系推荐，文澜学院

院长聘任。

文澜学院师资将在全校以及国内外聘请名师教学，还通过游学等形式在国内外著名高校进行课程学习。文澜学院将利用校内外的优质教师资源，构建一个稳定的教师队伍。

第六，教学方法创新：探究教学与小班制。

通过小班教学、启发式教学及开设研讨课程，采用问题学习等创新教学方法，使学生在学习中发现问题和探索问题；实施研究型教学，培养学生热爱科学研究的兴趣。学生将根据自己的兴趣和特长选择感兴趣的研究方向参与导师的科研项目。同时，设立学生科研项目，鼓励学生组织科研小组和参加学术竞赛，激发学生的求知欲和创新潜能；设立学生学术报告制度，给学生展现自我的机会；设立"学术沙龙"，鼓励师生之间、学生之间和体系外的学生定期学术交流。鼓励学生组织研讨班和自学小组，营造浓厚的学术氛围。

文澜学院每年的招生规模将控制在 50 人左右，首批招收学生 56 名。在通识课教学阶段，外语等课程分为两个小班教学；在专业课教学阶段，学生将分别选择经济学、管理学或法学方向学习，这样就能保障绝大多数课堂的学生人数控制在 20 名左右的规模。

第七，管理模式创新：教授治学与学生管理。

学校正式成立了独立建制、拔尖创新人才培养"特区"性质的"文澜学院"，作为"文澜人才"培养的教学组织机构和"文澜模式"的具体实施单位。学院实行"教授治学""机构精简高效"的治理原则，设立由教授组成的"教学指导委员会""质量监控小组"等机构，并广泛地吸收学生参与学院的治理，建立新型的学院管理模式。

通过十年建设，期望达到以下目标，一是发挥我校经济学、法学、管理学的学科优势，探索创新教育的新途径，通过运行集学科大类培养、跨学科教学、国际化办学、研究性教学与实践教学改革于一体的新机制，营造多学科交叉的创新教育生态环境，构建拔尖创新人才培养的新模式及跨学科知识复合型人才培养的平台；二是通过检验创新拔尖人才培养的绩效，总结经验，发挥示范和辐射作用，形成具有推广价值的人文社会科学类创新拔尖人才培养的新模式——"文澜模式"；三是摸索出一条有中国特色的现代大学制度的办学之路。

（二）复合型、拔尖型人才培养模式探索工作初见成效

经济学复合型人才培养模式创新实验区、解纷型法律人才培养模式创新实验区、大学英语教学改革示范中心获教育部第一期质量工程立项，经过几年的探索，业已形成教育理念先进、培养目标明确、培养方案和手段科学的模式。拔尖

创新国际会计人才培育试验区、（船舶制造与运输业）人力资源管理专业人才培养计划获湖北省教育厅立项，正在积极地探索和研究。我校其他学科和专业也在努力形成具有特色的人才培养模式。法学院利用卓越法律人才培养计划、国家级专业综合改革试点的契机，以提升法律人才的培养质量为核心，以提高法律人才的实践能力为重点，培养、造就一批适应社会主义法治国家建设需要的卓越法律职业人才，积极开展各项教育改革与建设活动，修订人才培养方案。

（三）开展校企联合培养金融业应用型人才的实践

学校金融学院本着"产学结合、定向实习""共同管理、资源共享"的原则，分别与长江证券股份有限公司联合开办的"长江证券班"、与汉口银行将共同组建"汉口银行班"。该班以学校教育为基础，以汉口银行人才需求为目标，有针对性地组织教学内容，进行银行专业知识技能的培训和实习，进一步打造厚基础、强能力、重实践的高级应用型人才。

（四）积极开拓国际化联合培养方式，不断拓展国际化联合办学项目

我校在已有的国际化办学的基础上，积极开拓新的国际化联合培养方式。学校在巩固已有的与澳大利亚科廷大学（Curtin University）联合培养"会计学专业中澳班"项目、与加拿大注册会计师协会（Certified General Accountants Association of Canada，CGA）联合培养"会计学专业CGA方向实验班"项目、与英国特许公认会计师公会（The Association of Chartered Certified Accountants，ACCA）联合培养"会计学专业ACCA方向实验班"项目、与澳大利亚南昆士兰大学（University of SouthernQueensland）联合培养"财政学专业中澳班"商学（会计学）学士项目、与新西兰坎特伯雷大学（University of Canterbury）联合培养"国际经济与贸易专业中新班"项目与澳大利亚科廷大学（Curtin University）联合培养"信息与计算科学专业（精算学）中澳班"项目与美国西乔治亚大学（The University of West Georgia，原名The State University ofWest Georgia）联合培养"金融学专业中美班"项目的基础上，积极拓展了与英国卡迪夫大学（Cardiff University）联合培养"3+1"本硕连读（财政学专业）项目，本年度，教育部还批准学校与韩国东西大学合作举办艺术设计专业（动漫游戏方向）本科教育项目。该项目引进韩国东西大学的本科学士学位课程设置、教学计划及教学模式，结合学校的学科优势制订双方共同认可的课程设置、教学计划，面向动漫游戏、影像艺术、互联网等各种数字媒体和动漫产业，培养动漫游戏领域国际化的高级专门人才，使我校教育国际化水平得到进一步提升。

（五）高度重视辅修双学位工作，拓宽了学生学习途径与选择

在原先部属七校联合办学的基础上，学校组织新签订了十校联合办学协议，

使得我校合作办学的区域和范围有了新的发展。目前与我校有合作办学协议的学校有 15 所。截至目前统计到的数据，在我校修读的辅修双学位在校学生 6 234人，我校参加外校辅修双学位学习的在校学生 1 205 人。加强辅修双学位教学管理工作，对辅修双学位实行校院二级管理体制；开发了辅修教务管理系统，方便学校、学院辅修教学管理信息发布、学生成绩查询，保持学校、学院、学生信息畅通，提高了管理效率。

三、优化培养过程，创新管理制度，努力培养财经政法类拔尖创新人才

学校通过协同创新，汇聚创新资源和创新要素，通过修订人才培养方案、教学方式、考核方式改革，优化培养过程，完善组织制度、管理制度等方面进行协同创新，搭建人才与社会的桥梁，实现人才培养环境的改善，从而推动人才培养良性发展。

（一）高标准制定本科全程培养方案，加强专业、课程等教学基本建设

我校高度重视本科专业全程培养方案的制定，高标准制定了《2009 年版本科专业全程培养方案》，并已从 2009 级新生开始施行。新的培养方案适应新时期社会经济发展与法制建设对人才培养质量的要求，确立了"宽口径、厚基础、高素质、重创新"的复合型人才培养目标，统一设置通识教育课程，按一级或二级学科设置学科基础课。扩大选修课的比例，着重为学生提供宽厚的学科基础知识，拓宽知识面，强化不同学科之间或相同学科不同专业之间的融通，强化实践教学环节。突显了我校"融通型、创新性、国际化"人才培养特色。目前各专业的培养方案符合学校人才培养目标，体现学校对通识课程的重视，对培养学生基础能力的引导，体现了全面发展的要求，有利于学生综合素质的提高、创新精神和实践能力的培养。

同时加强了优势特色专业建设，通识教育课程与精品课程、双语教学示范课程建设日益规范，示范作用明显。通过建设，目前我校国家级专业综合改革试点专业共有 4 个，卓越法律人才培养计划项目 3 项，国家级精品视频公开课 6 门，国家级精品资源共享课 12 门，着重建设了 170 门通识教育选修课程，并开展了通识教材建设和系列专业教材建设。

（二）重视本科教学方法 改革人才考核方式

学校采取各种有效措施如鼓励立项、设立本科教学奖和青年教师讲课竞赛等方式，倡导启发式、探究式、讨论式、参与式教学方式，营造独立思考、自由探索的良好环境，强化教与学的互动关系，努力培养学生自主性、批判式的学习能

力。较为突出的有案例教学、法律诊所以及研究性教学。案例教学法是开放式、互动式的新型教学方式，通过事先的策划和准备，使用特定的案例并且指导学生提前阅读，组织学生讨论，引导学生思考，形成反复的互动交流，通过观点的碰撞来达到启示、教学的目的。"法律诊所"课堂通常以真实案件为对象，由课堂教学和案件代理两部分组成。课堂教学围绕学生承办的案件，采取提问、讨论、模拟、反馈等方式，在互动交流中，让学生获得事实和法律上的认识和判断，改变以往灌输式的教育方式。通过多种多样的教学方式的变革来促进学生良好的接受知识、吸收知识、再现知识以及迁移知识的能力。

学校鼓励各学院和任课教师针对课程特点采取科学合理的课程考核方式，真实、客观、全面地评价教学效果，促进学校本科教学质量的不断提高。在全校所开 1 578 门课程中有 188 门课程采取了区别于传统的闭卷笔试考试方法。改革后的考核方法主要有开卷、上机、提交课程论文或调研报告、完成作品、实验以及口试等开放性的考核方式。部分课程不但改革了考核方式，同时加大了平时成绩在整个成绩换算中的比例，平时成绩一般占到总成绩的30%或者更高。

推进大学英语教学模式的改革。作为全国大学英语教学改革示范点项目高校，学校以提高大学生英语应用能力为目标，积极推进以学生为主体、教师为主导，采用计算机、校园网和课堂等多种形式的大学英语教学模式的改革，加强课程体系、课程内涵和专业化英语教师队伍的建设，提高教学质量和学生的英语学习效率。

（三）注重实践实验教学，构建实践教学体系

我校构建了集实验、实训、实习、社会实践于一体的课内外、校内外相结合的、注重能力培养和创新意识教育的实践教学体系。按照"高素质、强能力、融通型"人才培养要求，加大实践实验教学投入，增加实践教学的学时比例，规范实习基地管理，强化毕业设计（论文）的分类指导，构建"校、省、国家"三级学科竞赛体系，加大创新实验室的建设力度，整合学校实验室资源，学生创新精神和实践能力的培养效果显著。"十一五"期间，我校本科学生共获国家级大学生创新性实验项目 110 项，其中参加全国交流的有 9 项，获奖 3 项；湖北省优秀学士学位论文 640 篇。

（四）加强组织制度建设，贯彻人才培养理念

为了贯彻落实特色化的人才培养理念，学校制定了一套规范化、特色化的制度体系，逐步建立了"部门配合、师生互动、激励与约束并存、突出实效"的工作机制，实施了一系列"特色工程"和"亮点工程"，为培养"创新型、融通

性、国际化"的人才创造了一个良好的育人环境。

第一，加强了教学基层组织——教研室建设。教研室是高校教学基层组织，加强教研室建设，发挥教研室在教学工作中的作用，有助于提高教学质量。学校出台《中南财经政法大学教研室建设与管理办法（试行）》《中南财经政法大学优秀教研室评选与奖励办法（试行）》等文件，并拨付专项经费加强建设；每年投入60万元鼓励教研室开展教学科研活动，组织全校教研室自查工作暨第一届校级优秀教研室评选，对于优秀教研室进行奖励；经认真评审，确定了"会计学原理"等11个教研室为中南财经政法大学首批优秀教研室，并给予每个优秀教研室2万元的奖励。

第二，设置教学奖、教学管理奖、青年教师讲课竞赛。为进一步加强学校教师队伍建设，调动广大教师投身本科教学的积极性，鼓励在本科教学中取得优异成绩的优秀教师，我校每年组织"本科教学奖"，每两年组织一次"教学管理奖""青年教师讲课竞赛"。经过近几年时间的运作，取得了显著的效果，不仅优化了教师和教学管理队伍，提高了整体素质，而且调动了他们的积极性，挖掘了他们的潜能，有效地提高了教育教学质量。同时学校还在职称评聘方面给予倾斜。

（五）加强教学管理创新，建立本科学业预警

（1）实施"本科生导师制"，鼓励导师负责对学生的学习、科研、思想素质进行指导。由杨灿明校长主持的"本科生导师制研究"项目获得湖北省优秀教学成果二等奖。通过导师制的推行实施，强化了教师教书育人的神圣职责，建立了一个稳定的、师生互动、教学相长的教学系统，对本科学生的成人与成才起到了重要的作用。

（2）建立本科生学业预警机制。学校出台了《中南财经政法大学本科学生学业预警办法（试行）》，并开始启动对本科学生的学业预警工作。进一步加强本科学生的学业管理，及时了解学生的学习状况，提高对学生学业的指导性、预见性，引导、监控，督促学生努力学习，促使学生顺利完成学业。

（3）进一步完善校院两级教学管理体制，有效地提高考试组织安排质量和效率。我校对期末考试制度进行了改革：①简化考试方式审批制度，由原来的院、校两级审批制改为学院审批、学校备案的制度。②改革了监考安排制度。③实行了期末考试分段进行的制度。

我校悠久的办学历史，鲜明的人才培养特色，丰硕的办学成果，形成了独特的中南形象，赢得了良好的社会声誉，彰显了中南财经政法大学育人理念所独有的魅力和生机。创新型、融通性、国际化特色人才培养模式为学生发展提供了多样化选择，学生从单纯关注就业热门专业以及考证等转向注重提高自己综合、创新能力，根据自己兴趣爱好和实际情况设计出个性化成才路径。近年来，优秀博士论文、湖北省大学生科研成果、优秀学士论文等奖励；全国大学生创业大赛、数模竞赛、德勤税务精英全国挑战赛、全国英语演讲比赛等比赛捷报频传，彰显我校人才培养成果丰硕。

在独具中南财经政法大学特色的教育理念指导下进行的探索和发展，是"创新型、融通性、国际化"人才培养模式的生动实践，并且取得了阶段性的成果。今后，学校将把培养创新人才作为学校发展的核心任务，锐意进取，加快建设高水平研究型大学的步伐，为学校的成长、学生的成才做出更大的贡献。

创新人才培养模式　培养卓越财经人才

夏春玉①

《国家中长期教育改革和发展规划纲要（2010—2020 年）》中指出，要坚持德育为先，立德树人；要创新人才培养模式，注重学思结合、知行统一、因材施教。多年来，东北财经大学不断深化教育教学改革，创新人才培养模式，在立德途径、教学体系、教学方法、为师素养等方面进行了有益探索和尝试，搭建了培养卓越财经人才的新平台。

一、七大主题月：搭建大学生思想政治教育新平台

立德树人是学校教育的根本任务。东北财经大学坚持德育为先的原则，在充分发挥思想政治理论课的主渠道作用以及挖掘专业课思想政治教育内容的基础上，以主题活动月为载体，依托重要节庆日、纪念日和重大事件，周密策划、精心组织，开展形式多样、内容丰富的思想政治教育活动，为大学生搭建广阔的自我展现平台。目前，已形成"学风建设月""文艺展演活动月""毕业纪念活动月""入学教育活动月""就业活动月""科研活动月""校园读书月"七大主题活动月体系，这对提高大学生道德修养，提升大学生综合能力，培养大学生的集体意识和社会责任感等方面成效显著。

四月为"学风建设月"。自 2008 年创办以来，"学风建设月"活动坚持"志存高远，勤奋学习，以学为荣，努力成才"的宗旨，积极探寻高校学风建设经验和学生成才规律，不断充实和创新活动载体。七年来，在全校组建"学研小组"近 500 个，这些"学研小组"采用兴趣为师，自主学研，专人指导，以赛代练的模式，做出很多优秀的科研成果，在国内外大赛中斩获很多奖项。通过评选"学风建设精品活动"，鼓励相关部门和学院参与学风建设，"晨读""班级周记""后生论坛""图书漂流"等 60 余项活动极大丰富了学生的学习生活。"大学生喜爱的系列报告会"仅在 2014 年第七届"学风建设月"就举办了八场，报告会

---

① 夏春玉，教授，博士生导师，东北财经大学校长、党委副书记。

把课堂上"一个人教大家闷着记"变成了课后"一个人讲大家笑着听",从课堂上"一个人开口问大家不吭声"变成了课后"大家开口问一个人悉心答",每场报告会的门票都被早早抢空,还有许多学生站着听满全场,原本两个小时的报告会一再延时。此外,在"文明修身标兵""党员示范寝室""学风先进班级"等评选活动中,学校表彰先进个人和集体 2 000 余人次,以先进带全体,推动了全校学习风气的整体改善。"学风建设月"活动 2009 年获评"辽宁省高校校园文化建设优秀成果一等奖",2011 年获评"大连市高校大学生思想政治教育创新活动"。

五月为"文艺展演活动月"。至今已开展十余年的"文艺展演活动月",以历时久、参与面广、活动种类多、形式新颖、特色突出而闻名于东财园。文艺类的活动有舞蹈比赛、歌唱比赛、戏剧小品比赛、校园主持人大赛、英文短剧大赛、启鸣杯辩论赛等;艺术创作类的活动有校园原创歌曲大赛、绘画比赛、摄影比赛、手工作品大赛等;体育类的活动有篮球赛、足球赛、乒乓球赛、排球赛、拔河比赛、跳绳比赛等;时政类的活动有红色宣讲活动、师语堂、国风论坛、草根讲堂等;学术类的活动有后生论坛、案例分析大赛、营销大赛等。学生参加丰富多彩、形式多样的文艺展演活动,既愉悦了心情,又锤炼了品质。

六月为"毕业纪念活动月"。自 1999 年创办以来,学校以满足毕业生情感需求和鼓励毕业生成长成才为出发点,举办二十余项主题活动,让六月的校园成为回忆和欢送的海洋。由校党委书记为毕业生党员"再上一次党课",从母校情感、爱国情怀、就业创业等方面,对学生一一叮咛,殷殷嘱托,有效地将党的思想教育、青年人的历史使命和个人成长紧密联系起来。"优秀毕业生风采展"每年刊登 150 名在考研、就业、校园活动中表现突出的优秀毕业生,既是对他们成绩的表彰,也激励在校学生见贤思齐。通过票选"毕业生心目中最具影响力恩师",学生得以在毕业之时向传道授业的恩师郑重说一声感谢,恩师为学生再上最后一堂课,成为师生间最宝贵的情感交流。每名学生都会拿到学校特刊的毕业专辑《征帆》,字里行间记载了他们大学四年的成长轨迹。每名学生的家长都会收到学校寄出的毕业贺信,邀约参加毕业典礼,共同见证学生成长时刻。通过向母校捐献毕业纪念雕塑和"薪火基金",学生懂得了感恩,学会了传承,同时增加了校园人文景观。毕业生照片墙、社团送别主题街、毕业宣誓仪式、毕业晚会等活动,使得"东财人·母校情"成了毕业生永恒的记忆。《光明日报》等主流媒体曾对我校毕业纪念活动进行了连续报道,"毕业纪念活动月"2005 年获评"辽宁省大学生思想政治教育精品活动 A 类",2011 年获评"大连市高校大学生思想政治教育创新活动"。

在东北财经大学，以类似"学风建设月""文艺展演活动月""毕业纪念活动月"等主题活动月为载体的大学生思想政治教育模式已经坚持了近 20 年。学校还有"入学教育活动月"，通过开展国防教育、安全教育、心理健康教育、校史教育、图书馆入馆教育、校纪校规教育、环境适应教育、理想信念教育、专业教育、职业规划教育十项教育活动工作，使大学生对未来的大学生活充满期待、不再迷茫，对自己未来的发展目标有初步规划；"科研活动月"，通过举办各类学术论坛、科研论文写作大赛、评选科研明星等活动，激发学生科研积极性；"就业活动月"，通过开展创业与就业相关政策培训会、就业洽谈会、知名校友座谈会、创业大赛等活动，为毕业生提供政策支持，帮助毕业生做好职业规划，激发创业积极性以及就业的信心；"校园读书月"，通过开展读书交流会、读书征文、名著佳作赏析、读书演讲比赛、图书漂流等活动，引导广大师生多读书、善读书、读好书。

从入学教育到毕业教育，从学风建设到读书养性，从提升科研水平到促进就业，各具特色的"主题月"活动已成为东北财经大学校园内一道亮丽的风景线。学生们通过参加各种主题月活动，既增长了才干，又提高了修养，为毕业走向社会打下了扎实的基础。

二、教学体系双结合：培养学生创新和实践能力

为了培养卓越的财经人才，学校着力构建通识教育与专业教育相结合、理论教学与实践教学相结合的"双结合"教学体系，强化实践育人。在 2014 年新修订的本科人才培养方案中，学校将原公共基础课纳入通识教育体系，全校统一设置通识教育课程，增加通识教育类课程比重，通识教育课程占总课时 45% 以上。学校还在通识教育选修课中优化设置了"人文社会科学""自然科学""计算机应用""外语能力提升""健康与体育教育""创新创业教育"六个模块，通过文理渗透、学科交叉，提高学生的综合素质和竞争力；学校将原学科基础课调整为专业基础课，按学科门类并适当参考专业类设置专业基础课，相关专业打通培养，拓宽学生的专业口径，夯实学生的专业基础，提高学生的专业素质。学校还压缩课堂教学时数，给学生更多的时间自主学习。

为适应因材施教和不同专业培养的要求，学校将英语、数学、计算机等必修课程实行分级教学，实施差异化培养；大学语文实施"3+2 两段式"教学方案，着力提升学生的阅读与写作能力；大学英语教学实施"2+2+X"模式，提高学生的语言应用能力和跨文化交流能力；为适应自主建构知识、满足学生个性发展的要求，学校规定选修课的课时比例不低于总课时 40%，并将逐年提高。

实践教学是本科教学的重要组成部分,包括课程实践教学和社会实践教学,是培养学生创新精神和实践能力的重要途径。课程实践教学包括专业基础课实验、专业课实验和专业综合实验。在课程实践教学中,学校加大投入于2007年兴建了经济管理实验教学中心,2008年被评为辽宁省高校实验教学示范中心,2009年被教育部财政部确定为国家级实验教学示范中心建设单位,2013年经教育部和辽宁省教育厅联合评估认定成为国家级实验教学示范中心。同年,金融学综合实验教学中心也获批国家级实验教学示范中心。此外,学校还拥有工商管理综合实验教学中心和工程管理实验教学中心2个省级实验教学示范中心。学校在全国范围内率先制定了经济管理专业实验教学项目建设指南,编制了基于工具软件、应用软件、仿真模拟三个类别近20个实验教学项目示范案例,此项工作在全国高校实验教学示范中心建设方面具有创新性。各教学单位相继建设完成246个实验项目,经过验收和评审最终确定其中226个为合格实验项目,全校自2011年起先后经过两次遴选共选出"组建模拟企业""保险精算实验""政府预算模拟流程之部门预算项目"等16个精品实验项目,通过精品实验项目建设带动实验课程发展、提高实验教学水平。在此基础上撰写了7种学科基础实验教材和11种专业实验教材。学生通过实验验证所学理论,提高分析解决问题能力和研究创新能力。

社会实践教学主要是进行农村、城市、专业和专题社会调查。学生利用暑假,围绕新农村建设、环保生态、区域发展等问题进行社会调查,撰写调查报告。近五年,学生累计进行社会调查近3万人次,评选出优秀社会调查报告620余篇。学校从2012年开始,强化大学生创新创业训练,构建了国家、辽宁省、学校三级创新创业训练计划。截止到目前,国家级创新创业训练项目46项、省级76项、校级294项。学校在通识教育的创新创业教育模块中设置2学分开展创新创业模拟训练。学校组建了创新创业教育教研室,负责全校创新创业教育类课程的教学和研究工作。学校财务管理专业为辽宁省创新创业教育重点建设专业。学校与大连市人社局合作,面向学生开展国际劳工组织的创业培训认证(SIYB),并将这一认证体系纳入我校的创新创业教育体系,学生通过认证后,可以置换创新创业模块的4学分课程。学校还将加强实践教学基地建设,截至2013年,共建立了166个校外实习实践基地,为学生的校外实践搭建起广阔的平台。

学校还将课外教学纳入学分制管理,提出了学生四年完成10个以上课外学分的硬性要求,学生参加学术讲座、参与教师科研课题研究、发表学术论文、参加竞赛获奖等均计入创新学分。学校成立了"大学生课外教学指导中心""大学生课外科研活动指导中心"和"大学生文化艺术指导中心",指导学生的学科竞赛、科研活动、文体活动等。近五年,学生在国内外一系列大赛中先后获得全国大学生管理决策模拟大赛特等奖、全国高校"创意 创新 创业"电子商务挑战赛一等奖、CFA 协会全球投资分析大赛"最佳团队表现奖"、中央电视台"挑战主持人"大赛冠军、全国商科院校市场调查分析技能大赛一等奖、全国大学生英语能力竞赛特等奖等重大奖项。据不完全统计,学生获得省级以上奖励 247 项。2013 年,学校推出"重大项目进课堂"系列讲座,邀请我校中标国家级重大项目的 9 位首席专家围绕项目研究中的前沿研究成果做专题讲座。该系列讲座是我校首次将学术报告和本科生培养方案相结合,作为"学科前沿专题讲座"课程,纳入经济管理类专业"学科基础选修课"或法文理专业的"人文社会科学模块",很好地实现了科研与教学的有机结合,这也是人才模式创新的新尝试。

毕业论文(设计)是在理论教学与实践教学相结合基础上的综合性训练。学校改变了以往单一的将毕业论文(设计)列入实践教学环节的做法,将毕业论文(设计)提升到综合性教学环节。为提高学生的写作能力和研究能力,学校尝试进行毕业论文(设计)考核改革,鼓励学生利用社会实践和实习的机会,发掘企业的需求,或者由企业点题制定设计课题或项目,由校企双方出指导教师,指导本科生完成毕业设计,这一方式取得了良好成效,既带动了本科生实习和实践,又挖掘了企业的需求,使得本科生毕业不再单一的停留在理论论文写作层面。同时,为了鼓励大学生提高创新创业训练计划项目质量,学校建立了大创项目与毕业论文间的直通车制度,凡获得优秀的项目可以直接转化为毕业论文(设计),经指导教师认定具备一定水平的项目,可作为毕业论文(设计)继续完成。创新毕业论文形式,尝试以问题综述、调研报告替代学术论文,由学生根据自己对知识的了解和掌握程度,以及对自身未来发展方向的设计,自主选择毕业作品的具体形式,此举一经推出,便受到了师生广泛好评。

通识专业、理论实践"双结合"的教学体系,夯实了学生的专业基础,拓宽了学生的专业口径,强化了学生的专业技能,培养了学生的创新精神、实践能力、社会责任感和团结合作精神,使学生实现了"读书、修身、成才"的统一。

三、教学方法改革的实验田:问题导向的跨学科教育

人才的"精细化"培养是各高校在以"大众化"为背景的教育阶段共同面临的课题。采取何种模式讲授课程,如何利用有限的课堂时间,达到事半功倍的讲授效果,在这些问题上东北财经大学进行了不断地探索。学校在课程讲授模式上进行了"精讲"课程、将知识点"讲精"的大胆尝试,不断鼓励小班型、研

讨式教学模式。在理论课教学过程中，积极推行互动式、启发式、研讨式教学；在实务课教学过程中，积极推行案例教学、模拟教学；在外语课教学过程中，积极推行情境教学……目前，小班型、研讨式教学已经在校内全面铺开，每个专业均开设有一门专业课程，以小班型、研讨式教学模式进行讲授。此外，学校还建立并强化了研究生兼任助教制度，鼓励研究生走进课堂，为本科生辅导、答疑；建立了本科生导师制度，在学习方向、时间安排、培养方案、选课等方面加强对学生的指导；从 2008 年开始，学校开展了人才培养模式创新实验，分别设立了行为金融学、工商管理、会计学 3 个教学改革实验班，在培养目标、教学模式、教学内容、能力培养等方面进行创新。

行为金融学实验班用"以问题为导向的跨学科教育"模式替代传统的"以教科书为导向的专业教育"模式。在行为金融学实验班，老师们以培养中国本土社会"有灵魂的专家"为目标，将每一门课程都归纳为若干核心概念及揭示每一核心概念之意义的现实世界的人生问题和中国问题。学生们在教师的引导下，在理解核心概念的基础上，围绕与核心概念密切相关的人生问题和中国问题，在求解问题的过程中进入相应模块学习，涉及二十多门相互关联的课程。这样，经济学、金融学、社会学、心理学等学科的重要知识就被串接起来，呈现出一套完整的解决问题的知识路径，而不再如传统教育那样，呈现给学生的是一门门孤立的具体课程。

跨学科是问题导向带来的必然要求。教师交给学生们思考和完成的"问题"，大多是带有较强综合性和根本性的人生问题或者社会问题，是依靠单一学科无力解决的，同学们"被迫"扩张知识视野，打开思维的闸门，到更广阔的跨学科领域中寻找解决"问题"之道。

问题导向的跨学科教育实践表明，如果学生选修一门同时涉及三个不同学科的跨学科课程，那么，与已往需分别开设三门课程学习相比，大约可节约三分之二的总课时。学生们以求解中国情境中的问题为导向，将所需的知识模块涉及的二十多门课程都带动和贯穿起来，展现出问题导向的跨学科教育与教科书导向的专业教育的相对优势及互补性，这种教学方法是一种高效的探索性学习方式。

从 2014 年开始，学校在通识选修课中开设"新生研讨课"，全校新生根据自己的兴趣和爱好自由选择。学生在教师指导下开展小组讨论，进行口头辩论和写作训练。新生研讨课旨在通过讨论式的研究性学习，建立以探索和研究为基础的学习环境，培养学生探究式学习意识、批判性思维能力、创新性科研能力和团队合作精神，提高学生的交流表达能力和写作能力。目前，学校立项 30 门新生研讨课，三年内拟建设 100 门新生研讨课。

四、学识人格双魅力：学生健康成长的引路人

　　教育是心灵与心灵的沟通，灵魂与灵魂的交融，人格与人格的对话。教师不仅要注重教书，更要注重育人；不仅要注重言传，更要注重身教。教师的思想政治素质和职业道德水平直接关系到大学生的健康成长，直接关系到育人的方向和质量。为了增强广大教师教书育人的责任感和使命感，学校以引进培养举措为载体，提升教师的学识魅力；以"师德建设月"为载体，提升教师的人格魅力，使教师更能胜任教书育人的职责，成为学生健康成长的指导者和引路人。

　　多年来，学校坚持按照《东北财经大学引进、选调教师及专职科研人员暂行办法》规定的标准与程序，积极引进和选调高水平教师。2011年，学校制定了《东北财经大学引进高水平人才的实施意见》，2012年又进行了修订，以优厚的待遇面向海内外引进学科带头人、学术骨干和优秀博士。同时，学校还充分利用海内外优质教师资源，有计划地聘任特聘教授、客座教授和兼职教授，形成高质量的兼职教师队伍。

　　为了强化对中青年教师的培养，学校2011年制定了《东北财经大学教师海外提升计划实施办法》，除国家留学基金委和省教育厅公派人员外，学校每年选派15名左右优秀中青年骨干教师和科研人员赴海外高校或科研机构攻读博士学位，从事博士后研究、进修学习或从事访问学者工作，以此提升中青年教师的教学和科研水平；学校实施教师教学能力提升计划，定期组织新调入教师和中青年教师进行教学能力提升培训，通过校史校情及师德、学校规章制度、教育思想观念、教学方法与教学模式改革创新、现代教育技术及网络辅助教学等培训内容，为广大教师站稳讲台、站好讲台奠定基础；学校鼓励实验教师和从事实务类课程教学的教师到实际工作部门挂职锻炼，提高实践应用能力；为发挥教学研究对教师教学能力和教学水平提升的引领作用，学校还实施了"教学研究与改革立项工程"，鼓励广大教师对人才培养模式、课程体系、教学内容、教学方法与手段以及教学管理运行模式等方面进行改革研究与实践，并将其纳入到学校"教学质量与教学改革工程"系统之中。

　　从2003年起，学校每两年组织一次教学观摩或随机性教学大奖赛，对成绩优秀的教师颁发荣誉证书，并在晋升专业技术职务时给予奖励加分。每两年评选一次教学名师，颁发荣誉证书和奖金。2009年，学校又启动了"教学示范教师"的评选工作。通过开展教学大奖赛、评选教学名师和教学示范教师等活动，引领广大教师积极投身教学，创新教学模式，改进教学方法，提升教学水平和质量。

　　为了鼓励教师多样化发展，从2002年开始，学校进行了教师职务评审制度

改革，将教师高级职务评审分为正常评审和特殊评审两种类型，特殊评审又分为教学突出型、科研突出型和提前晋升三种类型，规定了每种类型的最低教学和科研标准。与正常评审条件相比，教学突出型放宽科研要求，科研突出型放宽教学要求，提前晋升型必须是教学、科研双突出。这种职称评定办法实施后，充分调动了广大教师的积极性，为不同类型教师的成长搭建了平台。

为了加强师德师风建设，学校从 2006 年开始，把每年九月定为"师德建设月"，坚持"三个着力"，实施"三个创新"。

"三个着力"：一是着力加强组织制度建设。学校党委专门成立了师德建设工作领导小组，相继出台了加强师德建设相关文件，形成师德建设长效机制。二是着力营造浓厚的师德建设舆论氛围。学校制作"师德建设网络专题"、编制《师德建设学习资料汇编》、制作校园橱窗展等，为广大教师提供学习交流的平台。三是着力开展丰富多彩的师德建设活动。开展"寻找身边的榜样""师生恳谈会""师德征文"等活动，增强教师加强师德建设的自觉性。

"三个创新"：一是建立师德档案，增加考核硬性指标。从 2007 年第二届"师德建设月"开始，全校教师对照《东北财经大学教师师德规范》撰写师德述职报告。学校将此纳入师资管理档案，明确提出教师评定职称、进修学习、评优奖励必须审核述职报告的硬性指标。二是实施党员教师担任班导师制度。从 2008 年第三届"师德建设月"开始，学校党委提出各学院都要为新生班级建立党员班导师制度，倡导党员教师担任新生的班导师或指导教师，成为学生健康成长的引路人。三是评选师德模范。2006 年至今，学校共评选出 21 位师德模范，他们特有的清风正气在全体教师中有效传承。

教学名师、示范教师、师德模范……他们在平凡的教书育人岗位上认真履行人民教师的神圣职责，以高尚的师德师风引领学生健康成长。

2014 年 6 月，学校在主题活动月学生思想政治教育新平台、通识专业理论实践双结合的教学体系、问题导向的探究式教学方法、学识人格双魅力的为师素养等方面的探索和尝试的基础上，又出台了《东北财经大学研究生教育综合改革方案（试行）》。学校本着"合理可行""循序渐进""重点突破"的原则，确立了"以管理模式转变为核心，生源制度、导师制度、'博士生军团'为先导"的教育体制机制创新思路，通过研究生管理体制改革、实施分级管理，切实增强学院的办学主体地位，打开学院发展的新空间；进一步完善导师管理制度，破除导师终身制，探索引入导师组制度，真正建立一支能进能退、务实高效、充满活力的导师队伍，充分发挥导师作为"研究生培养的第一责任人"的作用，同时配套研究生考评体系建设，打开研究生培养质量提升的新空间；要着力打造"博士生军团"，将博士生作为"学校没有围墙的新员工"，强化博士生主人翁意识，将博士生科研创新成果纳入学校科研评价体系，给予他们特定的组织形式，形成特有的管理体制和运行机制，打开博士生群体参与和推动学校内涵式发展的新空间。可见，要培养卓越的财经人才，人才培养模式的创新没有完成时，永远在路上。

产教融合，财经高等教育发展与创新

郭延生①

尊敬的各位教育家，大家下午好！上午听了教育部领导及各位校长的讲话，受益匪浅。作为企业的代表，今天能够站在这里跟大家分享我非常荣幸。用友是一家老牌企业，如果用德国的企业评价模式，其可以算是一家教育型企业。从与中央广播电视大学合开课程"计算机在会计当中的应用"，到后来开发"ERP 经营模拟沙盘"，到现在成立专门的教育公司——用友新道科技有限公司，都是跟教育紧密联系的。到目前为止，用友集团的所有成员企业都是软件公司，而用友新道则是用友集团旗下唯一一家专注于教育的公司，经过三年的发展，新道取得了长足的进步。借这样一个场合，把用友新道的理念以及其对教育的理解跟各位做一个汇报。

我用这样一个题目——"产教融合 高等财经教育发展与创新"来开始这场回报。首先先介绍四个场景：

第一：去年年初，我接到一个大型国企的财务主管——我的一位朋友的求助电话，内容是，"延生，你有没有一个训练工具，帮我培训一下每年分配到我这来的财经大学毕业生，因为他们实际操作中什么都不会。每次我把他们培训到适应岗位工作后，他们就离开了。我又得重新培训新人。"这是一个普通的大型国企财务高管的需求。这要求看似很朴素，却强调了应届毕业生的基本的岗位工作能力和稳定性，突出了企业对毕业生的基本需求。

第二：今年召开的全国职业教育工作会，我有幸作为全国 11 家企业代表之一参加了这次大会。在这次大会上跟很多重要的部委领导一起交流，其中一位领导谈到，"本次教育大会是拨乱反正的大会。"这些话在咱们圈里看来有点不合适，但是作为一种声音来听取也不为过。

第三：今年年初还参加了另一个报告会议，其中会议中有一段话印象特别深刻："我国过去 10 年教育质量明显提升，毕业生 70% 到外企就业，20% 出国和考

---

① 郭延生，用友集团高级副总裁，兼任用友新道科技有限公司总裁。

研，9.3%去到国企和考公务员，剩下的去了民企。"今天上午听了几个知名大学的校长讲话，了解到关于这方面的信息虽然有点差异，但大致相似。在那次报告会上我是第二个发言，我上去讲了一句话，请在座的校长不要觉得受伤害，我讲的是"听了院长的报告后，我感到很难过。"因为我代表一家民营企业，作为一家国内知名的民营企业的高管，我期待国内高等财经院校可以加强对我们民营企业用人的关注。

第四，最近有一条关于我的母校江西财经大学的传闻：前不久，母校校长到江西财经职业技术学院去考察，回来后要求其他领导都去江西财经职业技术学院考察，原因是一个职业技术学校在实践层面已经远远超出他的想象。

从1988年毕业到1992年加入企业，经历了20多年的产业发展历程，也做了很多参政议政的工作，到今天，我感觉中国产业创新在加速。

例如技术创新，中国的技术创新在经历学习、模仿之后正在悄悄增长，虽然目前以应用居多，但过不了多久，我们就会发现会有越来越多的技术创新出现，底层应用创新后来居上。

再就是模式创新。技术创新固然比模式创新更重要，但对于商业来讲，中国新型的模式创新主体正在逐渐形成。教授们都在研究中国经济，但是和民营企业一块打交道的感受会更加真切，新的商业形态在不断地涌现。中国的管理创新天天发生，每天都在探索如何进行管理创新，今天中国具有世界级影响力的管理创新正在酝酿，但是至少不能叫做总结提炼出的中国企业世界级管理创新。而现在很多的世界级创新包括系统实验的细化创新都是过去时代有人总结的。

我认为中国恢复高考后高等财经教育发展分为三个阶段：

第一阶段为百废待兴+教学相长阶段，即1977—1988年这一时间段。1989年的"六四"事件之后，高等教育已经发生重大逆转。从学校来讲，学校很少，招生少，苏联、中国、西方学科混合，科研与政策对接；教学总体来讲，无标准教材，上学都是拼凑教材，有厦门大学一本教材，有中财一本教材或者是东财的教材等。这几个学校互相交换教材，各个专业都在探索，记笔记是主要学习方式，毕业前要到正规企业实习。就业是国家分配，就业单位以机关国企为主。

1989—1999年这段时间，是系统学习西方+新老交替的阶段，"新老"是指老师的新老交替。学校数量增加，但未大幅扩招，整个管理学体系从苏联转向学习西方来迎合改革开放，教师新老交替，进过牛棚的老师开始慢慢退居二线，毕业留校的老师开始减少，科研与产业发展对接。教材逐渐标准化，在职人员充电现象风起云涌，产教相互依存，关系总体融洽。就业以自主择业为主，岗位缺口巨大，大专毕业也容易找工作。

　　2000 年以后，中国的教育，特别是财经教育，进入到了自成一体但产教分离的阶段。各个学校都在扩大校区，招生非常容易，教师少实战，与产业割裂现象明显，各个财经院校学科专业同质化严重。专业改造难，课程学术化，实习成难题，学习变枯燥，企业无义务。就业看似不难，毕业生却不是合格的行业入门劳动者。我的说法可能会引起大家的评论和判断，也可能不会得到认同，但这是我的真切感受。

　　产教融合，高等财经教育创新，换种说法，高等财经教育创新，选择产教融合也不失为一条道路。

　　高校：拥抱产业调整，对接模式创新，推进岗位能力和专业建设对接。我认为这点肯定可以走出创新之路。

　　企业，对于用友这样的企业，与其他企业稍有差别，我一直认为用友是一家教育性企业。我一直负责人力资源的工作，是用友的最高人力资源主管。我始终期待把人才培养链条向前移，即人力资源战略前移，参与投资培养复合型高级经营管理人才。

　　新道：聚焦经管人才培养，推进产教融合，服务高等财经教育事业。这是新道用心在做的一件事。从院校来讲，转型是大势所趋。刚才很多校长都描述，招生非常好，就业也不错，但总体我觉得财经院校缺乏危机感；办学国际化，定位高大上，但是岗位能力相对薄弱；对中国企业研究偏浅，不如对世界企业研究得多，课程改造缺少用人单位参与。目前人才培养目标是由教育人士制定，人才培养过程由教育人士执行，人才培养结果交由教育人士自己评价，产业界几乎不参与。所以，转型挑战是巨大的，转型也是非常艰难的，但是我认为今天的很多财经院校，特别是校长们已经开始探索如何转型，如何满足中国产业发展的需要，如何应对中国成为第一大经济体后，产业对人才的需求。

　　其实，产教融合，企业更需要受到鼓舞。我参加过很多校长的教育活动，校企合作，校长们都说"剃头挑子一头热"。为什么企业不参加，为什么企业没热情？其实与企业不懂教育或者懂教育的企业家很少也有一定的关系。现在产业调整速度非常快，用人需求大增，对教育的抱怨与期待并存。我们来看众多企业，4 000 万家企业，有营业资格的企业 98.5% 以上都是年营业额在 30 万以后，他们很少会有大的教育参与感和责任感。3 000 万营业额以上的公司大概有 40 万家，年营业额在 1 亿以上的大概有 4 万家，年营业额在 10 亿以上的大约 4 000 家。如果我们都定位为为大企业培养人才，那么，我们大批的中小企业是没有相应经管人才培养计划的。我们今天是否可以考虑一下新的人才培养定位。而对于企业来讲，它们普遍缺乏承担老师提升、学生实习的责任与义务的意识。大家"剃头挑子一头热"我认为是正常的。产教融合，可以从强化实践教学开始。学生看得见才能听得懂，为什么工科的实践教学很容易，因为有很多机器设备可以使用，使得实践教学过程清晰明了易于理解。但是我们经管大类的学生在实践教育层却不知道应该如何做才能让学生看得见，听得懂，学得会。"黑板种田"到现在依然是财经院校的主要方法和逻辑。实践教育的合作伙伴选择也非常重要。从实践教学的供应商来选择，我认为可以更有效地对接产业需要，建立与企业分层合作关系。不是所有企业、供应商都适合做伙伴。

新道经过三年的发展和研究，基于内涵建设开发了智慧教育解决方案。智慧教育包含三层：

第一层称之为环境层，即智慧教育要用现代信息教育来支撑；

第二层强调实践教育，对接理论逻辑教育。

第三个是增值服务层。

环境层就是把现代信息教育智慧化，用更多智慧教室替代传统教室，让更多老师、学生在智慧环境中学习，欢迎到新道在三亚的智慧教育体验中心区观摩体验，相信大家能够理解智慧教育对未来有何影响。Mooc是智慧教育的一种形态。教育技术在新的发展形势下可以支撑教育方法快速普及，这种普及有助于教育逻辑裂变。聚焦内涵层：以岗位能力培养为突破口。相信我们的学科建设、项目建设和课程建设都会找到突破口。没有实践教学，奢谈产教融合。对接岗位能力，强化实践能力，培养职业精神，是所有高等院校都要建设的。注重增值服务层：相互成就。比如师资培养，目前用友新道公司已成立新道师资研究院。新道的目标是将老师从一门课程的讲授者、一本教材的编写者转型、成长为课程设计师。用形象的话来描述，我们可以虚拟一个场景，场景里面有好多角色，很多角色有很多动作，动作有很多支撑工具。如果能把这些角色、动作、工具有效结合起来形成一个个场景，让每个学生在场景里边扮演不同的岗位角色，之后他们学习经管知识，理解经济逻辑，包括各种模型都会更容易。如果老师不参与开发过程，自然学生就无法理解，这些方法这些课程需要环境来支撑。

推进教育智慧化是非常有价值的。对校长来讲，教改有抓手，转型能示范，企业可信任，资源能聚拢；对老师来讲，能在企业的帮助下实现转型。希望通过参与企业的实际教育的开发，就可以实现快速转变。

关于新道，新道的定位是做产教融合推进者，院校转型伙伴。

主题倡导：把企业搬进校园、服务高等财经教育；

服务内容：聚焦经管人才实战能力培养，帮助院校提升实践教学能力；

服务模式：提供智慧教育方案，即智慧教室+虚拟商业环境+增值服务。

　　新道与所有院校都有分层合作关系，目前和 2 000 所院校建立了初级合作关系，单一实训产品买卖，实现资产转移。这种关系是甲乙关系。一部分院校已经进入中级合作关系，通过引进 VBSE，把企业搬进校园，共建虚拟商业社会环境，需要相对长的周期来共建，所以是一种伙伴关系。期待今后与众多院校通过共同努力，共建专业、学院、课研、教研等建立战略伙伴关系。新道的示范教学、示范基地遍布全国，欢迎诸位领导莅临考察。

　　新道作为中国教育型企业的创新者、实践者，希望未来与财经院校并肩发展。

　　积极推进产教融合，高等财经教育新十年；

　　持续优化实践教学平台、体系、服务；

　　坚定不移成就院校、服务客户，发展事业！

　　最后，邀请大家有机会到北京视察用友集团总部，有机会到三亚视察用友新道三亚总部。欢迎大家，谢谢！

深化改革创新机制　不断推动
地方特色高水平大学建设

丁忠明①

《国家中长期教育改革和发展规划纲要（2010—2020 年）》和安徽省委省政府《关于建设高等教育强省的若干意见》以及党的十八届三中全会关于进一步深化教育综合改革为当前和今后一个时期我省高等教育改革和发展指明了方向，特别是针对当前高等学校存在的发展模式单一和同质化趋势，提出要建立高校分类体系，实行分类管理，充分发挥市场在资源配置中的主导作用，引导高校合理定位，明确各自办学理念和风格，克服同质化倾向，努力在不同层次、不同领域办出特色，争创一流。安徽财经大学作为一所行业背景鲜明的地方特色高水平高校，近年来按照"科学定位、分类指导、多元发展，特色办学"的高等教育发展方针，充分发挥自身优势，紧抓行业特色，在改革人才培养体制、创新人才培养模式、优化学科专业结构、加强本科教学质量工程项目建设、推进高等教育评价机制转变等方面进行了大胆探索和有益的尝试。

一、不断深化人才培养体制改革

安徽财经大学不断破除自我封闭思维，强化开放合作意识，积极拓展校企合作、校际合作、国际合作，基本建立了教学、科研、社会服务紧密结合，学校、家庭、社会密切配合的多种联合培养方式。"安徽财经大学—中瑞岳华会计师事务所管理学实践教育基地"在 2013 年被教育部批准为地方高校国家级大学生校外实践教育基地，基地采用"订单式"人才培养模式为瑞华会计师事务所组建"瑞华班"，培养未来的高级经理和合伙人；中国合作社研究院作为校内研究机构，利用其与有关行业建立的协同创新平台，恢复设置棉花检验与加工专业并实行校企合作联合培养，采取"2+1+1"的实验班培养模式，即 2 年基础理论课学习+1 年专业课学习+1 年棉花企业实习，实行校企联合培养，教学为现场服务，

---

①　丁忠明，教授，博士生导师，安徽财经大学党委副书记、校长。

内容与岗位挂钩，突出教学的实用性和应用性；工商管理学院与安徽德力日用玻璃公司依托校企合作教育实践基地，开设特色教学班，就课堂教学、人才培养等开展全方位合作；金融学院接受校友或有关用人单位专项基金支持，通过奖学金形式进行校企合作、协同创新，根据实务部门的实际需求，结合学科专业发展的方向，定期向在校学生发布课题，由学校组织学生进行课外实践及课题研究，按照学校初评、企业复评等程序，对成绩优秀者发放奖学金，初步形成了体系开放、机制灵活、渠道互通、选择多样的人才培养体制。

二、强力推进人才培养模式创新

安徽财经大学根据自身的目标定位和服务面向，科学确定人才培养目标，主动适应市场需求，突出自身学科专业优势和特点，不断调整结构，实行动态化管理。

1. 完善人才培养方案，构建科学合理学分制模式

我校于 2011 年和 2013 年分别对普通本科人才培养方案进行了修订，其中 2011 年属于"部分调整"，强化学生创新精神和实践能力，注重学生个性发展，进一步加强实践教学环节、增加实践学分比重。2013 年人才培养方案修订属于"全面修订"，自觉遵循高等教育规律，将科学发展观内化为学校的办学观、质量观和人才观。以经济、社会需求和学生全面发展为导向，社会需求与学科发展兼顾，形成专业特色。全面凸显经济、管理、法学三大学科专业优势和特色，优化课程体系，努力构建学生合理的知识结构，拓展素质教育，注重学生个性发展，努力实现"知识探究、能力提升、素质培养、人格养成"四位一体。在广泛调研、目标调试、模式优化基础上，着重依据学校自身优势与特色教育教学资源就课程体系进行了重构。通过优化设置通识教育平台、基础课平台、专业课平台、创新创业平台、实践育人平台、个性化学习平台，加大开设富有地方性特色及学校优势的课程，更加强调学生主辅修及双学历双学位制度，更好体现"财经类应用型创新人才"培养目标与人才特征。

2. 实施卓越人才培养计划

学校为探索拔尖创新人才培养，依托省级卓越人才培养计划和人才培养模式创新实验区，组建金融实验班、会计实验班，通过选拔进入实验班的学生单独开班，实验班在培养目标、课程设置、师资队伍配置等方面体现特色教学，突出个性培养和柔性管理理念，鼓励学生进行自主性学习、研究性学习，参与导师的科研，接受科学研究的基本训练，强化创新意识与创新能力的培养，全面培养学生的科研素质、提高科研能力。组建经管教改实验班，探索和实施本科特殊人才

培养。

3. 实行双专业、双学位培养模式

2008 年，我校制定了《安徽财经大学转专业实施办法》《安徽财经大学双专业、双学位管理办法》。根据人才培养的多样化、个性化要求，为充分调动学生学习的积极性和主动性，鼓励学有余力的学生在学习本专业课程的同时，攻读双专业或双学位，以培养具有创新精神和实践能力的应用型、复合型高级专门人才。凡参加双专业、双学位教育的学生，在主修专业毕业时修满规定的学分，成绩合格，由学校颁发双专业辅修证书；符合学位授予条件的，同时颁发双学位证书。五年来，累计共有 1 202 名学生辅修第二专业。

4. 推行转专业制度

为深化教育教学改革，进一步完善学分制，尊重教育规律，尊重学生二次专业选择权，让学生有机会根据自己的学习潜能和专长，重新选择专业。我校从 2008 级学生开始推行转专业培养模式，对学生的报名条件、加试科目做出明确规定。五年来，累计 1 071 名学生转入新专业学习，学生反应良好。

5. 落实本科生导师制

为进一步完善学分制，促进学生自主学习与教师指导相结合，我校制定了《安徽财经大学本科生导师制管理办法》。要求各教学单位为刚入学新生配备导师，实施从大一到大四全程辅导。学校还开发了本科生导师制应用系统，要求导师每个学年至少为每个学生做 5 次指导，并作记录。各教学单位根据导师记载的学生指导记录，对导师记录的指导内容、时间、地点、人数等进行审核，对于 1 学年少于 5 次指导记录或弄虚作假者，此项以零分记载。考核结果作为教师工作年度考核、教学年度考核、年度优秀教学奖评选、专业技术职务晋升和岗位聘任的参考依据。

三、继续优化学科专业结构

为适应经济社会发展，增加主动服务、支撑、引领经济社会发展的能力，学校逐步建立专业动态调整机制，对那些招生志愿率低、学生就业率不高的专业停招，如，汉语言文学、英语、社会工作、文化产业管理等，同时结合学校目标定位和服务面向、学科专业布局情况，师资队伍建设情况，科学适度申报新专业，逐步加快经济社会发展急需、战略性新兴产业发展需求的专业申报力度。近几年，我校增加了工程造价、金融数学、商务英语、资产评估、房地产开发与管理、棉花加工与检验、公司经济学等。基本形成了以经济、管理、法学为主干学科，理、工、文、艺术为支撑的学科专业体系，专业交叉、专业融合的人才培养特色逐步显现。

四、逐步转变教育教学评价机制

为有效提高教育教学质量，培养高质量应用型、复合型本科创新人才，学校制定了《教学型教授、副教授评选管理办法》《教育教学成果奖励暂行办法》等系列文件，开展优秀课堂教学奖评选和我喜欢的老师评选活动，大力引导以传统的学术型成果评价向应用型成效评价转变，逐步改变以教师发表论文、承担项目多少评价教师的单一评价方式，注重提高教师的人才培养能力和产学研结合能力，鼓励老师喜欢上课、上好课，将主要精力投入到课堂教学。同时加大考试改革力度，改变用一张试卷、一篇论文评价学生课程学习效果，注重对学生学习过程的考核。学校制定了《关于本科毕业论文（设计）工作的改革意见》《本科考试改革实施办法》，要求结合专业特点科学采用毕业论文（设计）形式，强调形式多样化，突出增强毕业论文（设计）环节实践教学效果；强调考试方式多样化，提高平时成绩占总成绩比重，突出对学生分析问题和解决问题能力、动手能力的考察，注重过程考核。

五、不断完善实践育人体系

学校充分利用中西部高校基础能力建设工程项目支持等渠道积极筹措资金，不断加大学校实验实训设施设备等硬件和软件建设力度，制定实施《实践育人工作实施方案》，全面构建和完善实践育人体系。设置的同步实验（实训）、全程实验（实训）和综合实验（实训）三类实验（实训）课程，有效支持了各本科专业人才培养优势和特色。"一目标、二重点、三环节、四模块、五层面"的全流程、嵌入型实践育人体系基本形成，即坚持以应用型创新人才培养为目标，以实践应用能力和创新能力培养为重点，构建涵盖"实验、实训、实习"三个环节，公共基础课实验（实训）、学科基础课实验（实训）、专业课实验（实训）、专业拓展课实验（实训）四个模块，课程单项性实验、课程综合性实验、专业综合性实验、跨专业综合性实验和创新创业实践五个层面，面向全校所有学生开放，与理论教学紧密衔接的实践育人体系。经过几年的努力，学校现有校内实验教学中心5个，校外实践教育基地304个。面积29 000平方米的新实验实训中心大楼已经开工建设。依托实验实训平台，实验室开放项目和各级各类学科竞赛有序开展。实践教学研究成果逐年增加，其中"经济管理类专业实验实践教学新模式研究"获省教学成果一等奖。

六、稳步提升本科教学质量

我校作为安徽省地方特色高水平大学建设立项单位，长期坚持立足地方、面向地方、融入地方、服务地方的办学原则，以财经立校，不断凝练特色，以培养应用型、创新型财经人才为目标，不断强化内涵建设。学校始终将学生创新创业教育与专业教学改革相结合，积极搭建服务引导平台、教育培训平台、项目孵化平台，建立创新创业教育长效机制，制定实施了《关于推进创新创业教育工作的意见》，成立创业学院，将创新创业教育融入本科人才培养方案，开设"创业基础与案例分析"等创新创业平台课程，每名学生必须修满6学分。经过多年的努力，学校已初步形成国家、省、校三级质量保障体系，目前，学校共有5个国家级特色专业建设点、1个国家级专业综合改革试点、1个国家级校外实践教育基地，省级本科教学工程项目上百项；占地面积1 400平方米的大学生创业孵化基地，已入驻创业实体20家，90余名大学生开始自主创业；2014年，申报国家级创新创业训练计划项目200多项，获省级创新创业训练计划项目500多项；在"褒禅山杯"第三届安徽青年创业大赛决赛中，金融学院陈玉婷、王慧敏等同学申报的"汇信金融服务咨询公司"项目成功晋级全省八强，成为入围项目中唯一来自高校学生的创业项目。

云南财经大学教育国际化发展情况报告

熊术新①

尊敬的各位同仁，我所讲问题的主题词是案例的叙述，云南财经大学案例的叙述，回答的问题是区域性大学的国际化能否成功。第一方面，我想回答用什么样的组织架构能够走出去。2000 年，云南财经大学组建了一个国际化学院，即国际工商学院，通过 14 年的办学，我们的评价是该学院形成了云南财经大学国际化资源配置的一个新体制、新机制，使它的专业设置有较大的自主权，如：金融学、财务管理、国际商务、资产评估等这样的专业可以自主设置，财经大学的一级学科完成之后，我们管理科学与工程的博士点和三个硕士点建设项目也放到这里，同时由云南省管理与公共服务信息化工程技术研究中心作为支撑，给它想要的学术资源。第二方面，该学院所制定的课程由他们自己做，教务处只管理一个细节，即马克思主义教育的课程和体育课是否开设，其他上什么课、考什么试、怎样进行管理等全由学院自主决定。第三方面，所有的教学老师的费用工资总额包干，从学费当中直接划给学院，编制外的合同用工由学院决定，同时考虑到每年有 100 个外籍教师要来，所以教师、留学生供应交给学院管理，管理包括收费。学校对该学院的管理还没有下放，包括职称评定、教师编制、每年上交给学校的管理费用等，国际工商学院要完成这些目标管理。第四方面，要接受各个国家的评估，也包括学校的教学质量评估。

国际工商学院建院十多年来做了不少事情。我们和三个国家开展中外办学项目，从 2000 年开始，本科毕业生授予双学士学位，还有 1 000 多硕士研究生，来自美国、英国、澳大利亚等国家。现在在校本科生有 1 900 多人，硕士达 600 多人。从中外合作来看，我们财经大学在这样国际化的背景下，组建了面向东南亚的东盟协会，成立了三个小组，来满足这个区域的教育需求。参加了香格里拉的教育联盟，国际工商学院和法国一高校的商学院建立了"3+1"的教学模式，在云南财经大学得到认可的学生，一年之后可以获得法国学校的学位，反之，我们

---

① 熊术新，教授，博士生导师，云南财经大学党委副书记、校长。

认定了法方学习满 3 年的学生，他们在云南财经大学学习 1 年同样可获得云南财经大学的学位。最近我们又成为商务部定点的南亚和东南亚的官员培训基地，已经启动两期培训。同时教育部正式批准云南财经大学在曼谷设立商学院，一个硕士点明年开始招生，我们的目标是明年本科生达到 250 人，研究生达到 50 人左右。我们和泰国的正大集团进行合作，组建中国正大经济管理学院，联合用中文培养 PHD 博士，规模 10 人左右。在学术上，我们组建了印度洋研究中心，力争成为东南亚的智库。此外，还和法国的一个学院，组建一个国际酒店管理学院，来满足中国高速发展的旅游业。我们积极策划基于亚洲经济文化公司管理的亚洲MBA 质量标准，包括金砖国家，共同建立案例，共同确定培养模式。

最后结论：在做了这些之后，对于云南财经大学的国际化，我们的理解是先要东南亚化，实际上把中国智慧、中国制度、中国经验转化为国际型的课程，使我们的课程、学习范式获得核心竞争力，才会取得国际化的成功。

谢谢！

"一体多元"的课堂教学创新与实践

陈寿灿①

　　"十二五"是我国高等教育进入内涵式发展的重要时期，而提高人才培养质量是高等教育内涵式发展的永恒主题。近年来，浙江工商大学以"立德树人"为根本任务，以"专业成才、精神成人"为人才培养理念，以培养具有"大商科"特色的高层次应用型、复合型、创新型人才为人才培养目标，加强"学生中心、教师发展、课堂开放"的教学文化建设，积极探索本科人才培养模式改革创新，深入开展"一体多元"的课堂教学创新与实践，不断提高学校的人才培养质量。"一体多元"的课堂是指以第一课堂为基本载体，加强第一课堂与其他课堂形式的协同，形成"一体为本，多元联动"；会通课堂内外，兼容理论实践，形成了互动、开放、融合的课堂教学创新体系。多元的课堂教学创新包括创新创业教育、校内外实习实践、第二校园求学和学生成长社区等，它们互为结合和相互补充，构建优质高效课堂，增强课堂育人的时代性、针对性和实效性，充分发挥课堂教书育人的重要作用，为学生学习成长创造良好的环境。

一、"一体为本"，重视课堂教学创新，发挥第一课堂的主渠道育人作用

　　第一课堂是课堂教学创新的基本载体，是人才培养的主渠道、主战场。浙江工商大学一直以来非常重视第一课堂教学，要求教师不断更新课堂教学理念，创新课堂教学方法，提升课堂教学能力，采取多种措施提高课堂教学质量。

　　1. 优化课程体系，促进通识教育、专业教育的有机结合。浙江工商大学从2011年开始实施通识教育，制定了切实可行的通识教育目标，构建了具有"大商科"特色的通识课课程体系，强调人格养成和价值塑造，培养学生的独立思考能力，增强团队精神，提高大学生的文化品位、审美情趣、人文修养和科学素质。在通识教育和专业教育中给予学生更多的学习自主权和选择权，如在金融

---

　　①　陈寿灿，教授，博士生导师，浙江工商大学副校长。

学、财务管理等专业实施分类培养，同一专业制定不同的课程体系；"微积分""大学英语"等公共基础课程分 A、B 两层进行教学，在师资配备、课堂时数和教学内容上都有所区分，确保基础好的同学吃得饱，基础差的同学跟得上，并且配置相应的后续课程，便于学生及早做出各自的学习规划，为培养多样化人才提供充分空间。

2. 加强课堂教学改革，促进课堂教学的三个转变。浙江工商大学非常重视课堂教学改革，每年投入专项经费，设立课堂教学改革项目，深入研究与改进课堂教学，促进课堂教学从以教为主向以学为主转变、以课堂教学为主向课内外结合转变、以终结性评价为主向形成性评价为主转变。一方面强化主题探讨式教学、问题归纳式教学、典型案例式教学、情景创设式教学、多维思辨式教学、读写议式教学等形式的互动型课堂教学，提高课程兴趣度和生师互动性，促使学生独立思考、大胆发表个人见解，激发学生的潜能和创造性；另一方面，出台《浙江工商大学普通本科生课程考试方式改革办法》，通过考试方式的改革来倒逼教师教学方式的改革。学校的考试制度做了三点改革：一是增加平时成绩的比例，最高可达 50%；二是增加考试形式，共有九种，即闭卷考试、开卷考试、大型作业、上机考试、现场面试、技能测试、阶段测试、课程论文和调研报告等；三是不同性质的课程采用不同的考试形式，课程分为公共基础课、公共选修课、思想政治课、专业理论课、专业实务课和实验实践课共六类，每一类课程都对应不同的考试方式。

3. 实施"实务精英进课堂"，强化协同育人。在会计、金融、软件工程等实践性强的专业中，实施"实务精英进课堂"活动，在专业核心课和专业选修课的教学中，邀请企业财务总监、金融高管、信息技术专家为学生上实务专题课，着重讲授在企业实践中面临的现实问题。由于实务精英对实务操作的熟悉和行业问题的深度理解，具有极强的针对性，深受学生的欢迎。

4. 通过多种途径，实现课程资源、课堂内容的开放。为了更好地向社会展示我校课堂教学的质量，学校重点建设了一批视频公开课、资源共享课和微课。截止到 2014 年 9 月，学校建设了 12 门视频公开课、3 门资源共享课和 20 多门微课，并有 200 门左右的课程利用网络教学平台实施"混合式教学"。各有 3 门课程入选国家级视频公开课和国家级资源共享课。

2010 年起各学院每学年选择 1~2 门本科生专业主干课程聘请校外专家授课，这些专家都来自国内外知名高校。这一制度使广大学生不出校门就能领略到国内外名师大家的风采，拓宽学术视野，也有力推动学校教育国际化进程。

学校加入了上海高校课程资源共享管理中心，学生可以在线修读上海交通大学、复旦大学等 211、985 高校的优质课程，同时鼓励学校教师利用各种优质网络课程资源，实施混合式教学和"翻转课堂"教学改革。

5. 实施课堂教学开放周、青年教师助讲培养等制度，提升教师教学能力。为了在校内营造重视课堂的文化氛围，突出"以学生为中心"的育人理念，关注教师的教学能力，打造让学生满意的课堂，切实提高教学质量，学校每学期第 12 周定为课堂教学开放周。开放周期间，各学院推出一批示范观摩课、方法改革课和诊断提升课。教师通过观摩，相互学习，取长补短。同时对于诊断提升课，学校安排经验丰富、教学效果好的教师帮助开课教师提高教学水平。通过课堂教学开放周活动，形成了"以学生为中心"的教学文化氛围，通过师生互动，提高学生学习的积极性和参与度，真正促进了教师课前精心准备，课上注重互动，切实提高了课堂教学效果。从 2013 年开始，开放对象从校内开放，扩大到学生家长、用人单位、兄弟院校代表等校外群体，通过全方位开放办学，让社会各界都充分了解学校的办学水平，倾听他们的意见。

学校制定《浙江工商大学青年教师助讲培养办法（试行）》，要求新教师参加上岗培训，完成助讲要求，达到相应的考核标准。教师参加助讲培养期间，不能晋升副高（含）以上职称，各学院不能安排其独立承担教学任务。培养对象的培养期限一般为一学年，主要从师德师风、教学技能、教学方法、教学艺术、教学管理制度等方面对新教师加以引导和培训。教师教学发展中心为助讲教师建立助讲培养档案，教师每次参与助讲培训活动都有案可查，系统记录教师从入职开始的职业发展路径。

二、"多元联动"，拓展课堂类型，开展多类课堂的协同培养

为了培养学生成为完整的人，浙江工商大学近年来在重视第一课堂教学外，不断拓展课堂类型，开展包括创新创业教育、校内外实践实习等在内的多类课堂教学，实现与其他高校、用人单位、校友企业等多方协同培养，不断提高学生的能力和素质。

1. 第二课堂：创新创业教育

为强化学生全面素质培养，浙江工商大学大力推进创新创业教育，主要包括：

（1）建立"校、省、国家"三级学科竞赛、创新项目联动体系。在"校、省、国家"三级学科竞赛体系管理中，学校每年组织举办校赛 16 项，组织举办或参加其他省、国家竞赛 30 多项，每年有 4 500 多人次参加各类竞赛。学校从 2007 年起，每年专项拨款 50 万元创新基金用于在校大学生创新项目的立项，每

年有近400个校级创新项目被立项，每个创新项目平均资助金额为1 000多元。校级立项的创新项目还可以申报省级大学生科技创新项目（新苗人才计划），因有了校级大学生创新项目作基础，我校每年平均有50多个项目获得省级立项。从2012年起，学校每年有30个项目被列为"国家级大学生创新创业训练计划项目"。这些都极大地调动了我校学生参与学科竞赛、创新项目的积极性，形成良好的校园创新文化氛围。

（2）成立创业学院，开设创业实验班，增强大学生创业能力。为了培养学生的创业能力，学校成立了创业学院，负责统筹全校的创业教学、创业实践和创业教学研究工作。开设了创业实验班，学校为创业实验班的学生单独制定个性化培养方案，配备创业导师，开设创业理论、创业技能、创业专题和创业体验等创业课程和若干专题讲座，并组织开展创业实践活动。创业实验班的设立，是我校对创业型人才培养模式的新探索，彰显了我校商科特色，引发了社会的广泛关注。杭州日报、钱江晚报等多家新闻媒体对此进行了报道。

（3）实行创新学分制度和本科生科研作品代替毕业论文制度。为了更好地培养学生的创新意识和创新能力，激发学生的创新热情和创新潜能，学校出台了《浙江工商大学学生创新学分实施办法》，规定每位学生在校期间必须获得至少1个创新学分才能毕业。创新学分可以通过参加创新项目研究、学科竞赛获奖、申请发明专利、发表论文著作、听取一定数量学术讲座等方式获得。针对目前本科毕业论文形式单一、质量不高、抄袭严重的现状，为了鼓励优秀学生积极开展创新创业活动，培养他们的学术能力并及早获得学术成果，学校颁布了《浙江工商大学普通本科生科研作品代替毕业论文（设计）暂行办法》，规定从2010年开始试行普通本科生科研作品代替毕业论文制度，允许学生以在校期间完成的、经学校确认的科研作品（包括公开发表论文、学科竞赛获奖作品、省级以上创新项目成果、发明专利等）代替毕业论文。

2. 第三课堂：校内外实践实习

近年来，学校统筹建设校内外实践实习基地，充分利用实验室、实验教学示范中心等校内资源，尽可能为学生提供实践实习机会，让学生感受真实世界，在实践中增强分析和解决实际问题能力。

（1）加强资源整合和共享，建设校级、省级和国家级实践教育基地。为促进学校和有关单位联合培养人才新机制的建立，改革人才培养模式，加强实践教学环节，学校加大了资源整合和共享的力度，建设了一批校内外实践教育基地。其中，"浙江工商大学义乌中国小商品城实践教育基地"获得了教育部、教育厅"大学生校外实践教育基地建设项目"。该基地可以接收理科、工科、经济、管理、法学、文学、艺术等多类学科专业学生的实习。

（2）实行"三开放、三结合"的实践教学新模式。学校经过多年的探索与实践，形成了"三开放、三结合"的实践教学模式，得到了教育部和教育厅领导的充分肯定，学校也曾参加了教育部组织的实践教学经验交流会并作为四所高校之一发言。所谓"三开放"是指时间、空间、内容三开放，即学生在每周七天、每天 13 小时内，在校园网接入的任何电脑上进入学校实验室做开放实验；所谓"三结合"是指实习、实训和实战三结合，学生既可以在校内进行一些实训项目，也可以到校外大学生实践基地进行实习，还可以与企业工程师合作进行产品研发的实战。

3. 第四课堂：第二校园求学

为了拓展学生视野，使学生共享优质教育资源、选修个性化课程、丰富本科生学业历程，积极与国内外优秀高校开展学生交流交换项目。学校设学生出国留学奖学金，每年 300 万元资助优秀学生参加学校组织的各类国际交流合作项目和相关活动。同时在国内，与西南大学、苏州大学、南京财经大学、哈尔滨商业大学、青岛大学等多所省外高校签订学生交流、互访、合作协议，双方互派交换生，为学生创造第二校园求学经历。

4. 第五课堂：学生成长社区

目前学校正在重点打造学生成长社区，强化教师、学生、校友之间的联系互动，相互学习、共同提高。一方面，依托学生会、学生社团、专业研究团队等组织载体，建立社团发展服务平台，规范社团工作方式，开展丰富多彩的社团活动，形成学生间互助互学的氛围，培养学生自我管理、团队精神、沟通协作方面的能力。另一方面，充分利用校友资源构筑实习就业新平台，拓宽学生实习就业的新渠道；同时，邀请校友担任学生的"学业实务导师"，指导学生的学业规划和专业学习。

三、课堂教学创新的特色与成效

浙江工商大学"一体多元"的课堂教学具有多元性、开放性、协同性等特色。

1. 多元性

提出并实践了多元课堂育人的新理念，在充分发挥第一课堂主渠道育人作用的同时，强调创新创业教育、校内外实习实践、第二校园求学和学生成长社区等其他课堂形式的育人作用，将课堂教学空间由校内（课内与课外）向校外延伸，构建和实施了"一体为本，多元联动"的课堂教学体系。

2. 开放性

浙江工商大学的课堂教学是开放的，这体现在两个方面：①教学资源的开放，包括校外专家授课、实务精英进课堂、共享校内优质课程和引进校外优质课程等，实现资源利用的最大化。②教学过程的开放，浙江工商大学所有的校内课堂教学都向学生、老师、学生家长、用人单位、兄弟院校开放，形成生生、师生、师师互助互学的氛围，形成接受社会监督的机制。通过课堂开放，使得学校的师生具有开放的心态，能够突破自我的局限，不断学习，自我反思，持续发展。

3. 协同性

围绕"专业成才、精神成人"的目标，学校与科研院所、行业产业、地方政府进行深入融合，构建协同的校内外实践基地，形成协同的产学研人才培养模式；学校与其他高校的紧密合作，丰富了学生的求学经历，拓宽了学生的视野；学校与校友的互动和合作，为学生搭建了成长社区，更好地引导学生成才。

浙江工商大学近几年来通过基于"一体多元"的课堂教学创新与实践，取得了明显成效。

（1）学生参加创新创业活动的积极性空前高涨，创新创业能力明显增强。学生获得的省级大学生创新项目逐年增加，自 2009 年至 2013 年，共有 242 个项目获得了省级大学生创新项目（新苗人才计划）立项，共获经费资助 142.5 万元，2012 年学校又获得国家级大学生创新创业训练项目的立项资格。有 16 支学生团队进入学生创新创业实验园，已有 8 支创业团队经过学校创新创业园孵化后注册企业，其中博派正装获得了天使投资 50 万元资金的投入，销售额已经突破了 200 万元。2014 年学校还荣获"国家级大学生创新创业训练计划实施工作先进单位"。

（2）学生学科性竞赛成绩优良。通过课堂教学创新实践，学生在近三年的省级以上各类学科竞赛中都取得了较好的成绩。2011 年度共获得省级三等奖及以上奖励 108 项，其中国际奖项 7 项，国家级奖项 12 项，省级奖项 89 项。2012 年获得全国一等奖 1 项、二等奖 3 项、三等奖 1 项；省一等奖 14 项、二等奖 33 项、三等奖 49 项；组织学生参加美国（国际）大学生建模竞赛（MCM/ICM），获得提名特等奖 1 个、金奖 5 个、银奖 5 个的好成绩。2013 年获国家二等奖 3 项、国家三等奖 3 项、省一等 14 项、省二等奖 26 项、省三等奖 54 项；组织学生参加美国数学建模（MCM/ICM）获得金奖 6 项、银奖 9 项。

（3）学生就业竞争力和学生满意度明显提升。近年来，毕业生就业竞争力明显增强，初次就业率都在 96.5% 以上。根据 ATA 测评研究院发布的《2013 中国高校通用就业力白皮书》，浙江工商大学毕业生通用能力总排行列全国第 24 名，其中基本工作能力排名列全国第 9 名。

结 语：

通过多年"一体多元"课堂教学创新与实践，浙江工商大学已形成了多元、开放、协同的课堂教学模式，促进了学校的内涵式发展，提高了学校的教学质量。当然我国经济社会在发展与转型，学生、家长、用人单位、政府对高校的期望越来越高，因此提高本科教学质量是无止境的，课堂教学的实践探索、改革创新也无止境，学校将继续努力，不断改革与创新，为学生创造更好的课堂教学环境。

转型发展形势下的本科课程改革

聂 清①

摘要：国家和上海教育综合改革的大背景以及学校更名后的转型发展，给予了学校新的机遇与挑战。课程是大学教育活动的基本依据，是实现大学教育目标的基本保证，对学生的全面发展起着决定性作用。本文从转型发展的大背景切入，系统思考学校本科课程的改革思路，并对影响与制约本科课程改革的关键因素进行剖析，对财经类本科课程建设与人才培养机制创新具有借鉴意义。

关键词：本科教育 课程建设 人才培养机制

一、本科课程改革的宏观背景

《中共中央关于全面深化改革若干重大问题的决定》确立了"深化教育领域综合改革"的战略，提出要"创新高校人才培养机制，促进高校办出特色争创一流"。上海作为国家教育综合改革的试点地区，也应教育部要求率先制定出《上海市国家教育综合改革试验区建设方案》，其中明确提出要通过推动本科教育教学改革、参照国际标准建设本科专业、开展本科专业自评等途径与方法"创新一流本科教育发展模式"的目标任务。

上海对外经贸大学创办于1960年，是一所老牌财经类高校，长期以来重视本科教育教学，拥有良好的本科教育质量与声誉。2006年11月接受了教育部本科教学水平评估，获得了"优秀"等级。专家组在本次评估中一致认为，学校"对外贸易应用型专门人才综合素质培养体系"具有鲜明的办学特色，同时提出了要加强高等教育教学改革与发展研究、加强学科建设、加强师资队伍建设等进一步提升本科教育教学水平等建议，实际上寓意着我校这所传统老牌财经高校应该由教学型向教学研究型转型的必要。因此，2007年以来，学校根据急剧变化的贸易环境，从拓展与夯实学科专业为抓手，以引进与培养人才为主线，开始全

---

① 聂清，副教授，上海对外经贸大学副校长。

面实施以更名为战略目标的转型发展战略。2013 年 4 月，教育部正式批准我校由上海对外贸易学院更名为上海对外经贸大学，标志着我校获得了重要的发展机遇，步入了一个崭新的发展阶段。按照《上海市国家教育综合改革试验区建设方案》"二维分类标准体系"以及办学传统与资源禀赋，根据上海市教委"高校可以自主选择定位发展"的精神，我校经过认真思考与广泛征求意见，最终确立"应用研究"的定位或发展模式，提出"以学生为本，以学术为魂"指导思想，明确了"高水平、国际化、应用型"的人才培养目标和人才类型。

课程是大学教育教学活动的基本依据，是实现大学教育目标的基本保证，是知识传导、学习活动、教与学评价的重要载体，对学生个性发展和全面发展起着决定性作用。实现以学生为中心的本科教学变革，实现"高层次、应用型、国际化"的经贸人才培养目标，核心是进行课程改革。《美国大学课程思想的历史演进》一书中指出："大学在应对社会发展提出的新要求时，往往以课程为突破口，注重通过改革大学课程、增设新的课程、改革大学课程结构，来增加新的职能，满足社会的需求，进而达到改革高等教育的目的。"①因此，根据社会和高等教育发展的趋势以及我校转型发展的需要，提高对课程建设重要性的认识，加强本科课程改革，是我校广大师生和管理者共同关注的议题。

二、本科课程改革的若干思考

2009 年，根据外部环境的变化与学校自身发展的需要，我校曾经提出"建立最好的本科教育体系，构建最好的本科教学模式，形成最好的本科教学质量，提供最好的本科教育配套条件"，课程改革是其中最基本、最核心的内容与环节。我校转型期人才培养目标的实现，有必要在本科课程改革中更加关注以下几个方面。

（一）以学生为本为切入点逐步明确课程理念

改革开放以来，我国高等教育取得了史无前例的快速发展，但与人才培养质量本科课程质量密切相关的"老三中心论"（教师、教材、教室）仍然占据主导地位，以学生为中心的理念特别是实践层面进展缓慢，进而严重影响到人才培养的质量和水平。"新三中心论"强调学生为中心，以学生学习为中心，以学生学习效果为中心，应该成为课程建设的核心理念。奥尔特加·加塞特在《大学的使命》一书中指出："青年无法学习和掌握所有我们希望他们掌握的知识，大学的

---

① 杨莹，顾怀强. 面向 21 世纪的美国茂名大学课程改革 [J]. 高等理科教育，2009（2）.

建设必须以学生为基础，而不是以教师或知识为基础。"这一论点对课程建设具有非常重要的指导作用。

我校转型期确立的人才培养目标定位"高层次、应用型、国际化"的经贸人才，这种人才具有的共性特征应该是具有较强的分析判断能力、融会贯通能力和宽广的国际视野。在这一定位指导思想下，学校的课程建设要体现"以学生为本"的理念，就要逐步改变传统的以学科为中心的大学课程理念（强调课程知识的系统性，重视学科知识间的明晰边界），而代之以学生的全面发展和个性发展为导向的课程理念。同时，要切实整合资源与加大投入，丰富学校的课程菜单，让学生在掌握基础知识的同时，有充分的时间、充分的自主权选择适合于自身发展的课程。我校目前有各类本科课程 1 005 门，每学年度实际开出课程约 3 700 门次以上；计划在"十三五"期间，本科课程再增加 300~500 门，每学年度开出课程达到 4 000 门以上。同时还要通过必修、主修和辅修等课程类型以及校园学习型社区的建立，让学生的跨学业学习、自主学习、个性发展有更多的空间。

（二）以通识教育为突破口系统改革课程结构

卡内基基金会教学促进委员会作为一个独立的学术研究机构，从 2005 年开始分别对美国高校中的学科专业进行了一系列的调查，其中 2011 年发布了对商学科专业的调查，即 Rethinking undergraduate Business Education：Liberal Learning for the Profession。在这份报告中对专业教育提出的问题是：专业教学到底教什么专业知识？如何进行专业教学？前者是探讨教什么，后者是探讨如何教。对美国很多商学科专业的调查信息分析后，报告提出了一个关于"综合课程框架"（Integrative Curriculum），该框架包括三大部分内容：分析思维（Analytical Thinking）、多元框架（Multiple Framing）、意义反思与探索（Reflective Exploration of Meaning）。① 综合课程框架就是针对商科教育普遍缺乏人文素养和科学素质所设计的，认为所培养的学生不仅是适用的，而且是有价值的和追求生命意义的，提出商科教育是专业教育+通识教育的结合体。这可以看作是美国对商学本科教育长期以来达不到学术界认可的一种积极回应，也反映出当今世界变化的不确定性给商科教育提出的直接挑战。

我校和中国所有财经类高校一样，近年来也纷纷开始关注通识教育问题。2014 年是我校的教学改革年，借助这次机遇，我们在全校范围内以通识教育为

---

① 转引自孙建荣"美国大学财经专业博才教育的设计"，质量提升与内涵发展，大连理工大学出版社，2013 年 8 月。

切入点，进行了教育教学思想大讨论，召开了以"研究通识教育改革，推进人才培养模式改革与创新"的本科教学工作会议，设计了 5 大模块（哲学与社会、历史与文化、文学与艺术、科学与创新、数学思维与经济分析）220 余门（含上海高校课程中心的慕课）的通识教育课程供广大师生及教学指导委员会专家讨论。全校广大师生高度认同通识教育选修课正式纳入教学计划的做法，认为这是我校深化教育教学改革的一次重要契机。因此，在 2014 年教学计划中，在一定程度上减少或压缩了部分重复课程，把 5 大模块的通识教育选修课正式纳入了教学计划，规定学生要在每个模块中选修 2 个学分（共计 10 个学分）的课程，标志着通识教育选修课成为课程体系的重要组成部分，极大地丰富了课程菜单，对学生学习的自由选择和学生的个性发展创造了条件。但总的来说，我校的本科课程改革之路还任重道远，还存在许多问题，如必修课程比例过高，选修课程比例过低，课程资源还不是十分丰富，课程教学的学术含量还要进一步加强，课程内容与社会需要的对接还不够紧密等，还需要在基于人才培养目标、学校资源配置等各方面因素的基础上，系统处理好共性与个性、通识与专业、必修与选修、理论与实践、课内与课外、国内与国际六对关系，系统设计课程改革思路，逐步深化与完善本科课程体系改革。

（三）以重心下移为着力点切实创新课程特色

《上海市国家教育综合改革试验区建设方案》提出的"建立健全高校分类标准体系"，就是要引导每所高校明确在二维分类体系中的定位，坚持特色办学，在各自领域和类型中追求卓越、争创一流。

转型期的上海对外经贸大学，只有坚持错位竞争、特色发展之路，才能在高等教育体系中立于不败之地。课程建设是一项复杂的系统工程，活力源于实践，学院是课程创新的主体，要特别处理好学校层面的指导地位和学院层面的主体地位的关系。学校层面主要负责确立理念，制定课程标准、把握方向，调配与整合资源，评估课程效果等，负责课程建设基础的与共性层面的事宜；学院层面主要是激发活力，自主探索，负责课程建设创新与特色层面的事宜。上海对外经贸大学 2014 年的本科教学计划，已经在课程改革方面，在充分发挥学院主体性上做出了积极的尝试。如在年初投入近 30 万元的专项建设经费，由专业负责人或学院教学院长牵头专题研究 14 个专业（占到学校本科专业总数的 50%）的课程设计问题，为学院层面的课程自主探索搭建平台、留足空间，研究过程上的一些合理化建议已经被 2014 年教学计划采纳，有效地促进了课程建设。

（四）以研讨课程为创新点大力深化课程改革

中国高等教育史特别是改革开放以来，我国高等教育课程建设始终与高等教育教学改革相伴。经验证明，高等学校只有适应高等教育教学改革的变化，才能在课程建设中赢得先机并更好地反馈、服务于社会需要。上海对外经贸大学在传统教育的基础上，抓住教学工作水平评估后转型发展和教育部、上海市教育教学改革的契机，大力加强课程建设，课程建设取得跨越式发展。目前，学校共建有国家级精品课程和双语课程 5 门，上海市精品课程 27 门，上海市全英语示范课程 14 门，上海市教委重点课程 67 门，校级全英语（双语）课程 106 门。

　　未来 5 年，上海对外经贸大学将会以新生研讨课为创新点，扎实推进四大类"九项计划"的课程建设工作：第一类是专业基础课程和有传统优势的课程，包括新生研讨课程建设计划、精品课程建设计划、重点课程建设计划 3 项计划，重点鼓励加强研究型课程和课程的学术含量，以适应高层次人才培养目标的需要；第二类是实践类课程，包括教学模拟仿真实验课程建设计划、实践教育课程建设计划、创新创业教育课程建设计划 3 项计划，切实改进和加大实验实践教育教学课程，以满足应用型人才培养目标的需要；第三类是国际化课程，包括双语课程建设计划和示范性全英语课程建设计划 2 项计划，极大提升双语课程和全英语课程的教育教学水平，以符合国际化人才培养目标的需要；第四类是开放型课程，即视频公开课程建设计划，是在以上 8 个计划的基础上，以普及共享优质课程资源为目的，体现现代教育思想和教育教学规律，展示教师先进教学理念和方法，服务学习者自主学习，通过网络传播的开放课程服务社会，扩大我校的知名度。

三、结语

　　如前所述，课程建设是高等教育教学改革的核心环节，具有系统性、复杂性等特点。转型发展期的上海对外经贸大学，有必要对课程进行顶层设计，有必要必须抓住重视课程建设、转变教学观念、探索教学方法、改革教学评价四个关键问题，扎实稳步推进，从而深化以课程为重要推动力量的教育教学改革，实现人才培养机制的突破与创新。

　　在近期学校的一系列改革探索中，学校新修订了《上海对外经贸大学教师工作量管理办法》等制度，将会通过教师工作量的规定特别是质的评定，如通过规定教师每周至少 2 个半天的辅导答疑时间、促进师生互动、设立各类教师教学奖、教师教育教学专业化与常规化培训等方式，创新人才培养机制，为实现一流本科教育营造更好的文化氛围与制度环境。

参考文献

［1］周克荣，樊秀娣，等. 实施卓越人才培养计划 做好课程建设顶层设计
　　　［D］//"大学课程建设与本科教学改革"国际会议暨 2014 年中国高等教育
　　　学会院校研究分会年会交流论文，2014. 7.

［2］孙建荣. 美国大学财经专业博才教育的设计［M］//高等财经研究中心. 高
　　　等财经教育：质量提升与内涵发展. 大连：大连理工大学出版社，2013.

［3］刘献君. 抓住四个关键问题 加强大学本科课程建设［D］//"大学课程建
　　　设与本科教学改革"国际会议暨 2014 年中国高等教育学会院校研究分会年
　　　会交流论文，2014. 7.

搭建跨境协同平台　提升办学国际化水平

马龙海　肖光红①

摘要：协同创新，构建创新人才培养的新模式和新机制已成为高校人才培养的热门话题。在高等教育国际化的背景下，我校通过国际资源的有效整合互动和优化利用，着力搭建跨境协同平台，创新中外校际联合培养模式，为学生提供跨国家、跨文化、跨高校的协同培养，在课程互认、学分转换、创业实习、教学学术、学报"走出去"和社会服务六个方面，建设国际化平台，提升办学国际化水平，形成知识、思想、技术、人才的共享协作机制。

关键词：跨境协同　教育平台　国际化水平

协同创新，构建创新人才培养的新模式和新机制是高等教育发展面临的新机遇。高等教育国际化过程中的协同创新是引进、消化、吸收的再创新的过程。国际化协同创新的意义在于通过中外高校之间互惠互利，合作交流，促使教育资源在国与国之间进行配置，教育要素在国与国之间加速流动，形成知识、思想、技术、人才等资源的共享协作机制。当前，利用国内和国外高校的教育平台和教学资源，为学生提供跨国家、跨文化、跨高校的协同培养，已成为各个高校的优先选择。广东金融学院作为一所应用型财经金融类本科院校，积极探索跨境协同培养，创新中外校际联合培养模式，在课程互认、学分转换、创业实习、教学学术、学报"走出去"和社会服务六个方面，打造国际协同平台，促进办学国际化进程，全面提高办学水平和办学质量。

一、以通识教育为基础，打造课程对接大平台

课程是一种方案，一个系统，一种手段，一个动态的活动过程。课程是学生消费高等教育资源的基本单位，是高等学校一切办学行为和人财物资源配置的最终载体，是学校人才培养质量内涵建设水平的标志和落脚点，决定着学校品牌影

---

①　马龙海，教授，广东金融学院党委副书记；肖光红，副教授，广东金融学院国际教育学院院长。

响力与核心竞争力的形成。因此，高等学校国际化首先就是课程的国际化，课程国际化是高等教育国际化的核心，是实现培养具有国际竞争力、国际视野、国际交流和沟通技能的国际化人才的载体，是教育国际化理念的具体体现。

按照经济合作与发展组织（OECD）所给的定义，"课程国际化"的涵义是课程发展或者变化的过程，目标是将国际因素整合到正式课程和课程操作中。所谓"正式"是指课程的内容和资料，而"操作"是指教和学的手段、学生群体、课程的时间地点等。课程国际化就是在课程目标、课程内容、课程组织和实施等课程基本要素上体现国际化的因素。

高校的课程结构总体上可分为通识教育课程和专业教育课程。通识教育课程包括公共基础课程和学科基础课程，是实现通识教育理念和目标的关键所在，它具有知识的基础性、整体性、综合性、广博性。通过通识教育课程的传授，拓宽学生视野，培养学生独立思考与判断能力，增强学生社会责任感，健全学生人格。通识教育课程是国内外各大学普遍接受的课程，基于此，学校选择以通识教育课程为基础，确立"开放、包容、协作、提升"的国际化办学思想，树立"从灵魂中学习，从智慧中做事"的培养理念，在课程的基本要素上体现跨境协同的国际化特征。

首先，课程目标的国际化。课程目标是高等教育人才培养目标在课程设置中的反映，传统的课程目标往往致力于培养学生了解并掌握某门具体的学科知识。我校在国际化课程的目标定位上立足于培养学生的国际视野、全球意识和参与国际事务的能力，强调知识的同时也强调了能力，尤其是强调了适应全球化发展所需要的综合能力，这是对传统课程目标的深化与发展。

其次，课程内容的国际化。它是课程国际化的内核。在课程内容国际化方面，我校采取了以下做法：一是开设国际教育课程以及体现国际主题的新课程，如世界历史、西方经济学、微观经济学、宏观经济学、计量经济学、国际文化比较、跨文化交际、国际关系等具有国际化内容的双语课程；二是在已有课程中增加国际性的内容，使课程内容具有国际导向，如规定任课教师应增加课程中国际背景部分的讲授、援引国际案例探讨全球问题；三是采用国外原版教材，在我校设立的国际班中，其通识教育课程和学科基础课程大多使用的是英文原版教材。

再次，课程组织与实施的国际化。为了使学生了解世界各国间的相互联系和各种世界性问题的普遍存在，学校从管理入手主动开设了专门的国际教育课程。每一学年全校开设本科双语教学课程50多门，开设英文原版教材课程30多门，另外还开设了"海外名师讲座课程""合作大学专家专题报告"等。此外，在课程设置与开发上积极引进国外合作院校课程，吸纳发达国家的优秀文化成果为我所用。比如，引进丹麦哥本哈根商学院的"金融学"等一系列专业课程和师资团队；与20多所合作院校相互认证或联合开发并实施两校间的学位必修课程。

国际化协同课程大平台彰显了三个方面的特色：一是语言技能课程、通识教育课程和学科基础课程相互支撑、相互融通；二是国际班在通识阶段不分专业，学生统一修读大平台课程；三是大平台课程直接与合作院校专业课程相对接，并得到合作院校的相互认证。

二、以"大金融"为特色，打造学分、学位互认平台

我校是以培养金融经济类专业应用型人才为特色的高等学校，与金融界有着天然的联系，学校办学带有浓厚的金融行业特色。《广东省金融改革发展"十二五"规划》明确将广东金融学院列为唯一的广东金融人才资源培育基地。为此，学校确立了"办好行业性应用型本科院校，打造金融强省人才高地"的战略愿景，在办学面向上以服务于广东、服务于金融行业为主导，办学性质上以"大金融"专业教育为主线，办学类型上以行业性应用型为主体，办学层次上以教学型本科人才培养为主流，办学模式上以实践应用为载体，为构建适合学校战略发展的国际化应用型人才培养模式提供了充分的依据。

由于广东地处改革开放的前沿阵地，毗邻港澳东南亚，具有一定的国际化开放水平和广阔的国际协作渠道，金融产业国际开放程度高。粤港澳金融合作及更好地辐射东南亚的发展战略，赋予了广东省建设珠三角金融改革创新综合试验区的政策，肩负着国家金融体制改革与升级、人民币国际化等创新性任务，使得广东具备发展国际金融和国际贸易所具备的得天独厚的地理、历史、政策条件，金融产业鲜明的外向型特征导致了对国际化金融人才的强大需求。基于此，学校进一步明确大力发展国际教育，以"大金融"为特色，以学分、学位互认为平台的国际化金融专门人才的发展思路。

为了打造学分、学位互认平台，实现跨高校、跨国家、跨文化的协同培养，在合作方式上，由我校与合作院校签署合作协议，采取"互认学习过程、互认学分、互授学位、两校共同培养"方式，联合培养适应外资银行及涉外金融业务的专门人才；在人才培养计划上，国际班学生前两年在我校实现"大金融"的大平台教育，统一修读语言培训课程、通识教育课程和大金融类学科基础课程，后两年在合作大学实行分专业教育，分别修读个人所喜好的专业课程和进行专业实习；在教学管理方式上，为保证教学质量，国际班在我校前两年的教学采取"单独编制人才培养方案、独立编班、小班教学、全英文或双语授课"模式；在学制与学位授予上，国际班学生学完双方规定的课程并取得相应的学分，将获得我校

颁发的普通高等学校本科毕业文凭和相应的学士学位证书，同时获得合作大学颁发所在国家的高等学校学士学位证书。这种模式正是学校在中外合作办学的基础上，对跨境协同创新、联合培养国际化人才的有益探索。

自2009年起，学校开始推广中外校际联合培养模式，采取"2+2""3+1""3+2"等方式，与国外知名大学联合培养国际化人才，取得了一定的经验与成效。目前，我校与美、英、澳、加、法等发达国家的30多所知名高等院校建立了联合培养的合作关系，每年参与中外校际联合培养的学生达到近200人，且呈现不断增加的趋势。显然，这种建立在学分、学位互认平台上的国际化教育模式，既满足了学生出国留学、渴求最先进专业知识和技能的愿望，又满足了广东省建设金融强省和建设珠三角金融改革创新综合试验区对国际化金融专门人才的需求。

三、以教学学术能力提升为抓手，打造师资境外交流培养平台

自从美国卡内基促进教学基金会前主席厄内斯特·博耶（Ernest L. Boyer）在1990年出版题为《学术的反思——教授的工作重点》的报告后，美国开始了长达10多年的对大学教学学术的大讨论，并形成了以卡内基促进教学基金会、美国高等教育协会及印第安纳大学布卢明顿校区为主导的大学教学学术运动。目前，这种学术运动已在美国、英国、加拿大、澳大利亚、俄罗斯等国成为引人注目的当代国际高等教育的一种重要运动。

学术职业是高等教育机构的"心脏"。博耶（1990）提出了互有区别和联系的四种学术形式——发现的学术、综合的学术、应用的学术和教学的学术。对大学而言，发现与应用学术是大学基础研究与应用研究所形成的知识体系，综合学术是形成学科间有机联系的知识体系，而教学学术则是在知识传播的过程中所形成的知识。一般而言，改变教学问题的状态，从终结性补救到继续探索研究，是教学学术的主要内容。博耶提出的大学教师应具有的四种学术素养中，教学的学术素养包括传递、转换、扩展知识，强烈的爱心、与学生的平等交流、教父般的责任、成长的呵护等。

教学和科研是大学学术的两个主要内容，是教师工作的两个基本方面，如果教师用在教学上的时间始终得不到很好的承认和保障，那么谈论提高教学质量就是一句空话。因此，教学学术能力在高等学校教学活动和人才培养中尤为重要。我校重视教学学术的提升，提出以教学学术能力提升为抓手，借助国外合作院校优势，打造师资境外交流培养平台。一是每年选派近10名青年优秀教师到英美澳等高等教育发达国家的合作院校进行访学进修，直接参与课堂教学和学术活

动、体验、感悟国外教学团队和学术团队的教学与学术氛围，教学学术能力明显提高；二是每年安排 20~30 名教学及教学管理人员到英美著名大学进行定期培训，接受先进的教学方式方法与教学学术熏陶；三是与合作院校师资互派，即一方面选派学校教师直接任教或助教合作院校课程，参与其学术讨论，另一方面引进合作大学优秀教师前来我校任教，并承担青年教师教学素养的指导工作。

我们发现，师资境外交流培养平台的搭建，促进了学校教师的教学学术能力的实质性提升，促使学校教育教学质量与水平不断提高，增加了学校的国际化元素。

四、以职业素养提升为核心，打造短期学生实习创业拓展平台

一般而言，职业素养是指职业内在的规范和要求，是在职业过程中表现出来的综合品质，包含职业道德、职业技能、职业行为、职业作风和职业意识等方面。许多学者认为，职业素养至少包含两个重要因素：敬业精神和合作态度。一名优秀的学生不仅仅应具备优异的专业学习成绩，还应具备诸如宽厚的品德、协作精神以及对不同文化、不同宗教信仰等元素的尊重与包容。高校是学生进入职业生涯的起点，学生职业素养的培养直接关系到学生就业竞争力的提高。

我校一向重视学生职业素养的提升。长期以来，学校坚持将学生职业素养的提升作为人才培养的核心任务之一。学校不仅在课堂教学、课内实验、课外实习上，通过设置职业导向课程、职业综合案例课程、职业综合实验课程、职业教育实践环节等内容丰富的教学安排来增强学生的职业素养，同时利用高等教育国际化的机会，探索跨境协同，培养与国际接轨的学生职业素养，努力打造了长期而稳定的、覆盖欧美澳三大洲的学生境外实习平台，它包括：一是与德国 F+U 集团合作为学生提供赴德国为期 2 个月的寒暑假职业实习平台；二是与美国合作建立了学生暑假赴美企业顶岗带薪实习项目，每年有近 50 名学生参与该项目；三是与澳大利亚昆士兰大学合作为学生提供学期课程实习项目，学生修读课程的同时，可参与企业实习。这些合作项目的开展，不仅提高了学生的英语运用能力，扩大了学生的国际化视野，而且提升了学生的国际化意识，增强了学生在不同文化群体间沟通和协作能力等方面的职业素养。

五、以扩大学术国际影响为动力，打造"走出去"学报推广平台

一份专门刊载高校学术研究成果的学术性学报，既是高校教学科研工作的继续、深化和延伸，又是培养、造就和发现人才的摇篮，也是高校与外界进行学术

交流的桥梁与纽带。学报也是高校的对外窗口和"脸面",是争取国际话语权和国际学术影响力的平台。

《广东金融学院学报》(2013 年易名《金融经济学研究》),自创刊以来,确立了"探索金融理论前沿,服务经济改革实践"的办刊宗旨,坚持走"专业化办刊、开放式办刊"的办刊道路。通过多年努力,这种开放式办刊模式促使学报的办刊水平和办刊质量不断提高,从 2008 年起,我校学报连续入选《中国人文社会科学核心期刊要览》《中文核心期刊要目总览》《中文社会科学引文索引(CSSCI)来源期刊目录》;2010 年、2014 年均荣获"全国高校百强社科期刊"。在中国人民大学发布的《复印报刊资料》转载学术论文指数排名中位居前列,在中国知网近年发布的"中国学术期刊影响因子年报"中也名列前茅。我校学报已颇显鲜明特色,具有较高学术水平,享有较高学术声望。

按照教育部《高等学校哲学社会科学"走出去"计划》精神,高校应促进学术精品海外推广,以实现增强国际学术对话能力和话语权、扩大中国学术海外影响的目标。基于此,我校学报在"走出去"上迈出了坚实的步伐。一是创办《金融经济学研究(英文精华版)》,精心遴选反映中国经济金融发展状况和理论研究前沿的英文精华版文章予以刊发;二是积极与 CNKI 等机构合作,借助 CNKI 等国际信息平台,扩大期刊的国际影响力;三是注重扩大学校之间、期刊之间的学术交流、构建高水平的匿名审稿队伍、加强编辑团队翻译与审校工作、设立优秀论文奖等四大措施,以确保学报顺利"走出去"。

以国际化视野,开放式办刊,实施"走出去"学报办刊战略,促进了学校的办刊水平和影响力,确保其跻身优秀经济类刊物行列。"走出去"学报推广平台,扩大和巩固了学报的学术影响力、学术地位和国际影响力,增强了学报国际学术的对话能力和话语权,并造就一支国际化的编辑队伍,提升了学校整体的国际化水平。

六、以服务广东金融强省为使命,打造高层次培训、学历、智库"三位一体"综合平台

广东省生产总值约占全国的八分之一,金融服务业占其生产总值的 8%,预计 2020 年将达到 10%,金融体量巨大。作为金融大省,正如广东省省长朱小丹所言,广东金融依然大而不强,其主要原因在于经济发展较快,但金融产业发展滞后,同时尽管广东毗邻港澳,但粤港澳金融合作不够紧密。基于此,广东省政府提出了要在 2020 年建成金融强省的发展战略。

如何践行服务地方,服务行业的办学使命,通过调研和分析,我们认为,服

务好广东金融强省，就要根据广东金融业国际化业务占比高的特性，充分利用国际协同创新的平台载体，准确把握好"三个定位"，一要注重高端国际化金融人才的培养，二要开展学历教育，三要打造既符合国情又与国际接轨的金融智库。为此，我校引入了世界百强名校——诺丁汉大学，合作建立"广东-诺丁汉高级金融研究院"。该研究院曾作为 2013 年 12 月 2 日英国首相访华项目，在北京正式签署协议，并于今年正式开始运营。

习近平总书记在和卡梅隆首相会谈时提出了"全面打造中英金融、教育领域示范性旗舰项目的战略"，为了实现高层次培训、学历、智库"三位一体"的目标，广东—诺丁汉高级金融研究院重点在以下三个方面实现突破。一是通过诺丁汉大学召集包括牛津大学、剑桥大学、伦敦政经学院等名校在内的专家学者以及国际金融企业高管组成的讲师团队，同时邀请国内金融专家共同为金融从业人员提供培训服务，使金融产业的高端从业人员可以根据需要，在本地实时获得国际上最新的金融资讯、技术、理念和趋势，从而在源头上破解本土金融企业引进海归人才水土不服、自身高管出国培训成本高昂的两大难题，有助于企业提高"输血"效能，降低"造血"成本。二是建立国际化金融市场、产品、技术的研发基地，结合国外专家对金融系统的创新理念，以及国内专家对我国金融现状的高度认知，建立具有国际视野又符合地方需求的金融产业与政策智库。三是计划开展金融专业博士和硕士学历教育，为培养本土高端金融后备力量，实现可持续发展提供人才支撑。

高层次培训、学历、智库"三位一体"综合平台的打造，实现了地方政府与金融企业、国内外高校、研究院的合作共赢。广东省政府和金融企业借助金融研究院，可实现国外金融技术和研究与国内金融产业国际化战略的实质性对接，全面达到建设金融强省的战略目标。诺丁汉大学通过输出先进教育理念、方法和技术，拓展国际办学能力和持续影响力，加强在中国金融研究方向上的权威性，同时通过整合世界一流名校和金融机构的专家资源，也将增强在世界金融业界的话语权。研究院可借助高端培训业务，深入了解本地金融产业的实际问题和挑战，高质量承担与完成政府和企业委托的高端科研项目；借助智库建设吸引国际优秀人才并取得科研资金保障。我校借助与诺丁汉大学的高水平合作平台，推进高等教育的现代化、国际化，实现我校国际化办学的跨越式发展。

把握高等教育综合改革实质
推进高水平财经大学建设

柯文进①

为建设高等教育强国、实现两个百年目标和中国梦，十八大提出："要坚持教育优先发展""深化教育领域综合改革""推动高等教育内涵式发展"。党的十八届三中全会进一步指出："创新高校人才培养机制，促进高校办出特色争创一流"，这为我国高等教育综合改革提出了明确与具体的要求。深化高等教育综合改革将在促进高等教育进一步适应经济社会发展、推动我国经济转型升级和实现经济可持续发展的过程中有着不可替代的作用，同时，改革也将对推动我国教育事业发展、提高高校自身竞争力有着重要的现实意义。作为高校，如何能在此次综合改革中深刻认识改革的实质、把握改革的精神，进而促进高校的内涵发展呢？现与大家分享首都经济贸易大学对这一问题的思考、认识和实践。

一、综合改革对高等教育事业发展的意义

蔡元培曾说过："教育者，非为已往，非为现在，而专为将来"。的确，教育是国家富强、民族振兴、社会进步的基石，是提高国民素质、促进人的全面发展的根本途径。改革开放三十多年，我国经济迅速发展，人民生活水平得到很大提升，对于教育，尤其是高等教育的需求超过以往任何时期。除了民众需求和社会问责，在国家战略层面上，高等教育已经成为我国实施"科教兴国""人才强国"战略中的重要组成部分。在这种新形势下，深化高等教育综合改革迫在眉睫。事实上，从高等教育自身来看，综合改革也是我国高等教育事业发展的必由之路。

1. 推动高等教育综合改革，符合高等教育的发展规律

完整意义的教育发展主要包括两方面：一方面是数量和规模的扩大，即以增加供给为主要特征的教育增长；另一方面是在保持教育增长的同时，更加重视教

---

① 柯文进，教授，博士生导师，首都经济贸易大学党委书记。

育资源与机会分配机制的合理性。在国际高等教育发展史上，20世纪80年代是一个关键点，在此之前，规模扩张是高等教育的主旋律；在此之后，提高质量成为各国的共同选择，各国政府都在不同程度上进行了旨在提升高等教育质量的改革。例如，欧盟以"博洛尼亚进程"的提出为标志，针对1 800多所高校质量参差不齐的状况，从统一高等教育体系着手，在欧洲45个国家掀起了高等教育改革的新浪潮。可见，推动高等教育综合改革，符合了国际高等教育的发展规律。

2. 推动高等教育综合改革，是经济全球化和教育国际化的必然趋势

进入21世纪，由于经济全球化和科学技术的迅猛发展，人力资源、物质资源的跨国流动成为常态，高等教育国际化已经成为必然趋势。近年来，随着教育服务被国际贸易组织所承认，以及信息技术、网络技术迅速发展，无边界的高等教育又成了新的国际化趋势。教育国际化为我国高等教育的发展提供了难得机遇和挑战，一方面，国际优质教育资源的涌入有助于我国人才培养质量的提升，国际先进的教育理念和人才培养模式为我国教育发展提供了宝贵的经验，另一方面，生源的国际流动、跨国办学和教育资源的共享，使得优质教师资源和生源的竞争日趋激烈。为了在教育国际化的趋势中抓住机遇、迎接挑战，高等教育综合改革势在必行。

3. 推动高等教育综合改革，是我国高等教育发展阶段的内在要求

潘樊元先生曾指出："教育是一个永恒的概念，而高等教育则是一个历史的概念"。改革开放以来，我国高等教育发展实现了一个飞跃，1977年恢复高考到2002年，全国高考录取人数从27万人增加到321万人，25年净增了294万人；2003年到2013年，全国高考录取人数从382万人增加到700万人，10年净增318万人；后10年的增长数比前25年的总和还要多出24万人。我国高等教育已经进入大众化阶段，这种数量增长模式显然在未来将难以为继，高等教育的发展将由数量增长模式转变为以提高质量为核心的内涵式发展模式上来。因此，推进高等教育综合改革是高等教育发展阶段的内在要求。

4. 推动高等教育综合改革，是深化教育领域综合改革的重要探索和实践

我们所进行的高等教育综合改革是一种渐进式的改革，这种改革注重改革的平稳性和循序渐进，然而，渐进性改革很容易出现改革不彻底的弊端，即为了追求"软着陆"，改革不敢直接触及某些深层次的核心矛盾。当前，我国高等教育改革已经进入改革的"深水区"和攻坚期，改革涉及面广、关联度高、破解深层次矛盾和问题难度大，这是因为我国当前高等教育领域已经出现了两大阶段性特征：首先，在需求方面，国家和民众对高质量的教育需求日益突出，在供给方面，高校在实现规模扩张的同时，质量并未得到相应的提高，于是出现了高等教

育结构性供求失衡。在这种失衡下，甚至还出现了高校不能有效供给社会急需专门人才和高校毕业生就业难同时存在的矛盾。其次，高校同质化现象严重。由于历史原因，国内高校曾经出现了扩招和合并热，盲目地追求大而全，出现了千校一面的同质化趋向，甚至一些极具特色的高校也在这股浪潮中迷失方向。以专业设置为例，即使是一些著名的世界综合性大学也没能做到覆盖所有的专业，按美国教育部学科专业目录统计，麻省理工学院、普林斯顿大学、斯坦福大学的学科覆盖率也不过是 54.2%、62.5%、70.8%。正是由于这两大阶段性特征，要求我们需要对继续深化高等教育综合改革进行充分的思考和准备。

二、改革开放以来我国高等教育改革的政策演变

事实上，改革开放以后，我国教育领域的改革就没有间断过。因此，从历史的角度对改革进程进行梳理，将有利于更好地把握高等教育综合改革的实质。改革开放以来，党中央、国务院共召开四次全国教育者工作会议，每次会议的召开都引起了新一轮的教育改革。

第一次全教会于 1985 年 5 月召开，这是党的十一届三中全会决定把全党全国的工作重点转移到社会主义现代化建设以后，教育领域的一次空前盛会。会议讨论了《中共中央关于教育体制改革的决定》（草案），研究了实行教育体制改革的步骤和措施。会上，邓小平同志明确指出："要以极大的努力抓教育，并且从中小学抓起，这是有战略眼光的一着。如果现在不向全党提出这样的任务，就会误大事，就要负历史责任"。

第二次全教会于 1994 年 6 月召开，这次会议是在我国加快建设社会主义市场经济体制和现代化建设步伐的新形势下召开。会议要求以邓小平建设有中国特色社会主义理论和党的基本路线为指导，贯彻党的十四大和十四届三中全会精神，进一步落实教育优先发展战略，并要求全党全社会认真实施《中国教育改革和发展纲要》。江泽民同志指出："在整个社会主义现代化建设的过程中，教育优先发展的战略地位必须始终坚持，不能动摇"。

第三次全教会于 1999 年 6 月召开，会议从社会主义现代化建设全局和战略的高度出发，对我国面向新世纪的教育改革和发展作了重要部署。会议主题是：动员全党和全国人民，以提高民族素质和创新能力为重点，深化教育体制和结构改革，全面推进素质教育，振兴教育事业，实施科教兴国战略，为实现党的十五大确定的社会主义现代化建设的宏伟目标而奋斗。会议发布了《中共中央国务院关于深化教育改革，全面推进素质教育的决定》。在会上，江泽民同志强调："国运兴衰，系于教育；教育振兴，全民有责。我们必须全面贯彻党的教育方针，

坚持教育为社会主义为人民服务，坚持教育与社会实践相结合，以提高国民素质为根本宗旨，以培养学生的创新精神和实践能力为重点，努力造就'有理想、有文化、有纪律'的德育、智育、体育、美育等全面发展的社会主义事业建设者和接班人"。

第四次全教会于 2010 年 7 月召开，这次会议是党中央、国务院在新世纪召开的第一次全国教育会议。会议总结交流了教育工作经验，分析了教育工作面临的新情况新问题，动员全党全社会学习和实施《国家中长期教育改革和发展规划纲要（2010—2020 年）》。会上，胡锦涛同志指出："坚持优先发展教育，推动教育事业科学发展，建设人力资源强国，为全面建设小康社会、加快推进社会主义现代化提供更有力的人才保证和人力资源支撑"。

这四次会议的召开为我国教育事业的转折和发展指明了方向，有着重要的历史意义。为了更好地了解改革开放以来我国教育宏观政策的变化情况，现将这段时期里关于教育改革的重要法律、文件和会议整理成表 1：

表 1　　　　　　　改革开放以来我国高等教育宏观政策的演变

时期	主要文件	主要内容	意义或影响
1977—1978 年	《关于 1977 年高等学校招生工作的意见》；《关于 1978 年高等学校和中等专业学校招生工作的意见》	实行自愿报名，统一考试，学校录取，省、自治区、直辖市批准；取消对于录取高中毕业生比例的限制	高考制度全面恢复
1982 年	新《中华人民共和国宪法》	规定了教育法的指导思想、立法依据和教育教学活动的基本法律规范	为依法治教提供了宪法依据
1985 年	《中共中央关于教育体制改革的决定》	提出建成科类齐全，层次、比例合理的体系，总规模达到与我国经济实力相当的水平	进入教育体制全面改革新时期
1993 年	《中国教育改革和发展纲要》	教育发展总目标：全民受教育水平有明显提高；……各类专门人才的拥有量基本满足现代化建设的需要；形成具有中国特色的、面向 21 世纪的社会主义教育体系的基本框架	在 20 世纪 80 年代教育体制改革基础上，提出深化改革的具体目标和任务。同年，国家启动"211 工程"
1995 年	《中华人民共和国教育法》	规定了我国教育的基本性质、地位、任务、基本法律原则和基本教育制度等	是全部教育法规的"母法"，是制定教育领域单行法律及行政法规的依据

表1(续)

时期	主要文件	主要内容	意义或影响
1999 年	《关于深化教育改革，全面推进素质教育的决定》	提出全面推进素质教育；调整现有教育体系结构，扩大高中阶段教育和高等教育的规模，拓宽人才成长的道路，减缓升学压力；加快改革招生考试和评价制度；优化结构，建设全面推进素质教育的高质量的教师队伍	教育不但要满足国民的教育需求，还注重素质教育。同年，国家启动了"985 工程"
2010 年	《国家中长期教育改革和发展规划纲要（2010—2020 年）》	提出全面提升高等教育质量，并确定了人才培养体制、考试招生制度、现代学校制度、办学体制、管理体制和扩大教育开放六个体制改革方向	深化教育领域改革的指导性文件，也明确了高等教育未来发展目标与具体内容
2012 年	十八大报告	深化教育领域综合改革，着力提高教育质量	强调综合改革，我国教育综合改革进入全面深化阶段
2013 年	十八届三中全会	将教育改革和发展作为"人民最关心最直接最现实的利益问题"	将教育放在了前所未有的高度，教育改革获得了更加重要的地位

从表 1 可以看出，改革开放以来，我国的教育改革都是紧密围绕国家社会发展和教育实际情况适时进行调整和改进，改革有着比较清晰的方向感与节奏感，基本遵循着"恢复工作、规模扩大、适时控制、提升质量"的主线进行，由此可以看出，此次综合教育改革的提出顺应了我国教育事业发展的趋势。

十八大报告把教育放在改善民生和加强社会建设之首，明确提出要"努力办好人民满意的教育"，由此启动了教育领域的综合改革。在精神和目标确定的情况下，从高校的角度来说，综合改革改什么？改革涉及的主要内容是什么呢？事实上，《国家中长期教育改革和发展规划纲要（2010—2020 年）》（以下简称《纲要》）和《教育部关于 2013 年深化教育领域综合改革的意见》（以下简称《意见》）都指明了综合改革的主要方向和内容，现将这两份文件关于改革内容的一些情况整理为表 2 和表 3：

表 2   《纲要》中高等教育综合改革的主要内容

改革任务	主要内容
人才培养体制改革	更新人才培养观念
	创新人才培养模式
	改革教育质量评价和人才评价制度
考试招生制度改革	推进考试招生制度改革
	完善高等学校考试招生制度
	加强信息公开和社会监督
建设现代学校制度	推进政校分开、管办分离
	落实和扩大学校办学自主权
	完善中国特色现代大学制度
办学体制改革	深化办学体制改革
	大力支持民办教育
	依法管理民办教育
管理体制改革	健全统筹有力、权责明确的教育管理体制
	加强省级政府教育统筹
	转变政府教育管理职能
扩大教育开放	加强国际交流与合作
	引进优质教育资源
	提高交流合作水平

表 3   《意见》中高等教育综合改革的主要内容

改革任务	主要内容
改革人才培养模式	推进考试招生制度改革
	深化课程内容改革
	探索创新人才培养途径
	落实人才成长立交桥支撑措施
改革办学体制	改善民办教育发展环境
	落实高校办学自主权
	扩大教育对外开放

表3(续)

改革任务	主要内容
改革管理体制	落实省级政府教育统筹
	健全教育监测评价机制
	推进教育督导体制改革
	完善高校治理结构
改革保障机制	改革教师管理制度
	完善投入保障机制
	改进教育信息化推进策略

《纲要》与《意见》这两份文件相辅相成，为高等教育综合改革指明了方向和内容，但是在文件框架和具体指导上，还存在一些差异，例如，《意见》没有和《纲要》一样将考试招生制度改革列为独立部分，而是将其并入人才培养模式改革之中；相比《纲要》《意见》更突出诸如师资建设、投入保障、信息化等教育保障机制的改革等。

高等教育综合改革不是孤立的、单项的，而是紧密结合、相辅相成，统一于办好人民满意教育的总体目标之中。在充分把握相关文件精神的基础上，高校可以结合学校的精神理念、历史文化、发展目标和办学特色等因素，从以下几方面着手进行综合改革：以改革人才培养模式为重点，提高人才培养质量；改革高等教育管理方式，建设现代大学制度；适应经济社会发展需求，扩大国际教育开放；加强教师队伍建设，提高教育保障水平等。

三、我校推进高水平财经类大学建设的改革实践

首都经济贸易大学创建于1956年，50多年来，学校坚持育人为本的办学宗旨，以培养"崇德尚能，经世济民"之才为己任，经过几代人的奋斗，已经为国家、首都和社会培养了一大批优秀人才，并发展成为具有鲜明特色的财经类大学。2010年，学校上下经过认证、总结、思考和讨论，确定了"建设国内一流、国际知名财经大学"的战略目标，围绕着这个目标，学校在高等教育改革大环境下启动了"从规模扩大向内涵发展转变"的改革实践。这里与各位分享首都经济贸易大学这些年改革的一些经验和体会：

1. 以质量、创新为主线，提升人才培养质量

人才培养是大学的根本任务和中心工作，人才培养质量是衡量高等教育质量

的根本标准。为此，学校以在综合考虑社会需求、教育教学规律等因素下，以"质量、创新"为主线，深化人才培养模式改革，提升人才培养质量，取得了一定的成绩。

本科教育的主要改革实践包括：①以学校定位和人才培养目标为基础，修订本科专业人才培养方案，优化课程内容体系，强化人才培养特色定位，推进本科教学内涵式发展；②以国际化理念为先导，通过联合办学、暑期国际学校、双语教学、出国交流等多种方式，积极推动教学模式国际接轨，实现国际化人才培养模式创新；③重视平台建设，通过改革实验室运行管理模式、推进实验课程等系列软环境建设、促进实习基地向人才培养基地转化等系列措施，不断完善以能力培养为核心的实践教学体系；④积极实施大类培养大类招生、辅修专业（双学位）等政策，深化复合型人才培养，扩大学生自主选择权，满足不同类型学生的个性需求。

在研究生教育中，学校既注重多年来研究生教育经验的总结和提炼，还对研究生教育发展中的新形势、新问题进行了广泛探讨。经过慎重思考，学校在把握有关政策精神和遵循研究生教育规律的基础上，实施了以"提高质量"为目标的研究生教育综合改革。改革围绕着服务需求、优化结构、招生选拔、培养模式、导师责任、专业学位、课程建设、创新激励、质量保障、国际化等关键问题开展，争取在研究生教育的重点领域、关键环节、深层问题、利益格局调整、体制机制创新等方面有所突破。

2. 优化学科布局，增强学科竞争力

学科建设水平是学校整体办学实力、学术地位和核心竞争力的综合体现。我校始终把学科建设作为各项工作的龙头，充分发挥现有优势学科的辐射力，不断通过学科交叉带动新的学科发展，形成新的特色学科，初步形成了"结构合理、层次分明、重点突出、特色鲜明"的学科体系格局，部分学科在全国财经类高校中的优势日益明显。目前，我校已拥有应用经济学、管理科学与工程、工商管理、统计学 4 个一级学科博士学位授予权，10 个一级学科硕士学位授予权，17 个专业硕士学位授权点以及 3 个博士后流动站。在学科点不断增加的同时，学科建设质量也得到大幅提升，应用经济学、统计学一级学科作为北京市重点学科，在国家第三轮学科评估中分别取得了第 12、第 15 名的好成绩。

在高校综合改革的背景下，学校学科建设主要从以下两方面着手：①优化学科布局，促进协同创新。学科布局对学校的发展具有战略性和全局性的影响，因此要从内涵建设出发，不断完善学科布局。协同创新既是提升国家创新能力的重要途径，也是高校培养创新型人才、提升科研能力的必然要求。要以"协同"

的理念推动科研改革，打破封闭分散格局，发挥多学科多功能优势，促进创新要素有机融合和全面共享。②完善学科管理制度，建立评估机制。加快制度创新步伐，建立切合学科发展规律的运行机制。建立和完善学科建设相关管理制度、学科建设管理创新体系和质量保证体系等。以学科建设为龙头，促进学校整体教学科研水平的提高。

3. 实施人才强校战略，加强师资队伍建设

"大学之大，在于大师"，高水平的人才队伍是学校的核心竞争力，其为学校综合改革提供了强大支撑。首都经济贸易大学在"十二五"规划中明确提出实施"人才强校"战略，努力培养和造就一支师德高尚、业务精湛、结构合理、充满活力的高素质、专业化、国际化人才队伍。

近几年，学校通过制定实施一系列加强人才工作的政策和措施，师资队伍的数量与质量得到了显著提升，人才队伍结构也不断得到优化。这些政策和措施主要包括：①在人才队伍建设方面，实施以领军人才为主导的人才群发展战略，探索建立以团队形式引进高层次人才的机制，通过高端人才引进带动师资队伍的数量和结构优化。统筹不同学科和专业的人才队伍建设，做到人才队伍建设和学科建设互相适应，互为支撑。加强校院两级管理，发挥学院在人才发现、引进、培养与使用方面的主体作用。②在教师成长和发展方面，构建"启动-优青-拔尖-领军人才"的教师职业发展全程培养系统，积极与教师促进中心、青年教师协会等教师组织合作，满足教师专业深度发展的需求，使培训与学习内化为教师自身发展的动力，不断提升专任教师的职业技能与综合素质，提高师资队伍的整体水平。③在国际化方面，加大拓展海外研修项目，探索建立固定的境外培训基地，鼓励教师到境内外著名高校、国家重点实验室和国家开放实验室访学或合作研究，参与并融入国际竞争。学校专门成立了国际经济管理学院，聘请经济学家李奇教授为学院院长，通过引进专家与引进智力相结合的方法，不断吸引优秀海外人才，打造出国际人才培养、高端科学研究、海外人才聚集和引领创新开放的平台。④在用人机制方面，完善和创新用好用活人才的体制机制，形成统分结合、上下联动、协调高效、整体推进的人才工作运行机制。完善人才分类评价体系，拓宽发展通道。从确保学校实现战略目标的实际需要出发，结合人才队伍整体情况，构建分类评价指标体系，作为考核评价和专业技术职务评聘的依据，确保各类人员的发展路径畅通，形成完整的分类管理的制度体系。

4. 以大学章程编制为契机，完善现代大学制度建设

完善中国特色现代大学制度是高校综合改革的方向和必然选择，它为建设高水平大学提供了制度保障。根据国家相关文件精神，结合学校实际情况，将制度

建设工作的主线确定为"完善大学内部治理结构、深化管理体制改革"。

大学章程作为一所大学的宪法，是依法治校、现代大学制度的重要载体，大学章程的确定有利于厘清和划分大学与外部及大学内部关系之间的权力、责任、义务和范围，因此，我校于2013年启动了章程制定工作，并将章程的制定作为推进学校依法治校、科学发展的有效渠道和重要保障。学校作为北京市教委章程制定试点的牵头单位，和市属院校共同组建了课题组。在章程制定过程中，积极听取校外、校内各方的智慧和经验，组织相关专家对章程的框架、要素、内容、核准等进行了研讨和论证，目前章程已报送北京市教委核准。章程的制定就是一个通过不断地广泛调研，科学研究达成共识的过程，在制定过程中，坚持以下几点：①充分体现我校作为财经类高校的办学特色，把学校的历史沿革、办学理念、发展目标进行梳理和阐述，并融入章程中予以阐明。②充分体现自主办学、依法治校的理念。在按照程序透明、信息公开、民主决策、多方监督的原则制定严格和明确的权力履行制度的前提下，保证学校办学自主权。③充分体现对学校办学经验的概括和总结。章程对我校在学科建设、人才队伍建设、人才培养方面形成的好的做法和举措固定下来，并通过不断地改革，完善制度设计。除了学校章程制定，还在校院二级管理体制、学术委员会章程制定等方面开展了相关改革实践工作。

四、深化我校全面综合改革的思考

我校在前期许多领域推进了一些改革的实践，这只是综合改革的开始，下一步，我校将结合学校的战略目标和"二步走"的战略设想，全面推进综合教育改革，主要思路为：

1. 推进法人治理结构改革，完善现代大学制度

建设依法办学、自主管理、民主监督、社会参与的现代大学制度是探究新的大学发展模式、推进依法治校、实现综合改革目标的体制机制基础。现代大学制度建设主要包括两个方面：从外部宏观关系来看，涉及学校、举办者、社会以及宏观管理部门之间新型关系的构建；从内部微观机制安排来看，需要进一步理顺、调整和改革学校内部治理结构及彼此关系，推进学校内部治理结构和管理能力的现代化。为此，学校制度建设工作重点将包括：以大学章程为学校改革的上位法，分类、理清和完善学校各项规章制度，推进学校依法治校，大力加强学校自律机制的建设，为完善高校内部治理结构奠定基础；以学校学术委员会章程修订为契机，理顺学校的学术治理结构；以校院二级管理为学校治理结构的基础模式，探索责权利向院（系）下放，管理重心下沉，逐步实现行政管理由"条条"

管理向"块块"管理的转变。

2. 以立德树人为根本任务，深化教育教学改革

习近平总书记在五四重要讲话中强调，高校综合改革要"紧紧围绕立德树人的根本任务"来推进。在学校全面深化改革中，核心就是立德树人；提高质量，要把创新育人模式作为重中之重；毫无疑问，改革的各项工作都要围绕这个核心展开，都必须服务于这个核心。学校将坚持立德树人的价值导向，改革教育教学模式：按照教育规律和人才成长规律，改革人才选拔培养创新机制，探索多样化人才培养体系，提升本科教育的自主性和开放性；调整优化本科培养方案和核心课程体系，促进通识教育、专业教育和自主发展的有机结合；探索建立通识课程体系，积极推动通识教育试点项目，打造高质量的通识教育课程平台；凝练专业核心课程，提升学生的专业技能和职业素质；完善我校人才培养特色建设，发挥引领和示范作用，支持各人才培养试点项目，探索新的人才培养模式；推进研究生培养机制改革，改革招生选拔机制，实现研究生分类培养；学术型和专业性学位教育区别鲜明、各成体系，博士研究生注重学术志趣和创新动力培养，研究生培养目标既要反映社会需求，也要体现学科学术发展的具体需要；探索多途径、多模式的研究生国际化培养，调整优化留学生政策，扩大学历研究生的数量，提升留学生教育质量；引进世界优质教育资源，服务于学校的教育教学改革。

3. 改革科研机制体制，提高科研创新和服务社会能力

大学既是教育教学中心，又是科研创新中心。高校开展科研工作，既能为国家社会发展提供智力支持和服务，又能将研究成果转化为教育教学资源培养人才，实现科研反哺教学，促进科教融合育人。在前期改革实践的基础上，学校接下来的科研改革重点为：改革科研体制机制，适时调整学科结构与研究方向，鼓励学科交叉融合，形成学校学科特色和优势，提高科研创新能力和服务社会的能力；加强国家学科、科技评估的导向作用，以质量和实际贡献为导向开展多元化评价，按照学术发展和科学研究的规律，开展科研评价改革和机制创新。强化科学研究的社会服务功能，围绕国家和地方的经济社会发展的需要，建设高水平的智库，为促进经济社会发展提供政策建议，推动科研成果的转化。

4. 深化人事制度改革　打造一流师资队伍

高水平的师资队伍是建设高水平财经大学的核心要素，因此，学校将在全局发展的战略高度上，推进"人才强教"战略，继续深化人事制度改革：积极推进领军人才为主导的人才发展战略，在综合考虑学校学科布局和特色基础上，通过引进和培养一批学术基础扎实、具有较强创新能力的学科领军人才、优秀学术带头人和高层次人才，促进学校办学质量的提升；以师德师风为核心，加强师资

队伍建设，加大拔尖创新人才引进和培养力度，打造一支具有一定竞争力和影响力的师资队伍，重点培养一批既具有国际视野又能深刻把握国情，并有较大发展潜力的优秀教师；深化人事制度改革，完善人才引进、培养、发展和评价的工作机制，创造有利于优秀人才成长和脱颖而出的制度环境；将教师个人发展与学校整体发展紧密结合起来，通过多种形式构建包含职业生涯发展、终身学习、能力提升、素质培养的教师发展机制，实现师资队伍的可持续发展。

5. 开展党政管理与服务改革　提高管理与决策水平

随着我国教育事业的发展以及教育体制改革的深化，高校的党政管理工作的内容、职能、地位和作用都发生了新的变化、有了新的要求。无论是现代大学制度建设，还是学校自身内涵式发展，党政管理已成为提高大学治理能力的关键，其对高校开展人才培养、科学研究、社会服务工作有着重要的影响。为了切实提高党政管理水平，我校将开展党政管理与服务改革，为全面深化综合改革提供保障和支持：坚持党的领导，以改革创新精神加强党的思想、组织、作风、反腐倡廉和制度建设，着力建设学习型、服务型、创新型党组织，全面提高党的建设科学化水平，为学校可持续发展提供坚强的思想、政治和组织保证；推动管理重心下移，学校管理由原来的决策和管理并重，转化为宏观决策与管理服务为主，扩大学院（系）的自主权，激发院系创造性，增强院系决策、管理和执行能力；优化管理结构、职能配置和机构岗位设置，建设一支高素质、高效率的管理和服务队伍，切实提高党政、教辅、后勤单位的服务水平。

以上是首都经济贸易大学深化综合改革的一些实践和思考。但仍有很多问题需要我们进一步探索，例如：如何将大学的普遍性、综合性、多元化和财经类高校的专业化、特色化结合起来，凝练出财经类大学独有办学定位和特色？在面对日益高涨的政府监督、社会问责，高校如何实现由原来的被动应付转变为主动应对，甚至并将此转变成为学校的发展动力？在探索多元化的高等教育国际化道路上，除了学术交流、合作办学等，是否能够通过掌握和利用诸如 MOOCs 等新兴信息技术来推进教育国际化？全面深化高等教育综合改革任重道远，我们只有坚持我们的理想和信念，找准方向，选准前进路径，凝聚各方力量，脚踏实地，真抓实干，才能切实保证改革能够达到预期的目标。

参考文献

[1] 杜玉波. 加快推进中国特色现代大学制度建设 [J]. 中国高等教育，2013（23）：3-6.

[2] 丁水汀. 深化综合改革促拔尖人才培养 [J]. 中国高等教育, 2013 (19): 22-25.

[3] 刘献君, 周进. 建设高等教育强国: 六十年的理念变迁及其启示 [J]. 高等教育工程教育研究, 2009 (5): 52-61.

[4] 刘延东. 深化高等教育改革走以提高质量为核心的内涵式发展道路 [J]. 中国高等教育, 2012 (11): 4-9.

[5] 劳凯声. 中国教育改革30年政策与法律卷 [M]. 北京: 北京师范大学出版社, 2011.

[6] 刘云杉. 有守方有为: 教育改革需正本清源 [J]. 清华大学教育研究, 2013 (2): 10-13.

[7] 杨银付. 深化教育领域综合改革的若干思考 [J]. 教育研究, 2014 (1): 4-19.

[8] 周洪宇. 百年教育改革的启示 [J]. 教育研究, 2013 (4).

应用型财经院校教育教学改革路径的
思考与探索

陈晶莹^①

一、探索高等教育发展规律，加强高校制度建设

步入 21 世纪以来，科学技术的迅速发展推动人类社会生活发生前所未有的变化，作为古老的社会组织，大学也以新的姿态迎接这种新的机遇和挑战。正在成长为世界第二大经济体、进入社会转型关键时期的中国，高等教育如何应对各种挑战，并担负起中国现代化进程中应有的历史责任，成为摆在中国高等教育面前、需要尽快解决的迫切课题。

（一）大学制度建设是高校面临的迫切任务

进入高等教育大众化阶段的中国高等教育，在为中国社会转型提供了大量高素质的人力资源的同时，向世界一流大学学习，建立世界一流的大学制度的努力从来没有停止过，也从来没有像今天这样强烈，这不仅仅是少数中国顶尖大学的天然责任和义务，而是所有中国高校的义不容辞的共同使命。没有一流的现代大学制度就没有一流大学产生、存在和发展的基础，这也是中国高等教育经过多年的摸索后形成，并逐步被接受的共识。大学制度建设是贯穿高等教育改革始终的一条主线，无论是大学章程的拟定，还是学术委员会的建立，诸如此类，均显示其在推进当前高等教育教学改革中逐步发挥了应有作用。

大学制度建设的核心是大学职能的实现和大学精神的体现。从专制时代略显单调的古老大学到现在多样纷呈的现代大学群体，大学不再仅仅作为政府或某一社会组织的附属物，而是作为社会主体更准确地反映社会和人类发展的最新成就，也快速地反映人类社会改变自然、探索人类自身的宝库，并在其发展中使其自身的价值得到最大实现，这恰恰是大学制度建设的核心价值所在，无论历史上

---

① 陈晶莹，教授，博士生导师，上海金融学院副院长。

大学发展的趋同、趋异和部分重新趋同，都是大学不能回避的客观存在。

（二）把握大学制度建设的新内涵

具体而言，在人才培养方面，高等教育大众化阶段比以往精英教育阶段更应注重学生的全面发展，注重其改造社会、适应社会能力的培养，大学生虽已不再是天之骄子，但作为一个大写的普通人可能比天之骄子更可能改变大众，因为他们本身即大众，拯救他人之前需要先拯救自身，学生的这种发展要求，必然也应该反映到学校教育教学改革中，善于学习、自主学习成为未来学生成功的关键，以质量优先的方略，海纳百川的胸怀，放眼世界的视野，经世致用的理念，是大学教育教学的核心所在，更是财经院校办学应遵循的理念。其次，作为古老的职业，大学教师工作特点在现代社会中依然得到延续，以知识生产为己任，高度灵活的自主性，使其在保持灵性和身体的自由中创造出人类科技文化的一个又一个的辉煌。尊重高校教师的职业特点，发挥教师的主观能动性，是提高高等教育质量的关键。第三，把握高校科学研究特点，不断追踪、引领学科前沿。探索世界的无止境是大学的历史使命，而以学科划分的大学在当今以学科融合、交叉等形式，导致科技发展中热点众多而新热点层出不穷，认识和改造自然和社会：大学天然注重首创精神，作为探究的场所，分化与整合从来就没有停止过，合作与竞争在高校的科学研究中具有同等重要的地位。第四，重视高校的社会服务职能。大学从过去的社会边缘走到社会中心位置，受到全社会前所未有的关注和挑剔的目光，在复杂的社会关系中，大学不能置身世外，大学有义务运用其学术资源，对社会的需求做出反应。中国的大学虽然从未有过象牙塔中的经历，谈不上走出象牙塔，但从发挥大学的职能，有所作为，从中找到自己应有的位置却是与西方大学普遍面临的任务。

二、以内涵建设与开放发展相结合，推进高等财经教育改革

目前的院校分类方法，明显带有中国的特色，既带有历史的印痕，又有时代发展的特点，这给高等财经院校改革发展带来挑战，一些问题也需要认真对待，通过加强高校内涵建设和开放发展相结合、推进高等财经教育改革加以解决：

（一）大规模、多学科建设模式下的发展问题

财经类院校不再是计划经济下的较为单一的学科和偏小的办学规模，而是学校学科、规模不断壮大，由于不再是过去单一或少数学科，而是文、理、工、经、管等多科并举，学生人数众多，从学科设置、在校生规模等各方面更加符合大学的基本形态，像从一个的稚气未脱的儿童成长为一个更富有生机活力的青

年。腰身壮了，衣服和帽子变小了，这就带来多学科管理的问题，学科建设以及由此带来的办学模式探索成为一个新的课题，以开放的心态，国际化的视野理解、解决财经高等教育发展中的问题显得尤为迫切和必要。此外，在过去计划经济下形成的财经类院校办学传统的学校文化和价值理念也需要得到及时转变。

（二）面向社会需求的人才培养

在人才培养方面，财经类院校应探索处理好计划与市场的关系。过去是面向行业企业等特定部门，目前劳动力市场的高度市场化，要求学校在人才培养中注意协调或缓解这种矛盾，注重在以追求实际利益中帮助学生发展，最终要在人才培养模式以及培养过程中得以顺利实现，在积极的改革中使学生智力、社会等体验中得到发展。正如老一代财经教育家郭秉文教授所言，商科应"三育并举，以诚为训"。面向社会需求的人才培养应以学生作为人的培养、人的发展为基础，体现在课程上则是一方面注重课程的专业化和社会适应性，另一方面重视开展学生公民意识、诚信意识、创新创业能力培养的通识教育，此外，课程的国际化也是财经类人才培养的一个重要途径。

（三）以服务社会为导向的科学研究

现代大学在服务社会中，既扩展了与社会的边界，同时，与社会的边界日益模糊。财经类院校自身的特点，要求其科学研究与社会服务应与学校发展目标定位相匹配。财经类院校与经济社会尽管具有天然的关系，但更应注意密切融合，不囿于书斋，故步自封。在经济社会快速发展中，高等财经院校许多学科普遍具有应用性特点，在解决经济实际问题中赢得社会尊重具有天然的优势，不能脱离社会。在经济社会改革发展的大潮中，财经院校更应带头以真问题、新发展、跨学科为要求，聚焦发展，重点投入，培育优势学科，推进学科建设与科研工作的融合，促进产学研一体化发展；加强应用性研究，以解决实际问题为出发点，服务行业企业和地方经济社会发展；创新体制机制，推进开放教学，整合社会资源，引进社会资源共建平台，构建平台建设的新模式。

（四）开放合作的发展新思路

对外开放是国家战略，是加快国家发展的必然选择。开放与改革相伴而生，相互促进。财经院校应不断开放办学的力度，不断构建全社会共同参与的开放型办学模式。主动争取扩大开放。积极引进国外优质的教育资源，包括课程、师资和项目等。不断拓展与世界著名高校或教育机构合作，借鉴国际教育先进经验，不断扩大留学生教育规模和学校的国际影响。

财经院校开放办学要坚持内部开放和外部开放相统一。高校具有天然多元包容的校园文化，这种多元文化的交锋，是学校发展的不竭动力，学校内部要有海纳百川的胸怀、协同合作的氛围、文明和谐的价值取向，以开放的心态凝聚创新的制度环境。外部开放一方面要对接国内经济社会发展需求，加大政产学研资源整合力度，探索全方位、多途径的开放合作机制，不断实现有关各方的互利共赢。同时，更要加强国际交流与合作，充分利用国外的先进经验和优质资源，提升学校教学科研和管理服务工作水平，以实现与国际社会的良性互动。内部开放和外部开放互为条件，相互影响。

三、立足学校实际，扎实做好管理机制体制改革实践

基于以上认识，上海金融学院立足学校实际，把握应用型本科院校、地方院校、财经类院校的基本特点，以强调实践的应用型人才培养为基础、注重服务地方社会、注重国际国内经济发展并反映到教育教学科研改革中，积极推进管理机制体制改革，取得一定成效。

（一）实施人才强校战略，加大师资队伍建设力度

学校突破体制机制上的障碍，优化人才政策环境，同时做到三个"坚持"，即坚持引进与培养并重、考核与激励并重、教学与科研并重，全方位做好服务和配套工作，发挥师资队伍的创新潜能。

1. 创新人才引进机制，提高师资队伍素质和水平

一是探索构建符合我校特点的师资研究员制度。以 3 年为考核期，要求新进教师完成相应的科研工作量，第一年担任助教，实行年薪制，逐步建立以工作绩效为导向的灵活的薪酬制度。二是推行"常任轨"制度。学校瞄准国外知名高校的优秀博士，以 6 年为考核期，完成相应科研工作量，实行年薪制，经考核"非升即走"。同时结合院系师资的现有基础，筑高原、建高峰、出高产，优化我校师资队伍结构，努力形成具有国际化特色的高水平师资队伍。

2. 构建人才成长平台，打造师资队伍特色

一是启动教师教学发展示范中心建设。以提升中青年教师和基础课教师业务水平和教学能力为重点，完善教师教学发展机制，推进教师培训、教学咨询、教学改革、质量评价等工作的常态化、制度化，切实提高教师教学能力和水平。二是实施骨干教师激励计划。以加强教师教学绩效考核和规范教师行为为重点，进一步激发教师教书育人的动力和能力，形成有利于学校教师队伍可持续发展的制度环境和教书育人的文化氛围。三是实施教师专业发展工程。通过实施国外访学进修计划、国内访问学者计划、产学研践习计划、实验技术队伍素质提升计划

等，进一步提升师资队伍应用型教学能力、国际交流合作能力、服务社会经济发展能力和创造创新能力。

（二）开展应用科学研究，努力服务地方经济社会发展

在坚持科研与学校定位相适应，与办学特色相一致，与社会需求相统一的基础上，努力实现"着力服务、着力应用、着力合作"三个着力。加强开放合作，推进应用性科研工作，强化高校社会服务功能。通过加强官产学研合作关系，拓展工作思路和路径。

1. 推动科研转型发展，激发创新潜能

一是创新科研组织，如建立矩阵型科研机构，打造开放研究平台，以机制体制创新为核心加强制度设计，推进政产学研合作。其次，改革科研机构运作模式，以需求和问题为导向，开展应用型科学研究，提升服务地方经济社会发展的能力。二是优化学术团队，以新型科研组织为平台，引进国际一流团队并配备校内科研助手。招募国内一流学者，设置特聘岗位开展跨学科研究。培育校内青年教师团队，通过"金苗计划""金鹰计划"激励年轻教师潜心治学。三是改进科研管理模式，深化科研管理体制机制改革，完善学校科研项目管理办法，建立多元成果评价机制。推进二级管理，充分发挥院系科研工作的主动性和能动性。浓厚科研氛围，通过各类国际国内学术活动激发教师科研热情。

2. 积极推进上海金融中心建设，服务地方经济社会发展

学校与上海市政府发展研究中心共建"上海国际金融中心建设研究基地"，通过发布系列课题、举办高峰论坛、与政府部门和金融机构合作研究等形式开展工作。《战略与金融服务》《上海国际金融中心发展环境专项研究（一）》等研究成果已经出版，部分研究成果分获"上海金融创新改革研究成果奖"一等奖、二等奖。近两年有 10 项研究成果，获得中央和上海市领导的重要批示。

3. 积极服务上海自贸区建设，做好中国新一轮改革试验研究

2013 年 11 月，由我校与安徽国购投资集团、中国银行上海分行等单位发起成立国购研究院（SHFU-GUOGOU INSTITUTE OF FINANCE FOR FTZ），在整合资源与优势互补的基础上，共同组建以学术研究为支撑、服务于上海"四个中心"建设、中国（上海）自由贸易实验区建设、长三角地区社会经济发展的开放式、创新型和国际化专职研究机构。目前，已发布两批自贸金融决策咨询系列课题 20 项，2 篇文章被上海市政府发展研究中心《专家反映》采用，报送市委、市府作为领导决策参考的内部资料；4 篇发表于上海市政府发展研究中心《科学发展》杂志。研究成果还获得上海市哲学社会科学优秀成果奖著作类二等奖。另外，还与中国金融信息中心等单位建立战略合作关系。

4. 服务上海产业升级，破解企业发展难题

科技企业融资是公认的全球性难题，2012 年 7 月成立的上海科技金融研究院，是目前长三角地区的唯一一个科技金融服务平台，紧扣上海科技金融发展所面临的核心需求，联合政府部门、金融企业、研究机构多方力量，搭建科技金融攻关研究平台，组建协同研究队伍，学校给予人、财、物以及制度等全方位配套支持，形成一个需求牵引、开放联合、体制创新的制度框架，如设立专家咨询白名单制、推广教授制度，对内"流动站"模式、对外"研究基地"模式，在管理机制上，启动人才的互聘和双聘机制、研究助理制度、人才引进的长短期配合机制等。

目前，该院已构建科技型企业互联网信用贷款平台，研发多项"科技贷款"应用成果并已在金融机构上线应用，1 100 多家企业获得工商银行、建设银行等融资，促进了"科技贷款"业务模式再造。多项"政府支持模式"创新成果直接应用于政府部门科技金融政策，打造开放式的科技金融数据库与科技金融风险模型实验平台，编制了我国第一支科技金融环境指数——上海科技金融环境指数。此外自主研发企业融资能力评价模型体系，推动了长三角科技金融体系的发展。目前已有 4 项课题获得国家级立项支持，《上海市小微企业金融支持机制创新研究》获上海市决策咨询研究成果一等奖（2014）。6 份专报转化为中央和市政府内参，其中 4 份获得了上海市级领导肯定性批示。

（三）推进人才培养改革，培养应用型创新人才

近年来，学校以人为本，积极推进人才培养模式改革，通过实施教师激励计划、不断加大课程建设、推进实验实践教学改革、拓展创新创业教育与实践、实行订单培养等教育教学改革，培育应用型创新人才。

1. 全面推进人才培养模式的改革与创新，提升教育教学质量水平

一是以改革姿态开展学分及学习方式改革，以培养学生自主学习能力为教学改革的核心任务，积极开展学分改革，让学生能够自主学习国内外的先进知识。二是以卓越理念推进大类招生试点、基础课分类分层教学等工作，以"厚基础、宽口径、强能力、重素质"的人才培养理念为引导，推行按学院学科大类招生试点，为学生提供更多的个性发展选择空间。此外以"分类培养，因材施教"为原则，在公共基础课程中实施分层教学，使学生获得符合自身特点的最有效发展。三是以前瞻意识构建特色本科课程体系，在立足人才培养特色定位基础上，构建"财经特色通识教育课程+国际商科核心课程+自主'产权'课程+国际高端从业资格课程"四位一体的课程体系。四是以创新思维开展新生研讨课试点，由各学科优秀教师或具有丰富实践经验的行业导师任主讲教师，面向大一新生开设

小班研讨类课程，引导新生快速适应大学生活、开拓学术视野、转变思维方式、培养创新能力。

2. 实施激励导向机制，营造新型学习共同体

通过"基础项目——师生互伴计划"和"提升项目——特色教学团队计划"的实施与推动，以课程教学体系（课程群）为单位构建课程教学团队，以"教育的生命意识""师生的民主和谐"和"教师的角色转变"为重要理念和策略，努力构建"学习共同体"，激励教师全身心投入教育教学工作，切实落实本科学生全程导师制，全面实现青年教师导师制和助教制，提升青年教师教学水平和综合素质，完善教师教学绩效考核规范，推动教学改革，不断提高本科教学质量。

3. 注重教学能力养成，提升教师教学水平

2013 年年底成立教师教学发展中心，积极开展教学沙龙、示范课程、教育教学理念提升培训及海外培训等活动，努力为教师搭建全方位、多层面的发展平台，营造研究教学、讨论教学和推广教学经验的良好氛围，通过开展各项活动，促进了教师自觉更新教学理念、增强教学互动、提升育人水平。

4. 密切产学协作关系，创新人才合作培养机制

本着"优势互补、资源共享、紧密联动、共赢互惠"的原则，与一批行业企业建立了新型战略合作伙伴关系，联手打造合作办学全新平台。如协同创设前沿专业，设立了电子商务（支付清算方向）专业，该专业方向为全国高校首次设立。其次，协同打造行业优课，跨学科搭建科研教学平台，实现教学科研资源的双重整合。此外，协同打造校外学生实践基地，一批项目先后获批"本科教学工程"国家级大学生校外实践教育基地、上海高校创新创业教育实验基地等。学校还与商业银行合作开展"订单式培养班"，面向大二学生进行选拔，单独组班，学生毕业择业时，与用人单位实行双向选择。

5. 依托行业合作优势，开展创新创业合作教育实践

学校于 2011 年成立创新创业学院，设立大学生创业园区，打造学生创新创业合作教育实践平台。在加强创新创业教育师资队伍培训、提高教师创新创业教育技术和能力的同时，从相关行业成功人士和校友中聘请专家，组建"创新创业导师团"。同时积极推进创新创业教育课程体系建设，优化课程设置方案，形成课程实践与行业对接。2013 年，我校有 37 项创新训练项目、28 项创业训练项目和 6 项创业实践项目获上海市立项资助，参与创新活动计划的学生 259 人，占在校生数的 3.23%，指导教师占全校教师的 19%。一批学生创业实践项目分别被入选第七届全国大学生创新创业年会，获"创青春"全国大学生创业大赛移动互联网创业专项赛金奖等，在央视网和《中国日报》上进行专题报道。

（四）加强对外交流合作，拓展国际化办学空间

学校实施国际化办学战略，创新国际化办学体制和机制，深化合作领域，拓宽合作空间，提高合作层次、水平，使教学科研国际化水平显著提升。近年来，学校先后与美国、加拿大、英国等国家和地区 30 多所高校及研究机构建立了合作关系，发展合作与交流项目 32 个，中外合作办学项目 2 个，在日本、越南、肯尼亚设立了海外教学点，实现优质教育资源的输出。现有留学生 600 多人，师生的国际视野和国际交流合作能力不断增强，学校连续两年被授予"上海高校外国留学生教育先进集体"称号。

总之，在社会急剧变革的时代，中国高等教育面临着前所未有的挑战和机遇，尽管道路曲折，困难不少，但相信在社会各界群策群力、广大教育工作者不断探索中，中国财经高等教育同中国的未来一样前途光明。

参考文献

[1] 比尔·雷丁斯. 废墟中的大学 [M]. 郭军，陈毅平，何卫华，等，译. 北京：北京大学出版社，2008.

[2] 克拉克·克尔. 高等教育不能回避历史——21 世纪的问题 [M]. 王承绪，译. 杭州：浙江教育出版社，2001.

[3] 德里克·博克. 走出象牙塔——现代大学的社会责任 [M]. 徐小洲，陈军，译. 杭州：浙江教育出版社，2001.

[4] 伯顿·克拉克. 探究的场所——现代大学的科研和研究生教育 [M]. 王承绪，译. 杭州：浙江教育出版社，2001.

[5] 赵庆典. 高等学校办学模式研究 [M]. 北京：人民教育出版社，2005.

[6] Gerald Grant and David Riesman, The Perpetual Dream：Reform and Experiment in the American College. Chicago：University of Chicago Press，1978.

[7] Archibald Macleish, The Next Harvard, Cambridge, mass.：Harvard University Press，1941.

第三篇

论坛书面发言

高校学生平时成绩考评方式创新：
应用网络教学平台[①]

刘金石　周凡　罗琦[②]

摘要： 我国高校传统的学生考评机制、特别是对学生平时课业考评机制的缺失，无法对学生的课程学习形成有效的激励和约束。应用公共网络教学平台对学生在包括课堂学习和课外学习的课程表现进行动态、客观、公平、公正的全过程考核，使学生的总评成绩能够如实反映该学生的学习态度、学习能力和学习效果，同时最大限度地激励学生自主学习的积极性，提高学生的理解、思考、分析、调查和研究的能力，并最大限度地约束"本来"想偷懒的部分学生的"搭便车"和投机行为，使得这部分学生至少能够系统地完成本课程的基本训练。

关键词： 平时成绩　考评方式　网络平台　公共基础课

一、引言

南方科技大学原校长朱清时教授在一次校长论坛中指出，中国高等教育面临危机。他举例说一个国内的学生到哈佛大学交流学习，这个学生感慨在哈佛大学才开始真正的大学生活——他每天要学习、阅读或撰写报告至深夜才能赶上课程学习进程，而在国内，他只需期末考试之前一周突击学习便可以轻松获得学分，大部分时间无所事事。这一现象在我国高校比较普遍，说明我国高校传统的学生考评机制出了大问题。有学者通过比较发现，相对于国内的学生成绩来看，国外大学更注重平时成绩，而非中国传统的"一考定成败"模式（刘荣，2009）。国内大学平时成绩一般占总评成绩的30%~40%，期末考试成绩占60%~70%，而在国外一些大学（如加拿大阿尔伯达大学），平时成绩一般占50%~60%，期末

① 本文得到2013—2016年高等教育人才培养质量和教学改革项目的资助，特此感谢。

② 刘金石，西南财经大学经济学院副教授，发展研究院院长助理；周凡，西南财经大学统计学院2012级金融统计专业；罗琦，西南财经大学公共管理学院2012级人力资源管理专业。

考试成绩占 40%~50%。从平时成绩的构成来看，国内大学平时成绩一般由上课出勤、作业、期中考试等几项构成；而国外大学大多采用分次累积的计分方法，避免单一指标的评定方法，一般成绩构成是由期中考试、课堂表现、期末考试和事例分析等几个部分组成，根据课程的特点按比例计算成绩或由数次考试共同定成绩。

国内高校针对学生平时学习的考核机制普遍缺失，难以对学生的课程学习形成有效的激励和约束。因此，有必要创新高校学生平时成绩考评方式，对高校学生考评机制进行合理地"顶层设计"。本文以大学公共基础课程微观经济学的教学为例，探索学生平时成绩考评方式创新，尝试改变传统单一、机械的考评制度，通过多元化、个性化、差异化的考核，探讨和完善相应的机制设计及其配套制度的建设，构建一个有效的学生平时成绩考评制度，在课程学习中对学生的表现进行客观、公平和公正的动态考核的同时，对学生形成有效的激励和约束，使之成为保证学生课程学习效果的制度保障，提高学生平时自主学习的积极性，减少学生被动学习或不学习的懒惰和投机心理，逐步引导学生调整到不断向好的学习状态，以对学生的平时自主学习"产生持久、真实和积极的影响力"（贝恩，2007）。

二、文献回顾

平时学习对于学生掌握一门课程的作用是决定性的，提高学生平时自主学习的能力的重要性不言而喻，有学者对此进行过实证调查。陈冰杰、邵青山、范文芹等（2006）对某大学四年级四个专业的学生平时成绩与期末考试成绩进行问卷分析，表明平时成绩对期末考试成绩的影响是显著正相关。殷雷（2008）以大学生的考勤记录与课堂提问成绩作为其平时成绩的方法发现由学习考勤记录与课堂提问成绩组成的平时成绩与学习总成绩呈现极其显著的正相关，证明学习态度对学习成绩具有重要的影响。郭佩英（2006）以外语教学心理学理论为依据，通过采取平时成绩与课堂参与相结合的激励策略，结果表明平时成绩激励策略有助于激发学生的课堂参与意识，学习水平较差者课堂参与的愿望更强。尹宝重、薛宝颖、凌敏（2011）将某大学双学位合作项目班 2009 级与 2010 级作为对照组与实验组，对照组以出勤率和课后作业作为平时成绩考核标准，实验组则增添了课堂表现、笔记等考核因素，通过对期末成绩与总评成绩的分析，试验组的期末成绩与总评成绩都要高于对照组，说明改革后的平时成绩管理模式对于学生的学习，是有着积极的促进作用。

要促进学生在平时加强学业努力程度，就必须设计有效的平时成绩考核制度，加强平时学习的激励和约束。但是平时成绩考核制度往往被大家忽略，现有的各种平时成绩考核方式还存在诸多的问题。许成安、王家新（2005）对比了几种常见平时成绩评定制度，认为考勤的实质是强制学生听课，不利于培养学生自主学习精神，不能达到引导学生主动听课的效果，且在实际操作中会遇到"何时点名合适"的学生与老师的博弈问题；以课后作业为评定方式会产生信息不对称问题，降低公平性，从而降低独立完成作业的积极性；以课堂提问为评定方式则会产生标准不一、难度不同造成的公平性问题；对于综合评定，不能以"提高教师考核精力的投入"或"牺牲教师教学效率"为代价取得公平，且这个评价制度应该不能够真正起到督促他们注重学习过程的目的。刘寿堂（2009）也对现有常见的平时成绩考核方式，包括课堂提问、考勤、课程提问等科学性与可操作性进行分析，提出质疑与思考，如对于以课堂提问作为平时成绩的考评方式，存在难以量化考评打分、教师个人判断主观、提问机会因人数时间难以公平分配、课堂提问功利化等问题；考勤考评模式则具有强制"消费"之虞、形式化之嫌、难以操作之忧；以课程论文作为考评，又会出现抄袭现象难以抑制的局面。白雅娟（2014）认为在高校课业考评中加大平时成绩权重具有现实的价值，可以作为课业考评改革的突破口，但加大平时成绩权重的做法在实行的过程中有困境，包括平时成绩评价指标不明确和评价标准比较混乱，对平时成绩评价公平性存在质疑，平时成绩评价效率低下，占用过多教师时间精力且不能有效反映学生真实水平等。尹宝重、薛宝颖、凌敏（2011）发现平时成绩中各部分构成要素对期末成绩与总评成绩的影响差异很大，其中出勤率与期末成绩和总评成绩无显著相关，作业成绩与期末成绩与总评成绩还成负相关，而课堂表现成绩与课堂笔记记录情况则与期末成绩与总评成绩成极显著正相关，说明在学生平时成绩中，传统平时成绩考核模式，即依靠学生出勤与课后作业作为依据记录平时成绩，是有很大弊端的。

　　尽管实施平时成绩的考核可能存在上述的难度或不足，还是有一些学者对高校平时成绩考核机制创新进行了积极的尝试，不过总体上这方面的探索和研究不多。张卓（2009）认为在平时成绩的主要依据的因素中，多数因素很难区分出较严格的数值界限，而且有一定的相关性和很大的模糊性，难以评定，进而提出了用"模糊综合评判法"评价学生平时成绩的方法，来处理学生平时成绩中的一些模糊性，克服了传统方法的主观性、随意性，比传统的定性描述更加科学化和准确化，使考核的成绩更加合理与公正，同时能充分调动学生的学习积极性。黄敢基（2011）总结了平时成绩评定应遵循公开、兼顾公平与效率、尽可能定量化、教学相长的原则，提出了平时成绩新方法，由以下几方面加以不同权重构成：课堂综合表现包括考勤情况、课堂表现及课后作业完成情况随堂作业或小测验，期中考试，课程小结等。罗忠、刘士卿、王菲、柳洪义（2011）在对以往平时成绩评定方式的不足上，提出一种基于 Black-board 网络教学平台的平时成绩考核新方法，Black-board 网络平台能自动统计学生的平时网络学习情况，这种新颖的网络学习方法，不但能科学的对学生的平时学习情况做出评定，还能激发学生学习的兴趣，积极参与在线学习和交流，养成自觉学习的习惯，有效地避免因为点名等导致的学时浪费，提高了教学质量。花威、郭文婷（2012）针对大学生平时成绩的评定中的模糊混乱的现状，指出可以运用层次分析法客观合理的量化平时成绩中各项指标的权重，建立平时成绩层次分析模型，获得各项指标权重排序。

以上的文献表明，我国高校不少教师对平时考评的重要性和意义、当前我国高校考评制度存在的问题和不足、改变传统考评制度的紧迫感和意识，都进行了一定的思考和探索，对于完善我国高校学生平时学业考评机制的建设具有重要的借鉴意义。不过，这样的探索总体上还不多，也还不够深入，亟待从广度和深度两个层面进行推进。本文在借鉴前人探索的基础上，以微观经济学课程的教学为例，对构建有效的学生平时成绩考评机制进行补充，与同行们共同探讨怎样推进我国高校教育的全面深化改革。

三、运用公共网络教学平台进行学生平时成绩考评的探索

设计和执行良好的学生考评制度，关键在于改变传统的单一、机械的考核制度，通过多元化、个性化、差异化的考核，在对学生在课程中的表现进行客观、公平和公正的动态考核的同时，对学生形成有效的激励和约束，提高学生自主学习公共基础课程的积极性，减少学生被动学习或不学习的懒惰和投机心理。在近几年的微观经济学课程教学中，我们尝试了新的考评方式，即采取两次平时测验（30%+30%）+期末考试（30%）+BLOG 发帖（10%）的考评方式。在学期 1/3 和 2/3 进程的时候分别进行两次闭卷的平时测验，此外，在学期结束的时候进行闭卷的期末考试，相当于将传统的一次期末考试，分为三次考试，从实施效果来看，不能低估考试这一传统考评的方式（刘金石，2013a）。在两次测验和一次期末考试之外，我们建立了一个网络教学平台"happyeconomics.blog.163.com"，鼓励学生进行课外扩展阅读并撰写读书笔记和文献综述，引导学生进行小型的调研，组织学生开展课堂讨论，并将其读书笔记、文献综述、小型调研报告和课堂讨论的结论进行整理，在公共教学 BLOG 平台上撰写经济学思考的小论文，依据数量和质量而判定成绩，成绩权重为 10%。

从公共网络教学平台的情况来看，从 2011 年 3 月开通到目前为止，共计 1 700 余个帖子。本文以 2013—2014 学年第二学期的所有博客数作为样本，共计 413 篇。我们可以从博客的主题分类、字数多少和撰写博客的时间进行分析，得到一些有趣的结论。

1. 按照内容，主题博客可以分为四类，包括日常生活观察、新闻热点解析、读书笔记分享和学习心得感受。日常生活观察主要着眼于社会生活，校园生活的现象，从经济学的角度进行分析思考；新闻热点解析主要是以社会热点新闻、焦点话题为主题的经济学角度思考；学习心得感受主要涉及课堂或自主学习过程中遇到并进行讨论，或是课程学习的感受体会；读书笔记分享主要涵盖经济学观点书籍的读后感，或延伸出自己感兴趣的问题进行探讨解决的过程。在 413 篇博客中，新闻热点解析 60 篇，学习心得感受 79 篇，日常生活观察 195 篇，读书笔记分享 79 篇，见图 1。

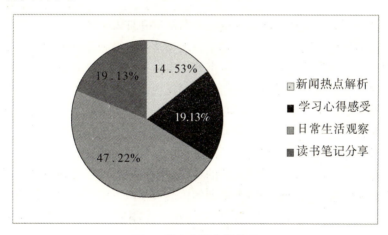

图 1　博客主题分类情况

可以看到，以"日常生活观察"为主题的博客约占博客总数的一半，反映出同学通过课程的学习，经济学知识的"迁移能力"有所提高，能够从经济学的角度去观察一些身边的现象。这能体现 BLOG 设计的初衷，就是让同学们能够用经济学的基本原理来解释生活中发生的各种行为。"新闻热点解析"占比最少，仅为 14.53%，考察新闻内容，集中体现在东莞扫黄、马航失联、黄海波被抓、文章出轨、高考和世界杯等话题。可以发现，同学关注的新闻热点往往是一些娱乐体育，特大社会新闻事件，对其他领域相关的社会新闻关注并不多。

2. 按照 K-均值聚类法，根据字数多少对博客进行分类，使用 SPSS 软件进行运算分析，可以分为第一类短篇（平均 479 字）、第二类长篇（平均 2 629

字)、第三类中短篇（平均 885 字）、第四类中长篇（平均 1 482 字）共四类。统计表明大部分的帖子都是短篇、中短篇，占帖子总数的 81.6%，中长篇以上的帖子占 18.4%，见表 1。这比传统交长篇论文的考评方式是一种进步，让学生交长篇论文的结果是大部分同学都会不同程度地进行抄袭，而让学生写几百字的学习心得、读书笔记或者对周围生活和新闻热点事件的观察和思考，是有能力和有时间做到的，基本上是没有必要抄袭。而且由于博客是公开的，如果同学抄袭，则其他同学都可以看到，这样就可以杜绝或减少这种情况。

表 1 　　　　　　　　　　博客字数最终聚类中心分布

第一类（短篇）	第二类（长篇）	第三类（中短篇）	第四类（中长篇）
42.86%	2.90%	38.74%	15.50%

进一步分析发现，短篇主题集中表现在学习心得、新闻热点、日常生活主题，中短篇主题集中表现在新闻热点、读书笔记和日常生活主题，中长篇主题集中表现在读书笔记主题，长篇主题集中表现在学习心得和读书笔记主题上。新闻热点类和日常生活类的博客往往从一个事件出发，给出自己对事件的看法和经济学认识，由于是以事件为导向，往往是即时发现，思考得并不深入，只是与经济学知识点相联系，所以较短。学习心得类博客大致分为提问型、自问自答型和学习方法与体会型。提问型往往只是阐述清楚想要问的问题即可，篇幅通常较短；自问自答型包含了同学寻找解决问题的过程以及具体的解决方法，篇幅较长；学习方法与体会型的博客根据时间周期的不同产生篇幅的差异，即对某一天或某一次课的体会通常较短，而对一整个学期的体会或学习方法总结通常较长。读书笔记型博客根据同学的探究深度和分享的详尽程度不同，较为分散，以中篇以上为主。

3. 按照博客撰写的时间点分布来看，2 月份 7 篇，3 月份 94 篇，4 月份 62 篇，5 月份 124 篇，6 月份 125 篇，具体见表 2。这里可以看出博客这一考核方式的约束作用，即临近学期结束的时候撰写的博客在增加，特别是"强迫"那些本来不写博客的同学必须这样做，无形中也提高了他们的学业表现。

表 2 　　　　　　　　　　博客撰写时间情况表

2 月（5 天）	3 月（31 天）	4 月（30 天）	5 月（31 天）	6 月（25 天）
1.69%	22.76%	15.01%	30.02%	30.51%

计算每个月撰写的日均博客数，绘出折线图，如图 2 所示。2 月份仅有 5 天

即第一周，同学们看到这样一个新鲜的事物，最初没有轻易尝试。3月份渐渐熟悉课堂课程学习之后部分同学慢慢习惯博客撰写这样的一种形式，日均博客数撰写达到第一个峰值。4月份学期中段，同学的其他事物堆积，兴趣点转移等可能原因使撰写绝对数下降。5月份起渐渐临近期末，博客撰写占据了课程考核成绩中的10%的"激励"效果慢慢显现，到了6月份，约束作用更加明显，原有基础上之前没有撰写过博客的同学也开始写博客。数量达到最高，每天平均达到5篇。

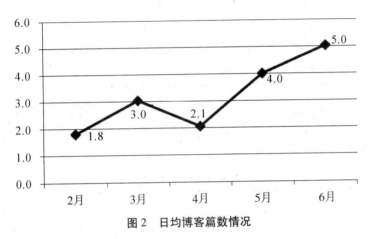

图2 日均博客篇数情况

进一步从一周内的撰写时间分布来看，上课时间在周二，共计413篇平均分到7天算出的均值为59篇。与实际每天的情况对比，发现周一，周二的论文撰写数超过平均水平，可以反映同学会在临近上课前撰写博客，希望老师会在课堂上进行点评。这也进一步说明这一考核方式的约束作用，快到deadline的时候，"逼迫"大家撰写博客，具体见表3。

表3　　　　　　　　　一周内博客数的分布情况

	周日	周一	周二	周三	周四	周五	周六	均值
汇总	59	90	78	42	47	47	50	59
比值	1.00	1.53	1.32	0.71	0.80	0.80	0.85	1.00

四、运用公共网络教学平台进行学生平时成绩考评的效果

在学期结束的时候对公共网络教学平台的考核方式进行了一次问卷调查，总体发现公共网络教学平台能激发学生学习的兴趣，使其能积极地进行研究式的学

习和交流，养成自主学习的习惯，能有效激励学生将经济学的基本原理与现实生活的理解更好地结合在一起。

在问到"你在公共博客上撰写过帖子吗?"，两个班的情况有差异，其中 A 班整体情况要好于 B 班，原因之一是 B 班的学生该学期每周的课时量高达 38 节课，课业负担太重。总体上 80% 以上的同学在博客上撰写过帖子，见表 4。

表4	0	1	2	3	4 篇以上
A 班	10.71%	25.00%	26.19%	17.86%	20.24%
B 班	31.82%	37.88%	16.67%	3.03%	10.61%
两个班	19.23%	30.13%	22.44%	12.82%	15.38%

在问到"你浏览博客的次数?"，A 班仅有不到 5% 的同学不看别人的帖子，B 班有 21% 的同学不看别人的发帖。总体上近 90% 的同学会浏览其他同学的发帖，近 65% 的同学还多次看其他同学的发帖，见表 5。

表5	0	1	2	3	4 篇以上
A 班	4.71%	1.18%	8.24%	9.41%	76.47%
B 班	20.90%	7.46%	14.93%	8.96%	47.76%
两个班	11.84%	3.95%	11.18%	9.21%	63.82%

在问到"你评论其他同学博客的次数?"，A 班的情况略好于 B 班。总体上一半的同学参与了公共博客平台的讨论，见表 6。不过，413 篇博客评论数总计 563 次，每篇平均仅 1.36 次。说明有的同学只管自己写博客，而不参与评论其他同学的博客。一方面是有些同学比较害羞不敢参与评论，另一方面也说明有的同学仅仅是为了获得 10% 的平时成绩，见表 6。

表6	0	1	2	3	4 篇以上
A 班	47.06%	16.47%	10.59%	7.06%	18.82%
B 班	55.07%	18.84%	7.25%	7.25%	11.59%
两个班	50.65%	17.53%	9.09%	7.14%	15.58%

在问到"你喜欢公共博客吗？"，有10%的同学很喜欢，65%的同学喜欢博客。仅有不到8%的同学不喜欢博客，问到原因时，同学们觉得：是为分数而写，太功利；觉得写博客是一种负担，没时间写，觉得麻烦；没有写博客的习惯，没有好的想法，见表7。

表7　　　　　　　　　　**是否喜欢公共博客的情况**

	很喜欢	喜欢	无所谓	不喜欢
A班	13.10%	59.52%	19.05%	8.33%
B班	5.80%	50.72%	36.23%	7.25%
两个班	9.80%	55.56%	26.80%	7.84%

进一步，在问到"如果撰写博客不计平时成绩，会参与博客撰写和讨论吗？"，A班的情况明显好于B班，超过60%的同学会写，而B班不到45%的同学会写。总体上超过50%的同学会写，说明公共博客已经突破了仅仅作为考评平时成绩的"约束"功能，而是具有了正向"激励"的功能。大部分同学已经不是"功利化"地去撰写博客，而是真正将平时的观察和思考融入经济学的平时学习中。当问及喜欢的原因时，同学们的回答是公共博客"内容丰富有趣，能看到很多有趣的文章；可以看到一些新的观点和看法，拓宽视野，引发自己的思考；能建立起一个交流的平台，促进同学间的交流；能够联系实际，贴近生活。"从这些回答来看，说明公共网络教学平台的运用的总体效果还是比较好，见表8。

表8　　　　　　　**即便不计平时成绩，是否会在公共博客撰写帖子的情况**

	会	不会
A班	61.18%	38.82%
B班	44.12%	55.88%
两个班	53.59%	46.41%

当问到"我们采用'博客10%＋测验一30%＋测验二30%＋期末考试30%'的考核方式，你是否赞成？"，超过70%的同学都赞成，有16%的同学表示"无所谓"，仅仅有11%的同学表示不赞成，问及不赞成的原因时，同学的回答是平时测验是随堂考试，有同学可能会作弊，影响了公平性，而不是对这一考核方式本身的反对，见表9。

表9 对考核方式的态度情况

	赞成	不赞成	无所谓
A 班	71.76%	10.59%	17.65%
B 班	72.46%	13.04%	14.49%
两个班	72.08%	11.69%	16.23%

这一考评方式的一个重要的初衷，就是通过 10%的平时成绩的激励和约束，鼓励或者"强迫"同学运用经济学的视角去观察和思考身边发生的经济现象和经济行为，当问及"学习微观经济学后，你会经常用经济学的思维看待身边现象吗？"总体上 1/3 的同学经常会这样做，只有不到 3%的同学不会这样做。而我们此前在另外一个没有实施这样考核方式的 C 班级调查发现（刘金石，2013b），只有 22%的同学会经常运用经济学思维来观察现实，而 14.5%的同学不会运用经济学思维来思考现实，远远高于实施这一考核方式的班级的同学的比重（3%），这有力地说明这一考核方式的有效性，见表 10。从最后的总评成绩与前期的探索均发现，实施这一考核方式的班级的情况也明显比没有实施这一个考核的班级要好（刘金石，2012）。

表10 学生是否会运用经济学思维方式的情况

	经常	一般	不会
A 班	29.41%	67.06%	3.53%
B 班	37.68%	60.87%	1.45%
两个班	33.12%	64.29%	2.60%
C 班	21.70%	64.80%	14.50%

从改革实验结果来看，鼓励学生进行扩展阅读、进行小型的问卷调查和组织学生进行课堂讨论，并将读书笔记或者综述、调查报告、讨论结论撰写到 BLOG 平台上，并根据在 BLOG 上撰写帖子的数量和质量计入平时成绩，尽管只有 10%的权重，但是通过这种形式的考评激发学生运用经济学解释现象的兴趣，慢慢地引导学生开始走上自主地、研究式地进行课程学习的道路。

五、简要的总结和进一步的探讨

从我们的初步探索来看，公共网络教学平台的运用是成功的，特别是我们对于平时成绩考核的理念的更新，为今后进一步完善这一考核制度迈出了重要的一步，对其他课程和其他高校对学生进行考评具有借鉴意义。这一考评机制对学生在包括课堂学习和课外学习的课程表现进行动态的、客观、公平、公正的全过程考核，使得学生的总评成绩能够如实反映该学生的学习态度、学习能力和学习效果，这也是有效考评机制的本来含义。一方面，在如实反映学生的学习情况的基础上，使这一考评机制能最大限度地激励学生自主学习的积极性，包括在准确理解课程中的知识体系框架、基本概念、基本原理、基本案例之外，还能够进行查阅资料、扩展阅读、撰写读书笔记和文献综述，或对这一学科体系的经典问题和当下身边发生的经济现象进行力所能及的调查研究、撰写小论文，提高学生的理解、思考、分析、调查和研究的能力。另一方面，这一考评机制能最大限度地约束"本来"想偷懒的部分学生的"搭便车"和投机行为，使这部分学生在有效的约束下，至少能够系统地完成本课程的基本训练，或者在被动接受系统训练的基础上逐步被引导到培养出对本课程的兴趣，进入自主学习阶段，从"要我学"到"我要学"再到"我喜欢学"的良性轨道上（刘金石，2011）。

本文仅仅探讨了高校平时成绩的考评机制的创新，从应用公共网络教学平台的方法对此进行了一定的探索。但是，我们的探索仅仅是整体考评机制的一个环节。对于解决前述朱清时校长所提到的我国国内高校存在的"教育危机"，还需要对我国的教育考评机制进行全面的"顶层设计"。当前，越来越多的高校及高校教师逐步意识到国内高校学生学业考核还存在诸多问题，如黄德智（2006）认为高等学校考试目前存在的问题可概括为考试内容中记忆成分所占比重较大，考试方式较单一，一次考试决定成绩，这些问题不利于学生创造性的培养。姜玮、邓艳红（2011）认为有效教学评价标准对教学课堂评价具有导向、诊断、激励和促其发展的功能，但目前国内对有效教学的评价标准在评价理念、指标、重点、方法等方面还存在认识上的差异，评价体系尚不成熟，因此，不断完善其评价体系是今后的重要任务。邓义桂（2008）认为目前我国高校考试主要存在考试目的的功利化、考试内容的知识化、考试形式的单一化、成绩评定的简单化、考试管理的机械化等问题。为此，必须在创新思维引导下，从以学生为本，提高科学性、体现系统性、满足人性化的理念出发，坚持高校考试改革的创新性原则、主体性原则、科学性原则、全面性原则、多样性原则，实施考试模式多样化，采用"期首"制"免监考"制"一页纸开卷"制"考后讲评"制等多种考试模式；实施成绩结构多元化，把课程成绩分解为期中与期末、笔试与口试、论文研究与闭卷考试等多项成绩；坚持考核形式多样化，充分运用闭卷笔试、开卷笔试、口试、平时作业、调查报告、读书笔记、实验实习报告、课程论文、课程设计、单元测验、期中测验、案例分析、文献综述、实验操作、技术技能演示等多种形式以及通过提高考试内容科学化、考试题型多样化、成绩评定规范化，推进高校考试的全面改革。

为此，有一些学者比较了国内和国外高校考核制度的差别，试图借鉴国外的一些经验来改进我国高校学生考评机制。陈棣沐、韩婧（2009）采用实例分析的方法研究了美国大学课程成绩评定方式，发现美国大学对课程的考核是多元的，注重课程考核的过程监控，将教学和考核考察同步进行，包括多次考试、指定作业、演讲或口头报告、论文与课程参与，其灵活的教育方式与成绩评价方式客观取决于师生比的高低和教学投入的多少，并认为我国高等教育关键是要进一步完善过程性成绩评定的制度建设，着重增强过程性考核的科学性、有效性，严格课程学习过程的监控，充分发挥过程性成绩评定的导向作用，从而实现课程考核目标多元化、考核内容多样化、考核方式灵活化、考核评价个性化的改革目的。姚庆（2012）在借鉴国外经验的基础上，认为国内课程在成绩考核方面应适当调整学生成绩评价体系，使过程与结果并重，能力与知识并重，课内与课外并重，侧重过程与能力导向，采取多种形式考核 PPT 演讲、考试及考勤；利用多种形式激发学习主动性与能动性，通过互联网进行教师指导下的学习，通过分组讨论进行小组内成员间的相互学习，通过自己在课外时间内进行自助学习，听从教师的课堂讲解并积极参与课堂教学活动等。

参考文献

[1] 刘荣. 国内外高校考试制度的现状比较及启示 [J]. 北方经贸，2009（6）：134-135.

[2] 肯·贝恩（美）. 如何成为卓越的大学教师 [M]. 北京：北京大学出版社，2007.

[3] 陈冰杰，邵青山，范文芹. 大学生平时成绩与期末考试成绩关系研究 [J]. 运城学院学报，2006（6）：69-71.

[4] 殷雷. 学习态度与学习成绩的相关研究——以学习考勤记录与课堂提问成绩作为学生平时成绩的初步探讨 [J]. 心理科学，2008（6）：1471-1473.

[5] 郭佩英. 论平时成绩管理激励策略对课堂参与行为的影响 [J]. 教育与职业，2006（30）：128-130.

[6] 尹宝重，薛宝颖，凌敏. 农业气象学课程平时成绩改革探索与实践——以河北农业大学"中荷园艺学双学士学位合作项目班"为例 [J]. 河北农业大学学报：农林教育版，2011（2）：184-188.

[7] 许成安，王家新. 大学课程平时成绩评定依据的比较研究 [J]. 中国大学教学，2005 (7)：39-41.

[8] 刘寿堂. 大学公共课程平时成绩考评手段质疑及商榷 [J]. 黑龙江高教研究，2009 (2)：174-176.

[9] 白雅娟. 高校课业考评中加大平时成绩权重的价值与困境浅析 [J]. 陕西教育：高教版，2014 (4)：47-48.

[10] 张卓. 模糊综合评判法在学生平时成绩考核中的应用 [J]. 广州大学学报：社会科学版，2009 (5)：62-64.

[11] 黄敢基. 大学公共课程平时成绩评定的新思考 [J]. 高教论坛，2011 (4)：80-82.

[12] 罗忠，刘士卿，王菲，柳洪义. 大学课程平时成绩的评定方法探索与实践 [J]. 教学研究，2011 (5)：31-34，92.

[13] 花威，郭文婷. 学生平时成绩的层次分析综合评定 [J]. 长江工程职业技术学院学报，2012 (3)：76-77，80.

[14] 刘金石. 公共基础课程学生考评机制创新初探 [M] //高等财经教育研究 2012·质量提升与内涵发展. 大连：大连理工大学出版社，2013：318-326.

[15] 刘金石. 公共基础课程大班教学中的学生考评机制创新探析 [J]. 中国大学教学，2013 (6)：81-83.

[16] 刘金石，饶煜东. 选 A 班，还是选 B 班，是一个有趣的问题 [M] //高等财经教育研究. 成都：西南财经大学出版社，2012：302-306.

[17] 刘金石，刘方健. 教学方式创新：运用经济学的三种语言 [J]. 中国大学教学，2011 (9)：87-89+86.

黄德智. 关于高校课程考核方式改革的思考 [J]. 安徽农业大学学报：社会科学版，2006 (1)：86-88.

[18] 姜玮，邓艳红. 对国内有效教学的含义及评价标准的反思 [J]. 教育探索，2011 (6)：13-15.

[19] 邓义桂. 当前高校考试的问题与对策研究 [J]. 西南农业大学学报：社会科学版，2008 (1)：151-157.

[17] 陈棣沐，韩婧. 美国大学课程成绩评定方式对我国大学的启示 [J]. 教育科学，2009 (6)：76-81.

[18] 姚庆. 从美国公共关系学课程教学看国内高校公共关系类课程教学的改进——以美国布里奇波特大学为例 [J]. 安徽理工大学学报：社会科学版，2012 (2)：102-105.

本科金融专业人才培养模式的质性研究
——基于知识生产模式 2 的理论视角[①]

邓小朱[②]

摘要：随着金融业的创新和发展，高校对金融学专业人才培养的模式再做进一步的思考，金融业的发展与人才配置需求的矛盾十分突出。创新金融学专业人才培养模式，不仅是社会需求型人才教育发展的需要，也是金融业健康发展的重要保证，同时对高校也催生了面向社会需要的新知识生产模式。此外，其对传统"学科为本"的知识生产模式提出了挑战，本论文就是在基于知识生产模式 2 的理论视角下，结合新知识生产的五个重要特征，分析华东交通大学经济管理学院在人才培养模式上的创新，探讨知识生产模式 2 对大学的教学思想、组织结构、专业设置、课程内容、师资队伍、质量保障和评价等方面的影响。

关键词：知识生产模式 2；培养模式；三位一体

一、问题提出

金融专业是一门实践性要求较强的专业，其培养目标是：要求本专业培养具有全球视野，系统掌握金融知识和金融理论，具备金融实务专业技能，具有较强的社会适应能力，胜任银行、证券、保险等金融机构及政府部门和企事业单位的专业工作，具有深厚理论功底、精湛专业技能、良好综合素质和优秀人格品质的创新型金融人才，因而实践教学就显得更为重要。

目前，高校普遍对于服务社会的功能还是认识不足，大多数金融专业学院和大学课程包括两个部分：第一个是金融专业理论课程，第二个是金融专业实践课程。教学内容强调基本理论知识的应用和实践能力训练的提高，理论课程的开设

① 江西省教育科学"十二五"规划 2013 年度重点课题，江西高等学校教育与地方经济建设协同研究（13ZD3L004）。

② 邓小朱（1963.3- ），男，江西新建人，华东交通大学经济管理学院副教授硕士生导师，研究方向是产业经济及金融投资。

应该必须以够用为度，应用实践课程的目的，不仅是对理论课程知识的巩固，还应该有助于培养学生的创新能力。但是现在，教材建设滞后，理论课程的内容未能跟上金融部门的发展的需要，课程的缺陷明显。实践课程和理论课程设置有明显与实际情况不一致的现象。此外，常见的实践和培训体系相对单一，没有结合金融企业的岗前培训课程，学生对实验的兴趣很难调动。

现阶段，有一部分教师的理论知识和实践技能是不够的，还有一部分教师的科研创新能力和教学功底不足，这一问题将对金融专业培养目标和人才培养模式，最终将产生不利影响。教学手段是重要的教学方法，要完成教学目标任务，就要教师更新传统的教学方法，要使传统的教学方法符合新形势变化的需要。

吉本斯等学者在 20 世纪 90 年代提出知识生产模式 2 的理论框架。一个新的知识生产模式的诞生，肯定会受到些争议，但如何来为其专业教学服务，国内外很多的学者都在实践在探索。较多的大学就采用了吉本斯等人的理论。吉本斯等学者对新的知识生产模式归纳出五个主要特点：第一是应用情境中的知识生产，知识生产更多地置身于应用的情境中。这意味着研究问题的选择、研究的宗旨、研究成果的传播都受到应用情境的制约；第二是超学科，超学科是一个动态演进的知识构建的模式，问题产生于应用的情境中，并根据问题组成临时性的研究团队；第三是异质性与组织多样性，解决问题的团队构成随着要求改变而改变，而不是由一个中心主题计划调节的。第四是社会问责制与反思性，在模式 1 中，知识和学术被认为是完全自主的，学术研究仅仅服从于真理的要求。而在模式 2 中，学术研究还必须考虑到研究可能带来的社会影响和社会后果，考虑到知识需求者的要求，换言之，必须更加具备"反思性"；第五是扩展的质量控制系统。在模式 1 中，质量控制主要通过由科学精英主导的同行评议来进行。在模式 2 中，政府部门、企业、社会公众等开始介入质量的监控过程。

吉本斯认为，大学要培养学生解决问题的能力、人际沟通的能力以及学会学习的能力。为了理解复杂的自然系统和社会系统，大学要在教学中使用"问题为中心"的超学科方法。因此将模式 2 超学科纳入课程需要从以学科为本转向以问题为本的学习。超学科课程需要新的教学计划来实践，注重培养核心技能，而这些核心技能是通过"问题为本"的学习获得的。这就需要将大学向社会开放。

二、华东交通大学经济管理学院金融专业实践教学中的困境

（一）校内课堂实验

学院现有一个专业实验室，面积 160m^2，地址：15 栋 802 室；一个会计模拟

实验室，面积 80m²，地址 15 栋 1007 室；一个电子商务实验室，面积 100m²，地址 15 栋 121-124 室；一个物流实验室，面积 200m²，地址 15 栋 125-130 室，目前学院内还没有金融专业的实验室，金融专业校内实验只能用以上 4 个中的一个，而学院所有实验室都在超负荷运转，先用数据来说明：2013 年第一学期我院实验室超负荷运转，本学期实验室承担了，金融实验、投资模拟实习、市场营销模拟实验、初级会计模拟实验、财务管理模拟实验、会计模拟实验、审计模拟实验、计算机综合应用、项目管理模拟、会计认识实习、财务管理认识实习、管理见习、广告策划、电子商务项目规划、市场营销大作业、网站建设等。先后有教学班级：财务管理 2010-1、2（63 人）；财务管理 2011-1、2（63 人）；电子商务 2010-1（25 人）；电子商务 2011-1（23 人）；工商 2011-1（34 人）；国经 2011-1、2（74 人）；会计（ACCA）2010-1-4（104 人）；会计（国会）2010-1、2（56 人）；会计（国会）2011-1-6（162 人）；会计（国会）2012-1-4（139 人）；会计 2010-1-3（126 人）；会计 2011-1-4（141 人）；交通运管 2012-1 专、2 专（65 人）；金融 2010-1（45 人）；经济 2010-1（32 人）；经济 2011-1（31 人）；人资 2011-1-3（86 人）；软件+会计 2010-1-5（161 人）；统计 2011-1（21 人）；营销 2010-1、2（59 人）；营销 2011-1、2（59 人）；信息管理 2010-1（28 人）；信息管理 2011-1（25 人）在经管实验室做实验，这还不包括双学位教学！我院本科双学位教学占全校 67%，现有会计学双学位 2011-1-4（220 人）；人资双学位 2011-1-3（130 人）；金融双学位 2011-1-2（112 人）；工商双学位 2011-1（39 人）；会计学双学位 2012-1-6（387 人）；人资双学位 2012-1-3（162 人）；金融双学位 2012-1-4（228 人）；工商双学位 2012-1（78 人）；随着学生就业率的提高，本科生修双学位的人数在增加，2011 届 511 人，2012 届就达 855 人，今年报名人数 1 000 以上，实验室面积和设备明显不能满足教学要求，对提升学生的实务专业技能是不利的。

（二）校内仿真实训

金融仿真模拟实验室是主要供金融专业的学生进行金融类专业课程实验的教学平台，应配置至少 60 座功能先进的计算机供学生进行金融实训操作练习，布置成真实的工作场景，安装上商业银行、期货证券、保险业务等仿真模拟软件系统，让学生在实习中体会真实的工作流程；教学平台采用了交互白板、等离子显示器等设备，灵活方便地配合实训教学的需求，以适合金融专业的专业课程实习以及相关专业的课程设计；金融保险模拟实验室，是建立在现代信息技术基础上、借助虚拟的环境，应用多种电子教学资源、信息资源进行模拟教学、模拟实习和学科学术研究的综合性场所，实验室设置参与式实验模式环境，通过高仿真企业实际业务环境，培养学生的业务操作能力。

模拟银行实训室，能模拟现代商业银行的基本业务和业务流程。个人银行业务：活期储蓄、定期储蓄和一本通等；企业银行业务：账户管理、支票业务、汇票业务和贷款业务等；后台管理：柜员管理、利息管理、汇率管理、报表管理、数据备份和参数设置。

模拟证券实训室，可以实现证券模拟交易系统与沪、深股市行情资讯时刻保持同步，参与者可以根据行情变化迅速做出反应，进行决策。系统还采用了多币种银证一卡通式的账户管理模式。系统具备局域网和多媒体教学的各项功能，能够实时接受全球金融信息，能够支持课程实训的诸多要求，满足证券基础、证券技术分析等课程理论教学和实训的需要。

模拟保险实训室，模拟保险业务运行环境，进行保险市场分析与预测、保险精算分析。满足保险基础知识、保险案例分析等课程教学和实践需要。通过在保险营业大厅的操作，熟悉保险公司的工作环境和工作流程。如承保、核保、分保、防灾、理赔等程序中涉及的各种单证的填制和对保费、保额、赔款额等计算。

以上校内仿真实训室正在推进中，打算和企业来共建。

（三）校外基地实训

过去我院金融专业在培养方式上，存在课程体系各科的衔接不紧密、实践实训效果不佳等问题，开设的专业课基本上是以理论教学为核心，辅助实践教学模式。而金融实训基地的建设远远不能满足培养学生实际动手能力的需要，加上传统教育模式的影响，使得金融专业教育大大的滞后于金融业务的发展，这就背离了金融专业培养计划的教育理念和发展需求。金融专业校外实训基地建设对学校的发展、学生就业和老师业务水平的提高有重要意义。就业率是学校发展之纲要，只有学生走出课堂，深入社会、企业第一线实践锻炼开阔视野，不做井底之蛙，才能提高学生的学习能力、思考能力、观察能力、动手能力，培养出知识较全面、综合素质较高的复合型人才。校外实训基地的建设对教师走下讲台，走出课室，深入企业锻炼，熟悉企业的经营管理、日常运作、操作技巧，真正做到理论联系实践，丰富课堂教学，以便更好地组织和实施教学活动，提升教师的业务素质也会有帮助。目前我院金融专业与南京证券等签订了校外实训基地，还应利用各种资源与其他金融机构签订校外实训基地，使我院金融专业的学生更具竞争能力。

三、华东交通大学经济管理学院金融专业实践教学中的出路

目前我院金融专业校内课堂实验、校内仿真实训、校外基地实践现状及问题，如何来解决？华东交通大学经济管理学院在金融专业教育中进行了一定的创新探索，也验证了吉本斯等人提出的知识生产模式2理论有效性。

通过学院和企业合作，解决学院不足的部分，和相关企业共建实训基地，实现投入的多元化，出台相关政策，来促进完成校企合作的长期性，将学院的学术性和企业的应用性协同统一在一起，并建立相关的管理平台。

从合作企业中聘请优秀的校外教师，这样可以有助于缓解实践方面的师资短缺，优化师资结构。随着高校大规模扩招，高校实践方面的师资短缺也成为一个严峻的事实，具备行业背景有过实际经验的师资对提高学生专业技能和学院的教学质量都是有好处的。

根据2012年1月教育部发布的2011年高等教育专任教师、聘请校外教师岗位分类统计数据来看，我们能够计算出我国高校外聘教师占总体的23%，这其中，公共基础课外聘教师占12%，专业课外聘比例为25%。在公立普通高等院校当中，外聘比例为21%，其中公共基础课外聘比例较低为10%，专业课为23%，而民办院校外聘的比例高达53%，公共课为48%，专业课为55%。由此看来，我院的外聘比例还可以大大提高，充分地利用外聘老师，可优化师资队伍的结构、有利于学院各学科、各专业的建设与发展。

从知识生产模式2中的视角来看，较大比例的企业兼职教师是解决新知识生产的社会弥散性与高校的相对封闭性的有效途径。此外，学院还根据所聘请的企业专家对学院本科生培养方案的提建议，对我院培养计划工作进行修订，一是严格控制总学时、合理压缩课内学时，加大实践教学环节学时与学分，重视学生实践创新能力的培养；二是各专业的人才培养目标在紧扣学校"培养实践能力强、创新务实的高素质应用型人才"人才培养目标的基础上，根据自身专业特色，制定出符合实际的培养目标；三是对课程体系进行整体梳理和全面优化，通过合理设置课程模块构建多元化、多目标的人才培养模式，为学生全面发展和个性化成才搭建平台。

这样制订培养计划、教学大纲，可以更好地了解企业的需求，解决教学内容与实践脱轨的问题，有助于我院师资保持与企业的新知识零距离接触，使学院和企业通过师资合作授课、研究，为我院教师编撰教材、撰写论文创造丰富题材。同时对于合作企业来说，也是能获益的。通过共建研究中心、合作实验室，各得所需，将我院教授、博士们的科学研究和企业的实际问题有机结合在一起。为企

业创造出更多价值，解决企业研究人员不足的问题。总之，学校与企业合作对于学生来说，收益就更大，如可提高职场交流交际能力；可加深对企业认识，形成好自己的就业观，进而提高学院的就业率。

学院上下通过研讨具体打算从以下三方面来寻找出路。

（一）理论与实践相结合

理论来自于实践，实践又进一步将理论提升，为了提升我院金融专业学生的就业竞争能力，学院重新修订教学大纲，将理论教学时数进行压缩，大幅度增加实验、实训的比重。如金融专业的专业课：金融市场学原培养计划是讲授 48 节课，改为讲授 24 节、实验课堂课 12 节、上机 12 节；商业银行经营学原培养计划是讲授 48 节课，改为讲授 24 节、实验课堂课 12 节、上机 12 节；国际金融实务原培养计划是讲授 48 节课，改为讲授 24 节、实验课堂课 12 节、上机 12 节；投资学原培养计划是讲授 48 节课，改为讲授 24 节、实验课堂课 12 节、上机 12 节；金融工程学原培养计划是讲授 48 节课，改为讲授 24 节、实验课堂课 12 节、上机 12 节；证券投资基金原培养计划是讲授 48 节课，改为讲授 24 节、实验课堂课 12 节、上机 12 节。走一条具有自己特色实践教学路线，形成以校内课堂实验、校内仿真实训、校外基地实训的"三位一体"实践模式。

从校内课堂实验、校内仿真实训、校外基地实训三个维度来构建符合我院金融专业特色的"三位一体"实践教学模式。让校内课堂实验、校内仿真实训、校外基地实训共同构成一个有机统一的实践教学体系，同时又理论教学相互作用，相互促进，共同提高学生金融实践能力的培养效果。要重点实施"走出去"战略，充分利用校友资源，走"三位一体"实践教学模式，构建三层次的实践教学培养体系。

（二）内外结合、虚实结合

由于目前学院实践经费支出和企业实践基地资源有限，在"校内课堂实验、校内仿真实训、校外基地实训"这三维上，我们以校内的"校内课堂实验、校内仿真实训"这主，这样可以解决学生长期在企业实践存在成本过高及实践基地无法落实的困难。"校内仿真实训"在这三个维度相对较"虚"，则"校外基地实训"就要发挥"实"的作用。在实践教学中我们要以实为主。教学中老师要和学生一起深入实践基地，提高学生的实际操作能力。

（三）开放办学促发展、服务师生办实事

从制度层面上，相关部门对学校的相关规章制度进行调整，调动老师的教学改革的积极性，这样可以提高人才培养质量、更好地服务社会、处理理论教学与

实践教学的关系。

参考文献

[1] 迈克尔·吉本斯，等. 知识生产的新模式：当代社会科学与研究的动力学 [M]. 陈洪捷，沈文钦，等，译. 北京：北京大学出版社，2011.

[2] 屠兴勇，杨百寅. 基于知识视角的组织研究文献综述 [J]. 科学学与科学技术管理，2013（4）：158-169.

[3] 张婕. 大学学科发展的路径选择 [J]. 国家教育行政学院学报，2013（6）：19-23.

[4] 李晓辉. 江西高等教育规模与经济水平关系的计量分析 [J]. 浙江树人大学学报，2009（7）：81-87.

[5] 邱镔 罗嗣海. 江西高等教育存在的问题及对策研究 [J]. 教育探索，2011（34）：1-7.

[6] 王占铭. 从跨越式发展到科学发展关于江西高等教育内涵发展的思考 [J]. 教育学术月刊，2010（1）：60-63.

[7] 李建萍. 江西高等教育发展的若干思考 [J]. 南昌航空工业学院学报科学版，2003（4）：10-13.

[8] 徐书生. 江西高等教育发展的战略思考 [J]. 江西教育学院学报（社会），2006（1）：45-50.

[9] 王保华，张婕. 大学与社会共生：地方高校发展的模式选择——从美国相互作用大学看我国地方高校的发展 [J]. 高等教育研究，2003（5）：57-61.

[10] 张俐俐，张文敏. 国外高校与地方经济发展互动模式的启示与借鉴 [J]. 高教探索，2005（6）：27-29.

[11] 鲁林岳. 服务区域经济建设：地方高校发展与转型的价值导向与追求 [J]. 中国高教研究，2009（1）：71-73.

以治理结构创新推进大学治理体系和治理能力现代化①

巩雪 冯振业②

摘要：社会形势的急剧变化引发了大学内外环境的显著改变，使得大学治理结构问题的重要性日益突出。此外，治理理论的兴起，使得越来越多的国家和大学致力于应用治理理论改革大学治理结构，从而形成了以英美法为典型的三种国际治理结构模式。在对我国大学治理结构的现状和国际治理结构模式分析的基础上，探究创新我国大学治理结构的可行性发展对策。

关键词：大学治理 大学治理结构 结构创新

教育部《关于全面提高高等教育质量的若干意见》中明确提出要大力加强现代教育制度建设，推动高等教育内涵式发展。《国家中长期教育改革发展规划纲要》中也明确指出要完善大学治理结构。教育部部长袁贵仁在 2014 年全国教育工作会议上的讲话中，特别强调要深化教育领域综合改革，加快推进教育治理体系和治理能力现代化。因此，作为现代教育制度建设中坚的大学治理结构不可避免地成为学者热议的话题。加之近年来，大学治理世俗化、市场化、行政化以及权力结构的不平衡等弊端层出，有形的政府之手和无形的市场之手在很大程度上支配着大学治理结构，世界高等教育界亟待一场深刻的变革以更好地协调政府、大学、市场和社会之间的关系，优化大学治理结构。我国大学也不例外，如何在坚持大学使命的基础上应对日益复杂的国际环境给教育治理带来的压力，吸取国外大学治理经验，建构符合我国高等教育发展的治理结构变得尤为重要。

---

① 基金项目：2013 年度辽宁省高校统战理论研究立项课题（2013GXTZA01）"高校基层民主协商研究"。

② 巩雪（1989—），女，汉族，辽宁阜新，硕士生，从事高校管理研究。冯振业（1963—），汉族，研究员，博士生，从事党建理论研究。

一、大学治理与大学治理结构

卡耐基高等教育委员会将大学治理定义为作决策的结构和过程，从而区别于行政和管理。美国著名学者伯恩鲍姆认为大学治理是平衡两种不同的但都具有合法性的组织控制力和影响力的结构和过程。21 世纪大学治理的讨论文集中提出了一个比较简洁的定义认为大学治理是大学内外利益相关者参与大学重大事务决策的结构和过程。综上所述，大学治理即大学利益相关者参与大学决策的结构和过程。

对大学治理结构的内涵由于各学者研究的角度不同，看法也不尽相同。张维迎教授从制度角度出发认为大学的目标和理念一定要通过一整套的制度安排来实现，这些制度安排就是治理结构。赵成和陈通从内外部关系角度出发认为大学治理结构应包含内部治理与外部治理两方面。周光礼从权力的角度出发认为大学的权力结构即是大学治理结构。龚怡祖以企业治理结构为胎盘，认为大学治理结构是指体现其"非单一化组织"属性和委托代理关系特点的决策权结构，旨在满足其治理"冲突和多元利益"的需要。综上所述，大学治理结构应该是指合理协调各利益相关主体相互关系，满足大学发展和利益相关主体权益的制度结构。

二、大学治理结构的研究综述

1960 年美国学者科尔森出版《大学和学院的治理》一书标志着美国第一本大学治理的专著问世。随之，国外有关大学治理的论著相继问世。在我国，真正提出"大学治理"这一含义的是张维迎教授，他在《大学的逻辑》一书中以理性选择的态度从理念与治理、大学的利益向各方制约与平衡、制度的自动实施等方面提出大学的逻辑。国外对于大学治理的研究主要是在问题意识的指导下，根据外部大环境的变化对原有的治理理论和治理结构的反思与创新，而且由于一些西方国家延续自中世纪以来的大学自治和学术自由传统使得其具有外部环境优势，所以其研究大多涉及的是大学治理结构的内部治理以及均衡大学内部利益相关者管理权力。国内关于大学治理结构的研究逐渐由对大学治理理论的阐释和简单的原则性建议转向具体的大学外部治理结构包括大学与外部利益相关主体如政府、市场和社会的关系的构建。

三、国际大学治理结构模式分析——以英法美为例

高等教育国际化的趋势使得大学的运作与发展不再闭门造车，而是放眼于国

际，取他国之长，补己之短。当今国际存在三种典型的大学治理模式，分别是以英国为代表的复合型治理结构模式，以法国为代表的行政型治理模式和以美国为代表的关系型治理结构模式。

1. 英国的大学治理结构——复合型治理结构模式

复合型治理结构模式是指政府根据市场原则，通过中介机构对不同大学和教职治理施以差别性影响和意志渗透的大学治理模式。政府对大学的管理建立在对市场运行机制的基础之上，将大量的服务职能下放给中介机构来承担。英国的大学治理结构尤为突出中介结构即高等教育基金委员会和立法机构在协调国家控制和大学自主之间的动态平衡。设立中介机构是当今世界许多国家大学治理模式中处理大学与政府关系的不二之选。美国著名教育学者伯顿·克拉克对中介机构的作用给予了很高的评价，他认为中介机构既了解大学，同情大学的需要，代表大学同政府谈判，也了解政府，并努力使大学体谅政府，点出了中介机构的桥梁和纽带作用。

2. 美国的大学治理结构——关系型治理结构模式

关系型大学治理结构模式是以大学自主管理为基础，外行人士组成的董事会作为大学最高权力机构直接约束大学管理层，大学内部人员参与监督和决策的治理模式。其优势在于政府的高等教育管理部门和联邦政府的高等教育部无领导与被领导的关系，权力集中于大学一层，凸显了公共治理和董事会管理的优越性，弱化了国家和政府的行政干预。虽然董事会在治理运行机制作为最高权力机构，但是出于大学的内在逻辑，董事会的运作以尊重学术自由为前提。除董事会外，还有权责分工明确的咨询委员会、教授会和以校长为首的行政管理部门等机构。不难看出，正是职责分明、作用显著、地位稳定的中间层次的存在使得大学治理结构不是按"中央-大学"垂直治理结构，而是一方面外行人士的支持淡化联邦政府的行政管制，另一方面，充分发挥学术委员会等治理结构的协调作用，明确权责，分离管理和决策权力。

3. 法国的大学治理结构——行政型治理结构模式

行政型治理结构模式又称国家型治理结构模式，这种治理结构模式是在政治和行政高度集权的背景下形成的，治理权力高度集中在国家和政府一层，行政本位、官本位的现象严重，国家和政府行政系统中的层级观念渗透于大学治理结构之中。这一模式以控制见长，国家和政府通常对大学行使全面和强而有力的控制，控制程序复杂多样，国家和政府教育部门不仅直接控制宏观政协的制定，甚至直接介入微观层面、学位授予、考试制度、教职员的聘用和薪酬等过程和决策中。但是这种模式并没有完全否定中介机构的权利，由教授组成的高等教育咨询机构，即高等教育理事会和大学咨询委员会，会对高级决策的制定产生一定的影响。1984 年颁布《高等教育指导法》，开始承认大学是独立实体，具有教学科研、行政和财务的自主权，并赋予大学在教育活动方面与政府签订契约的机会，为中央集权式治理模式的国家提供了很好的借鉴。

四、我国大学治理结构现状分析

1. 我国大学治理结构存在的问题

（1）行政权力泛滥，学术权力弱化，行政权力凌驾于学术权力之上，政治权利、行政权力和学术权力失衡

美国著名高等教育专家阿特巴赫指出，随着高等教育领域中行政人员数量的增长，高级行政人员的管理权力大大加强，将控制预算和学术规划。可见，大学正不可避免地"官僚化"。新中国成立以后，我国大学治理结构中的领导体制由新中国成立之初的校长负责制到现今的党委领导下的校长负责制，都没有脱离中央集权式的管理体制，政府对大学享有绝对的干预，大学在某种程度上俨然成为行政机关的附属。行政力量的强力介入使得大学丧失了真正意义上的学术自主，学术风气遭到严重侵蚀。行政权力的膨胀使得本应专心于学术的研究者抛弃自身使命从学术倒向权术。虽然《高等教育法》中明确规定大学中应设置学术委员会，然而，大多数的学术委员会运作都从属于行政权力，使得学术委员会名存实亡。

（2）过分世俗化、企业化和市场化使得商业价值、市场标准充斥大学治理结构之中，功利主义和实用主义原则过于突出

不可否认，20 世纪 80 年代，在大学经费极度短缺的情况下，大学办企业经商救其于危难之中，而且作为高等教育领域内强劲的市场化动力，企业化的活力打破了学术界的沉闷气氛。但是大学不得不警觉的是当前大学的商业行为正逐渐演化为大学的司空见惯的基本日常行为，"市场至上"正在成为学校的最高价值准则。如大学中对于专业的设置上，随波逐流，不考虑本校的现实环境和条件，只专注于专业所带来的利润最大化，近年来对于学费高昂的 MBA 专业和出国预备班的设置便是典型的例子。此外，一些教员为了功利目的，加之迫于企业化的聘任和考核奖励制度，专心自己的学术研究，忽视教学，更有甚者为了评职称急功近利，在学术上造假、抄袭，给学术带来极大危害。

（3）大学治理结构遵循的是政府和行政的逻辑而不是基于实现大学治理必需的大学自身的逻辑，偏离大学自身的核心理念

北京大学的陈平原教授讲：大学以精神为最上，有精神则自成气象，自有人才。核心价值和理念是大学良性运作的精神内核。缺乏大学理念的机械化治理也

将是空洞的。最有利于释放大学的本质功能、最能够激发大学的教育家精神和科学家创造力、最足以帮助大学用它创造出的物质成果与精神成果造福人类社会，那它就是大学所需要的治理结构。诚然，能够确保大学始终不偏离自己的核心理念，不偏离自己的基本目标的大学治理结构才是完美的。可想而知，如果大学治理结构能够遵循自己的核心理念，就不会在市场化、商业化和行政化的外在压力下，走向迷失。

2. 我国大学治理结构存在问题的原因分析

（1）以官为本的传统文化与观念的根深蒂固，理性基础上的权力观念出现偏差

我国《高等教育法》明确规定要实行党委领导下的校长负责制，由此这一制度成我国大学治理的基本制度前提。近年来，这一制度所带来的负面效应露出端倪，大学内部科层制的管理模式使得大学治理结构成为党政机关的翻版，行政运行模式支配了学校的整体运作，基层和学术工作从属于行政权力，随之而来的是本应专注于教学和科研的学术人员"教和研而优则仕"，更有甚者通过违背学术道德的手段力争行政头衔。如此种种均源自于非理性的扭曲的权力观念和官本位思想的侵蚀。

（2）大学治理结构涉及的多中心利益相关者之间的低效配合与权力分配失衡

张维迎教授认为大学的利益相关者包括：社会（纳税人）、行政人员、校长、教师、学生和校友。他还指出每个利益相关者都承担一部分责任。也就是说每一种利益相关者都不应单独地对大学行使控制权，大学的治理由利益相关者共同承担，大学利益相关者在博弈规则中进行博弈，其博弈均衡结果就是大学治理的结果。然而我国目前的大学治理模式中利益相关者权责失衡，权力分配不均，决策方式缺乏民主，行政主体的权力膨胀，社会主体的过度干预，教师学生主体的权力式微，校友在监督职责上的失范，使得利益相关主体之间的协调度不足，大学治理举步维艰。

（3）市场化和商业化冲击下的大学核心治理理念的缺失与践行失效

张维迎教授在其《大学的逻辑》一书中，强调一个好的大学治理结构应该保证我们始终不偏离我们的核心理念，不偏离我们的基本目标。然而现今我国大学治理正是由于偏离了其传授创造知识和服务社会的职能理念，才迷失于大学之间的无序的商业化竞争中，随大流、跟风的热门专业的设置，完全偏离其单纯的传授知识、服务社会的职能而异化为追求学校或者个人的利益最大化。现今大学治理理念中存在这样一个误区认为大学的商业化或者市场化程度越高，离世界一流的高水平大学的标签越近。

五、我国大学治理结构的优化措施分析

通过对以英美法为典型的三种国际大学治理模式以及我国大学治理模式的现状分析中不难看出，我国的大学治理模式应归属于行政型治理模式，然而不同的是我国没有很好地发挥这一模式中中介机构的作用，使得行政性治理结构模式的种种弊端在我国暴露无遗。虽然我们不能忽视本国特殊性而照搬他国经验，但同属于世界高等教育体系的国内外大学必然存在共性，因此，在建构和优化我国大学治理结构模式中他国的经验不可或缺。

1. 转变行政型的国家控制模式，借鉴英美式的国家监督模式，抑制政治权力和行政权力的膨胀，均衡政治权力、行政权力和学术权力

国家监督治理模式的优越性在于国家的监督和宏观调控角色，而不是绝对控制角色，大学的灵活性、自主性角色不是有名无实的被统治的角色。我国执行的党委领导下的校长负责制过于突出的是党委的决策权力和校长的行政权力，使学校的决策和执行权力集中于党政领导班子，致使政治和行政权力泛化而学术权力弱化，也就不可避免的滋生了学术权力的参与者不择手段地倒向行政层，逐渐滋生了学术毒瘤。因此，为了均衡三种权力，政府和行政部门必须转变职能，真正从微观管理转向宏观调控，逐渐建立以董事会为核心的大学治理体系、校长为中心的大学行政管理体系和学术委员会学术管理体系，实现权力制衡，实现大学的理念和为大学治理提供良性发展空间。

2. 设立中介机构，发挥其在外部的国家、政府、社会和内部的学校、师生之间的桥梁和纽带作用，实行多元主体参与的公共治理，均衡所有利益相关者的利益

国务院关于《〈中国教育改革和发展纲要〉的实施意见》明确指出："为保证政府职能的转变，使重大决策经过科学的研究和论证，要建立健全全社会中介组织……发挥社会各界参与教育决策和管理的作用。"执行此政策的最优形式莫过于由不同的利益相关者代表组成的诸如董事会和各种专门委员会的中介机构的设立和多元主体参与的公共治理方式的运行。要改变我国大学治理结构中诸如学术委员会等中介机构的名存实亡的状态，发挥中介结构对行政权力的淡化作用。更好地发扬民主，为各利益相关者提供参与决策的机会，鼓励其对大学治理结构各环节进行监督和评估。

3. 促进大学治理理念和精神内核的回归，使其植根于大学治理结构模式之中，植根于所有利益相关者的心中

无论是学术失范、官本位思想的产生抑或是大学企业化严重，大学治理过程

中的种种问题究其根源，无非是理念和精神内核的缺失或偏离。政治和行政主体抛开其在大学治理结构中宏观调控和服务的角色，盲目膨胀自身权利；作为学术主体教职人员无视其在大学治理结构中代表教员和学生权益和传授创造知识的角色，为膨胀个人权利，亵渎学术，各利益相关者都盲目致力于自身利益最大化。大教育家纽曼认为大学是一切知识和科学、事实和原理、探索和发现、试验和思索的高级保护力量。所有利益相关主体都应秉承这一理念，维护大学的知识授受和创造的功能，使其免于商业化、行政化侵蚀。从而转变我国大学治理结构有政策无思想，有指标无灵魂，有教育官员无教育大师的尴尬局面。

六、结语

当今复杂的社会环境对大学治理不断提出新的挑战。大学作为社会公认的象牙塔需要一定的独立性，同样，在国际化、全球化的国际背景下，大学又与世界、国家和社会各部分处于不可分割的链条之中。相应的大学治理结构也应"引进来"，在国际治理结构模式的基础上，结合自身的特殊性，取国外之长，补己之短，均衡各利益相关者利益，构建我国大学治理结构模式，深化我国大学治理结构改革，开创我国高等教育发展的良性格局。

参考文献

[1] 张维迎. 大学的逻辑 [M]. 北京：北京大学出版社，2004.

[2] 赵成，陈通. 治理视角下的大学制度研究 [J]. 高等教育研究，2005（8）.

[3] 焦笑南. 美国、英国、澳大利亚的大学治理及对我们的启示 [J]. 西安电子科技大学学报：社会科学版，2006（7）：51-53.

[4] CORSON J Governance of Colleges and Universities [M]. New York：McGraw-Hill，1960.

[5] 席酉民，李怀祖，郭菊娥. 我国大学治理面临的问题及改善思路 [J]. 西安交通大学学报：社会科学版，2005（1）.

[6] 甘永涛. 大学治理结构的三种国际模式 [J]. 高等工程教育研究，2007（2）.

[7] 潘懋元，肖海涛. 现代高等教育思想演变的历程 [J]. 高等教育研究，2007（8）：6-11.

[8] 甘永涛. 英国大学治理结构的演变 [J]. 高等教育研究，2007（9）：88-92.

高校创新型税务人才培养模式研究

——以西南财经大学为例

张伦伦①

摘要： 税务人才培养是高校财经教育的重要内容，不断变化的社会实践对税务人才的培养质量提出了更高要求。西南财经大学作为全国"211工程"建设的重点大学，为适应更为激烈的社会竞争，其税务学科建设应具备自身特色，人才培养模式的转变也应走在全国前列。本文在阐述高校税务人才培养模式转变必要性的基础上，结合西南财经大学税务学科特色，提出了高校创新型税务人才培养模式的实现路径。

关键词： 创新型税务人才 税务学科建设 涉税风险

一、高校税务人才培养模式转变的必要性

众所周知，人才竞争是国家竞争的核心内容。财经人才综合素质在我国深入推进改革、积极参与国际竞争的历史进程中发挥着至关重要的作用。创新型税务人才的培养是提高财经人才综合素质的重要内容。传统的税务人才培养模式已无法满足社会对创新型税务精英人才的需求。可以从以下几方面分析传统的税务人才培养模式转变的必要性：

（一）把握政策实质，提高执法水平

税务专业学生毕业之后的重要去向之一是考取国家公务员，成为税务机构工作者。从社会实践角度看，随着新的经济现象及交易方式的日益增多，虽然为减少税企争议及维护纳税人利益，税收法规的制定愈加明细或琐碎，但不可否认的是，税收政策在执行实践中的不确定性却是永久存在的。要做到在维护税法严肃性的同时保护纳税人的合法权益，征管人员依据实质重于形式原则进行涉税判断

---

① 张伦伦，西南财经大学财税学院副教授。

的重要性就日益凸显。一名优秀的税务工作者在实践中贯彻实质重于形式原则，除了掌握业务基本功之外，还必须具备较高的综合分析能力及可持续学习能力。综合分析能力要求税务工作者不仅吃透现行各项税收政策法规，而且应在把握国家宏观经济形势和经济社会发展战略的基础上预测税制改革动向，理解具体政策的出台背景及立法初衷。从学科范围看，综合分析能力的培养要求全面学习经济、税务、会计、财务、管理、法学等多门学科。可持续学习能力要求税务工作者在打牢学科框架的基础上，在工作实践中善于捕捉业务热点及难点，并结合自身已有的专业知识进行深入思考，既能对既有的税务问题做出归纳与总结，也能对工作中新出现的业务难点提出自身独到的见解。高校传统的税务人才培养模式比较侧重于既有知识的传授，忽略了税务人才综合素质及人文素质的培养，而这两种素质却是综合分析能力与可持续学习能力提高的前提。可以说，只有转变高校传统的税务人才培养模式，才能为培养优秀的税务工作者打好坚实的专业基础。

（二）正确理解税收政策精神，降低纳税人涉税风险

涉税风险是纳税人面临的主要财务风险之一。随着税制改革的进一步推进，新政策实施带来的税务风险将会越来越多。税务违法案件对纳税人带来的消极后果不仅仅是经济利益的损失，更重要的是对企业声誉及品牌竞争力的损害，降低税务风险已成为现代社会纳税人内控制度设计的重要内容。控制税务风险的重要前提就是纳税人正确理解税收政策，把握政策出台背景及初衷，避免恶意筹划及逃税活动。纳税人要正确理解税收政策精神，既要有宏观经济视野，也要有微观政策思考；既要领会政策出台初衷，也要吃透具体政策规定；既要理解税法的实体性内容，也要注重税法的程序性合规。一名优秀的涉税财务工作者，必须在控制税务风险的基础上设计合规的财务方案降低企业税负，税务风险控制与筹划力度的准确拿捏能够体现出财务工作者的综合素质。这一综合素质包括专业深度、学科视野及道德水准在内，在很大程度上体现了财务从业者对企业发展的战略思考。传统的高校税务人才培养模式既没有侧重对学生主动学习积极性的培养，也没有强调对学生学科视野的拓展。在社会对税务人才需求特征剧烈变化的时代背景下，传统的高校税务人才培养模式要培养满足社会需求的优秀税务人才实在勉为其难。要真正降低纳税人特别是大企业的税务风险，减少税企争议，必须完善传统的高校税务人才培养模式，为提高企事业单位的涉税财务工作者的综合素质做好充分的知识及素养储备。

（三）应对日益激烈的国际税收竞争，维护国家税收主权

2008 年发生的金融危机对各国宏观经济形成巨大冲击，财政压力剧增。为

摆脱财政困境，世界各国尤其发达国家政府都逐步强化了对本国税收居民境外税源的监控和管理。面对日益激烈的国际税源争夺，为更好地维护我国的税收主权，就必须融入国际经济合作，在国际税源的多边合作机制中争取足够发言权，具体包括：① 积极参与国际规则制定，完善法规制度。加大"税基侵蚀和利润转移"专题研究，使未来规则更多体现中国立场。梳理现行国际税收制度，查找政策漏洞，完善跨境交易税收法规体系，以及税收征管法、个人所得税法中涉及国际税收的内容。② 优化跨境税源管理与服务。大力开展反避税工作，推进预约定价安排谈签，加强非居民税收管理和国际税收征管协作，积极参与国际反避税信息交换，遏制跨境逃避税和不良税收筹划，防止税收流失。规范居民企业境外所得信息报告制度，维护我国"走出去"企业和个人的权益。③ 推进信息化建设，促进资源整合。将国际税收信息化建设工作纳入税收信息化体系，形成境外信息、国内信息、典型案例和征管系统互为补充的信息管理机制。切实做到上述几点需要大量的创新型税务管理人才，既要有扎实的理论功底、专业知识和学科视野，还要具备良好的团队合作精神、对外交流能力及奉献精神，才能为更好地维护我国的税收主权做出积极贡献。很明显，在日益激烈的国际税收竞争的时代背景下，传统的高校税务人才培养模式已无法满足国际税收竞争的要求。只有转变税务人才培养模式，才能更好地适应时代要求，更有力地维护我国的税收主权。

二、西南财经大学税务学科竞争力概况

（一）我国高校税务学科发展现状

随着我国市场化改革的深入推进，政府收入机制的规范化程度越来越高，税务管理在经济社会中的作用日益凸显，社会对税务专业人才的需求越来越大。目前，我国设置税务专业的高校超过 40 个（见表 1）。若每个院校以平均税务专业学生保有量 200 人计算，在校学生数将近 10 000 人。历史地看，我国当前正处于税务专业在校学生人数最多时期。但从学生培养与社会需求对接的角度观察，形势却不容乐观：一方面是巨大的社会需求量与在校学生人数数量，另一方面却是大量的税务专业毕业生无法对口就业，特别是税务机关反避税人才及跨国公司涉税人才等高端需求缺口无法得到有效满足。总体看，虽然我国高校税务专业的人才培养取得了较大成绩，为社会培养了大量的涉税服务人才，一定程度上满足了社会需求，但不可否认的是，目前我国高校的人才培养还存在以下局限：首先是各高校对税务人才培养质量的提高没有予以充分重视。高校教师全身心投入是切

实提高人才培养质量的必要条件。但现实情况是，由于受限于现行考核评价体系的单一性，促使教师投入人才培养的激励机制还没有充分发挥效力。其次是课程设置的合理性有待提高。技能操作性的课程设置较多，但培养学生创新能力及组织能力的综合素质类课程和现代经济分析方法类课程设置较少。这一缺陷在现实中的反映就是就业后的可持续发展能力较弱；最后是高校与社会需求主体间的有效互动不足。聘请外部专家如税务机关业务领导、公司税务高管等税务专家来校讲学，相关师资进入实践部门挂职锻炼，是实践证明了的比较有效的校地合作机制。从现实情况看，这一合作机制还没有在高校税务人才培养中普遍发挥作用。总之，如何改变税务人才培养模式，提高税务人才培养质量，已成为我国高校税务学科发展面临的重要课题。

表 1　　　　　　　　　我国高校税务专业设置及人才培养模式总结

院校类型	院校属性	院校名称
综合性院校	科研型	中国人民大学、厦门大学
	教学科研型	福州大学、安徽大学
重点财经类院校	教学科研型	上海财经大学、西南财经大学、中央财经大学、中南财经政法大学、东北财经大学
其他财经类或专业类院校	教学型	江西财经大学、山东财经大学、首都经济贸易大学、浙江财经大学、南京财经大学、安徽财经大学、河南财经政法大学、广东外语外贸大学、广东财经大学、兰州商学院、河北经贸大学、内蒙古财经学院、吉林财经大学、上海海关学院、湖北经济学院、吉林工商学院、上海商学院、上海立信会计学院、上海金融学院、南京审计学院、广西财经学院、贵州财经学院、新疆财经大学、西安财经学院、铜陵学院、广东技术师范学院
独立院校	教学型	河北经贸大学经济管理学院、东北财经大学建桥商学院、南京审计学院金审学院、南京财经大学红山学院、浙江财经大学东方学院、厦门大学嘉庚学院、中山大学新华学院、新疆财经大学商务学院

（二）西南财经大学税务学科竞争力分析

财税学科是西南财经大学办学历史最长的学科之一，历史上名家荟萃，大师云集，底蕴深厚。1952 年院系调整时，西南财经大学（原四川财经学院）是全国 4 所、西部唯一的财经类院校，为新中国成立后国家首批设立、学校首批开办的 5 个财政系科之一。陈豹隐教授、李锐教授是早期财税学科学术带头人之一。

1957 年，许廷星教授在批判苏联学者"货币关系论"的基础上，开创性地提出并论述了"国家分配论"。这一观点对我国财税学科发展产生了深远影响。

税务学科是财税学院的拳头学科，是财税学院教学科研的重要方向和内容。从目前看，税务学科的优势和特点主要包括：① 税收基础理论研究。1984 年王国清教授就进行了系列税负理论研究，通过把税负转嫁划分为 I 型和 II 型，为税制设计提供参考；② 涉外税收理论框架体系构建。1997 年尹音频教授就关税转嫁规律、涉外税收经济效应等提出了一系列独创观点，受到学术界关注；③ 税收竞争及公害品研究。近年来，刘蓉教授、周克清教授等青年学者致力于税收竞争及公害品研究，形成了一系列科研成果，在全国学术界产生了较大影响力；④ 税务教学改革成效显著。"税收筹划"成功申请为国家精品课程，"国家税收"申请成为四川省精品课程，"税收经济学""国际税收"正在苦练内功，积极筹划建设，为积极申请省级及国家级精品课程做好准备；⑤ 积极投入到学校教学范式改革大潮，学生对税务学科相关课程评价稳步上升，本科生源质量得到进一步提高；⑥ 以比赛为平台，扩大税务学科在全国的影响力。组织学生参加德勤税务精英挑战赛，2006 年获取全国总决赛冠军，并成为全国参赛高校中唯一每年都进入决赛的队伍，获得了其他高校和同行的高度评价。但必须认识到，我校目前的税务人才培养模式还存在诸多局限，还不能完全适应和满足社会对创新型税务精英人才的需求。作为全国重点财经大学，西南财经大学税务学科的人才培养应该立足于社会高端需求，只有不断改革和完善现有人才培养模式，才能更好地满足社会需求，实现增强学科竞争力及扩大学科影响力的目标。

三、西南财经大学创新型税务人才培养模式实现路径

（一）师资团队建设：发挥平台引领作用，全面提升团队教学科研能力

在税务专业综合改革推进过程中，师资团队的平台建设将发挥异常重要的作用。一方面，打造"教学模式改革与创新引领平台"，围绕创新型税务人才培养目标进行相应的教学方法改革与创新，建立较为完善且符合国际范式的教学模式。充分利用我院海外人才优势，积极鼓励青年教师引进国外发达国家有益经验，率先在"税收经济学""外国税制"等课程进行有益探索，按照国际流行范式选用教材和授课；另一方面，打造"学科交叉研究与创新引领平台"，提升教师科研水平。在教师科研能力建设上，注重发展与税收学科关系密切学科的交叉研究，如财务、会计、法学、管理等学科与税务学科的融合与贯通。从不同的学科视角、用不同的学科研究方法对税收学科的重大问题进行综合研究。

（二）课程教学改革：以税务创新能力培养为目标，实现教学方法与理念创新

在课程体系设计上，密切追踪和适应国家税收政策和社会需求变化动态，优化课程体系中人文综合素质课、专业基础课、专业选修课、跨专业与跨学科选修课的设置结构，适应专业实践的不断调整和变化。人文综合素质课与专业基础课的设置注重培养和提升税务人才的综合修养和专业底蕴，尤其是领导力和专业可持续学习能力的提升。专业选修课及跨专业与跨学科选修课则以复合型税务精英人才培养为落脚点，强调税务人才思维的发散和视野的扩大。从专业实践出发并结合西南财经大学实际，为体现重点财经大学税务精英人才培养与普通税务职业教育的区别，在本科生培养环节加入"逻辑与批判性思维""社会学思想与方法"等通识教育课，在免推研究生环节开展"独立研习（Independent Study）""顶石课程（Capstone Course）""荣誉项目（Honors Program）"试点，提升创新型税务精英人才的综合素质及专业底蕴。

（三）实践教学改革：坚持"打破围墙办大学"理念，推进校企多元双向合作办学机制的完善与创新

"打破围墙办大学"，有步骤地提高社会力量参与办学力度，逐步拓展和深化与各实习基地的合作交流是税收专业综合改革的重要内容。首先，通过制度设计鼓励专业课教师到有合作关系的企业、事务所、税务局等单位的相关业务岗位定期见习，获得专业实践的第一手资料，真实反映相关业务的前沿性，提升与税务实务部门的联系度，从而丰富和活跃税务实务课程的授课质量；其次，聘请税务实务部门中经验丰富的业务骨干或资深专家担任"专业导师"，学校税收学科的资深教师则到相关实务部门进行理论授课，在相互交流中确立长期的业务合作关系。最后，积极推进以横向课题为载体的税务知识服务社会工作。积极参与税务机关的横向课题，加强与税务实践部门的课题合作，提升税务专业知识服务社会能力，扩大西南财经大学税务学科的社会影响力。

（四）教学管理改革："以人为本"，提升教学管理质量

教学管理改革是培养创新型税务精英人才的重要环节。首先，为极大地调动学生学习税务专业知识的积极性，就必须"以人为本"，打破传统观念中教学管理者与专业授课者隔阂，并吸引优秀学生加入教学管理队伍，在尊重和鼓励学生自主性学习倾向的基础上，实现师生共管和人性化管理；其次，鼓励教学管理人员加强税务专业知识学习，实现针对学生个体的"个性化"管理和"因材施管"，全面提升服务质量；最后，以结果为导向，加强教学管理的绩效考评。绩效考评是检查教学管理工作进度、衡量教师及教学管理人员工作成效、防止偏离教学管理目标的重要手段。财税学院税务系将结合本校、本院及本系特色，构建完善、系统的教学管理综合评价体系，促进教学管理目标的有效实现。

（五）人才培养质量反馈机制建设：注重"用人单位需求与评价调查"和"毕业生跟踪与反馈调查"的项目实施

由于税务所特有的专业性、社会性及应用性特征，全面掌握各社会主体对税务人才的需求特征对于培养创新型税务精英人才显得异常重要。财税学院将全面深化"用人单位需求与评价调查"和"毕业生跟踪与反馈调查"工作，从动态角度收集毕业生中期表现和发展潜力数据，细化收集毕业生在工作调动、后期培训等过程中对母校人才培养模式、课程体系、教学方法方式等方面的满意度信息，最终为本专业修正和完善自身的人才培养模式、深化专业综合改革提供客观依据。财税学院税务系将在多年信息搜集整理的基础上逐渐形成适合本专业毕业生就业指导与信息反馈的"毕业生需求与使用评价调查数据库"，它将成为本院建设税务人才培养质量动态监测与改进系统的重要依据。

参考文献

［1］中国税收教育研究会. 中国税收教育研究（2012）［M］. 北京：中国税务出版社，2013.

［2］石其宝. 高校专业综合改革探讨［J］. 教育评论，2012（4）.

［3］谷自力. 新形势下的高校教学管理改革问题与对策探析［J］. 教育教学论坛，2011（10）.

［4］钱佳. 以培养创新型人才为目标的教学管理改革探析［J］. 南昌教育学院学报，2010（4）.

［5］刘金梅. 对高校本科专业综合改革中教学管理问题的探讨［J］. 中国轻工教育，2013（1）.

加强 IT 治理　推进大学现代化
——从美国高校 IT 服务架构看高校公共服务体系定位

贾　栩①

摘要： 美国高校在 IT 技术的业务流程和规范上相较我国更为成熟。主要体现在以服务为本，不唯技术代替服务；以人为本，以服务他人为员工价值实现；以流程优化为本，做大做强核心应用系统以及坚持科学务实的发展理念，以应用实现价值四个方面。唯有依靠先进的大学管理理念、规范化流程及员工职业素养，才能支撑学校的科学决策，从而实现信息化跨越，推进大学现代化。

关键词： IT 治理　信息系统　员工素养　信息化跨越

2009 年随学校干部培训团到美国德克萨斯州学习，两周走了四所学校，在惊叹工业文明给美国社会和大学校园带来的秩序和先进之余，更被后工业化时期尤其在所谓信息化时代美国大学校园仍然保持庞大的服务支持队伍感到震惊。德州几所大学普遍有 1∶3 的教师/职工比和 3∶1 的学生/职工比，全时员工和钟点员工数量加起来都超万人，如此庞大的员工队伍在大学校园里井然有序的像自动化生产线一样的各施其责，背后依赖的不仅仅是强大的现代化管理信息系统，更是有象征工业文明的统一规范的业务标准、清晰准确的业务逻辑定义和精准细腻的岗位描述等一系列规范化管理流程和职业素养。这篇关于美国大学 IT 治理的了解与思考的学习体会对现在国内高校现代化道路的选择仍然具有借鉴意义。

表面看来美国高校使用的技术和产品并不比国内使用的先进多少，这就是 IT 行业特有的后发优势使我们能够在技术和产品上不落后。但美国高校的 IT 应用比较早，积累的经验和资源比较丰富，特别是业务流程和规范比我们成熟很多；所以即使我们使用相同的技术和产品，但在应用上仍然会大大落后于对方，造成投入不比别人少，但效果却比人家差很远的结局。

从短短两周的学习访问，有以下几个方面的思考供大家分享：

---

① 贾栩，西南财经大学信息与教育技术中心主任。

一、以服务为本，不唯技术代替服务

TTU（TEXAS TECH University）信息技术服务部门的机构设置大体按基础设施（包括通信系统、信息系统、网络数据中心机房 TOSM 和高性能计算 HPCC 等共享系统）、实验室服务（包括公共实验机房，ALTC）、用户桌面服务（包括用户认证、上网、电脑维护等，ITHC）和数据统计综合服务（IRIM）几个部分，应该是以服务对象来设置的。国内高校除最后这个 IRIM（类似学校统计部门）没有以外，其他的都能找到相应的部门对应，当然，我们学校没有 HPCC。

按照 TTU 信息技术部门内的 IRIM（制度研究和信息管理）提供的学校 2008 年统计报告，截止到 2008 年 10 月 15 日，TTU 共有本科及研究生 284 222 人，网上公布的 IT 专业部门员工 212 人（不包括通信部门），技术服务/学生比在 1∶100 多点；TTU 共有专兼职教师 4 000 多人，技术服务/教师比不到 1∶20。在公布的 212 人中，在 ALTC（先进技术学习中心，相当于国内的教育技术中心，负责管理计算机公共机房）和 ITHC（信息技术帮助中心，相当于国内网络中心或计算中心，负责电脑、上网和门户及统一身份认证）两个服务部门占一半，其中半数岗位由学生兼职。而像 TOSM（技术业务和系统管理，相当于学校网络数据中心）、HPCC（高性能计算中心）和前面提到的 IRIM 等核心技术和应用部门则鲜有学生兼职岗位。上述信息技术部门是由学校 CIO 及其 CIO 办公室和 CIO 理事会进行管理，直接接受学校 CFO 和校长的领导。

另一个可算是 IT 部门的机构是 TLTC（教学学习技术中心，相当于国内的教学训练和教育技术中心），有 16 个人，分属分管教学的副校长或校长助理管理。TLTC 目前正在把使用多年的 WebCT 教育平台向 Blackboard（即国内高校普遍使用的 BB，我校当年选择的是 LearningSpace）上移植，而后者在国内高校和网络教育中应用已经多年。

二、以人为本，以服务他人为员工价值实现

在 TTU 印象最深的是员工的职业素养和敬业精神。TLTC 承担学校网络教学平台支持维护、教育技术训练和教学资源建设，每个假期都为教师或新任教师开设以教育技术应用和改进教师教学方法为目的的培训、沙龙和研究活动。TLTC 有大小培训室五六间，对于教师提出的帮助诊断和改进教学方法的申请，TLTC 会派人到教室拍摄教师的上课录像，组织学生小组座谈，给学生播放录像，让每个学生提出该教师上课最吸引人和最需要改进的地方；TLTC 在学生座谈结果的基

础上根据教师上课的课程类型、学科特点和教授对象等给教师开处改进教学方法的处方并密封给教师本人。TLTC做的所有这一切都是无偿的根据教师的自愿去帮助。TLTC的主任是营销专业的教授，其他员工都有教学工作经历。

TLTC建立了四十多门以学生社会实践为背景的教学资源或培训课件。TLTC根据学院或老师的要求把学生在医院、社区和其他机构进行实践性教学的内容做成培训课件，帮助学生尽快适应工作环境。

三、以流程优化为本，做大做强核心应用系统

作为基础设施的共享信息系统，包括了会计制度、电子采购订单系统、薪金系统、人力资源信息系统、电子人事行动表格系统、员工档案数据系统、考勤系统（员工假期/病假摘要系统）、学生信息系统、文件影像处理系统、预算系统、预算准备（年度预算准备系统）、基本建设系统（设施，规划和建设系统）、部门目录、门户网站、电子商务和校园卡用户目录。基本上囊括了人、财、物和网络门户等应用信息系统。

在TTU和其他高校，我们很少看到校园内有银行ATM机或银行机构，虽然正值新学期开学，除学生注册排队外，也没有看到哪里有排队交钱的。而遍布每个学生公寓和学院、学校建筑内的快餐店每时每刻却有大量交易发生，钱从哪里来？显然，在美国大学校园里有一张无形的、巨大的、可靠的办公自动化、电子商务和网上银行系统在支撑大学的运转。校园外亦然。

四、坚持科学务实的发展理念，以应用实现价值

TTU的IRIM（制度研究和信息管理）给我很大的启发。我发现IRIM就是大学的"统计局"，为大学的所有单位、监管机构及其他部门设计、开发和实施战略与技术研究及评估，提供了精确的统计和管理信息。IRIM建立了一个决策支持系统，根据决策需要，收集、分析和分发管理所需的信息，为评估和战略规划部门提供专门领域的信息和知识，为所有管理人员进行规划和业绩衡量提供所需的数据。IRIM还研究管理信息的方式，为学术界、财务和一般行政业务提供数据服务。如尽可能地在挖掘、开发、分析和描述数据方面提供支持服务，通过数据仓库和部门网站并允许使用现有技术，提供统计资料和定期公布的研究报告，根据职能机构、出版部门等的需要提供准确和及时的信息，为所有的，不论现有的和潜在的或不同学位程度的学生提供通过互联网访问的信息。

在IRIM网站上，公开了TTU的大学年度统计报告，其中有详细的学生统计

信息；还有学校各种报表的统计指标解释，包括教学管理中学分点计算、毕业授位条件等。IRIM 还承担学校或校内各单位的调研任务，包括网上调查和数据分析。

我们不能一步跨过工业化而从农业或手工业进入信息化，因此我坚信我们必须自下而上的通过流程分析、业务逻辑定义、岗位职责描述、员工素质与纪律教育、管理流程再造和信息标准规范来弥补工业化过程不可缺少的要素。我们可以很容易地拥有最新的 8 核 CPU 的服务器等一流硬件设备，我们也可以买到最先进的 ERP 或其他软件，但如果我们没有工业化过程积淀的大学管理理念、规范化流程以及产业工人般的员工职业素养和纪律性，那些硬件和软件将一文不值。

回到现实，我们又不能不思跨越。

IRIM 的运作给我们很大的启示，也许我们的确可以加大应用，做大做强我们自己的"统计局"来支撑学校科学决策，实现这一跨越。

金融博士人才培养优化初探
——以西南财经大学金融学院为例

曾志耕 雷浩威 周宁①

摘要：随着经济金融全球化的纵深发展，对高层次金融人才的需求也不断增加，金融博士生的质量也得到越来越多的广泛关注。但现阶段金融博士人才培养中存在许多问题，针对这些问题，本文总结了我院优化培养方案的实践和取得的一些成效，同时针对实行中的问题提出了下一步优化改革的规划设计。

关键词：金融 博士生培养 优化改革

一、金融博士人才培养现状分析

1. 金融博士人才培养优化的重要性

作为国民教育的最高层次，博士生教育一直都受到国家和社会的高度重视，它也是培养国家高端创新人才的重要途径。博士生教育质量是衡量国家教育水平和科技发展水平的重要指标，对提高国家的国际竞争力和实现人才强国战略具有重大的现实意义和深远的历史意义。根据国家教育部网站统计结果显示，我国在读博士研究生人数由 1998 年的 4.5 万迅速增加到 2013 年的 28 万。同时，随着经济金融全球化的纵深发展，对高层次金融人才的需求也不断增加。高端金融人才培养的目标是造就一批对金融经济领域有较强的科研创新能力、广泛视野和深度洞察力的思想家和执行者，能更好地促进金融学科和金融行业的发展、提升经济金融国际竞争力和确保国家经济金融安全稳定。

西南财经大学作为教育部直属的国家"211 工程"和"985 工程"优势学科创新平台建设的全国重点大学，同时也是国家教育体制改革试点高校，金融学一直是国家和学校的重点学科，为高校和社会输送高素质的金融博士人才也一直是学校的培养目标。学校在"十二五"规划、第十二次党代会中，提出围绕"质

---

① 曾志耕，西南财经大学金融学院副院长，副教授；雷浩威，西南财经大学金融学院；周宁，西南财经大学金融学院。

量优先、内涵发展"的战略主题，以服务需求、提高质量为主线，以推进培养模式改革、构建质量保障体系为着力点，以国际化为牵引，以创新能力培养为重点，进一步凸显博士研究生教育在学校建设中的战略地位。学院按照学校相关精神，本着"立足高远""发展学科""服务社会"的宗旨，希望可以完善博士研究生的课程体系和教学范式，夯实博士研究生的科研功底，为社会输送一批对金融经济领域具有深刻见解和实践能力的研究人员。

2. 金融博士人才培养中存在的问题

教育资源的国际化推动了国内高校科学研究中经济理论与量化分析结合的趋势，使得原有博士培养方式需要做出一些变动和调整。国内相当一部分高校博士生培养中目前存在的问题体现为：①课程设置不够科学合理，考核不够严格；②在读期间发表论文困难，论文质量不高；③一门博士课程由一个教师全程讲授，普遍存在知识面狭窄、知识陈旧、学科动态把握不精准等问题。以上问题导致金融博士普遍存在整体科研基础较为薄弱，比如，经济学修养不够，计量方法的掌握与运用较弱，以及缺乏高强度的专业领域论文熏陶。学科和科研基础的薄弱导致了学生们无论在捕捉研究问题方面，还是对问题的推进和深入研究方面都较为困难。

针对这些问题，金融学院对金融学博士培养模式进行改革和探索，计划到2020年，力争在培养模式与体制机制上实现重大突破，使学院的博士人才培养质量得到全面提升，并培养出一大批高层次、高素质、多样性、创新型、国际化的优秀人才，产生一批具有重要显示度的标志性成果，为国家、特别是西部经济社会发展提供人才资源和智力支持。

二、金融博士人才培养优化的具体措施

1. 优化专业课程设置

培养具有国际视野高水平高素质的金融博士人才，课程设置是最为基础也是最为关键的内容，科学化合理化的课程设置是博士生熟悉现代金融知识、把握金融领域前沿研究和掌握分析研究方法的有效途径。本文所提出的课程优化改革分为专业方向课设置和专业选修课设置。

（1）专业方向课程设置

①课程设置。此次改革将专业方向课和专业选修课合并成了六门专业方向课程，分别是公司金融研究、资本市场研究、金融风险管理、金融资产定价、商业银行经营与管理、货币理论与政策。博士生选择研究方向模块所指定的两门必修课程，并由选择导师同意后另外选择两门必修课。专业模块与指定必修课程的对

应情况如表 1 所示。

表 1 博士生专业模块与指定必修课程对照表

专业模块	科目一	科目二
资产定价	资本市场研究	金融资产定价
公司金融	公司金融研究	资本市场研究
商业银行	商业银行经营管理	货币理论与政策
衍生品定价	金融风险管理	金融资产定价
风险管理	金融风险管理	商业银行经营管理
宏观金融	货币理论与政策	资本市场研究
家庭金融	公司金融研究	商业银行经营管理
投资银行	公司金融研究	金融资产定价

②授课内容与形式。各门课程授课的主要内容是涵盖该门课程最重要的几个模块专题的经典论文。同时，以相关经典教材奠定基本框架，并以新近文献跟进和对中国现实的思考协助学生加快从学习积累到科研实践的转化过程。授课模式为学生课前阅读指定经典论文，教师课堂讲解，并辅之以学生讨论提问。课前阅读是培养学生主动阅读、思考和总结的能力，为后续论文写作时的文献阅读打下基础；教师课堂讲解把握对经典论文的深度解剖和高度提炼，以及对论文的运用、修正、借鉴、启示；学生讨论提问则加深学生对论文分析思路和研究方法的理解和掌握，并对未来研究问题的提出奠定了基础。

③课程考核方式。每门课程的具体考核方式由课程组负责人在教学大纲中各自拟定，主要包括平时成绩考核及期末考核。为保证课堂教学质量，授课教师必须严格控制考核环节，督促学生真正参与课程的课前准备、课堂讨论与课下总结，特别是在课堂上与教师的互动，平时成绩在课程的考核中占较大比重。期末考核主要考查学生对课程的理解程度，可选择闭卷考试或课程论文等形式。

（2）专业选修课设置

为提高博士生论文的写作水平和对金融工具的使用，可与学校其他学院合作开课，例如开设英文论文写作以及统计软件教学等课程。英文论文写作课程授课内容为国内外金融相关数据库简介、中英文论文写作技巧等。统计软件教学授课内容为主流金融模型工具的使用教学，例如 SAS 数据整理、基本计量模型等。学生可通过专业选修课的学习，及时了解学术动态，有助于学术科研能力的提高。

2. 建立中期考试制度

中期考试反映学生对金融领域及所选择专业方向基础知识及经典文献的掌握，意在进一步巩固专业方向课程的内容。该考核既是博士培养目标中"培养扎实的金融学理论功底"这一要求的体现，也为下一阶段的毕业论文写作打下更扎实的基础。中期考试的科目由各博士生导师为学生选择研究方向及所对应的专业课程三门以及经导师同意所选修之一门课程中的其中三门，并为课程设置一定淘汰率，以督促学生认真对待中期考试。同时，建立与发表学术论文相对应的免考条件，激励学生在高水平的期刊和会议上发表学术论文。通过中期考试的博士生应满足以下两项要求：①参加该科目开设的博士生课程，并取得平均以上的成绩；②取得平均以上成绩后，参加下一级博士生中期考试并通过。制定严格的中期考核制度帮助博士生在掌握宽广坚实的金融学理论知识及提升独立从事科研能力方面发挥积极作用，是保证博士生质量的一个关键环节。

3. 建立中期论文撰写制度

为强化博士生论文撰写能力，并有效结合所开设六门专业课程，建立博士生中期论文撰写制度。各博士生导师在博士生中期考试通过后，在指导学生修习的四门必修课程所交的期末研究提案中选取具有创新意义的题目，指导学生修改提案完成论文撰写。中期论文题目为其四门必修课程研究提案的延伸，如所选择修习之课程无研究提案要求，学生可以选择：①不提交该课程研究提案，但中期论文应于剩下提交提案中选；②额外撰写该课程研究提案，提交由导师批改的研究提案。对于具有发表潜力的文章，应鼓励学生深入研究修改后进行投稿。中期论文考核应由博士生指导老师与其选择之其他两位具有博士生导师资格且对论文研究方向了解的老师对于学生中期论文进行评量。中期论文撰写制度将大大增进博士生科研学术水平和创新能力，促使学生在国内外发表高水平的学术论文。

4. 定期举办教学研讨与总结

为实时跟进博士人才培养优化改革过程，确保改革取得成效，学院定期举办有关于优化改革的教学研讨会与总结会，会议由学校学院负责教学的领导、参与博士生课程教学的教师、博士生导师和博士生参加。通过教学研讨，商定课程设置、课程建设、教学形式与教学规范等，制定实施优化改革细节，充分交流与讨论，解决实施中所遇到的困难，进一步修订完善优化改革。同时，及时总结改革阶段性实施情况和相关经验，与在读博士生进行深度交流，了解学生对培养优化改革的切身感受，以便调整改革过程中的不足之处。通过研讨与总结的形式，使得改革的目标更加明确，细节更加完善，同时，增加教师之间学生之间的交流讨论，为完善博士生培养体系和提升博士生培养质量提供理论保障和支持。

三、金融博士人才培养优化的实践

1. 初步成效

目前此次优化改革方案在 2012 级和 2013 级金融学院在校博士生中试行，得到一些初步成效。通过与教师交流和对学生进行问卷调查，总结为以下几点：

（1）培养方案更趋于系统化、科学化、合理化

设置六门金融学方向专业课程，并让学生根据自身的研究方向选择课程，使得博士生在选择课程时具有更大的灵活性和针对性，体现了因材施教的理念。多样化的授课内容和形式，使得学生更有热情参与到课程学习当中，并通过课程学习构建较为完整的知识体系，培养金融博士生的基本素养。通过加大考核力度，提高学生的主观能动性，严把博士生培养质量关，为国家输送更为优秀的金融人才。此次优化改革通过重新设置专业方向课程，调整授课内容和模式，加强对博士生科研训练的持续跟踪和支持，以及加大考核难度，使得博士生的培养方案更加科学合理。

（2）促使教师把握前沿教学研究

博士课程有别于本科及硕士课程，本科授课内容侧重基本知识框架和基础知识点；博士授课内容侧重基本理论框架上点的深入探究，说清说透一个问题需要教师对所研究问题的背景，包括发展脉络、现状和未来趋势具有一定的积累，同时对于当前普遍的研究方法也要能够及时追踪，这些要求对于教师们来说其实是个不小的挑战。课程授课教师通过授课可进一步强化对某专题的理解、拓展型地思考和运用，并能在与博士互动中开展合作研究。

（3）增强学生对博士生阶段学习研究的认识

学生刚步入博士生学习阶段，还不适应博士学习的内容和节奏，普遍表现为个人的主动性不强，缺乏对科研领域的钻研精神，研究问题的深度和广度不够。经过试行优化改革，课程的教学过程中学生出勤率很高，课堂表现积极，对课程作业完成的认真程度和中期考试的重视程度明显提高，科研热情有所增加。通过与学生交流可知学生对博士生阶段的学习研究的认知较为全面，坚定了吃苦耐劳做学问的决心，明确了之后学习发展目标。

（4）提高博士生科研创新能力

学生对六门必修课程普遍反映从课程中学到了领域知识和前沿思想，开阔了眼界，掌握了研究问题的方法和论文写作的方法。同时，试行优化改革使得博士生进一步增强了自主学习能力、批判思维能力和应用创新能力，能够把握本专业领域的主要研究成果和最新趋势，站在学术前沿运用先进的研究方法和手段进行

创新性研究。并且，学生能够把握相关研究领域的理论发展脉络，掌握基本的研究范式，具备培养扎实的金融学理论功底以及独立从事科学研究工作的能力。同时，通过深入交流与讨论，为博士阶段顺利完成论文发表和毕业论文写作奠定坚实的基础。

2. 所遇到的问题

此次优化改革方案在试行阶段取得了成效，但也遇到了一些问题，主要表现为以下几点：①学生专业素养匮乏，部分学生表示由于自身专业基础薄弱，对课程的学习有些力不从心，不能很好地掌握到课程领域的精髓和学术研究方法；②教师课程协调问题，博士课程授课教师除了要对基本理论有深入研究，还要对当前研究方法和发展趋势有所了解，所以要求教师花费大量的精力进行课程准备工作和授课工作，但教师的精力有限，有时还要担当本科和硕士课程的授课工作等其他工作，在教师课程协调上出现了困难；③修习年限不足，考虑到目前博士生培养方案对于学生学习素质的加强，学生反应目前规定之三年修习年限不足以完成学院以及学校要求；④激励机制不足，现在虽然提高了博士研究生的资助力度，但是还是不足以让学生能够安心地学习和科研，此外，对鼓励学生参加国内外高水平学术会议的资助力度也不够。教师在博士生课程中的精力投入量大，虽是合上课程，但是需要花费大量的时间和精力去准备，然后在计算工作量的时候一般按普通课程计算，这不足以反应教师的课程价值。

四、金融博士人才培养优化的进一步规划

金融博士人才培养优化改革是一项长期的探索性工作，针对在试行阶段所遇到的问题，及时进行经验总结，对于下一步的优化改革有以下几点想法。

（1）优化选拔制度

在宣传过程中，加大对博士生培养目标的宣传，培养的学生除具有科研创新能力以外，还应该有志于教育、科研事业；在博士生的选拔过程中，推进和鼓励"申请考核"制度；在科研成果认定阶段，按照学科建设和发展的需求，扩展科研成果认定范围；在笔试和面试阶段，加大对专业课以及学生科研潜力和创新能力的考核力度。通过对选拔制度的优化，从而吸引更多与学院博士培养目标契合、学习能力强、科研能力佳的优秀学子。

（2）设置先行课程

博士生的现行课程是为了夯实博士生、特别是基础知识薄弱的博士研究生的专业基础。通过对每个研究方向针对性地设定现行课程，这些课程可以是本科或硕士生课程，也可以是新开课程，但需要学生在博士一年级阶段修习，并且要求

学生参加该课程的各种考核，从而加强学生的专业基础素质。

（3）增强博士生国际交流

校内的各类学术型讲座不仅是对专业方向课程的补充，也是协助大家开拓知识视野、优化知识结构和培养研究兴趣的平台。通过这些讲座，可以了解目前学术界关注的研究问题、普遍运用的研究方法等，更重要的，贯穿讲座的提问、点评和回答可以加强对学术研究过程和研究意义的直观感受。因此要鼓励学生参与学术讲座，并利用学校资源，鼓励学生多参加国际学术会议，参与国外交流项目，扩宽博士生的国际视野，接触前沿学术研究。

（4）优化激励制度

激励应能真正提高学生的学习科研积极性和教师的上课积极性。在学生方面，可以设立一定的专项奖学金，对学习成绩优秀、科研能力突出的学生进行奖励，这些学生获得的奖学金总额要能够使其安心地学习和科研，也以此起到先进、激励后进的作用；同时提高学生参加国内外高水平会议的资助和奖励力度，鼓励学生敢于参会、勇于参会；对于完成规定科研要求外的科研成果要加大奖励力度。在教师方面，对参与博士生课程的教师进行额外奖励；并奖励对博士生课程改革有贡献的教师。

（5）提升博士生教学能力

从目前我国博士生的毕业就业形势来看，博士毕业生就业主要集中在高等院校，并且大多数从事教学工作。为了充实教师队伍，提升教学质量，高校每年都会引进大批博士生。然而，刚毕业的博士生的教学水平却令人担忧，这反映了我国博士生教育对博士毕业生就职高校的职业要求的忽视。另一方面，国际社会培养博士生的趋势要求提升其教学能力，同时也促进高等教育的发展。所以提高博士生的教学能力势在必行。

（6）延长修习年限

考虑到目前博士生培养方案的优化，目前规定之三年修习年限不足以完成学院以及学校要求，因此建议将脱产博士生修习年限强制提升为四年，相应地，学院也提供第四年奖学金机制。

五、总结

本文总结了金融博士人才培养优化的重要性和现阶段所存在的问题，主要表现为课程设置不够科学合理，考核不够严格；在读期间发表论文困难，论文质量不高。针对这些问题，提出了一系列优化改革措施，并在学院进行试行取得了良好的成效，同时提出了下一步的规划。在下一阶段，继续对金融博士人才培养优

化进行探索，不断改进完善博士人才培养方案，为国家培养高素质高质量的高端
金融人才。

参考文献

［1］李强，曾勇．具有国际学术水准的金融方向博士培养模式初探［J］．中国研
　　　究生，2011（8）：45－48.

［2］耿辉．博士生培养过程中的若干问题分析与建议［J］．高等教育研究学报，
　　　2009，32（4）：35－36.

教育部人文社科项目立项频数分布及影响因素分析：以财经类大学为例[①]

刘瑞波　刘爱芹　胡　宇[②]

摘要：本文对全国 50 所财经类大学 2013 年度教育部人文社科项目立项数进行了频数分布及影响因素的计量经济分析。研究结论表明：50 所财经类大学 2013 年度教育部人文社科立项数占总项目数的 12.4%，其中"985 优势学科创新平台"高校、"211"高校和省部共建高校等综合实力雄厚大学立项数量较多，排名比较靠前；一般项目中立项的规划基金项目和青年基金项目占比均较高，学科分布多集中于经济管理类学科；立项数量与各高校发表高水平论文数之间存在较强的线性关系。针对实证过程中发现存在的问题提出了相应对策和建议。

关键词：教育部人文社科项目　频数分布　影响因素

一、引言

人文社会科学是人文学科与社会科学的统称，有时也被称为哲学社会科学，它是相对于自然科学而言的一种知识体系，揭示的是客观事物本质和发展规律。政府管理部门及学术领域专家学者目前普遍达成共识，人文社会科学已成为国家软实力的一项重要组成部分。对此，国家社科规划办、教育部先后启动了国家社科基金、教育部人文社科基金等研究项目，其目的就是更好地繁荣和发展人文社会科学，为国家经济建设与社会发展服务。

高校作为我国科研中坚力量，也是人文社科研究的主力军，近年来对教育部人文社科项目的申报格外重视。从 2009—2013 年教育部网站公布的立项名单可以看出，全国财经类大学每年立项数呈上升趋势，这也反映出财经类大学科研能

---

①　基金项目：山东省高等学校协同创新计划"金融产业优化与区域发展管理协同创新中心"资助项目。

②　刘瑞波，山东财经大学金融学院教授；刘爱芹，山东财经大学统计学院副教授；胡宇，山东财经大学科技管理与评价研究所。

力正逐年稳步提升。但同时也注意到，中标项目在全国财经类大学的分布以及在各学科上的分布并不均衡，这就促使我们进一步思考：到底是哪些因素直接或间接影响了各财经类大学教育部人文社科项目的立项数，能否探寻财经类大学申报教育部人文社科项目的规律性秘籍。鉴于此，本文以我国 50 所财经类大学为研究对象，分析其 2013 年度教育部人文社科立项数的学校分布、专业分布等情况，研究其影响的主要因素，针对分析结果提出合理的应对建议，从而有助于尽快提升财经类大学的科研能力与综合竞争力。

二、评价体系与数据基础

（一）评价体系的构建

表 1　　　　　　　　　　教育部人文社科项目评价体系表

项目总数	教育部人文社科项目总数		
	财经类大学项目总数		
分类项目数	教育部人文社科六类项目数	一般基金项目	规划基金项目
			青年基金项目
		西部基金项目	西部规划基金项目
			西部青年基金项目
		新疆基金项目	新疆规划基金项目
			新疆青年基金项目
	财经类大学六类项目数	一般基金项目	规划基金项目
			青年基金项目
		西部基金项目	西部规划基金项目
			西部青年基金项目
		新疆基金项目	新疆规划基金项目
			新疆青年基金项目
项目所涉学科	管理学、经济学等 25 类		
项目数影响因素	国家级影响因素	国家级重点学科数、国家级拔尖人才数	
		国家社科基金项目数	
	省部级影响因素	省部级重点学科数、省部级重点实验中心数	
		省部级拔尖人才数、省级奖励次数	
	校级影响因素	发表高水平论文数	

　　表 1 中最后一个模块"项目数影响因素"是本文研究的重点内容之一。教育部人文社科项目立项数的影响因素大致可划为三个层次：国家级影响因素、省部级影响因素和校级影响因素。其中，国家级影响因素拟选国家级重点学科数、国家级拔尖人才数（包括高校新世纪百千万人才工程人数和高校优秀跨世纪人才数）以及同期国家社科基金项目数等变量，所选择的影响因素数据都来源国家级的专项计划，与高校高端科研、综合能力具有相关性；省部级影响因素拟选省部级重点学科数、重点实验中心数、省部级拔尖人才数（比如山东省"泰山学者"人数、浙江省高等学校"钱江学者"特聘教授人数等）和省级奖励次数等变量，所选择的影响因素与高校科研、教学能力相关，对描述高校科研、教学能力起重要解释作用；校级影响因素拟选择发表高水平论文数变量，代表高校学术研究的基准水平。

　　综上，拟选定影响因素可以很好地描述高校的科研、教学能力，能体现高校综合实力和科研竞争力，与教育部人文社科项目立项数量存在一定的关系。

（二）数据基础

　　本文研究的统计分析数据主要来源于以下两类数据库（详细数据略）：

　　（1）2013 年度教育部人文社科项目立项名单，数据来源于中华人民共和国教育部官方网站。

　　（2）2012 年全国 50 所财经类大学科研竞争力评价报告，数据来源于《2012 年度中国财经类大学科研竞争力报告》。

三、财经类大学教育部人文社科立项项目数的频数分布

（一）财经类大学立项数的总体分析

　　在全国 50 所财经类大学中，有 9 所 2013 年度没有教育部人文社科中标项目，因此，本文的研究对象是其余 41 所。2013 年立项的 3 365 个教育部人文社科项目中，41 所财经类大学共中标 417 项，占总中标项目数的 12.39%，其中一般基金项目成功申报 406 项，占一般基金项目总数 3 240 项的 12.53%；西部基金项目成功申报 9 项，占西部基金项目总数 105 项的 8.57%；新疆基金项目成功申报 2 项，占新疆基金项目总数 20 项的 10.00%。表 2 给出了 2013 年度 41 所财经类大学教育部人文社科中标项目的类别分布情况。

表2 2013年度41所财经类大学教育部人文社科基金项目立项数的类别分布表

项目名称		总项目数（项）	总项目数占比（%）	41所财经类大学项目数（项）	41所财经类大学项目数占比（%）	41所财经类大学项目数占总项目数的百分比(%)
一般基金项目	规划基金项目	1 235	36.70	162	38.85	13.12
	青年基金项目	2 005	59.58	244	58.51	12.17
一般基金项目合计		3 240	96.29	406	97.36	12.53
西部基金项目	西部规划基金项目	67	1.99	1	0.24	1.49
	西部青年基金项目	38	1.13	8	1.92	21.05
西部基金项目合计		105	3.12	9	2.16	8.57
新疆基金项目	新疆规划基金项目	9	0.27	0	0.00	0.00
	新疆青年基金项目	11	0.33	2	0.48	18.18
新疆基金项目合计		20	0.59	2	0.48	10.00
合 计		3 365	100.00	417	100.00	12.39

由表2可知，在财经类大学的417个项目中绝大多数是一般基金项目，占比高达97.36%，其中，规划基金项目数占38.85%，青年基金项目占58.51%，除青年基金项目占比外均略高于总体该项目数占总项目数的比重（96.29%，36.70%，59.58%）；西部基金项目和新疆基金项目数占比都非常小，这或许与财经类大学的地域分布有关。西部基金项目占2.16%，其中，西部规划基金项目数占0.24%，低于总体1.99%，西部青年基金项目占1.92%，高于总体1.13%；新疆基金项目只有2项，均为青年基金项目，占总数的0.48%，略高于所有高校新疆基金项目百分比0.59%。

值得注意的是，41所财经类大学立项的项目中，虽然青年基金项目数最多，共254项，占总数的58.51%，但却略低于所有高校该项目数占总项目数的比重59.58%。这说明，目前财经类大学在青年基金项目上的申报成功率没有达到总体中青年基金项目立项率的平均水平，因此财经类大学在青年科研骨干力量上的培养尚待提高。

（二）财经类大学立项数排序及项目类型分布

表3给出了41所财经类大学教育部人文社科项目立项数及在项目类别上的频数分布（高校按立项总数排序）：

表3　　　　　　　2013年度财经类大学教育部人文社科项目立项数分布

序号	财经类大学名称	立项总数（项）	立项数占比（%）	一般项目数（项）		西部项目数（项）		新疆项目数（项）	
				规划基金项目	青年基金项目	规划基金项目	青年基金项目	规划基金项目	青年基金项目
1	浙江工商大学	33	7.91	15	18	0	0	0	0
2	对外经济贸易大学	28	6.71	14	14	0	0	0	0
3	西南财经大学	24	5.76	8	13	0	0	0	0
4	中南财经政法大学	24	5.76	7	17	0	3	0	0
5	广东财经大学	20	4.80	9	11	0	0	0	0
6	山东财经大学	18	4.32	9	9	0	0	0	0
7	东北财经大学	16	3.84	10	6	0	0	0	0
8	重庆工商大学	16	3.84	1	11	0	4	0	0
9	中央财经大学	15	3.60	5	10	0	0	0	0
10	山东工商学院	14	3.36	6	8	0	0	0	0
11	浙江财经大学	13	3.12	7	6	0	0	0	0
12	广东金融学院	12	2.88	2	10	0	0	0	0
13	江西财经大学	12	2.88	5	7	0	0	0	0
14	南京审计学院	12	2.88	4	8	0	0	0	0
15	天津财经大学	12	2.88	2	10	0	0	0	0
16	上海财经大学	11	2.64	5	6	0	0	0	0
17	上海对外贸易学院	11	2.64	4	7	0	0	0	0
18	安徽财经大学	10	2.40	4	6	0	0	0	0
19	首都经济贸易大学	10	2.40	6	4	0	0	0	0
20	北京工商大学	9	2.16	4	5	0	0	0	0
21	湖北经济学院	9	2.16	3	6	0	0	0	0
22	湖南商学院	9	2.16	4	5	0	0	0	0
23	南京财经大学	9	2.16	5	4	0	0	0	0
24	天津商业大学	7	1.68	3	4	0	0	0	0
25	西安财经学院	7	1.68	1	5	1	0	0	0
26	新疆财经大学	7	1.68	3	2	0	0	0	2
27	哈尔滨商业大学	6	1.44	3	3	0	0	0	0
28	兰州商学院	6	1.44	1	4	0	1	0	0

表3(续)

序号	财经类大学名称	立项总数（项）	立项数占比（%）	一般项目数(项)		西部项目数(项)		新疆项目数(项)	
				规划基金项目	青年基金项目	规划基金项目	青年基金项目	规划基金项目	青年基金项目
29	河北经贸大学	5	1.20	3	2	0	0	0	0
30	吉林财经大学	5	1:20	1	4	0	0	0	0
31	山西财经大学	4	0.96	0	4	0	0	0	0
32	上海立信会计学院	4	0.96	1	3	0	0	0	0
33	云南财经大学	4	0.96	1	3	0	0	0	0
34	贵州财经大学	3	0.72	1	2	0	0	0	0
35	河南财经政法大学	3	0.72	1	2	0	0	0	0
36	湖南涉外经济学院	2	0.48	1	1	0	0	0	0
37	上海海关学院	2	0.48	1	1	0	0	0	0
38	石家庄经济学院	2	0.48	0	2	0	0	0	0
39	广西财经学院	1	0.24	0	1	0	0	0	0
40	内蒙古财经大学	1	0.24	0	1	0	0	0	0
41	上海商学院	1	0.24	1	0	0	0	0	0
	合　计	417	100	162	244	1	8	0	2

由表3可以看出，41所财经类大学中，浙江工商大学立项数最多，共33项，占总数的7.91%；其次是对外经贸大学，28项，占6.71%；分列三至六位的是西南财经大学、中南财经政法大学、广东财经大学和山东财经大学；排名前十的财经类大学立项总数占总项目的49.88%，说明项目更多地集中在少数的财经类大学中。其中，一般规划项目最多的是浙江工商大学，共15项，占总项目数的9.26%，其次是对外经济贸易大学，14项，占8.64%；一般青年规划项目最多的是浙江工商大学，共18项，占总项目数的7.38%，其次是中南财经政法大学，17项，占7.00%；西部规划项目仅1项，由西安财经学院中标；西部青年项目最多的是重庆工商大学，共4项，占总项目数的一半；新疆青年项目共2项，由新疆财经大学中标。

由表3还可看出，在中标项目总数排名前十位的高校立项总数为208项，占41所高校的49.88%，说明教育部人文社科项目的高校分布相对比较集中。排名前十位的高校中，教育部直属高校4所，"985优势学科创新平台高校"2所，"211"高校4所，中央与地方共建高校6所，财政部、教育部与行政省三方共建高校 4 所，教育部与商务部共建高校 1 所①。这进一步印证了，高校科研竞争力同高校综合实力息息相关，在项目申报和立项过程中具有明显的竞争优势，而立项数与实际完成项目数的增加，也必将进一步增强这类高校的科研实力，从而在今后此类项目申报中强化自己的独特竞争优势，形成财经类高校科研良性循环的发展态势。对于其他科研水平一般的高校而言，教育部社科项目立项数较少，一定程度上制约了高校科研实力的提升，对其今后的项目申报将会产生一定的负面影响。这一点也可以通过集中度的研究得到相同的结论：计算 41 所财经类大学教育部人文社科立项数的变异系数为 131.24%，这个数值远远高于参考的标准值 15%。这说明：财经类大学教育部人文社科项目更集中于少数学校，即立项数在各高校的分布极不均衡，少数综合实力与科研实力较强的高校拥有较多教育部人文社科项目，而实力较一般的高校拥有的项目数相对较少。

（三）财经类大学立项数的学科分布

41 所财经类大学申报教育部人文社科项目涉及的学科主要包括：经济学、管理学、交叉学科综合研究、法学、语言学、艺术学、教育学、马克思主义/思想政治教育、社会学、统计学等 25 类。表 4 列出了 41 所财经类大学中标项目数排名前十位的学科类别的项目分布：

表 4　　　2013 年度财经类大学教育部人文社科立项数的学科分布及排名

序号	学科名称	项目数（项）	百分比（%）	累计百分比（%）
1	经济学	142	34.05	34.05
2	管理学	82	19.66	53.72
3	交叉学科综合研究	57	13.67	67.39
4	法学	40	9.59	76.98
5	语言学	14	3.36	80.34
6	艺术学	11	2.64	82.97
7	教育学	10	2.40	85.37
8	马克思主义/思想政治教育	8	1.92	87.29
9	社会学	8	1.92	89.21
10	统计学	8	1.92	91.13
	合　　计	380	91.13	——

---

①　上述分类中部分高校是重叠交叉的。

由表4可知，排名前十的学科立项总数为 380 项，占总立项数的 91.13%，且多数集中于经济学和管理学两大学科，其中，经济学项目最多，共 142 项，占立项总数的 34.05%；管理学共 82 项，占 19.66%；排位第三的学科是交叉学科综合研究类，57 项，占 13.67%。排名前三位的学科立项数之和占总立项数的 67.39%，这些学科均为财经类高校最具竞争力的优势学科。

四、财经类大学 2013 年度教育部人文社科项目立项数的影响因素分析

根据表 1 构建的财经类大学教育部人文社科项目立项数的影响因素评价体系，同时考虑各变量数据的可获得性以及区分度，拟选择三个变量进行财经类大学教育部人文社科立项数的影响因素分析，即以国家社科项目立项数 G 作为国家级影响因素的代表；以省级重点学科数 Z 作为省级影响因素的代表；以各财经类大学发表的高水平论文数 L 作为高校级影响因素的代表。实证研究时 Z 和 L 的数据来源于"中国财经类大学科研竞争力报告（2012）"的数据库①，其中，高水平论文数由各高校发表权威期刊论文数、重要期刊论文数和核心期刊论文数合并而成；G 的数据由全国哲学社会科学规划办公室公布的 2013 年国家社科年度基金项目立项名单汇总而来②。需要说明的是，各高校 2013 年发表论文数和省级重点学科数难以获得，且该两变量对教育部人文社科项目申报的影响确实具有滞后效应，因此用 2012 年的数据进行实证研究符合现实意义，具有可操作性。

（一）模型构建

本文以教育部人文社科项目立项数 Y 为因变量，以国家社科基金项目数 G、省级重点学科数 Z、发表的高水平论文数 L 作为自变量，建立计量经济模型。通过模型的拟合、检验和优化，确定主要影响因素，并分析各因素的影响方向和程度。

为了说明各自变量对因变量独立的影响，首先分别建立一元回归模型。Eviews5.1 给出的模型参数估计值及检验统计量值汇总在表 5 中（按显著性从高到低排列）。

---

① 中国财经类大学科研竞争力报告（2012），山东财经大学科技管理与评价研究所（内部研究成果）。

② http://www.npopss-cn.gov.cn/n/2013/0604/c219469-21730933.html。

表5　　　　　　　　　　　各自变量与因变量的分别一元回归分析结果表

估计值/检验值 \ 自变量	L	G	Z
常数项	5.695 3	4.918 1	6.036 4
参数估计值	0.084 9	0.517 7	0.603 2
t 统计量	5.796 4	4.335 4	3.150 2
t 统计量 P 值	0.000 0	0.000 1	0.003 1
R^2	0.462 8	0.325 2	0.202 8
$\bar{R}^2$	0.449 0	0.307 9	0.182 4

由表5可分别写出因变量对三个自变量的一元回归模型及其各检验统计量值。

教育部人文社科项目立项数 Y 对发表的高水平论文数 L 的回归模型为：

$$\hat{Y} = 5.695\ 398 + 0.084\ 9L$$
$$t = (4.86) \qquad (5.79)$$
$$P = (0.000) \qquad (0.000)$$
$$\bar{R}^2 = 0.449\ 0$$

①

由模型①可以看出，变量 L 的 t 检验统计量值为5.79，$P = 0.000 < 0.05$，因此 L 为 Y 的显著影响因素，校正后可决系数为44.90%，说明 L 可以解释 Y 的44.90%的变异。

教育部人文社科项目立项数 Y 对国家社科基金项目数 G 的回归模型为：

$$\hat{Y} = 4.918\ 1 + 0.52G$$
$$t = (3.14) \qquad (4.34)$$
$$P = (0.003) \qquad (0.000)$$
$$\bar{R}^2 = 0.307\ 9$$

②

由模型②可以看出，变量 G 的 t 检验统计量值为4.34，$P = 0.000 < 0.05$，因此 G 为 Y 的显著影响因素，校正后可决系数为30.79%，说明 G 可以解释 Y 的30.79%的变异。

教育部人文社科项目立项数 Y 对省部级重点学科数 Z 的回归模型为：

$$\hat{Y} = 6.036\ 4 + 0.60Z$$
$$t = (3.56) \qquad (3.15)$$
$$P = (0.001) \qquad (0.003)$$
$$\bar{R}^2 = 0.182\ 4$$

③

由模型③可以看出，变量 Z 的 t 检验统计量值为 3.15，$P = 0.003 < 0.05$，因此 Z 为 Y 的显著影响因素，校正后可决系数为 18.24%，说明 Z 可以解释 Y 的 18.24% 的变异。

由模型①、②、③可以看出，虽然三个自变量均为因变量的显著影响因素，但是对因变量变异的解释力不够高。在三个自变量中，高水平论文数对教育部人文社科项目立项数的影响最大，解释力最强，其次是国家社科基金项目数，而省部级重点学科数影响作用最小。

为了体现三个自变量对因变量的综合与交互作用，建立因变量与三自变量之间的多元线性回归分析的结果，如表6所示。

表6　　教育部人文社科项目立项数与三个变量的多元线性回归结果

Dependent Variable: Y				
Method: Least Squares				
Variable	Coefficient	Std. Error	t-Statistic	Prob.
C	4.833 243	1.593 839	3.032 454	0.004 4
L	0.069 100	0.025 028	2.760 838	0.008 9
G	0.095 407	0.170 595	0.559 259	0.579 4
Z	0.106 134	0.196 667	0.539 664	0.592 7
R-squared	0.472 252	Mean dependent var		10.170 73
Adjusted R-squared	0.429 462	S. D. dependent var		7.585 850
S. E. of regression	5.729 894	Akaike info criterion		6.421 739
Sum squared resid	1 214.772	Schwarz criterion		6.588 917
Log likelihood	−127.645 6	F-statistic		11.036 42
Durbin-Watson stat	2.048 793	Prob (F-statistic)		0.000 026

由表6可以写出因变量 Y 与自变量 L、G、Z 之间的多元回归结果：

$\hat{Y} = 4.833\ 2 + 0.069\ 1L + 0.095\ 4G + 0.106\ 1Z$

$t = (3.03)\quad (2.76)\quad (0.56)\quad (0.54)$

$P = (0.004)\quad (0.009)\quad (0.579)\quad (0.593)$ ④

$\bar{R}^2 = 0.429\ 5\quad F = 11.036$

模型④的 F 统计量值为 11.036，相应的 P 值为 0.000，小于 0.05，所以回归方程整体上是显著的，说明模型已基本纳入了主要的影响因素。但是，除常数项和变量 L 外，其他变量均未通过系数的显著性检验。这种情况通常是由于自变量间存在多重共线性所致。表7给出了说明三自变量两两间相关性的相关系数矩阵。

表7　　　　　　　　　　　三个自变量两两间的相关系数矩阵

变量	Z	L	Z
Z	1	0.770 0	0.577 2
L	0.770 0	1	0.490 7
G	0.577 2	0.490 7	1

由表7可以看出，G 与 L 间相关系数高达 77.0%，Z 与 L 间相关系数也达57.7%，说明变量间具有显著的相关性。对比多元方程的拟合优度 $\bar{R}^2 = 0.441\ 4$，变量间的相关系数均高于方程的拟合优度，说明了变量间存在较严重的多重共线性，可以采用逐步回归的方式予以消除。

根据表5的一元回归分析的结果，含有解释变量 L 的回归方程修正后可决系数 $\bar{R}^2$ 最大，故以 L 为基础，顺次加入 G 与 Z 进行逐步回归。逐步回归结果发现，三个自变量中，只有 L 比较显著，其余两个自变量均不显著，也就是说，自变量 G 与 Z 对因变量 Y 的影响可以由自变量 L 来代表。表8是具体的 Y 与 L 间一元线性回归分析的结果表。

表8　教育部人文社科项目立项数 Y 对发表高水平论文数 L 的一元线性回归结果

Dependent Variable：Y			
Method：Least Squares			
Variable	Coefficient	Std. Error	t-Statistic	Prob.
---	---	---	---	---
C	5.695 398	1.170 226	4.866 921	0.000 0
L	0.084 909	0.014 649	5.796 431	0.000 0
R-squared	0.462 800	Mean dependent var		10.170 73
Adjusted R-squared	0.449 025	S. D. dependent var		7.585 850
S. E. of regression	5.630 800	Akaike info criterion		6.341 931
Sum squared resid	1 236.530	Schwarz criterion		6.425 520
Log likelihood	−128.009 6	F-statistic		33.598 61
Durbin-Watson stat	2.049 787	Prob（F-statistic）		0.000 001

由表8可以写出 Y 对 L 的一元线性回归模型及其检验值如下：

$$\hat{Y} = 5.695\ 4 + 0.084\ 9L$$

$$t = (4.87) \quad (5.80) \qquad\qquad ⑤^{①}$$

$$\bar{R}^2 = 0.449 \quad F = 33.60$$

（二）模型检验

为了判断模型⑤的可靠性，需要对其进行相应的检验，主要包括经济意义检验、统计检验和计量经济检验。

1. 经济意义检验

模型⑤中变量 L 的系数拟合值为 0.08，表明：41 所财经类大学 2013 年度教育部人文社科立项数随发表高水平论文总数的增长而增长，该回归系数的符号、数值与经济理论和人们的经验预期值基本相符。

2. 统计检验

模型⑤修正后可决系数 $\bar{R}^2 = 0.449$，这表明：变量 L 可解释因变量变化的 44.9%，回归方程的拟合优度还是不错的；自变量 L 的估计标准误差为 0.01，这说明回归直线方程的误差较小，模型比较有代表性，精度较高；回归系数的 P 值为 0.000，在 5% 的显著性水平下认为方程的参数显著，变量 L 确实为影响财经类大学教育部人文社科项目立项数的主要因素。

3. 计量经济检验

表 9 中给出了模型⑤的 $DW = 2.0498$，在 5% 的显著性水平下，DW 的临界值为 Z，所以，L，一般认为回归模型不存在自相关性。

表 9 给出了使用怀特检验法对方程是否存在异方差进行检验的结果。

表9   模型异方差检验结果

White Heteroskedasticity Test：			
F–statistic	1.054 353	Prob. F（4，38）	0.358 389
Obs * R–squared	2.155 565	Prob. Chi–Square（4）	0.340 349

由表 9 可知，在 5% 的显著性水平下怀特检验通过，说明模型⑤不存在异方差。

综上所述，用模型⑤描述财经类大学教育部人文社科项目立项数与高校发表的高水平论文数之间的关系是可靠的，教育部人文社科项目数随发表高水平论文数的增加而增加。模型⑤尽管只有一个解释变量，但其可决系数等于 44.9%，高

---

① 模型⑤与模型①是相同的。

于包含三个解释变量的模型④的可决系数 42.94%。

同时我们注意到，在逐步回归的研究过程中，由于各高校国家社科基金项目数 G 和省部级重点学科数 Z 与发表的高水平论文数 L 存在多重共线性，在逐步回归后 G 和 Z 都没有出现在模型⑤中，但是从实际经济关系的分析出发（一元回归的结果也说明了这一点），G 和 Z 确实对因变量 Y 的变动具备一定的解释力。但同时，国家社科基金项目的申报与教育部项目申报又存在互斥的关系，即便没有明确要求研究者在申报时只能二选一，但由于精力所限，一位有在研国家社科基金项目的研究者可能短时间内不会考虑再申报教育部人文社科项目，两类项目之间可能存在一定的互补性，这或许是国家社科基金项目数 G 不成为显著影响因素的原因之一。而省部级重点学科的建设确实对提升科研综合实力、提高人才培养质量、引进高层次人才、改善办学条件等具有很大的推动力，但是这种影响往往具有明显的滞后性、单一性，这或许是省部级重点学科数 Z 不成为显著影响因素的原因之一。

另外，除本文定量研究所选的三个变量（发表的高水平论文数、国家社科基金项目数和省部级重点学科数）之外，影响财经类大学教育部人文社科项目立项数的因素还有很多，但很多是难以量化的定性因素，即使是可量化的变量，其数据获取的难度也相当大，因此本研究具有一定的局限性。

五、主要结论与对策建议

（一）主要结论

（1）2013 年全国 50 所财经类大学中有 9 所没有教育部人文社科项目立项，其余 41 所大学立项总数占总项目数的 12.4%；申报项目大部分集中于经济学、管理类两大学科。财经类大学教育部人文社科项目立项平均数量，远远高于全国普通高校的平均数，这与财经类高校的学科专业设置是密切相关的。财经类大学涉及的主要学科有经济学、管理学、统计学、法学、教育学、社会学、语言学等人文学科与社会学科，自然要比理工类、医学类高校具有先天申报优势。

（2）通过研究 41 所财经类大学教育部人文社科项目的学校分布发现，"985 优势学科创新平台"高校、"211"高校、省部共建等综合实力较强的大学立项数较多。承担较多"国字号"项目的研究工作，可以进一步锤炼这些主持人的研究能力，增强这类高校的科研核心竞争力，有助于在今后此类项目申报中继续积聚竞争优势。对于综合实力较弱的高校而言，主持"国字号"项目尤其是青年项目较少，就难以形成一个相互交流、比学赶帮的外部氛围，难以形成一个合理的学术梯队，实际上就会成为学校今后此类项目实现申报跨越的一个瓶颈。

（3）通过分析 41 所财经类大学教育部人文社科项目立项数的影响因素发现，财经类大学教育部人文社科立项数与各高校发表的高水平论文数存在较强的线性关系，发表高水平论文数对教育部人文社科项目立项数存在着正向影响。高水平学术论文往往要经过同行专家匿名评审这一环节，目前学术界对发表在顶尖期刊论文给予了高度认可，因此教研人员发表于核心期刊的论文可以代表本人的学术水准。

（二）对策建议

第一，强化财经类高校之间的科研交流与协作，提高财经类高校在科学研究中的话语权。因高校实力强弱而导致高校教育部人文社科项目分布不均衡，未来可通过加强不同层次高校之间的交流与学习，例如定期举行财经类大学科学研究交流会、财经类大学学术沙龙，派遣科研骨干教师进行校际交流合作，寻求高校间硕士、博士研究生的互动学习与交流等，期待在一定程度上加大学术科研能力和信息的流动，弥合高校间的科研学术水平差距，从而共同提升财经类大学的科研实力。

第二，中青年教师对财经类高校科研的可持续发展具有承前启后的重要作用，理应成为各高校科研的中坚力量。财经类高校应加大对中青年教师的扶持、培养力度，通过国内外访学、短期专项培训、设立专项科研基金等方式，引导、鼓励中青年教师积极申报教育部人文社科项目，提高项目命中率。

第三，财经类高校应加大对高水平论文奖励力度，有助于提高教育部人文社科项目的立项数量。高校要鼓励教研人员严谨治学，潜心钻研，力争发表高水平学术论文，既可为将来申报教育部人文社科项目梳理国内外研究文献、积累前期研究成果，又可使申报人受到学术同行的认可与关注，积聚更多学术人脉，为项目立项奠定良好基础。财经类高校教研人员若能在《中国社会科学》《经济研究》《管理世界》等期刊发表更多学术论文，说明学校储备了较多的在经济学、管理学等学科领域内的拔尖科研人才，他们申报并立项更多教育部人文社科项目也在情理之中。

参考文献

［1］李莹，仇贵生，孟照刚. 国家自然科学基金立项统计与分析 ［J］. 农业科技管理，2009 （4）：25-28.

［2］杨列勋，吴从新. 管理科学基金项目申请增长情况与原因分析 ［J］. 管理科

学学报，2007（6）：37-42.

[3] 岳洪江，刘思峰. 中国软科学资助论文产出分布研究 [J]. 科技政策与管理，2007（9）：10-14，26.

[4] 姜春林，王续琨. 国家自然科学基金项目产出管理学论文的计量分析 [J]. 情报科学，2005（9）：48-56.

[5] 陈立新. 全国百篇优秀博士学位论文的计量分析 [J]. 高等教育研究，2009（2）：55-60.

[6] 孙敬水. 计量经济学 [M]. 2版. 北京：清华大学出版社，2009：164-170.

[7] 高云，吴清玲. 财经类高校科研实力比较与提升科研水平的对策研究 [J]. 南京财经大学学报，2011（3）：105-108.

[8] 杨林. 产学研一体化视角下财经类高校创新性科研团队建设研究 [J]. 辽宁工业大学学报：社会科学版，2012（12）：26-29.

[9] 杨建华，张嘉艳，任灿华. 高校科研竞争力评价信息系统探索 [J]. 首都经济贸易大学学报，2012（1）：120-123.

[10] 钟亮. 高校青年教师科研能力的提升对策研究 [J]. 教育教学论坛，2012（22）：237-238.

[11] 王红晓，韦相. 熵值法在评价高校科研能力中的应用 [J]. 技术与创新管理，2013（3）：197-211.

财经院校新兴专业学科建设路径选择①

李玉文②

摘要：学科建设是财经类高等学校发展的核心竞争力，关系到其学术地位和人才培养层次；通过科学凝练学科方向、整合优势资源和选择学科建设的科学行动路径，可推进学科建设、加强高素质人才培养、提高学校竞争力。文章以人文地理与城乡规划专业为例，在分析学科建设历程、思路与实践的基础上，对学科建设的行动路径提出了进一步思考。

关键词：学科建设　资源整合　行动路径　新兴专业　财经院校

学科作为高等学校的基本单元，是智力资源的聚焦点、知识创新的土壤，是教学和人才培养的基地，是学校发展的推动力。学科建设是地方高等学校赖以生存和发展的核心竞争力，抓好学科建设对地方高等学校的改革与发展具有重要的战略意义。学科建设关系到地方高等学校的学术发展和社会影响、关系到人才培养的素质和层次。尊重科学发展客观规律，充分发挥学科建设主体的主观能动性，科学精练研究方向，整合优势资源，主动选择科学的学科建设行动路径，可推进学科建设、加强高素质人才培养、提高学校竞争力。

在全球性的资源问题、环境问题、城镇化问题日益突出的背景下，21 世纪以来我国进入了城镇化的快速发展阶段，城乡格局正处于重大转型和调整时期，城市和乡村内部及城乡之间的诸多矛盾正成为我国社会经济发展的重大障碍。要从根本上解决上述问题，改善城乡居民的生存环境，就必须实施科学的资源环境与城乡规划管理。面临这些巨大的机遇，浙江财经大学（原浙江财经学院）依托管理学、经济学等优势学科，整合资源，2005 年设立了资源环境与城乡规划管理（即人文地理与城乡规划）专业，2013 年 7 月被学校列为重点学科。文章在分析学科建设存在的机遇与挑战基础上，探索学科建设中的方向凝练和资源整

① 基金项目：浙江财经大学校级教学改革项目（JK201323）和教学示范课程项目资助。
② 李玉文，浙江财经大学，副教授，人文地理重点学科方向带头人，主要从事人文地理与城乡规划专业的教学科研工作。

合，并提出了进一步行动路径。

一、学科建设面临的机遇与挑战

1. 机遇

随着我国经济快速发展和城镇化建设快速推进，区域尤其城市的经济发展与人口、资源及生态环境之间的矛盾凸显，城镇体系规划严重滞后于城市建设和经济的发展，这种现象在经济欠发达地区的广大乡镇地区尤为突出。住房和城乡建设部副部长仇保兴提出了新型城镇化概念，指出通过六个转变应对城镇化进程中面临的危机与挑战，城市发展模式走向具备城乡互补协同、低能耗、高质量、低环境冲击、集约机动化和社会和谐特征的新型城镇化模式。我国的城镇发展、城市规划建设将经历一场及其深刻的战略性转变。在新型城镇化背景下，对具备资源环境科学、生态学、经济学、管理学及城乡规划等方面知识的综合型人才的需求更为迫切，本学科面临巨大发展机遇。

2013 年 4 月教育部发函（教发函〔2013〕58 号）同意浙江财经学院更名为浙江财经大学，这是浙财人 39 年来孜孜以求、不懈努力的结果，也因此在今后将会拥有更加广阔的发展平台；学校将更加坚定不移地走内涵发展、特色发展、创新发展、和谐发展、可持续发展之路，强调进一步落实学科建设的龙头地位，切实加强科学研究，增强学校的核心竞争力。

本学科在学校加强学科建设的重要举措中脱颖而出，被列为校级重点学科，得到学校高度重视并给予政策、经费等多方面支持，学科建设平台上升一个台阶。此外，本学科应以升大学为契机，在多方面的支持培养下，抓紧机遇，努力建设成为对学校具有有重大支撑作用的重点学科。

2. 挑战

学科发展建设在面临新机遇的同时存在巨大挑战：由于学科建设时间短、经验不足，在追求高质量学科成果时导致研究方向散、优势资源分散。

众所周知，地方高等学校办学资金短缺、不受重视处于边缘地位。同时本学科属于地方财经院校新兴的边缘学科，在传统学科成果丰硕的压力下和学校科研激励政策下，建设者各自为战以出高质量成果为目标进行学科建设，忽略了学科自身发展规律和学科建设的根本内涵。在近些年的学科建设下，虽然出现了一些高质量成果，凸显出一些优势资源，但是由于学科建设经验不足导致优势资源比较分散、不成体系，同时研究方向多样化、不够统一。比如 2010—2012 年三年立项了国家级课题 3 项、省部级课题 8 项，但课题的研究主题、研究区域都不相同，研究主题分别为农户行为、旅游管理、流域水管理、低碳消费等几个方面，研究区域从浙江杭州、安徽黄山景区、江苏太湖到钱塘江流域。同时由于新学科发展中的共性以及其个性特点，存在着专业特色的构建、专业人才培养及教学改革等多方面的问题。

面临如此机遇和挑战，浙江财经大学人文地理与城乡规划应在之前的学科建设基础上，进行研究方向凝练和优势资源整合，选择科学合理的学科建设行动路径，从而推动学科发展，增强学校竞争力。

二、学科建设中的方向凝练与资源整合

1. 学科方向凝练

学科特色是学科生存的基础，学科方向是学科发展的根本。学科发展方向的凝练是发挥学科特色优势、实现可持续发展的重要途径。自专业建立以来，在保证学术方向相对稳定的同时，不断地增加新的研究目标、凝练学科研究方向，从而适应社会发展要求，进而保持学科的特色和优势。根据专业建设历程和学科建设特点，本学科的发展方向总体上经历了以下三个阶段。

第一，学科建设起步阶段（2006—2008 年）。从 2006 年专业建设伊始，学院领导及专业教师对本学科的目标及发展方向进行了充分论证，并多渠道广泛征求国内专家意见（包括教育部地理学科类专业教学指导分委员会主任蔡运龙教授的意见）。根据浙江经济社会需求及本校学科优势以及教师的专业背景，确定了本专业发展方向为：城乡规划管理。其发展目标为：①立足浙江，服务经济，培养厚基础、宽口径、强能力、高素质的应用型高级城乡规划管理人才。②力争到 2012 年，专业办学水平和人才培养质量进入省内先进行列，并成为校级重点学科。2008 年通过专业评估，学科建设目标也取得了一定进展。

第二，学科建设初期阶段（2009—2012 年）。2008 年在通过学科评估后，由于师资力量的引进和培养，以及休闲旅游业在浙江省的快速发展，休闲旅游方面的研究受到重视并取得一批高质量研究成果（包括高质量文章和科研项目及地方服务项目）。学科建设团队选准了新的研究目标，在保持学术方向稳定的情况下凝练了新的研究方向——休闲旅游规划管理。在此期间，保障城乡规划管理方向稳步向前的同时大力发展休闲旅游规划管理研究方向，既保持了学科特色和优势，又适应了当地社会经济发展要求。

第三，重点学科阶段（2013—2016 年）。今年学校将启动新一轮校级重点学科建设，本学科被列为重点支撑学科（二级）。在新一轮学科建设目标和社会发展需求分析下，校院领导专家和学科成员共同商讨并明确了这一时期的学科发展方向：①城乡规划与城市管理；②生态环境与资源规划管理；③区域规划与经济

发展。

城乡规划与城市管理主要以人居环境为对象，围绕城乡空间规划，涉及城市经济、社会管理、生态环境、市政与公用事业规划管理等领域。

生态环境与资源规划管理以可持续发展理念与科学发展观为指导，充分发挥我院人本经济学、快乐经济学国内领先学科以及人口、资源与环境经济学校级重点学科的学科优势，在现有丰富研究成果支撑的基础上，针对我国尤其东南沿海发达地区社会经济发展过程中遇到的资源与环境问题展开系统的研究，并在旅游资源管理与开发方面逐步形成特色，为地方旅游发展提供相应的理论与技术支撑。

区域规划与经济发展围绕区域规划、区域经济发展和休闲经济等重点内容展开深入研究。应用产业经济的绿色发展理念和方法开展休闲经济、应用 GIS 发展对区域承载力的研究、区域环境优化模式与方法等区域发展问题的研究，且在区域环境优化与休闲经济研究领域处于国内领先地位。

2. 学科建设中的优势资源整合

在当前学科建设日益细分化和交叉综合化的趋势下，应用型地方本科院校由于学科基础相对薄弱，在传统学科方向上无法与名牌大学竞争，但可以通过学科交叉形成新的学科方向，进行错位发展从而紧跟名牌大学的发展步伐。因此其主要任务是进行学科的交叉合作。

在学术队伍知识结构整合中，一方面集中人本管理、经济学领域的优势，将人本管理和人口资源环境经济学的中年骨干和表现突出的青年博士充实到本学科，增添研究力量；另一方面，发挥学院现有资源优势，拓展学科发展内涵，融合农林经济管理、人力资源管理等学科方向的优秀学术力量，拓宽视野，进行优化资源配置，并为实现新的学科发展目标提供了资源条件。同时其在多学科交叉过程中活跃了学术思想，促使了新的学科生长点的产生，使整个学科综合实力不断增强，提高了学科在地方经济转型时期的适应能力和竞争实力。

通过整合优势力量，组建了一支高素质的学科梯队。近年来，本学科先后立项 3 项国家自然科学基金项目，2 项国家社科基金，并主持完成教育部人文社科基金、省级哲学社科基金、省级自然基金项目等多项，主编出版相关学术专著和教材 5 部，在《城市规划》《人文地理》《管理世界》《中国工业经济》《生态学报》《水土保持学报》等国家级核心期刊发表有关学术论文 30 多篇。高素质的学科团队和高质量的科研成果可以加大本学科的发展步伐。

三、学科建设的行动路径分析

学科建设本质上就是科学演进与主体选择的矛盾运动，要实现学科建设的目标、推进学科发展，主体即学科建设者必须充分调动主观能动性，在遵循科学演进发展的客观规律基础上，针对具体学科进行合理的学科建设行动路径选择。人文地理与城乡规划是我校新生学科，学科生命力强、发展潜力大，通过科学的学科建设能在较短时期内形成具有竞争力的优势重点学科；本学科的学科建设发展可促进所在学院（工商管理学院）的学科发展及资源整合，同时可提升整个学校的核心竞争力。根据学科建设的本质规律，目前人文地理与城乡规划学科建设面临的问题就是如何解决学科发展与主体选择的基本矛盾，要解决这个矛盾必须在加强科学理论的研究同时也要注重与地方经济发展相结合。根据以上分析，要实现重点学科的建设目标，必须从以下四个方面进行学科建设行动路径分析。

1. 注重教学研究与人才培养

高校最基本的活动是通过教学培养社会所要求的高级专门人才，它是整个高等教育活动的核心和基础。学科建设是以教学为载体，推动人才培养，与教学及人才培养是不可分割的整体。因此在学科建设过程中必须注重教学研究与人才培养。浙江财经大学人文地理与城乡规划学科是地方院校的新建学科，其主要任务就是培养服务于地方社会经济发展的本科专门人才，高质量课程教学和人才培养将成为学科发展的目标，也是学科建设的首先任务。只有提高教学质量、产出高素质人才，学科发展才有活力，否则招生就业都会遇到困境，何谈学科发展。因此在学科建设中必须通过精品课程建设、精品教材建设、研究方法创新及教学体系完善等教学改革活动，来提高教学质量和人才培养水平。

在学科建设中，人才培养不仅指本科专门人才的培养，也包括教师队伍的培养。教师是学科建设的主体，教师队伍的教学科研水平、层次决定了学科发展方向和学科建设层次的高低。尤其是学科带头人是出高质量成果、学科建设上水平的关键。目前我校人文地理与城乡规划学科带头人虽有标志性成果，但总体上年轻化、学术影响不够。学科带头人当中年龄都在 40 岁以下，其中 35 岁以下 1 人；讲师和副教授职称占 60% 以上。因此在学科建设中必须加大投入，通过国内外访学、学术培训、会议交流等各种形式提高学科带头人的学术影响能力。

2. 加强科学研究与团队建设

"学科建设的脊梁是学术，学术的质量决定学科建设的质量"。科学研究是成就一流学术的途径。目前浙江财经大学人文地理与城乡规划学科团队的 12 位成员中，正高职称仅 3 名，中级以下职称的接近 50%，而学科带头人仅一人具有正高职称；近五年的科研成果中高质量比例很低（10%），没有具有影响力的重大课题项目。科研成员力量的薄弱、科学研究水平低，与学科建设的要求差距悬殊，将会制约学科建设发展。因此加强科学研究是本学科建设的重中之重。研究团队的建设是成就一流的科学研究成果的关键，是加强科学研究的首要举措，而团队的凝聚力即团队精神培养是提高团队竞争力和创造力的前提。目前从我校实际情况来看，学术团队精神非常缺乏，凝聚力不强，除极个别学科外，绝大多数的学科研究人员都处于分散状态，本学科也不例外。这样导致研究人员都各自为战，很少有真正实际意义的科研合作，从而也就形成学科高水平的、有影响力的系列成果缺乏，很难拿到具有影响力的国家或教育部重大项目。因此团队精神的培养和研究团队的建设是本学科急需解决的重点问题。

　　研究团队中学术成员呈现金字塔状，塔顶是具有影响力的学术带头军，中间是具有相当科研实力的研究人员，底部是具有巨大潜力的科研骨干人员；这些成员被牢固的"三角架"紧紧套在一起，形成有机不可分割的整体（见图1）。图1给出了研究团队成长过程。研究团队发展可划分为三个阶段：第一阶段是团队的雏形阶段（见图1左），一般是以课题组形式呈现；由几个研究主题相同的研究人员组成的简单团队，其中有1~2位研究人员水平突出，把握方向，此时并不是真正意义上的团队。第二阶段是成长阶段，也是形成真正意义上团队的关键阶段。此阶段必须成长起来数个具有影响力的学术带头人，拥有科研实力强的中间力量和具有潜力的普通成员，此时团队精神较强，具有一定的组织黏性。第三阶段是成熟阶段，由一系列团队组成的团队群，学术交叉性、综合性强，在本领域具有较高学术地位和较大影响力，此时团队精神强烈，具有较强组织黏性。

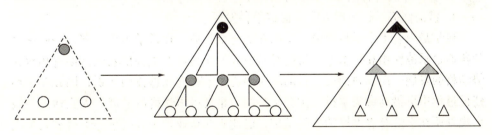

图1　研究团队成长示意图

注：圆圈代表个体，三角形代表团队；颜色越深学术水平越高。

　　根据研究团队的发展规律，本学科还处于第一阶段向第二阶段过渡时期，团队建设过程中需要注意一下几个方面：第一，所有成员排除私利、准确定位、各司其职。第二，学科带头人必须具备良好的科学道德，学术上大公无私，并具有强烈的竞争意识和敢创一流的勇气；其他成员不但要做好基本工作，同时要有敢超、敢创的精神。第三，团队内部建立激励机制，通过科研奖励等激励机制使大家全身投入到学科建设中。

3、重视学术交流扩大影响

由于是地方办学，目前浙江财经大学人文地理与城乡规划学科面临与其他地方院校学科建设同样的尴尬境地：学校开放性程度较低，信息闭塞，国内外学术交流有限。学科成员长期在这样的环境中，视野不够开阔，容易受到学科发展的导向性政策限制，对本学科国际前沿了解不深，甚至不清楚本学科在研究领域的学术地位，因此要建设一流的学科，必须"走出去"和"请进来"，了解国际前沿、扩大学术影响力。

"走出去"是指学科成员走出"校门""国门"，接受国内外前沿理论和思想，拓展自身研究思路。到具有高水平相关研究的国内外知名学府或研究机构进行访学，参加高水平的国际国内学术会议，进行相关专业知识的培训等方式，都是本学科"走出去"的重要途径。在今后五年的学科建设当中，学科成员必须进行 5 人次国际访学和 3 人次国内访学，参加国际国内会议 10 人次；访学机构定位在波士顿大学、宾夕法尼亚州立大学、北京大学、中山大学等知名学府。"请进来"一般通过两种途径，第一是请国内外知名专家来讲学，第二是举办大型学术交流会议。特别是举办学术交流会议最能扩大学科知名度，在学术交流过程中，一定要坚持学术自由，提倡不同学术观点的自由争辩，营造一种良好、宽松的文化、学术氛围，鼓励青年研究工作者提出不同观点，既要允许批评，也要支持反批评，努力形成一种积极向上、生动活泼的局面。在今后五年的建设当中争取举办 1~2 次具有国际学平的学术会议。

4. 借助优势学科与地方服务促进学科发展

科学是由若干个学科组成一个内在的有机整体，在科学体系内部，一些优势学科通过示范作用和扩散作用机制对其所处的学科群产生溢出效应，促进相对弱势学科的发展；而学科建设的目的就是促进对学科内在整体的认识，因此在学科建设过程中可借助带头学科、优势学科的力量促进本学科的发展。人文地理与城乡规划所在学院有着淳厚的学科基础，已建立起企业管理省级重点学科和人本经济等多个校级重点学科，同时拥有工商管理一级硕士点和多个二级硕士点。本学科通过积极参与学科建设工作，学习这些优势学科的建设经验，并借助这些优势学科力量，促进本学科的建设发展。

人文地理与城乡规划是应用型专业，学科建设必然与地方服务密切相关。同时我校是地方性财经院校，能把握本地区经济和社会发展前沿且能获得地方政府的支持。因此在学科建设中以地方政府支持为契机、地方服务项目为抓手，积极主动与地方联系并寻找服务地方的节点，通过加强技术的产业化推广、地方政府的决策咨询、社会文化建设等，以促进学校相关学科的发展。

四、结语

　　人文地理与城乡规划学科在充分整合学院及学校的优势资源基础上，以后将重点放在城乡规划、城镇生态规划与治理、水土资源管理及旅游开发等三个具体发展方向。具体的学科建设思路为：①主动适应研究区社会发展要求，用新的思维和新的视野，大胆尝试，积极拓宽学科结构和内涵，整合资源优势，增强学科竞争力。②重视教学改革和人才培养，通过提高教学质量培养社会需要的高素质专门人才，通过国内外访学等形式培育一批高层次学科带头人。③加强团队建设，将多学科背景的学科建设者融合到解决人口、生态、环境等综合问题的大项目中，加强团队成员的合作与沟通，相互借鉴研究经验，从而提供学科方向水平。④扩大学术交流，参加与承办国际或国内会议，将国际和国内前沿理论思想引入到本学科方向建设中，扩大学术影响，提高学术水平。同时在学科建设发展过程中将凸显我院特色研究"人本经济"和人口资源环境经济学等方向，也会对相关学科学术的发展起巨大的支撑作用。

参考文献

[1] 韩有志，郭晋平. 学科建设中资源优势的整合与研究方向的确定——山西农业大学林学院森林培育学科建设思路与实践 [J]. 山西农业大学学报：社会科学版，2005，4（2）：138-141.

[2] 叶芃. 地方高校学科建设中应注意的几个问题 [J]. 高等教育研究，2010，31（5）：30-33.

[3] 吕志强. 资源环境与城乡规划管理专业发展刍议 [J]. 黑龙江教育：高教研究与评估，2011（6）：50-51.

[4] 仇保兴. 新型城镇化：从概念到行动 [J]. 中国行政管理，2012（11）：11-18.

[5] 钟凯凯. 困境与对策：地方本科院校学科建设的路径选择 [J]. 浙江海洋学院学报：人文科学版，2007，24（4）：100-103.

[6] 杜卫，陈恒. 学科交叉：应用型本科院校学科建设的战略选择 [J]. 高等工程教育研究，2012（1）：127-131.

[7] 赵军. 学科建设的行动路径——基于科学演进与主体选择的矛盾解构 [J].

西南交通大学学报：社会科学版，2011，12（5）：103-107.

[8] 王冀生. 高等教育的科学内涵和学科建设 [J]. 高等教育研究，2001，22（5）：62-67.

[9] 雷振扬. 关于学科建设的几点思考 [J]. 中南民族大学学报：人文社会科学版，2003，23（6）：144-149.

[10] 张捷，杨恒哲. 高校科研团队凝聚力建设浅谈 [J]. 江苏高教，2013，169（3）：72-73.

国外一流商学院的教学模式和教学评价机制研究
——对伦敦政治经济学院的研究和借鉴①

刘晓晶 王远均②

摘要：本文通过分析伦敦政治经济学院的"课前准备+课程讲座+辅导课"的教学模式、课程学习评价和教学质量评价机制的内容和形成原因，来研究我们在进行教学改革的过程中应如何有效利用传统、发挥特色和开拓创新。

关键词：伦敦政治经济学院　教学模式　教学评价

1894 年，以悉尼·韦伯为代表的费边社成员在以研究为导向的学术机构麻省理工学院的影响下，决定创办一所社会科学领域内以教育和研究为宗旨的学校，并命名为伦敦政治经济学院（London School of Economics and Political Science，简称 LSE），学院于 1895 年正式创立。学院的雏形是一所面向劳动阶层的学校，教育目的是通过研究贫穷问题和分析不平等现象，来培养改变世界的学生，作为英国最早的社会科学大学，学院第一年正式开学就吸引了 200 多名学生到校学习。

LSE 成立不到 20 年，就发展成为了一所社会科学的高级研究中心。20 世纪 30 年代，LSE 与剑桥大学展开了一场经济学大辩论，这次辩论在当时全球瞩目，对推动经济学发展和为英国政府政策服务方面具有重要意义。1942 年，英国政府发表了以 LSE 校长威廉·亨利·贝弗利奇命名的《贝弗利奇报告》（又称《社会保险和联合服务报告》），这份报告成为当时英国内阁社会改革的重要文件，不仅对英国社会产生了重要影响，也为 LSE 带来了持久不衰的地位和荣誉。20世纪 60 年代以来，LSE 进一步巩固了其在社会科学领域世界领先的学术地位，

① 本文系 2014 年西南财经大学"中央高校基本科研业务费专项资金"高等财经教育研究项目"国外一流商学院的教学模式和教学评价机制研究——对伦敦政治经济学院的研究和借鉴"（JBK140303）的阶段性研究成果。

② 刘晓晶，西南财经大学教师教学发展中心，教育学硕士；王远均，西南财经大学教师教学发展中心主任，教授。

并诞生了多名诺贝尔奖得主。学院的教师和毕业生中有 30 多名是前任或现任的各国国家首脑，70 余名英国国会议员；学院培育出的许多重大学术思想，诸如社会民主主义、自由主义等，深深地影响了许多国家的发展。

从创办之初就生源不断，到培养了众多优秀人才，LSE 很快跻身世界一流商学院之列，长期位居世界大学排行榜前列，也培养了一大批世界知名学者和政治家。在《泰晤士报》2009 年世界大学排行榜中，LSE 名列社会科学大学第五名，同年在《卫报》英国大学排行榜中，LSE 位列第三。因此，研究这样一所大学的办学理念和治学策略对于我们进行教育教学改革具有十分重要的意义。

一、研究为导向的教学设计

LSE 以"Rerum Cognoscere Causas"（经典翻译为"探根求源"或"探究事物的成因"）为校训，并确立办学原则为：不做任何政治或经济教条的仆役，只对知识和真理做无私的贡献。一百多年来，LSE 一直坚守着学术辩论的教学方式与兼容并蓄的大学精神，不同思想与政治派别的辩论使学院成了一个社会改良的实验室。学院认为，培养学生的学术能力和兴趣比传授知识更重要，研究高于教学，教学只是鼓励师生互动和引导学生探索未知领域的一个框架。这种教学观可以一直追溯到创办者韦伯的建校理想，即"成立一个中心，不仅讲授特别的主题，还要组建学生团体，指导和扶持他们从事创造性工作"[①]。LSE 的教学计划比较灵活，均要求学生跨系选修课程，一般而言，本科学生每年要修习四门课程。LSE 的课堂非常高效，学生要想顺利通过一门课程，必须在课下花大量的时间阅读文献和撰写研究报告。由此可见，LSE 的教学不是教给学生知识和方法，而是引导学生学会读书、学会学习、学会研究，激发学生的潜能，培养能够进行理性思考的人。这种看似微不足道的教学设计，正是 LSE 培养高质量人才的重要保障机制。

二、"课前准备+课程讲座+辅导课"的教学模式

（1）充分的课前准备。以法律系的教学为例，教师在学期之初会列出参考书目录，并且在每节课之前，教师都要列出这节课所需阅读的内容。教师会首先列出这节课的课程提纲，然后依据提纲，在每个小标题下列出需要学生阅读的法条、案例、课本的章节、相关的政府研究报告和学术论文。教师通常要求学生阅

---

① http://www.lse.ac.uk/aboutLSE/LSEHistory/lseHistory.aspx.

读的论文或者书的章节都精确到了页。为了保证所有的学生能够阅读到所有材料,教师还通过学院的计算机辅助教学系统,将资料全部上网或是告知学生图书馆的目录。充分的课前准备,为学生创造了最完整的学习条件,而教师的课堂讲授,就建立在学生已经阅读的这些材料的基础上,省去了大量背景知识介绍的时间,而把重点放在对关键疑难问题的讨论和分析以及引导学生积极思考上。

(2)高效率的课程讲座(lecture)。一般而言,LSE 的每门课程均以讲座和辅导课两种主要方式并行开展。课程讲座用于界定一门课程的范围和结构,面向选修这门课程的所有学生。讲座是最普通的教学方式,建立在学生充分的课前准备基础之上,如果学生事先没有认真阅读参考书目和论文,根本无法理解教师讲授的内容。讲座参加学生众多,通常在大礼堂或大教室进行,在讲座中,老师系统讲授该课程的内容,关键的概念、理论、方法和研究进展,引导学生思考关键、疑难的问题。学生需要认真听讲并做笔记。这种课程讲座非常类似于最普通的讲授式课程。

(3)师生充分互动的辅导课(class)。为帮助学生进一步理解课程讲座所讲内容,或者学生就自己的论文及问题与教师讨论,每一门课的任课教师都会安排单独的辅导课对所教内容进行讨论,教师会事先向学生提供要讨论的重点问题,这些问题也都取自讲座上教师讲授的内容,但教师觉得还有深入讨论的必要。讨论采用小班形式,课堂上通常分为几个小组,由教师或者助教主持讨论,师生和学生之间可进行充分的讨论,时间一般控制在 1~2 个小时。学生在上研讨课之前,需要事先根据课堂所记笔记和阅读过的材料整理出这些问题的答案。在辅导课上,每位同学都有机会将自己对问题的理解阐述出来,教师也会根据学生的阐述发问,鼓励全班同学都参与讨论。通过这样的研讨,学生对所学内容的重点有更深入的认识,对知识的掌握更清晰和系统,学习效果当然会更好。

三、课程学习评价

(1)辅导课的考核。对于辅导课的考核,通常是每门课程要求学生提交两次书面作业,由任课教师对学生的出勤、课堂表现、作业情况做出评价,并交给学生导师。虽然这些评价对学生最终取得学位没有直接的影响,但是会影响到该生是否可以继续此门课程的学习和能否参加考试。

(2)注重实效的考试。正如 LSE 传统的教学方法一样,LSE 也有一套传统的考试评估体系。大部分学位课程是在学年末进行考试,通常是三个小时的闭卷考试。LSE 的往届考试题全部在网上公开,教师对考试的态度也非常认真,会专门抽出时间向学生讲授试题,给学生布置作业做这些试题。而辅导班实际上也是一种考试辅导，因为大部分讨论的问题，往往就是往年的考试题。教师会在讨论的同时告诉学生，怎样答题效果会更好，怎样思考问题会更全面，但具体的答案会因人而异，因为这些问题并没有标准答案。考试时，学院还允许学生带法典入场，不需要学生死记硬背，真正考察的是学生对问题的理解和对法条的熟练运用。因此，这样的考试更能检验学生真实的知识水平而不是考试技巧。

（3）成绩的评定。LSE 的考试审核方式比较独特，首先改卷子是匿名进行的，改卷老师不会知道该份卷子是谁答的，另外，一份卷子是由两位老师来评分，取最低的分数作为学生的成绩。考试结果每年均要聘请外校的评委来予以及时审核，外校评委认为内部两位老师的评价标准达到了相应水平，他才会在评审表上签字，如果他认为没有达到相应标准，那么就等于说考试失败，必须重考。

四、教学质量的评价

为保证学院的教学保持高质量和高标准，LSE 制定了一整套保持教研水平的评价与检查制度。第一，任何本科专业及课程的开设都必须接受一个由所有教学系科代表组成的校内委员会的评审，并倾听学生的意见与反映。第二，每年均要聘请外校的评委审核教学内容与结构，这些意见由相关系科认真听取。第三，组成教师、学生委员会，由校学生会主席担任主任，认真听取学生的评价与建议，并向相关系及部门反映。校方还组织经常性的无记名问卷调查，征询学生方面的看法及对教学工作的评价。这些信息在课程评价方面将起重要作用。第四，加强对教师的培训与教育提高。LSE 的这一系列做法，的确有效保证了其学术水准和教学质量。特别是新课开设须经所有学科代表组成委员会评审的做法，在确保完善课程体系，保证交叉学科确实有效的基础上，提供了多元化、多角度、多系统的审视与保障。

此外，LSE 还要接受来自外部的评估。英国政府非常注重保证英国高校的研究与教学质量，设有高等教育质量委员会（Higher Education Quantity Council）定期检查所有英国高校的研究与教学质量，并向公众公布。

五、借鉴与启示

1. 制定合理的发展战略

LSE 从成立之初就专注于社会政治经济领域，一直到霍华德·戴维斯院长的领导，LSE 仍坚持单科性的学院名称和较小的办学规模，戴维斯院长强调，把伦敦政治经济学院办成出色的社会科学学院是我们坚持的基本定位，LSE 将继续保持学院的传统优势。从 LSE 的办学和治学情况来看，一所名牌大学的打造不在于规模大小，学科设置是否齐全，关键是学校能否根据自身实际情况，突出办学特色，克服自身薄弱之处，形成互为支撑的学科架构，走独特的发展之路，铸就学校强大的核心竞争力。而那种不顾学校自身的办学传统和条件，贪大求全的发展理念，可能会使学校的学科设置齐全，师生规模庞大，结构单一，缺乏学术研究的活力，并使学校丧失原有的优势，贻误学校的发展。

2. 深入开展国际化合作项目

在实施发展战略的过程中，为适应高等教育竞争性增强的新形势，LSE 进一步注重办学国际化。如果说在办学之初 LSE 的开放性和包容性吸引了许多国际学生是自然而然的过程，那么这种国际化程度带来的成功之处让 LSE 的管理者早早认识到国际化程度的重要性，因而强调进一步发展。

LSE 的外籍学生占总数的一半以上，分别来自于世界上 130 多个国家，没有留学生这一概念，外籍学生仅仅是普通学生而已。不仅仅是学生，LSE 的教职员工 45% 来自于英国以外的国家，而在这 45% 的比例中，学院还要保持 53% 比例的教职员工是来自于除欧盟外的其他国家。在研究方面，学院对社会、经济和政治问题的研究集中于世界上不同的观点和经验上，积极加强同其他大学学术同行的学术研究协作，并与哥伦比亚大学、巴黎科学院和北京大学共同组建了一个小型的全球性合作网络，提高了对研究潮流发展方向的把握能力，促进了国际研究的传播。

在这里，不仅研究本国问题，还研究许多其他国家存在的问题。LSE 汲取异国之精华，集众家之思想，使本土的和异域和谐地融合在一起，这一切使其有着开阔的视野、国际化的思维和全球化的特征。

3. 严格治学过程

（1）有效利用"传统+现代"的教学方法

LSE 认为传统的教学方法有助于学生牢固地掌握知识，因此学院并没有太多花里胡哨的教学方法，主要就是课前准备、课程讲座（lecture）和辅导课（class），具体的结合使用方式取决于课程性质和选课人数。虽然教学方法简单，但是 LSE 的学生除了正式上课的时间外，要花双倍的时间用于自己的研究。从本科生的日程表可以看出，每周虽然只有 12~15 小时的上课时间，然而与课程相关的阅读、论文、研究项目及课程作业却把一周的时间挤得满满当当。

随着网络技术的发达，不断涌现出诸如"视频公开课""慕课""微课""翻转课堂"等新名词，而那种什么课热就追什么的教学改革举措，更多时候都是让师生不知所措，最后只能跟着感觉走。因此，在对新技术应用的过程中，一定要在坚守优良教学传统的基础上，逐步引入、借鉴和吸收。

（2）重视考试之前的辅导和资格准入

LSE的辅导课既是对课程讲座的进一步延伸，同时也是对考试的辅导，因为讨论的很多问题都是以往的考试题。LSE的考试是建立在通过辅导课考核的基础之上的，会有一个能否参加进一步考试或不适合该门课程学习的一个鉴定，这就既帮助学生衡量了自己的学习状况，也帮助其节省了反复重考的费用，这种模式好于只要选课就参加考试的简单模式，国内不少高校学生圈中常常流行的说法就是：一学期只见了老师一面，就是考试那天。这虽然是学生不对自己负责的表现，但同时也说明了我们教学管理制度上的漏洞，疏忽了对学生学习过程的管理和评价。

总结起来，伦敦政治经济学院的这种教学模式和教学评价机制的特点就是以学生为中心，以传授知识、引导学生自主学习为基本方法。这样的课前准备，实际上是给学生创造了最充分的学习条件，激发了学生自主学习的潜能，课堂讲授则是建立在学生已经阅读了这些材料的基础上，老师提问，学生回答，老师讲授，学生记录，省去了大量的背景知识介绍和基本概念讲解的时间，而把重点放在了关键的疑难问题的讨论和分析以及引导学生思考上，辅导班的研讨又是对学生思考能力培养的进一步延伸，最后的考核或考试能帮助学生客观地衡量和评判自己的学习效果，并进而明确下一步的努力方向。

参考文献

[1] 上海财经大学高等教育研究所. 世界知名院校调研报告：伦敦经济学院 [M]. 上海：上海财经大学出版社，2010.

[2] 张铎. 伦敦政治经济学院：从默默无闻的夜校到世界一流学府 [J]. 上海教育，2014（1）.

[3] 曹婉莉. 韦伯夫妇与伦敦政治经济学院 [J]. 科教导刊，2013（8）.

[4] 刘献君. 论"以学生为中心"[J]. 高等教育研究，2012（8）.

[5] 周真真. 伦敦经济学院的中国情结 [J]. 中国社会科学报，2009（7）.

[6] 程新奎. 伦敦政治经济学院的成功之道 [J]. 比较教育研究，2009（1）.

[7] 郭德红. 伦敦政治经济学院的办学特色 [J]. 比较教育研究，2007（4）.

[8] 崔晓敏. 站在社会发展第一线 从伦敦经济学院看知名大学特色 [J]. 上海教

育, 2006 (7).

[9] 戴维斯·霍华德. 制定21世纪大学的发展战略规划 [M] //教育部中外大学校长论坛领导小组. 中外大学校长论坛文集（第二辑）. 北京：高等教育出版社, 2006.

[10] 伦敦政治经济学院网站：http://www.lse.ac.uk/home.aspx.

论艺术创作对经济学研究型人才培养的启示

梁平汉①

摘要：本文从与现实世界的关系、创作思想、表现形式、评价标准、贡献衡量、写作手法等方面上，论述了艺术创作和经济学研究之间的相通之处。因此，在经济学研究型人才的培养过程中，教学者应该自觉借鉴和引入艺术教育，把教学内容和手段同艺术创作的经验、内容、形式和手法相联系。这样可以拓宽学生视野，提高学生的抽象思考能力，加深学生对经济学研究本质和方法的理解，并自觉关注研究成果所能发挥的社会影响，从而深化研究水平、提高研究质量。

关键词：艺术创作　经济学　研究型人才

美国著名经济思想史学家 Deirdre McCloskey 曾经撰写过一本很有影响的著作——《经济学中的修辞术》。在书中她阐述了一个观点：现代经济学虽然被当作是一门科学，但是在增加说服力方面靠的不光是科学证据，主要还是依赖于修辞手法的使用（McCloskey，1998）。在笔者看来，这其实表明经济学研究是可以借鉴艺术创作的经验和手法的。笔者认为，艺术创作和经济学研究虽然存在诸多的实质差别，其实在思想方法、表现形式等诸多方面有着相通之处，可以相互借鉴。在经济学研究型人才的培养过程中，应该自觉与艺术创作相联系，引入艺术教育，这样有利于拓宽学生视野，加深对经济学研究本质和方法的理解，并自觉关注研究成果所能发挥的社会影响，从而提升研究水平、提高研究质量。

一、艺术作品与经济学研究有共同的描述对象

艺术创作与经济学研究其实在与现实世界的关系上有许多接近之处。从反映现实世界的视角和方法来说，两者有着共同的描述对象。不管是文艺作品还是经济学模型，本质上都是对于现实世界中某些现象的一种抽象反映。虽然在文艺作品中附加了许多作者的主观色彩，往往反映的是作者自己眼中的或者作者心目中

---

① 梁平汉，西南财经大学经济与管理研究院副教授，博士生导师。

的世界，但是，它仍然是现实生活中的一些侧面的抽象展现。和经济学建模者一样，没有什么文艺创作者试图全景式地展现他所关注的现象的所有侧面。即使是一些号称"全景式展现""情节完全真实"的影片，比如美国电影《最长的一日》《虎虎虎：偷袭珍珠港》，苏联影片《莫斯科保卫战》《解放》等，在情节遴选上也有所侧重，编导只是选取了恢宏的战争中被认为与展现主题最相关的部分加以表现。而经济学建模在某种程度上也是一种艺术，选取所研究对象的哪些方面进行抽象建立模型，很大程度上是研究者的主观选择。

既然都是从创作者主观出发选取生活的侧面进行抽象反映，那么如何判断不同的抽象的优劣呢？文艺创作和经济学研究其实都是基于读者和观众的审美情趣。就经济学研究而言，研究对象的"典型事实"往往可以通过经验研究得出。但是，经验事实中哪些是重要的，哪些不重要，哪些可以组织在一个自洽的为学界同仁所接受的模型中来，则往往取决于作者所感知的读者兴趣口味了。毕竟，经济学论文的发表是个同行评议的过程。

复旦大学教授宋铮等2011年在世界最顶尖的经济学学术期刊《美国经济评论》上发表的论文"Growing Like China"就是一例。过去30年里中国增长的典型事实可能有很多，如城市化、农民工迁移、国企改革、出口型经济、投资增加、市场经济改革等。全部分析和解答这些问题显然不是一个模型或者一篇文章所能完成的任务。这篇论文选择了少数几项典型事实，即外汇储备增长、市场经济改革、要素转移和资本积累等构建了一个逻辑自洽的模型，并回答了相应的问题（Song et al, 2011）。因此，读者的兴趣影响到研究者在建立模型时所关注的事物侧面，进而影响到抽象的具体形式。

既然艺术作品和经济学研究经常有着相同的描述对象，那么在经济学研究型人才的培养过程中，很多时候教学者可以自觉引入艺术教育，使用文艺作品作为背景知识介绍的材料，从而拓宽学生视野。例如，如果要学生理解发展经济学前沿所研究的内战与自然资源之间的关系，可以让学生去观看美国电影《血腥钻石》；如果要阐述博弈论框架下的核威慑战略，《奇爱博士》是不二之选；狄更斯的《雾都孤儿》对于学生了解工业革命后英国工人阶级生活状况给出了直观的印象；托尔斯泰的《战争与和平》更是可以作为个人对于历史所产生作用的文献阅读。

二、艺术创作思想与经济学研究思想接近

常常听到一些对经济学研究的模型假设条件过多，过于抽象，过于数理化的批评；还有些批评认为某些研究的对象范围看起来比较"小"，所以不够一般

化，研究意义不大。

　　笔者以为，研究意义的重要与否是由其研究主题以及其研究对象和方法与该主题的契合程度所决定的，而不是研究对象和方法本身。以小见大应该是许多经验和实验研究的题中之意。比如，当研究一些普遍经济规律时，如果没有什么好的理由说明这些普遍规律，本科生这一人群就不适用，那么通过经济学实验考察本科生的行为也是合适的研究。这和优秀的文学作品一样，持久的生命力往往来自于具体故事下所反映的人际交往中的重大矛盾和基本特征。大概没有人认为《哈姆雷特》只是表现某个多愁善感的丹麦王子，也没有人以为《罗密欧与朱丽叶》只是简单地展现意大利中世纪小城维罗纳的一对特定男女之间的爱情故事。如果有人以为《威尼斯商人》和《唐吉诃德》具有一般重大意义的话，那么显然不是因为作为故事背景的威尼斯和西班牙是当时的欧洲强国。事实上，当我们看到日本影片《七武士》被翻拍成美国片《荒原七侠》，电影《一夜风流》启发了《罗马假日》的时候，我们都必须承认，虽然特定的故事有着自身的时间、地点、人物等的限制，但是其深层次的魅力则往往可以让不同语言、不同肤色的各民族读者和观众接受和欣赏。

　　至于经济学研究的模型化，笔者以为，对观察对象的模型化其实与我们常用的比喻修辞手法相似。任何本体和喻体之间都不可能存在完全恰当的一一对应，当我们用"瓷器店里抓老鼠"来比喻困难处境时，我们不会深究到底"瓷器店"和本体中的环境特征是否一致，是否应该用老鼠来比喻要处理的问题对象。模型化实际上就是在比喻基础上更进一步，通过假设一些与研究目的关系不大的现象，把困难处境抽象为"瓷器店里抓老鼠"后，探讨如何在喻体"瓷器店"这个环境中抓"老鼠"，进而用这样的研究结果来回答现实中的问题。实际上，建立一个好的模型，从而能够从抽象和简化的环境中得到丰富的有意义的结果，需要研究者丰富的想象力。对想象力的要求也是经济学研究和艺术创作的联系之一。

　　在艺术创作中，不同的作者对于现实更是有着不同的把握。魔幻现实主义的夸张和神化当然是不真实的，但它符合所谓小说的精神逻辑，具有小说精神的合理性，通过阅读这些不真实的小说，读者也可以体会和理解小说所反映的时代与社会现实，也不会有人以"不真实"为理由批判这些作品。我国著名作家阎连科的评论也许能最好地体现艺术创作中的抽象。他认为自己的创作是"神实主义"而非"现实主义"，而神实主义的"神"不是夸张、变形、魔幻和荒诞，而是"是"；不是"神似"，而是"神是"（阎连科，2014）。在谈到他的小说《炸裂志》中为什么不写拆迁时，阎连科回答道：

"很多读者问我为什么不写拆迁，我说里面有一个细节比别人写的拆迁有意思得多。比如一栋家属区的高楼因为发展需拆除，正常的拆迁，一次通知，二次来人，第三、第四次就强拆了。但我在小说中没有这样写，而是更文明、更可怕、也更有力和有趣的拆迁：不是需要拆迁吗？把队伍开过来，围着那房子正步走一圈，那房子就自动消失了——它所蕴含的信息量，难道不比真实的拆迁更丰富和可怕吗？这样写也让读者的体会比真实的拆迁多得多。"

这种文学描写中的想象力的发挥，其实和经济学研究中的抽象思考能力是异曲同工的，都是对现实生活中某些侧面的简化和抽象，而这种抽象无损作品的价值。在经济学教学中，初学者常常出现对于经济学理论的研究目的、模型设定、假设条件理解不足的情况。在这种情况下，把艺术教育融入教学中，可以提高学生的抽象思考能力，有助于帮助学生更好地理解经济学研究的原理和思想。

三、艺术创作手法与经济学研究表现形式可以相互借鉴

既然艺术创作和经济学研究都是对现实的抽象，那么在形式的评价标准上他们也有一些相通之处。这里仅以电影艺术为例，按照经典教科书《电影艺术：形式与风格》的说法，电影形式的五个一般原则包括功能、类似与重复、差异与变化、发展以及统一／不统一（波德维尔和汤普森，2008）。如同电影中的每个元素都有着自己的功能一样，经济学研究中模型的各个假设也都有着自己的特定作用。电影依靠类似与重复建立母题，而经济学论文中也需要不止一处地强调主题。多样化与发展可以对应模型的新颖和精巧。好的模型并不是从假设和设定可以直接得到所有结论的，换句话说，重要的结论不是仅通过假设得到的。模型推导和分析过程中的精巧思维和令人耳目一新的权衡（trade-off）往往是最吸引专业读者的地方。电影艺术常常强调形式上的统一，这和经济学模型中的逻辑一致性要求也是类似的。

在对待前人作品的态度上，艺术创作和经济学写作虽然有着重大的形式差异，但是在本质精神上是相通的。经济学论文写作非常讲究文献的梳理，要把相关文献进行罗列和总结，以此表明研究基础和自己研究的原创性。当然，艺术作品中没有明确地包含各种参考文献和前人成果。但是，艺术批评家的很大一部分职能就是来梳理艺术作品的渊源，分析其内容和含义。他们可以帮助读者和观众审视作品的原创性。事实上，电影艺术中的渊源流程是明显的。有些经典艺术成了"类型片"之祖，衍生出一系列故事精神相似，环境与细节不同的电影。例如《李尔王》的故事被黑泽明搬到日本，拍成了《乱》。《夜宴》和《满城尽带黄金甲》故事来源于《哈姆雷特》和《雷雨》等。一些经典电影中的精彩镜头

或者成为"桥段"，被后辈导演不断地以"致敬"为名加以"引用"；或者被导演发掘，以此为基础形成自己的一种风格。例如，苏联导演爱森斯坦的经典《战舰波将金号》中著名的"敖德萨阶梯"一场里，有个婴儿车失控从阶梯上滑下的镜头。我国电影《十月围城》里在处理李重光牺牲一场戏时明显借鉴了这个镜头，采用马车失控沿阶梯加速下滑的办法。不同的是，1925 年时爱森斯坦没有办法把摄像机架在婴儿车上拍摄婴儿表情，而 2009 年的陈德森导演有这个技术条件来拍摄马车中演员的表现。某种程度上讲，艺术创作和学术研究一样，都需要在前人基础上进行，吸收前人的营养和成果。

在电影的多个组成部分，如创意、摄影、特技、故事、灯光、音乐、道具等方面，没有什么电影能做到十全十美。且不说影迷们几乎可以为每部电影找到"穿帮"镜头，就是看电影奖项评选，虽然曾经有那么几部电影曾经包揽奥斯卡奖的 5 项最重要奖项，但是没有任何电影曾经参与所有相关奖项的角逐。电影是多种元素组成的整体，但是无法做到面面俱到，大多数电影，即使是非常优秀的电影，也往往只能做到几个方面的突出而已。这其实和学术论文写作是一样的。许多诺贝尔经济学奖得主的经典论文，如 Robert Lucas 的关于"卢卡斯树"，引用 4 300 多次的论文（Lucas, 1978），Eric Maskin 关于 Nash Implementation，15 年来被引用 1 000 多次的论文（Maskin, 1999），都在不同程度上存在一定的技术错误，许多提出新思想新方法的经验研究论文在具体细节上也并非毫无问题。但是，在评价论文的时候，一流水准的审稿人会站在学科发展的高度上，从各个方面评价权衡论文的优劣，思想的原创性和方法的新颖性往往构成论文最重要的贡献，而在这些贡献面前，具体的细节问题与局限，如同"穿帮"镜头一样，在一定程度上变得可以容忍。

最后，电影和经济学论文在开局的表现形式上还有个有趣的相似之处。许多电影开头的表现手法一样，首先是一个大的地球的卫星俯瞰镜头，然后递进到某个大陆，某个国家，某个城市，某条街道，某所房间里的某个人的行动上去。或者在开头铺陈一番城市的喧嚣场面，然后镜头转到某个场所内主人公身上。这种由大及小的表现方式为故事的背景环境进行了铺垫和交代，给观众一种全局性的眼光。这种递进手法也是研究者所称许的论文写作方式（Thompson, 2011）。优秀的论文的开头需要"拔高"研究的意义，最好一开始有个全局，说明所研究问题的意义和一般性，然后步步深入到具体的研究问题上。前面的"框架"对于建构问题的重要性，进而让读者判断文章的意义和贡献的大小有着重要的导向作用。例如 Raymond Fisman 于 2001 年发表在《美国经济评论》上的"Estimating the Value of Political Connection"一文。该文利用印度尼西亚 20 世纪 90 年代中期围绕关于总统苏哈托身体健康状况的谣言而产生的股市波动，在方法上开创性地研究了政治关联与公司价值之间的关系。然而，在问题建构过程中，为了引发当时的读者的兴趣，作者围绕着 1997 年亚洲金融危机，特别是印度尼西亚的经济急剧恶化展开，指出资本大规模外逃的一个重要因素是由于原本流入的资本并没有用于生产性投资，而是受着政治关联影响。因此，政治关联决定了利润率并扭曲了投资决策。因此，有必要研究政治关联在多大程度上影响了企业价值。作者从当时读者最感兴趣的时事问题亚洲金融危机入手，说明研究政治关联的意义，再进而实证研究具体的印度尼西亚一段时间内的股市波动。这种就是基于时政环境对问题研究意义进行的自然"拔高"，建构问题，铺垫研究背景和环境。

因此，在经济学研究型人才培养过程中引入艺术教育，把艺术创作的经验和手法作为参考，有助于学生更好地掌握经济学研究的思想和方法，提高独立思考和鉴别能力，并形成有质量的研究成果。

四、把艺术创作经验融入经济学研究型人才培养中

我国著名作家莫言在 2013 年诺贝尔文学奖颁奖典礼上把自己的职业定义为"讲故事"。这和经济学研究，甚至所有的社会科学理论研究，有着异曲同工之妙。经济学研究其实也是讲述着故事，讲述着研究者眼中的世界的一个方面，用故事加深人们对于客观世界的理解。不同的是，经济学研究是"科学地讲故事的艺术"，故事本身是有逻辑的，故事所揭示的道理，或者作为故事基础的事实，是可以经过科学检验的。理解"讲故事"的实质，把艺术创作的经验融入经济学研究型人才培养中，到对于深化我国经济学研究水平、提高研究质量尤其有着借鉴意义。

国内外顶级的经济学期刊的论文的形式与风格的差别也许能说明我国研究水平和国外先进水平的差距。经济学研究毕竟不是数学，需要在人类语言的逻辑框架下把研究成果表现出来，而且最好是"有趣"地表现出来。同国际顶级经济学期刊上发表的论文相比，国内的论文的研究主题无疑是重要的，但是趣味性却有所欠缺。这里的趣味性主要指的是引言和行文是否引人入胜，能否尽快地调动读者的注意力。

当今世界上，每年光发表在《美国经济评论》等五大国际顶级期刊上的论文就有三四百篇，各领域顶级期刊上的论文更不可胜数。而研究者的注意力是有限的，如此多的论文要争夺读者的注意力，就必须在吸引眼球上下一番功夫。自然，大家都要在把自己的论文或者展示变得有趣可读上下一番功夫，因此艺术创作的经验就格外有用。论文和展示都以讲故事为主，论文前面可以引用名言，引

言里可以引用小说或者影视的故事或者例子，展示的时候照片、视频、动画，各种形式都可以灵活运用。相比之下，也许是因为国内学术期刊市场竞争不够激烈，大多数研究者都只盯着少数几种期刊，导致中文期刊上的论文在形式上未免有些干巴巴。引言通常就是内容的简述，重点在论文的研究发现或者结论与建议，缺乏研究逻辑的有趣味的展开，对于故事讲述和形式展现的趣味性更是忽略，谈不上对于受众心理的分析了。

因此，自觉借鉴和运用艺术创作的经验融入经济学研究型人才培养过程中，还有利于树立学生的"用户导向"观念，使学生自觉地关注研究成果的社会影响和可读性，避免成果成为书斋里的枯灯，没有充分发挥应有的社会价值。

在与现实的关系、表现形式、评价标准、贡献衡量、写作手法等方面上，艺术创作和经济学研究既有相异之处，也不乏相通之处。因此，在经济学教育中，应自觉引入艺术教育的内容和形式，让学生开阔视野，广泛涉猎，从欣赏文艺作品中触类旁通，有所感悟，进而有助于学术研究水平的提升。

参考文献

［1］阎连科. 现实的荒诞正在和作家的想象力赛跑［OL］. 南方周末，2014-01-25. http://culture.ifeng.com/wenxue/detail_2014_01/25/33357262_0.shtml.

［2］大卫·波德维尔，汤普森. 电影艺术：形式与风格［M］. 曾伟祯，译. 北京：世界图书出版社，2008.

［3］Fisman, Raymond. Estimating the Value of Political Connections［J］. American Economic Review, 2001, 91（4）：1095-1102.

［4］Lucas, Robert. Asset Prices in an Exchange Economy［J］. Econometrica, 1978, 46（6）：1429-1445.

［5］Maskin, Eric. Nash Equilibrium and Welfare Optimality［J］. Review of Economic Studies, 1999, 66（1）：23-38.

［6］McCloskey, Deidre. The Rhetoric of Economics［M］. Madison：University of Wisconsin Press, 1998.

［7］Song Zheng, Kjetil Storesletten, Fabrizio Zilibotti. Growing like China［J］. A-merican Economic Review, 2011, 101（1）：196-233.

［8］Thompson, William. A Guide for the Young Economist［M］. In Cambridge：MIT Press, 2011.

全人教育模式的中外比较分析

唐少清 段祥伟 吴庆①

摘要："全人"概念是基于"半人"概念提出的，也是专业教育走向通识教育和专业教育相结合的产物。本文在对全人教育的起源与发展进行追溯与探究的基础上，比较中国台湾地区、中国香港地区、美国、欧洲等全人教育的运行模式，探索全人教育的实质，为传承和发展商务学院全人教育模式提供有益的借鉴和措施。

关键词：全人教育 教育模式 中外比较

全人教育（Holistic education）的"全人"是指完整的个人，全人教育是指充分发展个人潜能以培养完整个体的教育理念与模式。

一、"全人教育"的提出与发展

全人教育（Holistic Education 或 Whole-person Education）兴起于美国 20 世纪六七十年代，后传至北美、澳洲、欧洲、亚洲，现已形成了一场世界性的全人教育改革运动，对全球各级各类教育产生了重要影响。全人教育有一整套教育思想，它强调人的整体发展，强调个体的多样性，强调经验和个体之间的合作，强调培养"全人"。全人教育是一种全新的教育理念，这种教育理念从正式提出到现在不到 50 年的时间。

在中国，古代传统教育极其重视德育的作用，强调教育由对外在的规范向人类的心灵深处追寻意义。儒家学者在《大学》中，开宗明义即讲"大学之道，在明明德，在亲民，在止于至善"。孔子教学以"六艺"为内容，但始终是以"仁"和"礼"为主导修身养性，把人培养成贤者、君子；南宋大教育家朱熹也

① 唐少清，管理学博士，教授，北京联合大学商务学院党委副书记，中国软科学研究会个人会员，河北大学经济学院硕士生导师，研究方向：第三产业、事件管理、教育管理、学生管理；段祥伟，法学博士，讲师，北京联合大学商务学院学生处；段吴庆，教育学硕士，讲师，北京联合大学商务学院团委书记。

认为教育的目的在于"明人伦",亦即注重人性修养。中国近代的著名教育家们秉承了中国传统教育理念,注重对学生成为完人的培养,北京大学前校长蔡元培指出:"教育是帮助被教育的人,给他能发展自己的能力,完成他的人格,于人类文化上能尽一分子的责任";清华大学老校长梅贻琦先生的"知类通达,通重于专""通才教育、教授治校"理念;南开大学老校长张伯苓先生的"三育并举,允公允能"等理念均与传统教育思想一脉相承,认为道德教育是教育的"本",知识教育是教育的"末","本""末"不能倒置,也不能分开。

在西方,亚里士多德最早提出了自由教育的理念,从本质上体现了全人教育的理想。文艺复兴时期的人文主义教育家维多利诺、拉伯雷、蒙田、伊拉斯谟等从提倡"人性"出发,也将人的身心或者个性的全面发展作为教育的培养目标。18世纪法国启蒙思想家、教育家卢梭认为自由是人的一切能力中最崇高的能力,也是人的天性和最重要的权利,教育的目的就是促进儿童生而具备的自然性无限制地自由发展,培养自然的人。18世纪末19世纪初德国新人文主义教育的主要代表人物洪堡,提出了培养"完人"的教育培养目标。19世纪中叶英国教育家托马斯·阿诺德坚持教育要培养"基督教绅士",约翰·亨利·纽曼则认为:教育应培养具有智力发达、情趣高雅、举止高贵、注重礼节、公正、客观等优秀品性的绅士。20世纪初期人文主义心理学家马斯洛、罗吉斯等的教育理念都反映出了"全人教育"的思想。全人教育重视生命教育、发展健全的人格教育以及对生命意义的正确理解,使受教育者更好地发展社会生活,获得身、心、灵的全面发展[①]。

现代意义的全人教育发源于美国,隆·米勒(Ron Miller)最早提出现代意义上"全人教育",1988年他创办了"全人教育出版社"并发行了《全人教育评论》(即后来的《交锋:寻求生命意义与社会公正的教育》)。加拿大学者约翰·米勒1988年出版了《全人教育课程》,此后墨西哥籍学者雷蒙·加力格斯·那瓦、日本学者吉春中川、澳大利亚学者D.杜特和H.杜特等相继对全人教育做了有价值的探索和研究。国际21世纪教育委员会主席雅克·德洛尔1996年向联合国教科文组织提交了一篇《教育——财富蕴藏其中》的报告。该报告重申了一个基本原则:"教育应当促进每个人的全面发展,即身心、智力、敏感性、审美意识、个人责任感、精神价值等方面的发展。应该使每个人尤其借助于青年时代所受的教育,能够形成一种独立自主的、富有批判精神的思想意识,以及培养自己的判断能力,以使由他自己确定在人生的各种不同的情况下他认为应该做的事情。"

---

① 吴立保,谢安邦. 全人教育理念下的大学教学改革 [J]. 现代大学教育, 2008 (1):69-74.

由此可见，全人教育始于古代，兴起于近代，完善并实践于现代。全人教育首先是人之为人的教育；其次是传授知识的教育；第三就是和谐发展心智，以形成健全人格的教育。简言之，全人教育的目的就是培养学生成为有道德、有知识、有能力、和谐发展的"全人"。

二、全人教育的价值分析与哲学基础

1. 全人教育的价值分析

实施全人教育的理念，第一，可实现专业教育与通识教育的均衡，"专业教育"和"通识教育"具有同等重要的地位，仅有"专业教育"而无"通识教育"，则所培养的学生知识狭窄、胸襟狭隘，成了"有知识没文化"的专业人士；仅有"通识教育"而无"专业教育"，则培育之学生博杂不精。

第二，可实现学识修养与人格的平衡，全人教育追求的是人的精神性和物质性的全面发展。全人教育并不贬低物质的重要性，也不否认社会存在的价值，但它认为教育的过程不仅是知识的传递与技能的训练，更应关注人的内在情感体验与人格的全面培养，达到人的精神与物质的统一。

第三，可实现个体与群体的平衡，全人教育寻求人与人之间的理解。全人教育鼓励自我实现，同时也强调真诚的人际交往和跨文化的人类理解。全人教育就是要学生在受教育过程中加深合作精神的体验，培养人与人相互理解的素养，同时将生活中的人际交往深化为人类跨文化的理解与信任，加强全球意识。

第四，可实现身、心、灵的平衡，身、心、灵的平衡是全人格教育的基础。健全的体魄，需要靠有计划的行动得以实现；心性的涵养，依靠的则是有远见的视野；灵性的形成，依赖的是信仰和追求。全人教育强调三者之间的有机统一，倡导培养一个健康的人，一个身体健壮、精神满足、灵魂昌盛的人；一个快乐的人，一个真正满足、真正快乐、拥有美满人生的人；一个不断成长，完成自我，因而成功的人。

当代中国不同阶段的教育思想被赋予了不同的名称，无论是素质教育、通识教育、终身教育，还是人本教育，无不折射出全人教育的思想。它们都强调"人的全面发展"，和全人教育在本质上相辅相成，从不同角度体现了全人教育理念和思想。

2. 全人教育的哲学分析

全人教育的哲学基础可以概括为三个词语：联结（Connectedness）、整体性（Wholeness）和存在（Being）。联结的概念源于整体论，后经生态学、量子物理学和系统论的发展而逐渐成熟。它包括四种含义，即相互依赖

（Interdependence），相互关系（Interrelationship），参与（Participatory）和非线性（Non-linearity）相互关系模式。

整体性指"整体大于部分之和"，也包括四个方面的涵义，即整个系统（Whole systems），多种视野（Multiple-perspectives），独立性（Independence）和多种水平（Multiple-levels）。也就是说在考虑问题时应该从部分到整体、从目标到关系、从结构到过程、从等级到网络，重心应该从理性到直觉、从分析到综合、从线性思维到非线性思维。

存在是指人的内心宁静、智慧、洞察力、诚实、可靠。它包括四个涵义：一是整全的人（Full human），承认人包括身体、情感、智力、精神多个方面。二是创造性的表达（Creative expression），承认创造性表达的机会对个人和群体的重要性。三是成长（Growth），承认每一个人都可以达到人类精神的最高境界。四是责任感（Responsibility），承认个体和群体对在区域、全球和宇宙等多种水平上的选择和行动具有洞察力和责任感①。

全人教育符合马克思主义"人的全面发展"的教育思想②，马克思关于人的全面发展理论指出：人的全面发展是社会主义教育的根本指导方针和最高教育目标。它包括三个方面的内容：一是人的劳动活动、人的需要和人的能力的全面发展；二是人的社会关系的全面发展；三是人的素质的全面提高和个性的自由发展。人的素质的提高包括人的身体素质、心理素质、思想道德素质和科学文化素质的有机统一及均衡发展。

三、全人教育模式中外比较分析

全人教育借用生态学、神话学、系统学、人类精神传统等概念，整合原始文化、东方文化中的某些观念和方法论而建立起来的以生命意识、整体视野、生态视野、全球视野为特征的教育理论，全人教育思潮已经形成了一场世界性的全人教育改革运动。2002 年 6 月，时任香港特区行政长官董建华认为，为保持香港的竞争力和经济活力，香港将全力以赴开展教育改革，建立以"全人教育"和"终身学习"为中心的教育体系，如香港浸会大学③、香港理工大学④。见表 1。

---

① 胡卫东，徐英善. 香港高校全人发展教育理念刍议 [J]. 思想教育研究，2000（4）：19.
② 顾明远. 中国教育科学走向现代化之路纪实 [J]. 北京师范大学学报：社会科学版，2009（9）：5.
③ 姚楠. 浸大愿景育全人民知学技创通群 [J]. 世界教育信息，2013（11）：61-66.
④ 陈庆祝，王玉. 香港高校的人才培养模式考察及启示 [J]. 高教探索，2014（1）：105-109.

表1　　　　　　　　　全人教育中外比较

项目	时间实施	全人教育的内容	目标	形式	机构
浸会大学	1956 年，2009 年香港政府	人的智力（intellectual）、体力（physical）及心灵（spiritual）的培养	浸大愿景育全人，民知学技创通群	Citizenship, Commitment, Capability	Centre for Holistic Teaching and Learning
香港理工大学	2002 年	SPEACIAL: S（群 social development）、P（体和精 physical and psychological development）、E（德 ethics）、C（业 career）、I（智 intellectual development）、A（美 aesthetics）、L（学 learning）。	培育学生成为能干的专才和负责任的社会公民	扩展学生的视野，训练其独立思考能力，使其能有敏锐的社会触觉，能对我们的国家和我们所生活的社会，有最基本的认识	通识教育中心和学生工作处
中原大学	1989 年，1995 年中原四十，迈向全人	天、人、物、我	学术与伦理的卓越，领导与服务的风范，全球与宽广的视野	专业与通识的平衡，学养与人格的平衡，个体与群体的平衡，身、心、灵的平衡	通识教育中心
美国北卡罗来纳大学彭布罗克校区	1998 年	具有国际视野、成为能理解人类多元文明成就并能做出自己贡献的公民	（1）服务本地区；（2）创造、探索、认识和表达思想；（3）人文教育；（4）培养学生诚实正直的品质；（5）理解多元文化和对个人尊重；（6）培养学生全球化的适应能力	内容广、数量多的通识课程，比例高达40%	
杜克大学	2000 年		（1）有效思考的能力；（2）清晰沟通思想的能力；（3）做出明确判断的能力；（4）辨识普遍性价值的能力	人文、社会、自然科学，如FOCUS课程	

表1(续)

项 目	时间实施	全人教育的内容	目标	形式	机构
宾夕法尼亚大学		趋向理想、基于现实、富于创新		创新和实用，如先锋课程	文理学院
牛津大学				联合专业有双科专业、三科专业和主副修专业。	
北京联合大学商务学院	1999 年	双敬（感恩、敬业）意识、双信（诚信自信）品质、双能（创新、实践）素质、双求（求学求成）精神、双责（公民、社会）观念	具有社会责任感、有创新精神和实践能力的应用型国际商务人才	新生入学教育、商业伦理与道德、大学学习导论、"鉴证青春"计划、强化管理等	学生处

1. 台湾全人教育模式

1995 年台湾教育主管部门公布了将"全人教育、温馨校园、终身学习"定位为台湾 21 世纪的教育主线；1997 年，台湾当局在各级学校推动生命教育，提出教育改革要以全人教育为目标。1998 年出台的《教育改革行动方案》，第五项第一条明确指出"辅导各校重视通识教育以落实全人教育理念"；2001 学年被定为"生命教育年"，希望通过生命教育在校园的推动，营造"全人教育"环境，引导学生的全面、健康成长。

作为一种教育理念，全人教育没有固定的范式，人们对其内涵的理解也不尽相同。无论是国外还是台湾地区的相关论述①，最大的共识就在于"尚未达成共识"。这主要是基于以下两点：一方面是全人教育涉及的范围宽广、多元、复杂，大多学者没有对其妄下定义；另一方面，全人教育的概念本身十分含糊，使人可以各自表述，各取所需。从其性质来看，全人教育是一种理想的教育，是一种"内化式"的教育，是一种教育的高层次理念，体现着教育的贯通性、整合性和多元多样性，是针对所有人的教育，与生命教育、通识教育等有相通与相关之处。从其目的来看，全人教育是关注人之为人的教育，关注人的生活、道德、情感、理智的和谐发展，旨在追求人的身心合一，人与外物的和谐以及人与自然的统一。从其内容来看，全人教育即德、智、体、群、美"五育"均衡发展的教

---

① 谭敏. 台湾地区全人教育理念评析［J］. 复旦教育论坛，2008，6（4）：24-27.

育。在这方面，台湾中原大学①比较有影响。

2. 美国大学全人教育模式

美国具有标志性的通识教育事件，是 1943 年 1 月至 1945 年 6 月之间，由哈佛大学校长柯南特领导、哈佛大学教授和校外学界知名人士共同完成的《自由社会的通识教育》的发表。指出大学通识教育之目的在于培养完整的人，这种人需具备四种能力：①有效思考的能力；②能清晰地沟通思想的能力；③能做出明确判断的能力；④能辨识普遍性价值的认知能力。无论是研究型大学，还是地方应用型大学，美国大学的人才培养都重视全人教育理念，体现为不同类型的通识教育课程，呈现多元化和多样性。如既有哈佛大学的核心课程模式，也有芝加哥大学的经典课程模式、圣约翰学院的文雅教育、布朗大学的自由选修模式，还有杜克大学②的跨学科通识教育课程模式，以及宾夕法尼大学③通识教育从作为实用的基础，到追求知识的融合，再到追求知识的永恒价值。

教育目标都强调知识体系的全面性和基础性，突出能力培养，尤其是表达与交流等能力；强调人文素养和创新精神的培养。如：美国北卡罗来纳大学彭布罗克校区④的全人教育模式。2007 年，美国学院和大学协会在《为了新的全球世纪的大学学习》报告中，认定了日益获得高等教育界关注的 10 种高影响力教育实践⑤，包括新生研讨课、学习共同体、通识体验项目、写作强化课程、合作作业和项目、本科生科研、多样性或全球学习、服务学习、实习和顶点课程。

3. 英国大学全人教育模式

英国的通识教育⑥把自由教育和专业教育有机地结合为一体，体现为对历史传统的传承和对社会发展需要的适应性。至今，虽然尚未有一个公认的、规范性的通识教育的定义，但通识教育实质上包含了两重内涵：一是指非专业教育部分，主要表现为专门的通识课程；二是指一种教育理念和教育观，这一层面上的含义与自由教育基本对等。英国及欧洲大学虽然没有明确设置专门的通识课程，

①　单敏. 台湾中原大学全人教育的理念与实践 [J]. 大学：学术版，2012 (7)：69-75.
②　王俊. 跨学科通识教育课程模式探析——以杜克大学 FOCUS 课程为例 [J]. 高教探索，2011 (2)：89-93.
③　韦家朝. 宾夕法尼亚大学通识教育课程改革及其启示 [J]. 现代教育管理，2011 (4)：126-128.
④　杨晓峰. 美国地方高校人才培养模式分析——以美国北卡罗来纳大学彭布罗克校区为例 [J]. 兰州交通大学学报，2011，30 (2)：149-152.
⑤　叶信治. 高影响力教育实践：美国大学促进学生成功的有效手段 [J]. 中国高教研究，2001 (10229)：35-39.
⑥　杨春梅. 英国大学专业教育和通识教育融合的实践及其启示 [J]. 教育探索，2011 (2)：156-159.

但同样在精神上继承了源自古希腊的自由教育传统。

英国大学并未在具体的学科上对通识教育进行限定，甚至通识教育课程这一名词也没有出现，但是通识教育的内容并未消失。只是在他们看来，把多种文化科目融入专业学习之中，比任由学生从许多科目中杂乱无章地选修好。在英国历史上，很多学者对通识教育秉持一种非常广泛的视野，继承了阿诺德、纽曼、赫胥黎等人有关自由教育的思想，关注通识教育与专业教育的结合以及探索人的精神培养。

英国大学注重加强学科与学科之间的贯通与联系，通过课程组合来实现。其所开设的经验课程进一步解读了通识教育之"通"不是通才的"通"，即什么都知道，而是贯通的"通"，即不同学科的知识能够相互融通，遇到问题时能够从比较开阔的、跨学科的视角进行思考。自由教育所认同和重视的传统能力，包括口头和书面的表达能力、解决问题的能力、创新能力、团队工作能力等，它们都是一般性的和可迁移的能力。可以通过专业教育或者联合专业的形式加以实现，联合专业的具体形式有双科专业、三科专业和主副修专业，如牛津大学。

4. 全人教育与通识教育、专业教育的异同

通识教育是相对于专业教育理念而言的，两者是具有两种不同的教育目的的高等教育理念，因而也是确立高等教育的两种不同指导思想。通识教育①，英文一般译作 General education，又称普通教育、通才教育或自由教育，是西方教育的一项重要传统，已有两千多年的历史，最早由古希腊著名哲学家亚里士多德所提倡。通识教育的目的在于培养健全公民，发展健全人格。但是正如 General 一词有多重含义一样，我们对通识教育的认识还远远没有达到统一的程度。在 19 世纪以前，General education 一般是中小学教育的总称。第一个将通识教育与大学教育联系起来的，是美国博德因学院（Bowdoing College）的帕卡德（A. S. Packard）教授。就性质而言，通识教育是高等教育的组成部分，是所有大学生都应该接受的非专业性教育；就其目的而言，通识教育旨在培养积极参与社会生活的、有社会责任感的、全面发展的社会的人和国家的公民；就其内容而言，通识教育是一种广泛的、非专业性的、非功利性的基本知识、技能和态度的教育。真正的大学通识教育应该是能够明德启智的教育，它是高等教育的组成部分，是所有大学生都应该接受的非专业性教育，旨在培养积极参与社会生活、有社会责任感、全面发展的社会的人和国家的公民。

---

① 汤谦繁，徐文娟. 美国大学通识教育历程研究 [J]. 河南教育学院学报：哲学社会科学版，2011，30（1）：101-109.

对于专业教育，人们有共识：专业教育是以培养适应某一专业领域需要的人才教育，为人提供一种就业资格。因此，人们看重所学专业和所从事专业工作的关系，看好专业教育。对于通识教育，人们的认识与理解不完全一致。从已有的研究文献看，大致有三种理解。第一种是从性质上理解，认为通识教育是所有大学生都应接受的非专业教育；第二种是从目的上理解，认为通识教育是旨在培养积极参与社会活动、有社会责任感、全面发展的人的教育；第三种是从内容上理解，认为通识教育是一种有关非专业、广泛的、非功利性的基本认识和技能的教育。我认为：通识教育就是要给学生以全面的知识结构，让学生具有广博的知识面，通晓各类知识的一种教育理念。当今时代是高科技发展的时代，是信息化时代，为适应时代发展的需要，高校培养目标的指导思想应该是将通识教育与专业教育有机地融合在一起，让学生不但具有专深的专业知识，而且拥有广博知识面，成为复合型人才。因此，全人教育的内涵有三：一是人之为人的教育，即"通德"的教育；二是传授广博知识的教育，此为"通识"的教育；三是和谐发展心智，以形成健全人格的教育。如此理解，那么，全人教育应该是"通识、通德、心智和谐发展"的教育。

由此可见，在美国，全人教育的理念是通过通识教育完成的，两者基本上是一致的。而在大中华地区，又在通识教育的基础上提出了全人教育的概念，并在实际中加以应用和实践。

四、商务学院实施全人教育的模式与特点

商务学院自 2013 年 10 月成为 AACSB（国际商学院联盟）成员以来，秉承"践行社会责任，推动应用创新，培养商界骨干，服务区域发展"的使命，坚持"使命驱动、质量导向、学生主体，教师主导，持续改进"的原则，秉承"立德力行，至能致用"的价值追求，培养应用型国际商务人才。

1. 商务学院全人教育的前期准备

围绕着应用型国际商务人才培养这个目标，始终坚持育人为本、德育为先，着力构建"全员、全程、全方位育人"的育人体系，着力培养学生的双敬（感恩、敬业）意识、双信（诚信自信）品质、双能（创新、实践）素质、双求（求学求成）精神、双责（公民、社会）观念，助推学生成人成才。

（1）大学生养成教育是指以高校为主体，在家庭、社会的配合下，根据大学生的身心形成和发展规律，运用各种途径和手段，对大学生施加系统影响，促

使其养成文明的习惯和走向社会后应具备的各种能力。强化管理①作为大学生养成教育的有效实施模式，主要在强化班级基本建设、强化学生的基本行为习惯、强化英语等基础课程学习、强化基本实践能力培养四个方面开展工作，对学生进行规范教育、纠偏教育和陶冶教育，践行养成教育理念，凝练了"四个强化"体系，即强化班级建设、强化行为习惯养成、强化基础课程学习、强化实践能力培养。

（2）推动大学生自我管理、自主管理。把好学生干部任用关，将"思想政治上把握得住、学习上立得住、工作上靠得住"的学生骨干选拔上来，以"班级工作助理制度、英语小助教、学生党员文明岗以及学风督查组"为工作载体，全面探索实施人才培养创新实验区"优秀学生助教制"，充分发挥学生骨干的榜样示范和辐射带动作用，以点带线，以线带面。在学院"一二·九""红五月"等活动充分发挥学生的主观能动性和主体性，让学生在老师的指导下自我筹划设计、组织实施，让其体验到成功的喜悦、培养了学生的自信心和双能素质。

（3）借鉴刘道玉先生提出的 SSR 模式，其中第一个 S 代表自学或独立学习（Study independently），第二个 S 代表课堂讨论（Seminar），第三个 R 代表科学研究（Research）。商院提出了 SSP 模式，用 P（Practice）代替（Research），强调学生体验学习、服务学习，通过实践学习来分析、总结。

2. 全人教育模式的启动与实施

自 2013 年开始，开始着手实施全人教育，坚持以社会主义核心价值观为主导，以新生入学教育、服务学习等高影响力课程为手段，加强课外学习的效果，不断完善全人教育的内容和形式。

（1）以社会主义核心价值体系为基础，抓好大学生党建工作。把好学生培养成学生干部，学生干部吸收成为中国共产党党员，使其"政治上信得过得，工作上靠得住，学习上站得住"。发挥党员的模范和引领作用，成为学生学习的榜样。以提升专职学生工作干部专业化、专家化成长与发展为导向，推进"四个一工程"建设，努力建设一支"政治强、业务精、纪律严、作风正、外语好"的实践研究型学生工作队伍。

以英语学习为突破，自 2009 年开始，已连续六年为学生党员和新生入党积极分子开设了马列著作选读双语选修课，"学英语，懂马列"；按照五双基本要求进一步加强学生素质教育。搭建了班级工作助理、优秀学生助教、学生党员文明岗、学风督查组以及赴外挂职锻炼等平台，充分锻炼学生党员。所聘任的班助

---

① 唐少清. 传承、借鉴与发展［M］. 北京：经济科学出版社，2012.

全是学生党员，英语数学小助教中占到90%，院系学生会干部中85%是学生党员，他们以身作则、求学求成，成为学风建设的带头人。

（2）大力弘扬北京精神和雷锋精神，不断凝练校园文化，开展形式多样的思想政治教育。通过一年级的志愿服务，二年级的社会实践，三年级的专业实践，四年级的毕业实习，把第一课堂和第二课堂精密结合起来，使学生自觉以马克思主义为指导思想，树立有中国特色社会主义的共同理想，确立爱国主义为核心的民族精神和以改革创新为核心的时代精神，建立社会主义荣辱观。

"爱国、创新、包容、厚德"的北京精神是社会主义核心价值体系的生动体现，是对首都人才素质的本质要求。培养出"知北京、爱北京、荣北京"的新一代首都公民，使他们了解北京，乐意把自己的事业融入北京；使他们热爱北京，以建设首都为己任；使他们以北京为荣，致力于促进北京繁荣昌盛，在打造中国特色世界城市的道路上争做北京人民的子弟兵。具备厚德的品格，发扬北京立德扬善的首善品质和人文精神，讲求社会公德、职业道德、家庭美德、个人品德，努力把北京建设成为更加繁荣、文明、和谐、宜居的首善之区。

（3）不断完善和优化新生入学教育、大学学习导论等高影响力课程。细化和完善新生入学教育模块：新生公民教育、新生全人教育、新生专业教育。新生公民教育包括从学院的使命和价值追求谈起-公民的基本权利和义务、基本素质；从学院使命谈行为规范教育；心理健康教育；新生大学适应性教育等。新生全人教育包括优秀校友为学生做讲座；校外的科技创新、志愿服务和社会实践；生命、安全法制教育；学籍管理的条例、考核制度；从专业建设看就业；学院使命学生谈；国际商学院背景下学生安全、校园管理问题。新生专业教育包括专业负责人介绍专业的发展和培养；AACSB视角下国际化商学院的特色课程及培养方式；专业大类的发展情况、培养模式、社会需求；结合学院使命，国际认证视角下如何过好大学四年；如何学好英语；国际化合作办学项目。

"入学教育"作为一门新生"通识教育必修课"，由新生公民教育、全人教育、专业教育等多个模块构成，满分100分，学期末登录成绩进入教务学生成绩管理系统，不及格者将不能毕业。课程考核成绩由两部分构成，其中课堂笔记成绩加出勤情况占50%，论文成绩占50%。课堂笔记要求在"新生入学教育手册"上认真记录，论文要求打印贴到手册内。课堂缺勤达到1/3者将被取消考试资格。最后撰写论文，要求以"践行学院使命，无悔青春时代——如何度过我的大学生活"为题目，要求内容必须包括三个方面：你为什么选择商院？你将如何度过大学四年？你在商院将收获什么？不少于1 500字，论文题目要求仿宋体四号，下附本人学号、班级和姓名（五号宋体），正文要求小四号宋体，行间距

1.5 倍。

（4）"大学学习导论"已经开设五年，是一门引导学生过好大学生活，清晰明确地认识自身能力、特长、社会环境特点及社会对人才需求，掌握正确的学习方法，合理规划自己的职业发展轨迹，实现自身良好发展的课程。在对大学学习特点和中学学习特点的本质区别的基础上，以学生的发展需要为出发点，帮助学生形成正确的学习观念和自主发展的能力与习惯，并使其终身受益。其任务是使其站在新的高度去思考自己的学业、事业和人生，学习自主规划学业和自主发展的能力，高效增加知识储备，加强团队协作能力和人际沟通能力，充分了解自己的学习风格，树立学习目标，形成独特的学习方法，增强学习能力、动手能力、思考能力，以适应更广泛的职业选择的需要。本课程为 16 学时，1 学分，包括绪论、认知学习环境、认知学习风格、目标制定与时间管理、学习策略与创新思维、报告写作与演讲展示、学业规划制定与实施七个模块。

本课程在教学中，充分发挥师生双方在教学中的主动性和创造性，课程应采用理论与实践相结合、讲授与训练相结合的方式进行。教学上采用课堂讲授、典型案例分析、情景模拟训练、小组讨论、角色扮演、社会调查、实习见习等方法。课堂上要充分运用多媒体技术等教学手段。除了教师和学生自身的资源之外，还需要使用相关的职业生涯与发展规划工具，包括测评、相关图书资料等。课外学习主要以搜集资料、网络测评、访谈与调研等形式进行，按作业用时与课堂学时基本等于 1∶1 的原则布置课外学时。本课程在知识传授的基础上，重在技能的培养，体现在态度、观念上的转变，是集理论课、实务课和经验课为一体的综合课程。态度、观念的转变和技能的获得比知识的掌握重要，态度、观念的改变是课程教学的核心，因此，它的经验课程属性更为重要，由此，本课程强化教师的资料准备和课堂指导，不对学生课外阅读参考资料数量做过多要求。

（5）自 2014—2015 学年开始实施"鉴证青春"计划，鉴证青春的计划由入学教育、学术科技、社会服务、文体活动、心灵活动、杰出表现六个模块组成，每个模块中均有活动日期、活动名称、鉴定单位如实记载。这样，每一个学生的非课堂学习的内容都能完整、如实地记录下来，最后，把入学教育定为 3 分、学术科技 2 分、社会服务 2 分、文体活动 4 分、心灵成长 2 分，总分 13 分，把这些内容细化和量化，落实到每一个学生，可以给出每个学生的量化成绩。见表 2。

表2　　　　　　　　　　　　　　　　"鉴证青春"计划内容

项　目	活动日期	活动名称	鉴定单位	成绩评定	
				标准	实际
入学教育	1. ………			3	
	小计活动　　　次				
学术科技	同"入学教育"格式			2	
社会服务	同"入学教育"格式			2	
文体活动	同"入学教育"格式			4	
心灵成长	同"入学教育"格式			2	
杰出表现	1. ………			合计	

3. 商务学院全人教育的特点

商务学院的全人教育是自2014年开始启动的，是在"传承、借鉴、发展"的基础上提出的，依靠"鉴证青春"来实施手段，培养富有社会责任感、具有创新精神和实践能力的国际商务人才。具有如下三个特点：

（1）坚持"育人为本、德育为先"的工作理念，始终将德育工作长抓不懈、整体推进、主动干预，大力弘扬社会主义核心价值观，将"教育、管理和服务"有机结合。

（2）在尊重学生个性发展的同时，实施强化管理教育，已有15年坚持一年级早自习、早锻炼、晚自习制度，强调集体主义教育和人在社会化过程中的习惯养成教育。

（3）学生分散住宿等劣势，不仅有利于建立一个丰富的宿舍文化，而且创造了学生接触社会、相互学习、学会与人相处的良好平台。

4. 小结

基于"90后"学生的学习特点，在借鉴国内外教学经验的基础上，商务学院在第一课堂和第二课堂有效融合上做了有益的探索和实践，通过"鉴证青春"，推动全人教育理念，培育学生诚信和服务社会的素质，践行社会责任，树立服务国家和社会的信心，培养学生的创新能力和实践能力，具有跨文化的沟通能力，努力培养合格的符合北京建设世界城市需要的国际商务人才[①]。

---

① 唐少清. 国际商务人才培养模式问题的探讨［J］. 中国林业教育，2007（1）：13-15.

人文缺失与大学教育之思索

黄　韬　曹先希①

　　人文在中国语境中最早指礼乐教化。易经说，观乎天文，以察时变；观乎人文，以化成天下。从国家治理的视角看，即是用好的人文传统提升国民素质，以成就为先进国。人文首先应是中国式的，然后才是现代式的，并进而是世界式的。正如习近平总书记指出的，"一个民族、一个国家，必须知道自己是谁，是从哪里来的，要到哪里去""我们生而为中国人，最根本的是我们有中国人的独特精神世界，有百姓日用而不觉的价值观"。梁启超开出了国学入门"最低限度之必读书目""若并此未读，真不能认为中国学人矣"，钱穆也列出"中国人所人人必读的书"，非读不成其为中国人。《童子问易》中说道：《易经》讲，物杂成文，乾道变化。阴阳矛盾相薄的表现无非就是文与化，世界各国最终的较量也将在于文化。②

　　人文缺失已是当下公认的社会之弊。这固然有教育的本分，但陈丹青认为应更多从社会寻找致因，"今日中国大学生以及大学教师'人文水准'的触目惊心，不完全是大学墙内的教育问题，而是历史遗留问题""以百年中国历史变化之剧，文化断层之深，一代与一代之间教育品质的差异，乃直接造成今日全民素质不堪补救的后果"。③ 当下正浓的"国学热"，可能是源于一种人文精神的缺失。当经济发展到一定阶段和水平，人能吃饱、吃好了，必然会从生存层面、发展层面，转向更加关注精神层面的追求。同时，世界对中国的评价也从能不能吃饭、能不能保持增长，转向能不能受人尊敬之类的人文评价。如果社会治理不敏锐地关注到这种需求的转变，就会丧失对引领社会进步的主动权、主导权。于是，人们在现实中无法获得的东西，就只有在悠远的历史长河中去追寻。纵然有五千年的历史，但传统与我们并不遥远，因为它已内化于、潜在于我们。

---

① 黄韬，西南财经大学教授、博士生导师。曹先希，西南财经大学党委办公室。

② 任国杰. 童子问易 [M]. 北京：人民出版社，2013：295.

③ 陈丹青：关于教育的人文素质，http://www.gmw.cn/content/2008-03/21/content_750636.htm，最后访问时间：2014年6月15日，摘自《退步集续编》，广西师范大学出版社2007年版。

梅贻琦曾说，"教育之最大的目的，要不外使群中之己与众己所构成立群各得其安所遂生之道，且进以相位相育，相方相苞；则此地无中外，时无古今，无往而不可通者也。"① 大致意思是：教育的最大目的，无非是使社会中的"己"与其他个人所构成的"群"各得其所、和谐发展，进一步就是相互扶持，相亲相爱；所以不分中外古今，教育的精神总是相通的。儒家思想是"达则兼济天下"的入世精神，当学养操守足以为世人造福甚至是作表率，就要主动承担起新民之任。而如何正己利群，《大学》开章明义："大学之道，在明明德，在亲民，在止于至善。"至善之境界难以达到，但明德新民之追求始终是大学教育追求的方向。

如何明明德，无非是"格物、致知、诚意、正心、修身"，"诚意、正心、修身"为主观意识上的调整，意不自欺，无所偏倚，我们自孩提时代就开始格物致知的漫长生涯了，家庭教育是格物致知的启蒙之地，正如蔡元培所说"一生之品性，所谓百变不离其宗者，大抵胚胎于家庭之中。"所以，家庭对孩子人生观、世界观、价值观的形成有着强大的影响力，在塑造自我的过程中家庭充当着重要角色。"一日之气候，多定于崇朝，一生之事业，多决于婴孩，甚矣。"看我们所成长起来的环境，当今时代已经处于文化断层之深的年代，传统社会家庭所推崇的"仁、义、礼、智、信"所传达的朴素的教育观念被抛至一边，教育的流变使我们在应试教育的水深火热中成长起来，对孩童的教育渐已摒弃了那超功利的教育理念，对分数排名的过分关注，对教育 GDP 的疯狂追求，开始纳入顶层设计来建构。我们会发现在这个成长体系中的学者文人，大多缺乏风流儒雅的内涵，为人师长的教师在指标、评估、考核面前，也大都搁置了最原初的朴实的传道授业解惑的理念，为了功利去学、去教，在没有硝烟的战场上去比拼、厮杀，变得越来越有野心和战斗力，却也越来越少了谦逊、内敛和温润。这样的教育信念与行为延续，直接造成了今日全民素质偏低的现状。

当金钱决定社会的大导向之后，逐渐发展出追求世俗利益的商业社会，世俗主义、实用主义、功利主义价值观带给人巨大的改变。生存在这种价值体系下的人们，自动把目光从对人文学科转向技术专业领域，实用性成了择取专业和职业的首选，人们对务实的知识大为青睐，而务虚的人文知识，因其形而上没有直接实用功能而受冷落，于是人们重现实胜过理想，重物质胜过精神。伴诗书而坐谈玄，曾是传统知识分子的骄傲，现在却遭遇式微，随之由衰而竭。正如陶东风所说，以欲望为杠杆，以金钱为动力，以理财为手段，实利原则、现实原则取代了

---

① 梅贻琦. 大学一解 [J]. 清华学报，1941，13 (1).

原先的理想主义与英雄主义……这种情况必然连带地导致对于精神、灵魂、意义或超越问题的冷漠，对一切人文价值之冷漠。① 当知识结晶被推向市场、成为待价而沽的商品，听凭市场供需关系支配的时候，他们面临的选择便是，要么顺应潮流用金钱换得开心颜；要么自甘寂寞贫贱，"躲进小楼成一统，管他冬夏与春秋"。不管如何选择，精神文化、人文学科的贬值显而易见，向来困守书斋的知识分子也无力回天，其心理落差可想而知，纯文化的坚守意味着贫贱，职业式的技术操作代替了探索的欢乐与自由，人们都是期望一本万利，坐以待"币"。这种现实无形中会给知识分子一种更沉重的担子，就是如何在快速发展的社会中不断进行自我调适，以求得融入这个功利的社会。

需求决定供应。正因世俗、实用、功利等价值观的影响，能直接创造物质价值的易找工作的专业，成了人们追捧的对象，能直接有用的课程成了学生的选择。马克思在《资本论》中曾引述道：一有适当的利润，资本就会非常胆壮起来。只要有 10% 的利润，它就会到处被人使用；有 20%，就会活泼起来；有 50%，就会引起积极的冒险。正因如此，钱理群曾说，我们的一些大学正在培养一些"精致的利己主义者"，他们高智商，世俗，老到，善于表演，懂得配合，更善于利用体制达到自己的目的。当大学这个一方教化之重地，集中了国家各地精英的善土，都受这种功利性因素的驱使，只把注意力专注在单纯的技术专业的学习，而忽视了对人文学科养分的吸纳，语默进退之间所流露出来的对现实利益的重视，当这种形而下的风气汇聚众多，就造成了当今大学生人文素质缺失的局面。

当代财经学科多定位于经世致用，与政治、文化、军事等社会民生息息相关，以有益于国事为急务，反对不切实际的空虚之学，但也极易导致"唯 GDP 崇拜"等偏颇现象。如今经济和物质已发展到一定阶段，国家发展重心应多倾向社会人文，否则对物质、权力、市场的疯狂追求只能加速导致人的异化，而人的异化是国民素质、国家实力的敌人。而今我国处于工业化进程中后期，在过去的经验中，工业化发展阶段是需要培养大量专业人才的。但是作为后发国家，我国不仅要面对工业化，还要面临市场化、现代化、城镇化等多重复合进行的问题。国内不同地区的发展阶段也呈现出多样性，东部地区特别是北京、上海等地已经实现工业化，甚至出现了所谓后现代的问题，而中西部地区差不多才完成 50% 左右的工业化，甚至有的地方不到 30%。城乡差距使很多人涌入城市打工或者定居，造成了当代很多农村"空心化"的现状，大量农村人口背井离乡离开了传

① 陶东风. 知识分子与社会转型 [M]. 开封：河南大学出版社，2004：276.

统的土地，既在新的城市找不到归宿感，又再也回归不到原来的田园生活，就造成了那种"在而不属于"的生存状态。大学因自身定位的不同，不同大学也肩负着培养不同规格人才的使命。如何在一个经济飞速发展的时代整治人文碎片化和人文精神的流离失所？海德格尔曾著《诗意地栖居》一书，指出当人成为被自己算计使用的物质，成为一个刻板的存在和机械生活整体的一个碎片，人的生活就失去了灵性，他们的生命便是黯淡的、干枯的，当生命的光辉被物欲的灰幕遮蔽，诗意的缺失便带有了普泛性，所以海德格尔主张通过人生的艺术化和诗意化，来抵制现代社会中人的异化和生命的机械化，这样的人才能真正称之为人。经济发展终究还是为了人的发展，劳动力的普遍发展水平决定了社会的普遍素质，所以要以人文为指引来真正促进社会的发展。

在这样的社会特征下，大学不一定都以培养专才为主，而应有一部分精英型大学，转向以培养通识型、人文型人才为主，放弃以目标为导向的"赶路式"教育，以及以市场为导向的"赶集式"教育，看清并承担起自己应有的使命。这样的大学，应培养出既有扎实专业素质，又有足够人文底蕴的高素质人才，如此"修身"，才能齐家、治国、平天下。大学的教化功能，才不止在社会物质的发展进程中，还能在精神上发挥作用。梅贻琦认为，新民所需要的大略是通才。所谓大学"出身"应该是身己修，德己明的可以新民的通才，而不是只有一纸文凭专业为标识的专才，他认为大学是给予通识教育的地方，而培养专才或某一学问部门，则有研究院、专门学校或者是社会事业之训练。通识就是在自然科学、社会科学与人文科学三大门类之间，能认识到他们的相通之所在，而恍然于宇宙之大，品类之多，历史之久，文教之繁，必有一以贯之之道，要必有其相为因缘与依倚之理，这才是所谓的通。①

当代大学虽然也有通识教育课的设置，显然是涉猎皮毛，不少学生单纯为考试不挂科而勉强去学，而不是兴趣、爱好抑或是责任感，所以在不少学生眼里，文史哲就是迂酸的代名词，只有"实用"才是王道，其他"仰观宇宙之大，俯察品类之盛"，文教经典的繁盛、复杂性的探索都是无用的。但如孔子所说"君子不器"，固定实用的技术大多是形而下的，只有精神的东西、经典的思想、看似虚无的理想，才能世代流传永不消弭。这样不相容的循环在大学中显而易见，不同门类彼此抵触看低，导致人才的片面与狭隘，陷入一种专业"有用与无用"的辩驳中。

正因我们对人才同质化的心存忧虑，才会对多元文化融汇的学术环境期盼尤

---

① 梅贻琦. 大学一解 [J]. 清华学报，1941，13（1）.

甚。钱学森曾呼吁"让科学与艺术联姻吧，那将会创造奇迹""在我对一件工作遇到困难而百思不得其解的时候，往往是蒋英的歌声使我豁然开朗，得到启示……"[①]；林徽因把"建筑学家的科学严谨的精神和作家的文学气质糅合得浑然一体，她的学术论文和调查报告，不仅有严谨的科学内容，而且用诗一般的语言描绘和赞美祖国古建筑在技术和艺术方面的精湛成就"[②]；哲学家金岳霖研究逻辑单纯是因为好玩；翻译家罗念生对头衔和荣誉的看法是"我不要那个，那个是虚的"，正是这种真诚单纯的信仰和对研究领域超功利的热爱，成就了他们事业的纯粹。

当下大学或许缺少一种独立的、超脱的灵魂，或许太过于注重一己之利，太过于沉溺一己之悲欢，而忽略了对于民族国家的责任和担当。习近平总书记指出，大学是一个研究学问、探索真理的地方，要认真吸收世界上先进的办学治学经验，更要遵循教育规律，扎根中国大地办大学。教育的规律就是人文中国。这是大学应然的价值所在。但当今社会，学者或许是为了个人的学术成就来到大学，而学生或许是为了就业进入大学，这样的价值追求往往被虚置一旁。于是，学生对于功利教育的"实效"或许是满意的，大学的品牌似乎是"增值"的，人们不仅是"脚踏实地"甚至是趴在地上，而"仰望星空"推给了谁？对单个的大学也许不一定这样做，因为别人去做我可以搭便车，但对整个社会而言，却不会存在这样的外部性，那只是个体或局部的算计。如今大学教育或许应当回归人文本位，把传统精神的滋养灌注到教学中去，传统与现代结合，中国与世界结合，建立起稳定的、常态化的教育体系。与对所谓现代的东西要辩证地看一样，对所谓传统的东西也要辩证地看，在本土与国际、传统与现代之间寻求平衡和融合，在学科间有用与无用、功利与精神、自我与社会、成就与超脱之间的辩证关系上给予适当的引导，使学生们能自觉建立面向未来的社会责任和社会理想，把中国传统优秀知识分子的超脱气质、家国情怀、担当精神等人文素养，潜移默化到生活的每一个细节中去，以大学风气带动社会整体素质的发展和提高，才能真正地达到"教化"的作用，才能全面新民，提升国民素质及在世界中的作用。

---

① 钱学森，民族的脊梁，http://www.docin.com/p-402612012.html。蒋英系声乐家，钱学森先生的夫人。

② 参见百度百科：林徽因，http://baike.so.com/doc/4614148.html。

如何改善高年级本科生的教学效果

陈建东　王吟吟　许云芳　程树磊①

摘要： 教师的教学效果和学生的思想精神是相辅相成的，对于高年级本科生来说，激发他们学习的主观能动性很重要。本文从课堂设计、建立学习小组、课下互动、课外实践等方面对改善高年级本科教学效果进行了探讨。教师只有在实践教学中不断地对教学方法进行改进和优化，才能够切实地做到改善高年级本科生的课堂教学效果。

关键词： 教学效果　本科生　课堂教学　课外实践

一、前言

如何提高教学效率，是每一位大学教师一直追求和奋斗的目标。教学效果改善了，也就是提高了教学质量。因此，改善教学效果显得尤为重要。

目前在我国很多高校中存在着教学低效或失效的现象。调查显示，我国高校学生逃课现象较为严重，部分学生对学习不重视，上课出勤率不高，课堂中学生反应冷淡，师生之间互动不足（黄凌云，2010）。而这种现象在我国高年级本科生（三、四年级）中更为明显。究其原因，一方面，高校高年级学生面临着即将而来的就业、升学等压力，为了在将来能够谋求到一份好工作，他们把大部分精力分散到了各种考证、实习或者准备升学考试复习等上面，而对学校正常教学的重视度相对减弱；另一方面，对于高年级学生来说，他们已经具备了一定程度的专业基础，传统的教学和学习已经不能满足他们的需求，使得他们在上课时不能集中注意力，学习积极性不高。因此，为了提高高年级本科生教学的有效性，就需要教师们在自己的教学中不断的实践、总结、完善和创新，通过采用多种教学形式，吸引学生主动参与到日常教学中，从而提高学生的学习质量，进而

---

① 陈建东，西南财经大学财税学院副教授、博士生导师，英国曼彻斯特大学博士；王吟吟、许云芳、程树磊，西南财经大学财税学院。

提高教学水平。

相对于传统的教学方法，对大学生的授课特别是高年级学生的教学模式应该更要突出学生的主体地位，更要有利于教师教学理念的转变（贾才芳，2013）。和低年级的教学不同，对高年级本科生的教学模式一方面应该更要注重学生的主观能动性，变"教"为"导"，注重学生的思维训练。通过引导，让学生在课堂上能够充分展示自我，做到自主、探究性学习，以此来激发学生的创造性思维；另一方面针对高年级本科生的特殊性，教师还应该指引学生将课堂中所学到的理论知识运用到现实生活中，做到理论与实践相结合，使学生能够在实践学习中更深刻地认识到课堂学习的重要性，从而来提高自身的学习效果。笔者结合自己的教学经验，以财政学专业为例，谈谈如何改善高年级本科生的教学效果，以期达到抛砖引玉的目的。

二、改善高年级本科生的课堂教学效果的探索

1. 设计有效的课堂提问，改善课堂教学效果

课堂教学作为教师教学中最重要的部分，其效率和质量直接影响着教学质量及人才培养的水平。而课堂上老师和学生的积极互动和交流更能凸显出一节课的教学水平。而这种互动性的交流不仅仅是简单地问和答，"高水平的问题是一个教师运用各种技巧以引起学生更深层次的思考或推理。好的问题能够引导学生获取知识，提高能力；也有利于调动课堂气氛，有效提高课堂效率。"（李海平，2012）可以说，师生间的交流是课堂的生命线！但是相关调查显示，我国高校课堂中特别是高年级本科生课堂中，大多数学生在上课时不愿意积极主动地回答问题，使得课堂出现低效的现象。因此，面对这一现象，就需要教师采取比较有效的措施和方法来改变这一现状，提高课堂效率。

作为课堂上教师和学生交流最常用的方式，课堂提问对教学双方都起着积极的作用。首先，对学生来说，课堂提问式教学由于方式比较多样化，一定程度上有利于提高学生自主学习的内在动力。有了学习动力的驱使以及老师所提的问题的指引，学生在分析和解决问题的过程中思维得到了启发和扩散，从而能够更好地吸收和消化知识点，加深印象；其次，对于教师来说，通过课堂提问，教师根据学生回答问题时反馈出的信息，能够了解学生对课堂所学知识掌握的程度，然后通过采取相应的措施，如及时修改教学方法和内容，调整教学进度等，使课堂教学更加有效。而且，教师也能够利用课堂提问这种和个别学生交流的方式来实现和全体同学的交流。事实上，教师对某个学生的提问，实际上是有目的的选择回答对象。或是对不认真听课的学生的提醒，或是对某个问题以提问的方式引起

学生的注意和思考。以此方式来提高学生课堂上的集中度以及充分调动学生回答问题的积极性和主动参与性，使学生能够自觉、主动、深层次地参与到课堂学习过程中。

针对目前高校课堂上学生不主动回答问题的现象，笔者认为，首先教师要起到较好的引导作用，根据教学内容设计难易程度和数量适当的问题，所提的问题要面向全体同学，并根据教学要求和问题的难易程度，有针对性地选择提问对象。以此慢慢消除学生对回答课堂提问的畏惧心理，调动学生参与课堂讨论的积极性；对习惯性坐在后排的学生，教师可以通过划分平时成绩的方法，引导和鼓励其多发言，多互动；同时对于高年级本科生，教师所设计的问题，更要注重理论和实践相结合。这种师生间的交流互动，不仅能够活跃课题气氛，还可以启发学生的发散性和创造性思维。

2. 组成学习小组，提高学生学习的主动性

一般的教学是教师在讲台上授课，学生在台下机械地做笔记，被动地听讲，这对培养学生的创造性思维很不利，更不能带动学生的学习主动性。而且，对高年级学生来说，其本身的侥幸心理和不端正的上课态度，使得他们在课堂上容易出现"搭便车"现象，这就不利于教师对每位同学给出公平合理的分数。因此，要想提高教学效率，教师在讲授中就需要试着转变角色，将教学的主动权交给学生。

教师可以把课堂中将要讲授和学习的主题内容提前布置给学生，由学生课下到图书馆查找资料，自主学习。具体来说，教师在学期开始时就将学生分成若干组，分组时可以按照成绩优劣尽量兼顾到均衡、合理，并设小组长负责小组日常事务。教师根据学期课时数给每个小组布置一个主题内容，比如对财政税收专业的学生来说，教师可以针对当前财政税收热点问题如收入分配改革方案、养老金问题的完善、个税改革方向等现实问题，要求各小组成员课下围绕主题分任务收集相关资料，进行梳理总结后小组讨论完成。并且，小组成员需要在要求的课时上，将本小组准备的主题内容通过 ppt 等方式在全班进行展示，并发表自己的认识和看法。在展示过程中，要求各小组在组长的带领下，每位成员都要上台讲解自己的学习过程，以防小组内部"搭便车"现象的出现。小组展示后，再由全班同学一起进行讨论，台下同学可以针对主题内容对疑难问题或有价值的问题对该小组成员进行提问、点评，对学生无法解决的问题再由教师进行精讲点拨，最终达到释疑的目的。

在整个教学环节中，教师由传统教学中的操作者和主宰者变为教学的组织者和引导者，学生也由被动接受变为主动学习的主人。而这个过程要求教师要充分

相信学生，让学生在明确目标主题后自己去发现问题，提出问题，并自己进行总结，从而来加深对知识的理解。这种小组讨论的方式，不仅加强了教学中的师生互动，活跃了课题气氛，还有利于提高学生学习的积极性，培养和激发他们自主学习的能力。而且小组合作模式对于培养高年级本科生的团队合作精神有很好的促进作用，对他们日后的就业和升学都有很大的帮助。此外，小组合作方式还有利于教师对每位学生给出比较合理正确的分数，从而最终实现对高年级本科生的教学目的。

3. 建立班级 QQ 群或微信群，激发学生学习的积极性

随着电脑以及各种通信设备的日益普及，网络已经成为大学生生活中不可或缺的一部分。同时，网络也为当今教育翻开了崭新的一页。教师可以通过建立班级 QQ 群或微信群作为教育教学和班级管理的有效辅助工具。这样不仅有利于教师随时了解学生的思想和学习动态，同时学生也可以通过 QQ 群或微信群进行学习、交流和沟通。

一方面，对于学生来说，他们比较乐意在班级 QQ 群或微信群里进行交流和沟通。因为在班级 QQ 群或微信群里，他们可以比较自由开放的发表自己的看法，表达自身意愿。对一些问题还可以和同学在网上进行讨论。因此，QQ 或微信群有利于增强学生参与班级讨论的积极性和主动性，从而可以增强班级凝聚力。由于网络媒体信息传播及时，不受时空限制，学生在校时可以和老师、同学进行面对面交流，但回到家后就比较难以实现这种对话。而班级 QQ 群或微信群正好弥补了这一不足，学生可以通过网络与老师和同学进行沟通。同时因为班级 QQ 群或微信群是自由和开放的，对所有学生都是平等的，每个人不管跟老师或是同学，均可以在这个虚拟的世界里平等对话。特别是对那些平时不爱说话或者比较害羞的学生来说，QQ 群或者微信群有助于他们放下思想包袱和精神压力，在群里畅所欲言，表达自己的思想，从而和同学或者老师进行较好的交流。

另一方面，QQ 群或微信群也为学生们提供了一个很好的和老师进行交流的平台和机会。教师通过这种群聊的方式和学生进行交流，首先可以让学生没有精神压力，不用担心出现说错话的心理顾忌和面谈的尴尬。老师和学生能够在一个相对比较轻松的环境中进行对话和交流。通过这种方式的沟通，学生可以充分暴露自己的思想，老师也就可以在对话中对学生进行正面的引导。这样可以促进师生之间的彼此了解，培养师生之间的感情，为教师的教育工作打下较好的心理铺垫，从而有利于提高教师的教育教学效率。另外，教师还可以通过学生在 QQ 群或者微信群的聊天记录，了解学生在学习中遇到的重难点问题以及他们平时比较关注的问题等，比如对当前比较热门的财政税收制度的改革等问题，学生们是如

何看待和认识的。有了这些了解后，教师在下次上课时就可以比较有针对性地对某些问题进行深入剖析，对学生们认识错误或者认识不够的问题，进行及时纠正和引导，从而加深学生对这些具体问题的看法和见解。

4. 开展课外实践活动，培养学生的创造性思维

对低年级学生的授课，教师一般采用传授式的教学方法，主要是课堂上的讲授，联系实际也仅仅局限于课堂上的一些举例和案例分析等辅助方式，多数课程无法使学生亲身体验、参与和操作。但对高年级学生来说，他们已经具备了一定的专业基础，这种被动地接受知识，机械地操作，简单地重复，不仅会影响他们学习的质量，还会消磨他们的学习兴趣，最终会限制他们的思维发展。而且，面对即将到来的各种就业压力，这种传统的上课模式已经不能够满足他们的需求。因此对教师来说，要想提高高年级本科生的课堂授课效率，就需要转变以往的教学方式，要更加注重实践教学，引导学生了解国情、了解社会，以此来提高学生的自我学习能力和实践能力。

对高年级本科生的教学，首先，教师在介绍完相关理论知识后，可以在课堂上多以各种实例或者案例分析等方式展开后面的教学内容，并鼓动学生参与讨论，让他们针对实际案例积极发表自己的观点和见解。比如对财政学专业的学生，教师可以组织学生让他们对当前财政税收的某一具体问题如对目前养老金并轨的问题进行讨论，各抒己见。而教师在这个过程中只是起引导作用。通过这种教学方式，有助于带动课堂气氛，提高学生的学习兴趣，从而可以提高教学质量。而且，教师还可以利用各种资源安排学生参加社会实践活动，鼓励他们在学习书本知识之余能够将所学知识学以致用。比如通过学院组织学生到当地的财政局或税务局进行观摩，让学生带着问题和工作人员进行交流，将所学知识真正融合到实践中。通过对财政或税务机关工作性质和工作流程的了解，可以使学生对所学专业有更清楚的认识，并从中找到自身差距，从而对他们以后的择业和就业具有较好的导向作用。而且，教师还可以通过某些途径聘请一些财政或税务工作人员来学校给学生上课，这样学生可以更多地接触一些比较实务性的知识。此外，通过课外实践活动这一较好的锻炼自我的平台，学生不仅可以锻炼自己理论联系实际的思维，还可以学习一些课余知识，同时也可以从中学会如何进行人际交往。

三、总结

教师的教学效果和学生的思想精神是相辅相成的，对于高年级本科生来说，激发他们学习的主观能动性很重要。因此，教师只有在实践教学中不断地对教学

方法进行改进和优化，才能够切实地做到改善高年级本科生的课堂教学效果。

参考文献

［1］黄凌云.大学生课堂现状的调查与思考［J］.镇江高专学报，2010（3）.

［2］贾才芳.优化课堂结构 提高课堂效率——关于高效课堂的课堂结构研究［J］.德州学院学报，2013（7）.

［3］李海平.精心设计课堂提问 提高数学课堂效率［J］.教育革新，2012（4）.

我国财经类高校智库定位与建设探析①

朱宁洁②

摘要： 加强大学智库建设，并促进学校自身内涵发展，目前已成为很多高校关注的问题。在分析国内高校智库发展的优势和局限的基础上，通过对独立求真的学术精神、鲜明的学科特色、与行业地方的关系这几个重要影响因素的探讨，给出了财经类高校智库建设的目标定位。根据这个定位，结合实际情况，财经类高校智库还需在完善制度保障、凝聚研究方向、培育优质团队、扩大影响力等方面不断努力。

关键词： 智库　高校智库　财经类高校

近些年，随着国家对软实力的日益重视，建设属于我们自己、拥有一定话语权和影响力的智库体系已成当务之急。作为中国特色新型智库体系中重要组成部分，高校智库以自己独有的优势为国家社会的发展服务，"2011计划"的提出与积极推进，更为高校智库的建设带来了重大发展契机。本文将从财经类高校的角度出发，根据我国高校智库建设现状和财经类高校的特点，就财经类高校智库的定位和发展进行探讨，并提供建议。

一、我国高校智库发展现状分析

智库最早出现于第二次世界大战期间的美国，经过近一个世纪的发展，智库已经在推动政府决策的科学化和社会经济健康发展方面发挥着至关重要的作用。由于社会制度、意识形态的差异，不同国家在智库发展方式和路径等方面并不完全相同，但是，各国对智库作为国家战略、政府政策的主要思想来源的认识上却是共同的。近年来，随着全球一体化、世界多极化的进程，我国发展的国内外环境急剧变化，加上国民经济快速增长和社会深层次矛盾的凸显，迫切需要智库机

---

① 基金项目：北京市属高等学校高层次人才引进与培养计划项目。

② 朱宁洁，首都经济贸易大学发展规划处，副研究员。

构为政府决策提供智力支持，以提高我国公共政策的科学化、民主化，智库建设已在我国上升到国家战略。在这个背景下，许多高校希望利用自身的知识优势来担任政府的智库，专门成立了政策研究机构，进行相关研究与咨询工作。但是，高校的科研工作多以理论研究为主，缺少为政府和地方决策服务的经验和能力，只有少数研究型高校才建有具有一定影响、并影响政府决策的智库机构，如北京大学国家发展研究院、清华大学国情研究院、清华—布鲁金斯公共政策研究中心、南京大学长江三角洲经济社会发展研究中心等。

在我国，智库主要有官方智库、高校智库和民间智库这三种类型。官方智库一直保持平衡发展态势，其主要由各级党委政策研究室、政府政策研究室、社会科学院、社科联、党校五个系统组成；高校智库从20世纪80年代起步，近些年发展迅猛；民间智库的发展与我国改革开放的进程息息相关。高校智库由于具有丰富的人才支撑、可靠的资金保障和超脱的社会地位成了一种极具特色的智库，有效地弥补了官方智库与民间智库的不足。与官方智库的研究主题深受政治环境影响不同，高校智库可以有相对自由探索的研究方向。与民间智库会面临资金缺乏、研究缺乏长期性等困难不同，大学智库有着雄厚的人才与资金基础，能就一些前瞻性、战略性问题进行长期研究。在服务社会、推动创新方面，大学智库还有着其他类型智库所没有的独特的优势，包括：独立的大学精神、雄厚的学术资源、多学科的综合研究、理论研究和应用研究的结合、对知识的非功利性追求、丰富的信息资料、积极的对外交流等。此外，高校智库在发挥它的社会服务功能的同时，还能为社会培养一批具有全局观念、开展理论联系实践研究和具有一定分析能力的高水平人才，推动一批研究方法和研究成果的应用与推广。

然而，由于起步较晚，我国的智库整体水平与欧美国家还有一定的差距，根据美国宾夕法尼亚大学支局和公民社会研究项目发表的《2012年全球智库报告》，在全球前50强智库中，美国占了11家，英国有10家，中国只有3家。我国智库行业整体尚属于发展初期，还存在着智库独立性问题、能力问题、话语权问题等智库自身发展方面的问题。加上我国特有的社会体制，智库又面临着定位不清晰，管理体制不健全，配套环境不完善等发展瓶颈。作为智库体系的一部分，我国高校智库也同样面临着这些问题和瓶颈。此外，置身于高校中，高校智库还面临着其他一些实际问题，例如：由于研究文化、研究范式和科研评价的影响，政策研究成果远不如学术研究更容易获得认可；智库成员基本都由学术人员组成，研究取向单一、学术背景相似、学缘单一，很难真正在政策制定的实际操作过程中有所作为；除了少数研究者，多数研究机构和人员难以直接接触决策部门等。

二、财经类高校智库典型特征与定位分析

远离政府决策中心，加上学术本位、理论化、学科性的特点使得我国高校智库的影响力和水平还很有限。目前，国内具有较大的社会影响力的高校智库几乎都来自以"985"高校为主的高水平综合性大学，专业性、行业性高校很难与之竞争，这其中也包括财经类高校。事实上，财经类高校在服务国家地方经济发展方面有着很大的发挥空间，其中，智库就是一种重要的社会服务形式。在建设和发展财经类高校智库的过程中，将面临诸多的重大考验，认清和明确财经类高校智库的目标定位至关重要，这将影响到智库的发展和实践。在明确智库定位之前，有必要对其中几个重要或独有的影响因素加以探讨。

1. 独立求真的学术精神

独立性是智库拥有社会名誉和公信力的基础，这种独立性多体现于相对独立的组织机构、经费的多元化、忠于客观的研究等。我国社会制度不同于西方，因此在组织结构、经费和人员安排上，高校智库不能算是依托于高校的独立组织。但是，这并不意味着高校智库一定就缺乏独立性，因为，大学的核心精神是思想和学术独立，这使得高校智库能够以独立的学术探索、科学客观的研究和思考为社会服务，这种独立求真精神已成为了高校智库的生命力所在。扎实的理论研究基础为战略研究、决策研究提供了学术底蕴，学术和实践互动的优势使高校智库既能凭着扎实丰厚的基础研究为政府一些重大战略提出重要的见解，又能通过现实问题的研究，在理论研究和研究范式上取得进展。

2. 鲜明的学科特色

经过多年建设，国内财经类高校多已发展成为以经管类学科为主、多学科协调发展的大学，尽管也开设了理工科，但是人文社会学科仍然是财经类高校的主干学科。不同的学科在知识属性、研究范式、学科文化和成果形式等方面都会存在一定的差异。与自然科学不同，人文社会科学知识的应用多体现为以下三种形式：①工具性运用，指实质性地服务于特定问题的决策；②符号性运用，指为某种政策立场提供研究结论作为注解；③概念性运用，指通过运用理论或假设重新界定问题、提供新思路。人文社会科学知识转化的成果和效益通常是无形和潜在的，具有更强的公益特性，学科的发展对特定社会文化的依存度也比自然科学更大。由于人文社会学科的多样性，使得知识转化形式也多样化，例如学术咨询、合同研究、合作研究、培训和人员交流等。鉴于财经类高校鲜明的学科特点，我们可以根据财经学科特色和优势，有选择有步骤地建设有中国特色的财经智库，提高服务政府经济社会决策水平。在建设财经智库的同时，也能为学校学科的内

涵建设和协同创新提供可持续发展的动力。

3. 与行业和地方的关系

回顾国内财经类高校的发展历史，很多高校与财政、金融、商业、税务等行业有着千丝万缕的关系。正是这种历史渊源，使得财经类高校在办学过程中形成了与行业密切相关的学科优势和鲜明的办学特色、取得了大量的原创性研究成果、培养了一批优秀的行业骨干。虽然，现在很多财经类高校与相关产业的联系不如以往那么密切，但是两者间的历史渊源以及社会分工的深化，使得财经类高校服务于与经济发展相关产业的特点仍然具有现实意义。除了产业的影响，财经类高校的发展离不开地方的支持。我国的"985""211"高校多属于高水平大学，比较容易得到政府的支持，拥有较雄厚的人才基础和较优质的生源，然而，对于大部分非"211"财经类高校来说，要办出特色和水平就需要与地方合作，为地方经济社会发展做贡献。与地方政府合作对于双方来说都有好处，一方面，为实现"建设服务型政府和制度创新"的目标，地方政府迫切需要高校智库的支持和参谋；另一方面，地方财经高校智库人员可以将学术研究和地方情况相结合，在为地方的治理和发展提供决策依据的同时，促进学术研究工作的深入。

在综合考虑了各方面因素的情况下，国内财经类高校智库的目标定位可以描述为："在坚持为国家服务、为中国特色社会主义服务原则的基础上，通过建立稳定的具有多学科背景的专家团队，为国家、地方政府在社会经济领域的决策、为相关行业的战略发展提供高质量、有深度和有影响的理论、策略和方法支持。"至于智库具体服务对象、研究方向、组织形式、资源配置还需根据学校的办学理念和定位、历史传统和地位、学科特色和优势等的不同而"有所为，有所不为"。

三、建设高质量财经类高校智库发展建议

即使明确了目标定位，财经类高校智库发展的道路上还会面临很多实际问题，根据这个目标定位，结合财经类高校智库发展中面临的一些实际问题，为促进高质量财经类高校智库建设，建议如下：

1. 完善制度保障

高校内部研究机构众多，资源分散，研究水平良莠不齐，影响力难以充分发挥，加上教师承担着教学、科研、社会服务等任务，缺乏开展政策研究的时间和精力。针对这一系列问题，可以以智库建设为契机，从制度建设入手，整合和利用学校的学科、人才、资源等优质资源，推动协同创新，促进智库建设取得质的突破。现有的高校的智库组织多是按照学校原有的学科设置来构建的，随着国际化、大科学、大数据时代的到来，必然会出现很多新的研究问题，这些问题需要

学科间的合作和融合才能解决。因此，不同于常规性的学院学科设置，财经类高校可以根据学校实际情况、学科特色和学术传统，整合资源，协同创新，有重点有步骤，有层次的集中力量建设高水平的智库。由于学校自身的定位和学科的特色，财经类高校很难建设高大全类型的智库，而建设小而精或特色鲜明的智库也可以是一种比较好的选择。

在整合资源、突出重点建设智库的同时，完善大学内部治理结构，完善诸如激励、人才培养和引进、团队培育、组织创新、学术评价、绩效考核等制度保障，将对高校发展和智库建设都有着积极的意义。以学校内部科研评价方法为例，由于研究重点和服务对象不同，智库面临着学术研究与对策研究的矛盾，学校内部科研评价传统多倚重学术论文和纵向课题，如何真正将知识转移的贡献纳入科研评价体系、鼓励创造有价值有分量的研究成果将对提高智库研究人员的工作热情有着积极的意义。

2. 凝练研究方向

理论研究和对策研究在研究范式、学术标准、研究方向、研究成果等方面都有着很大的不同。例如，理论研究会提出假设并进行论证，其评价标准多基于同行评价；对策研究多是针对现实问题来展开调研，有较强的政治性，评价标准更看重它的可操作性。然而，两者并不是对立的领域，如何把握两者关系、并将此转化为独有的优势将是高校智库需要解决的关键问题。财经类高校对这个问题可能相对容易处理，因为财经类高校的主干优势学科多是社会学科，而这类学科本身就具备了应用性、有用性和实践性的特点。

经过了系统的学术训练，高校智库研究人员往往具备了严谨的学术精神，有着比较扎实的理论基础，这种学术精神与专业的对策研究结合起来对智库开展高质量的研究工作大有裨益。从研究人员发展和工作热情角度来说，将个人的研究方向与智库聚焦领域、课题项目研究统一起来，即能保证团队研究目标的实现，又能促进个人职业生涯发展，因此，选准研究方向对于智库和研究人员的发展都很重要。作为财经类高校的智库，在谨慎处理学术性和政治性关系的基础上，以国家全局性战略性、地方经济发展需要或相关行业战略发展等视角入手，围绕重点、热点和难点问题，有远见、有创新地开展对策研究工作。在建设中国特色社会主义现代化进程中，财经类高校智库研究方向将有很多的选择，例如经济发展方式转变、经济体制改革、就业与收入、民生改善和提升、社会和谐、区域一体化等。

3. 培育优质团队

决定智库实力和影响力的关键因素就是人才，打造一支高质量的研究团队对智库建设至关重要。首先，高校智库可通过建立灵活的人才招聘、任用和流动机制，吸引、选拔和培养各方面的优秀人才，可利用"千人计划""长江学者"等诸多国家、地方和高校自设的人才工程吸引优秀人才和知名学者的加盟，也可以为有思想、有兴趣的年轻研究人员提供机会，还可以通过博士后和博士培养等方式储备和发现有潜力的后备人才。简单地说，高校智库的人才政策就是发挥专家学术影响力，培养中青年研究人员，储备后备人才。其次，由于现代社会的复杂性和多元化，我们很难运用单个学科知识来进行对策研究，建立智库研究团队时，既需要具有学术造诣和实践经验的专博相济型人才，还需要考虑研究人员的学科背景、学历、年龄结构、实践经验等多种因素。多学科的碰撞、多元化的成员背景、不同知识优势的个体合理配置都将有助于实现成员间的优势互补，有助于提高研究工作的效率。最后，与学术团队不同，智库需要建立"专与综"相匹配的研究团队，这类团队既能体现研究工作的专业性，又能对社会问题进行综合研究。

4. 扩大影响力

与学术机构不同，高校智库不仅要有自己的思想和观点，还需要去影响和改变社会，没有影响力，智库就没有存在的意义。为了提高高校智库公众影响力，可以从以下几方面着手：①通过专著、期刊论文、专题会议、国际会议、论坛等多种形式适当发表研究成果，向社会输出自己的思想和观点。研究成果除了要接受同行评审，还需接受公众的辩论和评价。智库在面向社会公布研究成果时，应将严谨的学术话语转化为社会公众与政策制定者所能理解的现实话语，达到研究成果的可读性、通俗性和可操作性；②积极开展横向合作，与政府建立良好互动的关系，以增强高校智库为现实服务的能力。可以通过与相关部门产业合作开展重大横向课题的调研、与政府建立良好的联通沟通机制、为决策部门及时反馈最新的调研和对策建议等形式，提高在政策制定中的话语权，提高成果转化应用率；③善于运用现代传播手段，与外界保持良好互动关系，引导舆论走向。在坚持为社会的公众利益服务的原则上，通过刊物、网站、宣讲会、新闻发布会、科普等多种形式传播研究成果，引起社会关注，提高智库知名度和话语权，建设智库品牌。

参考文献

[1] 杜宝贵，等. 我国高校智库协同建设路径探析 [J]. 现代教育管理，2014 (4)：8-12.

[2] 侯定凯. 人文社会科学的知识转化机制探析——兼论优质大学智库的培育 [J]. 复旦教育论坛, 2011 (5): 33-38.

[3] 南荣素. 建设高校财经智库为经济发展重大需求服务 [J]. 中国高等教育, 2013 (20): 39-40.

[4] 任玥. 试论我国大学智库功能发展的困局——中美比较的视角 [J]. 高校教育管理, 2014 (7): 31-36.

[5] 王建. 智库转型——理论创新与实践探索 [M]. 上海: 上海三联书店, 2012.

研究型大学思想政治理论课教学范式探究①

俞国斌②

摘要：创新型、研究型人才是研究型大学的人才培养目标；教学学术观、教学民主观、教学协作观是研究型大学教学范式的核心理念。研究型大学思想政治理论课教学范式的主要内容是：把实现师生平等主体作为核心理念；把研究性教学作为主要教学方式；把理论教学与实践性教学相结合；把开卷考试、过程评价、能力考察作为考核方式。为此，还必须建立健全反映并服务于这些内容的教学保障制度。

关键词：研究型大学　思想政治理论课　教学范式　教学制度

人才培养，是任何一所大学的基本功能。与一般大学人才培养的差异在于，研究型大学因为要以产出高水平科研成果和培养创新型、研究型人才为目标，所以更加强调大学生创新精神、研究能力的培养。研究型大学在人才培养目标上的这一特征，必然导致研究型大学的教学范式（包括教学理念、教学内容、教学组织方式、课程考核方式等内容）也应该有其特别之处。因此，现实要求我们回答：研究型大学的思想政治理论课应该适用怎样的教学范式？笔者试图结合自己所在学校的实践就这一问题进行探究。

一、研究型大学教学范式的特征

为了适应培养高素质创新型、研究型人才的需要，研究型大学特别注重学生创新精神与研究能力的培养，其教学范式至少有如下三个突出特征：

第一，三个核心教学理念。笔者所在学校大力推进课程教学范式的深彻转变，明确课程教学范式要贯彻三个核心理念：一是教学学术观。教师既是教学

---

① 本文借鉴了清华大学刘美珣教授、西南财经大学龚松柏副教授等许多同行和同事的智慧，深表感谢！

② 俞国斌，西南财经大学马克思主义学院党总支书记，教授，长期从事本硕博思想政治理论课教学。

者，又是研究者，从事的是研究性教学；学生既是学习者，也是研究者，从事的是研究性学习。"教"和"学"的中心任务是让学生学会学习，学会提出疑问，学会研究方法，培养学生主动探究、独立思考和解决问题的能力。二是教学民主观。教学要建立在民主平等的基础上，要让学生对教学内容拥有充分的表达权。教师与学生要在平等的氛围中进行充分的教学沟通和学术讨论，形成开放和谐的学习情境。三是教学协作观。大学的学习是高级学习，需要师生协作，包括教师之间的协作、学生之间的协作、教师与学生之间的协作，要通过协作并相互启发，促使学习和研究在更高层次上进行。

第二，重视研讨课程的建设。研究型大学都强调学生主动参与教学过程，而不是被动听课，因而也就特别重视研讨课程的建设。以笔者所开设的新生研讨课（Freshman Seminars）为例（是由各学科领域的高职称教师和研究人员面向一年级本科学生开设的小班研讨形式的课程），这些课程的主要特征是：以探索和研究为指向，强调师生互动和学生自主学习；教师是组织者、引导者和参与者，围绕老师选定的专题，在师生、生生间进行平等的交流和协作；对学生在掌握知识、开阔视野、合作精神、批判思考、交流表达、写作技能等诸多方面进行整体上的培养与训练，并据此采取灵活的考核方式，如口头陈述、书面报告、读书报告、项目考核等。

第三，注重教学与科研的融合。研究型大学要求教师既要搞科学研究，也要从事教学工作，更要注重教学与科研的融合。教学中，教师要将自己的科研成果和学术前沿动态教授给学生，不断更新教学内容，以科研来促进教学。学生在教师引导下，不仅学习了最新知识，而且还了解到学术界和现实社会尚未解决的难点问题，从而激发学生主动思考。教师还要帮助学生学会运用科学方法来思考和解决问题，使学生了解科学研究的过程，掌握科学研究的方法，以类似科学研究的严谨方式和态度去获取信息或应用知识解决问题。这些，对于培养学生的创新精神和研究能力，具有重要的作用。

我们强烈感受到，研究型大学教学范式的这些特征，对思想政治理论课教学提出了挑战。因此，我们需要以研究型大学的人才培养目标为牵引，对思想政治理论课的教学范式进行探究。

二、思想政治理论课教学范式的改进

思想政治理论课是高校的基础课程，是对大学生进行思想政治教育的主渠道和主阵地，是进行立德树人教育的重要内容，其教学目的是培养和提高大学生运用马克思主义立场、观点、方法分析和解决问题的能力，帮助学生树立正确的世界观、人生观和价值观。因此，一方面，研究型大学的人才培养离不开思想政治理论课教学；另一方面，思想政治理论课教学也必须服务于研究型大学的人才培养目标并适应其教学范式特征。笔者认为，要使思想政治理论课教学更好地服务于研究型大学的人才培养目标并适应其教学范式特征，就不断需要改进和完善思想政治理论课教学范式，现阶段，其主要内容应该是：

第一，把实现师生平等主体作为核心理念。思想政治理论课教学要体现"教学学术观""教学民主观""教学协作观"，改变"满堂灌""一言堂"，实现"研讨""互动"，就必须做到师生学术地位平等，同为教学主体。传统教学模式中，师生之间是授受关系，教师是知识的传授者，是教学中的主体，学生是知识的接受者，是客体。而研究型大学教学范式特别强调学生要参与研讨、互动，所以他们也必须成为教学中的主体，是教学活动的主动、平等参与者，而不是被动的接受者。教师所扮演的角色是教学的引导者和高级学习伙伴，学生的主体性要得到最大体现。只有师生间进行的是一种平等的、朋友式的、讨论式的教学过程，学生才可能敞开心扉，思想政治教育才会真正有效。

值得重视的是，不能从一个极端走到另一个极端，强调学生主体地位不等于否认教师主体地位。"学生是主体，教师是服务者""教师是导演，学生是演员"，这些认识都有失偏颇。思政课教师绝不仅仅只是情景、问题的设计者或教学活动的组织者，而同样应该是教学活动的参与者，应该以平等主体的身份与学生一道参与研讨、互动。也就是说，在强调学生主体地位的同时不仅不排斥教师的主体地位，而且对教师提出了更高的要求——使师生真正成为学习的平等主体，改变"满堂灌""一言堂"的教学方式，共同探讨、研究、回答时代、社会、人生中不断提出的难点、热点问题，激发学生的求知欲和探索精神。

第二，把研究性教学作为主要教学方式。思想政治理论课教学应该是既重知识传递和信念坚定，也重能力培养。如果教学就是告诉学生既定的结论，必然是纸上得来终觉浅。开展研究性教学，激发学生学习的积极性和主动性，在各种思想的交锋中理解、掌握了马克思主义的立场、观点、方法，增强了分析和解决问题的能力，思想政治理论课就会更加有效。怎么开展研究性教学呢？

一方面，突出学生研究能力培养，增大思想政治理论课的学业挑战度。对教材阐明的基本概念和基础知识的学习仍然是需要的，但更多的是教师提出要求，学生课前自学。学生通过自学能够读懂的内容，教师不再详细讲解。教学的重点是培养学生分析和研究问题的能力，特别注意启发学生关注和思考现实问题，倡导师生围绕特别感兴趣（或困惑）的问题进行研究性的教和学。没有现成答案，迫使学生带着问题进行课外阅读教材和"上网"，教师则通过学生反应的多样性、个体性，进行针对性的引导和思想的交锋与交流，从而实现教学与研究相结合，更好地解决思想政治理论课教学"入课堂易，入耳难，入心更难"问题。同时，研究性教学还要求教师以科研促教学，增强教学的学术性，将学科的理论前沿、研究动态、自身的研究成果融入讲授内容之中，把研究型大学的科研优势转化为教学优势。

另一方面，精心设计教学内容和流程，既要有问题逻辑又要有体系逻辑。教学要进行集体备课，对教学内容和流程进行精心设计。这种设计要把教材体系转化为教学体系，使信念教育、价值观教育润物细无声，使教师既不离开教材另讲一套，又不照本宣科，实现"若即若离"。这种设计既体现教材的核心内容（不面面俱到），紧扣鲜活的难点、热点问题，进行专题教学，又兼顾教材的整体逻辑框架。这种设计既要有个性，允许每一位教师张扬其研究特长和教学风格，并反映学生背景，又要体现共性，更好地实现思想政治理论课教学目的。

值得注意的是，这种设计应该是问题逻辑与体系逻辑并重①。"满堂灌"教学模式中多采用体系逻辑，根据教材的章节体系进行教学。研究性教学则需要采用问题逻辑。如果只采用问题逻辑，整个教学流程就可能变成许多零散问题的堆积，出现所谓"满堂问"，最终学生思维中就会只见树木、不见森林，知识难以完整，研究也不可能真正深入。较好的做法是，基础性理论教学多采用体系逻辑，政策性理论教学多采用问题逻辑；各次课堂教学多采用问题逻辑，整体教学流程则遵循体系逻辑。

第三，把理论教学与实践性教学相结合。实践性教学是学生更深刻理解把握马克思主义理论，培养学生动手能力的重要认知环节，全国各高校在思想政治理论课教学中都有专门的学分用于开展实践性教学。必要性早已是共识，但难点在于如何落实。研究型大学如何开展好思想政治理论课的实践性教学呢？

首先，要准确理解实践性教学。笔者认为：实践性教学既然是必修课的教学环节，就必须是每位学生都参加；实践性教学是每一门思政课的教学需要，不是哪一门思政课的专利；思政课开展的是实践"性"教学，泛指教师指导学生通过自己"动手"（或动嘴、动脑）获取知识的过程，只是说这种教学活动在性质上属于实践范畴而已，不等同于社会实践活动；实践性教学不是一定要离开校园，可以结合同学们每天的生活实践、交往实践、家庭实践、网络实践等进行教学。

---

① 所谓体系逻辑是指根据教材的理论体系展开的思维逻辑，问题逻辑则是围绕某个问题的深入研讨而展开的思维逻辑。体系逻辑的教学有利于学生整体把握学科，但在课时约束下很难深入，问题逻辑的教学有利于培养学生的研究能力，但不易形成对学科的整体把握。

其次，要统筹设计实践性教学，避免重复。不同思政课的实践性教学应该服务于不同的教学主题，并以不同的教学主题为牵引来选择不同的实践性教学方式。比如，笔者所在学院就把"明辨生活的是非""领会历史的选择""探究信仰的真谛""研讨改革开放的现实"分别作为"基础""纲要""原理""概论"课实践性教学的主题。相对应，这四门课程的实践性教学形式依次采取"身边生活主题调研""寻找活着的历史""经典著作研读"和"社会问题调研"等。当然，不同的教师还可以有不同的设计，诸如"案例研讨""校园文化研讨""网络文化研讨""校园调研""网络调研"等。

最后，要精心组织、实施实践性教学过程。实践性教学的组织形式主要是"小组研究"和"小组答辩"。以笔者所在学院为例，教师在每一个教学班的第一次课堂上安排实践性教学，课后学生自愿组成课题研究小组（5至8人），网上提交小组课题研究策划书（必须与教学主题直接相关），教师批准后实施；教师对各小组开展的课题研究活动给予全程指导和督查；各小组在期末对其研究过程和成果进行课堂展示（可以是调研报告介绍、学术论文观点介绍等形式）并提交研究成果（包括调研报告、学术论文等），师生对展示内容提问、辩论、点评；最后由教师和学生根据考核指标共同给予评价（打分）。

我们的体会是，实践性教学过程的这一系列活动非常有助于培养学生研究现实问题的动手能力和团队协作能力。由于学生没有思维定势，教师往往也能从学生的新鲜想法和思维的碰撞中得到启发。学生在课题研究中查阅的文献、提出的方案、完成的成果等，又反过来丰富了理论教学的内容。通过理论教学与实践性教学相结合，以理论教学提升学生实践思维的高度，提升实践的价值，以实践性教学深化对理论的认识，探索新的理论认知，从而不断提升思想政治理论课的教学水平。

第四，把开卷考试、过程评价、能力考察作为考核方式。俗语说："考、考、考，老师的法宝；分、分、分，学生的命根"。考试这根"指挥棒"对教师如何教，学生如何学，具有重要影响力。考核方式是教学范式核心理念的反映。内容决定形式，形式要服务于内容。为更好地服务于研究型大学的人才培养目标，思想政治理论课教学范式不仅要探究如何教、如何学的问题，还要探究如何考的问题。

笔者对这一问题的认识是，思想政治理论课的考核方式应该有助于调动教师和学生的两个积极性，有助于实现对"人"的思想政治教育，有助于深入学生的内心世界，解决学生的理想、信念和思维方法问题，有助于学生的个性张扬及创造性思维与能力的培养。笔者也同意这种见解，思想政治理论课是公共课，不是专业课，概念和理论体系不应该是考核的重点。因此，实行开卷考试，强化过程评价，能力考察为主，不仅是能够实现这些"有助于"的考核方式，也应该是能够更好地服务于研究型大学人才培养目标的考核方式。

笔者所在学校对思想政治理论课考核方式进行的探索是：①全面实施开卷考试方式，取消闭卷考试，杜绝"背多分"，强调"学业挑战度"，要求 85 分以上成绩获得者一般不超过学生人数的 30%。②把"平时成绩"的权重提升到 70%（其中包含实践性教学的 30%），改变了以期末考试为主确定学生课程学习成绩的传统方式，日常的教材阅读、文献整理、掌握知识、合作精神、批判思考、交流表达、写作技能等成为"得分"元素。③期末实行开卷考试，占比为 30%，但不统一考试，题型及内容由每位教师自主决定，强调以注重理论联系实际的开放型、能力型命题为主。④建立系统的学习过程评价体系，突出"参与度"和"能力"指标，使学生的成绩全面、真实反映学生的全程学习情况，反映学生的收获，鼓励学生主动参与到课程教学之中。

三、教学保障制度的健全

思想政治理论课教学范式要适应研究型大学的人才培养目标，不仅要改进和完善教学理念、教学方式、教学内容、考核方式，还必须建立健全与之配套的各种教学制度来保驾护航。与上文相对应，需要建立健全的教学保障制度是：

第一，实现师生平等主体理念需要的保障制度。教学要实现师生平等主体理念，既要解决管理者、教师、学生的思想认识问题，还要有相关教学制度的保障。例如，不仅教学形式要多样化，有讲授、互动、研讨、展示、质疑、辩论等，而且在教学时间使用上要有恰当比例。笔者认为每次课堂教学应该有 1/5 到 1/3 的时间供学生使用，但不应该超过 1/2。

第二，实现研究性教学需要的保障制度。从笔者所在学校的实践来看，思想政治理论课要较好地实现研究性教学，至少应该健全这四项制度：①实行中班、小班教学，避免大班教学①。②撤销"教研室"，建立"研究所"，强化基层学术组织的学术研究、教学研究和人才培养职责。笔者所在学校就以四门思想政治理论课为基础建立了"马克思主义原理研究所""马克思主义中国化研究所""思想政治教育研究所"和"中国近现代史基本问题研究所"。③既考核教师的科研，也考核教师的教学；实行学校、学院、研究所三级教学督导和听课制度；定

---

① 为降低教学班人数，西南财经大学本科生每门思政课都实行两学期均衡排课，每个教学班控制在80 人左右。笔者认为随着生师比的改善，降到 60 人以内则更好。

期开展教育思想讨论、集体备课、教学观摩，帮助教师不断提高教学水平。④实施挂牌教学制度、学生评教制度，让学生选择、评价自己的老师，促使每一位教师不断改进教学工作①。

第三，做好实践性教学需要的保障制度。为把实践性教学做实做好，笔者所在学校主要有以下保障制度：①有时间。本科生四门思想政治理论课都要安排1/3的学时在课堂教学外进行实践性教学。②有成绩。学生在实践性教学中的学习成绩占该课程总成绩的30%。③有总结。马克思主义学院每学期组织评选各门课程实践性教学优秀成果，向获奖同学颁发证书，并把获奖作品汇编成册，召开座谈会，请优秀成果指导教师介绍经验。

第四，实行开卷考试和过程评价需要的保障制度。实行开卷考试，强化过程评价，能力考察为主。这样的考核方式对教师和学生都提出了非常高的要求，笔者所在学校建立的保障制度主要是：①课程标准制度。每门课、每位教师都必须在研究所（或课程组）集体讨论基础上制定"教学实施方案"，包括课程目标、教学内容、课程要求、教学安排、阅读材料、考核方式等要素。②助教制度。"强化过程评价""实践性教学"等，都意味着更多的时间和精力投入，因而必须要有助教的介入。笔者所在学院的每位教师都可以申请助教，助教一般由在校研究生担任。③试题审查制度。期末考试的题型及内容由任课教师自主决定，但必须接受课程负责人（所长）审查，并报学校（教务处）备案。

结束语

现实中，我们不仅要应对研究型大学人才培养目标的挑战，而且还会被这些认识和现象困扰："教师只管上课，听不听是学生自己的事""我们是传播主流意识形态的，没人听也没有办法""使用什么教学方法是教师的个人特权，不必由所有教师集体商定""作业没有或就是抄抄书""考前突击背一背就可以通过"。要应对挑战，消除困扰，就必须对教学范式进行深入研究。研究好不一定教学好，但要教学好就必须要不断地思考和研究。笔者试图通过自己的思考和实践，借鉴同行的智慧和经验，从教学理念、教学方式、教学内容、考核方式、教学制度等方面，对"研究型大学的思想政治理论课应该适用怎样的教学范式"这一现实问题进行探究。笔者知道，自己的认知有限，这一问题，没有现成答案，也不会有标准答案，还需要不断探究。诚恳希望就教于同行，谢谢！

---

① 西南财经大学思想政治理论课教学实行挂牌教学制度已经 3 年，每个教学班限定在 30~100 人，每位教师每学期不超过 6 个教学班。

项目驱动式教学法应用于
财经类本科专业课程：影响因素分析

万　春①

摘要： 大学生实践能力弱已经成为我国财经类高等教育面临的一大难题。项目驱动式教学法具有能够显著提升学生实践动手能力的优点，并在很多教学领域取得了成功经验，应探讨将项目驱动式教学法应用于财经类本科专业课程的教学。首先，我们需要辨析存在哪些影响因素，才能有的放矢，建立行之有效的推广模式。

关键词： 项目驱动式教学法　财经类本科专业课程　影响因素

一、研究背景

目前财经类大学生普遍理论分析能力不强、实践动手能力弱，成为我国财经类高等教育面临的关键问题，这在就业形势严峻（2013 年被称为大学生"最难就业季"，而 2014 年就业难题并未明显缓解）的背景下，显得尤为突出，需要我们对财经类高等教育的教育模式及教学方法进行深刻反思。项目驱动式教学法是围绕教学任务，设计并实施教学项目，将理论知识融入实践动手完成项目的过程中的教学活动。其价值在于，变传统的"教师讲，学生听"的被动式教学为"以项目为主线、教师为主导、学生为主体"的主动式教学，培养专业能力、岗位能力等实践能力，以及学习能力、社会能力等全面的综合能力。项目驱动式教学法在国外的多种教育，包括职业教育、高等教育中对学生实践能力的提升是显而易见的，且在我国职业教育、工科类本科教育也获得了较为显著的成效。财经类课程有其特殊性，但在提高学生实践能力、综合能力方面与理工类课程的要求是相同的。笔者认为，鉴于项目驱动式教学法所具有的注重学生实践能力、综合能力的显著特征，在财经类本科专业课程中推行项目驱动式教学法，对于克服财

---

① 万春，江西财经大学经济学院，讲师，经济学博士。

经类本科专业课程教学实践性弱的弊端有着重要意义。而要有效推行这一模式，首要的就是要研究项目驱动式教学法应用于财经类本科专业课程的影响因素。

二、国内外相关研究述评

1. 国内外相关研究现状

项目驱动式教学法萌芽于 18 世纪的欧洲，国外研究不断充实了其理论基础，较为经典的主要有：①建构主义学习理论。建构主义学习理论由著名的心理学家 Piaget（1929）提出，其认为，知识不是通过教师传授得到的，而是学生在一定的情境即社会文化背景下，借助教师、学习伙伴等的帮助，由学生自己建构知识的过程。②实用主义教育理论。Dewey（1938）针对"以课堂为中心，以教科书为中心，以教师为中心"的传统教育，提出实用主义教育理论，主要观点是：以经验为中心，以学生为中心，以活动为中心。③情境学习理论。情境学习理论包括两个流派：一是心理学传统的情境学习理论，其认为，知识是情境化的而非抽象的，是在个体与情景相互作用的过程中被建构的，而非被客观定义或主观创造的。二是人类学传统的情境学习理论，其代表人物 Lave 和 Wenger（1991）认为，学习是情境性活动，是整体的、不可分的社会实践，属于现实世界创造性社会实践活动的一部分，在实践共同体的参与中完成。

这些理论主张由学生参与实践，自己建构知识，全面提升各种综合能力，从而为立足于通过项目设计、实施等实践活动展开教学的项目教学法奠定了理论支撑。项目教学法学习的重点在于学习过程而非学习结果，教学内容突破了传统的学科界限，创造了学生主动参与、自主协作、探索创新的新型教学模式。美国教育家 Katz 与加拿大教育家 Chard（1989）合著的 Engaging children's minds：The project approach 正式提出项目驱动式教学法，并引入欧洲、日本、韩国等地，在基础教育、职业教育和高等教育中广泛应用，成功培养了大量人才。从项目驱动式教学法萌芽迄今的漫长时间内，引发了诸多学者的研究热潮，从不同视角展开探索，如 Seet 与 Quek（2010）、Rye、Landenberger 以及 Warne（2013）等，理论上日臻完善。

项目驱动式教学法于 2001 年引入我国后，国内学者注意到这一教学方法的优点，将之与我国的教学实际结合起来进行研究，如冷淑君（2007）、朱枫（2010）、许长斌（2011）、石俊杰（2012）、刘玉梅等（2013）。国内研究表明，项目驱动式教学法在我国的职业教育、理工类高等教育取得了较大成功，逐步推广开来，但在财经类本科教育领域还未得到有效应用。

国外对项目驱动式教学法的研究已经比较完备，遍及包括中小学教育、职业教育、高等教育在内的各个教育领域。虽然国外教学模式与我国不同，不能直接照搬，但其对项目驱动式教学法的重视及实施途径仍值得我们借鉴；国内研究主要集中在高职教育以及理工类高等教育，对财经类高等教育的研究还较少。

2. 国内外相关研究的发展趋势

将项目驱动式教学法应用于各类教育，展开多角度、多领域的探索是当前国内外研究的一个基本趋势。我国现有财经类本科专业课程应用项目驱动式教学法受到多种因素的影响，导致应用不足，流于形式，效果不高，缺乏系统性研究的支撑。辨析这些影响因素，设计将项目驱动式教学推广应用于财经类本科专业课程的科学模式，是财经类本科教学研究的主要方向之一。

三、项目驱动式教学法应用于财经类本科专业课程的影响因素

将项目驱动式教学法应用于财经类本科专业课程，既受到财经类本科专业课程属性的影响，也受到项目驱动式教学法固有特征的制约。综合起来，笔者认为应综合考虑以下影响因素：

1. 项目驱动式教学法在财经类本科专业课程中的应用程度影响因素

项目驱动式教学法在财经类本科专业课程中的应用程度受到学校属性（综合性院校、理工类院校、财经类院校）、课程性质（理论性/实践性、基础性/应用性、一般性/专门技术性、定性/定量等属性）等因素的影响。学校属性决定了推行项目驱动教学法的环境氛围，理工属性越强的学校，学生动手实验、实习等的实践机会越多，项目驱动式教学法应用越多，而财经类高校相对要少些。课程性质决定了应用性越强的课程，"项目化"越容易，而理论性越强的课程，"项目化"难度较高，教师付出的设计、组织等方面的成本高。用模型表示为：

$$Y = \alpha_0 + \alpha_1 X_1 + \sum_{i=1}^{4} \alpha_{2i} X_{2i} + \varepsilon；\alpha_0 、 \alpha_1 、 \alpha_{2i} 为待估参数，\varepsilon 为残差项。$$

其中，Y 为项目驱动式教学法在财经类本科专业课程中的应用程度，以"应用项目驱动式教学法的课程数/专业课程数"表示；X_1 为学校属性；X_{2i} 为课程性质，$i = 1，\cdots，4$，即 X_{21} 表示"理论性/实践性"，X_{22} 表示"基础性/应用性"，X_{23} 表示"一般性/专门技术性"，X_{24} 表示"定性/定量"。

2. 项目驱动式教学法在财经类本科专业课程中的应用效果影响因素

项目驱动式教学法在财经类本科专业课程中的应用效果受到教师因素（教师的教学方法、教育背景、策划课程项目的能力等）、学生因素（学生基础知识掌握程度、对课程的偏好程度、职业取向等）、用人单位因素（用人单位提供就业职位与课程内容的契合程度、对学生专业能力/综合能力的重视程度等）等方面

的影响。教师因素决定了项目驱动式教学实施水平的高低，对课程内容熟悉、具有理工科教育背景、参加过社会实践的教师，组织的项目驱动式教学效果相对较好。学生因素则决定了项目驱动式教学法接受方（参与方）的能力基础、主观偏好，学生理论基础越好、参与兴趣越高，则项目驱动式教学对学生实践能力的提升越明显。用人单位因素对项目驱动式教学法具有直接的导向性效应，与用人单位工作性质吻合程度越高的教学项目，培养学生面向用人单位的专业实践能力就越有针对性。用模型表示为：

$$E = \beta_0 + \sum_{j=1}^{3} \beta_{1j} Z_{1j} + \sum_{m=1}^{3} \beta_{2m} Z_{2m} + \sum_{n=1}^{2} \beta_{3n} Z_{3n} + \delta$$

β_0，β_{1j}，β_{2m}，β_{3n} 为待估参数，δ 为残差项。

其中，E 为项目驱动式教学法在财经类本科专业课程中的应用效果，以学生评分表示；Z_{1j} 为教师因素，$j = 1$，…，3，即 Z_{11} 为教师的教学方法，Z_{12} 为学历，Z_{13} 为策划课程项目的能力；Z_{2m} 为学生因素，$m = 1$，…，3，即 Z_{21} 为基础知识掌握程度，Z_{22} 为对课程的偏好程度，Z_{23} 为职业取向；Z_{3n} 为用人单位因素，$n = 1$，2，即 Z_{31} 为用人单位提供就业职位与课程内容的契合程度，Z_{32} 为用人单位对学生专业能力/综合能力的重视程度。

四、项目驱动式教学法应用于财经类本科专业课程面临的问题

依据笔者对项目驱动式教学法应用于财经类本科专业课程的调研，主要的问题是：

（1）项目驱动式教学法的应用不够普及。有相当数量的学生表示接触项目驱动式教学法的课程不多，多数教师还是习惯按教材来构建教学思路，而非将几节乃至几章的内容融合起来设计教学项目。

（2）项目驱动式教学法不完备，仅限于对案例、习题、现实问题等作一般性的分析，缺乏项目驱动式教学法的完整性和系统性。

（3）教师的教学项目策划能力有待提升。教学项目有显著的跨学科特点，项目设计、实施、分析、评价等都具有典型的工科教学的属性，所需的能力是财经类本科专业课程教师的软肋所在。

五、项目驱动式教学法应用于财经类本科专业课程的建议

要将项目驱动式教学法有效应用于财经类本科专业课程，达到促进教学工作、提高教学质量的目的，应从各方面协同推进：

（1）就学生而言，通过学生问卷调查、学生反馈等途径，找到教学项目实

施环节中，学生的学习难点，找到针对性的解决措施。

（2）就教学内容而言，寻找理论与实践的脱节所在，优化理论与实践的结构，寻找二者有效衔接的途径和方式。

（3）就教学方式而言，探索课堂教学、课外活动、社会实践"三个课堂"的联动教学模式，推进课程实验、专业实训和综合实践"三类实践"的综合运用。

（4）就教学质量而言，通过应用项目驱动式教学，把好大学生从高校毕业的"出口关"，克服当前财经类大学生理论分析能力缺乏、实践动手能力弱的缺陷，真正提升学生的综合能力。

（5）就教师而言，提出教学项目方案设计、实施、控制等对教师的高度专业性要求。

六、结　论

项目驱动式教学法是提升财经类本科学生理论、实践综合能力的关键所在，但鉴于财经类专业课程的特点，建立行之有效的应用模式还有较长的路要走。我们在遵循项目驱动式教学法特点的基础上，应充分研析财经类本科专业课程的属性，科学设计项目教学法的目标、流程、环节，有效调动学生的参与积极性，才能达到预期的提高学生实践综合能力、提升财经类本科教育质量的目标。

注释：本文为江西省教育科学"十二五"规划 2014 年度课题"项目驱动式教学法应用于财经类本科专业课程的影响因素研究"（编号：14YB034）的研究成果。

参考文献

［1］ Piaget J. The child's conception of the world. New York：Harcourt Brace，1929.

［2］ Dewey J. Experience and education. New York：Kappa Delta Pi，1938.

［3］ Lave，J，Wenger，E. Situated learning：legitimate peripheral participation. Cambridge：Cambridge University Press，1991.

［4］ Katz LG，Chard SC. Engaging children's minds：The project approach. Norwood：Ablex，1989.

［5］ Seet LYB，Quek CL. Evaluating students' perceptions and attitudes toward computer-mediated project-based learning environment：A case study. Learning Environment Research，2010（13）：173-185.

［6］ Rye J, Landenberger R, Warner TA. Incorporating concept mapping in Project-Based Learning: Lessons from watershed investigations. Journal of Science Education Technology, 2013 (22): 379-392.

［7］ 冷淑君. 关于项目教学法的探索与实践 ［J］. 江西教育科研, 2007 (7): 119-120.

［8］ 朱枫. 国内项目教学法的研究 ［J］. 教育理论与实践, 2010, 30 (9): 54-56.

［9］ 许长斌. 项目教学法实施过程中应注意的几个问题 ［J］. 长春理工大学学报, 2011, 6 (11): 202-203.

［10］ 石俊杰. 项目教学法在数字电路中的应用 ［J］. 电子世界, 2012 (19): 168-169.

［11］ 刘玉梅等. 基于项目教学法的汽车检测与诊断课程建设 ［J］. 教育教学论坛, 2013 (26): 23-24.

财经类大学智库的定位及发展路径研究

戴栗军　颜建勇[①]

摘要： 随着高校哲学社会科学繁荣计划的深入推进和中国特色新型高校智库建设推进计划的实施，大学智库成为我国智库体系的重要组成部分，被赋予更大的历史使命。文章以大学分类及学科组成的视角，从智库研究的现状入手，探讨财经类大学智库发展的现状和面临的主要体制障碍，提出财经类大学智库的定位及发展路径建议。

关键词： 大学智库　财经类　发展定位　发展路径

一、引言

智库（Think Tank）也称思想库，一般指独立于政府和企业之外，从事公共政策研究的非营利性的学术机构[②]。我国智库的建设和研究一般认为始于改革开放初期，进入 20 世纪 90 年代初期，高等院校的智库意识不断增强，大学智库逐渐成为我国智库体系的重要组成部分。党和政府对大学智库的发展进行了科学的顶层设计（见表 1），指导大学智库更好地为中国经济社会发展服务。《中国特色新型高校智库建设推进计划》（以下简称《计划》）的实施标志着我国大学智库进入创新发展、特色发展阶段。在此背景下，以创新的思维，多元的视角进一步细分大学智库类型并进行针对性研究，是大学智库创新和特色发展的必然要求，因此探讨财经类大学智库的定位和发展路径具有重要的现实意义。

---

①　戴栗军，浙江财经大学发展规划处/高教研究室助理研究员，管理学硕士，研究方向：高等教育管理；颜建勇，浙江财经大学发展规划处/高教研究室副处长、副主任。
②　金芳，等. 西方学者论智库 [M]. 上海：上海社会科学院出版社，2010.

表 1　　　　　　　　　　影响大学智库发展的重要时间节点和重大事件

时间	重要事件
2003 年	高等学校哲学社会科学繁荣计划开始实施
2007 年	十七大报告首次将哲学社会科学的"思想库"作用写进党代会报告
2011 年	1. 中共中央办公厅国务院办公厅转发《教育部关于深入推进高等学校哲学社会科学繁荣发展的意见》（中办发〔2011〕31 号） 2. 教育部、财政部发布《高等学校哲学社会科学繁荣计划（2011—2020 年）》（教社科〔2011〕3 号） 3. 教育部发布《教育部关于进一步改进高等学校哲学社会科学研究评价的意见》（教社科〔2011〕4 号） 4. 教育部印发《高等学校哲学社会科学"走出去"计划》（教社科〔2011〕5 号）
2013 年	1. 4 月，习近平总书记做出关于加强中国特色新型智库建设的重要批示，首次提出建设"中国特色新型智库"的目标 2. 5 月，刘延东副总理在"繁荣发展高校哲学社会科学，推动中国特色新型智库建设座谈会"做重要讲话
2014 年	教育部发布《中国特色新型高校智库建设推进计划》（教社科〔2014〕1 号）

二、智库研究现状

（一）智库的定义及内涵

《2013 年全球智库发展报告》显示，全球共有 182 个国家的 6 826 个智库受邀参与提名并排名，这些智库在规模、性质、运作机制上千差万别，因此关于智库的严格的并被学术界所认可的定义尚不完全统一①。虽然定义不一，但国际上学术界对于现代智库的特点和核心价值，有较为统一的认识，即独立性、非营利性、现实性和政治性是智库的基本特点；质量、独立性和影响力是智库必须坚守的核心价值。智库概念引入我国后，智库的定义及内涵得到进一步丰富。上海社会科学院智库研究中心认为，在中国特色社会主义发展的具体语境下，智库主要是指以公共政策为研究对象，以影响政府决策为研究目标，以公共利益为研究导向，以社会责任为研究准则的专业研究机构。该定义强化了智库的研究及服务对象，降低了独立性和非营利性等要求，更具有灵活性，更符合中国国情，也为我国大学智库的建设和发展提供了理论支撑。

（二）智库研究的主要内容

国内外关于智库的研究有两个明显特点：一是区域性的智库研究，如美国智

---

① 费莹莹. 欧洲智库参与欧盟政策制定的路径分析 [D]. 上海：上海外国语大学，2013.

库、欧盟智库相关研究；二是主要以成熟的顶级智库为研究对象，对新兴的成长型智库缺乏深入研究。智库研究主要集中在以下几个领域：一是分析智库的形成和发展的政治背景；二是对智库进行比较分析、分类与排名；三是智库组织结构、基本特点和智库与全球政策网络的相关研究；四是智库影响力评估研究；五是智库对公共政策的影响方式和效果研究等。由此可见，大学智库相关专项研究尚未被重视，因此探讨财经类大学智库的定位与发展路径，关注如何建设和发展此类型的大学智库，是对现有智库研究的一种补充。

（三）大学智库特殊内涵

大学智库是大学与智库的结合体，其本质是隶属于大学的非独立法人智库，与一般智库有相同的特性和核心价值，同时，大学的使命又赋予大学智库新的功能和内涵。《计划》明确指出：高校智库应当发挥战略研究、政策建言、人才培养、舆论引导、公共外交的重要功能。从本质上看，大学的学术性成为大学智库的新内涵。因此大学智库在坚守独立性（学术自由）和影响力两个核心价值的同时，还要根据学校发展定位处理好智库的学术性与应用性两者的关系。如何使大学智库在完成人才培养、科学研究、学科建设等学术任务的同时高质量地进行政策研究与决策咨询，扩大智库影响力，成为各类型高校智库必须面对的问题。

三、财经类大学智库发展现状分析

财经类大学智库作为大学智库的一个类型，与大学智库的发展高度相关，因此财经类大学智库与其他大学智库在优劣势、存在的主要问题及面临的体制障碍方面有一定的统一性，但又有一定的差异。

（一）优势与劣势

财经类大学智库的优势与劣势都来源于大学及大学对智库的学术性要求。财经类大学智库的优势在于：一是拥有丰富的学术资源，与大学共享高层次人才、数据库等资源。二是与大学有共同的目标，发展问题和解决问题是高校科研与智库的共同目标。三是学科契合度较高，能有效地将基础理论研究与区域公共政策研究相结合。四是具有宽松的学术研究氛围，不是特别强调研究的应用性允许智库更客观地分析问题，推动具有长期效益的研究成果。

财经类大学智库劣势在于：一是智库隶属于大学，在组织结构和运行机制上存在一定的障碍。二是由于财经类大学学科构成相对单一，智库定位在功能和学科方向上容易重叠，导致资源的过度竞争和重复使用。三是社会科学研究基础平台建设落后，政府支持力度不足。财经类大学没有国家级重点实验室，教育部人文社会科学重点研究基地仅 7 个（1 个归属管理学，6 个归属经济学），高校及学科覆盖面都较低，不利于人文社科研究方法的转型。

（二）存在的问题

一是规模品牌效应未形成。大学承担的科学研究与社会服务职能，客观上都直接或间接地扮演着智库的角色，但真正自身定义为智库并被国内外智库研究机构认可的大学智库数量非常有限。《2013 年中国智库报告》将大学智库与民间智库合并统计数量仅为 75 家，这与全国 879 所本科及以上层次院校（不含军事院校和独立学院）和 46 所财经类高校的体量相去甚远。

二是运作具有官本位色彩。大学属于财政拨款事业单位，大学智库也被认为是"体制内"的智库，同时大学智库要进入政府的决策咨询体系需要与政府部门保持良好的关系，所以大学智库的运作往往具有很强的"官本位"色彩，这种"官本位"色彩会影响大学智库的独立性，从而降低社会影响力。

三是研究能力欠佳。财经类大学在经济领域拥有学科领先和人才聚集等优势，本应在经济预测，经济政策制定上发挥重要作用，但事实上财经类大学智库的表现却是差强人意。

四是话语权弱小。财经类大学智库集团优势尚未形成、现有智库的"官本位"运作模式、经济预测和研究的不足以及在社会科学领域对"中国模式""中国经验"研究热情和宣传力度的不足，使得财经类大学智库正在丧失在国际国内的话语权。

（三）体制障碍

财经类大学智库力量的孱弱既有主观上不重视不努力的因素，也有客观上大学智库学术性要求和一些体制障碍对智库发展的限制因素：

一是定位不清晰。主要表现在与政府关系的模糊定位。我国高校现代大学制度还处于逐步形成过程之中，大学与政府、社会的关系尚未理顺，造成大学智库在处理与政府、市场的关系时也遇到各种障碍，容易形成两个极端。一种是盲目服从于政府。大学智库为了得到课题和资金支持与政府保持密切联系，在学术权力得不到保障的情况下，此类关系往往使大学智库发展成为政府部门的附庸，成为官方的"延伸部门"或"写作团队"。另一种是为了体现大学智库的独立性不惜与政府划清界限，甚至唱反调。事实上以上两种关系都不利于大学智库的发展，对于大学智库的独立性应主要体现在学术自由上，而不是要和政府保持距离，大学智库应该在发挥对政府的影响力和保持研究独立性之间寻找最佳平衡点。

二是管理体制不健全。符合现代大学制度要求的完善的高校内部治理结构尚未形成，导致隶属于大学的智库在管理体制上也有诸多不健全，如考核、评价制度等。大学智库研究人员需要按学校科研人员的晋升通道进行职称评定，从而造成科研人员在决策咨询与学术研究之间的矛盾。在评价制度方面，受大学评价体系及大学内部院系评价体系的制约，大学智库成果推广的主要途径依旧是出版专著和发表论文，与国际上知名智库重视通过公共渠道发布成果，从而快速影响公众的做法还有较大差距。

三是发展环境不完善。我国有利于智库快速发展的社会环境尚未形成，影响大学智库发展的两个重要外部环境都不成熟。一是没有形成一个尊重学术独立性的政府决策氛围，政府部门和社会群众对大学智库的认可度都有待提高；二是全社会缺乏更开放的公共空间，市场化的智库运作机制尚未形成。

四、财经类大学智库的科学定位

推动我国财经类大学向中国特色新型高校智库靠拢，需要高校管理者充分认识和发展大学的智库功能，并对智库发展进行系统科学的顶层设计和定位，主要包括以下几方面内容：

一是要细化功能定位。《计划》明确定义了高校智库应具备的 5 种功能，从内容上看是对大学基本功能的延伸，是大学人才培养、科学研究和社会服务的新方向。在财经类高校力量相对薄弱的当下，财经类大学要做好智库功能定位的细化工作，集中力量、突出重点，选择几个主要功能进行重点培育。

二是要创新组织定位。《计划》鼓励大学建立形式多样，结构合理的高校智库组织形式，因此财经类大学要摆脱顶级大学智库"学院—研究中心"模式的束缚，因地制宜，创新智库组织形式。

三是要明确发展定位。要围绕经济建设、政治建设、社会建设、文化建设等领域国家急需的课题，结合学校优势学科，明确智库主攻领域和研究方向。

基于对智库研究和财经类大学智库发展的现状分析以及对定位内容的梳理，财经类大学智库的科学定位具备了理论基础，也明确了努力方向，在此基础上高校应综合运用 SWOT 分析等工具进行合理定位。以成长型财经类高校为例子，要把握我国大力推进高等学校哲学社会科学繁荣计划和启动实施中国特色新型高校智库建设推进计划的大学智库发展机遇；利用好主干学科设置与智库研究方向高度契合、高层次学术成果易于转化为智库成果等优势；正视综合实力相对薄弱、学科发展不平衡、内部管理体制改革阻力较大等劣势；有效规避自身发展基础不稳固与来自成熟型高校智库的挤压所带来的威胁。

综述所述，财经类大学智库的定位与母体地位和发展战略高度相关，但智库在母体科学定位和规划下一旦获得较高的社会认可度和影响力，便能突破母体地位的束缚，从而提升学校社会知名度和影响力，实现对母体的反哺。

五、财经类大学智库发展路径

（一）弱化组织形式，构建智库网络

基于智库定义模糊和组织形式多样的现状，财经类大学智库可以弱化智库组织形式，强调智库职能的实现和成果的输出，避免在现有研究基地、研究所基础上重复进行资源整合，重新进行智库组织架构，而是构建起以研究基地、基础实验平台、研究所、学院等为一体的智库网络，营造出人人都有学科归属，都是智库一员的组织环境，积极鼓励和引导研究人员关注现实问题，支持经济、管理、法学、政治学等社会科学类学科决策咨询服务能力的提高。智库成果的发布和宣传可统一以某大学智库或大学课题组为署名。构建智库网络既有利智库影响力的快速提升，也有利于智库无障碍地、高效地利用母体资源。

（二）坚持改革创新，完善配套措施

要坚持高等教育改革，持续释放改革红利，尽快建立现代大学制度，完善财经类大学智库发展的内外部配套措施。政府方面一方面要不断完善大学评价体系，将高质量智库成果数纳入评价体系，并适当提高这一指标在财经类大学评价中的权重；另一方面要以事业单位人事制度改革为契机，建立智库研究人员在政府机关、企事业单位之间合理流动的人才流动机制。高校一方面要在教师评价体系中，突出"应用与采纳"类成果的重要性，运用物质奖励及精神鼓励相结合的方式激励教师参与智库研究；另一方面要鼓励学院和教师主动对接各级政府机构或联合共建研究中心。

（三）建设基础平台，改进研究方法

财经类大学要加快转变研究范式，在传统人文社会科学研究中借鉴软科学的研究方法，运用定量分析减少不确定因素，增强智库成果的可靠性。这要求财经类大学不断加大人文社会科学实验室等基础平台建设的投入，多渠道多形式地建立诸如社会调查中心、数据分析中心、政策仿真实验室等机构，发挥学校的多科性优势，充分利用基础实验平台，坚持在公共政策研究的数据收集、数据分析、效果预测、跟踪等全过程中运用先进的计量技术、建模技术和运算技术，推动公共政策研究从定性为主到定性与定量结合研究的转型，为科学决策提供有力支撑。

参考文献

[1] （美）TTCSP 团队全球发布. 2013 年全球智库发展报告（中文版）. 上海社会科学院智库研究中心国内发布，2014 年 1 月。

[2] 《2013 年中国智库报告》. 上海社会科学院智库研究中心，2014 年 1 月。

[3] 范先佐. 发挥高校社科研究咨政建言作用需坚持四个结合 [J]. 中国高等教育，2013（18）.

[4] 吴康宁. 教育改革需要什么样的国家智库 [J]. 中国高等教育，2014（6）.

[5] 杜宝贵，隋立民. 正确认识中国高校智库建设中的几个关系 [J]. 高校教育管理，2014（2）.

[6] 朱虹. 探索高水平中国特色新型智库建设道路 [J]. 江西社会科学，2014（1）.

[7] 薛澜. 智库热的冷思考：破解中国特色智库发展之道 [J]. 中国行政管理，2014（5）.

[8] 杜宝贵，隋立民，任立云. 我国高校智库协同建设路径探析 [J]. 现代教育管理，2014（4）.

[9] 费莹莹. 欧洲智库参与欧盟政策制定的路径分析 [D]. 上海：上海外国语大学，2013.

[10] 林洁. 美国智库的建设对发展我国智库的启示 [D]. 武汉：湖北大学，2011.

A Study on the Relationship between China's Financial Expenditure of Education and Economy Growth

Gou Hanmei   Liu youxin[①]

Abstract：By building the VAR model, this research used impulse response analysis and variance decomposition to have an empirical analysis of the connection between educational financial investment and economic growth. The result shows that the increasing of the financial investment and the growth of economy in China has a long term cointegration relationship. And the increase of GDP is a granger cause of the increase of the financial investment of education . But the increasing of education investment has a weak impact on the growth of the economy. The utilization efficiency of education investment is low, and the unfairness of education lead to a low quality of our human resources, which results that the driving effect of education on the economy is still not fully played out.

Keyword：Education；Financial Investment；Economic Growth；VAR Model

1 Introduction

In recent years, the key role of education in a economy have been paid more and more attention, and the relationship between the education investment and the economic growth always is one of the important topic both in the society and the academic communities. The increase of one country or one region's education investment improved the people's learning ability, which also helped the formation of human capital and the advances in scientific technique, then will promote the growth of national economy. The

---

① 苟寒梅，重庆建筑工程职业学院，讲师，研究方向：公共管理；刘幼昕，博士后，重庆建筑工程职业学院教授，研究方向：产业经济、公共管理。

continuous of economic growth offered essential material premise for investment in education. This will stimulate further expand the scale of investment in education, and then it promotes the growth of economic growth again .

However, the total financial investment of education in China is relatively insufficient caused by it's long-term nature and public Attribute. All of those makes education investment become one of most important issue that needs to be dealt with in nowadays economical social development. The volume of educational financial investment was not satisfying too.

From previous study, most of the scholars emphasized how the education promoting the economy, few mentioned the economy growth reacting on education. In fact, though education was an important power to drive economy growth, the educational investment of one country coming from government or raising by the public both based on the national economic level. That means only the developed economy could promote the education spending investment. The development of economy would make it possible for us to spending more capital fund in educational development. Thus these two are interactive. Besides that, in the aspect of research of demonstration, most of the domestic scholars pay special attention to the contribution and the influence coefficient of investment in education on economic growth. But this research will test the interaction between investment in education and economic growth.

2 Method and Data

2.1 Research Methods

There are many evaluation indexes of investment in education at present, but most of them are static indexes. Such as the expenditure for education share of GDP, the government appropriation for education share of GDP, the budgetary educational funds share of GDP, the ratio of the budgetary educational funds in the financial expenditure of the budget, or the growth rate of the budgetary educational funds.

The difference was that this article analyzed the dynamic changes of education spending scale . Meanwhile it researched the dynamic relationship between education spending growth and GDP growth in accordance with parameter estimation and test of VAR Model, to demonstrate the impact on the budgetary educational funds growth, the direction of impact, and the degree of the impact and impact duration which came from

China's GDP growth.

According to the endogenous growth theory, human capital investment had obviously promoting effects on economic growth. Human capital investment mainly came from education. As public goods, education had its own feature which was education investment could not immediately impact on a country's economic growth. But there was definite interaction between the education investment and GDP, so we could not simply evaluate the scale of investment in education using common function. Both the change of the scale of investment in education and that of GDP should be brought into consideration. Hence we introduced vector autoregressive model (VAR Model) here.

According to the research needs, VAR Model was constructed as follows.

$$GDP_t = \alpha_0 + \alpha_1 GDP_{t-1} + \cdots + \alpha_p GDP_{t-p} + \beta_1 ED_{t-1} + \cdots + \beta_k ED_{t-k} + \mu_t \qquad (1)$$

$$ED_t = \delta_0 + \delta_1 GDP_{t-1} + \cdots + \delta_p GDP_{t-p} + \gamma_1 ED_{t-1} + \cdots + \gamma_k ED_{t-k} + \nu_t \qquad (2)$$

2.2 Data Sources

This research selected the growth rate of the state financial educational funds and the gross domestic product (GDP) on behalf of the budgetary educational funds growth rate (ED) and macroeconomic operation which the samples were range of 1952 ~ 2010 annual time series. All data came from China Statistical Yearbook and China Finance Yearbook (1989 to 2011).

3 Empirical Tests

3.1 Stationary Test

Stationary series fluctuated around an average and tended to it. Most of macro-economic variables had significant trend features. If the variables were stationary processes, it represented as I (0), if a variable fell down as a stationary process after the first difference, it became a unit root process and represented as I (1). Time series Stability generally was tested with unit root which were DF tests ADF test and PP test. The ADF test was commonly used. This research selected ADF test to unit root test of ED and GDP, using eviews7.0. The results were shown in table 1.

Table 1   **Augment Dickey-Fuller test**

Null Hypothesis	Statistic	Threshold	Test Result
GDP is unit root processes	−4. 066	−3. 553 ***	NO unit root
ED is unit root processes	−6. 293	−3. 55 ***	NO unit root

*** indicate statistical significance at 1% test levels.

As can be seen from the table 1, GDP and ED were smooth sequence which was significant under 1% level. They were avoided spurious regression in the regression. So cointegration test could be made as bellow.

3. 2　Cointegration Test

There were 2 cointegration tests which were EG ADF two-step test based on regression residuals (Engle-Granger, 1987), and Cointegration vector system for maximum likelihood estimation and inspection based on VAR Model (Johansen, 1990).

Table 2   **Johanson's Cointegration Test**

Null Hypothesis	Characteristic Root	Trace Test Statistic	Maximum Eigenvalue
no cointegrated vector	0. 361	33. 772 87	24. 625
one cointegrated vector at least	0. 153	3. 841 466	9. 148

It displayed a cointegration relationship existed between the both, but the form of the cointegration relationship was not found. So Granger Causality Test, impuls response and Variance Decomposition should be used

3. 3　Granger Causality Test

Causality Test was a kind of method which using the series data to identify causal relationships, proposed by Clive W. J. Granger and developed by Hendry and Richard. Causality Test with VAR model test could adapt to the possible effect of other variables, the causality test of integrated time series were no longer sensitive. Each variable was considered to be one of the endogenous at the same time. It made the single equation model of possible simultaneous to minimize bias. So if the change of X made Y changed, X could predict Y. That was to say during regression of the Y last values, the increase the last value of X as an independent variable demonstrated the regression significantly. This article undertook Granger Causality Test with eviews7. 0 and made the results in Table 3.

Table 3   **Granger Causality Test**

Lag phase	Null Hypothesis	Sample	F−Statistic	Probability
1	GDP does not Granger Cause ED ED does not Granger Cause GDP	57	3.991 1.682	0.050 8 0.200 2
2	GDP does not Granger Cause ED ED does not Granger Cause GDP	56	6.572 1.130	0.002 9 0.131 0
3	GDP does not Granger Cause ED ED does not Granger Cause GDP	55	4.320 0.942	0.008 9 0.427 5
4	GDP does not Granger Cause ED ED does not Granger Cause GDP	54	3.485 0.517	0.014 6 0.723 3

As Table 3 displayed, there were no granger Causality Test at lag one phase. At lag two phases, For GDP was not the granger cause of ED the original hypothesis, accepted the probability of 0.002 9 and The GDP growth rate in the reject null hypothesis was significant at 1% level. This showed that the growth of the gross domestic product (GDP) was the granger cause of education investment increase. For ED the null hypothesis as not the granger cause of GDP, acceptable probability was 0.131 0. Education investment spending rate did not reject the null hypothesis significant at 10% level, showed that it was much effect on GDP rate, while it rejected the null hypothesis, significant at 15% level. It meant education investment spending still had certain effect on GDP changes. Through the granger causality test, proved the theory of education investment and economic growth influence each other assumptions, structural VAR model describes both on the time series of long−term relationship is reasonable

3.4   VAR Model Parameter Estimation and Testing

The appropriate lag would determine while estimating parameter. In theory, the lag was tested with AIV or SC minimum value by eviews7.0. The testing resulted to lag two phases. Then The VAR model parameter estimation and testing were used. Test results are shown in Table 4.

In parameter estimation, when the GDP growth rate was as endogenous variables, the GDP growth rate lagged one phase and ED lagged two phase from T statistic,. Similarly, when ED was as endogenous variables, the GDP and ED both were lagged two phases from T statistic.

In according to the parameter estimation, it was found that since the economic growth has a certain self−correlation, the elasticity of GDP lagged one phase was about

80% and kept a positive direction. Economic growth was influenced by education invest-ment spending. Lag two phases of education the flexibility of investment growth on GDP growth rate was about 10% and also kept a positive direction. Another conclusion was that the change of education investment spending also produced a certain autocorrelation, and the two phases lagged of elasticity of 36%, a negative direction. Negative elastic means the growth of education investment spending contributed negatively to its growth rate which was different to traditional economic theory. There were two reasons here. Education investment spending on the formation of human capital was a long-term process, thus promoting effect on economic growth was a long-term process, so that economic growth for education investment spending increase feedbacks was a long-term process, so it showed Negative elastic on the statistic. Another reason was the unfair education in China.

Table 4   The VAR Model Parameter Estimation and Testing

	GDP	ED
GDP (−1)	0.808 977 [6.081 55]	−0.010 787 [−0.049 49]
GDP (−2)	−0.284 31 [−2.065 20]	0.653 698 [2.897 98]
ED (−1)	−0.031 021 [−0.421 34]	0.218 499 [1.811 25]
ED (−2)	0.100 256 [1.492 59]	−0.364 951 [−3.316 01]
C	0.049 048 [2.599 43]	0.078 329 [2.533 51]

3.5   Impulse Response Analysis and Variance Decomposition

Impulse response function was used to measure from the impact of the random dis-turbance effects on endogenous variable current and future value. If random perturbation terms changes, not only the current GDP change immediately, but also the variables GDP and ED's future would be effected with the current GDP value. Impulse response function attempted to describe the trajectory of these effects, and showed the process that according to an arbitrary variable disturbance influence through the model of all other variables, and feedback to their own. If the information was relevant, they would contain a not associated with particular variable components together. Usually, the effect of common components of belonged to VAR system of the first occurrence of a variable. Selection of lag length for 10 years, the calculation could be concluded that the trajectory of the impact response shown in Figure 1. Time lag after shock showed on horizontal axis, shock degree showed on vertical axis, and 2 times the standard deviation within the scope of the incredible curves showed with imaginary line in the Figure 2.

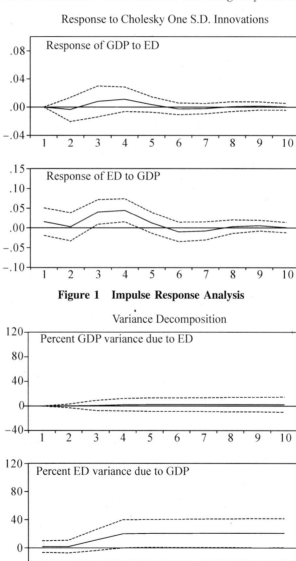

Response to Cholesky One S.D. Innovations

Figure 1   Impulse Response Analysis

Variance Decomposition

Figure 2   Variance Decomposition

As Figure 1 displayed, there was one percent of the positive impact of education investment spending, it caused economic fell down slightly. In the second period, the growth rate turned down to − 0.004, but it came back soon. In the third period, it reached to 0.008 and kept the increase during the fourth period and reached to 0.011. During the sixth period, it reached to a smaller negative and did not last long. It came back normal to disappear. The process showed that China's education investment spending was not efficient, education investment spending on the driving effect of economic growth did not fully play out.

Meanwhile, when economic growth was impacted by one percent, it caused rapid increase on investment spending. It reached the top 0.045 at the fourth period, then fell down gradually and fluctuated until drop to 0.038 on the fifth period, 0.003 on the eighth period and disappeared. This showed that the growth of the economy would bring the increase of education investment spending. One percent economic growth, education investment spending in the third year increased by 4.1%, 4.5% increase in the 4th year. So it was concluded one percent economic growth, economic growth, the impact on the education investment spending had a significant role in promoting and longer lasting impact effect of education investment spending in the third year increased by 4.1%, 4.5% increase in the 4th year.

Variance decomposition method was another method to study the dynamic characteristics of the VAR model. Variance decomposition was to decompose the fluctuations of each endogenous variable in the system into m parts accosted with Information for each equation according to its origin, so that getting the relative importance of the information model of endogenous variables. Variance decomposition results were shown in Figure 2. It was found from the figure of variance decomposition, if its contribution to economic own growth was ignored, the increase of education investment spending on the contribution of economic growth was currently still relatively little which showed 0 in the 2nd period, increased to 1% gradually in 3rd period , and reached 2% after the 4th period, and kept stable. It indicated that the increase of education investment spending in China's did not contribute much to the economic growth. The unfair education resource distribution caused low quality of human capital. So economic growth derived by education spending is not sufficient. By contract, from ED decomposition, GDP was much influenced to ED, and dropped by 2%. It increased gradually from the 2nd period to 20% until the 4th period and kept.

4 Conclusion and Suggestions

4.1 Conclusions

There was a long – term co – integration relationship between the increase of education investment spending and economic growth. And growth gross domestic product (GDP) was the Granger cause of increasing education investment spending. At the same time, education investment still has effected on the changing of GDP. The

growth of the economy would bring impact on education investment spending.

Obviously, economic growth had promoted education investment spending and had longer – term sustainable effect on it. But the increase of education investment expenditure had not strongly impacted the economic growth. The effiency of China's education investment was not fully utilized. The unfairness education resource distribution caused low quality of human capital. So economic growth derived by education spending was not sufficient.

4.2 Suggestions

As education development could not drives gross economic growth somehow at present, the government should pay more and keep the attention to education investment. It should play the dominant and leading role on financial support for education. The specific suggestions were as follows.

(1) To reduce the tax to the education undertaking, while to guarantee enough financial support for education.

(2) To optimize the fiscal expenditure structure and increase the proportion of education in fiscal expenditure.

(3) To expand the education financing sources and guarantee the education investment.

(4) To promote the education transfer payment from the central government to the local.

References

[1] 黄凤羽, 彭媛. 发达国家高等教育财政投入机制研究 [J]. 理论与现代化, 2010 (4): 123–127.

［2］王重. 英国基础教育财政体制研究 ［J］. 现代商贸工业，2010（23）：81-82.

［3］蔡增正. 教育对经济增长贡献的计量分析——科教兴国战略的实证依据 ［J］. 经济研究，1999（2）：39-48.

［4］袁连生. 我国政府教育经费投入不足的原因与对策 ［J］. 北京师范大学学报：社会科学版，2009（2）：5-11.

［5］舒尔茨. 论人力资本投资 ［M］. 北京：北京经济学院出版社，1990.

［6］Robert E. Lucas, Jr. On the mechanics of economic development ［J］. Journal of Monetary Economics，1988（22）：3-42.

高等教育慕课发展趋势及应对策略①

陈　颖②

摘要：高等教育慕课化是时代的趋势，也是教育改革的重要方式。本文主要从慕课的起源、高等教育慕课发展趋势和国内高等教育的应对策略三个方面进行论述。尽管慕课的大规模参与、开放式教学、精品课程资源、基于大数据的分析与评估使得教育全球化更加便捷，但是慕课本身也存在课程完成率低、学习体验少、学习成果缺乏认证等问题。因此，国内高等教育还需结合实际，适当采用混合式学习模式和微课模式应对慕课的局限性。

关键词：慕课　混合学习　微课　体验

一、慕课的起源

慕课，英文 MOOC，Massive Open Online Course 的缩写，中文意思是"大规模网络开放课程"。该课程起源于 2001 年美国麻省理工学院的网络课件开放计划（Open Course Ware），核心思想在于"开放"和"共享"，校方将教育资源开放，允许根据个人的需求对资源进行重组和改造，注重资源的共享。

2008 年，乔治·西蒙斯和斯蒂芬·道恩斯教授在曼尼托罗大学开设的"连通主义与连通性知识"课程吸引了 25 名本校学生和 220 名校外生共同参与课程的学习。针对本次课程，戴夫·科尔米和国家通识教育技术应用研究院的布莱恩·亚历山大首创了 MOOC 这一术语。他们认为，慕课是一种参与者和课程资源都分散在网络上的课程，只有在课程是开放的、参与者达到一定规模的情况下，这种学习方式才会有效。

2012 年是慕课元年，"TIME"杂志发表名为《大学已死，大学永存！》的深

---

① 基金项目：浙江省高等教育课堂教学改革项目成果"面向企业需求的实训课程课堂教学新范式探讨——以《营销实训》为例"（批准号：KG2013253）；浙江财经大学教改课题成果"营销专业大学生公关礼仪的教学模式改革"（批准号：JK201324）。
② 陈颖，浙江财经大学工商管理学院讲师。

度报道。大规模开放课程作为新的资源模式日益受到瞩目。慕课通过社会化网络学习环境为参与者提供围绕某个主题分布式的开放教育资源，允许参与者在专业教师的指导下自主参与课程。慕课的课程内容大部分依靠参与者的主动参与、交流合作进行。

大规模参与、开放式教学、精品课程资源、基于大数据的分析与评估是慕课的四大特征。慕课是教育全球化的必然，是大学追求"全球化""多元化"的重要途径。

二、高等教育慕课发展趋势

1. 全球范围发展迅猛和中国本土化案例

自 2012 年以来，全球三大慕课平台发展迅猛，分别是 Coursera、Udacity、edX。截至 2013 年 7 月 Coursera 注册人数超过 400 万，Udacity 注册人数超过 100 万，edX 注册人数超过 90 万。可见在短短一年多的时间里，慕课平台在美国迅猛发展，注册人数呈现爆发式增长。

慕课在国际舞台上的迅猛发展，也吸引了中国教育界的目光。清华大学加入 edX 平台，成为 edX 的首批亚洲高校成员之一；复旦大学和上海交通大学签约加入 Coursera 平台；随后，学堂在线、智慧树、网易公开课等一批中文慕课在线平台的产生，加速了慕课平台的中国化。

以网易公开课为例，2011 年 11 月网易公司正式推出该项公益性的免费观看世界级公开课的平台。网易不单在 pc 拥有平台，还开发了 iPhone、android、iPad 客户端，旨在随时随地都能使想要学习的人获得世界一流的教育资源。

网易公开课在运行过程中体现出了强大的语言优势。作为主要的中文平台，网易公开课满足了很多不精通英语但仍然渴望优质国外教育的学生需求。很多课程视频都有专业的翻译团队，负责中文字幕。同时，网易公开课的中国用户可以直接享受已获得托管权力的 Coursera 视频。作为实力雄厚的 Coursera 的官方中文社区，双方合作为网易公开课带来了一大批优质的课程资源和宝贵的运行经验。但是，网易公开课的课程基本上没有相关的测验和课后作业，缺少一个系统、完善、科学的学习管理模式来督促学生完成学业，因此，课程完成率低也是不争的事实。

2. 慕课面临的问题

在经历了 2012 年"慕课之年"的热潮之后，跨入 2013 年，随着实践效果的逐步展现，以连通主义为核心设计理念的慕课却充斥着传统的讲授式教学，只有 4%到 16%的课程完成率让教育人士开始了冷思考，甚至"Anti-MOOC"（"反慕课"）的呼声日渐响起。慕课的发展面临了三个问题：

（1）课程完成率低

慕课学习者被分类出五种类型（见图1）：主动参与者、被动参与者、临时进入者、袖手旁观者、爽约者，最后完成课程的人数非常少。以 MITx 的第一门课"电路与电子学"（Circuits and Electronics，6.002x）为例，该课程于2012年5~8月在线开设14周，最初有来自全球的15.5万名学生注册，但仅有9 318名学生（6.02%）通过了期中测试，最终仅有7 157名学生（4.62%）获得课程结业证书。为此，高地（2014）认为导致学生不能坚持完成课程有多方面的因素影响，主要表现为：必要的课程背景知识和能力的缺乏、缺少相关实践、学习动力不足等，其中学习的主动性是提高慕课完成率的关键。

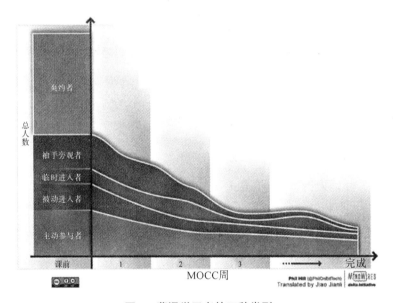

图1　慕课学习者的五种类型

（2）学习体验缺少

伊利诺伊州威顿学院（Wheaton College）的英语教授 Alan Jacobs（2012）认为，学生在真实课堂环境中能够与他人实时交流，相互影响。这种交流的内容极为丰富，没有办法完全复制到论坛上。美国罗德岛大学教授、国际跨文化传播协会（IAICS）执行长陈国明（2013）同意以上观点。他指出，慕课的缺点非常明显——缺乏面对面的人际交流，达不到传统教学的效果。同时，人们通过慕课学到的大多是信息性的知识，而这仅是全部知识体系的一部分而已。

（3）学习成果缺乏认证

高地（2014）认为目前大多数慕课平台实现自颁证书的机制，证书很大程度上只能被看作是对学习者投入时间的一种学习记录，慕课平台认证的权威性和影响力还极为有限。

三、国内高等教育的应对策略

早在慕课浪潮之前，网络课堂、精品课网站、在线学习社区等与在线教育相关的教育模式在国内高等教育上被普遍应用。在线教育（E-learning）不是一个新名词，早在 2000 年美国教育部颁布的《教育技术白皮书》里首次对在线教育进行了阐述，即主要通过互联网进行的学习与教学活动。美国学者沃恩·沃勒（Vaughan Waller）和吉姆·威尔逊（Jim Wilson）强调，在线教育是一个将数字化传递的内容与学习支持服务结合在一起而建立起来的有效学习过程。

在认识到慕课化教育的趋势和不足的前提下，国内高等教育本着有效学习、内容和学习支持服务结合、内容的数字化传递三个在线教育的本质特征，同时也是慕课化教育的特色，对慕课教育的本土化提出两个应对策略。

1. 混合式学习模式

何克抗（2003）首次提出"混合式学习"概念，认为这种学习方式把传统课堂教育的优势和在线教育的优势结合起来，一方面发挥教师引导、启发和监控的作用，另一方面激发学生作为学习主体的主动性和积极性，是两者优势互补，达到学习的最佳效果（见图 2）。

混合式学习模式将慕课平台与线下教育相融合，使得两种学习方式得以优势互补。课程的前端分析以慕课平台进行导入，激发学生作为学习主体的主观能动性，专业教师进行适当引导；课程的活动设计始终强调线上线下的融合，线上问题的讨论，线下情境的创设，共同突破知识的重点和难点；课程的评价设计也由线上课程测试和线下期末测试两个部分组成，全过程式地给予学生评价。笔者认为混合式学习模式是慕课在中国高等教育情境下的有效应用，是国内在线教育的未来发展方向，混合式学习模式能够有效地将教师引导下的学习和慕课自主开放互动式的学习相结合，获得更好的学习成果。

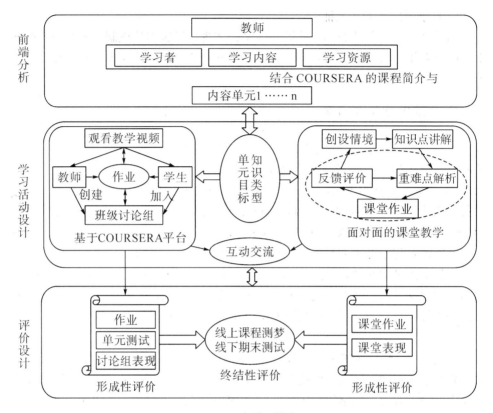

图2 混合学习模式

2. 微课模式

微课是指为了某些特定的知识点或者配套教学，以视频为主要载体，记录教师课堂内外讲解以便加深学习效果的简短教学活动。微课是以学生为核心的教学活动，并有很强的针对性，往往简短的几分钟，就把要点提炼，重点难点简析清楚，被称为"微型视频网络课程"。

微课的"微"主要体现在"短小精悍"上（如学习时间短、课程容量小、教学内容精、使用方便等）。微课虽"微"，但却"麻雀虽小五脏俱全"，因此，在微课建设过程中除了重点建设好"微视频"外，还要完善微教案、微课件、微练习、微反思、微点评、微反馈六个方面的"微教学资源"，形成一个完整的微课才可能发挥更好的学习效果。

四、启示

综上所述，在线教育（E-learning）是在互联网发展基础上发展而来的当代教育模式，而慕课则是近三年迅速风靡全球的互联网络学习的新模式，主要体现在将大量资源在网络上进行共享，开放全球学员进行注册，全球学员在慕课平台上进行交流互动，一起学习。高等教育慕课化有助于将传统的教师主导的教育方式与学生的自主学习、互动学习的方式相结合，进一步提高学生学习的质量，改变传统的教育模式。可以说高等教育慕课化是时代的趋势，也是教育改革的重要方式。但是慕课本身也具有一定的局限性和问题，因此在高等教育慕课化的过程中也会面临一些问题，在此提出三点展望。

1. 不断地创新和发展课程，共享更优质资源

高等教育慕课化的目的是带给学生更优质的教育资源。因此，课程资源的精品化、专业化、板块化，甚至主动适应移动互联网的微小化任重道远。要不断推出精品的课程，共享优质资源，真正让全球不同背景的人接受高品质的教育。

2. 加强互动学习，创建虚拟体验场景

慕课平台本身面临学生缺乏自主性和缺乏情感体验的问题，高等教育慕课化应该进一步加强学生与老师，学生与学生之间的互动，加强情感体验，用更好的老师授课吸引学生自主学习，让学生之间有更好的情感体验。

3. 继续改进学习模式，以线上线下融合的互联网思维推进慕课的落地

面对慕课本身完成率不高和学习成果难以认证的问题，高等教育慕课化过程中应该继续探讨学习模式，用混合式学习模式实现教育模式的O2O（Online To Offline）。同时还应该加强课程作业，监督和学历认证的工作，让慕课与普通高等教育课程一致得到社会的认可。

参考文献

[1] ［美］西蒙斯·G. 网络时代的知识和学习：走向连通 ［M］. 詹青龙，译. 上海：华东师范大学出版社，2009：18.

[2] 布莱恩·亚历山大. Massive Open Online Course ［OL］. http://en.wikipedia. org/wiki/Massive_open_online_course.

[3] 华琪. 大学已死，大学永存 ［J］. 时代发现，2013（7）：4-5.

[4] 高地. MOOC 热的冷思考——国际上对 MOOCs 课程教学六大问题的审思 ［J］. 远程教育杂志，2014（2）：39-47.

［5］ Nicholas Carr. The Crisis in Higher Education ［EB/OL］. ［2012-09-27］. http://www.technologyreview.com/featuredstory/429376/the-crisis-in-higher-education/.

［6］ 沙满. 今天，你MOOC 了吗? 顶尖大学的免费网络课程正在改写未来 ［EB/OL］. ［2013-01-15］. http://www.ceconline.com/strategy/ma/8800065957/01/.

［7］ Vaughan Waller, Jim Wilsom ［DB/OL］. http://citeseer.ni.context.964439/op.

［8］ 何克抗. 从 Blending Learning 看教育技术理论的新发展 ［J］. 电化教育研究，2004 （3）: 1-6.

近五年来我国高校省部共建的
进展回顾与未来展望①

于洪良②

摘要：作为一种高教管理体制创新，高校省部共建工作在扩大优质高等教育资源、促进区域高等教育协调发展等诸多方面发挥了积极的作用。本文在对高校省部共建简要回顾的基础上，客观分析了近五年来省部共建的实践进展，总结了其主要特征。最后从五个方面阐述了今后一个时期省部共建高校的目标指向及共建重心，对于继续推进高校省部共建向纵深发展具有一定的启示意义。

关键词：省部共建　共建高校　教育资源　高等院校

《国家中长期教育改革和发展规划纲要（2010—2020年)》颁布实施以来，在高教界的积极努力和社会各方的共同推动下，新一轮的高校省部共建工作持续深入开展，共建力度继续加大、共建面逐步扩大、共建方持续增多、共建方式灵活多样、共建渠道不断拓宽、共建内涵愈加深化、共建成果务实丰富，已成为当前深化教育领域综合改革的具体行动，成为"推动高等教育内涵式发展""努力办好人民满意的教育"的生动实践。

一、我国高校省部共建实践的简要回顾与新进展

所谓"省部共建"，指的是国家教育主管部门（或行业部门）和地方政府（省、区、市）针对某一所高校进行共同出资或政策扶持倾斜、共同建设和管理、共享建设成果，以推进高校的发展，同时为地方经济建设做出贡献。早在1992年，广东省在高教改革试点中首次提出"共建"概念之后，原国家教委和广东省启动了共建中山大学和华南理工大学，在全国首开部省共建的先河。实施

---

　　① 基金项目：教育部人文社会科学研究青年项目"省域高等教育资源整合与共享机制研究"（10YJC880147）；山东省社科基金项目（10CJYJ10）、山东省高等学校教学改革项目（2012417）。
　　② 于洪良，山东财经大学副教授、硕士生导师，主要从事高等教育管理研究。

共建后，广东省将两校的改革与发展纳入本省的经济建设和社会发展的总体规划之中，并给予相应的政策和资金支持，学校也调整服务面向，更多地参与和服务于广东经济社会的发展。比如，华南理工大学提出了"服务面向重心下移，人才培养质量和学术水平上升"的口号，将服务面向直接定位为"立足华南，面向全国，通过为地方服务体现为全国服务"。共建和联合办学打破了高校与社会相互隔绝的状态，架起了高校与社会联系的桥梁。中央部委、地方、企业、高校的办学积极性被调动起来，不仅为高校注入了勃勃生机，也盘活了整个广东高教的发展，从而"找到了改变传统计划经济模式办大学的方法"。这一试点探索不仅开启了以"共建、调整、合作、合并"为主要内容的高等教育体制改革，逐步形成了中央和省级政府两级管理，以省级政府统筹管理为主的高等教育管理新体制；同时，也使得"省部共建"逐步演进为新世纪以来我国高等教育创新发展的重要举措，并逐步催生了两种共建类型的形成。

其一是"省部重点共建"，即被列入共建的高校全部为"985 工程"和"211工程"高校。这既是教育部推进世界一流大学和高水平大学建设的重要举措，也是拉动地方政府配套支持部属高校发展，推动部属高校服务地方的重要渠道。例如省部重点共建兰州大学、山东大学、宁夏大学等。通过分期共建，这些高校在建设资金上施行国家、部门、地方和高校共同筹集的方式解决，国家财政和地方财政给予了数额较大的拨款和支持。以"985 工程"高校为例，截止到 2012 年年底，教育部与 32 所教育部直属"985 工程"高校所在的 16 个省（市）全部签署了重点共建协议（即三期共建），首次实现了签约全覆盖。其中中央投入和地方配套共计 450 多亿元，用于上述高校世界名校的建设和选拔创新拔尖人才。自1998 年以来，教育部与上海市先后重点共建了复旦大学、上海交通大学、同济大学、华东师范大学 4 所高校，也取得了明显成效。比如，仅仅在 2010—2013年共建期内，教育部和山东省就分别为山东大学提供了 5.1 亿和 6.1 亿元的经费支持。"省部重点共建"立足国情，顺应了高教体制改革和建设高水平大学的需要，调集各方资源形成了合力，促进了高水平大学和世界一流大学建设。

其二是"省部共建地方高校"。即地方高校依靠自身的学科专业优势，在省级政府支持下积极争取国家对应部委（行业部门）的支持，以拓展教育经费和资源、提升自身水平的方式，如省部共建山西大学、黑龙江大学等。为配合国家西部大开发和中部崛起战略，2004 年，教育部做出了在没有部属高校的省（市、自治区、兵团），由教育部和地方政府共建一所龙头高校的重大决策，在管理体制基本不变的前提下，加大对这些高校的经费和政策倾斜，由此拉开了"省部共建地方高校"的序幕。当年 2 月，教育部与河南省签署了第一个共建地方高校协议，郑州大学成为第一所省部共建的地方高校。在共建方式上，一方面，教育部组成了专家组，对各共建高校进行了发展战略规划的论证、咨询工作，帮助学校明确目标和定位；另一方面，在政策和资金、资源等方面给予大力支持，仅2005—2006年间就争取到专项资金3.15亿元，并将共建高校的人才培养基地、重点学科、重点实验室、学位点等布点和建设纳入整体规划统筹考虑，使共建高校的教育部重点实验室增加了15个，博士点增加了161个。共建高校同时也得到了地方政府的宏观指导，获得了在政策、资金等各方面的优厚支持。迄今共有22所高校入围，覆盖全国19个省市区。同时，教育部直属司每年都召开省部共建工作暨中西部高等教育发展研讨会，以交流经验，互通信息。其后，为支持革命老区和少数民族地区，教育部还分别与陕西、吉林、湖南、江西等签署了共同重点支持延安大学、延边大学、湘潭大学、井冈山大学的协议。从近十年来的实践看，通过省部共建逐步缩小了地区间发展差异，有力地促进了西部大开发以及区域经济社会发展，成为中西部高等教育发展的新亮点和中西部高等教育振兴的重要支撑点，被称为"中西部发展的基础工程""亿万人民受益的民心工程"。

在面向中西部高校共建的布点相对完备之后，省部共建进一步扩展到浙江、广东、福建等东部沿海经济发达省份。2009年6月，浙江工业大学成为浙江省和教育部共建的东部沿海省份第一所省部共建高校。实践表明，省部共建地方高校一方面密切了教育主管部门与省政府的合作，在我国高等教育资源战略结构布局中发挥了重要的作用；另一方面，对于发挥中央和省（市、区）的积极性，扶持地方龙头高校，带动地方和区域高等教育发展也起到了重要的作用。

在"省部共建"计划推进过程中，随着我国改革发展的深入和高等教育发展的新形势，"省部共建"计划内涵发生了变化：从中西部高校支持计划，过渡为按照"一省一校"原则，通过省部协同建设，让共建高校获得更大发展平台和更多发展机遇的地方重点高校提升计划。特别是自2010年7月以来，为了全面落实教育规划纲要，中央和国务院有关领导大力倡导并积极推动有关行业部门与教育部、地方政府开展各种形式的高校共建，形成了新一轮的省部重点共建和省部共建地方高校的新局面，省部共建持续升温，逐渐演变成为介于"211"和省重点之间的一种建设模式。

根据省部共建协议签署的时间，笔者粗略整理了2010年7月至2014年8月的省部共建情况[①]。

---

　① 为反映新一轮高校共建的全貌，笔者把部部共建、省与央企共建也一并统计进来（如国土资源部与教育部共建长安大学，2012）。

表1　　　　　　　教育部其他省（市、区）及部委合作共建统计

时间	项目	共建高校名称	共建方	备注
2010 年	12 月	中山大学 华南理工大学	教育部 广东省	重点
		对外经贸大学	教育部　商务部	
		复旦大学、上海交通大学、同济大学、华东师范大学	教育部　上海市	重点
2011 年	3 月	山东大学 中国海洋大学	教育部 国家海洋局 山东省 青岛市	重点
		南开大学 天津大学	教育部 天津市	重点
		武汉大学 华中科技大学	教育部 湖北省	重点
	4 月	暨南大学	国务院侨办 教育部 广东省	
		中南大学 湖南大学	教育部 国防科工局 湖南省	重点
	6 月	河海大学 武汉大学 清华大学 中国农业大学 天津大学 大连理工大学 四川大学 西北农林科技大学	教育部 水利部	重点
	8 月	西安交通大学 西北农林科技大学	教育部 陕西省	重点
		陕西师范大学 西安电子科技大学 长安大学	教育部 陕西省	
		南京审计学院	教育部、财政部、审计署、江苏省	
	10 月	浙江大学	教育部 浙江省	重点
	11 月	兰州大学	教育部 甘肃省	重点
	12 月	厦门大学	教育部 福建省	重点
		四川大学 电子科技大学	教育部 四川省	重点

表1(续)

时间＼项目		共建高校名称	共建方	备注
2012 年	3 月	天津职业技术师范大学	教育部 天津市	
		东北林业大学	教育部 黑龙江省	
	4 月	大连理工大学 东北大学	辽宁省 教育部	重点
		大连理工大学	教育部 辽宁省 大连市	重点
		中央财经大学	教育部 财政部 北京市	
		东北财经大学	教育部 财政部 辽宁省	
		北京交通大学	教育部 铁道部 北京市	
	5 月	上海财经大学	财政部、教育部、上海市	
		江西财经大学	财政部、教育部、江西省	
		西安工业大学	陕西省 中国兵器工业集团公司	
	7 月	长安大学	国土资源部 教育部	
		中国青年政治学院	教育部 团中央	
	8 月	吉林大学	教育部 吉林省	重点
		山东财经大学	教育部 财政部 山东省	
	10 月	浙江大学	教育部 浙江省	重点
		江西师范大学	教育部 江西省	
		宁波大学	浙江省、教育部、宁波市	
		中南财经政法大学	教育部 财政部 湖北省	
		西南政法大学	重庆市 教育部	
	11 月	福建师范大学	福建省 教育部	
		北京大学 清华大学 中国人民大学 北京师范大学 中国农业大学	教育部 北京市	重点
		黑龙江大学	黑龙江省 教育部	

表1（续）

时间 \ 项目	项目	共建高校名称	共建方	备注
2013 年	3 月	北京电影学院	教育部 北京市 国家广电总局	
	4 月	上海大学	教育部 上海市	
	5 月	合肥工业大学	教育部 工信部 安徽省	
	7 月	江西理工大学	工业和信息化部 教育部 江西省	
		湖北大学	湖北省 教育部	
	8 月	安徽大学	安徽省　教育部	
		西南科技大学	四川省　教育部	
	10 月	宁波大学	浙江省 教育部 宁波市	
		安徽师范大学	安徽省　教育部	
	12 月	云南师范大学	云南省 教育部	
2014 年	3 月	山东师范大学	山东省 教育部	
		济南大学	山东省 教育部	
	4 月	中国石油大学（北京）中国石油大学（华东）	教育部 中国石油天然气集团公司、中国石油化工集团公司、中国海洋石油总公司、神华集团有限责任公司、陕西延长石油（集团）有限责任公司	

（资料来源：根据相关网页资料搜集整理）

表 2　　　　其他部委与省（市、区）政府合作共建高校统计

时间 \ 项目	项目	共建高校名称	共建方
2010	9 月	河北工程大学	河北省 水利部
	10 月	西南科技大学	四川省 国家国防科技工业局
		长江大学	湖北省 中石油 中石化 中海油
		东华理工大学	江西省 国家国防科工局
	11 月	成都理工大学	国土资源部 四川省
		燕山大学	河北省 国家国防科技工业局
	12 月	上海海洋大学	国家海洋局 上海市

表2（续）

时间	项目	共建高校名称	共建方
2011	2月	华侨大学	国务院侨办 福建省
	3月	青海民族大学	青海省 国家民委
		中北大学	山西省 国家国防科技工业局
	5月	南华大学	国防科工局 湖南省
	6月	河南理工大学	河南省 国家安全生产监督管理总局
	7月	南京中医药大学	国家中医药管理局 江苏省
	11月	新疆医科大学	卫生部 新疆
		河南中医学院	国家中医药管理局 河南省
	12月	安徽农业大学	安徽省 农业部
		南京财经大学	江苏省 国家粮食局
		常州大学	江苏省 中石油 中石化 中海油
2012	1月	内蒙古农业大学	内蒙古自治区 国家林业局
	4月	陕西科技大学	中国轻工业联合会 陕西省
	5月	西安工业大学	陕西省 中国兵器工业集团公司
	6月	长江大学	湖北省 农业部
		湖南农业大学	湖南省 农业部
		甘肃农业大学	甘肃省 农业部
		山西农业大学	山西省 农业部
		山东农业大学	山东省 农业部
		河北农业大学	河北省 农业部
		江西农业大学	江西省 农业部
	8月	辽宁工程技术大学	国家安全监管总局 辽宁省
	9月	江苏科技大学	江苏省 中国船舶工业集团公司 中国船舶重工集团公司
	11月	河南农业大学	河南省 国家林业局

表2(续)

时间	项目	共建高校名称	共建方
2013	5月	东华理工大学	国土资源部 江西省
		石家庄经济学院	国土资源部 河北省
		西安邮电大学	陕西省 工业和信息化部
		甘肃民族师范学院	国家民族事务委员会 甘肃省
		西安邮电大学	陕西省 工业和信息化部
	10月	河北大学、河北科技大学、北华航天工业学院、河北联合大学和石家庄铁道大学	河北省 国家国防科技工业局
	12月	南华大学	湖南省 中国核工业建设集团
2014	7月	浙江农林大学	浙江省 国家林业局

（资料来源：根据相关网页资料搜集整理）

二、近年来省部共建高校工作的特征分析

（一）共建协议签署的密度大节奏快效率高

这是新一轮省部共建的一个显著特征。比如，2010年12月的最后几天，28日，教育部与商务部共建对外经济贸易大学；29日，教育部和上海市继续重点共建复旦大学、上海交大、同济大学、华东师大；30日，教育部与广东省重点共建中山大学和华南理工。2011年8月2日，教育部和陕西省签署5个协议，继续重点共建西安交大、西北农林科技大学，共建陕西师大、西安电子科技大学和长安大学。2012年11月23日，教育部与北京市签署协议，继续重点共建北大、清华、人大、北师大、中国农大5所"985工程"高校。2013年9月30日，国防科技工业局与河北省举行签字仪式，共建河北大学、河北科大、北华航天工业学院和石家庄铁道大学、河北联合大学。此前的6月，河北联大还被列为国家安全生产监督管理总局和河北省共建。

（二）共建高校获得的支持力度进一步加大

通过自身努力跻身省部共建行列，既是高校自身发展历程中的重要里程碑，也寄托着省部各方的期待与重托。特别是对地方高校而言，意味着获得了难得的教育资源的支持、办学经费的支持和政策的支持；更重要的是给自身的发展注入了新的契机和活力，预示着学校的建设发展进入"快车道"。比如，根据省部共

建江西师范大学协议，教育部将江西师大发展建设纳入教育部有关整体规划，给予直属高校同等待遇，促进该校与直属高校相互学习和信息交流，支持部属师范大学对口支援江西师大；而江西省则承诺把江西师大纳入省国民经济社会发展规划和省高等教育建设重点，在计划、项目、经费、政策等方面给予更大支持；江西师大成为全国第二所省部共建的地方师范大学。再比如，教育部与安徽省共建安徽大学后，表示给予该校直属高校同等待遇，并吸收其参加教育部直属高校有关重要会议。共建，本质上说是物质力量和精神力量相结合的一种支持，有时这种精神力量更为宝贵。通过共建，将有利于高校登高望远，以全域视角整合教育资源，促进学校更深层次地融入区域创新体系，在更大的坐标系中找准自身定位，为进入高水平大学行列打下坚实基础。

（三）省部各方共建意愿强烈

在教育部与省级政府共建保持良好势头的基础上，国家其他部委也纷纷加入共建。特别是在教育部明确表示"985工程"和"211工程"已"关门"的态势下，省部共建中表现出的行业部门优势，也调动了省级政府扶持省域高校加入共建的积极性，并被视为省域高等教育的"盛事、大事和喜事"，省部共建成为"稀缺资源"。截至目前，江苏有9所省部共建高校、河南有8所、河北有4所。单从协议签署看，共建各方都格外重视，绝大多数是国家部委的主要负责人和省政府的省长（市长）参加签字仪式，甚至一些外地高校还把协议签署地点设在了北京。比如，2012年4月27日，辽宁省省长陈政高在教育部、辽宁省、沈阳市继续重点共建东北大学签字仪式上表示，本省、市将遵守承诺，坚决做到一分钱不欠、一天不拖。无独有偶，2011年12月底，财政部决定开展共建工作。自2012年的4-10月间，财政部联合教育部，先后与北京、辽宁、上海、江西、山东、湖北省政府分别签署了共建中央财大、东北财大、上海财大、江西财大、山东财经大学、中南财经政法大学的协议。协议签署之后就是落实。2013年4月，财政部人事司在江西财大召开了年度共建工作联席会议，一致通过了《共建工作机制（试行）》，讨论审定了年度共建工作安排；部署了联合研究课题的事项，并表示财政部和6院校主动参与、抓好落实，抓出实效。此前，2012年6月，在农业部与湖北省签署共建长江大学后，为推进共建，湖北省农业和教育行政主管部门、农业部科技教育司和长江大学专门建立了合作办公室，具体负责合作共建的相关事宜。这一系列举措，使得共建工作的深入持续开展有了组织保障和实施平台，为取得共建实效奠定了坚实基础。

（四）共建主体趋于多样

有的是一部一省共建，如教育部与湖北省共建湖北大学，公安部与江西省共建江西警察学院；有的是两部一省共建，如教育部、工业和信息化部、安徽省共建合肥工业大学；还有的是四方共建，如教育部、财政部、审计署、江苏省共建南京审计学院。另外还有央企与省市共建，如中国石油天然气集团公司、中国石油化工集团公司、中国海洋石油总公司与江苏省共建常州大学；还有的是"一女多嫁"，比如，2011 年，农业部和福建共建福建农林大学后，国家林业局又和福建签署了共建福建农林大学协议；再比如，东华理工大学，先是由江西省人民政府与工业和信息化部、国防科技工业局，后来又由江西省政府与国土资源部、江西省政府与中国核工业集团公司共建。同时，还出现了一批省部共建的专科（职业学院）高校。这些形式各异的共建，进一步淡化了单一的隶属关系，打破了条块分割，促进了中央与地方一定程度上的资源整合和资源共享。

由上可见，新一轮的省部共建较之以前在宽度、广度和深度上都有了新的进展，社会各方关心支持高等教育的氛围更加浓郁，也扩大了共建高校的办学影响力。共建使高校的发展方向更明确、优势更显著、条件更充沛，大大激发了把共建高校建成"好大学"的积极性。以山东财大为例，自 2012 年 8 月共建后，学校借助"共建"平台，得以参加直属高校咨询工作委员会会议、中外大学校长论坛等，获得了把握高教发展信息、提升对外交流层次的宝贵机会。学校获得了财政部的专项经费支持、顺利取得了博士学位授权单位、实现了"一本"招生、承担了多项财政部科研项目；山东省承诺保证中央专项经费落实到位并进行 1∶1 配套，并遴选该校为唯一一所"山东省省部共建特色名校"立项建设单位，等等。特别是在 2013 年 11 月，教育部高等教育司组织有关专家和知名大学校长，通过论证咨询，帮助学校制定了《山东财经大学发展规划纲要（2014—2020年）》，进一步明确了发展目标和办学定位。"省部共建"使学校的属性从原来的"省属院校"升级为"省部共建高校"，成为"准国家队"，提高了学校的"身价"，鼓舞和振奋了学校师生员工，现已成为学校的"标识"和"光环"，还成为一笔宝贵的办学软实力，为学校的改革发展创造了有利的外部环境。

三、新一轮省部共建高校的目标指向及共建重心

党的十八届三中全会做出了关于"深化教育领域综合改革"的重大决策部署，在这一新形势下，笔者断言，作为一项趋于成熟的制度安排，省部共建工作凭借其独特的建设思路和发展理念将不断持续强化；因为实践已表明，共建是对高教管理体制改革的进一步巩固、完善和深化，有利于强化有关高校与行业部门的联系，随着时间的推移，其作用和意义会日益凸现，影响也会越来越大。省部共建不是权宜之计，而是多方利好的共同选择，只可能加强，不可能削弱。

　　基于上述分析，新一轮的省部共建在目标指向与共建重心上要把握好以下几个方面。

（一）夯实共建基础

　　这是取得共建实效的前提和保障。共建的实效是衡量这一工作的根本标准，取决于共建各方积极务实的扎实推进。省部共建不是荣誉奖励，更不是宣传口号，而是具体的目标和实在的行动。要遵守"省部共建协议"，不断增强共建的主体意识、责任意识，明确共建目标，积极兑现共建承诺，厘清合作方向和重点，做到名实相副，避免将共建从责任变成"荣誉"，防止共建"空心化"和走过场，有序推进共建协议落地生根。夯实共建基础，一方面要建立健全共建的长效机制，重点是优化有利于共建工作深入持久推进的政策环境，鼓励高校与地方探索建立长期、稳定的合作载体，重视引导共建各方的持久合作。建立共建的协商议事机制，逐步拓展共建领域、丰富共建内涵、提升共建水平，并建立资金使用监管机制，确保专项资金使用的规范和安全。完善共建协调机制，及时交流信息、交换意见，协调解决共建中的相关问题，推进共建协议的落实和共建工作健康持续发展。据了解，财政部与所属 6 所共建高校已经形成了 5 个机制：财政部与共建高校之间定期、不定期的信息交流机制；以财政部为主导，共建高校为依托的联合研究机制；主动迅捷、客观权威的舆论宣传机制；财政部与共建高校之间相互依托、互为支撑的人才培养机制；共建高校之间互利合作、共赢发展的机制。另一方面要完善共建动力机制，即由过去单纯的外部驱动逐渐过渡为自愿合作、互利多赢的内外部结合的驱动机制，进一步形成重视、支持和发展高等教育的良好氛围，展现高等教育良好的发展前景。

（二）突出示范引领

　　被列入省部共建的高校，都是发展基础较好、学科专业具有一定优势、区域经济社会发展需求度高的省属重点建设高校。这样的选择和布局，有利于共建高校对区域高等教育发挥引领带动作用，有利于共建高校对地方经济社会发展发挥更积极的支撑作用。进入省部共建之后，意味着被赋予了更高的发展期望，即"在本省不可或缺，在本地区名列前茅，在全国同类院校中有重大影响"，责无旁贷地发挥示范引领作用，为其他非共建高校改革发展提供有益借鉴。以共建的地方高校为例，既是地方高校，又是共建高校；共建高校既要承担地方高校的职责，又要在本省（市、区）起"领头羊"作用、在全国地方高校中起"排头兵"作用。因此，共建高校既要独辟蹊径，坚守个性，出思路出经验，又要练内功、比内涵、强底气，不断创新，努力争创一流。也就是说，要把办好一流地方高校作为共建高校的首要建设目标，决不能小成即安，浅尝辄止，坐享其成。如此，共建高校才有可能在全国高等教育布局结构中占有更重要的位置，在省域高等教育发展中产生良好的示范效应和辐射作用。

（三）彰显共建特色

刘延东同志在直属高校咨询会第十九次全体会议上曾深刻阐述了高校特色发展问题，明确提出高校的发展目标是"有特色、高水平"。有特色就是有个性、有优势、有竞争力；高水平就是高标准、高效益、高质量。列入省部共建，是相关省部（委）对地方高校既有的发展模式、办学特色和水平、服务区域经济和行业发展等方面成绩的高度认可，有利于增强办学实力，提升办学层次，使学校特色更特，避免同质化倾向。特色是品牌，特色是个性。"有特色，高水平"实际上也是教育部对所有共建高校的要求。彰显共建特色，共建高校要先行一步，培育特色，立足于既有的行业特色（如财经、师范、农业、医学、艺术等）、区域特色、人才培养特色、学科特色以及管理特色等，探索创新，不落窠臼，不人云亦云，不东张西望，增强办学定力；要坚持有所为有所不为，不要贪大求全，通过特色发展提升核心竞争力，成为具有鲜明特色的高素质人才培养、高水平科学研究、文化传承创新的重要基地和区域创新体系的重要力量。

（四）珍惜共建机遇

共建协议的签署，是共建高校的发展新起点，但是共建没有完成时，只有进行时。对这些高校而言，珍惜共建契机，是更好地把握共建机遇、用足用好共建机遇、放大共建效应的内生动力。无论在哪一个共建期内，共建高校都要增强责任感，利用好省部共建大好平台，把共建当作激发学校办学活力的有力推手，"顺水行舟"，确立共建高校在区域内的重点建设地位。要发挥中央和地方双重优势，科学制定学校战略发展规划、师资队伍建设规划和学科建设规划，努力实现自身的争先进位。要提高机遇转化能力，不轻视机遇，不浪费机遇，不懈怠、不折腾，下大力气深入研究区域经济及高等教育发展的趋势和特征，主动承担促进地方经济社会发展的任务，主动发挥在促进经济社会发展中的"助推器"作用。

（五）提高贡献产出

共建的初衷在于突破既有的、相对封闭的体制壁垒，为高校争取更多的办学资源，创造更大的发展空间。显而易见，共建让高校和地方政府实现了双赢，同时又推动了共建的发展。从目前看，省域对优质高等资源的需求依旧迫切，共建高校理应加强顶层设计，有组织、有计划、有重点地开展社会服务，促进地方经济社会发展。原教育部吴启迪副部长在 2007 年省部共建工作研讨会上曾指出：
"作为区域高等教育体系的龙头，省部共建大学肩负着承上启下、为地方高校做
出表率、引领地方高等教育健康、协调、可持续发展的神圣使命，也承载着主导
构建并积极参与区域创新体系建立、为地方经济建设和社会发展服务的重要职
责。"故此，提高贡献与产出，既是高校固有职能，也是共建高校凸显办学水平
与综合实力的表征之一。一要把共建与协同创新有机结合起来，以创新能力提升
为突破，在学科平台搭建、人才培养、科研组织形式等方面深入探索。二要充分
发挥共建的体制优势，找准着力点和突破口，构建稳固的产学研用合作联盟，提
升人才培养质量，加大科技成果转化力度，不断深化扩大社会合作，为全国高校
改革发展提供有益借鉴。三要立足本省（市区），紧紧围绕区域经济社会发展的
总体战略部署，抓住重大发展机遇，不断增强社会服务意识和能力，在实施区域
发展战略中发挥更大的作用。

参考文献

[1] 张烁. 新一轮"985 工程"重点共建签约 [OL]. 人民网，2012-12-27.

[2] 李北群. 行业特色型高校共建体制探析 [J]. 中国高教研究，2012（7）.

[3] 高文兵. 省部共建高校定位与发展战略思考 [J]. 中国高等教育，2007，
（13/14）.

[4] 王迎军. 大学要以主动姿态融入城市发展 [N]. 中国教育报，2014-09-22.

开辟新财源：地方区域高校建设
教学服务型大学的经济原因分析

陈琼英①

摘要：教学服务型大学的概念最早是华中科技大学刘献君教授提出的，它是高等教育领域的一个重大的发现，是高等教育领域基于"主动适应"论规律与教育外部关系规律的调整。地方区域高校指的是中央与地方两级管理中由地方政府管理的高校。随着经济社会的发展，越来越多的地方区域高校基于开辟新财源的需求选择建设教学服务型大学的路径。其中一个主要的原因是地方区域高校从国家的高等教育财政拨款中获取的经费占比呈逐年下降趋势，地方区域高校转而开辟新财源，开始注重从市场获取资源并通过服务经济社会的发展需求来谋求自身的发展。本文试图从高校外部和内部两个纬度对地方区域高校建设教学服务型大学的经济原因进行深入的分析。

关键词：教学服务型大学 地方区域高校 经济原因分析 区域高等教育财政

一、引言

教学服务型大学的概念最早是由华中科技大学刘献君教授于 2007 年第 7 期《教育研究》中《建设教学服务型大学——兼论高等学校分类》一文提出，这个概念是高等教育领域的一个重大的发现，是高等教育领域基于"主动适应"论规律与教育外部关系规律的调整。地方区域高校指的是中央与地方两级管理中由地方政府管理的高校。随着我国经济社会的发展，越来越多的地方区域高校开始建设教学服务型大学或是走教学服务型大学的发展路径，社会服务作为高等学校的第三大职能与教学、科研并驾齐驱。近期，国家教育部门也将社会服务作为高

---

① 陈琼英，华中科技大学教育科学研究院教育经济与管理专业 12 级博士生，从事高等教育管理、院校研究。

等学校的一个重要评价指标与考察要素，使得各高校尤其是地方区域高校开始更加注重高等教育的服务功能。从经济学的视角进行分析，地方区域高校建设教学服务型大学其中一个主要的原因是地方区域高校从国家的高等教育财政拨款中获取的经费占比呈逐年下降趋势，地方区域高校转而开辟新财源，开始注重从市场获取资源并通过服务经济社会的发展需求来谋求自身的发展。本文试图从高校外部和内部两个纬度对地方区域高校建设教学服务型大学的经济原因进行深入的分析。

在国家、政府、社会对于高校服务社会的期望值越来越高的今天，我国高等教育实施的是两级省级财政统筹，从地方区域高校自身的角度来析，地方区域高校一般是省属高校，基于我国高等教育拨款政策，地方区域高校从国家和地方政府获取的财政支持相比 985 高校和 211 高校来说，一是数量有限，同时数目也非常有限。特别是对处于中西部欠发达地区的区域高校来说，更是如此。出售服务来获取资源成为其获得外部经济支持，作为获得外部收益以及破解内部财政困境的重要途径。地方区域高校明确地选择定位于教学服务型大学的越来越多，有的地方区域高校虽然并没有提出教学服务型大学的办学定位，但其越来越注重以教学服务型大学的理念来组织和配置自身的资源已经成为现实。毫无疑问，地方区域高校选择教学服务型大学作为其办学定位乃至办学理念是有深层次的原因的，比如通过建设教学服务型大学凝聚人心并提升学校的凝聚力，通过建设教学服务型大学加强与企事业单位的联系服务企业的发展同时促进学生的就业，通过建设教学服务型大学解决学校的发展问题等等。但是任何目的的最高目的最终必然与经济与利益相关，经济原因应该是地方区域高校建设教学服务型大学的主要原因之一，探究其深层次的经济原因可以分为如下两个方面：

二、地方区域高校建设教学服务型大学的经济原因之一：内部财政困境

高等教育财政拨款体制是指政府为了实现其在高等教育上的政策目标，由国家财政部门按照国家财政预算中确定的高等教育经费总费对各教育主管部门及所属各高校拨付资金的机构和规范的结合体，主要包括高等教育财政拨款途径和模式两方面的内容。高等教育财政拨款体制既是高等教育资源的运作制度，也是保证高等教育投入，落实高等教育发展战略的重要制度。[①] 随着全球化时代的来临，世界各国高等教育财政问题日益突出，国外新公共管理运动使得各国政府大幅缩减公共财政支出，各国高等教育来自政府的投入明显减少，全球大多数大学

---

① 吴晟. 湖南省属高校财政拨款体制研究 [D]. 长沙：湖南师范大学，2006.

的财政面临着严峻挑战。这种挑战随着全球化时代的传导也将深入影响我国高等教育的发展。我国的高等教育管理体系与财政拨款体系都是实行的两级管理，一方面是在未来，除了国家财政主要负担一两百所研究型大学的财政拨款之外，其他地方高校的财政拨款采取的是省级财政统筹。

1959 年，时任加州大学校长的克拉克·科尔主持起草了《美国加利福尼亚州高等教育总体规划》，获得了参众两院议会通过。该规划把相互竞争的不同类型大学和学院转变为一个有机的高等教育体系。[①] 我国宁波教育局华长慧局长于 2005 年基于宁波地区高等教育与经济的融合发展提出"服务型教育体系：区域高等教育发展的新模式"。她认为地方区域经济的发展与转型需要教育提供人力资源保证和智力支持，地方高校也只有通过服务地方才能获得更好的发展资源。她明确指出"世界各国的发展经验表明，高等教育必须首先立足于服务地方。"并列举美国的赠地学院、州立大学，日本的短期大学，德国的应用技术大学都是成功的范例。

我国虽然 4%的教育经费得以落实，但是一般时间以来学费维持基本稳定状态。在高校来自政府的拨款无明显增加和新公共管理运动可能带来政府对于高等教育投入减少的国际趋势，我国高等学校特别是地方区域高校将面临财政上的危机。一方面以房价为代表的物价指数的快速上涨使得我国高校办学经费收支中支出的部分越来越多，另一方面高校维持运营的经费和支付给教师的薪酬也是处于上涨状态。瑞士日内瓦大学前任校长路丝. E. 韦伯提出，大学要在激烈的竞争中保持优势，必须拓宽资金来源渠道，积极寻找政府投入和学费收入之外的其他财政来源，如建立捐赠基金、密切与企业合作以获取研究经费等，同时把握好学校的支出预算，有效地分配资金。[②]

"多样化的社会需求与单一化的发展目标的矛盾，成为当前高等教育事业发展中突出的问题。……它的直接后果是用人部门难于获得适用人才，而每年数以百万计的大学毕业生难于找到能施展才能的工作。"[③] 我们应该借鉴美国加州高等教育分类发展的做法，做好区域性整体规划，对现有高等教育结构进行必要的调整。[④]

---

① 李锦奇. 区域高等教育结构调整研究——以辽宁省为例 [D]. 武汉：华中科技大学，2010：77.

② 张振助. 高等教育财政改革综述——来自高等教育改革国际论坛的观点 [J]. 吉林教育科学·高教研究，2001（3）：59-62.

③ 潘懋元，吴玫. 高等学校分类与定位问题 [J]. 复旦教育论坛（沪），2003（1）：6，8.

④ 李锦奇. 区域高等教育结构调整研究——以辽宁省为例 [D]. 武汉：华中科技大学，2010：72.

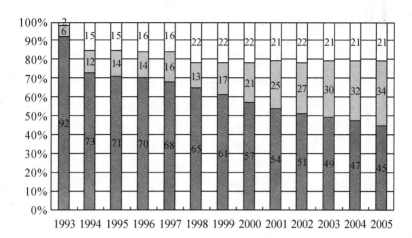

中国高校经费收入结构的变化趋势图（%）
数据来源：国家统计局，各年《中国教育经费统计年鉴》。

中国高校经费收入结构的变化趋势图（%）
资料来源：国家统计局，各年《中国教育经费统计年鉴》。

　　上图引自北京大学岳昌君教授的《中国高等教育财政投入的国际比较研究》[1]，如图所示，我国自 1993—2005 年，多年来自政府的财政性教育经费是处于逐年下降的趋势，而其他收入是处于缓步增长趋势，其中，1999 年扩招后学费收入占比 17% 到 2005 年学费收入占比 34%，但是自教财〔2005〕10 号教育部、国家发展改革委、财政部印发《关于做好 2005 年高等学校收费工作有关问题的通知》出台后，学费一直处于停长状态。

高等教育学校（机构）数[2]　　　　　　　　　　单位：所

	计	中央部门			地方				民办
		小计	教育部	其他部门	小计	教育部门	其他部门	地方企业	
普通高等学校	2 442	113	73	40	1 623	967	604	52	706
本科院校	1 145	109	73	36	646	578	67	1	390
其中：独立学院	303								303

---

①　岳昌君. 中国高等教育财政投入的国际比较研究 [J]. 比较教育研究，2010（1）：77-81.

②　http://www.moe.gov.cn/publicfiles/business/htmlfiles/moe/s7567/201309/156873.html.

以上图为例，在我国 2 442 所普通高等学校中，中央部门高校仅占 113 所，占比约 4.6%；而地方高校有 1 623 所，占比约 66.5%；民办高校 706 所，占比约 28.9%。从上述数据可以看出，我国的高等学校在数量上是以地方区域高校为主的，数量上占我国普通高校的 95.4%。在我国建设教学服务型大学的非经济原因最是就是因为给地方高校一个更为合理的办学定位，同时也是为了地方区域高校更好地迎接本科教学评估。

高等教育学校（机构）学生数 ①　　　　　单位：人

	毕(结)业生数	授予学位数	招生数				在校生数	预计毕业生数
			计	其中				
				应届生	春季招生	预科生转入		
研究生	486 455	481 830	589 673	389 443			1 719 818	630 437
博士	51 713	50 399	68 370	28 040			283 810	139 411
硕士	434 742	431 431	521 303	361 403			1 436 008	491 026
普通本专科	6 247 338	2 966 148	6 888 336	6 349 812	2 985 345	32 113	23 913 155	6 517 623
本科	3 038 473	2 966 148	3 740 574	3 327 280	2 966 148	30 553	14 270 888	3 286 498
专科	3 208 865		3 147 762	3 022 532	19 197	1 560	9 642 267	3 231 125
成人本专科	1 954 357	126 570	2 439 551				5 831 123	2 120 555
本科	801 015	126 570	984 817				2 475 495	848 066
专科	1 153 342		1 454 734				3 355 628	1 272 489
网络本专科生	1 360 870	34 658	1 964 468		1 008 913		5 704 112	
本科	477 949	34 658	696 698		354 720		2 002 698	
专科	882 921		1 267 770		654 193		3 701 414	
在职人员攻读硕士学位		104 781	140 629				489 857	
自考助学班	104 421						222 587	
普通预科生							37 668	
研究生课程进修班	50 284						73 796	
进修及培训	7 550 132						3 439 532	
留学生	83 613	18 259	102 991		29 673		157 845	

上图所示的数据公布在教育部网站的日期为 2013 年 9 月 4 日，高校在校生中研究生与普通本专科生人数为 25 632 973 人；成人本专科人数为 5 831 123 人；网络本专科人数为 5 704 112 人；自考专科人数为 222 587 人；在职人中攻读硕士

---

① http://www.moe.gov.cn/publicfiles/business/htmlfiles/moe/s7567/201309/156872.html.

学位人数为 489 857 人；各级各类高等教育学校在校学生数达到 41 431 648 人。四千多万的高校在校生是一个非常庞大的数字，如何服务好这四千多万的高校在校生的学习与生活需要也是一个重要的研究与实践问题。其中高校在校生中研究生为 1 719 818 人，只占总在校人数 4.15%，加上在职人中攻读硕士学位人数为 489 857 人，两项总数为 2 209 675 人，硕士及博士（含全日制与在职）占比重仅为总在校人数的 5.3%。在校硕士生人数为 1 436 008 人，占研究生中比例为 83.5%，博士生为 283 810 人，占研究生中比例为 16.5%；普通本专科学生为 23 913 155 人，本科在校生为 14 270 888 人占普通本专科学生比例为 59.7%，专科生为 9 642 267 人仅占 40.3%；因此，本专科在校学生人数占高校在校生人数的比例为 94.7%。接近 95% 的本专科在校学生是我国四千多万高校在校生的主体。研究生毕业人数总数为 630 437 人，其中博士生毕业人数仅为 139 411 人，占研究生总毕业人数的 22.1%，占全部总毕业生人数的比例为 1.95%；普通本专科毕业生总数为 6 517 623 人，研究生毕业生人数为 630 437 人，占总毕业生人数比为 8.8%，总计普通本专科及以上毕业生为 7 148 060 人，普通本专科毕业生总数占比为 91.2%。也就是说普通本专科生就业人数占到需要就业人数的 91.2%，是就业难的主力军。

博士生毕业人数仅占每年毕业人数的 1.95%，硕士生毕业人数占每年毕业人数的 8.8%。上述数字表明毕业生就业难的主体在于普通本专科生，从就业市场获取的信息得知，985 高校学生就业最好，其次是高校高专毕业生和 211 大学的毕业生，毕业生就业就差的就是地方本科院校的学生，因此建设教学服务型大学也是破解大学生就业困难的重要途径。

三、地方区域高校建设教学服务型大学的经济原因之二：外部利益驱动

19 世纪六七十年代美国通过实行赠地运动，推动了一些与地方经济发展密切结合的学校的发展，这一举措为美国经济社会的发展作出了突出的贡献，也对构建美国高等教育体系起了重要作用。英国随着各地方城市工商业活动的蓬勃发展，19 世纪开始新大学运动，拉开了区域高等教育大发展的序幕。德国为了解决区域发展差距问题，采取了鼓励地方高等教育发展的改革措施，高校与地方经济发展实现了更紧密的结合。法国通过《高等教育法》规定大学要向社区开放，各大学广泛设立了跨学科、与区域经济发展相联系的教学和研究机构。20 世纪 60 年代以来，印度、泰国、巴西等发展中国家，在进行高等教育改革中也都十分注重地方高等教育的发展问题，强调与区域经济相适应的高等教育。纵观世界，高等教育地方化的大发展是世界各国高等教育发展到一定历史阶段的普遍趋

势。地方区域高校兴起于 19 世纪。可以说，19 世纪以来，西方发达国家高等教育的现代化、大众化是与高等教育的区域化、地方化发展相伴而成、同步实现的。伴随着工业革命的浪潮，大学与地方经济社会发展日益结合。高等教育区域化、地方化的发展趋势出现前所未有的状态。

教学服务型大学的提出正是基于我国高等教育进入大众化发展阶段这一历史背景提出的，地方区域高校在这种转型过程中遭受到严重的挑战。高校迫切需要打破建立在计划经济体制基础上的高等教育的弊端，构建起与社会主义市场经济体制相适应的高等教育新体制，构建起主动适应经济社会发展需要的办学体系，实现高等教育发展与经济社会发展的良性互动。我国高等教育的改革和发展正在经历着一个重要转型。我国高等教育大众化主要由地方院校来承担的，迅猛发展的地方区域高校有了强烈的特色化的发展需要，希望走出一条不同于传统高等学校的发展路径。进入新世纪以来，中西部地区高校进入了快速发展时期。目前，普通高校数量和在校学生人数均接近全国的 2/3。但是不容忽视的是，中西部高等教育仍存在着国家高水平大学和重点学科数量相对偏少、学科专业设置和师资队伍结构不尽合理、服务区域经济社会发展能力不强、教育观念相对落后等薄弱环节和突出问题。教学服务型大学这一新的办学类型的提出为原有分类体系中无所适从的一些地方区域高校带来福音。

在高等教育大众化进程中，我国地方区域高校已成为我国高等教育的主力军，它承担着高等教育主体任务，承担着为地方区域经济社会发展提供人才和技术支撑的重任，承担着满足人民群众接受不同层次高等教育需求的重任。

1. 承担着高等教育大众化进程的主体任务

据原教育部副部长陈希《关于中西部地方高校改革与发展的报告》中的一份数据表明，全国普通高校由 1998 年的 1 022 所增加到 2008 年的 2 263 所，其中，地方区域高校由 1998 年的 759 所增加到 2008 年的 2 152 所，增加了 184%，地方区域高校占全国高校总数的比例由 1998 年的 74% 上升到目前的 95%。从在校生规模看，地方区域高校本专科在校生数由 1998 年的 225.8 万人增加到 2008 年的 1 850.5 万，由占全国本专科在校生数的 70% 上升到 93.2%。因此，地方区域高校是我国高等教育体系中的主力军，在高等教育大众化进程中承担着主体任务，功不可没。

2. 承担着为区域经济社会发展提供人才和技术支撑的重任

地方区域高校承担着培养地方经济社会发展所需的各级各类高素质人才的重要职能，特别是中西部地区的地方区域高校已经成为当地人才科技支撑的主力军，是支撑、引领区域创新体系建立的重要力量。由于地方区域高校的人才培养、科学研究、服务社会等方面与地方经济社会发展的结合更为直接，服务面更为广泛深入，已经形成了一些独特的办学优势和办学传统，其中有的大学办学历史较长，基础较好，社会声誉较高，经过体制的整合调整，以及多年的重点建设，呈现出良好发展势头，在当地高等教育事业中发挥着重要的示范和引领作用。

3. 承担着满足人民群众接受不同层次高等教育需求的重任

中华民族有良好的重视教育的文化传统，特别是随着国家和区域经济社会快速发展，人民生活水平的不断提高，广大人民群众对接受不同层次高等教育的需求和愿望也越来越强烈，而地方区域高校的兴起不仅丰富了我国高等教育的类型，拓展了我国高等教育的层次，在满足人民群众接受不同层次类型高等教育的愿望过程中作出了积极的贡献。

四、结语

教学服务型大学正是满足了经济社会发展需要高校作为智库和动力源的需求，大学以教学、科研、社会服务三大职能而存在，社会服务作为大学的第三大职能，在经济社会发展的今天变得尤为重要，高校从社会服务中提高教学的质量和科研的针对性，同时从社会服务中获得经济收益和社会效益。高校在发展中越来越庞大，上万的学生，过千的师资十分的普遍，高校基于自身发展需求总想让优秀师资流过来让不符合需求的师资流出去，庞大而复杂的组织机构已经严重阻碍高校的发展，高校需要围绕核心理念凝练价值，围绕核心竞争力变革组织结构，教学服务型大学必将成为地方区域高校的突围的方向。

当然，地方区域高校的发展困境问题不仅是靠地方高校本身就可以解决的，甚至也不是整个高等教育系统内部可以解决的，教育的问题不仅是教育系统的问题，还有很深层次的政治、经济与社会方面的原因。全社会应全力协作，走企业、社会、政府三螺旋发展模式，相互协作共同进步来解决高等教育发展问题。

参考文献

[1] 吴晟. 湖南省属高校财政拨款体制研究 [D]. 长沙：湖南师范大学，2006.

[2] 李锦奇. 区域高等教育结构调整研究——以辽宁省为例 [D]. 武汉：华中科技大学，2010.

[3] 张振助. 高等教育财政改革综述———来自高等教育改革国际论坛的观点 [J]. 吉林教育科学·高教研究，2001（3）：59-62.

［4］潘懋元，吴玫. 高等学校分类与定位问题［J］. 复旦教育论坛（沪），2003
　　（1）：6，8.

［5］岳昌君. 中国高等教育财政投入的国际比较研究［J］比较教育研究，2010
　　（1）：77-81.

［6］　http：//www. moe. gov. cn/publicfiles/business/htmlfiles/moe/s7567/201309/
　　156873.html.

［7］　http：//www. moe. gov. cn/publicfiles/business/htmlfiles/moe/s7567/201309/
　　156872.html.

二级管理体制下的高校对学院的激励契约研究
——基于大学内部治理制度的视角

苏应生[①]　颜锦江[②]　汪贤裕[③]

摘要：针对道德风险和预算约束两种约束下学校对学院的资金拨付问题，本文建立公立大学对学院在教学、科研和社会服务方面的激励模型。利用多任务委托代理关系的模型，解决了学校在资金拨付上针对不同类型学院制定不同的资金预算分配方式。模型的结果对公立大学对学院的激励机制建立和公立大学内部治理的完善具有一定的借鉴意义。

关键词：大学内部治理　激励　道德风险　预算约束

治理是在治理双方存在信息不对称以及目标不一致所产生的委托代理关系基础上，进行对组织效益最大化的激励以及分配的决策和制度安排。这种决策和制度安排并非企业所独有，在普通高校也广泛存在。《国家中长期教育改革和发展规划纲要（2010—2020年)》在第十三章建设现代学校制度中对完善治理制度提出明确的规划。规划进一步明确了我国公立高校是坚持和完善党委领导下的校长负责制，进一步推进确立科学的考核评价和激励机制。在此背景下，学术界对大学治理的研究进一步深化和发展，取得了一系列的成果。如孟韬（2011）倡导的多元嵌入的大学网络治理机制，马怀德（2011）建议的联合协调组织，于文明（2010）倡导的协调多元利益主体的现代大学制度模式，许杰（2009）提倡的高等教育问责制，龙献忠等（2007）提出的市场型治理、参与型治理、解制型治理和弹性化治理四种治理模式，以及彭宇文（2005）的法人治理结构等。

在治理制度中，一个不可回避的问题是高校的内部资源分配问题。资源分配是否适当是高校激励的根本。在二级管理分权体制下，学校掌握资金分配权，学

---

① 苏应生，西南财经大学统计学院，成都，611130。

② 颜锦江，四川大学商学院，成都，610064。

③ 汪贤裕，四川大学商学院，成都，610064。

院拥有资金使用权。由于道德风险的存在，学院有可能资金使用不恰当，导致教学、科研和社会服务不协调发展。如何做好资金分配和管理，是大学内部治理的一个比较关键的问题。鉴于此，本文将研究在道德风险和预算约束两种约束下，学校如何安排资金预算以及激励合同，最大化学院的产出。

一、二级管理体制下的高校对学院的激励相关问题描述与假设

(一) 问题描述

一般来说，公立大学有三种功能：第一、从事教学工作，为社会培养所需的大学生；二、从事科研工作，为社会经济发展提供智力支持；三、从事社会服务，为国家和地方解决经济社会发展过程中存在的问题，同时也包括继续教育等。在二级管理体制下，学校向学院划拨相关经费，由学院具体实施大学的三种功能。但是由于信息的不对称和目标的冲突，学院不适当的使用经费以及采用较低的努力水平，从而导致大学功能得不到有效的发挥。由此可见，学校与学院之间存在着典型的委托代理关系。

我们假定学校作为委托人，委托学院从事教学、社会服务以及科研工作。学院具有自己的教学、社会服务和科研禀赋。教学、社会服务和科研禀赋分别反映该学院的教学、社会服务和科研的能力。例如，高的教学禀赋的可表现为先进的教学设施、良好的教学氛围、恰当的教学机制、优秀的教学队伍等等方面。学院在得到学校的合约后，将根据合约的内容选择适当的努力水平。比如科研的努力水平包括研究经费高效使用的监管、高激励奖惩制度的制定、良好科研氛围的创建等等，学院投入科研方面的努力将造成的学院的努力负效用。如果学院不努力，努力的负效用为零，努力的程度越高，负效用越高，而且递增的速度越快。学院的科研禀赋和科研努力决定学院的科研质量，越高的科研禀赋和科研努力意味着研究质量越高，但递增的速度越慢。研究质量只有与学校投入的科研经费结合，才能产生科研的产出。而科研的产出随着科研禀赋和科研努力以及科研经费的递增而递增，但递增的速度会越来越慢。

(二) 基本假设

假定 α_1，α_2，α_3 分别代表学院的教学禀赋、研究禀赋和社会服务禀赋。e_1，e_2，e_3 分别代表学院投入教学、科研和社会服务的努力水平，令 $e = (e_1, e_2, e_3)^T$，做出 e 的努力水平会导致学院负效用 $\psi(e)$，如果不努力，即 $e = 0$，则 $\psi(0) = 0$，$\partial \psi(e)/\partial e_i > 0$，$\partial^2 \psi(e)/\partial e_i^2 > 0$，$i = 1, 2, 3$。为了使模型更为简单，假设 $\psi(\cdot)$ 是二次型，可改写为 $\psi(e) = e^T \Psi e/2$，其中，

$$\Psi = \begin{bmatrix} \varphi_0 & 0 & \varphi_1 \\ 0 & \varphi_0 & \varphi_1 \\ \varphi_1 & \varphi_1 & \varphi_0 \end{bmatrix}$$

不妨认为 Ψ 是正定的。这里，我们假定教学、科研的风险酬金相同，且两者的努力，不会对对方产生影响，但从短期来看，社会服务的努力会对教学和科研的产出产生负效用，不妨认为影响是有限，即 $\varphi_0^2 - 2\varphi_1^2 >> 0$。

禀赋和努力水平共同决定质量，我们假定质量在形式上是一样的。q（α_1，e_1），q（α_2，e_2），q（α_3，e_3）分别表示教学、科研和社会服务的质量。越高的禀赋意味着质量越高。令 x_1、x_2、x_3 分别表示学校对学院初期在教学、社会服务和科研的经费投入。假定经费的投入有数量效应，比如投入 5 万元科研经费，可以产生 3 篇论文，投入 10 万元科研经费，可以产生 5 篇论文。用 s 来表示该数量效应，s（x_1），s（x_2），s（x_3）分别表示是关于教学经费、社会服务经费和科研经费的数量效应。质量和数量结合在一起决定产出 R_i，同时 R_i 还受随机扰动 ε_i 的影响，则 $R_i = q(\alpha_i, e_i) s(x_i) + \varepsilon_i$，我们采用 Cobb-Douglas 生产函数以及 Axel Gautier 和 Xavier Wauthy（2007）对产出的表达形式，则 R_i 可简化为 $R_i = \alpha_i e_i x_i + \varepsilon_i$。其中，$\varepsilon_i \sim N(0, \sigma_i^2)$。

二、二级管理体制下的高校对学院的激励模型的建立

学校在期末根据学院的产出给出一定比例的回报。假定比例为 m_i。由此可见，学校提供的线性激励契约为

$$t = a + mR^T \tag{1}$$

其中，$a = x_1 + x_2 + x_3$，$m = (m_1, m_2, m_3)$，$R = (R_1, R_2, R_3)$。若学院是风险规避的，且风险规避度为 ρ，则学院的期望效用为

$$E(U_D) = E(t) - \psi(e) - \frac{1}{2}\rho(m_1^2 \sigma_1^2 + m_2^2 \sigma_2^2 + m_3^2 \sigma_3^2) \tag{2}$$

其中，第一项为学院的期望收入，第二项为学院努力的负效用，第三项为风险规避成本。

不难得出，学校的期望效用为

$$E(U_S) = \sum_{i=1}^{3} E(R_i) - E(t) \tag{3}$$

由此可见，学校与学院的委托代理关系采用如下的博弈时序

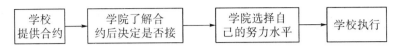

图 1　学校与学院的博弈示意图

假定，学校在期初提供给学院的预算约束为

$$x_1 + x_2 + x_3 \leqslant \tau \tag{4}$$

则根据图 1，我们可以得到如下的二次规划

$$\max_{m_i,\ x_i} \left\{ E(U_S) = \sum_{i=1}^{3} E(R_i) - E(t) \right\} \tag{5}$$

$$\text{s. t.} \begin{cases} e_i \in \operatorname{argmax}\left\{ E(U_D) = E(t) - \psi(e) - \dfrac{1}{2}\rho(m_1^2\sigma_1^2 + m_2^2\sigma_2^2 + m_3^2\sigma_3^2) \right\} \\[2mm] x_1 + x_2 + x_3 \leqslant \tau \\[2mm] e_i,\ E(U_D) \geqslant 0 \end{cases}$$

$$\tag{6}$$

三、模型求解与分析

求解二次规划，对（6）式，第一个约束条件分别求 e_1，e_2，e_3 的一阶条件，整理得到（7）式

$$\begin{cases} e_1^* = \dfrac{(\varphi_0^2 - \varphi_1^2)m_1\alpha_1 x_1 + \varphi_1^2 m_2\alpha_2 x_2 - \varphi_0\varphi_1 m_3\alpha_3 x_3}{\varphi_0(\varphi_0^2 - 2\varphi_1^2)} \\[4mm] e_2^* = \dfrac{(\varphi_0^2 - \varphi_1^2)m_2\alpha_2 x_2 + \varphi_1^2 m_1\alpha_1 x_1 - \varphi_0\varphi_1 m_3\alpha_3 x_3}{\varphi_0(\varphi_0^2 - 2\varphi_1^2)} \\[4mm] e_3^* = \dfrac{\varphi_0 m_3\alpha_3 x_3 - \varphi_1(m_1\alpha_1 x_1 + m_2\alpha_2 x_2)}{\varphi_0^2 - 2\varphi_1^2} \end{cases} \tag{7}$$

将（7）带入（5），并对（5）分别 m_1，m_2，m_3 求的一阶条件，可得

$$
\begin{cases}
\dfrac{\partial E(U_S)}{\partial m_1} = \dfrac{(1-2m_1)(\varphi_0^2-\varphi_1^2)\alpha_1 x_1 + (1-2m_2)\varphi_1^2\alpha_2 x_2 - (1-2m_3)\varphi_0\varphi_1\alpha_3 x_3}{(\varphi_0^2-2\varphi_1^2)\varphi_0} = 0 \\[3mm]
\dfrac{\partial E(U_S)}{\partial m_2} = \dfrac{(1-2m_2)(\varphi_0^2-\varphi_1^2)\alpha_2 x_2 + (1-2m_1)\varphi_1^2\alpha_1 x_1 - (1-2m_3)\varphi_0\varphi_1\alpha_3 x_3}{(\varphi_0^2-2\varphi_1^2)\varphi_0} = 0 \quad (8) \\[3mm]
\dfrac{\partial E(U_S)}{\partial m_3} = \dfrac{(1-2m_3)\varphi_0\alpha_3 x_3 + (1-2m_2)\varphi_1\alpha_2 x_2 - (1-2m_1)\varphi_1\alpha_1 x_1}{(\varphi_0^2-2\varphi_1^2)} = 0
\end{cases}
$$

对方程组（8）整理可得：

$$
m_1 = m_2 = m_3 = 0.5 \tag{9}
$$

命题 1 学校在期末根据学院的产出给出一定比例的回报时，回报比例与学院禀赋和努力水平均无关，且为定值 0.5。

由此可见，在二级管理体制下，高校对学院的激励主要通过期初学校对学院资金的拨付，即学校通过提供一个固定合同对学院进行激励。固定合同的优点在于以下两个方面。第一、学校可以根据实际资金情况，对学院进行一定约束下的激励。第二、学院的努力水平很难观察，就算可以观察，也很难验证。固定合同的激励部分，学校只需根据产出的情况，按照固定比例奖励即可，操作性比一般激励合同强。

提供固定合同时，学校着重对学院的预算进行合理安排。如果安排不当，往往会造成学院加大对社会服务的投入，而忽视教学和科研。因此，固定合同的关键在于厘清预算资金在教学、科研及社会服务的分配比例。

我们将（7）、（9）分别代入（5）中，使用（6）中第二个约束条件，与（5）构造拉格朗日函数，对此分别求 x_1、x_2、x_3 和 λ 的一阶条件，整理得到：

$$
\begin{cases}
x_1^* = \dfrac{(\varphi_0^2 - \varphi_1^2)\alpha_2^2 - \varphi_1^2\alpha_1\alpha_2}{(\varphi_0^2 - \varphi_1^2)\alpha_1^2 - \varphi_1^2\alpha_1\alpha_2} x_2^* \\[3mm]
x_2^* = \dfrac{A}{B}\tau \\[3mm]
x_3^* = \tau - x_1^* - x_2^*
\end{cases}
\tag{10}
$$

这里，

$A = \varphi_0(\varphi_0^2 - \varphi_1^2)\alpha_2\alpha_3^2 + \varphi_1(\varphi_0^2 - \varphi_1^2)\alpha_1^2\alpha_3 - \varphi_0\varphi_1^2\alpha_1\alpha_3^2 - \varphi_1^3\alpha_1\alpha_2\alpha_3$

$B = 2\varphi_0(\varphi_0^2 - \varphi_1^2)\alpha_2\alpha_3^2 + \varphi_1(3\varphi_0^2 - 4\varphi_1^2)\alpha_1^2\alpha_3 - 2\varphi_0\varphi_1^2\alpha_1\alpha_3^2$

$\qquad - 3\varphi_1^3\alpha_1\alpha_2\alpha_3 + \varphi_0(\varphi_0^2 - 2\varphi_1^2)\alpha_1^2\alpha_2 + \varphi_1(\varphi_0^2 - \varphi_1^2)\alpha_2^2\alpha_3$

我们得到，

$B - 2A = \varphi_1(\varphi_0^2 - 2\varphi_1^2)\alpha_1^2\alpha_3 + \varphi_0(\varphi_0^2 - 2\varphi_1^2)\alpha_1^2\alpha_2 + \varphi_1(\varphi_0^2 - \varphi_1^2)\alpha_1^2\alpha_3 - \varphi_1^3\alpha_1\alpha_2\alpha_3$

（11）

命题2 当社会服务的努力会对教学和科研的产出产生较大的负效用时，若科研能力比教学能力强，则学校不应对社会服务投入初始的预算资金。

这是因为，当 $\varphi_0^2 - 2\varphi_1^2$ 足够小，且 $\alpha_2 > \alpha_1$，则由（11）式得

$B - 2A < 0$

由（10）中第二式子可知

$x_2^* > 0.5\tau$

若 $\alpha_2 > \alpha_1$，由（10）中第一个式子可知

$x_1^* > x_2^*$

再由（10）中第三个式子可知

$x_3^* < 0$

由此可见，此时学校在社会服务投入的初始预算资金为负。

学校通过负激励，引导学院减少对社会服务的投入，以免对教学和科研工作产生较大的影响。同时，由于学校对社会服务采取了负激励，因此，教学和科研的初始预算将大于学校的投入。超过的部分，则由学院自筹解决。学院可用前期的产出来解决。

命题3 当社会服务的努力会对教学和科研的产出影响有限，若教学能力比科研能力强，则学校对在社会服务投入为正，且科研投入不应超过总资金的一半。

这是因为，若 $\varphi_0^2 - 2\varphi_1^2 > 0$，$\alpha_1 \geqslant \alpha_2$，显然，（11）式大于0，即

$B - 2A > 0$

由（10）中第二式子可知

$x_2^* < 0.5\tau$

若 $\alpha_1 \geqslant \alpha_2$，由（10）中第一个式子可知

$x_1^* \leqslant x_2^*$

再由（10）中第三个式子可知

$x_3^* > 0$

由此可见，此时学校在社会服务投入的初始预算资金为正。

四、结论

本文基于新规制经济学的基础理论，从信息不对称性和预算约束两种约束下，开展对二级管理体制下的高校对学院的激励问题。通过本文的研究，得到如下结论：

第一、对同时存在着教学、科研和社会服务的学院来说，学校可以根据学院

的产出来对学院进行激励。根据本文的研究，学校应将产出的一半作为激励部分，奖励给学院。

第二、学校拨付给学院的初始资金，应针对不同学院的类型，进行预算分配。具体来说，一方面，当社会服务的努力会对教学和科研的产出产生较大的负效用时，若科研能力比教学能力强，则学校不应对社会服务投入初始的预算资金，且学校拨付资金低于预算额；另一方面，当社会服务的努力会对教学和科研的产出影响有限，若教学能力比科研能力强，则学校对在社会服务投入为正，且科研投入不应超过总资金的一半。由此可见，学院是否从事社会服务，是由自身的类型状况决定的，而与努力无关。

本文关于教学和科研的努力成本是互不影响的假设，可能有点牵强。在未来的研究中，我们会放开这个假设。

参考文献

[1] 孟韬. 嵌入视角下的大学网络治理机制解析 [J]. 教育研究，2011 (4)：80-84.

[2] 马怀德. 欧洲大学校长选拔制度与治理结构 [J]. 教育研究，2011 (2)：104-109.

[3] 于文明. 深化我国公立高校内部治理结构改革的现实性选择——基于多元利益主体生成的视角 [J]. 教育研究，2010 (6)：67-72.

[4] 许杰. 论治理视野中高等教育问责制的完善 [J]. 教育研究，2009 (10)：54-59.

[5] 龙献忠，刘鸿翔. 论高等教育发展的治理模式 [J]. 高等教育研究，2007 (2)：80-83.

[6] 彭宇文. 高校法人治理结构的构建 [J]. 教育研究，2005 (3)：47-50.

[7] 颜锦江，汪贤裕. 项目经费支出预算约束下的公立大学科研规制研究 [J]. 四川大学学报：哲学社会科学版，2011 (5)：117-123.

研究型财经大学智库建设的使命、特色与路径探析
——基于我校一流智库建设的思考[①]

陈益刚　李欣玲　白宇　刘思涓[②]

摘要：大学智库是提升国家治理体系和治理能力现代化的重要影响因素，是大学履行社会服务职能、建设一流学科的重要内容。研究型财经大学建设一流智库，需要更新发展理念，做好顶层设计，恒定领域问题，彰显特色水平，改革创新发展。本文在调查、分析研究型财经大学智库现状的基础上，提出"一个工程、两大抓手、三大平台、四个特色、五大举措"的建设思路。

关键词：大学智库　一流智库建设　行业特色型大学　研究型财经大学

"智库"（Think Tanks）又称"思想库""智慧库"，是指由多学科专家组成，为决策者在处理社会、经济、科技、军事、外交等方面出谋划策，提供最佳理论、策略、方法、思想的公共研究机构。20世纪以来，世界各国智库建设取得长足进展，影响力与日俱增，成为影响政府决策和推动社会进步的重要力量和国家软实力的重要象征。在我国，随着改革开放进程的不断深化，智库在提升"国家治理体系和治理能力现代化"中的重要性逐渐得到高度重视。2013年4月，习近平总书记首次提出建设"中国特色新型智库"。2014年10月27日，习近平总书记在中央全面深化改革领导小组第六次会议上发表重要讲话，对中国特色新型智库的重大意义、功能作用、发展路径和体系建设提出明确要求，指明了

---

①　本文是教育部人文社会科学一般项目"高水平行业特色型大学学科群发展战略研究—基于典型案例的实证"（NO.11XJA880002）的成果之一；受到西南财经大学中央高校基本科研业务费专项资金（Supported by the Fundamental Research Funds for the Central Universities）的资助，项目编号：NO. JBK140904；NO. JBK140307

②　陈益刚，西南财经大学发展规划处，副研究馆员；李欣玲，西南财经大学发展规划处副处长；白宇，西南财经大学出版社；刘思涓，西南财经大学发展规划处。

发展方向。① 近年来，系列以智库建设发展为主题的论坛、研讨会相继召开，有力地推动了我国智库的快速发展，大大提升了我国智库的影响力。②

　　大学智库是指隶属于大学，从事政策研究、决策咨询的组织，由大学单独或者其他机构、团体协同共建。纵观世界各国智库，无论怎样进行类型划分，大学智库都是其重要类型之一。在智库高度发达的美国，20 世纪 70 年代以前，大学智库一直发挥着国家主要智库的职能；之后，随着决策咨询服务的专业化，校外专业型智库产生并逐渐成长壮大，但大学智库仍是智库的重要组成之一，与官方智库、独立智库构成智库的"三驾马车"

一、大学智库的使命与价值

（一）大学及其智库

　　截止到 2013 年，我国共有普通高等学校 2 491 所，其中本科院校 1 170 所；研究生培养单位 830 个，其中普通高校 548 个、科研机构 282 个。大学聚集了80%以上的社会科学研究力量、近半数的两院院士、60%的"千人计划"入选者及规模庞大的研究生本科生队伍，科研实力雄厚、信息资料丰富、对外交流广泛，是我国新型智库建设的重要力量。"十一五"期间，大学各类智库机构向各级政府部门、企事业单位提交研究咨询报告 6 万多篇，为政府决策和经济社会发展提供了有力智力支持。

　　国内外专家学者指出，"质量、独立性和影响力"是智库坚守的三个核心价值。相对于官方智库和民间智库，大学智库的建设与发展具有独特作用、地位与优势，体现在：一是大学具有很强的独立性和良好氛围，二是大学具备丰富的人才资源，三是大学具有学科综合的优势，四是大学的信息资料丰富，对外交流积极。因此，在坚守智库的三个核心价值之上，大学智库，还有着自身所固有的特质和使命。大学智库所能贡献给社会、贡献给国家、贡献给世界的，除了战略和对策，除了思想和智慧外，更根本的是精神和理想！而这就是大学智库的使命。一流智库是一流大学的重要内涵，从本质上讲要解决智库建设在学科方向、科研

---

　　① 据 CNKI 检索会议和报纸，结果显示，2009 年之后，关于智库的报道增长很多。仅 2013 年，就有"新格局、新合作、新发展—第三届全球智库峰会""2013 智库筑基'中国梦'—中国智库国际学术研讨会""2013 欧亚经济论坛智库研讨会""中国实施绿色发展的公共政策研究""小企业、大经济—小微企业发展政策研究"等 20 多个论坛、研讨会召开。

　　② 9 所财经大学智库建设的相关资料，散见于各高校的网站、网页，如领导讲话、发展规划、专题采访、新闻报道、会议通讯、校报校刊、统计年鉴。笔者根据这些资料逐一进行比对、整理，错漏之处在所难免，敬请方家指正。

态度和发展路径等问题，要处理好当前发展和未来战略的关系、问题意识和建设态度的关系。要紧紧围绕我国"五位一体"总布局和"四化同步"新要求，聚焦国家急需，明确建设目标，立足高校特点，以学者为核心，以机构建设为重点，以项目为抓手，以成果转化平台为基础，创新体制机制，整合优质资源，打造智库品牌。

（二）大学智库发展现状

大学智库作为智库的重要组成部分，改革开放 30 多年来，不断得到重视并获得长足的发展。据相关资料显示，经教育部注册的科研机构达 317 个，在地方注册或者大学内部设立的研究机构也数量众多，这其中属于智库性质的超过三成。关于我国大学智库发展的现状，目前尚无比较系统、权威的资料可供参考，但仍可以从政府主管部门相关政策措施、教育部人文社会科学重点研究基地、"2011 计划"及见诸媒体的各类新闻报道得以管窥。

1. 政府主管部门的相关政策、措施

党和政府一直高度重视大学履行服务社会的职能，发挥大学"思想库"的重要作用。2004 年，在《中共中央关于进一步繁荣发展哲学社会科学的意见》中提出"充分发挥我国哲学社会科学认识世界、传承文明、创新理论、咨政育人、服务社会的重要作用"。以此为契机，教育部启动"高校哲学社会科学繁荣计划"，包括哲学社会科学重大课题攻关项目、人文社会科学重点研究基地建设等计划。2007 年，十七大提出"鼓励哲学社会科学界为党和人民事业发挥思想库作用。"2010 年，《国家中长期教育改革和发展规划纲要（2010—2020 年)》要求高校"主动开展前瞻性、对策性研究，充分发挥智囊团、思想库作用"。2012 年，教育部《关于全面提高高等教育质量的若干意见》（高教 30 条）提出"推进高校智库建设"。2014 年，教育部《中国特色新型高校智库建设推进计划》对大学智库的功能定位、组织形式、关键领域、体制机制和建设路径作出了详细部署。

在政府主管部门的大力推动下，大学智库取得重大进展。据报道，近五年来，高校人文社科领域出版著作约 15 万部，发表论文约 158 万篇，其中在国际刊物发表约 2 万篇；在 APEC 会议的国际舞台上，在汶川地震灾后重建工作中，在奥运会和世博会等工程建设中，在教育规划纲要的制定过程中都可以看到大学学者积极参与咨询研究、政府决策服务的活跃身影。

2. 教育部人文社会科学重点研究基地建设

人文社会科学重点研究基地建设是教育部落实中共中央《关于进一步繁荣发展哲学社会科学意见》的一项重大举措，是"高校哲学社会科学繁荣计划"的重要组成部分。自 1999 年启动以来，先后分 5 批在全国 66 所高校建立 151 个重点研究基地，基本覆盖人文社会科学各个学科和重要研究领域（如图 1、图 2 所示）。

图 1 是教育部人文社会科学重点研究基地在各高校的分布情况。北京大学、中国人民大学分别拥有 13 个，数量最多；复旦大学拥有 8 个；北京师范大学、武汉大学分别拥有 7 个，吉林大学、南开大学、中山大学和华东师范大学分别拥有 6 个，厦门大学拥有 5 个，南京大学、山东大学、四川大学分别拥有 4 个，清华大学、浙江大学、华中师范大学分别拥有 3 个，兰州大学、中国政法大学、东北师范大学分别拥有 2 个；此外，北京外国语大学等 47 所高校分别拥有 1 个。

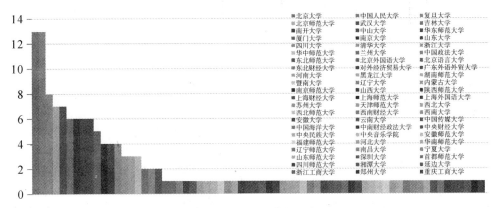

图 1　研究基地的高校分布

图 2 是教育部人文社会科学重点研究基地所属学科分布情况。从总体上看，研究基地分布在 22 个大类之中，其中经济学和综合研究类最多，分别为 26 个、22 个，分别占总数的 17%、15%；历史学、哲学、教育学、法学、国际问题研究等方面的基地也较多。据相关报道，10 年来，151 所教育部人文社会科学重点研究基地在咨政服务、科学研究、人才培养、学术交流和信息资料建设、科研体制改革等方面取得了社会瞩目的成绩，整体科研水平和社会服务能力居于国内领先地位，具体表现在充分发挥了思想库和智囊团作用，成为产出丰硕成果的学术平台，成为高端人才培养的摇篮，成为对外学术交流的重要窗口，成为专业的信息化和数据中心，发挥了强大的辐射示范效应。2008—2013 年，研究基地承担 600 余项国家部委的调研和培训任务，直接参与《民事诉讼法》《食品安全法》等多部重要法律的起草和修订工作，累计有 1 600 余份咨询报告被国家有关部门采纳。

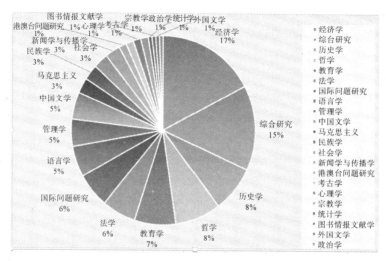

图2 研究基地的学科分布

3. 高等学校创新能力提升计划

"高等学校创新能力提升计划"（"2011计划"）是继"985工程""211工程"之后，我国高等教育启动的第三项国家工程，对于提升高等学校创新能力，全面提高高等教育质量，深入实施科教兴国、人才强国战略，促进大学智库建设具有深远而重大的影响。

"2011协同创新中心"分为面向科学前沿、文化传承创新、行业产业、区域发展四大类型。其中，面向文化传承创新的"协同创新中心"以"传承文明、创新理论、咨政育人、服务发展"为宗旨，是建设中国特色新型智库的重要载体。其建设目标：一是围绕党和政府关注的重大现实问题和人民群众关心的热点难点问题，汇聚多学科力量，开展全局性、战略性、前瞻性综合研究，提出具有针对性、实用性、操作性的政策建议，积极引导社会舆论，为国家经济社会发展、党和政府科学决策提供有力的智力支撑。二是服务社会主义文化强国建设的战略目标，大力推进社会主义核心价值体系建设，推出一批传承人类文明、弘扬中华优秀传统文化、体现社会主义先进文化要求的标志性成果，积极开展优秀文化的传播普及，提升全民文化素质，推动中华文化走向世界。三是面向国际学术前沿，坚持问题导向，打破学科壁垒，促进学科间的相互渗透与交融，成为新兴学科和交叉学科的孵化器和推进器，引领哲学社会科学学科发展。四是创新人才培养模式，推动复合型人才的联合培养，深化评价和人事制度改革，汇聚国内外相关领域一流人才和团队，成为我国在该领域最高水平的人才汇聚、创新人才培养和国际高端人才交流的基地。

2013 年 4 月，教育部、财政部完成首批"2011 协同创新中心"认定工作，批准成立 14 家协同创新中心。2014 年 8 月，教育部、财政部公示第 2 批"2011 协同创新中心"；10 月 23 日，24 家协同创新中心通过初审并获得国家正式确认（见表 1、表 2）。

表 1　　　　　　　　　首批"2011 协同创新中心"（14 家）

序号	中心名称	主要协同单位	类别
1	量子物质科学协同创新中心	北京大学、清华大学、中科院物理所等	前沿
2	中国南海研究协同创新中心	南京大学、中国南海研究院、海军指挥学院、中国人民大学、四川大学、中国社科院边疆史地中心、中科院地理资源所等	文化
3	宇航科学与技术协同创新中心	哈尔滨工业大学、中航科技集团等	行业
4	先进航空发动机协同创新中心	北京航空航天大学、中航工业集团等	行业
5	生物治疗协同创新中心	四川大学、清华大学、中国医学科学院、南开大学等	前沿
6	河南粮食作物协同创新中心	河南农业大学、河南工业大学、河南省农科院等	区域
7	轨道交通安全协同创新中心	北京交通大学、西南交通大学、中南大学等	行业
8	天津化学化工协同创新中心	天津大学、南开大学等	前沿
9	司法文明协同创新中心	中国政法大学、吉林大学、武汉大学等	文化
10	有色金属先进结构材料与制造协同创新中心	中南大学、北京航空航天大学、中国铝业公司、中国商飞公司等	行业
11	长三角绿色制药协同创新中心	浙江工业大学、浙江大学、上海医药工业研究院、浙江食品药品检验研究院、浙江医学科学院、药物制剂国家工程研究中心等	区域
12	苏州纳米科技协同创新中心	苏州大学、苏州工业园区等	区域
13	江苏先进生物与化学制造协同创新中心	南京工业大学、清华大学、浙江大学、南京邮电大学、中科院过程工程研究所等	区域
14	量子信息与量子科技前沿协同创新中心	中国科技大学、南京大学、中科院上海技物所、中科院半导体所、国防科技大学等	前沿

表2   2014 年度"2011 协同创新中心"（24 家）

序号	中心名称	主要协同单位	类别
1	人工微结构科学与技术协同创新中心	南京大学、复旦大学、浙江大学、上海交通大学等	前沿
2	信息感知技术协同创新中心	西安电子科技大学、中国电子科技集团公司等	行业
3	辽宁重大装备制造协同创新中心	大连理工大学、东北大学、沈阳工业大学、大连交通大学、沈阳鼓风机集团股份有限公司等	区域
4	能源材料化学协同创新中心	厦门大学、复旦大学、中国科学技术大学、中国科学院大连化学物理研究所等	前沿
5	地球空间信息技术协同创新中心	武汉大学、中国航天科技集团、清华大学、北京航空航天大学等	行业
6	高性能计算协同创新中心	国防科学技术大学、中山大学、中国电子信息产业集团有限公司等	行业
7	无线通信技术协同创新中心	东南大学、清华大学、电子科技大学、北京邮电大学等	行业
8	先进核能技术协同创新中心	清华大学、中国核工业建设集团、中国华能集团、中国广东核电集团有限公司、上海电气（集团）总公司、国家核电技术公司、中国电力投资集团公司等	行业
9	南方稻田作物多熟制现代化生产协同创新中心	湖南农业大学、湖南杂交水稻研究中心、江西农业大学等	区域
10	钢铁共性技术协同创新中心	北京科技大学、东北大学等	行业
11	IFSA 协同创新中心	上海交通大学、中国工程物理研究院等	科学
12	北京电动车辆协同创新中心	北京理工大学、北京汽车集团有限公司、清华大学、北京交通大学、国网北京市电力公司等	区域
13	煤炭分级转化清洁发电协同创新中心	浙江大学、清华大学、华东理工大学、中国华能集团公司、中国国电集团公司、神华集团有限责任公司、中国东方电气集团有限公司等	行业
14	高端制造装备协同创新中心	西安交通大学、浙江大学、沈阳机床（集团）有限责任公司、陕西秦川机床工具集团有限公司等	行业

表2(续)

序号	中心名称	主要协同单位	类别
15	感染性疾病诊治协同创新中心	浙江大学、清华大学、香港大学、中国疾病预防控制中心等	科学
16	高新船舶与深海开发装备协同创新中心	上海交通大学、中国船舶工业集团公司、中国海洋石油总公司等	行业
17	智能型新能源汽车协同创新中心	同济大学、上海汽车集团股份有限公司、清华大学、湖南大学、天津大学、国家信息中心、潍柴动力股份有限公司、中国电力科技集团公司52所、中科院电动汽车研发中心等	行业
18	未来媒体网络协同创新中心	上海交通大学、北京大学等	行业
19	重庆自主品牌汽车协同创新中心	重庆大学、重庆长安汽车股份有限公司、中国汽车工程研究院股份有限公司等	区域
20	国家领土主权与海洋权益协同创新中心	武汉大学、复旦大学、中国政法大学、外交学院、郑州大学、中国社科院中国边疆史地研究中心、水利部国际经济技术合作交流中心等	文化
21	中国基础教育质量监测协同创新中心	北京师范大学、华东师范大学、东北师范大学、华中师范大学、陕西师范大学、西南大学、中国教育科学研究院、教育部考试中心、安徽科大讯飞信息科技股份有限公司等	文化
22	中国特色社会主义经济建设协同创新中心	南开大学、南京大学、中国人民大学、中国社会科学院经济学部、国家统计局统计科学研究所等	文化
23	出土文献与中国古代文明研究协同创新中心	清华大学、复旦大学、安徽大学、北京大学、湖南大学、吉林大学、首都师范大学、中国人民大学、中国社会科学院历史研究所、中国文化遗产研究院、中山大学等	文化
24	两岸关系和平发展协同创新中心	厦门大学、复旦大学、福建师范大学、中国社会科学院台湾研究所等	文化

两个批次、设立了38家"2011协同创新中心"。其中,面向文化传承与创新的"协同创新中心"共7个,分别围绕着中国南海、司法文明、领土主权与海洋权益、基础教育质量监测、中国特色社会主义经济建设、出土文献与中国古代文明、两岸关系和平发展等重大理论与实践展开协同攻关,这是我国大学智库建

设的核心和主体。

3. 大学智库建设动态

大学智库建设是履行服务社会职能的有效载体，更是建设世界一流大学的重要内容。近年来，高校认真贯彻落实习近平总书记的重要批示和李克强总理、刘延东副总理的讲话精神，整合资源，创新形式，扎实推进中国特色新型智库建设。一是聚焦重大课题，服务国家战略。围绕社会主义市场经济体制改革、民主法治建设、社会管理体制改革、生态文明建设、国家软实力提升等重大课题开展前瞻性、对策性研究并提出建设性建议。二是创新体制机制，激发内生动力。如，中国人民大学、厦门大学适时呈报研究成果、定期发布研究报告，建立稳定、有效的决策咨询呈送和信息发布渠道。三是发挥学科优势，构建创新体系。南开大学、西南大学构建起"教育部人文社科重点研究基地—省部共建重点研究基地—校级重点研究基地"为主体的科学研究创新体系。四是汇聚高端人才，建设一流团队。北京师范大学、华中师范大学探索人才"旋转门"机制，吸引政府部门老领导加盟，发挥他们既具有丰富实践经验，又具有较高理论素养的综合优势。五是深化合作交流，打造智库品牌。北京大学、北京外国语大学关注国家发展战略的国际环境、国际区域问题以及公共外交研究等领域，提升智库国际竞争力。如中国人民大学"中国发展指数"年度报告等成为重要品牌。

此外，南京大学（2013）积累了许多先进经验、有效办法。一是推进协同创新，催生高端智库；二是打造基地平台，拓展智库建设；三是强化精品意识，打造高质量成果。广州大学广州发展研究院（2011）通过明确方向定位、理顺工作思路、进行制度设计、建立支撑平台、整合人才资源、确立学科优势等路径，发布一批有质量的决策研究报告，受到领导的高度重视和有关部门的采纳，产生了较好的社会影响。2013 年，上海市教委启动第一批高校智库，评选出复旦大学人口与发展政策研究中心等 13 个高校智库项目，年度投入经费 200 万；上海外国语大学中东研究所等 5 个培育智库项目，年度投入经费为 50 万。建设周期为五年，实行绩效动态管理。依托复旦大学设立中国高校智库论坛秘书处。中国人民大学创新国家发展与战略研究院的运行体制。浙江大学坚持"顶天立地""高水平、强辐射"理念，建立起若干在国内有一定影响力的智库。

4. 我国知名大学智库概况

对于大学智库建设水平的评判，可以从两个途径：一是詹姆斯·G. 麦甘主持的《2012 年全球智库报告》；二是上海社会科学院智库研究中心研制的《2013中国智库报告》。

詹姆斯·G. 麦甘主持的《2012 年全球智库报告》，在包括美国在内的全球

150家顶级智库排行榜上，北京大学国际战略研究中心位居第63位；在全球大学所属的40个最佳智库排名中，清华大学卡耐基—清华全球政策中心位居12位，北京大学国际战略研究中心名列25位。这是我国大学智库在世界智库排名中最靠前的。

由上海社会科学院智库研究中心研制的《2013中国智库报告》，分别就中国智库的综合影响力、系统内影响力和专业影响力三个层面进行评价与排名。《报告》指出，1994—2002年是我国大学智库启航时期。1994年8月，北京大学创立中国经济研究中心；1999年，清华大学公共管理学院创办国情研究中心；2000年，复旦大学重建中国经济研究中心。在中国智库综合排名前10名榜上，北京大学（第3）、清华大学（第4）、复旦大学（第8）名列其中；在系统影响力、高校智库排名榜上，北京大学、清华大学、复旦大学、中国人民大学、南京大学排名1~5名。在专业影响力排名上，在经济政策、政治建设、文化建设、生态文明、城镇化、国际问题等领域，大学智库都发挥着重要作用（见表3）。

表3　　　　　　　　　　　　　大学智库影响力

专业影响力	智库名称	排名
经济政策	北京大学国家发展研究院	第5
政治建设	北京大学国家发展研究院	第4
	清华大学国情研究院	第5
文化建设	北京大学国家发展研究院	第3
	复旦大学历史地理研究中心	第4
生态文明	北京大学国家发展研究院	第2
城镇化	北京大学国家发展研究院	第4
	清华大学国情研究院	第5
国际问题	清华大学当代国际关系研究院	第1
	复旦大学美国研究中心	第4

二、研究型财经大学智库建设的特色与路径

（一）财经类大学办学特点与层次类型

财经学科是指经济学和管理学（工商管理类）两门学科的总称，在《普通高等学校本科专业目录（2012年）》中指经济学门类（02）、管理学门类（12）特别是工商管理（1202），在国务院学位委员会颁布的《学位授予和人才培养学

科目录（2011 年)》中经济学门类（02）、管理学门类（12）特别是工商管理（1202）。

　　财经类院校源于我国 20 世纪 50 年代分类分科办学、行业办学的历史，是与综合、理工、师范、农林、政法、医药、民族、语言等相对应的办学类型之一，是高等教育的重要组成部分。据相关统计，截止到 2013 年底，全国共有 218 所财经院校。其中，5 所隶属教育部，其余隶属于 31 省教育厅；从学历层次看，本科院校 51 所、本科/高职（专科）47 所、高职（专科）120 所；从办学类型看，大学 24 所、学院 40 所、独立学院 35 所、高等专科学校 10 所、高等职业技术学校 106 所、成人高等学校 2 所、短期职业大学 1 所（见表4）。

表4　　　　　　　　　　　财经类院校学历层次、办学类型分布

学历层次	数量（所）	办学类型	数量（所）
本科	51	大学	24
		学院	40
本科/高职（专科）	47	独立学院	35
		高等专科学校	10
高职（专科）	120	高等职业技术学校	106
		成人高等学校	2
		短期职业大学	1
合计			218

数据来源：中国高等教育学生信息网·院校信息库

　　与综合、理工等类型大学相比，财经类院校具有几个显著特点：第一，具有鲜明的学科特色。一般是以经济学、管理学为主干学科，法学、理学、工学等其他学科协调发展的多科性大学，主体学科突出，学科优势明显。第二，具有典型的行业特征。分科办学、行业办学是我国高等教育独特的办学体制，财经院校历史上大多隶属于政府部门主管，如国家财政部、外经外贸部、中国人民银行总行等主管部门。第三，具有明显的地域特色。财经院校围绕地方经济社会发展的战略目标和重大需求，在人才培养、科学研究和智力支撑方面形成鲜明的地域特色。第四，理论研究与实践活动并重。财经学科是"经世济民"之学，既要求具备理论创新、学术创新、原始创新的能力，又要求竭诚服务经济社会和企业管理创新实践活动。同时，财经院校自身也呈现数量众多、分布广泛，发展快速、"无校不财经"，学科比较单一、核心竞争力不足等特征。

（二）研究型财经大学智库建设

研究型大学是指那些提供全面的学士学位计划，致力于硕士研究生到博士研究生的教育，把研究放在首位的大学。由于各国大学分类标准不同，其类型划分不尽相同。美国卡内基分类法运用最为广泛，将大学划分为四个层次、八个类别。其中，第一层次是授予博士学位的研究性大学，分为"第一类研究性大学"和"第二类研究性大学"；第二层次是授予硕士学位的大学和学院，分为"第一类大学"和"第二类大学"。在我国，一般将大学分为研究型大学、研究教学型大学、教学研究型大学、教学型大学。

研究型财经大学一般指办学水平高、学科实力强、社会声誉好的财经高校，是高等财经教育的排头兵，在办学理念、发展定位、办学特色、学科水平等方面都起着引领、示范作用。5 所教育部直属大学（上海财经大学、西南财经大学、中央财经大学、中南财经政法大学、对外经济贸易大学）、4 所省（市）所属重点大学（东北财经大学、江西财经大学、天津财经大学、浙江工商大学）具有本科、硕士、博士、博士后等完整的人才培养体系，拥有博士学位一级学科、二级学科授权及硕士一级学科、二级学科授权；在办学定位上，大多数定位于研究型或者研究教学型或者教学研究型大学。因此，拟选择这 9 所财经类大学，作为研究型财经大学一流智库建设的样本。

1. 研究型财经大学异同比较分析

上海财经大学、西南财经大学、中央财经大学、中南财经政法大学、对外经济贸易大学、东北财经大学、江西财经大学、天津财经大学、浙江工商大学 9 所大学，在财经类院校中居于排名靠前，具有一定的可比性。

从相同之处看，具有较多共同点：一是以经济学、管理学为主干学科的财经类型大学，受益于我国改革开放、以经济建设为中心的基本国策以及现代化、全球化和信息化的时代发展趋势，发展速度很快；二是办学历史悠久，大多具有50 年以上的办学历程，甚至可以追溯到百年前（浙江工商大学，1911 年），形成了具有自身特色的办学理念、大学精神和校园文化；三是具有行业办学的历史背景，在国民经济建设主战场、某一行业领域具有深厚的人脉、学脉资源，在人才培养、科学研究和服务面向上具有得天独厚的优势、经验；四是形成了完备的人才培养体系，在强调人才培养的应用型、复合型和创新型的同时，注意人才的"研究"素养和能力；五是学科实力强，拥有国家级、省部级重点学科，在某一学科领域具有比较竞争优势和核心竞争力，是国家"985 工程优势学科创新平台""211 工程"或者省（市）重点建设大学，享有较高的社会声誉。

从相异之处看，呈现出各自的个性特点：办学理念上各有侧重，上海财大强调"厚德博学、经济匡时",西南财经大学强调"经世济民、孜孜以求",中央财大强调"求真求是、追求卓越";在发展定位上,上海财大、中南财大、西南财大、中央财大定位于研究型,对外经贸、东北财大定位于高水平;在学科建设上,江西财大拥有 11 个学科门类,中南财大、中央财大、浙江工商各拥有 9 个学科门类,呈现出综合化发展的趋势,而对外经贸、东北财大各自拥有 5 个学科门类,西南财大只有 6 个学科门类,上海财大、天津财大拥有 7 个学科门类。各自的国家级、省部级重点学科以及学科特色方面也不尽相同;在各自所面临的行业、区域经济社会发展环境及需求上,差别更大。如中南财大、上海财大、中央财大、东北财大、江西财大曾隶属于财政部,西南财大曾隶属于中国人民银行总行,对外经贸大学曾隶属于贸易部,而天津财大、浙江工商大学分别由天津市、浙江省人民政府主办。这些差异性形成了研究型财经大学各自不同的风格、特征(见表5)。

表5　　　　　　　　　　　研究型财经大学发展异同比较

学　校	不同点						相同点
	办学理念	发展定位	学科门类	重点学科	学科特色	区域环境	
上海财经大学	厚德博学、经济匡时	一流三化、多科性、研究型大学	7(经、管、法、文、理、教、史)	经济思想史、财政学、会计学、金融学(培育)	财经特色	上海市	◆ 源远流长,办学历史悠久 ◆以经济学管理学为主干,财经特色 ◆具有行业办学的深厚背景 ◆ 本、硕、博、博士后人才培养体系 ◆学科实力强,拥有国家级、省部级重点学科 ◆国家"211工程"或省(市)重点建设 ◆社会声誉高
中南财经政法大学	博文明理、厚德济世	高水平、有特色、人文社科类、研究型大学	9(经、法、管、哲、文、史、理、工、艺)	财政学、金融学、会计学、民商法学、经济史(培育)	财经政法融通	湖北武汉市	
西南财经大学	经世济民、孜孜以求	特色鲜明高水平、研究型、财经大学	6(经、管、法、文、理、工)	政治经济学、金融学、统计学、会计学	大金融学科群	四川成都市	
中央财经大学	求真求是、追求卓越	有特色、多科性、国际化、高水平研究型大学	9(经、管、法、文、哲、理、工、教、艺)	应用经济学(一级学科国家重点)、会计学	财政学、金融学、会计学	北京市	
对外经济贸易大学	博学、诚信、求索、笃行	国际知名、有特色、高水平大学	5(经、管、法、文、理)	国际贸易学、国际法学	国际经济贸易、国际经济法	北京市	
东北财经大学	博学济世	国际知名、特色突出、高水平、财经大学	5(经、管、法、文、理)	产业经济学、财政学、会计学、数量经济学(培育)	财经特色	辽宁大连市	
江西财经大学	敬业乐群、臻于至善	特色鲜明、高水平、财经大学	11(经、管、法、工、文、理、农、教、哲、史、艺)	产业经济学(培育)	创业型人才	江西南昌市	
天津财经大学	勤奋、团结、求实、创新	多科型、综合性、高水平、财经大学	7(经、管、文、法、理、工、教)	统计学	应用经济学、工商管理	天津市	
浙江工商大学	诚毅勤朴	有特色、高水平、综合性、教学研究型大学	9(管、经、工、文、法、理、史、哲、艺)	—	大商科	浙江杭州市	

注:根据网络、年鉴、新闻、专题报道等资料整理而成。

2. 财经大学智库建设及其特色探析

建设中国特色新型智库，既是时代要求和使命，也是大学面临的机遇与挑战。研究型财经大学作为财经类大学的引领者、排头兵，自然不甘落后，抢抓机遇，乘势而为。

——上海财经大学。建立公共政策与治理研究院、上海国际金融中心研究院、中国产业发展研究院等新型智库机构；采取驻院研究员、特聘研究员以及兼职研究员等方式，形成开放性的研究大平台和高效研究成果转化机制，为国家和上海市提供高水平的决策咨询服务。据报道，在上海高校智库研究和管理中心编辑《上海高校智库政策建议报告》中，上海财经大学提交了多篇高质量的政策建议报告，并有多篇被上海市委办公厅、上海市教卫党委和市教委采用，报送给国家和上海市有关领导参考。

——中南财经政法大学。致力于社会管理法治一流智库建设，以教育部人文社科重点研究基地——"法治发展与司法改革研究中心"为平台，立足于推进法治领域理论与实践的教学科研与社会咨询服务，探索整合经法管三大学科优势，全力缔造财经、政法领域思想库，努力打造"中部崛起"的智力服务品牌；会同9所高等院校、13个中央地方党政司法机关进行协同科研攻关，成为国家知识产权战略、法制建设、经济建设提供强大智力支持的格局。

——西南财经大学。着力打造以"金融安全协同创新中心""中国西部财经智库"为战略抓手的高水平智库，将构建大金融学科群、建设西部财经智库列入学校"211计划"和"十二五"规划的"十大任务""十大项目"中，有组织、有计划推进实施。

——中央财经大学。制定"中央财经大学2011协同创新计划"，培育若干协同创新中心，构建协同创新的新模式与新机制。"中国财政发展协同创新中心"成为8家"医疗卫生改革国家级智库"成员机构之一，协助中央政府、指导地方试点地区，全面开展和落实基层医疗卫生机构综合改革的相关各项工作。

——对外经济贸易大学。加强多层次智库建设。学校与教育部共建教育与经济研究中心，为我国教育促进经济与开放型事业的发展提供坚实的理论支撑；以"2011计划"为依托，与商务部、教育部共建"中国企业'走出去'协同创新中心"，为开放经济建设特别是企业实施"走出去"战略提供有力的智力支持和人力资源保障。

——此外，东北财大、江西财大、天津财大、浙江工商大学等高校在智库建设上进行了大量卓有成效的探索。东北财大与大连市人民政府发展研究中心共建"决策咨询创新研究基地"。江西财大相关成果多次获得江西省委书记、省长等省主要领导批示。天津财大面向国家和天津市社会经济建设，特别是服务于天津滨海新区。浙江工商大学强化"与浙江经济互动"的意识，实施"大地计划"，围绕国家、区域经济社会发展和企业需求开展决策咨询（见表6）。

表6　　　　　　　　　财经大学智库一览（部分）

学校名称	智库建设	政策措施	主要特征	资料来源
上海财经大学	公共政策与治理研究院、上海国际金融中心研究院、中国产业发展研究院	依托高水平研究基地，主动整合力量，组织研究攻关	形成开放性的研究大平台和高效研究成果转化机制	凤凰网、一财网、上海财经大学
中南财经政法大学	法治发展与司法改革研究中心暨湖北法治发展战略研究院	"五个高地"战略工程	着力建立现代新型高端智库的运行机制	新华网、湖北日报、光明日报
西南财经大学	金融安全协同创新中心 中国西部财经智库	大金融学科群西部财经智库	构建高水平人才培养、学科创新、人力资源、对外合作平台	凤凰网、西南财经大学
中央财经大学	中国财政发展协同创新中心、8个校级协同中心	制度创新，人事制度和科研考核指标有机结合	打造顶级财经智库，形成财政理论的中国学派	中央财经大学"十二五"规划
对外经济贸易大学	教育与经济研究中心 中国企业'走出去'协同创新中心	教育与经济互动发展研究 围绕实施企业"走出去"战略，通过机制体制创新	为促进经济与开放型教育事业、为企业实施"走出去"战略提供智力支持	对外经济贸易大学"十二五"发展规划纲要

三、基于我校一流智库建设的思考

（一）我校服务区域经济社会和金融行业发展概况

我校是教育部直属、国家"211工程""985优势学科创新平台"建设的全国重点大学，也是国家教育体制改革试点高校，形成了以经济学、管理学为主体，多学科协调发展的格局。20世纪90年代，就有省委书记冒雨到光华园登门拜师，就四川经济发展战略、深化国有企业改革诸问题向刘诗白老校长请教的美谈。以曾康霖教授、赵国良教授等为代表的西财专家学者为我国金融行业发展和地方经济社会建设竭诚服务，献计献策。

近年来，学校将智库建设纳入整体发展战略之中，在政策、规划和资金方面给予了特别支持。2006年，学校《"十一五"发展规划（纲要）》提出构建社会服务支撑体系，充分发挥学科和人才优势，积极开展高水平的决策咨询和高层次的培训服务，推动学校与政府、金融和工商企业的深度合作；出台了《西南财经大学关于实践性科研成果和科研活动的认定与激励办法（试行）》。2008年四川汶川特大地震发生后，学校启动一批应急研究项目，为灾后重建提供智力支持。2009年，围绕"建好财经大学，建造金融特色"战略目标，学校着力打造"中国西部财经智库"。出台《西南财经大学科研管理规范（试行）》，提出构建西部最有影响的财经智库，并对各类研究报告（包括咨询报告、调研报告和政策建议等）的等级认定、影响力、奖励标准（A1、A2、B1、B2）进行划分。启动实施一批对策研究项目，在项目立项、评审和成果报送、反馈等方面建立常态化机制。2011年，《西南财经大学"十二五"发展规划纲要（2011—2015年)》提出加快推进智库工程，建设西部财经智库。2013年，《西南财经大学哲学社会科学繁荣计划（2013—2020)》提出"加强应用对策研究、推进'西部财经智库工程'建设"；设立决策咨询和应急项目，重点支持重大问题导向的应用对策研究与应急需求研究，实施"定向招标—限时完成—成果导向—确定经费"的管理机制，努力推出一批对党委、政府决策有重要参考价值的研究成果；着力培养一批对国家、行业和地方经济社会发展中重大理论和实践问题以及民生问题有深入研究的"智囊团"。

（二）打造一流智库的SWOT分析

当前，在中国特色新型智库建设、推进国家治理能力和治理体系现代化的历史进程中，我校智库建设既有自身的优势特色，也有一些劣势困难；既面临众多的发展机遇，也有较多的挑战。

从自身优势看，具有打造一流智库的优势保障：一是国家"985优势学科创新平台""211工程"重点建设大学，在财经类院校中起着引领、示范作用；二是高水平行业特色型大学，深厚的金融行业背景、独特的金融学科优势、出色的金融行业影响力是学校的显著标志；三是"经世济民、孜孜以求"的大学传统和历史传承，具有服务地方经济社会发展和金融业的典型经验；四是清晰的办学理念、办学目标和发展定位。走特色发展之路，建好财经大学，彰显金融特色，着力构建大金融学科群，着力建设中国西部财经智库，是学校发展的重大战略抉择。

从发展劣势看，主要表现在四点：一是地域上的限制。学校地处西部，远离国家政治、经济和金融中心，对决策的影响辐射力较小。二是与金融行业的联系较为松散，对行业重大需求、重大问题的把握较为困难。我国金融业是"一行三会"的管理体制。"一行"指中国人民银行总行，职能是"制定和执行货币政策、维护金融稳定、提供金融服务",内设司局,外设总部(上海)、直属机构和分支机构;"三会"是指中国银行业监督管理委员会、中国证券业监督管理委员会、中国保险业监督管理委员会,各有其职能职责,隶属于国务院;此外,还有商业银行、保险、基金、投资等众多商业性金融企业。三是自身学科实力不强、影响力较弱。与综合性、研究型大学相比较,在各种大学排行榜和学科评估排名中,我校整体排名、学科专业排名都较靠后(如图3所示)。四是大学现代治理结构还在建立中,大学行政化、功利化等不利影响仍然存在。

图3,是我校与中国人民大学、上海财经大学学科对比。在院系与科研机构数量、全日制在校生等外在指标上,我校与上述两所大学的差别还不算太大;但涉及一级学科重点、教育部人文社会科学研究基地等反映内在质量的指标上,我校与中国人民大学的差异就很明显。此外,中国人民大学是"985工程""211工程"大学,被誉为"我国人文社会科学高等教育领域的一面旗帜",一直是国家重点建设大学。在一级学科排名(2012)中,中国人民大学参评一级学科24个,涉及9个学科门类。其理论经济学、应用经济学、法学、政治学、社会学、新闻传播学、统计学、工商管理、公共管理等9个学科排名第一,在人文社会科学领域居全国高校首位,总数位居全国高校第三位。在国际上享有卓越声誉,先后同美国哈佛大学、耶鲁大学、哥伦比亚大学、密歇根大学,英国剑桥大学,日本早稻田大学,丹麦哥本哈根大学,瑞典斯德哥尔摩大学,奥地利维也纳大学,法国巴黎第一大学等54个国家和地区的211所大学建立学术交流关系,与港澳台地区25所高校(研究机构)签订了合作协议。上海财经大学在一级学科排名(2012)中,参评一级学科14个,涉及5个学科门类,其统计学第4名,应用经济学第6名,工商管理排名第8名,理论经济学第10名,马克思主义理论第17名;在国际学术排名中,其会计与金融在QS全球学科排名(2014)中全球前150名;金融学在美国亚利桑那州立大学全球金融学排名(2010—2012年)中全球第104名,大陆高校第1名;经济学在荷兰蒂尔堡全球经济学院研究排名(2013)中全球第61名,中国(含港澳台)高校第1名;商学在美国德克萨斯大学达拉斯分校全球商学院研究贡献排名(2012—2013年)中全球第177名,大陆高校第4名;在福布斯2014年中国最具价值的在职EMBA项目中第10。西南财经大学在一级学科排名(2012)中,参评一级学科6个,涉及4个学科门类,排名靠前的是应用经济学第6名、工商管理第12名、理论经济学第13名、法学第21名;在国际排名中靠前的学科专业较少。

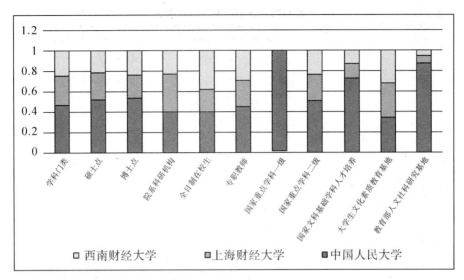

图3 我校与中国人民大学、上海财经大学学科对比

注：①数据资源来源于各校网站资料、公开出版物；②数据汇总后，计算各自所占的百分比。

从发展机遇看，具备三大机遇：一是各级政府领导和主管部门认识到位、高度重视。将建设中国特色新型智库纳入到国家治理的重要方略之中，在治国理念、大政方针和政策措施中，都高度重视发挥各类各层面智库的作用。二是随着中国走向世界和改革开放的不断深入，在提升国家治理能力、形成国家治理体系现代化的过程中，对解决各类公共政策问题的现实需求愈加旺盛。金融行业改革发展，地方经济社会建设，都会产生大量问题亟待解决。三是建设世界一流大学、走内涵式发展道路对建设世界一流大学智库提出了新要求（见表7）。

从面临的挑战看，主要有三大挑战：一是来自世界一流智库的严峻挑战。在经济全球化、教育国际化和信息网络化的过程中，世界将会愈加"扁平化"，各种智库将以各种方式进入国内市场并带来激烈的竞争。二是来自官方智库、民间智库的挑战。官方智库以其官方背景、民间智库以灵活性，都具有竞争优势。三是自身学科以及体制机制存在的障碍与束缚。

表7 我校打造一流智库的 SWOT 分析

内部能力 外部因素	优势（Strength）	劣势（Weakness）
	国家重点建设高校 学科、行业特色 历史传承 现代大学制度建立中 ……	地域限制 行业联系不强 自身实力不强 大学行政化的不利影响 ……
机会（Opportunities）	SO 战略	WO 战略
政府认识深化、高度重视 行业发展、经济社会发展 要求 学校重视 ……	……	……
风险（Threats）	ST 战略	WT 战略
国际智库高调进入 各类智库蓬勃兴起 综合型大学压力 ……	……	……

（三）打造一流财经智库的几点建议

我校智库建设起步早，力度大，成效显著，已经进入到一个制度化、项目化和规范化的新阶段。我们认为，当前，我校智库建设应围绕着"一个工程、两大抓手、三大平台、四个特色、五大举措"，不断推进智库建设朝着更高水平迈进。

第一，深化对智库的认识，实施智库工程。智库建设不同于科学研究，也不等同于社会服务。大学智库建设，特别是在我国大学面临行政化、功利化、世俗化的背景下是一项长期、复杂而系统的"压力工程""质量工程""特色工程"。说它是"压力工程"，是指既是经济社会发展的时代要求，又是大学服务社会的职责所在，义不容辞、责无旁贷；说它是"质量工程"，要求大学智库对国家重大实践问题、亟须解决的现实问题提出真知灼见、富有建设性的对策建议。说它是"特色工程"，是对大学智库的学科特色要求，大学智库不是"万金油""百事通"，而是建立在深厚的学科底蕴、高水平的学科团队基础上的。

第二，着力对内、对外两大抓手。对内，凝聚智库服务创新力量、优化智库研发选题、形成智库建设系列项目、选题及其周密部署。大学智库不同于一般的决策咨询、行业报告、会议论坛以及培训会议，要求以大学的学科特色、综合实力为坚强后盾，形成富有远见卓识、睿智深刻的智库研究报告。对外，需要着力建立、完善和优化多层次、多途径的智库服务渠道，及时、高效地将智库研发成果推送到相关政府、机构面前，并具有信息反馈、影响评价等互动机制。

第三，构筑三大平台，支撑高水平的智库研发。一流智库建设，绝非一人、一时的即兴之作。一是构筑一流学科平台。学科是智库的重要基石，学科水平、学科特色、学科活力、学科协同创新能力和体制机制是形成一流智库的重要因素。二是构筑高端研发团队。智库是智慧的启迪，是高端思想的对话，面向的对象是政府机构的决策领导者，建言的主旨是社会公共治理问题，影响的结果是普罗大众的社会福祉。因此，大学智库建设需要一批具有强烈的使命责任感、良好的社会操行、深厚的学术造诣的专家、学者承担，而对那些只为一己私利、包藏祸心的"伪专家""伪学者"敬而远之。三是构筑大数据支撑平台。在现代信息技术和网络社会，大数据时代已经降临，决策将日益基于数据和分析而进行。美国、日本智库建设的成功经验表明，以公共政策、社会治理和公众问题为导向的智库建设，亟须海量、专业的大型数据库作为支撑。

第四，有所为有所不为，形成四大特色智库。纵观中外智库建设，规模各异、特色鲜明。十八大报告提出"完善和发展中国特色社会主义制度，推进国家治理体系和治理能力现代化。"要实现这一目标，需要从多角度、多层面的高端智库支撑服务。对我校智库建设而言，着力打造财经学科智库、金融行业发展智库、西部经济社会发展智库、财经院校发展智库，形成四大智库特色，符合建设特色鲜明高水平研究型财经大学的发展战略。以四大特色智库建设统筹、引领学校智库建设工作，必将极大推进我校智库朝着高水平、有特色的方向前进。

第五，实施五大举措，高效推进智库建设工作。一是需要在智库建设理念、组织保证、制度保证方面强化落实，确保智库建设在学校规划纲要、发展规划、重大项目中的重要地位；二是有所为有所不为，明确各类智库的发展定位、目标特色及其研究领域、关注重点；三是加强学科建设，提升学科实力，只有高水平的学科才可能产出高水平的智库研发成果；四是以重大问题为导向、组建形式多样、结构灵活、机制顺畅、充满活力的创新团队，优化智库建设的体制机制；五是建设海量数据支撑平台，提升海量数据服务。

参考文献

[1]　2013 年全国教育事业发展统计公报 [OB/OL]. 新华网：http://news.xinhua-net.com/edu/2014-07/05/c_126713808_3.htm.

［2］ 李卫红. 高校在新型智库建设中的使命担当 ［N］. 中国教育报, 2014-02-16.

［3］ 本刊记者. 智库的核心价值是什么? ——访布鲁金斯研究院理事会主席约翰·桑顿 ［J］. 决策与信息, 2009 (8): 50-52.

［4］ 王莉丽. 大学智库建设: 提升国家软实力的基础 ［N］. 中国教育报, 2012-05-25.

［5］ 杨玉良. 大学智库的使命 ［N］. 东方早报, 2011-11-04 (A23).

［6］ 谢维和. 一流智库是一流大学的重要内涵 ［OB/OL］. 求是理论网: http://www.qstheory.cn/kj/jyll/201311/t20131121_294044.htm, 2013-22-21.

［7］ 教育部负责人就《中国特色新型高校智库建设推进计划》答记者问 ［OB/OL］. 中国教育和科研计算机网: http://www.edu.cn/xin_wen_dong_tai_890/20140310/t20140310_1083895.shtml, 2014-03-10.

［8］ 王桂林. "中国发展模式" 下的大学智库建设 ［J］. 商场现代化, 2010 (9): 223-226.

［9］ 教育部负责人就《中国特色新型高校智库建设推进计划》答记者问 ［OB/OL］. 中国教育和科研计算机网: http://www.edu.cn/xin_wen_dong_tai_890/20140310/t20140310_1083895.shtml, 2014-03-10.

［10］ 高靓. 打造中国特色新型高校智库——写在繁荣发展高校哲学社会科学、推动中国特色新型智库建设座谈会召开之际 ［N］. 中国教育报, 2013-05-31.

［11］ 十年培育人文社会科学的 "国家队" ——高校人文社会科学重点研究基地巡礼 (一) ［N］. 中国教育报, 2011-03-24.

［12］ 教育部负责人就《中国特色新型高校智库建设推进计划》答记者问 ［OB/OL］. 中国教育和科研计算机网: http://www.edu.cn/xin_wen_dong_tai_890/20140310/t20140310_1083895.shtml, 2014-03-10.

［13］ 中国特色新型高校智库建设扎实推进. 据教育部: http://www.moe.edu.cn/publicfiles/business/htmlfiles/moe/s3165/201309/157602.html, 2013-09-15.

［14］ 南京大学智库建设重协同筑平台出成果 ［N］. 中国教育报, 2013-09-04.

［15］ 涂成林, 魏伟新. 高校智库服务地方政府决策的路径与对策——以广州大学广州发展研究院为例 ［J］. 广州大学学报: 社会科学版, 2011 (12): 42-46.

［16］ 上海市教育委员会. 建设具有上海特色的高校智库 ［OB/OL］. 上海市教育委员会: http://www.shmec.gov.cn/web/hdpt/jyf_detail.php? online_main_id=59, 2014-07-21.

［17］王裕国.中国独立设置的财经院校综合改革与实践研究之一［M］.北京：中国财政经济出版社，2002.

［18］康晓蓉、石兰英.打造推进"中国西部财经智库"——专访西南财经大学校长赵德武［J］.西部广播电视，2009（10）：34-35.

［19］西南财经大学.西南财经大学哲学社会科学繁荣计划（2013—2020）［R］.2013.

注重内涵建设　深化教育改革
努力提高本科教学质量

浙江财经大学

浙江财经大学秉承"进德修业，与时偕行"的校训和"以人为本"的办学理念，坚持以人才培养为学校的第一要务，近年来紧紧抓住教育质量这一生命线，不断创新人才培养模式，推进教育教学改革，努力提高人才培养质量。

一、坚持"质量立校"，不断探求本科教学改革发展新思路

学校多年来始终坚持"质量立校"办学理念，把不断创新人才培养模式、努力提高教育教学质量作为首要发展战略来实施。

为谋求学校教学改革的新思路，近年来学校先后三次召开全校教学改革大会。第一次教学改革大会以"理顺教学管理体制，强化教师的激励约束机制，建立学生的自觉学习机制"为主题召开，会后学校出台了《浙江财经学院教学改革整体规划和实施方案》，并开始实施两级管理办法及教师业绩津贴分配实施方案。第二次教学改革大会主题为"牢固树立以人为本的科学发展观，不断深化以学分制改革为突破口的本科教学改革，全面提升本科教学质量"，会后学校开始实施并不断完善以学分制改革为核心的人才培养方案，优化了人才培养模式。2010 年，学校在组织全校师生开展教育思想大讨论的基础上，召开了以"强化人才培养特色，提高本科教学质量"为主题的第三次全校教学改革大会，会后学校开始着手实施课程教学范式改革。第三次教学改革大会的召开为我校教学改革的推动和本科教学质量的提高奠定了坚实基础，本科教学工作水平和人才培养质量得到明显提高。

完成大学更名后，学校提出要以更名为契机，始终牢固树立本科教学工作的中心地位，更加注重内涵建设，深化教育教学改革，创新人才培养模式，切实提高教育教学质量和人才培养质量。学校将 2014 年确定为"教学质量年"，制定了《浙江财经大学"教学质量年"工作方案》，明确了学校工作重点以及学校和各学院（部）的工作任务，以创新谋发展，以创新求发展，以创新促发展，着力

转变不适应现代大学教育科学发展要求的思想观念；认真总结教育教学经验，加强教学工作的制度化、规范化建设，狠抓教育教学质量，有针对性地改善一些薄弱环节，促进学校人才培养质量的稳步提升。

二、做好顶层设计，科学规划本科教学改革发展新路径

1. 科学制定"十二五"发展规划

为更好地贯彻落实《国家中长期教育改革和发展规划纲要（2010—2020年)》精神和《浙江省中长期教育改革和发展规划纲要（2010—2020年)》精神，学校制定了《浙江财经学院"十二五"发展规划》，提出在"十二五"期间，将积极实施"质量立校、科研强校、人才兴校"战略，充分发挥"浙财"品牌优势，为浙江经济建设和社会发展服务。随后，学校制定出台了《浙江财经学院"十二五"本科专业建设与教学改革发展规划》《浙江财经学院"十二五"人才与师资队伍建设规划》等系列规划，将"质量立校"战略落实到了具体的规划之中。近日，学校又在广泛调研的基础上制定了《浙江财经大学本科专业发展规划（2014—2018年)》及各二级学院专业发展规划，为今后一段时间的专业发展提出了明确具体的目标。

2. 科学制定"本科教学工程"实施方案

为进一步深化教育教学改革，培育完善国家、省、校三级互动的"本科教学工程"建设体系，充分发挥不同层次、不同类别的"本科教学工程"项目对高素质创新人才培养的作用，在充分调查、研究、论证的基础上，出台了《浙江财经学院关于"十二五"期间"本科教学质量与教学改革工程"的实施意见》，提出在"十二五"期间实施"人才培养模式优化""专业特色提升""精品课程培育""大学生实践创新能力强化""教师教学能力提高""教学改革研究项目推进"等6项计划。旨在通过实施"本科教学工程"，探索人才培养新模式，不断提高学生的创新意识和创新能力，进一步提高人才培养质量。

三、重视内涵建设，全面实施本科教育教学改革新举措

1. 优化人才培养模式

学校不断完善"平台+模块"的新学分制培养方案，设置自主学习模块，由学生自主选课个性化学习，培养学生自主学习的能力。充分利用我校经济学科和管理学科的优势，鼓励学有余力的学生修读双专业，培养复合型人才；注重引进国际先进的专业项目及课程体系，2012年首批招收与加拿大劳伦森大学合作办

学的会计学专业学生；2013 年首批招收与美国托莱多大学合作的市场营销学专业学生。在新一轮本科专业人才培养方案修订中，着重推进通识教育改革，在培养方案中设立通识教育课程模块，构建了通识课程体系，提高学生人文综合素质。

为适应高等教育改革发展的方向和趋势，体现因材施教理念，我校对学生实施分类培养。一是发挥我校学科与专业优势，培养理论基础扎实，专业口径宽、富有创新精神及较强的可持续发展能力的高素质创新型人才；二是学科知识深度交叉复合的具有创新精神及可持续发展能力的拔尖复合型人才；三是实践应用能力强的具有创新精神及可持续发展能力的应用型人才。同时，学校积极开展人才培养模式改革与创新，实施拔尖人才培养实验班试点项目工程，在深入开展创新人才培养模式改革调研论证的基础上，做好实验班培养方案设计、管理制度建设工作。2014 年启动了首批经济学拔尖人才培养实验班、财政学拔尖人才培养实验班、非诉法律人才培养实验班等 3 个实验班招生工作。通过拔尖人才培养实验班试点项目建设，探索我校拔尖人才培养的模式与机制。

2. 推进学分制改革

近年来，学校坚持"以学生为本"的教育理念，积极探索和实践学分制改革，实施教师挂牌上课，增加选修课程比重与学分，不断扩大学生学习自主权，基本形成了学生可以自主"选专业、选课程、选教师、选进程"的新学分制体系。并通过逐步完善与新学分制相配套的教学条件建设及配套管理政策，为学生成长成才提供了良好平台。

3. 落实学生转专业需求

学校自 2001 年实施转专业管理制度以来，一直坚持以生为本的育人理念，先后对制度进行了多次修订完善，实现了制度上的保障，充分给予学生根据自己实际情况和兴趣爱好重新选择专业的机会，为学生成长成才提供了更广阔的空间。一方面允许学生全方位选择，打破文理科限制，取消一本专业和二本专业的层级；另一方面为兴趣特长生开设"绿色通道"，对某个专业特感兴趣并有相关特长、但学分绩点达不到转出要求的学生，可通过发表相关论文、学科竞赛获奖等途径，成功转专业。

为避免学生转专业时的盲目选择，学校采取有针对性的专业选择指导。一是实现转专业政策信息的公开、透明；二是发挥本科生综合导师制的作用，导师根据学生的实际情况有针对性地进行引导；三是开展"学生朋辈互动"，由高年级学生向低年级学生传授经验得失。

4. 修订学籍管理制度

为严格考试环节，规范毕业、学位授予条件，转变学习风气，同时进一步落

实二级管理，给予学院更多的管理空间，学校对学籍管理制度作了修订。从2014
级（2018年）开始取消毕业前重修考试；取消了弃考，降低了学生选课随意性
和考试投机性；修订了学位授予条件，增加了绩点要求，提高了部分条款的授予
条件。

5. 强化实践教学环节

为进一步提高学生的实践动手能力，学校不断强化实践教学，形成了集课程
实践、调查实习、科研训练、课外实践四个环节，公共实践、学科实践、专业实
践、综合实践四个层次，坚持4年不断线为一体的"444实践教学体系"。在课
程实训环节结合专业特点开设ERP综合实训、模拟证券、模拟法庭等实训课程，
加强模拟训练；将调查实习分为"经济社会调查、专业实践（一）、专业实践
（二）"三个环节；学科竞赛基本覆盖了各学科门类，竞赛项目不断增加，参赛
规模不断扩大。学校通过制度创新，将学生竞赛成绩纳入创新学分体系，吸引鼓
励学生积极参与竞赛，使更多的学生通过参与竞赛提升专业实践能力。

6. 加强专业建设管理

学校近几年制订了一系列政策制度，加强专业建设管理，确保专业建设的顺
利进行。包括《浙江财经大学"十二五"本科专业建设与教学改革发展规划》
《浙江财经大学关于"十二五"期间"本科教学质量与教学改革工程"实施意
见》《浙江财经大学本科专业建设管理办法》《浙江财经大学关于进一步加强特
色（重点）专业、精品课程建设意见》和《浙江财经大学本科专业建设经费管
理办法》。2014年，学校又制订了《浙江财经大学本科专业发展规划（2014—
2018年）》，进一步明确专业发展按照"总量控制、结构优化、凝聚优势、自主
发展"的指导原则进行。在控制专业总量的基础上进行专业内涵建设，探索建立
专业预警和退出的动态调整机制，及时调整和改造不适应社会发展的专业，对社
会认同度不高、社会需求量明显下降、师资队伍薄弱、毕业生就业率较低的部分
专业列入预警专业名单，进行减招、停招。优化专业结构，依托学校优势学科，
进一步凝聚专业特色，鼓励专业在学校办学定位的指导下自主发展，构建特色鲜
明的学科专业群。

7. 改革课程教学范式

学校在2012年初出台了《浙江财经学院课程教学范式改革三年行动计划》
及《浙江财经学院课程教学范式改革项目管理办法》，将课程教学范式改革作为
重点实施内容纳入学校"十二五"期间"本科教学工程"，建设一批实施课程教
学范式改革的示范课程，积极打造以"自主、合作、探究"为特征的大学课堂，
真正体现"学生本位"的课堂教学观培养学生的创新精神及创造性地分析问题

和解决问题的能力，并以点带面，推动学校教学质量的提升。

经过近三年的改革实践，学校通过组织专家跟踪听课、观摩教学、召开学生座谈会、学生问卷调查等形式对立项课程开展跟踪调查。调查结果显示部分项目在课程教学理念、教学目标、教学内容、教学方式方法、课程评价及考核方式等方面进行了较为重大的改革。对比实施范式改革前后的课程，改革后的课程能够更大地激发学生的学习兴趣和热情，学生认可度更高。

8. 成立教师教学发展中心

学校 2011 年底正式成立了校教师教学发展中心，发展中心以"服务、启发、分享、激励"为宗旨，通过培训、讲座、观摩、交流、咨询、展示等多种形式为广大教师和教学部门提供学习交流教学经验的平台，吸引和鼓励教师参与各项活动，营造重视教学改革的氛围，创建良好的大学教学文化。两年多来，参与教师发展中心的活动人次达到 3 000 多。

9. 加大经费投入力度

近年来学校逐年加大对本科教学的投入力度，保证了教学经费的稳步增长，教学条件大为改善，教学资源不断丰富，有力地促进了本科教学质量的提高。2013 年开始，学校除对校级以上立项专业、新专业确保建设经费按期足额拨付外，还对 30 余个普通专业每年投入 5 万元专项经费，连续投入 4 年，加大对专业图书资料、实验室和实习基地建设等软硬件投入，努力优化专业办学条件。2014 年学校投入 1 200 多万元用于专业建设，2015—2018 年争取每年以 10% 左右的幅度递增。

"后评时代"高校学科观的重构

黄 韬 王耀荣 杨亚萍①

摘要：国家重点学科审批取消后，高校学科建设进入了"后评时代"。学科建设环境的变迁，要求高校学科建设的理念和策略作出必要的调整和重构。本文就此探讨构建以自律精神、开放融合和系统思想等三个维度为主要内涵的新型学科观，以及在其指导下的高校学科发展策略。

关键词：后评时代 重点学科评审 新型学科观

学科观是人们对学科的认识和看法。由于社会地位不同，观察问题的角度不同，所处时代背景不同，人们会形成不同的学科观。树立正确的学科观是指导高校学科建设工作的前提和基础。年初，国家重点学科审批取消，不再用统一指标评审各校相关学科。没有了国家重点学科"指挥棒"，高校学科建设进入了"后评时代"。摆在高校学科建设工作面前的一个重要课题，就是以什么样的学科观指导新时期学科建设。

一、国家三次重点学科评审工作回顾

国家重点学科是国家根据发展战略与重大需求，择优确定并重点建设的培养创新人才、开展科学研究的重要基地，在高等教育学科体系中居于骨干和引领地位。至今，我国共组织了三次重点学科的评审工作。第一次国家重点学科评审工作是在 1986—1987 年，根据同行评议、择优扶植的原则，共评审出 416 个重点学科点，其中文科 78 个，理科 86 个，工科 163 个，农科 36 个，医科 53 个，涉及 108 所高等学校。第二次国家重点学科评审工作是在 2001—2002 年，共评审出 964 个高等学校重点学科。第三次国家重点学科评审工作是在 2006 年，本次调整的重点是在按二级学科设置的基础上，增设一级学科国家重点学科，共评审

---

① 黄韬，西南财经大学教授、博士生导师。王耀荣，西南财经大学发展规划处。杨亚萍，西南财经大学公共管理学院。

出 286 个一级学科，677 个二级学科，217 个国家重点（培育）学科。①

在进行国家重点学科建设的同时，中央部委和地方教育主管部门也开始进行省、部级重点学科建设，逐渐形成了我国完整的重点学科建设体系。毋庸置疑，在当时财力、经验有限的历史条件下，通过竞争和重点建设的方式，对于带动我国高等教育整体水平全面提高，提升人才培养质量、科技创新水平和社会服务能力，满足经济建设和社会发展对高层次创新人才的需求，建设创新型国家提供高层次人才和智力支撑，提高国家创新能力，建设创新型国家具有重要的意义。

二、评审后期高校学科建设弊端渐显

由于重点学科评审与资源挂钩，国家重点学科不但有经费与条件支持，而且对学校争取科研经费和院士评审，以及吸引优秀学生生源等资源都有着非常重要的意义。国家重点学科已然成为政府和社会评价一所大学的重要指标。在重点学科评审后期，申报重点学科的利益冲动已深入高校学科建设的"骨髓"。但随着我国经济社会的发展，我国高等教育发展已进入一个新的阶段，重点学科的数量越来越多，国家重点学科建设之初的历史条件已消失，由此学科建设中的弊端也就随之渐显。

重硬性指标轻人才培养。重点学科评审最大的弊端是导致高校对人才培养的忽视。2006 年公布的国家重点学科评选指标中，主要包括学术队伍、科学研究、人才培养以及学术荣誉。但能否评上重点学科，主要还是看该学科研究实力、实验室建设、论文发表容易量化的指标。从理论上讲，学科建设必然会促进人才培养，但人才培养的质量相对难以量化，一些学校在重点学科建设中对评选要求的硬指标倾注了过多精力，导致对人才培养的忽视。

重学科申报轻学科管理。一些高校受利益驱动，将学科建设的注意力主要集中于申报阶段，在申报中搞学科发展的大跃进，比较典型的就是花巨资引进所谓的领军人才，或者从其他高校挖来某个团队，在短时间内通过各种措施"建设"起了很多学科。而一旦申报成功，学科管理就进入一种"无规划"状态。这种不遵循学科自然生成逻辑的工程式的"蓝图思维"，对学科建设来说是急功近利，带来了很多负面影响。

重学科包装轻学科整合。在重点学科评审过程中，有些高校不但公关评审专家、行政部门，还对学科建设进行大力包装，人才假引进、院士四处兼职等弄虚作假的现象在评审中并不鲜见。而国家建设重点学科的意图则在于对学科资源优

---

① 数据来源：教育部学位与研究生教育发展中心网站。

化整合，打破学科壁垒，促进学科整体水平的提升。这恰恰是一些高校在重点学科建设中所欠缺的。

重重点学科轻基础学科。基础性学科是应用学科发展的基础和支撑，没有雄厚的基础学科，学科发展就没有后劲。对高校来说，学科资源总是有限的，当重点学科、特色学科与基础学科、边缘学科在资源配置上出现取舍时，功利思维就占据上风，基础学科和边缘学科往往受到挤压，直接导致学科生态的恶化。

三、"后评时代" 高校学科观的重构

（一）"后评时代"学科建设环境分析

学科建设"后评时代"的到来，直接改变了高校学科建设的内外部环境条件。

高校自主办学渐强。之前在重点学科建设，甚至"985 工程"和"211 工程"建设时，政府对重点建设学科范围、数量进行统一管理，对建设内容以至购置设备等均有较多的要求，这些都有碍于高校开展自主建设，影响高校的自主办学权。随着政府转变职能和简政放权，深入推进管办评分离，高校将被赋予更大管理权限。这对高校来说既是机遇也是挑战。此次取消重点学科评审后，高校可按照自身的传统和学科特点办出特色，充分发挥学科建设办学自主权。

学科多元评价渐显。必须清醒地认识到，国家取消重点学科评审，并不是学科就不要评估。重点学科评审是政府的行政手段，学科评估（学科排名）通常是市场行为或者第三方行为。学科评估是现行国际通行的有效的学科建设评价方式。评估在一定程度上反映高校的学科实力，在以评促建中，有助于推进高校的学科建设，促进人才培养质量的提高和科学研究水平的提升。可以预见，在今后一段时期内，将有越来越多的"学科评估机构"诞生，越来越多的"学科排名"将出现，学科建设的外部环境将从"政府一元审批"转变为"社会多元评价"。

（二）新型学科观的内涵

学科建设外部环境发生变迁，必然要求高校学科建设作出必要的自我调整和重构。本文认为，"后评时代"新型学科观的主要内涵当包含三个维度：恪守学科自律精神、促进学科的开放融合、以学科战略系统思考高校的资源配置。

维度一：自律精神。自律是保障大学持续发展的手段，是一种新的管理理念，符合高校自身发展逻辑，有利于培养大学的主体性，是有别于政治导向和经济导向的高校管理思想。学科自律就是要遵循学科的发生学，如潜学科、发展学科、发达学科的过程，内含人的发展规律、知识的发展规律和教育的发展规律。

由于高校在长期的计划经济管理模式下，自主自律意识不强，还未形成自我发展、自我约束的制度体系，一切行为看"指挥棒"。"后评时代"的高校拥有着更大的自主权，同时也意味着要承担更大的责任。这就要求高校必须强化学科自律，不能简单搬用行政手段，抑或是迷信各种学科排名，必须按学科发展规律办事，提升内部质量管理，确保学科质量逐步提升。

维度二：开放融合。学科建设是一个长期积淀的过程，一般具有纵向分化、横向拓展、纵向分化和横向拓展基础上的相互融合等特征，最后形成由主干学科、支撑学科、基础学科和新兴交叉学科构成的多学科生态体系。各个学科的发展有其相对独立的一面，但又不是彼此孤立的。跨学科发展是当今学科建设的大趋势。这要求学科之间打破壁垒，进行跨学科领域的交叉、渗透与融合。同时，高校学科建设还应引入校外相关主体，如高校、科研院所、行业企业、地方政府等，依托各自的优质资源，聚焦学科方向，形成一种多元协同的学科建设机制。

维度三：系统思想。对于学科建设的认识，一般有三个层次：一种是从高校学科建设工作人员的视角，将学科建设定位于管理工作层面，即视为一种日常管理工作。第二种是教师和科研人员的视角，将学科建设视为一种以学科（专业）为划分的具体的教学和科研实践活动。第三种是从高校管理决策层视角，应将学科建设上升到办学理念层面，作为一种立足于谋划高校发展定位的行为。可见，从第三种认识学科建设，就要求以学科建设为战略主线，凸显学科建设在学校发展战略中地位，以学科战略系统思考人、财、物的合理分配，打破现有规划模式，将队伍建设、人才培养、科学研究、资源保障等部门分块建设的思路，转变为以学科战略统领所以领域，系统谋划高校的发展。

四、新型学科观下的高校学科发展策略

学科观是学科建设工作的价值观。树立什么样的学科观直接决定了高校想要打造什么样的学科生态和如何建设学科的实践活动。在新型学科观的指导下，高校应结合学校学科建设实际，制定相应的学科发展策略，保证学科质量的逐步提升。

健全质量保障体系。质量保障通常可分为内部质量保障体系和外部质量保障体系，即由他律和自律构成。内部质量保障体系以自我评估、自我约束、自我发展为核心，是质量保障的基础和前提。高校应积极主动建立学科发展质量自律机制，主动进行自我约束、自我评估、自我诊断和自我调整。同时，外部质量保障也是非常必要的，如学科评估或排名，可以为高校学科发展提供更大范围横向比较，让各个学科清楚其在国内（外）同类学科中的位置，以及背后所反映出的

优势和不足。

做好学科战略规划。每一所高校根据自身的办学条件和办学基础都应该有明确的发展定位，并以发展战略规划付诸实践。学校在制定发展战略规划时，应首先认真制定学科战略规划。一般学科发展战略有几种选择：一是优先建设学校目前没有的学科，向多科性、综合性发展；二是重点建设现有优势学科使其率先进入国际先进行列；三是两者兼顾，同时并举。不同的发展战略决定了高校在学科建设中资源投入的重点与方向的不同。因此，高校要根据自己现有的综合实力，以及可持续使用和可持续获得的资源情况慎重制定学科战略规划。

建立动态调整机制。高校内部学科的动态调整机制是有别于政府行政命令的调整机制和以学生自主选择为核心的市场调节机制，它是高校的自我调整。高校内部学科动态调整机制主要包括三个方面：一是关于学科调整的决定一般由校级学术组织做出，通常为学术委员会或学术评议会。该组织负责本校的学科规划，是学科调整的核心组织。如果没有经过学术委员会或学术评议会的同意，行政部门不能批准新的学科。二是院（系）有一定的学科发展自主权，学科调整的重心一般在院（系）层面。三是反映市场选择学科方面，高校应建立学生专业再选择的机制。学生入校后可根据自身的学术能力与兴趣，可重新选择学科专业。

聚集整合校外资源。相对于高校内部资源的有限性，高校在获取外部资源方面，某种程度上是无限的。高校学科的实力和影响力往往能为高校学科建设吸引到来自校外的优质资源。同时，外部资源的聚集和整合有为学科建设提供了更多的发展保障。在"后评时代"，高校应当对如何更广泛地获取外部资源引起高度重视，加快搭建能够集聚优质校外资源的学科建设平台，实现学科的内涵发展，提升高层次人才培养、科学研究、社会服务和文化传承创新的能力。

参考文献

[1] 国家重点学科审批取消之后 [N]. 中国教育报, 2014-07-14.

[2] 别敦荣. 论高等学校管理的三原则 [J]. 清华大学教育研究, 2001 (1).

[3] 赵沁平. 谈我国研究型大学的学科建设 [J]. 中国高等教育, 2004 (5).

地方高校国际视野下的
卓越会计人才培养模式研究与实践

张　林　侯雪筠①

一、研究背景

在党的十八大报告中，习近平总书记提出：全面贯彻党的教育方针，坚持教育为社会主义现代化建设服务、为人民服务，把立德树人作为教育的根本任务，培养德智体美全面发展的社会主义建设者和接班人。全面实施素质教育，深化教育领域综合改革，着力提高教育质量，培养学生创新精神。

《国家中长期教育改革和发展规划纲要（2010—2020年)》指出：把促进人的全面发展、适应社会需要作为衡量教育质量的根本标准。树立以提高质量为核心的教育发展观，注重教育内涵发展，鼓励学校办出特色、办出水平。

我国会计改革在最近十年取得重大成就，特别是2007年以后，我国颁布1项基本准则和38项具体准则，并且得到国际社会认可，国际会计准则理事会（IASB）宣布：中国会计准则与国际会计准则趋同。我国会计理论与实务建设与国际会计惯例的联系更加紧密，高素质卓越会计人才必须具备国际视野、能够充分了解国际会计准则的相关理念和专业知识。

20世纪以来，经济全球化趋势的日益加强已成为世界经济发展的一个重要特征。与此同时，区域经济一体化也在迅速发展，黑龙江省自"十一五"期间提出并实施"八大经济区"和"十大工程"的重大举措后，需要大量具有国际视野高素质会计人才为经济发展服务。

哈尔滨商业大学会计学院是哈尔滨商业双跨重点学科、重点专业的学院。现

---

① 张林，哈尔滨商业大学会计学院教授、博士、院长，研究方向：财务会计理论与方法；侯雪筠，哈尔滨商业大学教务处副处长、英才学院院长，博士研究生导师，教授，研究方向：财务会计理论与方法。

已建成基础雄厚、前景广阔的国家级特色专业、省级重点学科、省级重点专业，拥有会计学博士学位、会计学硕士学位和 MPACC 授予权，国家级专业综合改革试点单位。在黑龙江省及东北地区具有较高知名度，在国内同学科领域中具有较大影响。

作为地方院校的哈尔滨商业大学会计学院，遵循党的教育方针，结合区域经济发展的需要，将"全面实施素质教育、培养卓越会计人才"作为工作目标，坚持以"促进学生全面发展、适应社会需求"为评价教学质量之标准，坚持教育内涵发展，结合我国会计国际趋同这一背景，以国际化和全面发展为出发点，创立教学特色，培养一批高水平的、具有国际视野、理论与实务操作能力强的卓越会计人才。

二、地方高校国际视野下的卓越会计人才培养模式内容

（一）"卓越会计人才"的内涵界定

"卓越"有跨越一般层次，超越一般水平之意。"卓越人才"应具备两项基本能力，即适应能力与创新能力。适应性是卓越能力的基础，是"卓越人才"及时对多变、复杂的环境展现自身才能、取得事业成功、脱颖而出的关键。创新能力是在适应能力基础上的创造、创新、创业。

"卓越会计人才"，是以国际职业会计人才的能力标准为指导，能够适应全球人才市场需要的职业会计人才。根据教育部卓越计划的相关文件精神，卓越会计人才的基本素质应包括责任感、创新性、应用性和国际化。

为实现"卓越会计人才"培养的国际化，我们与加拿大注册会计师协会、英国特许会计师协会、中国注册会计师协会等开展国际会计 CGA、ACCA、CPA、国际会计等专业方向的联合办学。

（二）地方高校国际视野下的卓越会计人才培养的理论基础

卓越会计人才培养模式的理论基础依附于人力资本理论、人的全面发展理论、终身教育理论、人才可持续发展理论、高等院校素质教育理论、产学结合理论等等相关理论，重点研究在于卓越会计人才培养模式的构建，实现卓越会计人才培养的标准化，研究难点在于卓越会计人才培养模式构建之后的路径选择，只有科学合理的选择路径才能保证培养模式的有效性。

（三）地方高校国际视野下的卓越会计人才培养目标

会计人才培养目标要与会计所处的社会、经济、科技及会计本身的技术手段

和方法相一致，取决于社会发展对会计人才的需求。根据我国经济和社会的发展以及会计国际化的程度，地方高校国际视野下的卓越会计人才培养目标应该是：培养具有较强的国际社会适应能力和广博的专业知识、社会知识的高素质复合型人才，这类人才既能够具有理论研究基础，又能掌握复杂实务操作技能。这种人才的素质既要包括会计专业素质（如精深的会计专业知识、会计职业道德、敏锐的洞察力以及思维能力），又要包括基础素质（如综合能力素质、创新素质、心理素质等）。卓越会计师的培养目标不能只局限在把学生培养成为具有一定理论水平和操作技能的会计人才，而应该着眼于培养具有国际视野，扎实会计理论和数理知识，具备分析和解决实际问题能力的，从事审计理论、经济管理教学和科研工作的，具有较强创新精神、创业能力高素质应用型、复合型、高素质的专业人才。

卓越会计师培养目标具体化为：首先，一切活动都是建立在相互交流的基础上的，语言的沟通是最重要方面，这就要求会计人才不仅要精通外语，而且要熟悉国际会计惯例和各地的风俗习惯；其次，培养的人才要具有较强的适应性，卓越会计师不仅要系统掌握专业知识，更要具备从事专业的能力，这一切都是以培养适应复杂多变的会计环境为前提的；第三，培养的人才一定有很强的应用性，会计是一门应用性很强的学科，离开会计实践，学生就很难准确掌握理论知识和实践技能，也就难以胜任会计工作。会计应用型人才强调"高素质、强能力"，理论联系实际，核心是培养学生的国际视野、专业技能和综合素质。

（四）地方高校国际视野下的卓越会计人才的知识能力素质设定

我们依据社会对"卓越会计人才"的需求和国际会计师联合会教育委员会颁布的国际教育准则（1-6 号，2003）所规范的"教育计划的准入条件、教育计划的内容、专业能力、职业价值、道德与态度等相关内容"，设定"卓越会计人才"应具备的知识结构和素质结构，依据 2004 年颁布的 7 号准则，设定"卓越会计人才"应具备的技能和能力（图 1）。

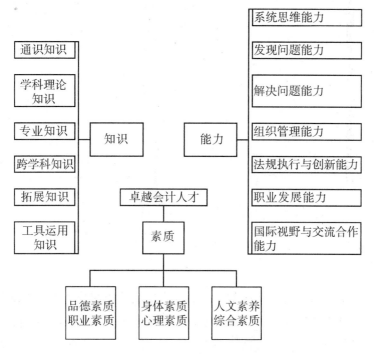

图1　"卓越会计人才"应具备的知识、能力、素质结构

（五）地方高校国际视野下的卓越会计人才培养平台构建

会计学院卓越会计人才培养建立于两个平台之上：一是学校的理论教学平台，学校是经、管、法、文多学科融合支撑卓越人才培养；二是实践教学技能培训平台，以我校国家级实验教学示范中心——经管实践教学中心和会计学院实验室为依托（见图2）。

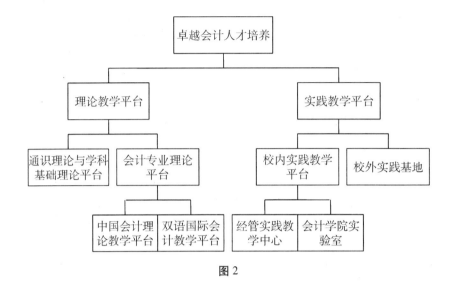

图 2

（六）地方高校国际视野下的卓越会计人才培养的课程体系结构设定

"卓越会计人才"培养的课程体系由"通识教育平台（通识基础课、通识选修课）、基础教育平台（学科基础课、学科选修课）、个性化的专业教育平台（专业主干课、专业方向课、专业选修课）和实践教学平台"组成。实践教学内容体系设定。实践教学环节采用"课内实践+课程独立实践+见习+实习+顶岗实习"的实践能力培养机制。

1. 通识教育平台。通识教育平台包括通识基础课和通识选修课。

通识基础课（必修课部分）：按教育部《普通高等学校本科专业目录和专业介绍》和"专业规范"的要求安排，包括思政课，形势与政策，外语、数学、计算机，体育、军事理论，语言文学，心理健康教育、创业教育、就业指导等课程。

通识选修课（选修课部分）：包括人文社会科学、自然科学、工具与方法、艺术教育、健康教育、创新创业教育六大模块；为加强学生综合素质教育，在限定模块中学生需按规定学分选修相应模块的课程。

2. 基础教育平台。基础教育平台包括学科基础课和学科选修课。

学科基础课（必修课部分）：按一级学科及专业类设定的学科核心课程，专业类中各专业的学生均应修读的课程。包括教育部《普通高等学校本科专业目录和专业介绍》和教育部专业教学指导委员会"专业规范"规定的主干学科对应的学科基础课程。

学科选修课（限定选修课部分）：学生按照规定学分限定选修的学科共同课程。包括本学科的共同课及同一专业类的基础课，学科通论导读课，跨学科专业选修课和学术讲座等。

3. 专业教育平台。专业教育平台包括专业主干课、专业方向课和专业选修课。

专业主干课：涵盖专业部分核心内容，学生应必修的课程。

专业方向课：在专业领域内，适应社会对某一专业领域的需求而设置的选修课程。目的是培养学生具有从事某一专业领域实际工作的能力，增加学生就业适应能力和创业能力。

专业选修课：提供给学生可以任意选修的专业课程。目的是让学生及时了解掌握本专业的前沿技术和发展动态，拓展专业范围，增强学生专业适应性。

（七）构建会计专业知识的双语教学模式

实现双语教学不仅有利于促进会计教学教育与国际接轨，也有利于加快会计人才培养的国际化进程。双语教学的实质不仅是用外语来进行授课，把课程内容翻译成中文，而是通过语言作为媒介，使学习者了解同一事物在不同文化背景下的变现，理解同一事物在不同背景下的不同体现。

为了实现国际视野下的卓越会计人才培养的目标，在课程中增加国际化的内容至关重要，旨在培养学生能在国际化和多元文化的社会工作环境下生存的能力。课程的国际化是课程改革发展的过程，基本上有以下几种方式：一是开设专门的国际教育课程；二是开设注重国际主题的新课程；三是在已有课程中增加一些国际方面的内容，紧密关注国际上本学科的最新动向，及时让学生了解最新研究成果。

双语教学中应以学生为中心，以提高学生参与课堂教学的能力，实现教师与学生的全面沟通与交流。同时也要强化实践教学，要想提高实践教学的效果，就要增加学生的参与机会，提高学生的参与质量。引导学生个性和潜能的发挥，培养学生的创新精神和实践能力。多样化的教学方法和手段促进卓越会计师培养的国际化进程。

引进国外原版教材是培养卓越会计师的重要途径之一，其优点在于实践性强，内容新颖，表达方式形象，学生能及时掌握国际专业领域的最新动态；但对于原版教材的引进也要建立严格的审批制度。国家有关部门应做好优秀教材的推荐及整理工作，做好规划与审批工作，并注意信息的及时反馈及关注各国教材的新动向。从长远来看，我们要采用外语水平和专业水平都很高的教师编出高水平的专业教材，既具备外文原版教材的主要优势，又合乎国内人才培养的要求。

（八）完善会计实践教学内容

地方高校国际视野下的卓越会计人才培养必须重视学生会计实践能力培养。应该注意以下几个方面

第一，加强会计实践教学与相关课程之间的衔接。随着高校毕业生进入社会无法适应基本工作的现实逐渐地呈现出来，越来越多的学校对实践教育愈来愈重视。但会计实践课程与所学理论课程的衔接不够完善，不能巩固所学的会计业务处理方法，也不能与实际工作相结合。会计实践环节的教学使得会计理论教学和实践教学有机地结合起来，从而缩短实践与理论的距离，不仅可以提高学生适应实际工作的能力，而且也能使学生的综合素质得到提高，真正做到理论与实践、专业知识与专业技能相协调，为今后执业奠定良好的基础。

第二，完善校内手工模拟实践环境。国内大多数的大学实验课上要么只进行一些非实践性的理性模拟，通常手工做一些凭证、账簿和报表，显然没有达到实践性教学环节应该起到的作用。

第三，加强校企合作，开展校外实习。可以定期组织学生到校企合作单位进行实地观察或到企业的财务及其他业务部门实习，增强学生对会计财务工作的感性认识，也可以请合作单位的会计机构负责人或会计主管进行不定期的讲座，这种实习组织方式，能使学生们能身临其境，接触企业的实际业务，配合实践室里的模拟数据练习，能让学生更好地理解和掌握所学理论知识。

第四，重视毕业实习。毕业实习是学生在毕业前参加企业实践的活动，可以使学生可以理论联系实际，把学校中学习的理论知识应用到社会实践环节中，进一步巩固和掌握所学的专业知识，为毕业后的工作和进一步学习打下了扎实的基础。学校应为毕业生建立相应的实习基地，加强毕业实习的管理与指导，并高度重视实习报告。哈尔滨商业大学会计学院目前已经为本科生、研究生建立了实习基地，为学生提供了社会实践的机会。

第五，加强实践教学教师队伍。要想提高会计实践教学水平，必须重视会计实践师资队伍的建设，孤立专业教师进入企业和会计师事务所进行工作，同时也可以聘请具有较强实践经验的会计师、资产评估师、职业经理人作为学校的兼职教师，使学生对实践活动有更直观的体会。

三、地方高校国际视野下的卓越会计人才培养模式实施的举措

1. 教学内容与国际接轨

随着经济的全球化，"中国会计准则与国际会计准则趋同"，这对具有国际

视野的高素质会计人才提出新的要求。在会计教学中，必须立足本国，了解和学习他国会计准则、国际会计准则，才能正确地把握国际会计信息，从而在国际经济交往活动中，掌握主动权，增强我国会计人员参与国际竞争和合作的能力。

我们依据国际会计师联合会教育委员会颁布的国际教育准则（1-6号，2003；7号，2004）的要求，构建"卓越会计人才"应具备的知识结构、技能和能力与素质结构。具体体现在会计学课程设计中，我们以培养学生获取专业系统的知识结构和较强的职业能力为课程设置的基本条件，将能力培养有效地融入课程教学内容中。

（1）注重会计学科知识的系统性

会计课程设置应注重会计学科知识的系统性，从基础会计、财务会计再到各种专业会计，形成一个有机整体，使会计人才在全面掌握专业知识的基础上能够加强职业素质；在完善专业课程体系的同时也要注意精简专业课，合理界定各门课程的内容，避免课程之间教学内容的重复；同时还应开设一些非主干专业课，根据各专业实际需要开设一些包括会计制度设计、金融会计、税务会计、财务报表分析、资产评估学等课程。

（2）重视学科的综合性和知识的完整性

会计课程设置要重视学科的综合性和知识的完整性。课程不应局限于会计学科体系，也不要过分强调学科之间的界限，应打破传统的学科知识结构，在夯实包括数学、外语、计算机基础、法学、应用文写作、研究方法论等基础知识的基础上，也要注重如经济学、统计和法律等知识的学习，并与经济、金融等相近的学科相结合，形成新的课程体系；要重视综合分析类课程的设置，专业基础课程应涵盖管理信息系统分析、管理与组织分析、财务经济分析、战略分析等课程，通过这些综合分析类课程的设置，有利于培养学生分析问题和解决问题的能力。

（3）教学内容设置应与社会需求和学生的未来就业紧密结合

经济的迅猛发展促使社会各个领域的新技术、新理论频繁涌现，与此相适应的会计课程设置或内容就会经常更新，教师应及时掌握这些新动向，并将其加入到授课内容里，避免学生掌握的理论知识和社会实践需要脱节；会计专业课程可以融入金融市场、金融工具和证券管理等方面的课程，使学生更好地适应实际工作需要。

（4）教学内容应体现会计准则的国际变化趋势

将国际会计的有关知识融入会计课程之中，使学生充分掌握会计准则的国际趋势变化，在会计课程中增加外汇业务、国际会计准则、养老金会计、国外子公司合并、外汇结算国外会计报表等内容；介绍国外先进国家的经营绩效评价、管理会计实务法规、外汇风险管理、跨国公司会计实务等内容；在税收课程中加入国外公司的课税、外汇交易、税收协议等国外的会计知识；通过专题讲座，介绍国外会计的准则及实务情况，可以让学生对国外的会计知识有一个初步的认识，以便在实务工作中具有广阔的视野。

2. 创新教学方法

我们针对目前的教学方法难以激起学生的学习热情，制约和阻碍学生发展的问题，按照国际化会计人才培养的特点和规律，鼓励教师采取灵活多样的教学方法，以学生为中心，激发学生的学习主动性与思维能动性，培养学生的独立思考能力与分析判断能力。

（1）强化案例教学法

我们在借鉴国外先进案例教学经验的基础上，广泛收集实际工作中的典型案例，鲜活生动地传授给学生，充分调动学生学习的积极性，引导学生认真分析、积极思考，使学生能将所学的理论知识直接与实际工作接轨，增强学生的独立思考和独立决策能力。

（2）推行问题导向型教学法

我们组织任课教师，根据教学目的、教学内容和对学生的素质要求，设计一些富有思考性、启发性的问题，创设适合于学生知识水平和心理特点的特定情境，引导学生积极探索，使学生通过探索，主动地参与解决问题的一系列过程，获得基础知识和基本技能，发展创新意识和实践能力。

（3）引入自学与讨论联动式教学法

我们组织教师使用自学与讨论联动式教学法，由教师公布学习内容与目的，给出学习大纲、重点与难点，由学生自行学习，在教学过程中与学生积极互动，引导学生质疑、调查、探究、讨论，最后由教师讲评，总结和检查学习效果，促进学生在教师指导下主动地获得知识，在实践中学习、富有个性地学习。

3. 采用先进的教学手段

为提高教学质量，我们组织教师充分利用现代化教育教学手段，使学生从感性和理性两个方面认识会计理论和会计实务工作，提高学生的会计实践能力和专业知识操作能力。

（1）运用多媒体辅助教学

组织教师充分利用多媒体课件和其他辅助教学手段，将演示教学、模拟实践教学、互动教学等与传统的课堂教授方式结合起来，增加教学的信息量，实现教学内容的及时更新，避免单调的理论教学和纸上谈兵，弥补实践教学的不足。

（2）积极发展网络教学

我们组织教师在多媒体课件建设的基础上，收集整理教学资源，建立网络教学平台,将其作为教学过程的有效扩展与补充,创造会计国际化学科研究及教学活动的一体化环境,实现课程教学资源的共享,为培养高素质复合型的国际化"卓越会计人才"提供有力保证。

(3) 开展原汁原味的双语教学

开展双语教学不仅有利于促进会计教学教育与国际接轨,也有利于加快会计人才培养的国际化进程。为使双语教学真正达到教学目的,我们引进国外原版教材,投入近200万元派出15名会计学专业教师出国培训,使会计学专业近20名专业教师能够高质量地进行原汁原味的双语教学。我们还聘请具有较高水平的外籍教师讲授部分课程,确保双语教学不仅仅是用外语来进行授课、再把课程内容翻译成中文,而是通过语言作为媒介,使学习者了解不同文化背景下的会计学理论与实务知识,培养学生在国际化和多元文化的社会工作环境中工作的能力。

4. 加强教材建设

加强教材建设是卓越会计师培养的重中之重,为其提供有力保障,根据目前我国专业教材粗制滥造的情况,社会各方都应采取措施加以改进,清理教材市场,从源头上加以控制。

首先,深刻理解会计教材改革的意义。教材建设是会计人才培养的基础环节,没有优秀的教材就不能培养出优秀的学生,只有选择优秀的会计教材人才培养模式改革才能得到有效的贯彻;同时教学方法和手段的改革也必须以教材改革为基本条件,尤其是在目前我国会计教育师资总体水平较低的情况下,为适应知识结构多元化和会计国际化的要求,我们把教材建设作为会计教育改革的突破口,以打造我国会计专业精品教材为目标,改变原有教材体系和相关内容,增加准则中关于国际会计准则的部分,使学生了解国际会计准则与相关国际惯例,能够及时掌握国际最新动态,适应国际化的经济环境及工作岗位。由哈尔滨商业大学会计学院牵头,组织全省十多家大学会计学专业教师共同编写了20本黑龙江省会计学统编教材,其中5本被列为"十一五"国家规划教材。张林教授出版的《会计基础实训教程》与《企业会计综合实训》为卓越会计人才实践能力的提高奠定了理论基础。

5. 强化实践教学

我们不断完善会计实践教学内容,更新实践教学内容,改进实践教学方法,吸引高水平教师从事实践环节教学工作,使"卓越会计人才"不仅要具备扎实过硬的会计专业理论知识,还需要较强的职业判断能力和综合运用专业知识,能够解决会计实际问题的能力。一方面加强各种形式的实践教学基地和实验室建设,加强会计模拟实习,从模拟企事业单位的财务状况中锻炼学生的实际操作能力，培养学生的综合素质和实践能力；一方面充分利用国内外资源，加强校企合作的产学研协同育人工作。

（1）构建会计实务能力的持续培养模式

地方高校国际视野下的卓越会计人才实践培养模式注重培养学生的会计实践能力。将会计专业教学体系中所包含的会计实践课程，按照会计学专业的培养目标，统一制定教学计划和教学大纲，对学生进行自主型实践、综合型实践、开放型实践和应用型实践等教学。实践教学模式如图3所示：

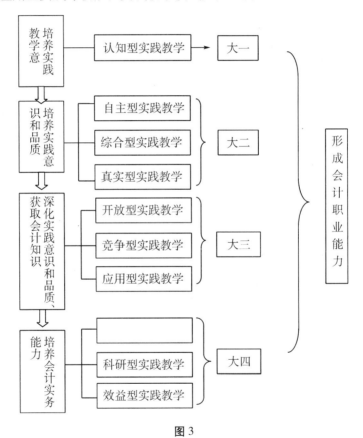

图3

（2）加强会计实践教学与相关课程之间的衔接

调整实践教学大纲和培养方案。为保证培养目标的实现，各专业都有自己的培养体系。例如：会计学专业实施理论与实践相结合的培养体系：

从理论主线：基础会计学——中级财务会计——成本会计——管理会计——财务管理——会计信息系统——高级财务会计——审计学——专业方向选修

课程。

实践主线：基础会计实验——专业会计模拟实训——专业综合实训——公司创建运营——校内学年实习——社会实践——毕业实习——毕业论文。

培养方案中培养规格定位准确，符合社会发展需要并具有特色。培养方案更新及时，具有创新性、科学性、可操作性，注重知识、能力、素质协调发展，这些课程课程具有非常强的综合性、技术性、实用性和实践性，成为培养高素质应用型人才模式的重要支撑。

学校不断加强校内实践教学基地建设，使用专项资金购买会计软件20多套，开展会计模拟实训，使学生建立会计实践课程与所学理论课程的有机衔接，巩固所学的会计业务处理方法，并与实际工作结合，缩短实践与理论的距离，提高学生适应实际工作的能力，提高学生的综合素质，为今后执业奠定良好的基础。

我们不断完善校内手工模拟实践环境，创设实际工作场景，将学生的手工做凭证、账簿和报表等实践与企事业单位的电算化会计实际工作相联系，使学生们能身临其境，接触企事业单位的实际业务，配合模拟数据练习，让学生更好地理解和掌握所学理论知识。

我们高度重视学生在毕业前参加的企业实践活动，为毕业生建立相应的实习基地，加强毕业实习的管理与指导，使学生可以理论联系实际，把学校中学习的理论知识应用到社会实践中，进一步巩固和掌握所学的专业知识，为毕业后的工作和进一步学习打下了扎实的基础。

（3）加强"产学研"协同育人工作

为加强"产学研"协同育人工作，推进"卓越会计人才"培养模式改革，我们与黑龙江新良粮油集团有限责任公司、黑龙江省铁路集团有限责任公司、黑龙江省投资总公司、黑龙江中盟集团有限公司、天泽会计师事务所、哈尔滨力华企业管理咨询有限公司、哈尔滨力得尔资产评估事务所、民生人寿保险股份有限公司黑龙江分公司、黑龙江省大正投资集团有限责任公司、太平人寿保险有限公司黑龙江分公司、哈尔滨动力设备股份公司、哈尔滨合生利会计公司等建立了"产学研"协同育人的校外实习基地。

人才培养方案的制订充分考虑用人单位对会计学学生的需求，与合作企事业单位共同商定学生的综合素质和实践工作能力，设置理论课程与专业实践课程，增强学生适应社会需求的能力；教学过程注重理论联系实际，与企事业单位合作完善实践教学内容，使学生能够学以致用，全面提升学生的实际工作能力；我们定期组织学生到校企合作单位进行实地观察或到企业的财务及其他业务部门实习，增强学生对会计财务工作的感性认识，聘请合作单位的会计机构负责人或会计主管进行不定期的讲座，加强学生实践能力的培养，促进会计职业能力的养成，不断提升"卓越会计人才"的培养质量。

6. 重视师资培养

我们采取"请进来"和"走出去"的人才战略，不断提高"卓越会计人才"的师资队伍水平和学历层次。我们派出 15 名会计学专业教师出国培训，积极支持和推荐优秀会计人才到相关企事业单位、组织任职，培养具有国际化视野和较强实践能力的教师；同时，通过积极引进优秀人才，会计学专业现已形成了一支师资结构合理、专业理论扎实、实践能力较强的师资队伍。会计学专业教学团队被评为省级优秀教学团队，现有教授 10 人，博士及在读博士教师 25 名，双语教学力量在国内高校居于前列。

学校召开国际学术研讨会或者重要问题研讨会，邀请不同国家的学者专家演讲，传播不同的研究内容和方法，使教师和学生掌握当代世界最前沿的学术理论和实务方法；在国际会计类专业方向的教学中，积极引进具有较高水平的外籍教师，发挥外籍教师作用，传播不同的文化背景、思想理念、价值观念。

我们不断加强实践教学教师队伍建设，除聘请具有较强实践经验的会计师、资产评估师、职业经理人作为学校的兼职教师外，还组织中青年教师参与企业和会计师事务所的工作实践，提高他们的实践能力和会计实践教学水平。

四、地方高校国际视野下的卓越会计人才培养模式实施取得丰硕成果

1. 国际化合作学生全球考试通过率不断提升

通过"卓越会计人才"培养模式的实践教学，学生的素质、应用能力都得到较大提升。国际化会计专业方向 ACCA（英国注册会计师）、CGA（加拿大注册会计师）全球考试的通过率具有较大提升。例如：ACCA 专业方向的学生，考试通过率达到 45%。

2. 学生各种比赛成果丰硕

学生综合素质培养成效显著，各种专业技能考试和竞赛成绩突出。会计学院每年都派出团体队伍参加全国性大学生沙盘模拟经营比赛。2008 年参加"世华财讯杯"第三届全国大学生金融投资模拟交易大赛获全国团体第十一名，东北赛区第二名，其中期货组全国第一名，股票组全国第三名，外汇组全国第四名；2009 年学生参加"正保教育杯"第四届全国 ITAT 教育工程就业技能大赛获得三等奖 1 项，优秀奖 4 项；2010 年工商管理教学指导委员会主办的第六届全国大学生创业设计暨沙盘模拟经营大赛获得全国二等奖，国家级实验教学示范中心联席会主办的两届全国大学生管理决策大赛均获得全国总决赛二等奖；2010 年度国

际企业管理挑战赛获得中国赛区新秀奖、三等奖等及商业联合会全国商科院校技能大赛 二等奖。2011 年全国大学生创业设计暨沙盘模拟经营大赛获全省团体一等奖及三等奖，全国总决赛三等奖。2010、2011 连续两次获中华网校会计知识大赛东北赛区第二名。2013 年罗述康等 10 名同学获得第九届全国大学生"用友新道杯"沙盘模拟经营大赛黑龙江省赛区第一名，何仙龙等 5 名学生获得第九届全国大学生"用友新道杯"沙盘模拟经营大赛全国总决赛一等奖。

在大学生创新创业训练项目中，2012 年学院学生获得 6 个国家级项目、24 个校级项目；2013 年获得 2 个国家级项目、2 个省级项目、21 个校级项目。挑战杯大学生课外学术科技作品竞赛项目中，学院 12 个项目获奖，其中马贵钰同学获得科技发明制作类省赛二等奖。

3. 学生就业质量好

会计学专业的国际会计、CPA、CGA、ACCA 等专业方向的学生就业质量好。学生就业率达到 95% 以上，每年会计学院出国攻读硕士学位的学生占到班级的 40% 左右，例如 2013 年毕业的 ACCA 方向学生，全班 44 名同学已经全部签约或考取研究生，就业率达到 100%，其中崔靓、高聪、李爱斯、丛照楠等 15 名同学出国或到香港地区留学攻读硕士学位，就读学校包括英国利物浦大学、香港理工大学、英国约克大学、英国罗伯特戈登大学、英国皇家霍洛威大学、香港浸会大学、英国卡迪夫大学、澳大利亚悉尼大学、英国东英格利亚大学、俄国圣彼得堡国立大学、英国埃克赛特大学、英国贝尔法斯特女王大学、加拿大圣玛丽大学等。有 4 名同学考取国内大学研究生，包括哈尔滨工业大学、东北财经大学、南京林业大学。还有 4 名同学就职于会计师事务所，其中李茹雪同学就职于国际四大事务所之德勤华永会计师事务所、孙竹晗同学就职于国际四大事务所之普华永道中天会计师事务所有限公司北京分所。另外有贾雨湉、张琳、印笑莹、张若愚等 7 名同学就职于建设银行、光大银行等金融机构；徐一帆等 8 名同学就职于央企或大型国企、政府机关和事业单位。

参考文献

[1] 阎达五，王化成. 面向 21 世纪会计学类系列课程及其教学内容改革的研究 [J]. 会计研究，1998（9）.

[2] 刘永泽，孙光国. 我国会计教育及会计教育研究的现状与对策 [J]. 会计研究，2004.

[3] 张林，陈欣，徐鹿. 国际化会计人才培养模式探析 [J]. 商业经济，2011（6）.

［4］王琴. 会计国际化视角下的人才培养模式选择 ［J］. 财会通讯：学术版，
　　　2008（3）.

［5］胡克琼，杨侃. 会计实践教学存在的问题及建议 ［J］. 财会月刊：综合版，
　　　2007（10）.

［6］刘永泽，池国华. 中国会计教育改革30年评价：成就、问题与对策 ［J］.
　　　会计研究，2008（8）.

［7］栾甫贵. 论会计教育理念 ［J］. 会计研究，2013（4）.

［8］杨政. 会计人才能力需求与本科会计教育改革：利益相关者的调查分析
　　　［J］. 会计研究，2012（1）.

［9］陈艳利. 会计专业本科教育的国际化发展模式研究 ［J］. 财务与会计，2010
　　　（8）.

深化高等财经教育改革
培养复合型创新人才
——兼论中南财经政法大学创新人才培养机制

中南财经政法大学

摘要： 创新高校人才培养机制，促进高校办出特色争创一流，是党的十八届三中全会《中共中央关于全面深化改革若干重大问题的决定》对高等教育改革发展提出的最直接、最明确的要求，关系高等教育内涵发展和质量提高，关系高等教育强国梦和中国梦的实现。在全面深化改革的大背景下，深化高等财经教育教学改革，创新人才培养机制必须作为财经高校一项系统工程来抓，以保证人才培养质量，满足经济社会发展的新要求。本文对创新人才培养机制进行了理论思考，并对中南财经政法大学的探索实践进行归纳总结，以进一步厘清人才培养工作思路，深入全面推进改革。

关键词： 高等财经教育　改革　人才培养机制　创新

一、新时期高等财经教育创新人才培养机制的紧迫性

高等财经教育是高等教育的重要组成部分，主要为国家及社会经济发展输送应用型、研究型财经管理人才，为社会提供高水平的经济与管理研究成果和相关专业咨询服务。随着经济全球化的深入推进，社会经济领域的许多重大问题都与财经科学密不可分，高等财经教育面临着国际化、信息化与学科间交融化等诸多新特点，如何把握高等财经教育现状和发展趋势，进一步深化高等财经教育改革，创新人才培养机制是高等财经院校亟待解决的一个重大时代课题。

1. 高等财经教育改革的时代背景

随着全球化进程不断加深，区域经济一体化程度越来越高，世界各国之间的政治、经济、文化与教育交流将更加频繁，高等财经教育需要主动与世界接轨，主动融入世界，参与国际市场的竞争，主动适应国际化的趋势，熟悉并制定国际经济贸易规则，人才培养必须与国际接轨，树立国际化的办学理念，培养开放式

的人才。

随着信息时代的来临，网络信息技术的发展及其在社会经济实践的广泛应用，带来了产业的重大变革，它在改造传统产业的同时，不断开辟新的产业，创建新型的商业模式。特别是 MOOC 出现，对教师的信息化素养和教学的方式方法提出了很大的挑战。这就在客观上要求高等财经教育必须结合信息技术的特点和要求，改革人才培养模式，加大信息化的专业教学环节，培养适应社会经济发展需要的人才。

2. 高等财经教育的发展趋势

由于科学技术的创新，社会经济活力得到释放，市场中涌现出大量的复合型创新领域产业，反映在高等财经教育中就是大量分支学科、边缘学科、交叉学科、复合学科及跨学科领域研究的出现。在理论与实践的双重推动下，高等财经教育的学科专业设置必将进一步"资源重组"，设立与新兴产业、新的社会实践领域相适应的复合型或跨学科专业。这种复合既有高等财经教育学科专业与其他专业的复合，如财经专业与现代信息技术、数学、政治学或社会学等的复合，也有财经高等教育学科内部专业的复合，如会计学与经济学的复合、经济学与管理学的复合、统计学与管理学的复合等等。

3. 高等财经教育的办学现状

随着社会经济的快速发展，高等财经教育在人才观、教学观、质量观等方面的认识仍存在一定的滞后性，影响了高等财经教育创新人才培养，主要体现在以下四个方面：

（1）创新精神与实践能力培养较为薄弱。目前，西方发达国家普遍把人才培养的重点放在培养学生的创新精神和实践能力上，在重视知识传播和基本技能训练的同时，对学生能力素质的培养居于教学的核心地位。中国高等财经教育也一直强调能力素质的培养，但在实际操作过程中，还普遍存在重经济管理原理教育、轻案例教育，重知识技能教育、轻市场经营管理教育的倾向，难以培养出市场经济所需要的知识面宽、综合素质高的开拓性高级经济管理人才。

（2）办学同质化现象普遍，特色不够鲜明。由于社会经济发展需求量较大，在高等财经教育发展过程中，曾经有一段时间，各个高校盲目开设财经类专业，一度出现"无校不财经"的局面，因各个高校专业结构相近，课程设置和人才培养机制大同小异，导致人才培养缺乏特色，培养出来的人才不能完全满足社会需求。

（3）实践教学体系建设不全，缺乏顶层设计。实践教学作为人才培养的重要环节，各级教育主管部门也多次强调实践教学的重要性，但在实际操作过程中由于缺乏顶层设计，再加上人、财、物等方面的限制，实践教学环节大多还处于初级探索阶段，具有自发、随机、碎片化等特点，未能形成完整的体系，更缺乏精细化的过程管理，导致实践教学往往流于形式，未能切实发挥实践育人功能。

（4）高水平的队伍建设相对滞后。高等财经院校在师资建设的各种投入上参差不齐，教师队伍不稳定，人才流失严重；教师的专业结构和知识结构不尽合理，生师比过高；教师教书育人的积极性未能得到有效激发，整体存在重科研、轻课堂教学的趋势，传道、授业、解惑等基本职责未能履行到位。这些都影响了教学队伍的质量提升。

二、高等财经教育改革应坚持三个导向

习近平总书记指出：我们的教育是为人民服务、为中国特色社会主义服务、为改革开放和社会主义现代化建设服务的，党和人民需要培养的是社会主义现代化事业建设者和接班人。因此，在全面深化教育领域综合改革的大背景下，深化高等财经教育教学改革，创新人才培养机制需要坚持明确的价值导向。

1. 以满足经济社会发展需求为导向

高等财经教育的根本任务是为社会培养和输送财经类高素质专门人才和拔尖创新人才，这决定着深化高等财经教育教学改革要更加紧密地结合党和国家事业发展的新要求，与区域社会经济发展重大需求有机地统一，要深入分析经济社会发展对人才的新需求，研究国民经济发展导致学科变化的新特点，改革人才培养与社会发展之间的联动关系，建立以就业率为导向的人才培养质量风向标。

2. 以提高办学质量为导向

质量是高等财经学校赖以生存和发展的基石。全面构建以内涵发展、特色发展、创新发展为主要内容的质量建设体系，是高等财经教育改革发展的必经之路。高等财经教育改革必须坚持特色发展的质量观，突出办学的优势特色，强调办学理念的独特与创新，注重以特色谋发展。高等财经教育改革的目的是为了提高人才培养的质量，提高学科专业的办学水平，改革必须以人才培养的质量为落脚点，以学校的主干学科与优势专业为平台，深化专业设置、课程体系、招生就业与培养互动和实习教学改革，全面改革人才培养体制机制。

3. 以提高学生综合能力为导向

立德树人是教育的根本任务，立德树人的本质要求是育人为本、德育为先、能力为重、全面发展。高等财经院校人才培养的质量是衡量高等财经教育质量的根本标准，创新高等财经人才培养机制也就更加需要将学生综合素质、综合能力的提高，学生的全面发展作为根本出发点。

三、创新人才培养机制思考与我校的实践做法

改革是创新之动力，创新为改革之魂。深化高等财经教育改革，教学改革是核心，体制创新是关键，提高人才培养质量是根本。我校围绕人才培养理念、教学模式、实践教学体系、师资队伍建设和国际化办学进行了改革的尝试。

1. 改革人才培养理念，试点拔尖人才培养机制

人才培养理念关系到培养什么样的人才，怎么培养，为谁培养等一系列问题。创新人才理念是创新人才培养机制的前提。我校围绕"融通性、创新型、开放式"特质的高级财经人才培养目标，结合学校经、管、法优势学科特色，探索创新拔尖人才培养绿色通道，打造特色人才培养高地，试点拔尖创新人才培养模式——文澜模式，主要着眼于现代社会发展和经济发展对人才质量的需求，以学生创新精神和实践能力培养为核心，通识性的基础教育和宽口径的专业教育相结合，为学生提供自主拓宽知识基础、形成跨学科优势的学习机会，给予学生更多的学习选择权，促进学生个性化发展；探索小班教学、案例教学、启发式、互动式教学模式，力图探索教育教学改革新模式。

2. 推动教学模式改革，提高人才培养质量

创新人才培养机制核心是教学改革，教学改革涉及专业全程培养方案设置、课程设置、教学形式、考核评价等方面。

（1）完善专业全程培养方案。高等财经专业全程培养方案在遵循专业人才培养规律的基础上，对本专业各个阶段的学习内容、学习形式进行了明确的规定，以保证专业人才培养目标。为保障教学质量的提升、学生知识和能力的同步提高，我校结合社会经济发展的新形势、新要求，定期对专业全程培养方案进行修订，确保以学生为本的教学理念贯彻到人才培养的每一个环节。

（2）推进融通性课程体系建设。课程体系建设是人才培养的重要载体，是对全程培养方案的具体实施方案。我校根据"融通性、创新型、开放式"人才培养目标，在广泛吸收国内外高校课程设置的先进经验基础上，逐步形成涵盖自然科学、社会科学、文学艺术、数学、英文交际等学科的通识选修课程板块和专业基础课程板块的融通性课程体系，为学生综合素养的提升提供保障。目前，我校在文澜学院试点融通性的通识选修课程体系，主要涵盖数理与自然科学类、哲学与方法论、人文社会科学类、文学与艺术类等学科领域，以培养学生良好的现代人文主义素养、强烈的社会道德责任感以及批判性认知问题的思维方式。

（3）创新课堂教学模式，改善课堂教学生态。课堂教学作为传授知识的主阵地，课堂教学方法、教学内容的设计是否合理都将影响人才培养的质量。我校

因材施教，提前做好教学调研工作，主动了解学生的基础、学习需求、学习特点，引导学生参与到课程设计过程，共同制定课程教学内容和教学进度，使每个学生都能在自身的基础上获得发展，比如大学英语采取 A/B/C 分班教学模式。同时在课堂教学中突出学生的主体地位，教师根据教学内容特点，加入讨论、辩论、演讲等环节，丰富课堂教学形式，激发学生学习兴趣，提高学生参与课堂教学的积极性，培养学生的独立思考、动手操作和创新实践等方面能力；学校根据专业前沿发展动态，及时更新教学内容，调整教学方案，结合经济社会中的热点案例，引导学生从专业视角分析社会行业发展规律，提升教学的现实感和实战性，不断加强学生主动思考、批判思考以及运用专业知识解决实际问题的能力。

（4）创新人才培养考核制度。闭卷考试只是检验学生课堂学习效果的手段之一，过于倚重考试容易造成高分低能的现象，不符合人才培养的最终目标。改革要打破"唯考试成绩论英雄"的局面，多角度综合考核学生能力。我校结合学生参与课堂教学和课外实践，根据考察、考试成绩，对学生学习效果进行综合评价，建立多角度的课程考核机制。比如，在课程考核时实行平时成绩 60 分，期末考试成绩 40 分的考试改革办法；"社会实践+课堂教学"实验班按照社会实践 30%、综合考评 30%、期中考查 20%、课堂论文 20%的模式进行教学考试方式改革，将学生的社会实践报告纳入总评成绩，有效地实现了理论与实际的结合。

3. 完善实践教学体系，增强实践育人效果

我校以实践教学改革为突破口，大力优化实践教学课程体系，拓展实践教学载体，加强实践教学过程管理等方面着手，切实提升实践育人效果。

（1）优化实践教学课程体系。实践教学作为课堂教学的重要补充，深化理论学习的必要环节，也是检验课堂学习效果的重要法宝。我校积极构建涵盖课内实验教学、校内课外实习实践、校外创新实践竞赛等板块的分层次、一体化的实践教学课程体系。切实提升实践教学效果，提升学生实践动手能力、创新能力。

（2）拓展校内外实践教学载体。加大实践教学资源的开发整合是提升教学实践效果的基本保障。我校通过加大对国家级、省级、校级重点实验室建设投入力度，规范实验资源使用管理，最大限度向师生开放，发挥服务教学、科研、实践的功能；加强校外实习实践基地建设，充分整合各种社会资源，深化校企合作，推进联合培养人才机制；强化实验教学及改革项目研究，为实践教学创新提供支撑。

（3）加强实践教学过程管理和考核。实践教学与课堂教学不同，在教学管理和考核方面都会受到客观环境的限制，我校建立完善实践教学过程监督、效果

反馈机制和考核评价机制，保障实践教学落到实处，切实提升实践育人效果。

4. 创新高端人才引入机制，优化师资队伍结构

创新人才培养机制，提高人才培养质量，师资队伍建设是关键。我校一手抓高层次人才引进机制，用好国家相关卓越人才引进政策，加大人才引进力度，引进高层次人才和海外人才；鼓励各学院二级单位通过外聘教授、客座教授、兼职教授、兼职导师等形式，进一步优化教师队伍结构，积极推动全方位培养人才。另一手抓教师成长制度环境培育，着力开发教师人力资源，建立完善教师成长、考核、激励、晋升机制，引导教师自我管理、自我激励，提升教学和科研的积极性。针对新引进的青年教师，学校提供系统的岗前培训，开展职业道德教育，教学理念引导，教学方法、教学技巧培训，提高教学技能。

5. 拓宽国际交流合作机制，提升开放办学水平

国际化办学需要我们走出国门，借鉴、学习国外大学先进的教育理念和管理经验。我校一方面探索国际合作办学新机制，积极开拓各个层次的人才联合培养项目，扩大联合办学规模和质量；同时积极拓展各个层次的对外交流工作，积极举办、参与高水平的国际财经学术会议，引导教师放眼国际学术前沿，积极研究国际前沿课题。另一方面加强英文授课体系建设，积极做好留学生英文授课硕士项目、留学生专业课程（英语授课）和留学生英文授课品牌课程项目等建设工作，建设体现学校人才培养特色的 100 门英文授课课程，并邀请国外一流大学知名教授来校交流讲学，推动国际化课程建设。

参考文献

[1] 杜玉波. 创新高校人才培养机制的基本思路和重点任务 [N]. 中国教育报，2014-01-13.

[2] 张兴华. 深化教育综合改革，创新高校人才培养机制——访著名教育家顾明远先生 [J]. 2014 (4).

[3] 余丽红. 深化课堂教学改革 创新人才培养模式 [J]. 中国教育学刊，2010 (11).

[4] 许德昌. 中国高等财经教育现状、问题及建议——《国家中长期教育改革与发展规划纲要》专题调研报告 [R]. 2008.

[5] 韩兆洲，吴云凤. 中外高等财经教育比较研究 [J]. 暨南学报：哲学社会科学，1998，20 (3).

广东财经大学协同育人的实践与思考

广东财经大学

《国家中长期教育改革和发展规划纲要（2010—2020）》指出通过协同创新实现协同育人是当前和今后一个时期高等教育从理念、体制和机制方面都需要着力解决的问题。《教育部、财政部关于实施高等学校创新能力提升计划的意见》（2011 计划）明确提出鼓励高等学校与科研机构、行业企业开展深度合作，建立战略联盟，促进资源共享，在关键领域取得实质性成果，实现高等学校创新能力的显著与持续提升。《广东省教育厅关于以协同创新为引领，全面提高我省高等教育质量的若干意见》中也明确提出，全省高校要以协同创新为引领，将协同创新思想贯穿于高校人才培养、科学研究、社会服务和文化传承创新全过程，构建协同创新的新模式、新机制。我校近年来始终坚持系统的育人观，在校内力量和要素协同育人、校内外力量和要素协同育人方面大胆尝试，取得明显成效。

一、本科应用型人才协同育人的事例

（一）校内力量和要素协同育人事例

1. 第一、第二和第三课堂协同育人

从 2002 年开始，我校从体制机制、平台、师资、项目等方面整合三大课堂，围绕第一课堂和综合素质教育目标，精心设计学生第二、第三课堂活动，确定第二、第三课堂考核标准，把学生获得 10 个素质拓展学分列入毕业和学位授予条件。2009 年，学校推出学生参加竞赛获奖加分或减免选修课制度。2012 年，学校在人才培养方案中设置开放式课程（项目）。2010 年又推出以十大精品学生活动、全面班导师制、善水大讲坛为主要内容的素质教育改革，基本实现了三大课堂的互联、协同和共振。在主管教学副校长牵头下，由教务、团委、学工、科研等部门进行协同设计和组织实施，第一、第二和第三课堂的协同育人取得较好效果，人才培养质量大幅提升，学生在各类省级以上赛事中取得诸多佳绩。"异地办学条件下一、二年级大学生素质教育改革与创新"获 2014 年第七届广东省高等教育教学成果一等奖。

2. 实体课堂和虚拟课堂协同育人

我校于 2005 年全面启动教学信息化系统工程建设，建成运行网络辅助教学课程 900 多门。2012 年引进了《从爱因斯坦到霍金的宇宙》《追寻幸福——从西方伦理史的视角》《化学与人类》等 9 门超星尔雅网络视频课程，延展了教学时空，教学内容由点-线-面向集成模块化转变，教师之间、学生之间、师生之间的多维互动加强，教学信息化的导学、辅学、促学作用得到了较好发挥，有效实现了实体课堂和虚拟课堂的协同育人。"以提高人才质量为目标的教学信息化系统研究与实践"获广东省第六届高等教育教学成果二等奖。

3. 以国家级人才培养模式创新实验区为载体的校内多学科协同育人

从 2009 年起，我校国家级人才培养模式创新实验区紧密围绕企业家精神和潜质的人才培养目标，在全校层面整合资源，与工商管理、会计、金融、经济贸易、人文与传播等相关二级学院密切合作，在校内多学科协同育人方面不断推进。相关二级学院共同进行课程开发、课程整合，共同组建课程学习、项目开发、拓展训练及创新实践等多元教学组织形式，不断优化实验区人才培养方案，构建融"知识学习、能力培养、素质提升"于一体的教学内容体系；相关学科的优秀教师密切合作，共同打造专兼结合的教学团队，实施项目驱动式导师制；教务处、学工部密切合作，共同探索人才发现机制，形成过程评估与结果评估兼顾的教学评价体系，为学生建立全程成长档案。国家级人才培养模式创新实验区实施的多学科协同育人取得明显成效。国家级实验区项目通过验收，获得"优秀"。"经管类本科应用型人才培养模式综合改革及其成效"获 2014 年第七届广东省高等教育教学成果一等奖。学校还获得三个省级创新实验区（"国际商务高级人才培养模式创新实验区""国际会计创新实验区"和"计算机复合型人才培养模式创新实验区"），已形成国家级、省级和校级三位一体的创新实验体系，在课程设计、人才培养方案制定、实践教学环节设计、师资建设等方面，实现了校内相关二级学院和相关学科紧密配合，有效实现了优质教学资源的校内共享。

（二）校内外力量和要素配合的协同育人的事例

主要体现在两个方面：协同育人平台和校外实践教学基地。

1. 共建协同育人平台

近年来，为促进人才培养与社会需求的紧密对接，学校在协同育人培养本科应用型人才方面进行了有益探索，着力搭建了"校内仿真综合实习协同育人平台""税务干部进修学院协同育人平台""国际化应用型会计人才协同育人平台"和"微金融创新人才协同育人平台"等协同育人平台，在校政、校企、校地等多元合作协同育人模式方面进行了有益探索，初步实现了以创新协同育人为核心的开放式平台的柔性管理体制，初步构建了以高校牵头、企业参与、社会机构支持的管理体制。

（1）校内仿真综合实习协同育人平台

国家级经济与管理实验教学示范中心按照"校内综合、省内共享、国内辐射"的原则，逐步构建起基于资源共享和协同创新的虚拟仿真实验教学基地。用友、中经网和国泰安通等公司的行业、企业专家全程参与实验教学项目的设计和仿真综合实习案例库的开发，部分课程考核直接采用行业标准和企业标准；用友、金蝶和杭州贝腾等公司为学生提供模拟竞赛平台，帮助学生与其他高校学生同台竞技，学生创业项目获得风险投资关注；杰赛科技、中山京通和国泰安与我校合作研发出"基于云计算基础上的企业模拟仿真实验教学系统"，进一步发挥基于云计算及大数据等现代信息技术的作用，在跨专业虚拟仿真企业运作综合实验教学及资源共享方面率先突破。形成了涵盖计算机网络、多媒体、沙盘库、数据库和软件库等工具的实验教学工具体系，手工手段与电子手段相匹配、摸拟手段与实操手段相并存、传统手段与现代手段相结合的实验教学手段体系，情景式教学、探究式教学、互动式教学、体验式教学、博弈式教学有机结合的实验教学方法体系。2014 年度，该中心被教育部授予"国家级虚拟仿真实验教学中心"的称号，是我国首批国家级虚拟仿真实验教学中心之一。

（2）税收学专业协同育人平台

我校税收学专业协同育人历史悠久，早在 1998 年就与广东省财政厅、省国税局、省地税局和广州普金科技计算机有限公司共建"财税信息化研究中心"。2010 年与广东省国税局、省地税局共建"广东纳税服务研究中心"。2011 年与广东省国税局、省地税局协同建设"广州市地税局干部进修学院"，双方协同建设教学、生活设施；协同建设组织机构；协同制定管理制度；协同设计培训方案；协同开发培训课程；协同编写教材；协同培养师资队伍；协同共建实践教学基地。税务干部进修学院成立以来，承担了广州地税系统 5 000 多名干部职工的初任培训、业务技能培训、知识更新培训和任职培训；成功申报 1 个国家级大学生校外实践教育基地；50 多名校内教师的知识结构、思维方式和教学模式等与应用型人才培养的需求更加吻合，有力提升了税务学专业的师资水准。

（3）国际化应用型会计人才协同育人平台

该平台起源于 2010 年成立了"国际会计（ACCA）人才培养模式创新实验区"，该实验区已获得省级人才培养模式创新实验区建设立项（简称"ACCA 实验区"）。经过四年的建设，该实验区在教学改革、人才培养、成果推广等方面取得了良好成效，并与ACCA广州代表处、德勤会计师事务所、英国利兹都会大学、美的集团厨房电器事业部、珠海航展公司、广东广业集团等12个跨国经营公司及英国卡迪夫城市大学、美国中田纳西州立大学等单位协同培养国际化应用型会计人才，主要协同内容包括：第一，将ACCA资格认证课程及部分CPA考试课程嵌入实验区人才培养方案；第二，由ACCA广州代表处负责培训我校教师，提供教学指导、教材及教学资料、资格认证报名与考试等服务，发展学生会员，联系牛津布鲁克斯大学授予名誉学士学位，为我校学生联系实习与就业机会；第三，由德勤会计师事务所等单位负责为我校学生提供实践导师及学习案例，为学生提供、推荐实习单位及就业单位；第四，利兹都会大学负责为F1-F9九门ACCA课程考试合格，且通过GMT考试的学生以优惠条件联系申请前往利兹都会大学攻读硕士研究生。目前，ACCA实验区2010级52名学生中已有2人通过了全部14门课程考试，26人通过了F类9门课程考试，班级通过率50%。有9人被德勤会计师事务所、普华永道会计师事务所等国际"四大"会计公司录用，8人将进入悉尼大学、蒙纳士大学等国际名校攻读硕士研究生。

（4）微金融创新人才协同育人平台

我校金融学院与华南师范大学金融系、深圳证大速贷小额贷款股份有限公司、广州民间金融街管理有限公司、佛山市集成金融集团有限公司、广州壹马创展投资有限公司和中山小榄村镇银行等单位共同组建了"微金融创新协同育人平台"，并成立了"广东财经大学证大微金融学院"，协同培养华南地区的微金融创新人才，其主要协同内容包括：第一，将微金融实务课程嵌入我校金融学专业人才培养方案，从2010级教学计划始，新添加"微金融经济学""小贷技术及风险管理"两门专业必修课程；第二，和金融企业高管及实务部门人员协同编写金融类教材或著作，已翻译完成麻省理工出版社的《微金融经济学》和《互联网金融》两本著作；第三，协同开展其他业务合作，如，协助证大房产申报建设我校餐旅实验楼，协调证大速贷小额贷款股份有限公司的招聘及培训工作安排，安排学生去证大集团和证大速贷实习，与广东小贷协会初步达成合作培训意向等。金融学院学生的创新创业能力不断增强：学生自主创办的"艾晨斯"校园咖啡品牌旗下已有三个连锁店，发展势头良好；在全国挑战杯大赛中，金融学院学生获特等奖一次、二等奖一次、三等奖两次；学生深入参与微金融行业金融机构建设及咨询服务，如东莞农商行在惠州陈江开设村镇银行，整个调研咨询研究报告由金融学院的本科生和研究生共同完成，研究报告为陈江东盈村镇银行的顺利开业起到了良好的助推作用。

2. 共建校外实践教学基地

（1）法学院校外实践教学基地

为进一步提升学生的实践动手能力，我校法学院积极与地方政府、实务部门紧密联系，共建实践教学基地。具体做法是：第一，与地方法院、检察院共同探索"高校—实务部门联合培养机制"，共同研究制定人才培养方案，共同开发优质教材，共同组织教学团队，探索形成常态化、规范化的卓越法律人才培养机制。第二，改变校内教师单独培养模式，建立由法官、检察官、律师和企业法务工作人员和校内专职教师组成的教师队伍，力求实现高校与实务部门对应型法律人才的协同培养目标。第三，搭建与法律实务紧密衔接的校内实践教学平台，拓展校内实验教学平台的功能。通过请进来的方式，利用学校实验教学平台如模拟法庭进行实案审判，教师、学生旁听、观摩，为学生实践能力的训练提供了便捷的校内平台。第四，利用信息技术建立法庭审判直播系统，建立课堂教学与法律实务紧密连接的信息化实验教学平台。2012年，我校法学院实践教学基地获批建设为省级大学生校外实践教学基地。2013年法学院入选全国首批卓越法律人才教育培养基地。迄今为止，法学院已与广东省检察院、广东省公安厅、广州市司法局法律援助中心、越秀区法院、天河区法院、海珠区法院和花都区检察院等多家法律实务部门签订了协同育人协议，有效强化了高校与法律实务部门的深度合作。

（2）社会工作校外实践教学基地

为进一步加强社区融合，促进社会工作专业对政府购买服务及社区文化建设的支持，我校人文与传播学院社会学系与江门市残联、广州市光塔街、官洲街、华洲街街道办事处等地方政府协同，在社会工作校外实践教学方面密切合作，取得累累硕果，其协同内容主要体现在如下五个方面：第一，和江门市残联康复医院、荔湾区逢源人家服务中心等社会服务机构合作，完善以双边同步督导为重要特征的实习教学模式，建设社工实习督导队伍；第二，与江门市白沙街道办事处、海珠区华洲街道办事处等地方政府合作开展科研项目攻关，支持地方文化建设。主要研究项目包括社会政策的未来走向、社会工作未来的培训模式及与社会转型的关系、"大美小洲"开发等；第三，与广州市青少年宫等单位协同制订社会工作本土化人才培养实践教学方案，目前，已拟定并形成《社会工作专业校外实践教学人才培养方案》，拟进一步推而广之；第四，与广东省社会工作协会、荣军医院、广州脑科医院等单位协同制定管理制度，初步建立起社会工作实习生管理办法等系列规章制度，总结出医院社会工作实习生的带教模式和经验；第五，和广州市海珠区华洲街道办事处协同开展田野实践教学，在小洲村建立田野实践教学基地，由教师带领学生调查小组对小洲村展开追踪性社会调查。2012年，"社会工作本土化人才培养实践教学基地"被立项建设为省级大学生校外实践教学基地。社会学系对实践教学模式的系列探索，有效促进了社会学系学生的专业成长，增强了学生的就业竞争力。社会学系的学术水平与教学水平得到较大提升，郭景萍教授的研究著作获全省人文社科成果二等奖，全系教师主持或参与横向课题多项，为地方社区文化建设做出了颇多贡献。

二、协同育人进一步的思考

（一）对协同育人重要性的再认识

高等学校教育教学和人才培养既要遵循高等教育教学规律和学生成才规律，也要遵循经济社会发展规律；既要符合学理逻辑，也要符合实践逻辑。高等学校不是一个封闭的内循环系统，客观上，她需要从外界输入信息、向外界输出信息；从外界输入资源、向外界输出资源；从外界输入动能、向外界输出动能。也就是说，高等学校是一个与社会紧密联系、相互影响、相互制约的开放系统。目前，高等学校普遍存在着教育教学资源结构性短缺与教育教学资源配置低效的问题，直接影响到了高校人才培养质量。协同育人不是权宜之计，我们要充分意识到协同育人在人才培养中的重要性，要将高等学校的发展嵌入到地方经济社会发展的大环境中，实施"双嵌入"发展战略，将协同育人嵌入到地方经济社会建设的战略层面和学校发展的战略层面实施整体规划，实行教学、科研、社会服务一体化发展战略，推进应用型人才培养与经济社会发展协同发展，使应用型人才培养的数量、质量和结构更加适应区域经济社会发展的需求。

（二）面临的问题和解决的思路

1. 协同育人的面和深度需要进一步拓宽

在协同育人实践中，我们意识到，为有效提升应用型人才培养质量，需要进一步拓宽协同育人的面和深度。高等学校的人脉关系、资源筹措能力、与校外协同育人方提供对价的能力在协同育人中是非常重要的，如何解决高等学校与校外协同育人方"对价"不对等的问题至关重要。如高校如何更有效地通过科学研究等社会服务帮助协同育人单位解决实际问题。其次，解决好协同育人机制创新带来的权力结构和利益格局调整也是高等学校在协同育人中面临的问题。高等学校要充分调动二级教学单位在协同育人方面的积极性，想方设法鼓励冒尖，"激化"二级教学单位之间的相互竞争，出台政策引导二级教学单位与各类社会创新力量开展深度合作，加快学科交叉融合，促进优质资源的充分共享。

2. 体制机制需要进一步健全

今后三年或更长一段时期，学校将积极联合校内外各种创新力量，有效整合各类创新资源，努力突破制约协同育人的体制机制障碍，将在如下四个方面做进一步探索：第一，以协同育人为抓手，建立健全应用型人才社会需求的发现机制、响应机制和应用型人才培养质量评价机制。各二级教学单位要健全对口行业岗位群人才需求的长效机制，健全校内外相关力量协同确立人才培养目标及规格、协同编制人才培养方案、协同开发课程及项目、协同开展人才培养质量评价等的长效机制。第二，以协同育人平台建设和基于协同育人的专业层面综合改革为重点，实行政策倾斜和资源配置倾斜，提高教学项目的集约度，使各类教学项目真正取得实效。第三，以教学质量关键点监控体系建设为突破口，健全本科教学质量保障体系。第四，在学校向协同方提供对价能力不强的情况下，健全引入利用校外资源的补偿机制。在充分利用学校已有资源的基础上，汇聚社会多方资源，大力推进学校与学校、科研院所、行业企业、地方政府的深度融合，探索建立适应于不同需求、形式多样的协同育人模式。

从儒家的修身思想看地方普通本科大学转型之道

——以河北金融学院为例

杨兆廷 秦菊香 杨蕾①

党的十八大报告提出要加快发展现代职业教育，推动高等教育内涵式发展。十八届三中全会决定提出，要深化教育领域综合改革，加快现代职业教育体系建设，深化产教融合、校企合作，培养高素质劳动者和技能型人才。按照党的十八大和十八届三中全会的部署，我国高教领域又一重大改革正酝酿出炉——加快构建以就业为导向的现代职业教育体系，建立学分积累和转换制度，打通从中职、专科、本科到研究生的上升通道，引导一批普通本科高校向应用技术型高校转型。自 2014 年 2 月 26 日国务院常务会议做出"引导部分普通本科高校向应用技术型高校转型"战略部署，到 3 月 22 日教育部副部长鲁昕在"中国发展高层论坛"明确"600 多所地方本科高校实行转型"，再到 4 月 25 日 178 所普通本科高校发表《驻马店共识》成为改革的积极实践者，两三个月的时间里，"本科转型"成了社会热词。

目前，新建本科高校学科专业趋同、人才培养同质化、服务区域经济能力弱、学生就业能力差等态势，导致出"一大一少"（毕业生规模大、行业企业可用之才少）的应用人才需求危机，迫使地方本科高校必须转型，重新审视新定位、新规划。转型意味着高校办学理念、办学定位、办学体制、办学举措的整体转变，是地方本科高校从追求传统的、既定的"学术型"向现代的、创新的"应用型"的整体位移，是国家、民族需求倒逼教育领域深刻变革的客观需要。

站在十字路口，地方普通本科高校该不该转型？如何转型？面临哪些困难？国际上有哪些可供借鉴的经验？转型后的道路如何走？这些问题都是摆在普通本科高等院校教育管理学者面前的一个重要课题。儒家学说充满了积极进取的入世精神，修身、齐家、治国、平天下的思想主张为历来所称道，也成为儒家思想的

---

① 杨兆廷，河北金融学院副校长，教授；秦菊香，河北金融学院教务处处长，教授；杨蕾，河北金融学院教务处副处长。

光辉。儒家认为修身是齐家治国平天下的基础，并总结了一些切实可行的修身方法。从儒家的修身思想看地方普通本科大学的转型之路，有可供借鉴之处。

一、从"自省"看转型之内审

在儒家的修身思想中，"自省"就是指人的自我反省、自我批评、自我调控和自我教育，是孔子提出的一种自我道德修养的方法。这种修养方法要求人们经常反省自己的意识和行为，辨察、剖析其中的善恶是非，开展自我批评并进行自我修正，不断提高自己的道德水准和学识水平。

对于地方普通本科大学转型来说，在当前新形势下，首先要做到内审，即自我评析，即自我分析和自我评价。自我分析是对学校自身基本情况的反思。包括学校的办学定位情况办学定位情况，包括办学类型定位、人才培养目标定位、服务面向定位、学科专业（集群）与地方或区域经济发展的关系；专业集群情况，包括专业群的专业构成、发展现状、现有基础等内容；人才培养情况，包括学科专业群的人才培养目标、培养规格、培养方案、培养模式等；师资队伍建设情况，包括专兼职师资队伍的数量与结构、"双师型"教师情况以及相关管理制度、政策；实践教学条件情况，包括教学科研仪器设备生均值，通过校企合作方式建立校内外实习实训基地情况，实习实训开展情况；社会服务情况，包括学校或专业集群服务地方的情况等。其次在自我分析、充分论证的基础上，学校进行自我评价，正确认识学校办学实际，准确评价学校的优势和短板，体现学校的整体办学实力和办学水平。

以河北金融学院为例，学校既是 1999 年大学扩招后 600 多所"专升本"的地方本科院校之一，在教育改革的范畴之内，又具有培养应用型人才，争取转型试点的鲜明的特色和优势。

（一）具有鲜明的金融行业背景

河北金融学院成立于 1952 年，原隶属于中国人民银行总行；2000 年划归河北省，实行"中央与地方共建、以地方管理为主"的管理体制；2007 年升格为本科院校，2011 年，学校被批准为金融专业硕士研究生培养试点单位；是华北、西北地区唯一一所具有鲜明金融行业特色的中央与地方共建院校。

（二）金融行业应用型人才培养的摇篮

建校以来，学校向社会输送了六万多名优秀人才，其中 110 人成为省级以上金融机构领导干部，千余人成为各级经济、金融管理部门处级以上领导干部，有着较高的美誉度和影响力（金融黄埔）。2014 年学校被评为全国就业 50 强，其中80%以上毕业生在金融行业就业。并荣获"河北省首批金融服务外包实训基地"等多项殊荣,《人民日报》《光明日报》先后对我校的创新创业教育进行了专题报道。

(三) 金融服务地方经济发展的重要平台

学校学科专业建设与金融行业与区域经济发展紧密结合,学校设有10个教学院(系),社科部、基础部、体工部、外语教学部4个教学部和研究生部,在校生13 000余人,开设有23个本科专业,形成了以经济学科和管理学科为主体,金融特色鲜明的四大专业集群。在金融研究服务地方发展方面取得了丰硕的成果,学校现拥有河北省唯一的社科类重点实验室——河北省科技金融实验室;是河北省金融研究基地;设有河北省科技型中小企业金融信息服务平台;2013年,学校成为河北省科技金融协同创新中心。

(四) 国际化合作办学的示范窗口

学校坚持开放办学并取得了显著成效,2013年河北省中外合作办学研究会在我校成立。学校目前已与美国、英国、爱尔兰、澳大利亚、新西兰、印度、韩国、新加坡、马来西亚等国家的二十余所高校及教育科研机构建立了友好合作关系,在充分引进、利用国外优质教育资源的同时,与多所院校开展了全方位、多层次的"跨国双校园培养"的学生交流项目。

二、从"慎独"看转型之历程

在儒家的修身思想中,"慎独"是指人们在独自活动无人监督的情况下,也能自觉地严于律己,谨慎地对待自己的所思所行,防止有违道德的欲念和行为发生,从而使道义时时刻刻伴随主体之身。

对于地方本科院校转型来说,就是在发展历程中,要严谨治学,凝聚特色,坚持走应用型办学之路,通过转型发展打造独具特色的应用技术型本科大学特色模式。河北金融学院自从升本以来,依托行业优势和自身特色,已经逐步明确学校的办学定位,在应用型人才培养方面进行了大量探索,积累了宝贵经验、奠定了转型发展的重要基础。

(一) 应用为本,人才培养目标明确

升本以来,学校多次深入讨论,多方论证,明确了"应用型优质本科大学"的建设目标。在党代会、教代会、教学工作会议等重要会议上逐步明确了"具有创新精神和国际视野的应用型人才"的培养目标,并把它正式写入《河北金融学院"十二五"建设与发展规划纲要》。

（二）需求导向，推进课程、学科专业建设

结合自身办学传统和优势，本着"有所为有所不为"的原则，加大课程、学科专业的调整力度，凸显需求导向。构建新型应用型课程体系，贯彻"大金融"教育理念，重点开发面向行业和地方的特色课程，构建以能力提升为主线的实践课程体系，完善创新、创业类课程。紧跟行业发展步伐，改造提升传统专业，使专业向特色化、应用性方向拓展；紧扣地方发展需要，打造优势学科群，以点带面，增强对地方的辐射能力；紧密对接市场需要，动态调整学科专业设置，提升学科设置与市场变化的适应度。

（三）搭建平台，着力突出实践教学

学校初步搭建了集实践、实训和实习于一体，一、二、三课堂相协同的"大实践"平台，突出实践教学的地位。理论教学与实践教学、第一课堂与第二课堂的融合度日益提升，理论教学支持实践教学，实践教学丰富理论教学的良性互动格局初步形成。实践教学的开展日趋规范，内容不断丰富，能力素质导向不断强化，如，思想政治理论课实践教学、暑期社会实践、大学生"挑战杯"等实践教学活动均取得较大成绩。校外实习基地拓展顺利，各院系积极"走出去"与企业签订形式多样的合作协议，为学生知识的运用、技能提升和视野拓展创造了条件，为产学的融合提供了途径。第二课堂学分认定不断完善，激发、激励学生学以致用、在用中学。两年来，有上千名学生利用国家级、省级和校级大学生校外实践教育基地、大学生创业基地和校内实验室，进行实习实训、创业实战；有500多名学生在省级、国家级和国际级的学科竞赛中获奖。

（四）对接产业，创新应用型人才培养模式

近年来，学校在人才培养模式上进行了大胆的创新，构建了"产学研一体、教学做合一"的应用型人才培养模式。以市场为导向，适应服务外包产业发展的新趋势，对接区域经济结构的调整和升级，成立河北省首家国际金融服务外包学院；抢先占领非传统金融就业市场、密切校企合作，搭建为产权交易中心、担保公司、期货公司、证券公司等非传统金融机构培养高素质从业人员新型就业平台，组建了河北省首家"区域资本市场"特色班。此外，学校还成立了金融学、英语、会计学、法学专业综合改革试点班、出国预科班（本专）等特色改革实验班，强化应用技能培养，学生的综合能力不断提升，在就业市场上的竞争力显著提高。学校高度重视金融硕士专业研究生培养，探索研究生教育的新理念、新模式，新机制。

（五）多措并举，推进应用型师资队伍建设

打造"双师型"人才队伍，出台《河北金融学院"双师型"教师培养与认定办法》，明确"双师型"教师的培养路径、认定程序及相关待遇，以五年为一次轮次，促进教师专业技能的提升，提高"双师型"教师的比例。今年7月初，学校认定了首批"双师型"教师，提出双师人才年增长15%的目标。制定《河北金融学院专业课教师挂职实践管理办法》，建立教师挂职锻炼制度，每年选派一定数量的专业教师赴企业挂职锻炼。加强应用型人才的引进力度，同等条件下，优先聘用具有实践背景和行业工作经历的人才。大力聘请兼职应用型教师，聘请丰富实践经验的高级专业技术人员、管理专家，以多种形式承担相关理论教学和实践教学任务，指导教师和学生的实验实训。学校实行研究生"双导师"制，为每名研究生配备一名校内导师和一名行业导师。

（六）服务地方，科研创新能力不断增强

一是广泛开展校、政、企合作。学校与众多金融机构和企业达成协同创新合作意向，建立培养基地，不断创新人才培养模式；为地方政府提供了多样化的金融服务，承担了《承德市"十二五"金融发展规划》和《保定市"十二五"金融发展规划》等研究与编制任务。二是创建平台，增强服务地方发展的针对性。学校与河北省科技厅共建"河北省科技型中小企业金融信息服务平台"，该平台已聚集3 000多家科技型中小企业、100家投融资机构，累计帮助500家科技型中小企业获得了约15亿信贷支持，为金融支持科技型企业发展和促进科技金融创新起到了一定的支撑作用。三是应用型团队建设取得新进展。"农村金融"和"财政管理"两个科研基础团队进入正式建设期，两个团队在人才培养、科研方向凝练、服务地方等方面都取得了突出成绩。"金融扶贫研究中心"和"中国传统文化研究传播中心"两个交叉学科研究中心，学校服务地方发展的能力进一步增强。四是加强横向课题支持力度，部分研究成果转化应用。

（七）联动并举，构建创新创业教育新格局

依托大学生创业基地，学校初步构建起教学、实践与保障三者结合的创新创业教育体系。第一，学校不断加强创新创业教育专业课程建设，把创新创业教育纳入了专业教育教学计划和学分体系，构建了包括创新创业理论类、创新创业实务类、职业就业类、艺术类、心理类五类课程组成的课程群，本科专业可选课程达40余门，专科专业可选课程近30门。第二，完善创新创业保障体系。成立"大学生创新创业工作领导小组"，负责全校创新创业教育工作。学校先后出台《大学生科技创新学分奖励办法》《本科生第二课堂学分制实施办法》，打通了科

技创新成果与相应课程学分转换认定的通道，为创新创业教育提供了良好的政策环境。近五年，学校招生就业工作呈现"生源质量高、就业率高、就业质量高、就业满意度高、就业行业与人才培养契合"的"四高一契合"特点，就业率位居河北省高校前列。

三、从"外求"看转型之汲养

儒家的修身思想中的"外求"就是借助于客观事物的帮助或影响来完成道德修养的过程。首先要选择修养的环境，因为环境的好坏直接影响着思想改造的成败；其次是要做到"近师"，因为有师的引导会提高修养的水平。对于地方普通本科高等院校转型来说，"外求"就是要抓机遇，学典范。

（一）抓住国家引导和推动地方本科院校转型的重大机遇

"外求"首先要抓住国家引导和推动地方本科院校转型的重大机遇。当前，我国经济社会正处于产业转型升级、公共服务快速发展的历史阶段，需要大量的高层次技术技能型人才。地方本科院校转型是为贯彻落实党的十八届三中全会、国家教育规划纲要、《国务院关于加快发展现代职业教育的决定》、教育部《关于地方本科高校转型发展的指导意见》精神，进一步完善现代职业教育体系，加快应用技术型人才培养，增强高等教育服务地方和区域经济社会发展的能力的必然选择。按照"试点先行"的原则，鼓励和引导一批普通本科高校向应用技术型高校转型发展，为其他本科院校提供可借鉴、可复制的"转型样板"，并通过示范引领，带动其他普通本科高校转型发展，探索出一条具有地方特色的应用技术类型高等学校发展道路。

（二）学习应用技术型的先进样本以及转型成功的典型样本的宝贵经验

其次要做到"近师"，学习应用技术型的先进样本以及转型成功的典型样本。从世界各国经济社会发展进程来看，国家竞争力、实体经济的发展与现代职业教育体系的建设、高等教育的结构高度相关。欧洲许多国家在 20 世纪 70 年代开始创办应用技术型大学，至今已有 30 多年的历史。德国应用技术大学是德国高校体系中一个自成一体的支柱，德国 7 所著名的应用技术大学组成了精英联盟。德国职业教育的特别之处在于其"双元制"的培养机制。学生与企业签订职业教育合同，教学分别在学院和企业里进行。荷兰 70%的大学生就读于职业技术类大学。美国 24 个州的社区学院允许办本科层次的职业技术教育。从国内转型院校来看，包括浙江科技学院、云南工商学院、黄淮学院等 37 所试点院校经过改革探索，已经形成了中国应用技术型大学的部分典型样本。

　　从国内成功转型院校来看，上海电机学院经过改革探索，已经形成了中国应用技术型大学的一个典型样本。上海电机学院 1953 年建校，2004 年升本。其成功经验主要表现在以下几个方面：一是立足区域经济社会发展，确立技术本科办学定位。二是积极探索实践技术本科教育人才培养模式创新。通过校企共建二级学院，积极开展"技术本科人才培养模式创新实验区"工作。加强面向技术和实践前沿的各类课程建设，吸纳行业企业参与课程开发；突出强调实践教学体系建设，适当提高实践课程比重，特别开设与行业深度合作实施的综合性实践课程；建立以企业工程技术人员为主的本科毕业设计双导师制，毕业设计选题多源于企业实际。三是基本形成了以装备制造技术学科专业群为重点的学科专业建设格局。中长期实现以装备制造技术学科群为重点，生产服务学科群和技术文化学科群联动发展的学科格局。四是依托行业资源，开展"全方位、深层次、制度化"的产学合作。与 30 余家企业签署产学合作框架协议，建立产学研机构和实践教学基地。学校教师与企业科技人员频繁互动，企业专家受聘于二级学院兼任院长、学校教授受聘于企业兼任副总工程师等。五是基本建成了一支适应技术型人才培养的"双结构"师资队伍。采用"引、聘、送、下、带"及专兼"互兼互聘、双向交流"措施。目前行业背景和学术背景并重的"双师型"教师已占专业教师 50% 以上，有一批教师被上海电气集团聘为"上海电气科技专家"和"上海电气科技项目带头人"，并基本形成了行业高端人才与学校良性互动、互惠双赢的人才共享平台。

四、从"苦养"看转型之突破

　　儒家的修身思想中的"苦养"是指要顶住各种诱惑和压力，让身体和思想经历各种艰难困苦的磨难，陶冶自己，从而使思想得到净化，增强自己干事业的能力。"苦养"从形式上使同各种困苦作抗争，实质上是同自己的思想弱点作抗争。只有经过困苦的考验，才能发现和改正自己思想的弱点，才能使自己的思想修养达到一个新的高度。

　　对于地方普通本科院校转型来说，"苦养"就是要在转型中梳理发展脉络，不断创新、力求突破。要以内涵发展为主线，按照"明确定位、稳定规模、优化结构、提升质量、突显特色"的建设思路，以特色为基础，以需求为导向，以人才培养为根本，以学科专业为支撑，以改革创新为动力，以开放办学为助力，以民主治校为保障，深化教育教学改革，优化学科专业结构，打造"双师型"师资队伍，加强应用性科学研究，营造良好文化氛围，加速完善办学条件，切实提升高素质应用型人才培养质量，更好地为地方经济社会发展服务。

以河北金融学院为例，在转型方案设计中，学校制定了八大工程。一是以产业需求为导向，实施优势专业集群建设工程。实施"传统专业升级改造"计划。校企联合对现有 23 个专业人才培养目标定位、课程设置、实习实训、毕业生就业等环节，进行"集群式"改造与升级，打造品牌和特色。实现到 2020 年与行业企业开展实质性合作办学的专业覆盖率达到 80% 以上。实施"新兴专业生成"计划。紧跟京津冀协同发展的主导产业和新兴金融业态，调研行业、岗位群的特点以及应用型人才数量和质量的需求，对专业设置的前瞻性、专业的"热门"和"冷门"，"长线"和"短线"进行分析，着力培育行业产业急需的专业增长点。到 2020 年，设置如互联网金融、金融数学、经济与金融、经济法等 5~7 个左右的新兴专业。

二是以职业标准为准则，推动应用型课程体系建设工程。建立行业企业直接参与人才培养方案设计与论证机制，共同设计课程标准，建设以岗位适应能力培养为核心的课程体系。到 2020 年，其中主干专业课程用人单位的参与率达到 100%。启动"应用型人才培养方案制定"计划、实施"应用型课程体系优化"计划、实施"校企联合编选教材"计划。

三是以校企联合培养为抓手，深化人才培养模式创新工程。遵循教育发展规律和学生成长规律，以校企联合培养为抓手，深化人才培养模式创新工程。推进"学分制改革"计划、实施"校企共建专业"计划、实施"课程教学范式改革"计划、推进"研究生教育示范与带动"计划。

四是以实践能力提升为目的，强化实习实训基地建设工程。加强与行业企业多种形式合作，建立完善校内外实习实训条件和共享机制、推进"校企共建校内实验室"计划、实施"校企共同开发设计实训项目"计划、实施"河北省实习实验资源共享"计划。

五是以引进挂职为途径，推进"双师型"教师队伍培育工程、推进"教师赴企业挂职锻炼"计划、推进"企业优秀人才引进"计划、启动"应用型大学职称评聘改革"计划。

六是以互利共赢为原则，实施服务地方经济社会发展工程、实施"百项应用性科研成果转化"计划、推进"校企协同创新"计划、推进"金融业培训基地"计划。

七是以深度合作为目标，开展国外应用技术大学对标工程。积极引进国际优质的教育资源，选择 2~3 所国际高水平应用科技大学开展对标。推进"国际交流合作领域拓展"计划、推进"教师国际研修互动"计划、推进"学生跨国双校园"计划。

　　八是以章程制度为保障，启动校企合作治理结构建设工程。启动"河北金融学院章程制定"计划、启动"应用型大学制度建设"计划。

五、从"格物致知"看转型之百炼成钢

　　"格"是探究、穷尽，"物"是事物，"致"是推及、达到，"知"是知识。朱熹认为人心都有认识的能力，任何事物都含有理，一个人要想使自己的认识完全，就要在与事物接触时穷尽其理，从而使自己的修养达到完美的高度。

　　对于地方普通本科院校来说，转型只是途径，正所谓千锤百炼终成钢，地方普通本科院校的转型其最终目的是为了培养出更能适应社会发展的人才。通过地方普通本科院校转型，面向生产一线，以培养"下得去、用得上、留得住"的应用技术人才为目标，形成产教融合、校企合作的办学模式，更加直接、有效地为区域和地方产业升级、技术进步和社会管理创新服务，引领全省现代职业教育体系建设。通过高校与企业深度融合，实现专业设置与产业需求、课程内容与职业标准、教学过程与生产过程"三对接"，围绕区域重点产业建成一批产业技术创新联合体，提高区域经济发展的贡献力和人才支撑度。

　　以河北金融学院为例，通过学校的顺利转型发展，以期达到以下建设目标：坚持应用技术型大学的建设思路，完善支持应用技术大学发展的制度、政策保障和管理体制，形成产教融合、校企合作的办学机制；完善学校治理结构，吸纳行业、企业全方位参与学校管理、专业建设、人才培养和课程建设。实现专业设置与产业需求的紧密契合、课程内容与职业标准有效衔接、教学过程与生产过程无缝对接；把学校建成河北金融人才的摇篮，金融教育、金融研究、金融创新、金融服务的重要基地，金融战略决策和金融政策咨询的"思想库"，达到办学条件进一步改善，学科专业结构更加优化，人才培养质量切实提高，就业质量显著提升，服务地方发展的能力显著增强的目标。

对我国大学英语教学向 ESP 转型的思考

张 莹①

摘要： ESP 从 20 世纪 60 年代诞生之日起至今已经走过了半个多世纪的发展历程，ESP 教学在国外很多国家搞得如火如荼，先后经历了语域分析阶段、修辞或语篇分析阶段、目标情景分析阶段、技能或策略分析阶段以及以学习（者）为中心的五个发展阶段，无论在理论还是实践方面都取得了丰硕成果。然而我国 ESP 教学虽然起步与其他国家相比并不算晚，但至今仍处于探索阶段，这种滞后严重地影响了我国跟上世界经济全球化的发展的步伐，对人才的培养极为不利。本文以新的视角对 ESP 的概念、特征、性质做了详细地归纳和梳理，分析了当前需要尽快解决的影响我国大学英语教学向 ESP 转型的因素，并提出了若干应对措施。

关键词： ESP 转型大学英语 应对措施

一、引言

ESP 是 English for Specific Purposes 的缩写，即"专门用途英语"或"特殊目的英语"，这一概念产生于 20 世纪 60 年代，以 Leeds 大学的 Barber 的"Some Measurable Characteristics of Modern Scientific Prose"（1962）和 Halliday, Macinfash 和 Strevens 三人合著的"The Linguistic Science and Language Teaching"（1964）出版为标志，指与某一特定职业或学科相关的英语。"专门用途英语"这一术语在很大程度上是相对于"通用英语"（English for general purpose，简称 EGP）而言的，"专门"是指"目的"而言。

ESP 是基于学习者需求基础上而开设的课程，是对传统语言教学的颠覆。传统语言教学强调语言教学的目的是教授"正确的"语法规则。语言学家应该把注意力从规定语言的形式特征向语言在实际交际过程的转变（Widdowson 1978）。

---

① 张莹，上海金融学院外语系副教授，研究方向：语料库语言学、第二语言习得。

因为我们日常所说和所写的语言有很大不同，在不同语境下有不同的表现形式。既然语言因不同的使用场合而变化，在教学中就应该把这一因素考虑其中。随着世界经济全球化进程的进一步推进，英语作为国际上通用的语言在国际商贸、学术、技术、经济交流等方方面面发挥着越来越大的作用，社会对人才的外语能力的需求呈多元化、专业化趋势，人们逐渐认识到传统的通用英语教学已经无法满足社会对人才的需求，对 ESP 教学的关注度和重视程度日益提高，我国的大学英语教学也要跟上时代的步伐逐渐向 ESP 转型。

二、ESP 的概念

自从 ESP 开始出现对于 ESP 到底是什么的争论就从未停止过，不同的人有不同的看法。

Machay 和 Mountford（1978：2）把 ESP 定义为"为某种实用目的而进行的英语教学"。

Hutchinson 和 Waters（1987）从广义角度来定义，把 ESP 看作是一种主张（approach），而不是一种产品，也就是说 ESP 并非某种特殊的语言、教材或教法。"ESP 是一种基于学习者为什么要学习英语的理念而决定选取什么内容和方法的语言教学（p19）"

Robibson（1991）则是基于两个重要的标准和一系列特征基础上来界定 ESP：

ESP 通常是以目标为导向的，该课程的设立是基于对学习者需求分析基础上，旨在培养学习者用英语来从事其真正所要做的事情。ESP 课程往往是有时间限制的，目标明确，对象是同一水平的成人，有的出于工作的需要，有的出于学业的需要而学习英语（p3）。

Orr（1998）则从区分 ESP 和 EAP 的角度来界定 ESP：

特殊目的英语是基于通用英语基础上的教学和科研，是为了把学习者或者是用人单位的成人培养成能在相关专业或行业学以致用的人。

虽然上述对 ESP 的定义各有侧重，但是三个最为基本的要素即教学环境、教学对象以及学习者使用该语言的目标场景是 ESP 教师必须了解的。

笔者认为在了解了什么是 ESP 时，除了要掌握上述提到的基本要素外还应该知道 Hutchinson 和 Waters（1987：18）所列的哪些因素不属于 ESP 的范畴：

（1）ESP 教学并非是为了教英语的特殊的变体形式；

（2）ESP 并不仅仅教科技英语词汇和语法，比如，培训酒店的员工并非只教授他们掌握酒店词汇和语法；

（3）ESP 并非是有别于其他语言教学的另一种形式，原因在于教学依然要遵循语言学习规律。

三、ESP 的特征

Farhady（2005：10）列出了与 ESP 课程相关的要素

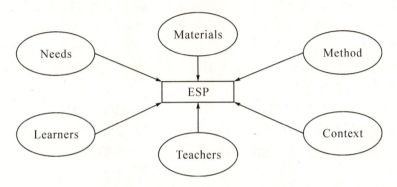

Farhady's ESPtheoretical diagram（2005）

从这一图表可以看出 ESP 课程是基于学习者需求，以目标为导向即为达到一定的实用目的，教学内容与某一专业领域相关，有可能要用上某一特定语言技巧，遵循已有的教学方法，在教学中利用一定的语境来传授知识，同时又注重师生互动。

可以说 Farhady 的关于 ESP 的理论构架与 Strevens（1988）与 Dudley-Evans 和 St. John（1998）等人对 ESP 的特征的描述有异曲同工之处，只不过后者更细致、针对性更强。

Strevens（1988：84）认为 ESP 包括四个根本特征（absolute characteristics）和两个可变特征（variable characteristics）。四个根本特征包括：①课程设置必须为满足学习者的特殊需要而定；②课程内容（即课程的主题）必须与某些特定的学科、职业和活动有关；③语言方面应该尽量使句法、词汇、篇章结构以及语义结构甚至是话语分析等诸多方面都适用于相应的场合；④必须与通用英语形成鲜明的对照。两个可变特征：①可能只限于针对某些语言技能的培养；②在教法上不一定要用某一既定的方法，应该视具体情况灵活运用。

Dudley-Evans 和 St. John（1998）认为相比之下，虽然 Strevens 对 ESP 的界定比较全面，但也并非无懈可击，比如，第二个根本特征会使人误解为 ESP 教学内容一定要与某一专业相关。为此，他们对 Strevens 的定义进行了修改和完善。

根本特征去掉了"与通用英语形成对照"，只剩三个，第一个保持不变，第二个特征变为：ESP 教学过程中应使用与专业相关的方法和活动，第三个特征也有所变化：ESP 教学应该围绕着与这些活动相关的语言（语法、词汇、语域）、技能、话语和体裁展开。

可变特征有的与 Strevens 的有重叠，有的地方也相应地做了修改，在语气上也稍有变化：① ESP 课程设置可能或者要为满足学习者的特殊需要而定；②针对某些具体的场景，在教学方法上，ESP 教学可能会采用与通用英语不同的方法；③ ESP 课程通常是为大学或某一用人单位的成人所设，也可以针对中学生；④大多数课程涉及的是针对中等或高级水平学习者的语言体系的基本知识，有的也可以针对初学者（同上：3-4）（黑体字是笔者所加，以便强调可变特征，使 ESP 教师意识到在操作上可以灵活性掌握）。

从以上的介绍不难看出 Dudley -Evans 和 St. John 对 ESP 的特征的描述淡化了与通用英语的差异，把 ESP 分为根本特征和相对特征的做法有助于我们理解什么是 ESP，什么不是，同时也使我们明确了 ESP 可能未必都与某一特定学科相关，此外，对 ESP 学习者的年龄层次和水平的要求也有所放宽。

四、ESP 的性质

1. ESP 的多元性——跨学科性

ESP 是一个"多元的"（pluralistic）且"以不同形式出现的"（protean）的教学理念（秦秀白 2003）。这种"开放性"或"多学科性"是 ESP 的显著特征（付大安 2012）。这一特点也从另一方面反映了 ESP 的跨学科的特点。秦秀白认为这主要是由两方面因素决定的：一是 ESP 涵盖的知识面宽，既涉及语言和语言学知识、教育学知识，还涉及学习者所研习的专业知识，而前者必须为后者服务；二是不同国家具有不同的教育政策，同一国家内的不同地区或不同学校也存在人才培养规格上的差异，这些因素都能导致不同的 ESP 实施方案的出现（秦秀白 2003）。这也在一定程度上说明 ESP 课程的动态性特点，应该随着时代与社会对人才需求的变化而不断调整专业涵盖和教学重点。

2. 在 ESP 教学中师生应该是"共生关系"（symbiotic relationship）

Oladejo（2005）认为理想的 ESP 教师应该具备以下三方面的素质：①在目的语言方面具有良好的语言能力和沟通能力；②通晓专业知识；③受过专门的教学培训。通常情况下大学英语教师可以具备第一和第三项条件。日本学者 Anthony（2007）指出可以采用"教师向学生请教的方法"（"teacher as student approach"）来弥补语言教师的不足，意思是说在专业领域方面教师可以向他的学生学习。与此同时，学习者为了获取知识和相应的终生的技能需要与教师进行互动。ESP 课堂上这种紧密的师生互动关系被 Freno 称之为"共生关系"（2005），在课堂上他们是平等互助的"伙伴"关系。这种关系对 ESP 教学非常有用，能够使师生共同成长和进步。

3. ESP 教学是以学习（者）为中心的方法——具有很强的目的性、针对性和实用性

"以学习为中心"或"以学习者为中心"的 ESP 教学，是基于对学习者学习目的以及与这些目的相关的一系列交际需求调查基础上进行的（Breen 1984：3）。学习者大多数是有实际工作经验或有一定专业知识的成年人，曾经学过 EGP。他们有明确的学习目的，知道为了什么要学习英语。该方法把知识看作是基于学习者已有的经验的基础上不断更新的过程（Hutchinson & Waters 1987：59）。把学习看成是主动的意义建构过程，教学是为了有利于指导和促进学习的行为。关注的是学习者的语言学习过程，即如何高效率地学习语言，以达到"为发展的目的而学英语"（English for development purpose）简称"EDP"（Gueye 1990：31）。"以学习（者）为中心的方法"在教学过程中不仅能充分考虑学习者的学习动机和学习过程，而且还制定出使其达到目标的一系列措施，无论是教学大纲的设计、教材的编写和教学方法的运用都是基于对学习者需求分析的基础上，此种方法能够给学习者提供更多的实践机会，有利于其进行批判性和创造性思维，学会解决问题和如何决策，学和用联系得非常紧密，因而具有很强的目的性、针对性和实用性的特点，能更好地适应于社会对人才的需求。

4. ESP 教学强调真实性原则

"真实性（authenticity）"是指在课堂上使用与课堂外的现实世界非常接近的语言材料、教学活动和方法（McDonough & Shaw 2003：40）。"真实性"被视为 ESP 教学的灵魂。最初人们对"真实性"的理解只是局限于课堂上使用没经过改写的真实的阅读材料而已，后来人们逐渐认识到课内外的内容的选择、大纲的设计、教学任务和教学方法也都应围绕着"真实性"展开。"真实性"应该包括真实的语言输入、真实的任务以及事件等（McDonough 1984）。以 Hyland 为代表的语体派也强调材料的真实性，认为不同的专业领域的语言之间差异很大，ESP 教学不能因教师不懂专业知识而与其真实使用环境割裂开来（2006：114）。"真实性"关键一点是其在 ESP 课堂上的利用程度（Dudley –Evans & St. John 1998：28）。难度适中，知识性、趣味性、实用性强的材料和任务有利于激发学习者学习的积极性，使教学达到事半功倍的效果。

5. ESP 的产生和发展是现代科学技术发展的产物

众所周知，ESP 的产生的一个重要原因与科学技术等方面的发展是密不可分

的。Bloor（1997）在第五届拉丁美洲 ESP 研讨会上分析了新的信息和通信技术尤其是计算机的发展对教育和 ESP 的影响时指出：ESP 教师一定要意识到世界始终在变化，学习者的需求也将随着新的技术而深入到人们的生活的方方面面而发生变化，教师要为把新技术作为教学的辅助工具和英语话语社团中师生进行互动交流的手段而做好充分的准备。Chapelle 认为科学技术的发展给语言教学和社会带来的影响已经远远超过时空的限制，表现在三方面：①从技术人员角度看，教学的重点应放在由新的和现代化技术资源所产生的技术潜力上；②从社会语用学家角度看，广大师生可以充分利用各种技术资源。从以往的单纯认为计算机技术只能带来好处转变为计算机技术既能给人类带来好处，也有它的局限性；③从批评分析家角度看，计算机的使用不能被看成是社会变革的必要条件，换言之，广大师生和科研工作者应该清醒地意识到科学技术和具有丰富文化内涵的意识形态间的关系是怎样的（2003：10）。当今社会是信息和知识爆炸时代，学习者不仅要掌握和应用已学到的知识，还要有"可持续发展潜力"，作为 ESP 教师要学会充分利用现代化科技手段（多媒体等），强调个性化教学与自主学习，以培养学生终身学习能力。

五、影响大学英语教师向 ESP 转型的因素

1. ESP 教师所面临的最大困难就是专业知识匮乏

Dudley—Evans 和 St. John（1998）认为，合格的 ESP 教师应当充当五种角色：①首先是一名合格的英语教师（teacher）；②能为学生提供适当的教学资料，是名合格的课程设计者（course designer and materials provider）；③是专业教师和学生的合作伙伴（collaborator）；④研究者（researcher）；⑤ ESP 教学的测试和评估者（evaluator）。可见，ESP 教师应该是个多面手。这也是为什么 Swales（1985）倾向于使用"ESP 实践者（ESP practitioner）"这个称谓而不是"ESP 教师"的原因。此外，ESP 教学不同于 EGP 教学之处在于绝大多数的 ESP 教师没有接受过专门的培训，他们被迫从事自己不熟悉的行当。

ESP 的跨学科性意味着进行 ESP 教学的教师，不仅要有较高的英语水平，还要懂得一定的专业知识。教师所面临的最大难题是缺乏应有的专业知识（Dudley Evans & St John 1998）。造成这种现象有主观也有客观上的原因。Hutchinson 和 Waters（1987：162）从四个方面分析了原因：首先，原来文理分科的教育传统使得很多英语教师对科学方面的知识知之甚少；其次，ESP 教师从主观意愿上也不愿意涉足这一"未开垦"的领域（uncharted land），由于绝大多数 ESP 教师以往学的是语言学、文学或语言教学，他们不愿放弃原有的"舒适"的教学环境另

起炉灶。再者，由于 ESP 教学是对传统 EGP 的挑战，有关部门对于减轻 ESP 教师的压力或畏惧感做得不够；最后，期望 ESP 教师对 ESP 的态度应该和目标情景要求一致，但实际上只是主管部门一厢情愿而已。

2. 当遇到实际问题时缺乏现成的理论参考

虽然 ESP 教学从诞生之日至今已经经历了半个多世纪的发展历程了，其发展也历经语域分析阶段、修辞或语篇分析阶段、目标情景分析阶段、技能或策略分析阶段以及以学习（者）为中心的五个阶段（Hutchinson & Waters 1987：9-14）。但是 ESP 教学在各个国家和地区发展也不平衡。Hutchinson 和 Waters（1987：158）把这一现象归结为缺乏正统（orthodoxy）的理论指导。这主要是因为与 EGP 教学相比，ESP 教学的发展历史相对较短。以主张 ESP 课堂上强调使用的"真实性材料"为例，什么是"真实性"，其使用原则和标准是什么？ESP 课堂上应该着重强调哪一种技能的培养？ESP 课程应该由专业教师来上还是由英语教师来承担？等诸如此类的问题一直以来就争论不休，几十年来，ESP 教师在教学实践中所遇到的各种难题包括大纲的制定、教材的编写、教学方法的采纳、教学评估的进行等都没有现成的、有针对性的答案可参考，很多方面仍在探索中。

3. ESP 教师身份被边缘化

ESP 的一个重要特征在于英语的地位从独立的学科变为学习其他专业的工具，这使得很多 ESP 教师地位被边缘化了，不仅被专业教师排斥，同时也受到英语专业的同行的冷落。这种情况虽然不一定普遍，但是确实存在，现列举几个方面的具体表现：①在排课时间上没有优势，教务部门往往把好的时间段留给专业课；②与专业教师缺乏个人或专业方面的沟通；③没有像专业教师那样在课时量计算、职称评定、评优等方面在政策倾斜上受到应有的重视；④ESP 课程备课量大，对专业知识和语言知识有双重要求，费时费力，但教师往往缺乏成就感；⑤由于 ESP 课程在很多院校都是作为选修课或后续课来上，很多学生认为该课可有可无，有的同学只是为了混学分，教师有时也得不到学生的尊重。此外，除了上述几个外在原因，还有教师自身的原因：在新技术和知识不断更新和发展的当今，有很大一部分大学英语教师缺乏生存的危机感和紧迫感，职业意识和专业发展意识薄弱，安于现状者、不求进取，这也在一定程度上使自己处于不利的竞争地位。

以上这些因素势必会影响到广大大学英语教师向 ESP 的转型。

六、应对措施

纵观我国高校的 ESP 教学，不论从理论上还是实践上，仍处在起步阶段。要使 ESP 教学能够真正在全国范围内铺开，并取得卓有成效的成绩确实需要上上下下的真抓实干。

1. 明确 ESP 教学的定位——是语言教学

由于 ESP 课程的开设宗旨是"加强基础，拓宽专业，提高能力，学以致用"，因而在教学上具有明显的目标和定位，是借助于语言来学习专业知识，为学生顺利进入专业学习和走向职场做准备的，是语言课程的延伸，是把语言技能训练和专业知识的学习有机的结合。大学英语教师应该明确"真正的 ESP 教学是语言教学而不是内容教学，是大学英语教师都能胜任的"（蔡基刚，2013）。鉴于我国目前大学办学形式多样化的实际情况，有研究型大学、教学型大学以及教学研究型大学等，不同类型的大学要根据自身的办学定位的特点来决定对学习者的英语能力的要求，绝不能采取"一刀切"的形式，而应该针对本校乃至不同专业的实际情况而定：是选择学术英语、职场英语还是先打基础、在大学英语和ESP 教学上有个缓冲，还是直接进入双语教学或全英语教学，应做到"因地制宜""因人制宜""因不同情况制宜"。

2. 采取一系列措施促进大学英语教师逐渐向 ESP 的转型

如前所述，与大学英语教学不同，ESP 教学有自己独有的特点和性质，对ESP 教师也提出了更高的要求，要做到成功转型，对广大的大学英语教师来讲是个巨大的挑战。

（1）大学英语教师应该克服对 ESP 的恐惧心理，树立信心

大学英语教师首先要做的是更新观念，明确自己在 ESP 教学中的身份定位，放下对教授专业知识方面内容的恐惧心理，树立信心。ESP 教学虽然会涉及一部分专业知识，但是 ESP 教师没有必要精通专业知识，只需对 ESP 教学采取正确的态度，对专业领域的基本原则有所了解以及对自身已有的知识水平做到心中有数。Hutchinson 和 Waters 认为原因之一是首先他们不是专业课教师，其次是他们也不可能通晓众多领域的所有专业知识，对于 ESP 教师来说所需要的仅是对学生所学专业抱有兴趣（1998：163）。许多学者都认同采用宽泛的 ESP 教学观，如Anthony（1997，2011）认为，"ESP 不一定要针对某一特定学科或某一特定人群"。国内学者蔡基刚也强调：开设 ESP 课程，内容专业性不宜太强，但语言上要有代表性（2004：27）。Robinson 认为 ESP 教师的关键素质是其具有灵活性，即能够灵活地从普通语言教师向 ESP 教师转型，同时要有适应性，即能够适应不同

学生群体的学习需求（1991）。

（2）大学英语改革不能仅是大学英语教师的单打独斗，需要从国家到地方各级教育主管部门以及教师自上而下的通力协作

针对我国大学英语教学存在的弊端，章振邦教授（2003）指出"现在的问题是我国的普通英语教学太长，对专业英语重视不够。高校英语教学迟迟不与专业挂钩，怎能要求学生毕业后走上需要专业的工作岗位能够胜任愉快?"纵观我国教育发展历史，任何阶段的教育改革的成功都离不开从国家到地方各级教育主管部门以及教师自上而下的通力协作。国家有必要"对我国外语教育做战略性的调整，要点是把普通英语教学任务全部下放到中学阶段去完成，以便学生进入高校时便可专注于专业英语的学习高校英语教学应该定位"（同上）。某个学校或某些教师的力量毕竟是有限的，分散的，一旦从政策层面予以保障和支持，在教学投入、师资培训等方面加大力度，大学英语改革才能逐步推进，最后迅速铺开。这样才会使从事 ESP 教学的教师看到自己努力的希望。

（3）要建立健全完整的 ESP 师资培训体系

教师是教育改革的重要媒介，是改革成败的关键（吴一安，2005）。从上述的讨论我们了解到 ESP 教学对于教师的要求比教 EGP 高得多，但是实际情况却是绝大多数大学英语教师都没有接受过专门的培训，有的教师甚至对于 ESP 是什么都不清楚，怎能期待其上好这门课? 为此，有必要建立健全完整的 ESP 师资培训体系，培训不仅要涵盖外语教育理论、心理学、教育学理论、ESP 教学理论，还要包括与 ESP 相关的专业知识。各级部门要出台相应的激励政策，充分调动教师的积极性，鼓励教师积极参加各级各类的培训，可以长期进修和短期培训相结合；国内和国外相结合的原则，采取"走出去，请进来的方针"，既可以派教师到国外 ESP 教学搞得比较成熟的学校系统地学习，也可以邀请专家来进行面对面地进行各种规模的培训、讲座、工作坊等（笔者认为后一种形式经济实惠、受益面更广），还可以鼓励有条件的教师跨专业选修相关的课程。同时可以经常组织 ESP 教师互相听课、评课、参加 ESP 课程观摩、参加学术会议等交流活动。还可以成立"ESP 协会"，使广大教师有种归属感，每当他们在教学实践过程中遇到困难，在这里团体里他们可以有更多的机会与专家、同行、专业教师交流，同时也可以把自己好的经验和体会与大家分享，最终他们不仅能在语言教学、需求分析、课程设计、教材编写、教学测试与评估等方面做到驾轻就熟，而且能够做好学生学习的促进者、专业教师和学生的好伙伴、ESP 教学的实践者和研究者，使 ESP 教学真正为社会培养所需的人才服务。ESP 教师自身还要不断学习和进步，树立终生学习的观念。应该强调指出的是，这种培训一定要避免流于形式，走过

场，要保证培训的系统性和持续性，要常抓不懈，形成制度。

参考文献

[1] Bloor, M. 1997. The English Language and ESP Teaching in the 21st Century [A]. In: Meyer, F.; Bolivar A.; Febres J.; Serra M. B. (Ed.). English for Specific Purposesin Latin America [C]. Merida, Venezuela: Unversidad de Los Andes.

[2] Breen, M. P. 1984. Process Syllabuses for the Language Classroom [A]. In C. J. Brumfit (ed.) General English Syllabus Design [C]. (ELT Documents No. 118, 47-60). London: Pergamon Press & The British Council

[3] Chapelle, C. 2003. English Language Learning and Technology: Lectures on Applied Linguistics in the Age of Information and Communication Technology [M]. John Benjamins Publishing Company.

[4] Dudley-Evans T. & M. St. John. 1998. Developments in English for Specific Purposes [M]. Cambridge: CUP. Frendo, E. 2005. How to Teach Business English [M]. Harlow: Person Education.

[5] Gueye, N. 1990. One Step beyond ESP: English for Specific Purposes (ESP) [J]. English Teaching Forum, 33 (3), 31.

[6] Hutchinson. T. & A. Waters. 1987. English for Specific Purposes [M]. Cambridge: Cambridge University Press.

[7] Hyland, K. 2006. English for Academic Purposes, an Advanced Resource Book [M]. London and New York: Routledge.

[8] McDonough, J. &Shaw, C. 2003. Materials and methods in ELT [M]. UK: Blackwell Publishing.

[9] Mackay, R. &Mountford, A. (Eds.). 1978. English for Specific Purposes [C]. London: Longman.

[10] Oladejo, James 2005. Too Little, Too Late: ESP in EFL Communicative Competence in the Era of Globalization [A]. In Proceedings of 2004 International Conference and Workshop on TEFL & Applied Linguistics [C]. Taipei, Taiwan: Ming Chuan University.

[11] Robinson, P. 1991. ESP today: a practitioner's guide [M]. Hertfordshire, U. K.: Prentice Hall International (U. K.) Ltd.

［12］蔡基刚. 误解与偏见：阻碍我国大学 ESP 教学发展的关键 ［J］. 外语教学，2013（1）：56-60.

［13］蔡基刚. ESP 与我国大学英语教学发展方向 ［J］. 外语界，2004（2）：22-28.

［14］秦秀白. ESP 的性质、范畴和教学原则——兼谈在我国高校开展多种类型英语教学的可行性 ［J］. 中国英语教育，2003（1）：34-51.

［15］章振邦. 也谈我国外语教改问题 ［J］. 外国语，2003（4）.

对新建应用型本科院校教师专业发展的思考

程万鹏①

摘要： 新建应用型本科院校是我国为了满足新时期经济社会发展的需要，普及大众化高等教育的一项重大系统工程，关系到我国能否顺利实现转型升级和提高人才竞争力。笔者认为，提高新建应用型本科院校教师的专业能力绝不是孤立和短期的项目作业，而应是教师个人，学校和政府三者统筹协调的系统工程。三者既要立足中国实际，又要有前瞻性的眼光，自主自发，上下联动地切实根据应用型本科的办学教学特点，对教师的专业发展有长远的清晰的规划和认识，以此为基础，调整应用型本科人才的培养模式，更好地满足我国经济社会发展的人才需要。

关键词： 应用型本科　教师专业发展　培养模式

一、引言

新建本科院校是 1999 年以后，我国为满足日益增长的高等教育高层次需求，调整各地区本科教育发展布局，通过对多所单科性专科院校（以师范类为主）合并升格，或一所多科性专科院校独立升格而来的综合性普通本科高校②，其定位大都为培养地方经济社会发展需要的应用型本科人才为目标的教学型普通高校。

高校承担着人才培养、科学研究、服务社会、文化传承、创新的功能。"国以才立，政以才治，业以才兴"，人才强校观念已成为共识，而高校发展的最大支撑点是拥有一支素质优良、数量充足的人才队伍。哈佛大学第 23 任校长科南特说过："大学的荣誉不在于它的校舍和人数，而在于一代又一代教师的质量。一所学校要站得住，教师一定要出类拔萃。"

---

①　程万鹏，经济学博士，上海金融学院金融理财系讲师，研究方向：金融理财，国际金融。
②　孙惠敏. 论新建本科院校转型期的制度后发优势 [J]. 宁波大学学报：教育科学版，2012 (4).

　　教师专业发展是当今教师教育改革的主流话题；教师专业发展历程，就是教师不断接受新知识，增长专业能力，提升专业素质的过程。《国家中长期教育改革和发展规划纲要 2010—2020 年》明确提出我国高等教育要大力提高教育质量和教育水平，这就给广大高校教师提出了更高的要求。目前，我国高等教育从数量上看已步入高等教育大众化时代，而高校教师专业化发展水平却成为制约我国高等教育发展质量的关键性因素，这个问题在新建本科院校显得尤为突出。

　　近年来在人才培养的具体实践中，适应应用型人才培养和提高教育教学质量重要途径之一的教学团队建设日益成为制约新建本科院校发展的最大瓶颈。因此，把建设应用型教学团队与学校人才培养目标紧密结合，是新建本科院校师资队伍建设健康持续发展的必然选择。应用型人才培养目标的确立，对新建应用型本科院校教师的专业素质提出了特殊要求[①]。

二、新建应用型本科院校教师专业发展现状

（一）师资队伍特点

　　新建应用型本科院校主要职能是围绕经济社会发展的需求，培养高层次应用人才；因此为避免与传统本科院校完全趋同，发挥自身优势和办出自身特色，突出新建应用型本科院校的应用型特征。不同的人才培养定位决定了其教学团队要比传统本科院校教学团队拥有更加深厚扎实的实践教学能力以及行业、专业背景。应用型教学团队建设是学校教育教学质量改革与发展的重要支撑，应用型本科院校既区别于传统的学术型大学，也有别于高等职业技术学院。潘懋元、董立平（2009）就认为，其主要应以学习各行各业的专门知识为主，将高新科技转化为生产力（包括管理能力、服务能力），培养不同层次的应用型专门人才，如工程师、医师、律师、教师和管理干部等[②]。在人才培养上，要更适合于全方位的社会需求，在专业设置上要能更广泛地与工作生活紧密联系，在课程与教学方面要更加注重教学内容和生产实践的结合。应用型本科院校的发展定位及人才培养的客观要求对学校师资队伍提出了新的挑战：这支教师队伍不仅要能全面履行高校的基本社会职能，在教学、科研、社会服务和文化传承等方面发挥其应有的作用，体现出大学教师应有的学术价值观和学术水平，同时也要具有应用型人才培养所需的实践应用能力，具有丰富的专业实践经验；不仅要求教师既要具备深厚的本学科知识，又要有交叉学科领域的知识积累，同时更要具备丰富的专业领域

---

① 余斌. 应用型大学教师专业发展问题及对策 [J]. 教育发展研究，2008 (11).
② 潘懋元，董立平. 关于高等学校分类、定位、特色发展的探讨 [J]. 教育研究，2009.

实践工作经验，掌握最新的技术发展前沿状态；既要能够按照学科规律要求传授知识理论，更要能将学科知识应用到现实的工作领域，带领学生解决各类实际问题。

（二）教师的专业知识结构

专业知识是教师专业发展的基础。应用型人才宽广、实用、新颖的知识定位要求新建应用型本科院校教师不仅要有系统的专业理论知识，更要有丰富的专业实践知识。合理完善的专业知识结构，不仅是教师教育能力、科研能力、实践能力和创新能力的基础，也是实现应用型人才培养目标的基本保障。概括起来，新建应用型本科院校教师应具备的专业知识主要包括学科专业知识和实践性知识。

宽广厚实的学科专业知识是新建应用型本科院校教师知识结构的主干和核心，也是教师知识水平和学术水平的综合反映。本科应用型人才相对而言是较高层次的应用型人才，这就要求新建应用型本科院校教师不仅要全面、系统地掌握本学科专业基本理论、基础知识及相应的技能、技巧，熟悉学科专业的发展历史、现状及发展趋势，而且要善于根据现代社会发展趋向和地方经济发展要求，不断将本学科的前沿知识与最新成就及时应用于教育教学及专业实践。应用型人才属于行业专门人才，特定的学科专业知识、丰富的行业知识、扎实的理论功底、广阔的学术视野，不仅是新建应用型本科院校教师教育教学活动的基础，也是保证应用型人才培养质量的前提。

丰富独特的实践性知识是在长期的教育教学与专业实践过程中形成的，能够把已有的学科知识、教育科学知识与具体的教学情境、行业实践结合起来，能够体验、感悟和建构富有"个人特征"的实践性知识，这样的实践性知识包括情境知识、案例知识、策略知识、自我知识等[①]，它是新建应用型本科院校教师专业知识的重要构成部分和突出特征。

应用型人才培养是一种特殊的实践活动，切忌"纸上谈兵"。因此，新建应用型本科院校的教师专业发展具有鲜明的实践特征，只有将理论知识运用于产学研实践，在实践中不断反思升华，才能内化为教师自身的专业知识体系，真正体现出应用型本科院校人才培养特色。教师的成长需要实践智慧，丰富和提升教师的实践性知识，对促进新建应用型本科院校教师的专业发展有着重大意义。

（三）教师的专业能力结构

专业能力是指从事某种专业活动所必须具有的能力。教师的专业能力就是教

---

① 陈向明. 实践性知识：教师专业发展的知识基础［J］. 北京大学教育评论，2003（1）.

师提供专业教学服务的能力。基于新建应用型本科院校所承担的应用型人才培养、应用技术研究，服务行业和地方发展的主要职能，新建应用型本科院校教师的专业能力主要包括教育教学能力、学术研究能力和社会服务能力。

新建应用型本科院校大多为教学型院校，办学特色主要体现在人才培养方面，中心任务是面向基层、面向生产一线，培养社会所需的高素质应用型人才。教育教学能力是教师有效履行教育教学基本职责，是成功完成教育教学任务所应具备的基本能力，直接制约和影响着教师教育教学行为的效率。教育教学能力的发展也是高校教师专业发展的首要内容。

新建应用型本科院校教师的教育教学能力是一个复杂的系统，既包含传统本科院校教师应具备的教学组织、教学设计、教学实施、教学监控和教学评价能力，也有自身对专业实践教学能力的特殊要求。本科应用型人才的基本特征就是具有较强的实践能力和创新能力，实践教学是新建应用型本科院校人才培养的关键环节，这就要求教师必须具备较强的实践教学能力，能够融教学、实践于一体，才能担当起培养应用型人才的重任。

科学研究是高校的一项基本职能，科研能力是高校教师必须具备的能力。办学层次的提高，必然对新建应用型本科院校教师的科研能力提出新的要求。无论是开展教学研究、提高人才培养质量，还是服务地方经济建设，都必须有高质量的学术研究作为支撑。大学教师首先应该是研究者，[①] 开展科学研究也是促进教师专业发展、有效提高教师专业素质的重要手段。新建应用型本科院校的特色与重点在于"应用"，这就要求教师要更为关注科研的实用性与实践性，大力开展产学研合作，以高质量的应用型科研成果反哺教学，以科研促进教学，以教学带动科研，在研究中解决问题，以科研服务社会，实现教学与科研相互促进、良性互动。

三、目前存在的突出问题

随着应用型本科院校办学规模不断扩大，学科专业数量快速增加，办学层次进一步提升，目前师资队伍的数量、整体结构、教学科研水平和服务社会的能力等，与应用型本科的办学定位和人才培养要求仍存在一定差距，主要表现在以下几个方面：

（一）教师个人层面

"教师发展着重从教师主体性出发，强调教师自我要求达到某种目标。教师

---

① ［德］卡尔·雅斯贝尔斯. 什么是教育［M］. 北京：生活·读书·新知三联书店，1991.

发展离不开某种形式的教育、培训，但更重视教师的自主性，强调个性化的发展，强调自主学习和自我提高"。① 当前新建应用型本科院校教师普遍存在缺乏自主专业发展与学校职能契合的意识，对职业规范、专业发展规律、自我价值实现等认识不清。笔者认为，这是由目前新建本科应用型大学对教师的绩效考核体系不合理，对教师的职业发展路径缺乏清晰认识造成的。当前，新建本科应用型高校对教师发展和考核仍向研究型大学看齐，套用研究型大学量化系统又有简单的考核指标，重科研、轻教学成为普遍现象。不少学校认为，只有取得科研业绩才是衡量高校教师的主要指标，忽视教学技能的发展，教学与科研严重脱钩，在这样的指导思想下，教师失去了个性化发展的选择权，只能千军万马过独木桥，向单一性的科研方向发展。美国国家科学基金会前任主席 E. 布其曾指出："过去同等程度重视教学和科研，今天所注重则是科研。'不出版则消亡'成了很多大学教师评价和激励的重要准则"，即使是科研也大多根据发表论文的数量、出版社、刊物的级别及被检索、收录的情况为主，而非依据科研成果在地方社会发展中的实际应用和转化情况。目前地方高校在教师评价中普遍重教师行为规范，轻教师新思想的生成与交流，考核的目的很少关注教师的职业发展、发展优势和发展潜能，评价结果丧失了激励功能。

另一方面，受我国传统教育哲学的深刻影响，当前新建本科应用型高校教师对专业与地方社会发展的关系缺乏清晰的认识，固守传统的教育观念，认为做学问是形而上的，未走出象牙塔，与地方经济发展"接轨"，这恰恰违背了国家对地方应用型本科院校的定位和初衷。

（二）学校层面

近年来，很多新建地方本科院校逐渐开始建立自己的人才培养平台，但主要延揽的还是以学术带头人、学科带头人、教学名师等高层次人才为主，而对青年教师的关注培养不足。随着高等教育的不断发展壮大，高学历的青年教师作为新鲜血液不断地被各个应用型本科院校所吸纳，但由于没有经过专业发展培训、缺乏实际的教学经验，高校青年教师的专业发展问题已经制约了高校人才培养水平，教师自身和高校的发展也受到了影响。青年教师普遍专业应用能力不足，专业教育能力有待加强，笔者认为究其原因，硬件和软件的资源不配套是一突出矛盾。

近年来，虽然大多数新建本科院校重视发展硬软件资源，但从供应能力、数量、质量和可持续性上依然存在诸多问题。比如教学科研配套资源不足，严重影

① 潘懋元，罗丹. 高校教师发展简论［J］. 中国大学教学，2007（1）.

响到青年教师理论能力和应用能力的构建，致使青年教师能力培养依然停留于教学方法和手段的改进，应用能力和实务素质难以优化，进而人才培养方案难以有效执行，学生培养质量亦难保证。

目前，应用型本科院校教师培训大多数仍然是同质化的理论学习，从培训内容的选择、项目的规划、培训的方式到时间安排等都缺乏专业特性。不同阶段，不同专业的青年教师培养偏离"适切性"。总体而言，教师培养与应用型本科院校的发展目标不匹配，岗前培训往往重理论知识轻应用实践，缺乏针对学校行业特殊性开展的，有利于教师实际教学工作的计划安排。而当青年教师有了一定的教学经验和感性认识之后，又没有相应的，以提升理论水平为主的职后培训，整个教师队伍人力资源发展缺乏长期统一的规划。

（三）政府层面

政府层面缺乏针对新建应用型本科院校为基础的教师发展政策法规和长期规划。法规与制度方面，我国仍强调政府部门对高校教师培训的集中、统一管理，自上而下推动培训工作，缺乏依据地方本科院校的学校使命，师生规模等条件制定相应的政策法规的主动性。其次，在推动实施教师发展规划方面，学校往往被动地遵循上级教育行政主管部门的教师发展规划，缺乏主观能动地依据自身实际因地制宜的意愿。再者，新建应用型本科学校普遍缺乏与社会需求互动的交流平台，致使专业教师的社会效应难以发挥，教师的实践知识和技能也难以得到充实。

四、对新建应用型本科院校师资队伍建设机制重构的思考

（一）教师个人发展机制

1. 将非正式学习作为自主发展的重要项目。新建应用型本科院校的教师在专业发展中应重视"非正式学习"，"非正式学习"是一种用以满足人们自己目的（而不是政府的、教育系统的和社会机构的目的）的、以学习者自主选择的形式发生的学习"[1]"非正式学习是一种不以课堂为基础的、没有严密组织的、主要由学习者自己控制的学习"[2]，同时"非正式学习"主要是由工作环境中的人的内在需求发起的，与学习者自身的经验密切相关。在学习过程中强调个体之间的协作和交流共享，学习结果也以自我调控、自我负责为主，是一种真正实现内心

---

[1]　Cairns, Teresa. For the sake of Information, Academic Search Premier, America, Wang, William S. -Y. 1991, Explorations in language, Pyramid Press, Taipei.

[2]　Victoria J. Karen. Informal and Incidental Learning, Directions For Adult and Continuing Education.

"本真"的体验，是一次真正的"自为"生命旅程。教师可以通过多种形式，比如教学研讨、案例分析、专题讲座、经验交流、专家访谈等，培养自身将理论知识与实践相联系的能力；还可以同其他教育科研机构合作，通过挂职锻炼、定期研讨、合作研究等形式实现理论研究与实务研究相结合，这样可帮助教师排除专业发展的障碍，缩短理论与实践的距离。

2. 将对教育教学的反思作为自主发展的重要形式。"反思的本质是一种理解与实践之间的对话，是两者之间相互沟通的桥梁，又是理想自我与现实自我的心灵沟通。它使教师超越自己的思维能力，是一种创造能力在教师实践中的体现"。① 教师在专业发展过程中不仅要接受学校或社会的评价，更应考虑综合运用多种方法对自身的教学和科研以预定的职责和效能为标准进行内省，检查自身的实际表现和行为，并判断症结所在。特别是通过人才培养、应用性学术研究与社会发展的联系能经常性地作出批判性分析，反省自身的教学思想和教学行为。

（二）学校层面的引导机制

1. 在内部建立教师专业发展机制。应用型本科院校教师专业发展具有持续性、可开发性和内隐性的特点，教师必须依托一个专业的组织机构就其专业知识、专业发展趋势、专业能力进行检查反馈，从而实现教师个人知识、教学技能和科研水平的提高。新建应用型本科院校要始终将为本区域培养高级应用型本科人才作为自己的发展目标，在教师专业发展过程中坚持把提高教师的理论知识、技能及实践能力作为教师发展的首要标的。学校可实行青年教师导师制，为青年教师配备思想素质好、业务水平高、工作能力强的中老年教师作为培养导师，督促提高青年教师的教育教学和科研水平；邀请企事业单位专家对青年教师进行指导和联合科研，这样可提高青年教师的科研水平和社会服务能力；学校还可制定青年教师到基层锻炼与挂职服务等制度，使他们在实践中经受锻炼，提高教师的专业技能，创新能力等。总而言之，学校可将多种方式结合起来，寻求多种培养途径，将教师培养成高级应用型师资，为培养应用型人才服务。

2. 逐步确立以"教学为主"的评价体系。首先，确立"教学为主，科研促教学"的评价导向。在应用型本科院校评价中，要坚持把科研中的最新成果和工业、经济、社会的最新发展动向带到课堂中分享。其次，要淡化行政评价，采用"三角原则"评价方式。在评价中采取教师自我评价、同行和同事评价、学生评价三者相结合的模式。最后，引入市场评价制度。教师评价体系中引入市场评价，才能真正了解每个教师在其教学、科研和社会服务方面的优势和不足，促使

---

① 朱小蔓. 教育的问题与挑战——思想的回应 [M]. 北京：北京师范大学出版社，2000.

教师自觉地改进。

3. 设计动态的差异性激励措施。各个教师在年龄、职务层次、价值观念、知识结构等方面存在较大的个体差异，因此高校在设立激励措施时，应该充分认识到这一点，比如刚踏入工作岗位的新教师，更需要的是住房、医疗等基本的生活保障条件及职业的相关培训进修；处于职业中后期的教师面对繁重的家庭负担、学校工作及职称的晋升，更需要的是改善工资待遇、工作条件和赢得学术尊重等。所以，学校各个职能部门应共同为教师的全面发展营造人性化的工作环境，提供良好的组织资源保障。

（三）政府的推动机制

基于应用型本科院校发展目标，政府应从政策上确立应用型本科院校教师的长期发展规划。规划的制定不仅为教师发展提供了方向，也为应用型人才的培养提供了保证。同时，将教师专业发展制度化，做到有法可依方能确保长效机制的形成。

其次是扶持创建教师与社会相关行业部门互动的平台。政府要以平台建设来建立有利于应用型本科院校与社会相关行业互动的大环境，在政府主导下，以明确的制度安排和政策设计推进学校与社会相关行业在人、物、信息及情感上的交融，从而实现实质性的融合、协调与发展。例如，继续加强和改进产学研合作关系，将相关行业部门作为专业教师发展实践技能的实践基地，使教师通过观摩、咨询、商讨等方式增强实践技能。

再次是增加经费投入，切实提高教师的物质待遇，解决广大普通教师的后顾之忧。鉴于中国的国情和体制实际，政府在相关方面必须扮演核心角色并承担主要责任和义务。

五、结语

综上所述，提高新建应用型本科院校教师的专业能力绝不是孤立和短期的项目作业，而应是教师个人，学校和政府三者统筹协调的系统工程。三者既要立足中国实际，又要有前瞻性的眼光，自主自发，上下联动地切实根据应用型本科的办学教学特点，对教师的专业发展有长远的清晰的规划和认识，以此为基础，调整应用型本科人才的培养模式，方能更好地满足我国经济社会转型发展的人才需要。

参考文献

[1] 孙惠敏. 论新建本科院校转型期的制度后发优势 [J]. 宁波大学学报：教育科学版，2012（4）.

[2] 余斌. 应用型大学教师专业发展问题及对策 [J]. 教育发展研究，2008（11）.

[3] 潘懋元，董立平. 关于高等学校分类、定位、特色发展的探讨 [J]. 教育研究，2009（2）.

[4] 陈向明. 实践性知识：教师专业发展的知识基础 [J]. 北京大学教育评论，2003（1）.

[5] 卡尔·雅斯贝尔斯. 什么是教育 [M]. 北京：生活·读书·新知三联书店，1991.

[6] 潘懋元，罗丹. 高校教师发展简论 [J]. 中国大学教学，2007（1）.

[7] 朱小蔓. 教育的问题与挑战——思想的回应 [M]. 北京：北京师范大学出版社，2000.

[8] Cairns, Teresa. For the sake of Information, Academic Search Premier, America, Wang, William S. -Y. 1991, Explorations in language, Pyramid Press, Taipei.

[9] Victoria J. Karen. Informal and Incidental Learning, Directions For Adult and Continuing Education.

基于应用能力培养的金融会计人才
教育模式改革与实践

姜雅净①

摘要：全球经济一体化的趋势越来越明显，我国经济社会的发展对大学生应用能力要求不断提高，而会计作为一门实践性和综合性的学科，更需要具备应用能力的复合型人才。本文研究的目标就是基于金融业快速发展的时代，对金融业从业人员的数量和素质要求日益提高的今天，加大金融会计教育改革力度，通过多种形式的实践活动培养和加强学生的职业能力、素质培养，从而满足上海国际金融中心建设对金融会计人才的需要。本文提出教育模式是特指人才培养模式，旨在构建基于应用能力培养的金融会计人才教育模式，要用"用"的教育理念研究与实践，加快应用型金融会计人才培养的步伐。

关键词：人才培养 金融会计人才 应用能力 教育模式 职业素养教育

一、金融会计人才教育模式改革的背景与目标

（一）背景

2012年国家发改委印发了《"十二五"时期上海国际金融中心建设规划》，规划的出台对上海国际金融中心的建设起到了助推的作用，随着上海国际金融中心建设的步伐加快，对不同层次、不同类型的金融人才的需求将进一步增加，而对金融会计人才的需求也将发生质和量的变化。同时随着全球经济一体化的不断深入，我国经济社会的发展对大学生应用能力的要求也不断提高。2010年颁布的《国家中长期人才发展规划纲要（2010—2020年)》中指出，要立足培养全面发展的人才，突出培养创新型人才，注重培养应用型人才，深化教育改革，并提高教育质量。在高等教育进入大众化的今天，高素质应用型人才培养已经成为推进高校教育改革的动因。国内各高校也尝试突破以往对大学生的培养偏重于理论

---

① 姜雅净，上海金融学院会计学院副院长、党总支书记，副教授，研究方向：会计。

知识传授的模式，提出了对高素质应用型人才的更高的人才培养要求。会计作为一项实践性、综合性较强的职业，更需要具备应用能力的复合型人才。为了适应经济社会发展对高素质应用型会计人才的需求，目前我国各高校都在积极探索和改革加强应用型高层次会计人才的培养。

金融行业是一个多种经济技术含量比较复杂、知识面广、复合型较强的行业，从业人员必须具备多角度的政治、经济、金融和市场瞬息万变发展的研判能力。金融会计人才不但要掌握牢固的专业知识，还要具备较高的综合素质，能实时跟踪政策变化，分析和做好行业应对措施，研究市场所需所求，更重要的是要具备较强的应用能力。

（二）存在不足

现在国内高校对金融会计人才培养提出专门方案的不多，即使有，针对性也不足，存在的不足有：一是培养内容主要集中于会计理论知识加金融知识的传授和会计业务分录的讲解，而对于金融会计的专业经验、专业态度、专业创新和专业道德等则较少涉及，造成了长期以来学校与学生普遍重专业理论，轻实践应用的现象。二是金融会计实践培养方式大多处于较初级的水平，尚未形成系统、全面的发展模式。以学生实习为例，只有少数学校制定了连贯性的培养计划，即包括实习前实务培训、实习中跟进调整、实习后反馈及衔接等一系列的培养措施。三是金融会计应用能力的培养手段较单一，主要形式为会计专业学生参与金融企业的实习等，但"僧多粥少"等客观环境条件的限制，导致其实际应用性不广泛、针对性不强。因此，对金融会计专业学生应用能力的培养还有待于加强方案的设计和有效落实。

（三）目标

基于对当前背景和存在缺陷的现状的调查研究，本文围绕为培养上海国际金融中心建设所急需的应用型金融会计人才，研究、设计基于应用能力培养的金融会计人才教育模式。本文研究的目标是在金融业快速发展、金融业从业人员的数量和素质要求日益提高的时代，加大金融会计教育改革力度，积极探索和加强学生的实践活动，通过多种形式的实践活动培养和提高学生的职业能力和职业素质，从而满足上海国际金融中心建设对金融会计人才的需要。内容具体包括：研究、确立基于应用能力培养的金融会计人才教育目标（即培养标准）；确立基于应用能力培养的金融会计人才教育过程（即内容和形式）；确立基于应用能力培养的金融会计人才教育制度（即组织和管理）；确立基于应用能力培养的金融会计人才教育评估（即评价体系）。

二、金融会计人才的社会需求预测分析

(一) 人才需求现状

曾经引领中国工业化发展的上海，在新时期中国经济转型发展中坚持"四个率先"（即率先转变经济发展方式、率先提高自主创新能力、率先推进改革开放、率先构建社会主义和谐社会），加快形成以服务经济为主的产业结构，全面推进国际金融中心建设，实现了新的突破。

据有关资料显示，截至 2011 年末上海有金融机构 1 048 家，在上海的各类外资金融机构达 400 家，花旗、汇丰、渣打等一批国际知名银行将其中国法人银行总部设在上海，国际主要保险公司、国际主要投资银行等纷纷在上海设立分支机构。经过多年发展，上海已形成一个汇集证券交易所、债券交易所、期货交易所、黄金交易所、外汇交易中心、全国同业拆借市场、钻石交易所等金融要素市场的金融市场体系。同时，总部级中外资金融机构、功能性金融机构、外资和合资金融机构的分支机构等均加快向上海聚集。

随着上海国际金融中心的建设，今后几年如雨后春笋般增加的金融机构带来对金融会计人才的不仅是数量上的需求，还将是质量上的进一步要求。据我们调查，目前上海各金融机构从事财会的人员中大多是近二十年来各类学校培养的财会毕业生，这批人由于当时在校学习的时候多以通识会计教育为主，缺乏行业知识的储备和能力的培养，表现出他们的知识结构、学历结构和业务水平与金融行业走向国际市场的需要有一定的差距。

(二) 人才质量要求与现行教育模式的差异

通过对金融行业进行走访调研、召集行业专家研讨，我们认为社会对金融会计人才的质量要求主要围绕知识、能力和素质三个方面。结合金融会计人才质量要求，通过对一线专家所发表的对会计（金融会计方向）专业教育模式的意见分析后，我们认为人才教育模式对人才培养起着关键性的作用，对人才教育模式的论证要注意专业定位的准确性，课程及实践环节设置的合理性，充分体现专业特色和亮点。根据目前所掌握的人才教育模式设计情况（包括调研论证、专业定位、培养目标、培养方案、课程体系与课程内容等情况），我们认为，人才教育模式还应在进一步拓宽专业知识面，以高素质、技能型金融会计人才为培养目标等方面对会计（金融会计方向）专业的培养模式进行改革，突出本专业学生主要面向金融领域，涉及从事基层金融会计核算、金融会计分析、金融会计事务管理等工作岗位等。

三、基于应用能力培养的金融会计人才教育模式改革的思考与实践

（一）金融会计人才教育模式的目标设计

1. 指导思想

构建基于应用能力培养的金融会计人才教育模式，要以"用"的教育理念研究与实践，加快应用型金融会计人才培养的步伐。在理论教学中注意增强学生"用"会计的意识，培养学生"用"会计的能力，加强培养学生的会计素质和会计思想。

2. 基本思路

以实践教学与模拟实训为载体，以岗位技能训练和行业证书培训为重点，以会计诚信教育为保障，推动"应用型金融会计"人才教育模式的改革，施行理论知识与社会实践相结合的学习模式，把产学结合作为人才教育模式的切入点，带动专业调整与建设，引导课程设置、教学内容和教学方法改革。使会计专业学生毕业时既能取得毕业证，也能拥有行业从业资格证，同时部分同学还能拥有初级会计师技术资格证书，成为既熟悉一般会计业务，又精通金融会计业务，并具有国内结算知识和国际结算能力，以及电子报税、出口退税的业务知识，形成以金融会计为核心的会计专业培养模式，为上海乃至全国培养高素质应用型政府银行会计、商业银行会计、金融公司会计。

3. 实施步骤

首先，通过专家研讨、教师交流、学生座谈等形式达到实现课内教学体系改革的思想认识统一，做好以会计从业资格证书和初级会计师技术资格证书以及银行、证券、期货从业资格证书考试内容和原来教学内容的整合与衔接工作，在会计专业课程设置上加大金融与会计知识融合的深度，同时进行教材的修订工作。

其次，修订现有教学计划，尽可能在专业选修课板块多开设相应课程，让学生根据自己的职业规划选择专业选修课，为应用型金融会计人才培养营造"职业化训练俱乐部"。

再次，推动以会计模拟实训、社会实践、顶岗实习为实践能力培养的主要形式，对接能力培养与行业证书培训，实现与第一课堂相匹配的第二课堂教育体系的改革，校内通过赛、会等形式第二课堂的设计，为应用型金融会计人才培养开辟"职业化加油站"；校外通过实习、实践基地的建设，为应用型金融会计人才培养找到"职业化训练营"。

（二）金融会计人才教育模式的内容设计

1. 构建以职业素养教育为切入点的会计诚信教育体系

通过职业素养教育这一主题，利用第二课堂学分这一抓手，创新诚信教育形式、完善诚信教育阵地、优化诚信教育资源、强化诚信约束机制、净化诚信教育环境，将社会主义核心价值体系贯穿到金融会计教育人才培养的全过程，将企业文化融入会计诚信教育的内容之中，构建以美育、心智教育、职业道德教育为核心的会计诚信教育体系，确保100%的学生接受金融会计诚信教育。在这样的理念引领下，具体形成可实施的会计学院金融会计诚信教育方案，以此方案的实施来实现该目标。

2. 构建金融与会计"知识融合，技能复合"的课程体系框架

在专业基础课和文化基础课的基础上，开设金融与会计结合的课程，在专业课板块开设如"证券实务与会计""信托与基金实务与会计""期货实务与会计"等金融知识和会计知识融合的课程；在实训实验课板块开设相应的实务模拟实训课程；在选修课板块开设证书培训课程；将专业行业"基础知识学习——岗位能力培养——从业证书培训"三项内容连成一体，以技能复合的课程教育为主要教学方法保障"知识融合，技能复合"课程教育内容的有效落实，给学生创建一个"职业化俱乐部"。

3. 构建校内金融、会计模拟实验实训的互动实践教学平台

在已有金融、会计模拟实验实训教学平台的基础上，通过开设"实训实验超市"这个新平台，整合出金融会计专业方向任意选修课和实务操作训练项目，从而建立起从基础账务处理程序到会计综合业务账务处理程序和金融会计业务账务处理程序的一系列的校内模拟实验实训教学体系，以此带动教学内容、教学方法改革，使学生校内学习与实际工作达到一致，实现教学过程的实践性和职业性，给学生打造一个"职业化训练营"的平台。

4. 构建从行业到专业到岗位递进式实习模式

以实习基地建设为抓手，建设校企合作长效机制，打造适应区域经济特点和金融行业背景的金融会计专业特色，争取做到"校企结对，共建一门课；校企联手，共编一本书；校企协作，共管一基地；校企互动，共育一方人"。通过强化实习基地建设，形成校企合作的运作模式给学生提供一个"职业化加油站"的场地。

（三）金融会计人才教育模式的评价体系设计

在设计方法上，运用成熟管理学、经济学等理论的基础，根据设定的总目

标，运用平衡记分卡的思想确定评价的四个层面，然后再根据设定的分目标，对四个层面分别进行分解，并选取恰当的评价指标、设定权重、建立模型，然后对评价体系进行必要的优化，还需要在实践活动中进一步检验和修正。可以通过分析在单个人才培养的价值构成中，哪些指标没有满足，或不具备哪些指标是导致他的价值不能充分发挥或价值不能被提升的原因，有针对性地调整某些方面的投入力度，尤其对来自高校内部的培养方案、课程、教学环节、实习等进行调整和改善，挖掘人才培养的各种潜力。具体评价指标体系包括社会、企业、学校、学生四大层面，其中具体内容包括科技发展水平、社会进步程度、社会就业效果等方面。

（四）金融会计人才教育模式的制度设计

1. 改革课程体系和课堂教学内容

（1）依据职业岗位群的任职要求，基于应用能力开发课程。在以"基础会计""财务会计""会计电算化"3门课程作为优质核心课程的基础上，开设"衍生金融工具会计""金融审计""证券公司会计""信托与基金会计"的同时逐渐开发金融行业会计相关课程，如："政策银行会计""商业银行会计""金融公司会计""预算会计""跨国公司财务战略"等。同时开设金融职业素养、金融职业道德和职业精神等相应的讲座。

（2）改革课程结构，整合课程内容。整合"财务管理"与"管理会计"内容，划清"基础会计""中级财务会计""高级财务会计"有关报表知识教学的任务界限，明确"金融会计"与各金融行业专业会计课程的职责，增加实用性强的"EXCE 在财务会计中的应用"。并随着会计制度、税法、金融制度的调整而及时调整教学内容。

（3）改革、创新教学方法和教学手段。"基础会计""会计电算化"和"EXCEL 在财务会计中的应用"等课程采用一体化教学，突出学生的应用能力培养与职业素质培养；在"银行会计"教学中将传统的教学方法与案例和实践教学相结合，解决"银行会计"不同于一般工商企业的特性，教师教学过程中可以针对银行会计和一般企业会计的不同处理方法进行总结对比，并以此增强学生对银行会计业务的了解，同时采用现代化教学手段，通过计算机屏幕向学生们介绍有关单证的内容、格式和基本操作流程。

（4）将职业资格证和岗位职业技能的内容作为选修课程或专题辅导融入教学计划。如会计从业资格证考试科目"基础会计""财经法规与会计职业道德"；会计电算化证考试科目"会计电算化"；初级会计师技术资格考试科目"初级会计实务"和"经济法基础"；银行从业资格证考试科目"公共基础""个人理财"

"风险管理""公司信贷"及"个人贷款";证券从业资格证考试科目"证券市场基础知识""证券交易""证券发行与承销""证券投资分析""证券投资基金"等。

（5）组织编写、出版突出专业特色、体现职业资格和职业技能要求实验实训教材和超市教案课件。如逐渐编写出版"金融实务与会计""金融会计实训""会计综合实训""金融财务基本技能"等规划教材,建设和运行"点钞""反假币""计算器的使用与翻打传票技能""会计书写技能与档案整理、归档技能""ERP沙盘模拟"等超市课件,鼓励教师建设高质量、可共享的教学资源库。

2. 完善实践教学体系

为了保证金融会计实践的有效进行,必须对金融会计实践环节进行统一管理,建立一个完整的金融会计实践教学体系。针对金融会计专业实践性较强的特点,我们可以根据各个不同环节的实践教学方式,积极运用现代化信息技术工具,将财经仿真软件引入课程教学并开设最新实务课程。开设单向性（知识点）基础实践教学模块、专业课程实践教学模块、综合性实践教学模块、跨专业综合性实践教学模块、创新实验教学模块等递进式实践教学体系。具体内容如下:

实验教学模块	课程名称	实验内容
单向性（知识点）基础实践教学模块	基础会计学	基础会计实验
	会计信息系统	U8软件操作
	电算化审计	EXCEL在审计中的应用
专业课程实践教学模块	银行会计	银行会计实务操作
	金融会计	金融会计实务操作
	审计	"审计之星"操作
	财务管理	财务管理实务操作
综合性实践教学模块	ERP沙盘财务决策对抗	财务模拟
	税务实务与会计	税务实务与会计实务操作
跨专业综合性实践教学模块	金融财务基本技能	实务操作
	ERP沙盘企业经营	经营模拟
创新实验教学模块	KAB	项目模拟

3. 加强第二课堂教育体系建设

该体系由"雏鹰计划""飞鹰计划""精鹰计划"和"雄鹰计划"四个部分组成。主要在校内进行,注重素质培养和能力培养相结合,循序渐进有序开展,分别在会计学——金融会计方向专业的四个年级实施。目的是练素质、塑能力,实现能力和素质同步提升、协调发展，为学生本科毕业后进一步发展做好准备。

（1）雏鹰计划。实施对象为大一年级学生。其重点是锻炼学生的适应能力，目标是锻炼学生适应能力和持续学习能力、培养学生思想道德素养。主要通过校园文化和校情校史报告会、《学生手册》学习竞赛、理想信念教育报告会、军训、爱国主义教育、大一新生思想道德训练营、学习方法经验交流会、大一党章学习会、感恩书信大赛等赛会活动来实现目标。

（2）飞鹰计划。实施对象为大二年级。其重点是人际交往能力，主要是为了锻炼学生交往能力和表达能力、培养学生法律素养。因此，应鼓励学生及时抓住参与各种交流、交往的机会，培养学生与他人在心理方面的相容、交往时的诚实守信以及人格之间的平等等心理品质。主要通过优秀校友报告会、校园小记者采访活动、校园调研活动、师生读书交流会、演讲比赛、辩论赛、法律知识讲座与竞赛等活动提高学生法律意识和素养，培养交流表达能力。

（3）精鹰计划。实施对象为大三年级。其重点是管理能力，主要是锻炼学生管理能力和决策能力、培养学生的身心素养。在大学生活期间，培养学生的组织管理能力应注意两点：一是要让学生学会抓住机遇锻炼自己；二是要让学生注意用心向他人学习，以他人之长来补己之短。主要通过校友寻访活动、各种团队体育健身趣味竞赛、心理健康教育讲座、心灵导师恳谈会、开设管理能力和决策能力专题讲座、开展思维训练实训等活动，来提高学生克服从众心理、增强自信心、注意把握全局、勿求十全十美的管理能力和决策能力，培养学生的身心素养。

（4）雄鹰计划。实施对象为大四年级。其重点是应用能力，主要是锻炼学生应用能力和创新能力、培养学生科学素养。应用能力是将知识转化为物质的重要保证，是卓越人才所必备的一项实践技能。因此，大学生应克服重理论、轻实践的倾向，做到基础理论扎实、实际动手应用能力强。主要通过职业技能训练、职业生涯确立及职业素养培养、国际视野和文化教育、给自己一份好工作创业计划模拟、应聘技巧培训、简历撰写大赛、职业认同感体验、实习和就业的距离交流、成功就业案例讲座等来实现该计划。

4. 构建校企合作联合培养体系

该体系由"边学边听 1+4""边学边看 2+2""边学边做 3+2""边做边定 4+X"四个部分组成的专业实践活动体系，主要在金融机构进行。目的是培养学生临岗能力和职业上手能力，使得学生与将来的工作岗位零距离，走进企业，走近行业，对将来的工作环境早了解、早适应。通过固定的校企联合伙伴的建立，使得企业不仅作为学校的实习基地，同时还参与研究和制定培养目标、教学计划、教学内容和培养方式，确立紧密型关系。在校企双方紧密型合作过程中，由于教学计划是校企双方共同制定的，所以学生在实习前初步具备了顶岗生产的能力，使企业感受到接受学生顶岗实习不仅不是负担，而且成为有效的劳动生产力。同时学校让合作企业优先挑选、录用实习中表现出色的学生，使企业降低了招工、用人方面的成本和风险；获得了实惠与利益，提高了参与职业教育的积极性。

（1）"边学边听 1+4"，即在大一年级开设以金融机构体系为脉络的中央银行、商业银行、非银行金融机构以及在境内开办的外资侨资中外合资金融机构等四大类型的相关知识和业务的讲座或介绍。让学生初步了解银行业务基本知识和内容，工作性质和任务。

（2）"边学边看 2+2"，即在大二年级开展金融行业参观走访活动、业务办理活动等两项内容的训练，让学生亲临现场，让作为金融会计专业方向的学生真正地触摸到了金融服务、业务特色；了解相应的用人机制，员工们的工作态度和敬业精神。在对美好未来憧憬的同时，也引发了对择业的思考。

（3）"边学边做 3+2"，即在大三年级开展金融行业调研和金融会计人员采访等两项内容的活动，通过调研了解金融行业用人需求情况、招聘信息、聘任程序、岗位要求等，通过对金融会计人员采访让学生了解金融会计职业的特点、职业的知识要求和职业的能力要求。这样学生可以对照自己的职业规划进行有的放矢的准备。

（4）"边做边定 4+X"，即在大四年级根据学生就业意向，进行毕业实习、考研准备、考公务员准备等多项选择及推进。根据学生的定位需求，组织校内外指导教师对学生进行分类指导，开设相应的讲座和经验交流，帮助学生尽可能实现职业愿望。

参考文献

［1］教育部. 关于深化教学改革，培养适应 21 世纪需要的高质量人才的意见，1998.

［2］财政部. 会计行业中长期人才发展规划（2010—2020 年），2010.

［3］王楚明，黄波. 探索教育教学改革提升人才培养质量：上海立信会计学院金融学专业教改论文集［M］. 郑州：郑州大学出版社，2011.

［4］刘玉平. 上海国际金融中心建设过程中的金融机构研究——金融中心学术丛书［M］. 上海：上海财经大学出版社有限公司，2011.

［5］储敏伟，吴大器，贺瑛. 2010 年上海国际金融中心建设蓝皮书［M］. 上海：上海人民出版社，2010.

［6］程准中. 财经职业素养教育与实践［M］. 北京：经济科学出版社，2013.

［7］会计从业资格考试教材编委会. 2013 年北京市会计从业资格考试教材财经法规与会计职业道德［M］. 北京：中国财政经济出版社，2012.

［8］国家发展改革委员会.“十二五”时期上海国际金融中心建设规划，2012.

宪法学教学方法改革之思考

尹晓红[①]

摘要： 宪法学一直以来都是高等学校法学教育的主干课程之一，在本科生课程中是最重要的、最基础的学科。因此，宪法学教学工作的开展，对于培养学生良好的法学素养、扎实的理论功底、较强的法律思辨能力起着至关重要的作用。但在新一轮的"卓越法律人才教育培养计划"中，很多高校都不约而同地压缩了理论性较强的课程（宪法学就是其中之一）而增加了应用性较强的课程。因此，为弥补理想与现实之间的差距，宪法学教学不应再过多地强调传统的"讲授法"，而应因时制宜，因"需"制宜，向多元化发展，重视培养学生的宪政意识和学习法律的兴趣，并以司法考试为指引，多使用案例教学，少讲空洞的理论，采取更能调动学生积极性、主动性的灵活多样的教学方式，将教与学充分结合起来，使宪法学不仅在立法中起到"根本法"的作用，而且在学生学习法律的过程中也起到"根本法"的引领作用。

关键词： 宪法学　教学方法改革　司法考试　宪政意识

宪法学一直以来都是高等学校法学教育的主干课程之一，在本科生课程中是最重要的、最基础的学科，因此，宪法学教学工作的良好开展，对于培养学生良好的法学素养、扎实的理论功底、较强的法律思辨能力起着至关重要的作用。亚里士多德说过："法律是没有激情的理性。"理性是法律的灵魂，宪法学教学的目的也在于此，即培养学生理性的精神、提高理性思维的能力，这包括独立的分析理解能力、较强的思辨能力以及对知识较高的融会贯通和整合能力等。但是，法律也是实践性非常强的学科，在新一轮的"卓越法律人才教育培养计划"中，很多高校都不约而同地压缩了理论性较强的课程（宪法学就是其中之一）而增加了应用性较强的课程，我校也不例外。上海金融学院是以培养金融与经济管理

---

① 尹晓红，法学博士，上海金融学院讲师，研究方向为宪法与行政法学。本文是上海市教委上海高校青年教师培养资助计划《宪法学教学方法改革研究》和上海金融学院教学改革项目《宪法学教学方法改革研究》（B-8201-04-220114）的成果。

人才为主的应用型本科院校，我校法律专业致力于培养"金融机构中的法律人才、法律机构中的金融人才"，充分发挥金融行业特色，彰显法学与金融的交叉融合。主要注重民商法、经济法和金融法的教学，相应的宪法学之类的理论性较强的课程的教学有所忽视。① 为弥补理想与现实之间的差距，宪法学教学不应再过多地强调传统的"讲授法"，而应因时制宜、因"需"制宜，向多元化发展，采取更能调动学生积极性、主动性的灵活多样的教学方式，将教与学充分结合起来。因此，我们倡导一种完全不同于传统授课方式的教学方法：讨论式教学方法。本文试图探讨如何在宪法学教学中更好的使用讨论式教学，摆脱传统"讲授型"教学方式的诸多弊端，结合案例式②、"诊所式"等其他教学方法的优点，通过灵活多样的方式引导学生对有关内容进行自行学习和思考，在课堂上各抒己见、贯通学识、互相启发，提出问题、回应问题、讨论问题，从而达到对知识的清晰认识、准确把握，使思辨能力、口头表达能力等得到提高。

一、重视培养学生的宪政意识和学习法律的兴趣

"懂不懂宪法学，决定了一个人能不能成为近代法学家，因为这是中国传统法学与中国近代法学的根本分野所在。近代西方法学，是以权力分立与制衡的宪政学说及法治主要的法理学说为基石或前提的。"③ 宪政意识是法科学生学术思想和职业意识的核心，也是沟通法学与其他人文学科的桥梁。"宪法学教学所养成的宪政意识，是帮助学生厘清现代庞大法学学科体系的钥匙。"④ 因此，宪法学教学的首要目标在于培养学生的宪政意识，使民主、法治、自由和人权等现代人文理念得以具体贯彻落实。亦有学者将其称为"宪法人"的培养。⑤

法律也是一门逻辑性、理论性很强的学科，对于刚刚进入大学校园的大一新生来说理解起来会有困难，宪法学的学习尤其如此。因此，为调动学生学习的兴趣，不宜一开始就教授枯燥难懂的概念和理论问题，而是应以现实生活中鲜活的案例和事实来阐释宪法现象，让学生觉得宪法与我们的生活密切相关。例如通过孙志刚案不仅让学生明白宪法在整个法律体系中具有最高的法律效力，而且让学

---

① 一般法学院宪法学教学的课时是一周 3 课时，18 周，共 54 课时。而我校的宪法学教学的课时为一周 2 课时，15 周或 16 周（新生晚开学 2 周，跟老生一起结束课程或延迟一周），共 30 或 32 课时，其中最后一周是考试时间。因此，有效的教学时间最多 28 或 30 课时。

② 我国宪法中没有案例而只有事例，下文中会论及，但为表述方便一般情况下还是称案例。

③ 邓联繁. 论宪法教学的育人目标及其实现 [J]. 湘潭师范学院学报：社会科学版，2008（11）.

④ 韩钢. 宪法学教学首重宪政意识到培养 [J]. 云南行政学院学报，2010（5）.

⑤ 上官丕亮. 宪法学课程建设的问题与对策 [J]. 河南省政法管理干部学院学报，2011（1）.

生知道宪法不是束之高阁的"闲法",而是能够用以保护公民权利的更高级的法;通过一系列冤假错案让学生知道人身自由对于一个人的重要性及人身自由条款在宪法中的重要性。由此,学生将对法律产生浓厚的兴趣,认识到法律在一个国家上层建筑中支柱性作用,进而认识到宪法的根本法地位,并认识到法律职业的有用性和崇高性。因此,也有学者认为宪法学的教学目标是传授宪法学知识、训练科学的思维方法和培养正确的观念。[①]

同时,为了使得学生对法律和宪法有更加直观的认识,选择一些与法律有关的电影介绍给学生,如《肖申克的救赎》《律政俏佳人》《东京审判》《永不妥协》《十二怒汉》等,并将观影后的感想分享给同学,寓教于乐,教学效果非常好。笔者曾在课堂上放映了《费城故事》这部经典的电影,学生们感触良多,不仅从电影中看到了与中国大相径庭的法庭辩论的场景,更为重要的是学生们知道了不论东西方文化的差异有多大,但法律的精髓是一样的,那就是平等。有许多同学在我上完第一次课后告诉我,法律不是他/她的第一志愿,是被调剂的,之前不知道什么是法律也不愿意学法律。但通过两节课的学习,觉得法律也是一门很有意思、值得好好研究的学科,所以决定认真学习法律。虽然学生的学习兴趣不可能通过一、两次课而发生根本转变,但笔者还是很高兴为学生进行了成功的启蒙。

二、案例教学法的使用

案例教学法有助于学生理解生僻的宪法理论,通过鲜活的案例将晦涩的宪法理论融入其中,让学生在案例中理解理论,并感受到宪法在实际生活中的运用。在讲述中国基本权利保护状况时,不是用抽象的语言去讲解,而是列举出日常生活中发生的经典案例,以具体问题为导向,以实践关怀为面向。因此,"遵循宪法事例——宪法规范——宪法范畴——宪法原理的基本思路,优先安排宪法规范教学,通过丰富生动的宪法事例引导学生把握宪法概念与基本原理,真正领悟世界宪政发展脉络和基本规律"[②] 的想法是非常正确的。如以平等权为例,分别介绍了生命之轻与户口之重——重庆同命不同价案、地域歧视——深圳市公安局"坚决打击河南籍敲诈勒索团伙犯罪"横幅案、张先著诉芜湖市人事局录用公务员因其系乙肝病毒携带者拒绝录用案、找工作中的身高歧视、性别歧视现象以及制度性歧视(城乡受教育、劳动就业、医疗卫生和社会保障等方面的不同待遇)

---

①　陈新. 宪法学教学目标: 传授知识 训练思维 培养观念 [J]. 中国大学教学, 2008 (8).

②　姚小林. 论宪法的实践性与教学理念转换 [J]. 湖南科技学院学报, 2011 (6).

的现象。在讲述宪法的根本大法的地位和违宪审查制度时，以美国的马伯里诉麦迪逊案和中国的孙志刚案为例说明。尤其是在对前案进行讲述过程中，学生不仅了解了美国宪法高级法背景的形成过程和违宪审查制度的特点，更为重要的是，在对该案的剖析过程中，学生掌握了法官判案过程中政治智慧和法律智慧的精致运用，对美国的宪法制度和法律制度有了进一步的认识和了解，进而产生了强烈的学习兴趣。有同学专门找出美国宪法认真研读并就其中的问题与我进行了探讨，这在本科学习宪法学的过程中是少见的现象。在讲授受教育权时，引用孟母堂事件和美国的 Wisconsin v. Yoder 案说明接受教育的内容；引用山东青岛高考考生状告教育部事件、少数民族优惠政策和 2003 年密西根本科录取案说明接受教育的机会；引用田永诉北京科技大学拒绝颁发毕业证、学位证行政诉讼案说明获得公正的评价的内容；引用美国的 Roe v. Wade 案说明胎儿的生命权问题；用死刑和安乐死说明对生命权的保护等问题。这些案例的引入不仅丰富了课堂素材，拓宽了学生的视野，更为重要的是，学生以此为基础，从另一个视角了解了社会，而这对法科学生来说也是至关重要的。

三、以司法考试引导宪法学教学

国家司法考试是沟通我国法学教育和法律职业的一座桥梁。法学教育的最重要功能是培养法律职业人才，而司法考试制度旨在选拔人才到法律职业之中，从应然上来说，法学教育和司法考试的目标是共同的。但是，在实践中如何通过法学教育把学生转变为符合国家需要的法律职业人才，是高校及教师所面临的难题之一。宪法学在我国法学教育体系中处在理论法学和部门法学的夹缝中，存在"上不着天，下不着地"的尴尬。这是因为宪法学一方面不是纯粹的理论法学，与法理学相比，它有宪法典参照，其基本理论体系必须照应规范文本；另一方面我国又没有典型意义上的宪法案例和宪法诉讼，和其他部门法学相比，宪法学的应用性较弱也更"幼稚"。在这种情形下，宪法学如何适应我国法学教育总体趋向应用的大趋势，如何完善自己的学科教学体系，无疑具有重要意义。已有很多学者在尝试以国家司法考试大纲为指南，以宪法规范为教学重点内容，以提高学生分析宪法现象的能力。[①] 在我校强调培养应用型人才的背景下，以司法考试来引导宪法学教学无疑是科学可行的方法。宪法学在司考中属于高难度、低分值的

---

① 薛丽珍. 地方高校宪法学教学改革探索——以司法考试为导向 [J]. 教育理论与实践, 2014 (3). 褚宸舸, 张佐国. 宪法学教学如何适应国家司法考试——以西北政法大学宪法学教学改革为例 [J]. 西部法学评论, 2009 (1).

部分。其出题方式灵活，不仅考察理论，也要求法条的精细记忆与比较。司法考试的宪法部分中的重要知识点主要集中在"国家的基本制度"和"国家机构"部分。"公民的基本权利与义务"是考察的次重点。基本理论部分是司法考试中涉及面比较少的考点。但在传统的教学重点上，高校宪法学教学普遍都将教学重点放在宪法基本理论上，包括宪法的概念、宪法的历史发展、宪法的制定、宪法的基本原则、宪法的形式与结构、宪法规范、宪法价值、宪法关系、宪法的实施等内容。从课时分配来看，这部分教学占了总课时的三分之一甚至二分之一。但在司法考试过程中，宪法学基本理论中涉及的考点和所占的分值最少。因此，在教学中，本人尝试一改传统宪法学教学中重宪法基本理论部分的惯例，而将重点放在国家机关和基本权利中，尤其是其中的经济制度、选举制度、特别行政区制度和国家机构的职能上。基本理论部分只作简单勾勒另一方面，以司法考试的命题思维启发学生。比如在讲授宪法的历史发展一章时，有学生质疑讲述我们的宪法发展史有何意义，他们在中学的历史课上都学到过。于是我选择了几个与此有关的司法考试题目，学生非常直观地感受到学习此内容的作用，并且开始思考平时的学习与司法考试要求之间的差距，寻找更好的学习方法。

课程内容	课内学时
导言	2
第一编宪法基本理论	8
第二编宪法基本权利	10
第三编国家机构	12
合计	32

通过对司法考试命题要求的考察发现，司法考试对宪法知识点的考核重心是中国的、现实的、微观的制度，特别是要立足规范、关注现实。因此，本人选择的教材就是《中国宪法》，对相关外国的知识以必须为要，点到为止，主要用作比较分析。

四、强调学生的参与性

"从教学方法上看，本科教学长期以来主要以老师讲授知识为主，学生讨论以及师生之间的互动较少。"[①] 笔者主张在教学方法上注重提高学生的主动性，

---

① 童之伟. 中国 30 年来的宪法学教学与研究 [J]. 法律科学，2007 (6).

增进师生之间的交流。首先，强调情景式学习、体验式学习，使学生在交流与自我反思中获取知识，提高能力，改纯理论性的讲解为理论与实例相结合的课堂教学，培养学生的兴趣。正如童之伟教授总结的，"多年来中国的宪法学教学内容比较抽象空洞，缺乏理论与实践相结合的教学模式。与其他部门法学相比，尽管宪法学也主要以具体的宪法规范为研究对象，但宪法的根本法性质决定了宪法学的教学活动缺乏实际操作的案例，这种情况在中国表现得尤为突出。"① 针对我国没有实质意义上的宪法案例的情况，在教学中可以引用国外经典案例和国内的类似事例。例如，齐玉苓案与美国"宪法司法化"、违宪审查第一案马伯里诉麦迪逊案、《娱乐场所管理条例》禁业条款的合宪性、屈臣氏超市搜身案、官员的名誉案、延安"夫妻黄碟"案等。改教师讲、学生被动听为学生问、教师解答或相互提问与回答的讨论式教学，启发学生积极思考问题。其次，开设"诊所式教学法"和"课堂讨论教学法"。法律诊所是一个外来名词，属于法律教育术语，英文名为 Clinical Legal Education，指学生在一个真实或虚拟的场景中，在教师的指导下为处于困境中的委托人提供咨询，"诊断"他们的法律问题，开出"处方"，为他们提供解决问题的方法，并亲自为他们提供法律服务。如在讲授基本权利时，在模拟律师事务所模拟夫妻看黄碟案，让律师为前来咨询的夫妻提供法律意见。而在课堂讨论中，教师只能提供参考性意见，但不要提供"标准答案"，鼓励学生提出质疑并进行论证。比如，在讲授基本权利和国家机构时，让学生分为几个小组，选择其中自己感兴趣的部分集体备课，然后由其中一人上台授课，同时必须接受其他同学的提问，最后由老师进行点评和补充讲解。通过这种方式，不仅可以让学生对其中一部分进行深入学习，更重要的是提升学生的学习兴趣，锻炼学生的表达能力和沟通能力，同时使得课堂气氛轻松活跃，营造良好的学习环境。

另外，为让学生真实的感受民主的过程，笔者曾设计了一堂"民主模拟课"，让学生投票选举出秋游的地点。整个过程笔者均不参与而放任学生自己组织和设计相关流程。同学们因此而对民主的多面相有了切身感受，他们对民主的合理性、相对性、实行民主的物质条件、民主之弊、民主的科学化、民主程序、民主与精英、选举心理学、民主与法制等问题产生了前所未有的思考。民主不再是课题上的说教，而成为青年学生们的内心"经历"。

---

① 童之伟. 中国30年来的宪法学教学与研究 [J]. 法律科学，2007（6）.

五、结语

教学是教与学的结合，教师是教的主体，学生是学的主体，但教和学的方式是多元的。总之，随着国家统一司法考试政策的调整，结合我校培养应用型人才的培养目标，宪法学教学也应做相应改革。这种改革应以规范和实践为重心，突出对学生的规范分析能力和纯正法学素养的培养。当然，宪法学教学改革是一项复杂的工作，一堂课究竟采用何种教学方法，不能完全由司法考试的内容来决定，还要考虑到学科特点以及教师、学生的实际情况。但无论采用哪种方式，都不应偏离法学教育和司法考试关于学生具有真才实学、能够解决实实在在的社会法律问题的基本要求。

应用型本科税法课程课内
实践探索与创新

李佳坤[①]

摘要： 实践教学对于应用型本科院校人才培养具有十分重要的意义，目前高校界对实践教学的交流和探讨很热烈，但多集中在实践教学体系研究等理论层面。本文立足实践，总结笔者在税法课程中已经成功推行的课内实践经验，对实践教学进行积极有益的探索和创新，为实践教学体系应用起到抛砖引玉的作用。

关键词： 税法　课内实践　创新

应用型本科院校是我国高等教育大众化的产物，其本质特征在于以教学为主，其首要任务是为地方经济社会发展培养专业性应用型人才。因而，实践教学是应用型本科院校人才培养中的核心环节。"税法"课程由于税法的抽象性、综合性、实务性以及与其他学科的交叉性等特点，其内在需求必须重视实践教学环节。因此，实践教学可谓是应用型本科院校"税法"课程的重中之重，核心中的核心，进而，对课程内的实践教学（课内实践）进行积极有益的探索和创新将具有十分必要和重要的意义。

一、确立课内实践教学目标

课内实践教学目标首先要服务于应用型本科院校培养专业性应用型人才的总目标，其次要服务于所在院校的人才培养目标。我校（上海金融学院）作为应用型本科院校，为适应时代发展的要求并紧密结合上海地区经济建设，提出了发展"应用型、复合型、创新型、国际化"即"三型一化"的校级人才培养的目标。最后，课内实践目标还要服务于所在"税法"课程的教学目标，符合教学大纲要求并充分体现课程特点。

---

① 李佳坤，上海金融学院财税与公共管理学院税务系讲师，会计学硕士，英国特许公认会计师、中国注册税务师，研究方向为税收理论与实务、国际税收和金融税收。

基于以上目标分析，并结合"税法"课程特点，围绕我校"三型一化"的校级目标，笔者认为我校"税法"课程教学目标应确立为"三型"目标，即应用型、复合型和创新型，国际化目标由"国际税收""外国税制"等课程去强化实现。进而，"税法"课程的课内实践教学目标确立为"突出应用型、强化复合型、兼顾创新型"，具体设定为：通过课内实践让学生能够解释生活中的税收现象，应对真实商务环境下的涉税问题；提高理论联系实际能力和操作能力；培养创新思维和创新实践能力，构建税收、法学和会计学等多学科知识结构，促成广泛的学科兴趣。

二、精编课内实践方案

笔者对"税法"课程课内实践方案进行不断的探索和实践，形成了具有高仿真、情景式、全税种、多学科等鲜明特点的课内实践方案。该方案以"虚拟公司模拟报税"为主题，紧紧围绕"三型"教学目标，以模拟报税实践内容突出创新型目标，以情景式实践流程强化复合型目标，以内生实践材料兼顾创新型目标。在方案实施上采用课后作业和课内实验两大途径，具体内容包括四大联动板块：作业<筹建虚拟公司>→作业<发票涉税分析>→实验<流转税模拟报税>→实验<所得税模拟报税>。

1. 筹建虚拟公司（作业）

筹建虚拟公司是整个课内实践的起点，可以在第1周将其布置成课后作业。十个虚拟公司所在的十个行业对应增值税两大行业（工业和商业）和营业税八个行业（交通运输业、建筑业、邮电通信业、金融保险业、文化体育业、娱乐业、服务业、房地产），其中营业税行业和营业税九个税目相对应（销售不动产和转让无形资产两个税目合并到房地产行业），以后将随着营业税改增值税进程相应调整。学生们根据《公司法》在自选的行业内筹建自己的公司，确定经营范围，拟定公司名称，任命法人代表，确定经营地址、期限和注册资本，组建董事会、监事会和聘任总经理，并根据真实法律文书模版提交公司注册资料作业。

2. 发票涉税分析（作业）

发票是伴随流转税应税行为的存在而开具的，可以在增值税和营业税讲授过程中布置"发票涉税分析"作业。该作业要求每个同学在生活中收集两张真实的发票，一张增值税发票，一张营业税发票，然后基于收集到的发票辨析真伪，计算税款，分析申报时间和申报地点，以及指出税收收入在中央和地方政府之间分配比例。作业考察了学生对流转税征税范围、计税依据、税目和税率、纳税期限和纳税地点等税种构成要素的理解和掌握，引导学生如何将税收知识活学活用到生活中的税收现象，也为后面的模拟报税实验准备材料。

3. 流转税模拟申报（实验）

在流转税课堂讲授完成后，可以组织流转税模拟报税课内实验，包括增值税月度纳税申报和营业税月度纳税申报。报税单位是前期作业学生们自己筹建的虚拟公司，报税依据是前期作业学生们中自行收集的发票。实验中，每个虚拟公司将公司成员（即小组成员）收集的全部发票视作为该公司当月收入（忽略发票内容和公司经营范围差异），并就该收入进行增值税和营业税的纳税申报。实验材料包括：收集的真实发票、真实的手工记账凭证、空白明细账（表）和真实的增值税申报表和营业税纳税申报表。实验流程为：首先，公司每个成员就自己收集的发票做收入的会计分录，完成记账凭证；然后，公司财务部（会计主管、会计、出纳）汇总记账凭证，完成明细账；最后，公司财务部（报税员）填制纳税申报表，呈阅总经理、董事和监事（此呈阅目的是全员参与实验），并由法人代表签字后提交老师。

4. 所得税模拟申报（实验）

所得税模拟申报实验安排在学期末全部税种讲授完毕之后，包括企业所得税申报和个人所得税申报。实验续接前面流转税模拟申报，每个虚拟公司需要完成企业所得税年度申报，并为公司员工取得的工资薪酬和公司股东分得的利润申报个人所得税。实验流程为：首先，公司根据各自的经营范围核定所涉及的小税种，并根据流转税申报实验中的收入金额，完成年度财务预算，该预算由财务部编制，总经理审核，执行董事提交给股东会审议批准；然后，假设企业年度财务决算和财务预算一致，完成企业所得税计算和年度申报，公司董事根据税后利润拟定《利润分配董事会决议》，由股东会审议批准；最后，公司为员工申报工资薪酬个人所得税，为股东申报股息红利个人所得税。

三、创新课内实践设计

（一）依托虚拟公司，实践环境高度仿真

模拟报税作为"税法"课内实践内容其实十分普遍，但大多数是让学生根据给定的涉税信息进行税款计算和纳税申报，其实质更像是案例教学的延伸，学生们只是被动地做了一道计算题并熟悉了纳税申报表，实践效果非常有限。

本课内实践方案以分组设立虚拟公司为起点。每个学生在各自的公司内担任要职，从法人代表、执行董事、监事、总经理、财务经理、会计、报税员到出纳各自履行相应的职责。高仿真的营业执照和职务任命书，增强了学生在相应角色

中的责任感和使命感。依托虚拟公司进行模拟报税，学生们不再是为别家公司报税，而是为自己公司报税；不再是被动地完成一道计算题，而是有角色有责任地主动完成一次纳税申报义务。设立虚拟公司能够给学生们带来自主创业的感觉和身临其境的报税体验，能够极大程度地激发学生们参与实践的积极性、主动性和创造性。学生们反映，他们常被分组，但是以这种筹建虚拟公司的形式和角色饰演的方式进行分组，非常有新意，对税法课程顿时充满期待和兴趣。

（二）情景式推进，实践环节层层深入

常见的案例型"税法"课内实践也会描述公司运营情况，但更强调在复杂的运营环境下提取有用的涉税信息，进行完整的税款计算，并且一次性体现在纳税申报表上。学生为了完成实践任务，很容易忽略对报税结果没有影响却有着深厚实务内涵的公司运营信息，学会了复杂税款计算，但是对实务环境却不甚了解。学生的动手能力或许得到了加强，但是应用能力仍然相对较弱。当应对真实的商务环境时，学生们还是静止地、片面地、孤立地照本宣科、纸上谈兵，而不能灵活运用并且融会贯通。

为了提高学生的应用能力，增强零距离上岗的就业竞争力，本实践方案强调以应用环境为主，税款计算为辅，注重引导学生对商务实景的理解和体会，联系和运用，而在税款计算上化繁为简。应用环境主要是围绕公司的运营周期，从公司设立、取得收入、结算利润到利润分配，情景式地层层展开，引导学生对每个运营阶段下的涉税事宜进行分析和思考，深刻领悟，有效应用。环环展开的课内实践方案，在很大程度上提高了学生动态地、联系地、全面地分析问题和解决问题的能力。

（三）借力真实发票，实践材料环环内生

生动的实践环境和引人入胜的实践环节在很大程度上增加了课内实践的趣味性和吸引力，然而这些只构成了实践方案的形式框架。如果仅将案例信息注入这个形式框架，学生在实践中仍然只是被动接受并解读给定信息，学生的积极性和创造性仍然有所限制，实践的实质也只是更加生动的案例教学的延伸。

本实践方案最具创新的设计就是："只有给定方案，没有给定信息"，实验所需的报税信息全部由学生收集和创作。学生在方案的引导下，"自己设立公司、自己筹集收入（收集生活发票）、自己决定利润、自己分配股利"，再根据环环内生的涉税信息完成流转税和所得税模拟申报。"我的公司我做主"充分发挥了学生在实践中的主体地位，切实调动了学生的自主性和创造性。同时，借力真实发票作为整套内生实践材料的起点，是本实践方案最大的创新。生活中普遍

存在发票给课内实践带来最强的实用性和最大的乐趣。

(四) 多学科交叉，会计学和法学渗透式融合

税收实务无法回避多学科交叉的特点，尤其是会计学和法学的支撑。然而，常见的课内实践主要聚焦在税款计算和纳税申报，因此常常弱化或忽略与涉税信息相关的法律要求和生成纳税数据的会计流程。由于缺乏对相关学科必要的整合，学生们在初始接触涉税实务时无法系统地纳入法律和会计等影响因素，而表现得不知所措。

本实践方案特别关注"复合型"的教学目标，渗透式融进法学和会计学知识，力图还原真实税收实务中的多学科背景。在法学方面，渗透到实践方案的要求中：筹建虚拟公司中对注册资料（聘任书、股权结构图、营业执照）的要求体现了《公司法》公司设立的规定；模拟报税中对小组成员的分工体现了《公司法》中股东、董事、监事和总经理职责。在会计学方面，渗透到实践方案的步骤中：模拟报税的步骤体现了从原始凭证→记账凭证→明细账→财务报表的完整会计处理流程。渗透式融合使学生在不知不觉中掌握了相关知识，增强了多学科系统综合地应用能力。

(五) 全税种覆盖，课内实践和课堂讲授联动式衔接

本课内实践方案是"税法"课程有机的组成部分，在时间安排上紧跟课堂讲授进度，在实践内容上联动课堂讲授案例。首先，课堂讲授的税种顺序是流转税、所得税和其他税，本实践方案环环跟进，同时也实现了税种全覆盖。然后，本实践方案中设立的 10 个虚拟公司，其经营范围分别对应增值税和营业税下税目，因此在讲授相关税目下的知识内容时，可以将相应的虚拟公司引入案例，增加讲授环节的生动性和应用性；也可以在讲授营业税时，采用角色互换的形式，请虚拟公司代表讲授其相应税目下的内容，增加课堂讲授教学方法的多样性。

四、小结

人才培养是应用型本科教育最根本的目的和最重要的组成部分。如何培养应用型专业性人才，是高等教育工作者不懈余力进行探索和创新的课题。这需要我们重视教学，重视实践教学，重视课程内的实践教学。本文介绍的"税法"课程课内实践方案因其鲜明的实务特色自推行以来受到了教师和学生的普遍好评，目前已经广泛应用到我校其他税务课程。但是，由于本人教学经验有限，对课内实践的研究和探索仍然存在很多局限，比如还未建立有效的考核办法等。谨希望通过本文对课内实践教学研究抛砖引玉，欢迎交流和批评指正。

参考文献

[1] 陈美荣，谢建珊. 论新建应用型本科院校实践教学体系构建 [J]. 盐城师范学院学报：人文社会科学版，2012 (10).

[2] 王秀敏. 会计专业税法课程实践教学探讨 [J]. 合作经济与科技，2011 (5).

[3] 段晓红. 关于法学专业税法课程实践教学的思考 [J]. 中国集体经济，2008 (18).

[4] 许良. 大学本科阶段税法课程教学问题研究 [J]. 商情，2008 (34).

应用型本科大学教学质量保障与
监控体系的理论与框架研究

陈正勇①

摘要： 最近几年，我国应用型本科大学出生的行业性、文化积淀的浅薄性、发展转型的断裂性、自我定位的模糊性等，致使其在剧烈的高等教育竞争中处于劣势地位。要改变状况，应用型本科大学就要抓住高等教育改革和分类发展的新机遇，顺应高等教育全球化深化的趋势，积极构建并不断完善内部教学质量保障与监控体系，以质量求生存，以特色谋发展，以人才固地位。文章在分析应用型本科大学特点、使命、质量保障现状的基础上，提出了全球化语境下我国应用型本科大学教学质量保障与监控体系构建的总体框架、基本原则和导向。

关键词： 应用型本科大学　教学质量保障　五维一体

一、应用型本科大学特点及质保体系建设的客观需要

应用型本科大学一般具有鲜明的行业性和地方性特点，这种特点是由其出生决定的。在高等教育精英化时代，由于与行业部委具有隶属关系，其经费、师资、就业甚至招生方面都具有得天独厚的优势，本科教学的各个环节都打上了鲜明的行业烙印。但随着我国高等教育大众化的推进及行业院校"落地"转型，原本得天独厚的优势不复存在。首先是由于高校与行业薪资的差异造成行业师资流动艰难；其次是权属关系的变化使原本稳固而强力的资金链裂变，新的资金链强弱则取决于地方政府财力和本地区高等教育竞争情况；三是就业市场化所带的综合性大学与应用型大学竞争失衡，即在就业竞争中综合性大学的研究生与应用型本科大学的本科生相比具有明显的优势。这一差距严重影响了传统应用型高校和地方新建本科院校的发展。

---

① 陈正勇，博士，助理研究员，上海金融学院教学质量监控科科长，主要研究方向为高等教育管理、审美教育。

随着高等教育竞争的加剧，应用型尤其是新建应用型本科大学在转型发展中客观面临着发展目标定位与发展路径、专业结构、培养规格等方面的挑战。为应对这些挑战，从发展定位来看，应用型本科大学必须构建应用型优势学科专业群，搭建宽阔的产学研合作平台；在办学层次上不能一味追高，也不能故步自封。在学科专业规划上，不应跟风求全，也不能忽视国家战略发展及区域经济发展对新兴专业呼唤的趋势，否则就会滑向"去行业化""混杂化"的境地，并最终丧失优势和特色。要确保发展定位、培养目标与办学层次定位、学科专业发展定位的准确，就必须构建健全的、高效运行的教学质量保障体系，否则就容易迷失于大而全的不切实际的追求中，受制于通识教育与专业教育的内耗争论。

中国高等教育战略发展要求应用型大学构建和完善教学质量保障与监控体系。从高等教育战略发展来看，《国家中长期教育改革和发展规划纲要（2010—2020年）》指出：改革要着力提高学生服务国家服务人民的社会责任感、勇于探索的创新精神和善于解决问题的实践能力；要着力提高高等教育质量和人才培养质量，增强高校社会服务能力；要建立高等教育分类管理体系，加快建设现代职业教育体系，重点扩大应用型、复合型、技能型人才培养的规模。2014年2月国务院常务会议对加快发展现代职业教育体系进行了部署，提出了"引导—批普通本科高校向应用技术型高校转型"的战略举措。同年4月来自全国的178所高校在驻马店召开会议，探讨"部分地方本科高校转型发展"和"中国特色应用技术大学建设之路"，发布了《驻马店共识》。由此看来，在国家推进高教改革发展及评估方式转变客观上需要高校强化内部教学质量保障的背景下，加快建设并不断完善内部教学质量保障与监控体系成为应用型本科大学的当务之急。

二、近代高教质量观演变与应用型本科大学质量文化积淀

质量文化是大学办学定位、培养目标、人才培养质量的灵魂，它对一所大学的教学质量、人才培养质量影响深远。质量观是质量文化的核心，它指引着大学决策者、管理者和广大教师在人才培养实践中的态度及行为，也影响着学生学习及未来成长发展的方式。概览世界高等教育质量观的发展演变，19世纪以来不同国家的大学在特定时期分别在新人文主义、理性主义、永恒主义、功能主义（实用主义）、国家主义、科学主义等教育哲学观念影响下倡导"全人（完人）教育观""多元质量观""社会适应质量观"以及"社会服务质量观"。如19世纪初期德国的柏林大学，由于在新人文主义者洪堡的领导与改革下，确立和实践了学术自由及全人教育的理念和精神，这种理念与纽曼的"大学目的在于培育理智与培养良好社会公民"思想一道，直接引导了美国19世纪中后期的研究型大

学,并在耶鲁、哈佛、牛津和剑桥等常春藤大学中延续至今。与此同时,功能主义、科学主义、社会服务、国家主义等教育观念自工业革命以来,一直在世界高等教育观念体系中占有重要地位。

20 世纪中后期,随着社会经济的发展变化,各国高等教育体系中大学的功能及其质量观发生了重要的变化,欧洲、美洲、澳洲的发达国家及亚洲的日本、韩国、新加坡等国的高等教育先后进入大众化并逐步进入普及化时代,多元化质量观成为这一时期的普遍认识。诚如克拉克·科尔指出的那样,"在美国,大学正处于一个历史的转折点:美国大学在沿袭过去的同时,正朝着另一个方向转变。""大学在处于除了陈规陋习以外没有任何事物可能阻碍改革的情况下,面临着史无前例可援的新任务。它不应抱残守缺,留恋过去,而是需要严肃地正视其所处的现实世界。"进入 21 世纪后,科尔的"多元化巨型大学观"受到美国、英国、法国、印度、巴西、日本等国的高度重视。各国高等教育呈现出综合性、研究型、应用型、职业技能型大学多元共存的格局。加上各国经济社会发展对科学研究人才和职业技能人才需求的不断增长和高等教育大众化、普及化的推进,多元质量观自然成为美国、德国、英国、中国、巴西、印度等国家推进高等教育改革的行动指南。

就我国而言,2010 年教育部颁布的《国家中长期教育改革和发展规划纲要》提出:"把促进人的全面发展、适应社会需要作为衡量教育质量的根本标准。"这一标准实际上体现了中国在实现从高等教育大国向高等教育强国转变战略中所坚持的质量观,即融合了"全人教育观""社会适应观、社会服务观"以及"多元质量观"的新型质量观。这就为全国的综合型、研究型、应用型、职业技能型等不同类型的高校确定了人才培养的根本标准。应用型本科大学作为中国高等教育体系的重要组成部分,作为为国家经济社会发展提供高级专门人才保障的机构,理应秉承社会服务的大学理念,坚持为区域经济社会、为国家经济发展转型培养高素质应用型人才的办学思想,确立培养具有扎实专业知识和应用技能的良好社会公民的质量观,这成了应用型本科大学教学质量保障与监控体系的基本指南,成为其建设和积淀质量文化的基石。

三、应用型本科大学教学质量保障与监控体系的原则和导向

在质量文化不断积淀的基础上,应用型本科大学教学质量保障与监控体系要坚持如下原则和导向。首先要以人的发展与经济社会发展所需为导向。在"德、智、体、美"全面发展的教育方针指导下,20 世纪 80 年代以来,中国的大学在定位培养规格时,都试图做到人才培养质量标准的"全面观"和"适应观"的

调适。这两种价值尺度，"前者是指人们对大学人才培养规格的维度和结构的总体看法，其特质在于促进人的自由而富有个性的全面发展；后者是指人们对大学人才培养质量满足经济社会发展需要的程度和效度的根本观点，其核心在于培养支撑并引领社会发展的创新型人才，它们共同构成了规范和衡量大学人才培养质量的内在统一的双重尺度。"这是当前我国高校人才培养质量标准的基本原则。应用型本科大学的教学质量保障与监控体系构建要在这一原则指导下，着力彰显培养对象的社会适应性和应用性特色，以培养能高效服务国家和区域经济社会发展并能调适自我的应用型人才和社会公民为导向。

其次，保障的目标要以行业高级专门人才需求为旨归。传统行业性大学由于其与行业具有资源的共享性、师资的双向流动性、产—学—研合作的支撑性、就业的对接性等特点，使其在高等教育体系中具有资源丰富、专业优势明显、师资充足、就业率高等优势。但随着管理体制的改革及高校发展方式的转变，这种优势几乎丧失殆尽。在应用型高校转型发展过程中，有些高校坚持通识教育和素质教育理念并倡导"宽口径、厚基础"的培养理念，学生实践应用能力培养的课程、时间被挤压了，实践实习平台建设举步维艰，应用型师资及其实践教学能力提升的路径变窄了。最终的结果是学校所培养的人才综合素质和学术研究能力提升效果甚微，而行业所需的应用实践能力则明显不足，学生就业竞争力不断下降。

再次，保障与监控体系要能促进学科专业不断优化。应用型本科大学面临来自国内综合性大学、高水平专业性大学、甚至国外大学国际化战略的严峻挑战。如果大学不能在坚守优势学科专业与拓展新学科之间找到平衡点并做出抉择，就容易在学科专业规划、发展目标、办学定位、人才培养模式等论争中造成质量保障内耗。应用型本科大学在国家、区域经济发展转型及国家高等教育发展战略、高校改革深化的背景下，抓住机遇尽快在分类指导原则下在学科专业发展规划、人才培养目标、办学层次及规模等宏观层面准确定位，在专业人才培养与学生综合素质拓展之间寻找平衡。要借助国家重构高等教育职业体系的驱动力，在高级专门人才和应用型人才培养中起引领和示范作用。就学校整体利益而言，在学科专业的优化调整上，要注重问责与质量改进之间的平衡，要以质量提高、社会责任和主体自主管理为目的。

第四，保障与监控要实现权力与观念标准的平衡。自教育部对高等教育实施本科教学评估以来，高校教学质量保障主要借助外部评估与内部监控的形式实现。高校的内部教学质量保障也力图通过制定主要教学环节标准以及采取学科、专业、课程、院系教学工作评估等形式推进。质量保障体系自然就围绕标准进行评估与监控。从当前我国高校外部与内部评估的实践来看，以评估和监控为主要手段的质量保障体系的理念是问责保障，但在问责背景下的质量保障容易带来权力与观念标准的失衡，评估者潜在的身份是专家或管理者，被评估者潜在的身份是被动接受与应付检查者。两者之间难以形成质量保障理念上的共识，评估与监控的长期效益自然大大降低。如果评估不能在毫无外界压力下进行，如果被评估者不能体会到自身是评估的获益者，评估监控双方的权力就不可能实现平衡，那么基于评估的质量保障体系显然就难以起到改进和提高质量的作用。在高等教育竞争日趋激烈的形势下，应用型本科大学的质量保障与监控体系要着力于引导大学、各教学单位、学科专业教学团队关注自身的地位、声誉和发展，这样才能消除评估与监控中评估双方权力的失衡，并最终促进此类大学为培养高级专门人才而不断改进教学，强化服务，提高质量，赢得声誉，求得发展。

第五，保障与监控体系构建要抓住高等职业教育体系改革的机遇。应用型本科大学在我国高等教育多元体系中承担着应用研究和专业人才培养的主要责任，其本科教学质量保障与监控体系的质量控制点要从大学内部评估、监控及内涵建设着手，着力于师资队伍的应用型研究能力和实践应用教学能力的提升，着力于实践实验教学平台建设，着力于产学研合作教育平台的拓展，着力于学生知识转化应用能力、自主学习能力、社会适应能力和就业竞争力的提高。与此同时，质量保障体系的顶层设计要对人的发展的价值理性与工具理性进行双向调适，要坚持并协调人的发展和社会需要两种价值尺度，要将"合规律性"与"合目的性"统一到人才培养的实践中，抓住经济社会发展转型及高教改革的新机遇，构建有利于推进高端技能型人才和卓越应用型人才的教学质量保障与监控体系。

四、应用型本科大学教学质量保障的价值观及体系框架、要素

目前通行的高等教育质量保障价值取向及其理论主要有学生发展、工具性、交流性等三种。前者在全人教育观念主导下坚持学生发展是高等教育核心任务，认为高等教育发展的终极目标是人的发展，实施高等教育的主体——高校应该尊重学生的"人性"，培养对象在认知、态度、技能等方面的收益是衡量教学质量的主要标准。因此，这种理论一般是常春藤大学或综合性大学构建教学质量保障体系所坚持的质量价值观。如清华大学以其全员重视教学的传统和文化作为质量保障体系的特色，并围绕资源、制度、文化、参与等保障系统建设与完善保障质量。工具性质量保障理论是工具论和功能论观念在教学质量保障中的价值体现，该理论包括教学产生理论、附加价值理论、"输入—过程—输出"等三种主张，三种主张又分别将质量评价重点放在高教"输入—加工—输出"的"产品"生

产过程。因此，衡量教育质量的核心是"产品"对社会经济发展需求和劳动力市场的满足度。交流性质量保障理论是基于高等教育"学术共同体"而提出的质量观，该理论认为学术界自身活动就是高等教育质量的自我澄明，在欧洲一些经典传统大学具有深刻的影响。

不同教育质量保障的价值取向决定了不同高校教学质量保障与监控体系构建的内容。应用型本科大学着力于高层次专门人才培养，工具性质量保障理论成为这类院校构建教学质量保障与监控体系的理论基石，并以"技能观"与"适应观"为其保障与监控的目标。基于这样的理论和目标，应用型大学的教学质量保障体系需要从制度保障、资源保障、文化保障和参与保障、过程保障、评估监控保障等多个维度考虑。从宏观组织结构来看，其质量保障体系结构包括三个层级。

顶层是校教学质量保障委员会，一般由校长直接领导，同时与校学术委员会、教学工作委员会、职称聘任委员会或领导小组、资金财务委员会、条件建设委员会、学生事务委员会等机构联合推进教学质量保障工作。负责学校质量管理的政策和战略定位、有关质量体系和规章的文件、质量内部评估程序和操作规程，负责全面质量控制及质量保障的组织建构并决策教学质量的重大事项。大学教学质量保障委员会常设教学质量管理机构，负责制定并完善学校教学质量保障的规范、规定及标准，推进执行教学质量保障委员会的质量战略和各种决定，负责学校教学质量管理、协调、督导和评估工作。

中间层是教学运行主体部门，其中枢是教务处，其运行主体是教学单位。根据学校人才培养目标，制定人才培养方案，确保教学工作的运行，在教学中落实学校教学质量标准和规范。学院既是教学活动的主体与核心单位，同时也是大学教学质量保障的主体。因此，学院级的教学质量保障机构负责检查本单位教学质量操作规程的落实情况，同时开展院系层面的质量评估和保障体系建设。规模较大且完全实行校、院两级管理的大学，在院级机构之下还有系级教学质量保障机构，从而形成类似于美国大学的校、院、系三级教学质量保障体系。

底层是教学质量保障的服务机构，包括确保学校人、财、物的保障部门，一般由人事处、财务及基建处、学生处及学生就业指导部门、图书馆和实验、信息管理部门等组成。负责确保学校教学质量的人力资源、资金、基础条件、学业与就业服务指导等资源服务保障系统的建设。

从保障体系的内部结构系统来看，我们尝试构建的应用型本科大学教学质量保障与监控体系是一个包括质量目标系统、资源保障系统、教学过程管理系统、评估监控系统、结果分析、跟踪与信息反馈系统等"五维一体"的封闭系统。

逻辑体系上分为基础部分、核心部分、结果部分，三个部分的终极目标是人才培养质量或效果。其中，基础部分包括资源系统，核心部分包括质量目标系统、教学运行系统、评估监控系统，结果部分包括结果分析、跟踪调查及信息反馈系统。

质量目标系统包括应用型大学在准确定位的基础上，确定人才培养规格及其质量目标、标准，制定学科专业发展规划、专业培养目标和主要教学环节质量标准。还包括师生对办学理念、办学定位、人才培养规格的认同，包括教学主体单位、师生及教学质量保障机构对质量观、评价监控手段及指标的认同，包括教师队伍建设及管理、教学管理、教学建设、教学评价、教学激励、学生服务等各环节的制度建设与完善，包括学校各单位、师生对教学质量保障的共同参与性，同时也包括社会（家长、企业）、政府（主管部门）、合作机构对大学办学特色、人才培养质量的认同。

资源保障系统包括承担教学及应用研究工作的师资队伍、教学管理与服务队伍、课程资源、教学基础物质条件、办学经费、官—产—学合作资源。

教学过程管理与运行系统包括招生工作、人才培养方案设计与管理、主要教学环节管理、教学文件管理，包括专业建设、课程建设、教学团队建设，也包括课堂教学管理、实践实验实习管理以及学业考试考核管理等各教学细节管理。

评估与监控系统包括教学检查、教学评价、教学监控及教学审核工作。该系统主要监控专业建设绩效、课堂教学质量、实践教学质量、培养方案执行率、学风建设质量与水平、毕业审核与学位授予监控等。

结果分析、跟踪调查及信息反馈系统：该系统包括教学质量信息收集、教学评估评价信息采集、质量评估结果反馈机制、毕业生跟踪调查机制、行业及企业发展动态跟踪及其教学影响反应机制、社会评价信息收集即利用机制等。

五、教学质量保障与监控系统运行效率的决定性因素

监控系统的有效性是确保应用型本科大学教学质量保障与监控系统顺畅运行的关键和前提。它与教学过程管理保障系统是整个教学质量保障体系的两个核心系统，并对教学过程起检查、监控、评价和引导作用。因此，其有效性是整个保障体系能否顺畅高效运行的前提。有效性须建立在评估制度、方法、模型的合法与合理性上。

合法性是指评估应尊重教师、专业、基层教学单位等主体权利。原因是如果评估监控被执行者看作一种赤裸裸的权力，那就会降低评估效率甚至被抵制。要避免这种后果，在高等教育评估与监控过程中，执行机构应将评估与监控合法

化。权力的合法化需要通过执行者与接受评估监控者就质量价值观念及其标准达成共识才能实现。正如约翰. 布伦南所说："合法权利意味着，人们接受某些决议，如同它们具有法律约束力。一般认为，高等教育的权利的合法化是通过坚持价值观念和标准而实现的，而这价值观念和标准是学术准则文化的一大部分。"尽管如此，高等教育质量评估和监控的合法化在我国高等教育现实中主要通过构建标准与确立制度来实现，这些标准和制度的基础又是顾客满意度、价值观、人才贡献和经济贡献等核心要素。

合理性是指评估监控的制度、方法、模型要遵循高等教育发展的规律，要尊重高校、教师和学生等主体的发展。从高校维度来看，大众化的推进所带来的扩招及其对质量的影响，客观上要求通过评估、监控、保障来确保质量目标。从人才培养和教学过程的主体维度来看，评估系统要解决的问题是自我评估与外部评估的协调。要解决院系基层单位自评与校级层面评估、主管部门评估目标的调和性、评估手段的有效性、评估信息流通的顺畅性、评估主体的受益性等问题。从教师维度来看，为了确保教师的学术追求与教学目标、学校人才培养目标更加吻合，评估、监控和保障要能在尊重教师志向的基础上做好引导。从学生维度来看，为确保培养对象及其家长、雇主、政府等社会主体的满意度，评估、监控与保障能够满足学生发展需求，同时要认真考虑家长、雇主和政府的需求，那就要通过质量与问责确保满意度。就评估结果的使用而言，适当的激励在短期内有利于促进被评估主体加强教学质量建设，但过分强调评估结果与物质奖励的相关性极易使质量评估成为一种公关行为。因为，"任何潜在的对被测评人有利的结果都会促使其想要控制评估结果，从而达到既定的目标。""正确的评估结果应是基于荣誉和自我形象做出的。"因此，从长期效益来看，应用型本科大学内部保障体系的评估系统，其标准和评估结果应该有利于促进院系、专业等教学主体锤炼和展示特色、承担责任、塑造形象、确立声誉。

应用型本科大学要想在激烈的竞争中立于不败之地，并赢得声誉和塑造良好形象，可以借鉴德国应用本科大学的经验。德国不同类型的高校承担着不同的人才培养功能，社会对应用科学大学不像英国那样抱有偏见，德国的雇主们对应用科学大学培养对象的钟爱与英国的雇主们形成鲜明的对比。德国的雇主们更注重高技能和专门化，英国的雇主们更注重综合性和良好的声誉，他们倾向于从社会声誉高的大学招人，哪怕专业不对口也会如此。德国的雇主们则愿意从应用科学大学招聘高级专门人才。其原因是应用科学大学提供学士和硕士层次的人才培养服务，主要开展实践性教学和应用性研究，与综合性大学相比，其办学定位、学科专业设置、招生要求、师资队伍的教学科研取向、校企合作的渠道和内容、学生就业等，均具有鲜明的特色，得到了社会的广泛认可。其培养的人才也更能满足企业对高级专门人才的需要。

在高等教育竞争日益加剧和国家推进高等教育改革以促进高校分类发展的背景下，应用型本科大学应着力构建和完善内部教学质量保障体系，以其人才质量的卓越性、应用性、社会适应性赢得社会的认同。正如德国应用科学大学那样，瞄准高层次应用型人才的培养目标，坚持应用导向的专业设置方略，推崇实践经验的师资素质要求，强调实践实习的教学安排，注重应用研究的科研导向。这些大学以其特别的相对非正式的方式展示并保持着各自的卓越性，这种卓越性足够向社会解释其内部质量保障与监控体系对教学和人才培养质量的要求是严格的、科学的、有效的，足够让大学、院系、教师等主体排解因竞争加剧、资金投入变化而带来的压力。这对于我国应用型大学具有良好的借鉴意义。

参考文献

[1] 纽曼. 大学的理想 [M]. 徐辉，顾建新，译. 杭州：浙江教育出版社，2001：91.

[2] 克拉克·科尔. 大学的功用 [M]. 陈学飞，等，译. 南昌：江西教育出版社，1993.

[3] 刘学忠，余宏亮. 论大学人才培养的质量标准及其实现途径 [J]. 中国高教研究，2014 (4)：84.

[4] 约翰·布伦南，特拉·沙赫. 高等教育质量管理——一个关于高等院校评估和改革的国际性观点 [M]. 陆爱华，译. 上海：华东师范大学出版社，2005：21，100.

[5] 钟秉林，王晓辉，孙进，周海涛. 行业特色大学发展的国际比较及启示 [J]. 高等工程教育研究，2011 (4)：4-9.

应用型财经类高校创新创业教育的探索与实践
——基于我校创新创业教育的思考

应小陆[①]

摘要： 创新创业教育既是适应经济社会发展和高等教育自身发展需要应运而生的一种教育理念，也是融创新教育于人才培养全过程的一种教育模式。近年来，我校结合应用型人才培养的实际，以提高人才培养质量为主线，将创新创业教育融入人才培养全过程，从管理体制、制度建设、课程体系构建、项目培育、实践训练等方面逐步建立和完善创新创业教育体系，全面培养学生的创新创业意识，提高学生的创新创业素质，取得一定成效。

关键词： 教育模式　创新创业教育　创新创业素养

一、创新创业教育：背景分析

创新创业教育既是适应经济社会发展和高等教育自身发展需要应运而生的一种教育理念，也是融创新教育于人才培养全过程的一种教育模式。在普通高等学校开展创新创业教育，是服务国家加快转变经济发展方式、建设创新型国家和人力资源强国的战略举措，是深化高等教育教学改革、提高人才培养质量、促进大学生全面发展的重要途径，是落实以创业带动就业、促进高校毕业生充分就业的重要措施。胡锦涛同志在十八大报告中谈到"要努力办好人民满意的教育"时指出："全面实施素质教育，深化教育领域综合改革，着力提高教育质量，培养学生创新精神。"

（一）大学生的就业压力和创业现状，需要开展创新创业教育

全国高校学生信息咨询与就业指导中心针对全国近万名大学毕业生的调查数

---

① 应小陆，上海金融学院创新创业学院院长、教务处副处长，副教授。

据显示，大学毕业生中有强烈创业意愿的占到 25.93%，有过创业意愿的占到 53.02%，反映出大学毕业生普遍有创业的意愿。但是，据有关资料统计，目前我国大学毕业生参与自主创业人数一直保持在 0.3%~0.4%，低于国外大学毕业生自主创业率 11%~13%，与日本 15% 自主创业率和美国的 20% 自主创业率相比，相距甚远。

随着高校连年扩招，毕业生人数也连年增长，从 2000 年到 2013 年，大学毕业生人数从 211 万，增加到 699 万。受国际金融危机的影响，就业市场整体不景气，继国有企业改革导致下岗工人的再就业危机后，大学生成为我国新的就业困难群。面对如此严重的就业形势，学生自主创业将成为重要就业形势。因此，党的十七大提出"实施扩大就业的发展战略，促进以创业带动就业"。

（二）国家对创新创业教育的重视，需要推进创新创业教育

我国正竭力打造创新型国家、创业型社会、创新型人才的大环境，并不断推出针对大学毕业生创业的各种优惠政策，从融资、开业、税收、创业培训、创业指导多方面鼓励和支持大学毕业生自主创业。自 2002 年开始，国家积极推进高校创新创业教育。

1. 试点开展创业教育工作

2002 年 4 月，教育部在清华大学、北京航空航天大学、中国人民大学、上海交通大学、西安交通大学、武汉大学、黑龙江大学、南京财经大学、西北工业大学等 9 所高校开展创业教育试点工作，这标志着我国高校创业教育由自发探索阶段进入到教育行政部门引导下的多元探索阶段。

2. 建设创业教育类人才培养模式创新实验区

2008 年，教育部通过"质量工程"项目，立项建设了 30 个创业教育类人才培养模式创新实验区，项目的实施，取得了较好的预期成果，形成了三种不同的创业教育模式。一是以课堂教学为主导开展创业教育的模式。如中国人民大学强调重视培养学生的创业意识，构建创业知识结构，将第一课堂、第二课堂结合起来，开设"企业家精神""风险投资"等创业课程。二是以提高学生创业意识、创业技能为重点的创业教育模式。如北京航空航天大学专门成立"创业管理培训学院"；设立创业种子基金，为学生在校期间创业直接投入资金 500 万元；还通过建立大学生创业园，指导学生创业。三是以创新教育为基础，为学生创业提供实习基地、政策支持和指导服务等综合式创业教育模式。如上海交通大学基于"三个转变"（专才向通才转变、教学向教育转变、传授向学习转变），实施"三个基点"（素质教育、终身教育和创新教育）的人才培养模式。如黑龙江大学建立了课程体系、实践体系、管理保障体系，为学生提供创业教育的个性化指导。

3. 积极推进高等学校创新创业教育

2010 年 4 月 22 日，教育部在北京召开推进高等学校创新创业教育和大学生自主创业工作视频会议。会议指出：创新创业教育要面向全体学生、结合专业教育、融入人才培养全过程。要以转变教育思想、更新教育观念为先导，以提升学生的社会责任感、创新精神、创业意识和创业能力为核心，以改革人才培养模式和课程体系为重点，不断提高人才培养质量。同时，打造全方位创新创业教育和促进学生自主创业支撑平台，以国家大学科技园为主要依托全面建设 100 个"高校学生科技创业实习基地"，通过多种形式建立省级、地市大学生创业实习和孵化基地。进一步落实和完善大学生自主创业的政策扶持，实施"创业引领计划"，对高校学生自主创业实行税费减免，提供小额担保贷款，落实创业补贴政策，加强创业培训和服务工作。

4. 成立创业教育指导委员会和出台《意见》，全面指导高校开展创新创业教育

为加强对高校创业教育工作的宏观指导，充分发挥专家学者的研究和指导作用，教育部于 2010 年 4 月 6 日成立教育部高等学校创业教育指导委员会，同时，为全面贯彻落实党的十七大提出的"提高自主创新能力，建设创新型国家"和"促进创业带动就业"的战略要求，2010 年 5 月 4 日教育部印发了《关于大力推进创新创业教育和大学生自主创业工作的意见》，《意见》的发布标志着高校创新创业进入到教育行政部门指导下的全面推进阶段。

5. 制定《普通本科学校创业教育教学基本要求》，规范高校创业教育教学活动

为推动高等学校创业教育科学化、制度化、规范化建设，切实加强普通高等学校创业教育工作，教育部 2012 年 8 月 1 日制定了《普通本科学校创业教育教学基本要求（试行）》。就创业教育的教学目标、教学原则、教学内容、教学方法、教学组织等作出了明确的规定，并同时制定了创业基础课程教学大纲，并强调指出，各地各高校要按照要求，结合本地本校实际，精心组织开展创业教育教学活动，增强创业教育的针对性和实效性。

6. 实施大学生创新创业训练计划，促进转变教育思想观念

2012 年 2 月 12 日教育部印发《关于做好"本科教学工程"国家级大学生创新创业训练计划实施工作的通知》，决定在"十二五"期间实施国家级大学生创新创业训练计划。国家级大学生创新创业训练计划内容包括创新训练项目、创业训练项目和创业实践项目三类，其目标是通过实施国家级大学生创新创业训练计划，促进高等学校转变教育思想观念，改革人才培养模式，强化创新创业能力训

练，增强高校学生的创新能力和在创新基础上的创业能力，培养适应创新型国家建设需要的高水平创新人才。

二、我校创新创业教育：基本做法与成效

（一）基本做法

1. 设立机构，注重学生创新创业教育

为贯彻落实教育部《关于大力推进高等学校创新创业教育和大学生自主创业工作的意见》的文件精神，学校以前瞻性的眼光，在上海市新建本科院校中率先于 2010 年 6 月出台了《上海金融学院关于加强创新创业教育的实施意见》，明确了学校创新创业教育的目标、主要任务和举措。与此同时，为加强对创新创业教育的领导，学校建立了由教务处、团委、就业指导中心、实验教学中心和各二级院系共同参与的创新创业教育工作协调机制，并于 2010 年 11 月成立了依托二级学院运行的虚拟创新创业学院，明确责任分工，形成长效管理机制。为适应新的形势和学校长远发展，学校于 2011 年 12 月设立了大学生创业园，搭建了创新创业教育与实践相互融合的平台，实现了以创新促创业，以创业带创新的良性循环。2012 年经校党委研究，虚拟的创新创业学院正式转制为具有独立职能的创新创业学院。

2. 出台制度，鼓励学生参与创新创业

理念扬帆，政策护航。学校先后出台了《上海金融学院关于加强创新人才培养的实施意见》《上海金融学院学生第二课堂学分管理办法》《上海金融学院"学生学术科技创新平台"建设与运行办法》《上海金融学院关于加强创新创业教育的实施意见》《上海金融学院创业园区（创业中心）管理暂行办法》《上海金融学院大学生创新创业训练计划项目管理办法》等一系列的规章制度，鼓励大学生广泛参与创新创业。此外，学校每年还确保一定的创新创业经费投入，为创新创业教育模块课程、KAB 创业课堂和实践、大学生创业园建设以及学生科研平台项目提供了资金支持和保障。

3. 融入课堂，主动开展创新创业知识教育

学校以本科人才培养模式改革为契机，建立从理论到实务的创新创业知识教育体系。从 2009 级开始，把创新创业教育融入本科人才培养方案，开设"创业管理""商业计划书""创业理财""创业与创新能力开发""创业与就业政策""创业投资"等 21 门"创新创业教育类"课程，要求学生修读完 2 个学分。自 2013 级开始，在本科人才培养计划中开设 2 学分的"创业基础"必修课程。从

而，使创新创业教育在"人才培养方案"中得到进一步落实和体现，大大促进和引导学生参与创新创业的实践，极大地提高了大学生的创新意识、创业能力和实践能力。

4. 搭建平台，广泛开展创新创业实践活动

创新创业重在实践。近年来，为提高大学生的创新创业意识，我们坚持团队合作、典型示范的工作思路，组织学生参与丰富多彩的创新创业实践活动。一是组织开展大学生创业大赛，学校已经连续举办五届校级创业计划竞赛，二级院（系）也自行组织了"瞻远杯"公益创业大赛等。二是积极组织学生参加"挑战杯"上海市大学生创业大赛、首届上海市大学生"创业之星"团队大赛、"创业浦东"全球创新创业大赛、第三届上海市大学生创新活动论坛、大学生市场营销策划大赛、ERP 沙盘模拟经营大赛等各类大赛。三是结合社会实践开展创业调研与实习。鼓励学生结合校内勤工助学参与商业营销活动和校园文化用品商店、复印社等的经营活动，为学生创业积累经验。

5. 建立园区，注重学生创业项目孵化

2011 年 12 月，学校大学生创业园区正式揭牌开园。为加强创业园区的管理，学校制订《上海金融学院创业园区（创业中心）管理暂行办法》，支持学生利用创业园，撰写商业计划、筹措创业资金、组建创业团队、仿真创业管理，进而掌握相应的创业技能，为毕业后创业打下良好的基础。目前已有"上海瓦耶实业有限公司"等 5 家公司经工商行政管理部门注册。

（二）取得的成效

几年来，学校创新创业教育工作在扎实开展下，取得了一些成效。一是列入本科人才培养计划的"创新创业教育类"课程已面向学生开出了"创业管理""创新管理""创业理财""商业计划书""大学生 KAB 创业基础""创业与变业政策""创业风险管理""创业者素质测评"等 15 门课程。二是资助学生科创活动和课题立项。自 2008 年启动学生课外学术科技创新平台建设以来，该平台坚持"让学生成为科创平台主角"的理念，致力于让更多的学生获得科创体验。已先后指导、资助学生科创活动 14 批计 320 余项，受益学生达 1.9 万余人次；开展"科创素养测评"；举办了 5 期人才库培训班；资助学生课题立项建设，先后资助 7 批计 132 项课题。三是创业园为学生搭建了创新创业教育与实践相互融合的平台。自 2011 年 12 月设立大学生创业园以来，已有"百米微快递有限公司""博诚代理记账公司""融益书屋"等多家学生创业企业入驻园区；经工商行政管理部门注册的上海瓦耶实业有限公司、上海敏繁贸易有限公司、环非国际贸易（上海）有限公司、上海轩炫市场营销策划有限公司、上海融益文化传播

有限公司 5 家公司在创业园区实体化运作，一些同学在创业中成长成才。四是获国家级和上海市级项目立项资助。2012 年 10 月，学校创新创业教育实验基地成为上海市第一批 22 所高校创新创业教育实验基地之一；大学生创新创业训练计划项目也于 2012 年正式列入国家级和上海市大学生创新活动计划，有 62 个项目获国家级大学生创新创业训练计划立项，有 131 个项目获上海市大学生创新活动计划立项。五是学生在有关大赛中喜获佳绩。在上海市教委主办的"第三届上海大学生创新活动论坛"上，王明等同学承担的《上海金融学院百米"微快递"运营》作品获本届论坛"优秀项目奖"；杨鸿同学承担的《代理记账实训项目模拟公司》和闫凌横同学承担的《对上海市商业银行日常营运监管问题的分析》获本届论坛"优秀展板奖"。在第八届"挑战杯"上海市大学生创业大赛中，《上海"融通学院"典当行》《U-STORE 综合服务站》和《留·格微视频创意工作室》3 个项目获创业计划竞赛铜奖；《上海瓦耶实业有限公司（百米微）》和《轩炫演出会展企划工作室》2 个项目获创业实践挑战赛铜奖；《"淘最校园二手服务"助学公益发展中心》获公益创业赛铜奖。

三、进一步推进创新创业教育：策略思考

（一）着力创新人才培养模式

进一步落实将创新创业教育有效纳入本科专业教育和文化素质教育教学计划和学分体系，将创新创业教育理念和内容融入专业教学主渠道，贯穿人才培养全过程。以提高创新创业能力为重点，探索与有关部门、行业企业联合培养人才模式。创新教育教学方法，倡导模块化、项目化和参与式教学，强化案例分析、小组讨论、角色扮演、头脑风暴等环节，实现从以知识传授为主向以能力培养为主的转变、从以教师为主向以学生为主的转变、从以讲授灌输为主向以体验参与为主的转变，调动学生学习的积极性、主动性和创造性。改革实验实践教学，加强综合性实践科目设计和应用，支持学生开展研究性学习、创新性实验、创业计划和创业模拟活动。

（二）着力构建具有创新创业教育特色的课程体系

进一步探索将创新创业教育纳入到专业系列课程，建立多层次、立体化的课程体系，突出专业特色，创新创业类课程的设置要与专业课程体系有机融合，创新创业实践活动要与专业实践教学有效衔接，积极推进课程体系、教学内容、教学方法和考试评价改革。按教育部《普通本科学校创业教育教学基本要求》的规定面向全体学生单独开设"创业基础"必修课程，创造条件把创新创业训练

项目作为选修课程开设，同时组织建设与创新教育有关的创新思维与创新方法等选修课程，以及与创业教育有关的项目管理、企业管理、风险投资等选修课程。

（三）着力加强创新创业训练计划项目的管理

构建有利于学生在校期间有更多机会参与创新训练项目、创业训练项目、创业实践项目的校、市、国家三级大学生创新创业训练体系。创新创业训练计划项目应立足我校"大金融"办学特色，和与行业联系紧密的背景，发挥金融学科和管理学科优势，形成以金融学科和管理学科项目为主体，其他学科专业广泛参与的项目体系；形成以创新训练项目和创业训练项目为基础，积极拓展创业实践项目。从鼓励项目申报、严格项目评审、加强中期检查、注重结题验收、建立约束机制等五个方面，对创新创业训练计划实施监控。

（四）着力打造创新创业教育师资队伍

贯彻落实《上海金融学院青年教师参加社会实践锻炼暂行办法》和《上海金融学院"教师专业发展工程"实施意见》，通过"上海高校教师产学研践习计划"等计划，有计划地支持教师到行业、企业挂职锻炼，鼓励教师参与社会行业的创新创业实践。积极从社会各界聘请企业家、创业成功人士、专家学者等作为兼职教师，建立一支专兼结合的高素质创新创业教育教师队伍。从教学考核、职称评定、培训培养、经费支持等方面给予倾斜支持，定期组织教师培训、实训和交流，不断提高教师教学研究与指导学生创新创业实践的水平。鼓励教师开展创新创业教育研究。

（五）着力创设鼓励创新创业的多元平台

积极搭建大学生创新创业学术交流平台，通过举办各类竞赛、讲座、论坛、俱乐部、学术刊物、模拟实践等方式，丰富学生的创新创业知识和体验，提升学生的创新精神和创业能力。支持学生参加校内外学术会议，为学生创新创业提供交流经验、展示成果、共享资源的机会。定期组织创新创业教育经验交流会、座谈会、调研活动，总结交流创新创业教育经验，推广创新创业教育优秀成果，组织编写创新创业教育先进经验材料汇编和大学生创业成功案例集等。

（六）着力发挥大学生创业园区的教学功能

建立健全教学、就业、科研、团委、二级院（系）等部门参加的创新创业教育和自主创业工作协调机制。统筹创新创业教育、创业基地建设、创业政策扶持和创业指导服务等工作，明确分工，切实加大人员、场地、经费投入，形成长效机制。

积极引导学生构思创业方案和从事科研成果转化、技术服务、商业运作等活动，建立和完善创新创业项目申报、评审立项、教师指导、绩效评价工作机制。将创新创业教育和实践活动成果有机结合，积极创造条件对创新创业活动中涌现的优秀创业项目进行孵化，切实扶持学生实现自主创业。

参考文献

［1］曹明. 应用型本科高校创新创业人才培养模式初探［J］. 中国大学教学，2011（11）.

［2］蒲明. 应用型本科院校创新创业人才培养模式构建研究［J］. 成人教育，2012（6）.

［3］丁波，叶树江，蒲明. 应用型本科院校创新创业教育的问题与对策研究［J］. 黑龙江教育学院学报，2012（5）.

［4］巩丽霞. 应用型本科高校教育改革的思考——基于创新创业教育与专业教育相结合的探讨［J］. 国家行政学院学报，2011（9）.

［5］胡光中，刘向丽. 论创新创业教育融入高校人才培养体系的实施途径［J］. 江西教育学院学报（综合），2011（12）.

培养应用型创新人才,服务区域经济社会发展

——基于西安财经学院人才培养模式的改革与实践

薛小荣　　王军生①

2007年到2014年,西安财经学院遵循高等教育教学规律,围绕区域经济社会发展需求,结合西部地方财经院校实际,不断转变教育思想观念,创新人才培养模式,着力培养"德、智、体、美全面发展,具有扎实的基础理论和专业知识,富有创新精神和实践能力的应用型创新人才",学生的综合素质和应用创新能力不断提高,获得了社会的广泛好评。

一、应用型创新人才培养体系的探索与构建

自2007年以来,西安财经学院结合西部地方财经院校的实际,提出并探索了"明确一个目标、创新两个体系、联动三个课堂、突出四个能力、建立五个保障"的应用型创新人才培养体系。

(一)明确一个目标:应用型创新人才

近年来,学校遵循高等教育教学规律,依据教育部有关文件精神,围绕区域经济社会发展需求,结合学校自身条件及发展潜力,不断转变教育思想观念,高度重视实践教学环节,提高学生的应用能力,着力培养学生创新精神和创新能力。《西安财经学院"十二五"教育事业发展规划》将我校人才培养目标定位为:为国家和区域经济社会发展培养德、智、体、美全面发展,富有创新精神和实践能力的应用型创新人才。

(二)创新两个体系:理论教学体系和实践教学体系

1. 理论教学体系

学校按照应用型创新人才培养的内涵和特征,在2009年和2013年对本科人才培养方案进行了全面修订,创新了人才培养的理论体系,更新整合了课程教学

---

①　薛小荣,教授,西安财经学院副院长;王军生,教授,西安财经学院教务处处长。

内容。按照知识、能力、素质"三位一体"的人才培养模式要求，构建与应用型创新人才培养目标相适应的专业教育内容和知识体系；统筹人才培养的全过程，组建科学合理的课程体系；在理论知识和实践锻炼的基础上，突出学生实践能力和创新思维的培养；注重学生个性化发展，制订多样化的人才培养方案；学习借鉴先进经验，进一步彰显专业特色。

2. 实践教学体系

学校根据应用型人才培养目标要求，构建了基础实践、专业实践和综合实践三个层次的实践教学体系，把提高学生综合素质、实践能力和培养创新能力作为实践教学的重要目的。基础实践旨在培养学生基本素质和技能；专业实践旨在拓展学生的专业知识，培养学生掌握基本专业技能，促进学生创新思维和实践能力的提高；综合实践旨在培养学生发现问题、分析问题、解决问题的能力，促进学生综合素质的提高。

（三）联动三个课堂：第一课堂、第二课堂和第三课堂

1. 第一课堂（课堂教学）

学校每年开展课堂教学观摩、青年教师讲课比赛、实验室（实训中心）评估、优秀教案和优秀多媒体课件评比等活动。各二级学院（教学部）根据不同专业、课程特点，积极探索教学方法和手段改革。如：经济学院与管理学院推行"启发式教学和案例教学"，法学院开展"模拟教学"，"高等数学"课实行"分类分层教学"，"大学英语"课推行"听说领先，综合训练"等，形成了具有各自特色的教学方法，取得了显著的教学效果。

2. 第二课堂（课外科技文化活动）

紧密结合第一课堂，以学生参与教师科研项目、学科竞赛和学术讲座为载体，推动学生科技创新活动。近年来学生参与教师科研项目 300 余项；参加科技创新竞赛 7 000 余人次；高水平学术讲座 300 余场；举办了 5 届"博学杯"西安财经学院大学生创业计划竞赛；成立了大学生创新创业孵化基地；学校现有各类学生社团组织 56 个，参加人数 8 000 余人；创办了《区域财经论坛》等 10 余种学生刊物；定期举办"校园之星"风采大赛等一系列健康向上的校园文化活动，促进了学生创新精神和实践能力的提高。

3. 第三课堂（社会实践）

多年来，学校利用寒暑假及节假日组织社会实践团分队，分赴全省各地进行社会实践，开展社会调查、环境保护、支教扫盲、法制宣传、社区援助等多种形式的社会实践活动，逐步形成了制度化、规模化、社会化、品牌化的社会实践活动特色格局。近三来参加社会实践的学生人数达到 1.5 万余人次，使学生开阔了视野眼界，锤炼了思想品质，提高了实践能力，增强了创新精神，积累了社会经验，为将来走上工作岗位奠定了基础。

（四）突出四个能力：知识应用能力、创新创业能力、数理分析能力、语言表达能力

1. 知识应用能力。学校特别重视在实践教学的各个环节上，培养学生对知识的应用能力和实践动手能力。在课程实习、专业实习、毕业实习、学年论文、毕业论文等实践教学环节中，突出实习的专业对口性；制定和完善教学大纲、明确实践教学任务、教学内容、组织方法，突出实训教学在财经类专业人才培养中的作用，提高实践教学效果；在实验教学体系建设中，以改革实验教学内容、方法和手段为重点，加大综合性、设计性实验比重，逐步建立开放型实验教学模式，促进学生知识应用能力的培养。

2. 创新创业能力。学校按照"以人为本"的理念，实施"2+2"大类培养教学改革，结合社会发展需要，提高学生对市场需求的适应能力，给学生提供更多的知识培养空间；以提高学生综合素质为核心，在人、财、物上为学生提供更多的社团活动和各类科技竞赛活动，鼓励学生积极开展深化对课堂教学内容理解的实践性活动，探索创新创业教育的新途径，从而培养学生创新精神和创新创业能力。

3. 数理分析能力。学校按照应用型创新人才培养要求，着力提高学生的专业基本理论和基本技能，尤其在经济、管理类专业加大"概率论与数理统计""计量经济学""运筹学"等相关课程的开设力度；通过强化量化分析课程教学，提高学生依据数据和模型进行经济管理、经济分析的能力；另外引导与鼓励教师结合专业特点，开展量化分析教学方法研究，并将研究成果及时转化为教学资源，促进教师教学水平的提高。

4. 语言表达和人际交往能力。按在课程设置上，全校公共必修课平台开设了"大学语文"和"汉语写作"两门必修课程，公共任意选修课平台设置了"演讲与口才""公关礼仪""社会学概论""公共关系学"等系列课程。通过课程学习，加强学生的语言表达能力，着力提升学生社会适应性和人际交往能力；同时为学生创建一个开展课外文化活动、相互学习交流的场所，使第二课堂成为培养学生人际交往和语言表达能力的平台。

（五）建立五个保障：理念保障、制度保障、平台保障、师资保障、资金保障

1. 理念保障。通过对当前高等教育理念的梳理，结合财经类学科专业特点，在人才培养模式改革中突出全面发展的理念、创造性理念、主体性理念、个性化理念的指导作用。

2. 制度保障。学校从应用型创新人才培养模式改革的实际需要出发，大力推进管理制度的科学化和规范化建设，形成了一套涵盖人事分配改革、教学运行管理、教学质量监控与评价、学生管理等方面的管理制度体系。学校制定了《中共西安财经学院委员会、西安财经学院关于加强内涵建设的若干意见》《西安财经学院关于进一步加强本科应用型创新人才培养工作的原则意见》《西安财经学院关于进一步加强本科实践教学工作的若干意见》等一系列适应于应用型创新人才培养模式改革需要的教学管理制度，为应用型全新人才的培养奠定了基础。

3. 平台保障。学校高度注重学生创新精神和实践能力的培养，加强了实验教学平台的建设，不断加大实验室（实训中心）建设力度，改善实验条件，各类实验室配备完善、设备先进、管理规范、利用率高。学校现有 3 个校级综合实验实训平台、25 个专业实验室、28 个基础实验室和 156 个多媒体教室，实验教学仪器设备总量 11 866 台件，资产总值 3 141.78 万元。现有专兼职实验教师 161 人，专业技术人员和管理人员 20 人，现有实验室能满足实验教学的要求。2013—2014 学年，学校共开设 62 门独立实验课程，涵盖 34 个专业 10 000 多名学生，实验教学近 8 万人次，承担各类实验实训实习项目 399 个，实验课教学评价满意度达 90% 以上。

4. 师资保障。通过组织教师在岗业务培训、校内外观摩、经验交流等方式，提倡教师教学和实践相结合，使专业教师逐步具备“双师型”教师素质，以适应应用型高级专门人才培养的要求。同时，注重引进具有一定实践经历的硕士、博士毕业生充实教师队伍，聘请校外具有一定实践水平的专业人士担任兼职教师。

5. 资金保障。坚持以教学为中心，严格控制行政管理和后勤服务经费支出，确保教学经费投入。近三年累计投入教学经费约 23 970 万元，为教学工作的顺利开展和教学质量的稳步提高提供了经费保障。

二、应用型创新人才培养模式改革取得的效果

西安财经学院通过人才培养模式改革的综合实践，学生的综合素质不断提高，社会适应能力与竞争能力明显增强，获得了社会和用人单位的广泛好评。

（一）学生基本理论扎实

近年来，全校公共课、学科共同课成绩总体良好，学生基础课成绩稳中有升，每年考取重点大学研究生人数逐年增加。据统计，公共课“大学英语”平

均及格率为 91.2%，"高等数学"平均及格率为 81.23%，经济、管理类专业基础课"管理学"平均及格率为 96.25%，"宏观经济学"平均及格率为 93.5%，"微观经济学"平均及格率为 89.25%。在普通高校非计算机专业计算机二级考试中通过率一直保持在 72% 以上；2014 届毕业生参加全国大学英语四级考试四级通过率达到 89.3%。

（二）课堂教学质量学生满意度高

学校每个学期进行教学检查和"四分一发展"教师课堂教学质量评价活动。据统计数据，2011—2012 学年课程授课质量平均分为 90.19 分，课程评教优良率为 97.3%；2012—2013 学年课程授课质量平均分为 90.15 分，课程评教优良率为 96.8%；2013—2014 学年课程授课质量平均分为 91.21 分，课程评教优良率为 98.5%。

（三）创新精神与实践能力不断增强

学校依据应用型人才的培养目标，加大学生创新精神和实践能力的培养，支持学生参加学科竞赛、科技创新及社会实践等活动，学生创新精神和实践能力不断增强，取得了较多的研究实践成果和获奖项目。近三年，学生参与教师科研项目 300 余项，公开发表学术论文 95 篇，在第 28 届美国大学生数学建模竞赛（MCM）、第 14 届跨学科建模竞赛（ICM）、全国大学生数学竞赛、全国大学生电子设计竞赛、"挑战杯"陕西省大学生课外学术科技作品竞赛、全国大学生创业大赛、全国大学生电子商务"创新、创意及创业"挑战赛、全国大学生英语竞赛（neccs）等各类科技竞赛中获奖 100 余项。

（四）人才培养质量得到社会的广泛认可

近三年毕业生一次性就业率保持在 83% 以上。毕业生的创新精神、业务能力、实干作风、良好业绩赢得了用人单位的充分肯定。据学校调查，用人单位总体认为我校毕业生思想道德素质好；91% 以上的用人单位认为我校毕业生安心本职工作；91% 以上的用人单位认为我校毕业生工作踏实认真，吃苦耐劳；95% 以上的用人单位认为我校毕业生具有较强的应用技能；92.5% 的用人单位认为我校毕业生实践动手能力强；97.5% 的用人单位认为我校毕业生诚实守信，廉洁奉公；93.5% 的用人单位对我校毕业生的综合素质给予较高的评价；用人单位对我校毕业生专业水平和创新能力等方面的认可度达 85% 以上。

三、应用型创新人才培养满足区域济社会发展的成效

（一）办学定位及人才培养目标定位

作为陕西唯一一所财经类高校，只有紧密结合陕西经济社会发展对财经应用型创新人才的需求，坚持内涵式发展，强化"地方性""应用型"特色，才能立足于激烈的高等教育竞争。基于此，学校定位为一所以经济和管理学科为主干，文、法、理、工、艺为支撑，多学科协调发展的普通高等学校，立足陕西，为区域经济社会发展培养德、智、体、美全面发展，具有扎实的基础理论和专业知识，富有创新精神和实践能力的应用型创新人才。

（二）生源结构及培养过程

1. 专业设置

学校以满足地方经济社会发展对经济管理人才需要为出发点，以发展地方急需的应用型专业为重点，积极设置主要面向地方支柱产业、现代服务业的应用型专业，为地方经济社会发展培养应用型创新人才。截至 2014 年 9 月，本科专业学科门类 7 个，专业类 16 个，本科专业 45 个，专业设置以经济、管理为主，优势和特色主要集中在金融学、保险学、财政学、税收学、投资学、统计学、会计学、财务管理、审计学、物流管理、电子商务等专业，这些专业大部分在全省高校具有稀缺性或唯一性，其中保险学、财政学、审计学、统计学专业全省仅有少数高校开设，税收学、投资学专业只有我校开设。学校的特色优势学科专业覆盖了银行、保险、证券、税务、商务、商贸、物流等现代服务业发展需要的多个领域，在财经应用型创新人才的培养方面，积累了丰富的办学经验，形成了鲜明的"应用经济"学科专业特色和应用型创新人才培养特色，对全省现代服务业的发展构成了重要的支撑。

2. 生源结构

学校的生源省份覆盖全国 31 个省（自治区、直辖市），为了更好地支持区域经济社会发展，培养优秀人才，陕西本省招生计划每年均占到总体 70% 以上。经济类、工商管理类等专业在陕西以及整个西北地区都有着极高的影响力，在陕招生录取分数线均接近或超过一批次省控线。

3. 培养过程

为满足区域经济社会发展对应用型创新人才的需要，学校坚持立足陕西、面向西部，紧紧围绕应用型创新人才培养目标，以提高学生实践创新能力为出发点，紧抓实践教学这一关键环节，修订完善与培养目标相适应的应用型创新人才

培养方案，形成了专业基础扎实、应用能力突出的应用型创新人才培养特色。

学校建立"国家—省级—校级"的本科教学工程三级联动机制，以本科教学工程为抓手，组织教师开展人才培养模式、课程体系与教学内容、实践教学、教学方法与教学手段、考试方法、教学管理等教学改革项目，取得了显著成绩。

学校高度重视强化第二课堂的育人功能，着力加强大学生人文素质和创新精神教育，鼓励学生走出校园，走进社区，走向社会，奉献爱心，接受教育，增长才干。与陕西省人才交流服务中心共建省级大学生创新创业交流中心 1 个、大学生创新创业校外孵化分基地 2 个、校内孵化分基地 1 个、校内培育大学生创业孵化团队 5 个、学生申报登记专利 5 项；在 2014 年第七届西安高新"挑战杯"陕西省大学生创业计划竞赛中获得银奖 3 项，铜奖 7 项；2014 年获得省级社会实践先进个人 3 人、省级优秀团队 3 支和省级优秀调研报告 1 部；成立了陕西高校首个大学生自发成立的公益助残基金"安卓基金"。

（三）就业去向与学生发展

办学 62 年来，学校为西部地区和陕西省培养了 12 万余名应用型人才。从就业去向来看，我校金融学、财政学、税收学、保险学、投资学、统计学、会计学、财务管理、审计学、物流管理、电子商务等专业 2012—2014 届毕业生在陕西就业的比例约 70%；根据毕业生跟踪调查，陕西省金融、财政、税务、统计系统四分之一的业务骨干均毕业于我校，光大银行、长安银行、西安银行等商业银行三分之一的一线业务骨干均毕业于我校；用人单位对我校毕业生专业水平和实践能力等方面的认可度达 85% 以上。

1. 毕业生就业质量及去向

学校结合自身的办学定位，积极主动教育、引导毕业生面向西部、面向基层就业。毕业生就业率稳中有升，就业去向在地域、行业及层次上分布合理，面向西部地区就业和金融行业就业比例较高。以 2012—2014 届本科毕业生就业去向为例，面向陕西就业三年平均达到 67.5%，面向金融行业就业平均达到近 12%。

2. 毕业生就业发展

学校一直秉承"育人为本、质量优先、人才强校、特色发展"的办学理念，坚持立足陕西、面向西部、服务社会，采取一系列措施服务于毕业生就业发展。一是促进毕业生就业改进就业指导课的设置；二是逐步完善就业信息化服务平台，根据实际不断应用现代新信息技术，建立就业信息数据库，及时发布招聘信息，开展网上测评、在线政策咨询、在线招聘预约，降低毕业生求职成本，切实提高就业服务水平；三是按照学校"走出去、请进来"的就业战略加大对外联系与沟通，积极组织就业指导教师走出去，到发达地区和发展较快地区推荐优秀毕业生，同时利用校友、家族关系、校企合作关系、实习基地等各种资源，积极推荐毕业生；四是加强学生综合素质，提升学生就业竞争力，在毕业生培养上要加强职业道德、团队合作、专业水平、实践能力、敬业精神、沟通交往、文明礼貌等一系列的个人修养，不断提高毕业生的个人的竞争力；五是学校积极承办陕西省财经类大型就业洽谈会，同时主动邀请用人单位来我校举办专项就业洽谈会、宣讲会、就业指导会，不断扩大就业信息容量，加强用人单位和毕业生的沟通交流。

财经类应用型人才培养模式创新的探索与实践

王学军①

高等教育大众化背景下，面对社会对教育需求的多样化特点，高校如何通过人才培养模式改革，使培养的学生在从业适应能力、接受新知识能力、实践能力、创新能力上满足国家经济建设和社会发展的需要，是高等财经教育面临的重大课题。兰州商学院作为甘青宁三省区唯一一所财经类院校，学校一直坚持不懈地推进本科教学质量工程，按照宽口径、厚基础、重应用的基本思路，不断完善学分制、弹性学制、主辅修制、双学位制，积极推行人才培养模式的创新与改革，为学生的个性发展搭建良好平台，努力培养具有创新精神和实践能力的财经类应用型复合人才。尤其是党的十八大以来，我校主动适应社会需求，自觉遵循高等教育规律，将科学发展观内化为学校的办学观、质量观和人才观，按照入主流、定好位、办特色的要求，积极探索并全方位推进财经类应用型人才培养模式改革。

一、创新人才培养模式是高等财经类院校内涵式发展的迫切要求

党的十八大报告明确提出，要培养学生的社会责任感、创新精神和实践能力，要不断深化教育领域综合改革，推动高等教育内涵式发展。这一论述赋予了新时期高等教育新的历史使命，对高等教育人才培养提出了新的要求，为我国高等教育在新的历史时期深化改革、科学发展进一步指明了方向。十八大报告关于高等教育内涵式发展的论述对各高校今后的发展方式和发展路径提出了明确要求。从高校的自身发展来看，当务之急是要尽快适应高等教育从数量扩张到质量提升和结构优化的内涵式发展道路。质量是高校发展生命线，当前高等院校发展的主要任务是全力以赴提高教育教学质量和优化办学结构，核心任务是提高质量。因此，走内涵式发展道路是高校实现可持续发展和科学发展的唯一选择。

所谓"内涵式发展"，就是要抓住事物的本质属性，强调事物"质"的发

---

① 王学军，兰州商学院副校长，教授，硕士生导师。

展。内涵式发展是发展结构模式的一种类型，是以事物的内部因素作为动力和资源的发展模式。对于高校来说，内涵式发展就是要实现发展方式的三个转变：一是在发展动力上，由主要依靠办学经费的增加、国家政策的推动，向主要依靠高等学校内在发展需求的拉动转变；二是在发展途径上，从主要依靠学校数量的增加和招生规模的扩大，向主要依靠提高教育质量和优化办学结构发展转变；三是在办学要素的配置上，由主要依靠物质条件的改善，向主要依靠教师素质的提高、教学内容和手段的优化、教学管理体制机制的创新转变。

近年来，随着国家对高等教育投入的不断加大，高等教育已经实现了大众化阶段的基本目标。一方面，各高校在基础设施建设、质量工程建设方面取得了显著成效，在学科建设、专业建设、课程建设、人才培养模式改革等方面的标志性成果不断增加。另一方面，各高校又不得不面临的事实是，社会和用人单位对毕业生的质量和竞争力方面提出各种各样的问题。这一方面说明现阶段人才培养与社会需求相脱节的现象仍然大量存在，尤其是人才培养模式与社会对应用型人才的需求不相适应；另一方面则表明在人才培养供需双方，对人才质量的评价标准不统一。

从高等教育发展的目标出发，我国需要完成由高等教育大国向高等教育强国的转变，现阶段各高校需要培养大量的拔尖创新型人才。从适应社会需求的视角而言，各高校的人才培养又要与多元化的产业结构和体系相适应，需要多元化的学科体系、专业体系、课程体系为支撑。从用人单位对人才需求和岗位需要的视角出发，则要求毕业生具有明显的或潜在的适应岗位需求的知识体系、综合素质和实践能力。由此可见，由于人才质量评价标准的不一致，财经类院校在内涵式发展中必须要准确定位，合理确定办学目标，不断优化办学结构，着力创新人才培养模式，以满足社会经济发展对财经类应用型人才的需求。

二、我校创新人才培养模式的指导思想与基本原则

1. 指导思想

多年来，我校持续开展了以需求为导向的财经类应用型人才培养模式改革的探索与实践。学校人才培养模式改革的指导思想是：以经济、社会需求和人的全面发展为导向，社会需求与学科发展兼顾，形成专业特色，自觉遵循高等教育规律，将科学发展观内化为学校的办学观、质量观和人才观。全面凸显专业特色，优化课程体系，努力构建学生合理的知识结构，拓展素质教育，强化学生创新精神和实践能力，注重学生个性发展，努力实现"知识探究、能力提升、素质培养、人格养成"四位一体，形成培养与我校办学特色相适应、学校转型发展需要

的财经类应用型人才培养模式。

2. 基本原则

人才培养模式是学校为学生构建的知识、能力、素质结构以及实现这种结构的方式，它从根本上规定了学校人才培养的特征并集中地体现了学校的教育思想和教育观念。我校的人才培养模式改革主要遵循以下基本原则：

（1）科学论证，明确定位。依据经济社会的发展需要，结合学校的办学目标及定位、学科基础和办学条件，紧紧围绕学院整体发展战略和目标定位，找准和明确专业人才培养目标定位、培养类型定位和服务对象定位。

（2）优化体系，彰显特色。明晰各类课程的功能，优化必修课与选修课、公共基础课与学科基础课及专业课、理论课与实践课之间的比例关系。注重培养环节，系统构建课堂教学、校园文化、社会实践三位一体的人才培养模式。优化人才培养途径，在完善常规教育教学的基础上，探索辅修、双专业和双学位、校企合作、国内外联合培养等多种方式。努力在人才培养模式、课程体系、实践教学等环节形成特色，做到"人无我有，人有我精，人精我特"，增强专业竞争力。

（3）强化实践，需求导向。加强实践环节教学，有目的地组合课外活动课程，构建课内课外一体化的实践教学体系，切实提高学生的综合素质，注重学生创新精神和实践能力的培养，主动适应社会发展的需要，切实促进学生就业。

三、我校创新人才培养模式的探索与实践

1. 解放思想、更新观念，巩固本科教学基础地位

人才培养是学校的根本任务，质量是学校的生命线，教学是学校的中心工作，抓好本科教学是提高高等教育质量的关键。我校始终坚持"育人为本、德育为先、能力为重、全面发展"，把促进人的全面发展和适应经济社会需要作为衡量人才培养水平的根本标准。始终坚持不懈地推进本科教学质量工程，坚守人才培养质量这条生命线，推动学校上层次、上水平。学校提出"质量立校战略"，启动了全面提高教育质量的"30100工程"，为全面落实以质量为核心的教育发展观，动员广大教师自觉追求高质高效的教学质量，为保持学校良好的办学声誉和持续的健康发展打下坚实基础。

2. 优化结构、办出特色，不断创新人才培养模式

（1）优化专业结构与布局。从经济社会发展对人才的实际需求出发，结合学校学科专业结构特点，改造传统优势专业，扶持和强化新办专业，培育品牌特色专业，适度调整一般专业，严格设置新专业，加强专业评估和考核质量标准建设，建立专业预警和退出机制。在全校范围内形成尊重市场、尊重选择的专业竞

争机制。

（2）创新人才培养机制。坚持通识教育基础上的宽口径专业教育，以知识传授为核心，将知识外化为能力，内化为素质，实现学生知识、能力和素质协调发展；完善辅修双专业、双学位以及弹性学制；强调校企合作、校地合作；以教学内容和课程体系改革为重点，全面提高育人质量和素质，逐步构建适应未来经济和社会发展要求的财经类人才培养机制，全面提高学生的综合素质、适应能力和竞争力。

（3）深化课程体系和教学内容改革。打通专业壁垒，按公共基础课平台、学科基础课平台、专业课平台、创新与创业课程平台、实践课程平台五个层次，建立了"平台+模块+组"的课程体系。该课程体系具有如下特点：①强化"厚基础"。方案中将公共基础课程摆在重中之重位置，鼓励和支持学院和教师深化课程内容改革，通过学科竞赛与课堂教学相结合，进行课程改革实践。②优化"宽口径"。打通专业壁垒，按照学科设置学科基础课，通过辅修"双专业、双学位"，搭建复合型人才的培养平台。③突出特色。从学校层面，方案中突出学校财经类、地方性、应用型的特色；各专业根据学校和各专业的培养目标突出专业特色。④注重素质教育。培养方案中注重文理交叉，增加有利于提高学生思想道德素质、人文素质、身心素质的综合素质课程。⑤加强创新创业实践教育。设置的创新创业课程和创新学分，将创新创业实践纳入到培养方案中。

3. 加强投入、健全监督，保证人才培养模式改革顺利进行

人才培养模式改革是一个庞大的系统工程，学校从可持续发展的角度出发，建立了一套保障体系，确保人才培养模式改革的总体思路能够落到实处。

（1）加大了对本科教学的投入力度。学校一直强调把领导精力、教师注意力、经费投入引导到本科教学工作上来。进一步加大教学经费投入，确保教学运行需要，学校学费收入中用于日常教学的经费不得低于25%，用以保障教学业务、教学仪器设备维修、教学差旅费等教学开支。大幅度增加实践教学专项经费，改变了实践教学经费不足的状况。

（2）建立了一套行之有效的制度保障体系。这些制度保障体系包括：以保证教学水平、把好教师上岗关口为宗旨的教师上岗资格认定制度；以督促教师不断提高教学质量为宗旨的教学督导与学生评教制度；以帮助中青年教师提高业务水平、改善知识结构为目的的教师进修培训制度；以鼓励优秀人才脱颖而出为宗旨的优秀学生奖励制度；以促进学生知识、能力、素质协调发展为宗旨的学生综合测评制度等在内的学生评价制度体系，最大限度地调动教师和学生的积极性。

（3）健全教学质量监控体系。重点做好三种评价，即教师课堂教学评价、

学生学业评价、教学管理评价。每学年要对教师课堂教学质量进行评价，健全专家评教、同行评教制度；完善学生评教指标体系、实施办法，形成领导、专家、同行、学生四级评教体系。建立健全以自我评估为主要基础的三类评估机制，即课程建设评估、专业建设评估、学院教学工作水平评估。完善质量监控保障体系。实施期初、期中、期末"三段式"常规教学检查制度。构建常规性检查与临时性抽查相结合、自上而下监督与自下而上反馈相结合、过程性评教与终结性评教相结合、教学质量督导制与教学信息反馈制相结合"四个结合"的本科教学质量监控保障体系。

回顾我校的人才培养模式改革实践，可以说，取得了令人鼓舞的成绩，学校已经成为甘肃乃至西北地区重要的财经类应用型人才培养基地。但是与我校确立的建设有特色、高水平的教学型财经大学奋斗目标的要求相比，还面临诸多挑战。今后，学校将继续以党的教育方针为指导，全面贯彻落实科学发展观，立足于社会需求和学校的发展优势，以改革创新的精神、求真务实的作风和奋发有为的工作激情，克服困难，苦练内功，狠抓关键环节，坚定不移地走以质量提升为核心的内涵式发展道路。以更高的标准、更高的要求整合学校教育资源，深化教育教学改革，开展人才培养模式改革更深层次的探索与创新，全面提升学校的综合竞争力。

人才培养机制改革探索
——以山东财经大学为例

山东财经大学教务处

　　党的十八届三中全会通过的《中共中央关于全面深化改革若干重大问题的决定》（以下简称《决定》），明确了深化教育领域综合改革的总体要求、攻坚方向和重点举措，对促进教育事业科学发展、努力办好人民满意的教育，具有极为重要的指导意义。山东财经大学认真贯彻《决定》精神，围绕"立德树人，提高人才培养质量"这一核心问题，以破解制约学校科学发展的关键领域和薄弱环节为突破口，以加快转变发展方式、完善体制机制为着力点，对深化教育综合改革和学校长远发展问题进行梳理和谋划，明确了学校发展的方向和基本思路。

一、坚持育人为本、立德树人基本理念

　　《决定》明确提出："全面贯彻党的教育方针，坚持立德树人，加强社会主义核心价值体系教育，完善中华优秀传统文化教育，形成爱学习、爱劳动、爱祖国活动的有效形式和长效机制，增强学生社会责任感、创新精神、实践能力。"学校紧紧围绕"培养什么人、怎样培养人"这个根本问题，学校组织开展了教育思想大讨论，正在完善相关制度，更好地落实教书育人、管理育人、服务育人职能。学校坚持立德树人基本导向，高度重视教育和帮助学生牢固共同思想基础、端正政治立场、砥砺品德陶冶情操、激发历史责任感、树立正确的世界观、人生观、价值观，将个人成长成才与投身实现中华民族伟大复兴中国梦的实践紧密相连。学校坚持育人为本、德育为先、能力为重、全面发展原则，创造多样化、个性化、创新型人才成长的良好环境和机制，尽力为每个学生提供适合的教育，让每个学生都能成为有用之才，成为德智体美全面发展的社会主义建设者和接班人。

二、搞好顶层设计，明确学校发展主题和主线

　　2013 年 10 月，我们依托省部共建平台，在教育部、财政部和省教育厅、财

政厅支持下，举办了学校发展规划专家咨询会，邀请全国知名院校校长、专家，为学校未来发展把关定向。会后，我们拟订了《山东财经大学发展规划纲要（2014—2020 年）》。《纲要》完成了学校顶层设计，确立了学校今后一个时期的目标定位，明确了"以提高质量和强化特色为核心，建设全国一流财经特色名校"的发展主题，和"以内部管理体制改革创新为动力，推进学校治理体系现代化"的发展主线。2014 年 1 月，学校召开党委扩大会议，审议通过了建设"实施特色财经名校工程"等五个事关学校发展全局的重要文件，拉开了全面推进学校改革发展的序幕。

三、推进内部管理体制改革，实行校院两级管理

内部管理体制改革是建设现代大学制度的重要内容。为了促进学校发展，必须首先破除影响发展的体制机制障碍。

1. 推进校院两级管理体制改革

合校以后，学校规模大，校区多，学院办学活力不足，管理效率低下。过去那种集权式、学校统一管理的体制，已经不适应学校发展需要，内部管理体制改革势在必行。为此，我们制定了《山东财经大学校院两级管理总体方案》，校院两级管理体制改革的总体目标是明晰院校的责权利关系，建立学校宏观调控、学院自主管理自我约束、责权利相统一、人财物相配套、运行顺畅、务实高效的管理体制和运行机制。

在校院两级管理体制下，学校对学院由过程管理变为目标管理，主要依据校、院双方签订的目标责任书对学院整体工作及其领导班子进行年度和任期考核，考核结果与学院负责人的聘用和本单位相关利益直接挂钩。为便于考核实施，我们配套制定了《山东财经大学学院任期目标责任制考核办法》，建立起一套以常规工作为基础、鼓励特色创新、争取重点突破、责权清晰、奖罚分明的学院目标责任考核体系。

在校院两级管理体制下，学院作为办学实体，拥有更多自主权，对教学科研、学科建设、人才队伍建设和资源配置等各方面，实施过程管理。总体方案明确规定，学院实行院长任期目标责任制，院长连续任期不超过两届（一届三年）。

2. 强化学术组织作用

实行校院两级管理后，为了强化学院自主管理自我约束，统一整合了学院教授委员会、学术委员会、学位评定委员会和教学委员会等学术组织职能，组建了统一的学院教授委员会。制定了《山东财经大学学院教授委员会工作规程》，明确了教授委员会作为学院学术事务的咨询、决策机构和行政监督机构，统一行使

上述学术组织职能，规定了学院在管理决策过程中，必须坚持民主集中制，自觉接受教授委员会的咨询和监督，事关学院发展的重大决策必须首先充分听取和吸收教授委员会的咨询意见。

3. 完善学院议事决策制度

总体方案明确了学院议事决策机构和议事规则。包括党政联席会议、院务委员会会议、学院党委会议、教授委员会会议和教职工代表大会等制度，基本形成了党政分工合作，学术权力与行政权力职责清晰，教授治学、民主管理的运行机制。

四、深化干部人事制度改革，加强人才队伍建设

人才资源是第一资源，是事业发展的关键支撑。合校以来，尽管我校的人才队伍得到了进一步的充实和提高，但是高层次人才不足，仍然是制约我校发展的瓶颈；管理干部积压严重，活力不足，影响了我校的管理服务水平和效率。为此，我们以完善用人机制为突破口，积极推进干部人事制度改革。

1. 培养引进相结合，加强高水平人才队伍建设

围绕学科建设、科学研究和教学需要，以高层次人才为重点，切实抓好领军人才、学科带头人、学术带头人和教学科研骨干的培养和引进，统筹协调、整体推进，制定了《山东财经大学关于加强人才队伍建设的意见》。

立足人才培养，实施"攀登教授支持计划""青年英才支持计划"，重点支持 10 名教授攀登科学高峰和人才高峰，每年选派 20 名教学科研骨干赴海外进行为期 1-2 年的访学研修，每年遴选一批 40 岁以下青年拔尖人才给予重点培养扶持。

加大人才引进力度，创新机制，加大投入，采取超常规措施，面向国内外引进一批我校急需的领军人才、学科学术带头人和海外名校博士。目前，我校自主培养"国家百千万人才工程" 1 人，"教育部新世纪优秀人才支持计划" 3 人，"泰山学者" 1 人，从国内知名高校引进院长、教授 4 人。

2. 以分类分级管理为切入点，深化人事分配制度改革

今年以来，根据省编办、省人社厅有关规定，完成了机构设置调整，制定了定编、定岗方案。目前，正进行新一轮人事分配制度改革，实现一流人才，一流业绩，一流报酬。下一步，我们将组织实施教师岗位分类管理，建立教师退出机制，逐步推行教学为主型、教学科研型、科研为主型专业技术职务分类评聘制度。积极探索职员制改革，为管理人员晋升打开通道，合理解决职员职级待遇，淡化行政化倾向。

3. 以处级班子换届调整为契机，推进干部管理机制改革

合校以来，为保持学校稳定，我们对处级班子进行了简单合并，除个别处级干部做了岗位调整外，整体上未进行大的调整。今年，根据学校事业发展需要，针对合校后干部老化、职数超编、结构不合理等问题，校党委按照《党政领导干部选拔任用工作条例》有关规定，经省编办、省委高校工委批准，对全校处级班子和处级干部进行了换届调整。

此次调整，在保持处级班子和干部队伍相对稳定的同时，对在同一部门工作时间较长的处级干部进行了轮岗交流，正处级干部交流面达到了38%，副处级干部达到了46%。部分处级干部自愿转为专业技术岗位，或自愿退出领导岗位，学校对上述转岗、退出人员，给予了相应的政策保障。换届调整后，干部队伍的年龄结构、知识结构、专业结构、学历结构、智能结构进一步优化，为全面推进学校事业发展提供了组织保证。

五、探索人才培养模式改革，提高人才培养质量

围绕应用复合型人才培养目标定位，积极探索人才培养模式改革，努力提高人才培养质量。

（一）创新人才培养模式，实施人才分类培养

1. 加强拔尖创新人才培养。从 2013 年起，依托我校优势学科，选拔少量拔尖创新人才，设立了经济学、金融学、会计学三个创新实验班，实施精英式人才培养。

2. 实施高端应用人才培养。依托应用性强的学科，选拔少数具有发展潜力的学生，强化实践和创新能力教育，培养高端应用人才。

3. 强化特色人才培养。按照学科交叉和突出财经特色的原则，结合辅修双专业、双学位培养模式，实施双专业或复合型特色人才培养。

4. 推进国际化人才培养。积极拓展合作办学领域，按照 2+2 培养模式与国外高校开展合作，实施国际化人才培养。

5. 探索"3+1"应用人才培养。在部分经管类专业开发实践教育基地，促进产学研结合，实施"3+1"应用人才培养方案，即：本科生在校内学习 3 年，在企业实习 1 年。

（二）进一步完善基于学分制的多样化人才培养方式

主要包括境内外跨校学分互认、辅修双专业、双学位、校企联合培养、优秀学生转专业制度等。目前，我校已与加拿大达尔豪斯大学、新西兰国立理工学院

实现了跨校学分互认，开设了 10 个辅修专业，与浪潮集团开展了校企联合培养，实现了 10% 的优秀学生转专业。

（三）积极参学分制改革，满足学生发展需求

按照山东省学分制改革的有关要求，加快完全学分制改革，完善以"自主"为特征的教学管理制度。建立以增强学生自主学习为特征的自由选课和选择教师制度、辅修专业制度、学生转专业制度等教学管理制度，满足学生多样化的教育需求。

六、完善教育教学评价制度，激发学校办学活力

（一）完善教师评价制度

建立完善有效的激励和约束机制，改进教师评估方式，评价结果原则上不与奖惩挂钩，在教师职务晋升中进一步细化对教学的要求，如教学质量及学生和同行反馈、专业和课程建设方面作出的贡献、在本科生和研究生管理方面发挥的作用等，从而调动广大教师参与教学、投入教学的积极性。

（二）完善学生综合素质评价制度

学校积极推进素质教育，改变以掌握知识的多少来评价学生质量的知识质量观，建立学生综合素质评价体系，从思想道德素质、知识素质、身心素质、文化素质、社会活动能力、创新实践能力等多个方面对学生进行综合评价。重视对学生创新能力的评价，凡在各项科技活动、科技竞赛取得科技成果、发表科技论文、获得专利等方面成绩突出的学生，在评优、颁发奖学金等方面都应给予倾斜。以激励学生注重创新精神和实践能力培养。

（三）改进科学研究评价办法

倡导学术精品意识，形成重在质量、崇尚创新、社会参与的评价方式；建立以科研成果创造性、实用性以及科研对人才培养贡献为导向的评价激励机制；实施重大科研成果学校奖励、其他科研成果学院奖励的两级奖励机制。

应用型财经院校教育教学改革
路径的思考与探索

陈晶莹　张立新①

一、探索高等教育发展规律，加强高校制度建设

21 世纪以来，科学技术的迅速发展，让人类社会生活发生前所未有的变化。作为古老的社会组织，大学也以新的姿态迎接着这种新的机遇和挑战。正在成长为世界第二大经济体、进入社会转型关键时期的中国，如何在高等教育方面应对各种挑战，并担负起现代化进程中应有的历史责任，成为摆在中国高等教育面前、需要尽快解决的迫切课题。

（一）大学制度建设是高校面临的迫切任务

进入高等教育大众化阶段的中国高等教育，在为中国社会转型提供了大量高素质的人力资源的同时，向世界一流大学学习，建立世界一流的大学制度从来没有停止过，也从来没有像今天这样强烈，这不仅仅是少数中国顶尖大学的天然责任和义务，更是所有中国高校的义不容辞的共同使命。没有一流的现代大学制度就没有一流大学产生、存在和发展的基础，这也是中国高等教育经过多年的摸索后形成、并逐步被接受的共识。大学制度建设是贯穿于高等教育改革始终的一条主线，无论是大学章程的拟定，还是学术委员会的建立，均显示了其在推进当前高等教育教学改革中逐步发挥了应有作用。

大学制度建设的核心是大学职能的实现和大学精神的体现。从专制时代略显单调的古老大学到现在多样纷呈的现代大学群体，大学不再仅仅作为政府或某一社会组织的附属物，而是能更准确地反映社会和人类发展的最新成就、快速反应人类社会改变自然探索人类宝库、在其发展中使其自身的价值得到最大实现的组织，这恰恰是大学制度建设的核心价值所在，无论历史上大学发展的趋同、趋异

---

① 陈晶莹，教授，上海金融学院副院长；张立新，上海金融学院高教研究所副所长，研究员。

还是部分重新趋同，都是大学不能回避的客观存在。

（二）把握大学制度建设的新内涵

具体而言，在人才培养方面，高等教育大众化阶段比以往精英教育阶段更应注重学生的全面发展，注重其改造社会、适应社会能力的培养。大学生虽已不再是天之骄子，但作为一个大写的普通人可能比天之骄子更可能改变大众，因为他们本身即大众，拯救他人之前需要先拯救自身。学生的这种发展要求，必然也应该反映到学校教育教学改革中，善于学习、自主学习将成为未来学生成功的关键。以质量优先的方略，海纳百川的胸怀，放眼世界的视野，经世致用的理念，是大学教育教学的核心所在，更是财经院校办学应遵循的理念。其次，作为古老的职业，大学教师工作特点在现代社会中依然得到延续。以知识生产为己任，拥有高度灵活的自主性，使其保持灵性和身体的自由，从中创造出人类科技文化的一个又一个辉煌。尊重高校教师的职业特点，发挥教师的主观能动性，是提高高等教育质量的关键。第三，把握高校科学研究特点，不断追踪、引领学科前沿。探索无止境的世界是大学的历史使命，而以学科划分的大学在当今以学科融合、交叉等形式展现。大学天然注重首创精神，作为探究的场所，分化与整合从来就没有停止过，合作与竞争在高校的科学研究中具有同等重要的地位。第四，重视高校的社会服务职能。大学从过去的社会边缘走到社会中心位置，受到全社会前所未有的关注，在复杂的社会关系中，大学不能置身于世外，而是有义务运用其学术资源，对社会的需求做出反应。中国的大学虽然从未有过象牙塔中的经历，谈不上走出象牙塔，但发挥大学的职能，有所作为，从中找到自己应有的位置却是与西方大学普遍面临的责任与挑战。

二、以内涵建设与开放发展相结合，推进高等财经教育改革

目前的院校分类方法，明显带有中国的特色。既有历史的印痕，又有时代发展的特点，这给高等财经院校改革发展带来挑战，一些问题也需要认真对待。需要通过加强高校内涵建设和开放发展相结合、推进高等财经教育改革加以解决：

（一）大规模、多学科建设模式下的发展问题

财经类院校不再是只有计划经济下的较为单一的学科和偏小的办学规模的学校，而是学校学科、规模不断壮大的大学。由于不再是过去学科较少，而是文、理、工、经、管等多科并举，学生人数众多，从学科设置、在校生规模等各方面更加符合大学的基本形态，像从一个稚气未脱的儿童成长为一个更富有生机活力的青年。腰身壮了，衣服和帽子变小了，这就带来更多学科管理的问题，学科

建设以及由此带来的办学模式探索成为一个新的课题。以开放的心态，国际化的视野理解、解决财经高等教育发展中的问题显得尤为迫切和必要。此外，在过去计划经济下形成的财经类院校办学传统的学校文化和价值理念也需要得到及时转变。

（二）面向社会需求的人才培养

在人才培养方面，财经类院校应探索处理好计划与市场的关系。过去是面向行业企业等特定部门，但目前劳动力市场的高度市场化，要求学校在人才培养中注意协调或缓解这种矛盾，注重以追求实际利益中帮助学生发展，最终要在人才培养模式以及培养过程中得以顺利实现，在积极的改革中使学生智力、社会等体验中得到发展。正如老一代财经教育家郭秉文教授所言，商科应"三育并举，以诚为训"。面向社会需求的人才培养应以学生作为人的培养、人的发展为基础，体现在课程上则是一方面注重课程的专业化和社会适应性，另一方面重视开展学生公民意识、诚信意识、创新创业能力培养的通识教育。此外，课程的国际化也是财经类人才培养的一个重要途径。

（三）以服务社会为导向的科学研究

现代大学在服务社会时，扩展了与社会的边界，但同时，与社会的边界也日益模糊。财经类院校自身的特点，要求其科学研究与社会服务应与学校发展目标定位相匹配。财经类院校与经济社会具有天然的关系，应注意密切融合，不囿于书斋，故步自封。在经济社会快速发展中，高等财经院校许多学科普遍具有应用性特点，在解决经济实际问题中具有天然的优势，不能脱离社会。在经济社会改革发展的大潮中，财经院校更应带头以真问题、新发展、跨学科为要求，聚焦发展，重点投入，培育优势学科，推进学科建设与科研工作的融合，促进产学研一体化发展；加强应用性研究，以解决实际问题为出发点，服务行业企业和地方经济社会发展；创新体制机制，推进开放教学，整合社会资源，引进社会资源共建平台，构建平台建设的新模式。

（四）开放合作的发展新思路

对外开放是国家战略，是加快国家发展的必然选择。开放与改革相伴而生，相互促进。财经院校应不断开放办学的力度，不断构建全社会共同参与的开放型办学模式。主动争取扩大开放。积极引进国外优质的教育资源，包括课程、师资和项目等。不断拓展与世界著名高校或教育机构合作，借鉴国际教育先进经验，不断扩大留学生教育规模和学校的国际影响。

财经院校开放办学要坚持内部开放和外部开放相统一。高校具有天然多元包容的校园文化，这种多元文化的交锋，是学校发展的不竭动力。学校内部要有海纳百川的胸怀、协同合作的氛围、文明和谐的价值取向，以开放的心态凝聚创新的制度环境。外部开放一方面要对接国内经济社会发展需求，加大政产学研资源整合力度，探索全方位、多途径的开放合作机制，不断实现有关各方的互利共赢。同时，更要加强国际交流与合作，充分利用国外的先进经验和优质资源，提升学校教学科研和管理服务工作水平，以实现与国际社会的良性互动。以内部开放和外部开放互为条件，相互影响。

三、立足学校实际，扎实做好管理机制体制改革实践

基于以上认识，上海金融学院立足学校实际，把握应用型本科院校、地方院校、财经类院校的基本特点，以强调实践的应用型人才培养为基础、注重服务地方社会、注重国际国内经济发展并反映到教育教学科研改革中，积极推进管理机制体制改革，取得一定成效。

（一）实施人才强校战略，加大师资队伍建设力度

学校突破体制机制上的障碍，优化人才政策环境，同时做到三个"坚持"，即坚持引进与培养并重、考核与激励并重、教学与科研并重，全方位做好服务和配套工作，发挥师资队伍的创新潜能。

1. 创新人才引进机制，提高师资队伍素质和水平

一是探索构建符合我校特点的师资研究员制度。以3年为考核期，要求新进教师完成相应的科研工作量，第一年担任助教，实行年薪制，逐步建立以工作绩效为导向的灵活的薪酬制度。二是推行"常任轨"制度。学校瞄准国外知名高校的优秀博士，以6年为考核期，完成相应科研工作量，实行年薪制，经考核"非升即走"。同时结合院系师资的现有基础，筑高原、建高峰、出高产，优化我校师资队伍结构，努力形成具有国际化特色的高水平师资队伍。

2. 构建人才成长平台，打造师资队伍特色

一是启动教师教学发展示范中心建设。以提升中青年教师和基础课教师业务水平和教学能力为重点，完善教师教学发展机制，推进教师培训、教学咨询、教学改革、质量评价等工作的常态化、制度化，切实提高教师教学能力和水平。二是实施骨干教师激励计划。以加强教师教学绩效考核和规范教师行为为重点，进一步激发教师教书育人的动力和能力，形成有利于学校教师队伍可持续发展的制度环境和教书育人的文化氛围。三是实施教师专业发展工程。通过实施国外访学进修计划、国内访问学者计划、产学研践习计划、实验技术队伍素质提升计划

等，进一步提升师资队伍应用型教学能力、国际交流合作能力、服务社会经济发展能力和创造创新能力。

（二）开展应用科学研究，努力服务地方经济社会发展

在坚持科研与学校定位相适应，与办学特色相一致、与社会需求相统一的基础上，努力实现"着力服务、着力应用、着力合作"等三个着力。加强开放合作，推进应用性科研工作，强化高校社会服务功能。通过加强官产学研合作关系，拓展工作思路和路径。

1. 推动科研转型发展，激发创新潜能

一是创新科研组织，如建立矩阵型科研机构，打造开放研究平台，以机制体制创新为核心加强制度设计，推进政产学研合作。其次，改革科研机构运作模式，以需求和问题为导向，开展应用型科学研究，提升服务地方经济社会发展的能力。二是优化学术团队，以新型科研组织为平台，引进国际一流团队并配备校内科研助手。招募国内一流学者，设置特聘岗位开展跨学科研究。培育校内青年教师团队，通过"金苗计划""金鹰计划"激励年轻教师潜心治学。三是改进科研管理模式，深化科研管理体制机制改革，完善学校科研项目管理办法，建立多元成果评价机制。推进二级管理，充分发挥院系科研工作的主动性和能动性。浓厚科研氛围，通过各类国际国内学术活动激发教师科研热情。

2. 积极推进上海金融中心建设，服务地方经济社会发展

学校与上海市政府发展研究中心共建"上海国际金融中心建设研究基地"，通过发布系列课题、举办高峰论坛、与政府部门和金融机构合作研究等形式开展工作。《战略与金融服务》《上海国际金融中心发展环境专项研究（一）》等研究成果已经出版，部分研究成果分获"上海金融创新改革研究成果奖"一等奖、二等奖。近两年有10项研究成果，获得中央和上海市领导的重要批示。

3. 积极服务上海自贸区建设，做好中国新一轮改革试验研究

2013年11月，由我校与安徽国购投资集团、中国银行上海分行等单位发起成立国购研究院（SHFU-GUOGOU INSTITUTE OF FINANCE FOR FTZ），在整合资源与优势互补的基础上，共同组建以学术研究为支撑、服务于上海"四个中心"建设、中国（上海）自由贸易实验区建设、长三角地区社会经济发展的开放式、创新型和国际化专职研究机构。目前，已发布两批自贸金融决策咨询系列课题20项，2篇文章被上海市政府发展研究中心《专家反映》采用，报送市委、市府领导决策参考的内部资料；4篇发表于上海市政府发展研究中心《科学发展》杂志。研究成果还获得上海市哲学社会科学优秀成果奖著作类二等奖。另外，还与中国金融信息中心等单位建立战略合作关系。

4. 服务上海产业升级，破解企业发展难题

科技企业融资是公认的全球性难题，2012 年 7 月成立的上海科技金融研究院，是目前长三角地区的唯一一个科技金融服务平台，紧扣上海科技金融发展所面临核心需求，联合政府部门、金融企业、研究机构多方力量，搭建科技金融公关研究平台，组建协同研究队伍，学校给予人、财、物以及制度等全方位配套支持，形成一个需求牵引、开放联合、体制创新的制度框架，如设立专家咨询白名单制、推广教授制度，对内"流动站"模式、对外"研究基地"模式，在管理机制上，启动人才的互聘和双聘机制、研究助理制度、人才引进的长短期配合机制等。

目前，该院已构建科技型企业互联网信用贷款平台，研发多项"科技贷款"应用成果并已在金融机构上线应用，1 100 多家企业获得工商银行、建设银行等融资，促进了"科技贷款"业务模式再造。多项"政府支持模式"创新成果直接应用于政府部门科技金融政策，打造开放式的科技金融数据库与科技金融风险模型实验平台，编制了我国第一支科技金融环境指数——上海科技金融环境指数。此外自主研发企业融资能力评价模型体系，推动了长三角科技金融体系的发展。目前已有 4 项课题获得国家级立项支持，"上海市小微企业金融支持机制创新研究"获上海市决策咨询研究成果一等奖（2014）。6 份专报转化为中央和市政府内参，其中 4 份获得了上海市级领导肯定性批示。

（三）推进人才培养改革，培养应用型创新人才

近年来，学校以人为本，积极推进人才培养模式改革，通过实施教师激励计划、不断加大课程建设、推进实验实践教学改革、拓展创新创业教育与实践、实行订单培养等教育教学改革，培育应用型创新人才。

1. 全面推进人才培养模式的改革与创新，提升教育教学质量水平

一是以改革姿态开展学分及学习方式改革，以培养学生自主学习能力为教学改革的核心任务，积极开展学分改革，让学生能够自主学习国内外的先进知识。二是以卓越理念推进大类招生试点、基础课分类分层教学等工作，以"厚基础、宽口径、强能力、重素质"的人才培养理念为引导，推行按学院学科大类招生试点，为学生提供更多的个性发展选择空间。此外以"分类培养，因材施教"为原则，在公共基础课程中实施分层教学，使学生获得符合自身特点的最有效发展。三是以前瞻意识构建特色本科课程体系，在立足人才培养特色定位基础上，构建"财经特色通识教育课程+国际商科核心课程+自主'产权'课程+国际高端从业资格课程"四位一体的课程体系。四是以创新思维开展新生研讨课试点，由各学科优秀教师或丰富实践经验的行业导师任主讲教师，面向大一新生开设小班

研讨类课程，引导新生快速适应大学生活、开拓学术视野、转变思维方式、培养创新能力。

2. 实施激励导向机制，营造新型学习共同体

通过"基础项目——师生互伴计划"和"提升项目——特色教学团队计划"的实施与推动，以课程教学体系（课程群）为单位构建课程教学团队，以"教育的生命意识""师生的民主和谐"和"教师的角色转变"为重要理念和策略，努力构建"学习共同体"，激励教师全身心投入教育教学工作，切实落实本科学生全程导师制，全面实现青年教师导师制和助教制，提升青年教师教学水平和综合素质，完善教师教学绩效考核规范，推动教学改革，不断提高本科教学质量。

3. 注重教学能力养成，提升教师教学水平

2013年底成立教师教学发展中心，积极开展教学沙龙、示范课程、教育教学理念提升培训及海外培训等活动，努力为教师搭建全方位、多层面的发展平台，营造研究教学、讨论教学和推广教学经验的良好氛围，通过开展各项活动，促进了教师自觉更新教学理念、增强教学互动、提升育人水平。

4. 密切产学协作关系，创新人才合作培养机制

本着"优势互补、资源共享、紧密联动、共赢互惠"的原则，与一批行业企业建立了新型战略合作伙伴关系，联手打造合作办学全新平台。如协同创设前沿专业，设立了电子商务（支付清算方向）专业，该专业方向为全国高校首次设立。其次，协同打造行业优课，跨学科搭建科研教学平台，实现教学科研资源的双重整合。此外，协同打造校外学生实践基地，一批项目先后获批"本科教学工程"国家级大学生校外实践教育基地、上海高校创新创业教育实验基地等。学校还与商业银行合作开展"订单式培养班"，面向大二学生进行选拔，单独组班，学生毕业择业时，与用人单位实行双向选择。

5. 依托行业合作优势，开展创新创业合作教育实践

学校于2011年成立创新创业学院，设立大学生创业园区，打造学生创新创业合作教育实践平台。在加强创新创业教育师资队伍培训、提高教师创新创业教育技术和能力的同时，从相关行业成功人士和校友中聘请专家，组建"创新创业导师团"。同时积极推进创新创业教育课程体系建设，优化课程设置方案，形成课程实践与行业对接。2013年，我校有37项创新训练项目、28项创业训练项目和6项创业实践项目获上海市立项资助，参与创新活动计划的学生259人，占在校生数的3.23%，指导教师占全校教师的19%。一批学生创业实践项目分别入选第七届全国大学生创新创业年会，获"创青春"全国大学生创业大赛移动互联网创业专项赛金奖等，在央视网和《中国日报》上进行专题报道。

（四）加强对外交流合作，拓展国际化办学空间

学校实施国际化办学战略，创新国际化办学体制和机制，深化合作领域，拓宽合作空间，提高合作层次、水平，使教学科研国际化水平显著提升。近年来，学校先后与美国、加拿大、英国等国家和地区 30 多所高校及研究机构建立了合作关系，发展合作与交流项目 32 个，中外合作办学项目 2 个，在日本、越南、肯尼亚设立了海外教学点，实现优质教育资源的输出。现有留学生 600 多人，师生的国际视野和国际交流合作能力不断增强，学校连续两年被授予"上海高校外国留学生教育先进集体"称号。

总之，在社会急剧变革的时代，中国高等教育面临着前所未有的挑战和机遇，尽管道路曲折，困难不少，但相信在社会各界群策群力、广大教育工作者不断探索中，中国财经高等教育同中国的未来一样前途光明。

参考文献

［1］比尔·雷丁斯. 废墟中的大学 ［M］. 郭军，陈毅平，何卫华，周利娟，译. 北京：北京大学出版社，2008：20-40.

［2］克拉克·克尔. 高等教育不能回避历史——21 世纪的问题 ［M］. 王承绪，译. 杭州：浙江教育出版社，2001：6-8.

［3］德里克·博克. 走出象牙塔——现代大学的社会责任 ［M］. 徐小洲，陈军，译. 杭州：浙江教育出版社，2001：10.

［4］伯顿·克拉克. 探究的场所——现代大学的科研和研究生教育 ［M］. 王承绪，译. 杭州：浙江教育出版社，2001：277-292.

［5］赵庆典. 高等学校办学模式研究 ［M］. 北京：人民教育出版社，2005：263-278.

［6］Gerald Grant and David Riesman, The Perpetual Dream：Reform and Experiment in the American College. Chicago：University of Chicago Press, 1978：296.

［7］Archibald Macleish, The Next Harvard, Cambridge, mass.：Harvard University Press, 1941：4.

中外合作办学模式探析
——基于上海纽约大学的实践

魏　薇①

摘要：经过一个时期发展，中外合作办学初具规模、布局更加合理，学科专业结构逐步优化，进入快速、平稳和高质量发展阶段。本文梳理了中外合作办学的基本概念、实施意义，并以上海纽约大学为例回顾中外合作办学发展情况，并得出对下一阶段发展的启示和经验。

关键词：中外合作办学　上海纽约大学

《国家中长期教育改革和发展规划纲要（2010—2020年)》明确指出"吸引境外知名学校、教育和科研机构以及企业，合作设立教育教学、实训、研究机构或项目。"我国高等教育要从高等教育大国建设为高等教育强国，对外开放是重要途径之一，中外合作办学是其中的一种方式，除此之外，还有必要尝试更为开放的方式。改革开放30多年来，我国教育国际合作与交流快速发展，初步形成了全方位、多层次、宽领域的格局。中外合作办学作为教育国际合作与交流的一种重要形式，对推动办学体制改革，拓宽人才培养途径，促进教育对外开放发挥了积极作用，一定程度上满足了人民群众多样化教育需求，引起了社会广泛关注。

2001年，我国加入世界贸易组织（WTO）。根据WTO规则，我国承诺开放教育领域，外国教育机构可以以商业存在的方式开展教育服务贸易。而对教育服务贸易领域的商业存在，各国都非常慎重，通过市场准入、国民待遇等方面严格把关、区别对待，维护本国教育主权。为稳妥应对国外教育对我国教育的冲击，抵制国外教育倾销、维护我国教育主权，同时借鉴国外先进教育理念和优质教育资源，推动我国教育改革发展，国务院于2003年颁布实施《中外合作办学条例》，设定了国外教育资源准入门槛，明确了中外合作办学的政策导向。根据

---

① 魏薇，西南财经大学国际交流与合作处。

《条例》精神，教育部相继制定发布《中外合作办学条例实施办法》和一系列规范性文件，不断规范中外合作办学行为，有效保证了中外合作办学依法办学、规范管理和科学发展。

一、中外合作办学概念界定

按照《中外合作办学条例》及其实施办法规定，外国教育机构同中国教育机构在中国境内合作举办以中国公民为主要招生对象的教育机构或项目的活动，适用本条例。这就是说，中外合作办学的主体是中外教育机构，方式是合作，对象主要是境内中国公民。中外合作办学是我国教育事业的组成部分和教育对外开放的重要形式，属于公益性事业，其核心是引进国外优质教育资源，合作双方必须在办学条件、教育教学、管理等方面开展实质性合作。中外合作办学有机构和项目两种形式。目前所称的中外合作办学一般是指国家鼓励的在高等教育、职业教育领域开展的中外合作办学。

二、中外合作办学目的意义

中外合作办学作为改革开放后我国教育体制改革的一种有益尝试，经过 10 多年的发展，取得了一些积极成效。例如：引进境外学历教育和培训项目，增加了受教育机会，丰富了教育供给；引进境外教育理念、教育内容、教学方法、人才培养模式和管理经验，推动了国内学校学科专业建设和教师培养，增强了办学活力，促进了教育教学改革；拓宽人才培养途径，培养了一批专门人才，也促进了学科专业建设，加强了一些薄弱学科，为经济建设和社会发展培养了一批专门人才。

中外合作办学开辟"不出国留学"途径，节约了教育支出。中外合作办学学费总体较出国留学低，年学费平均约为 2.5 万元，而赴英国、美国、加拿大和澳大利亚等国自费留学年学费平均约为 9 万元。按 2012 年高等教育阶段中外合作办学在校生 45 万人中一半出国留学测算，当年学费支出将节约 150 亿元左右。中外合作办学使不出国留学成为可能。中外合作办学引进境外教育资源，开展教学活动，颁发境外学历证书，学生不出国即可接受境外教育。

三、中外合作办学发展情况——以上海纽约大学为例

目前，拥有法人资格的中外合作办学机构有长江商学院、上海纽约大学、宁波诺丁汉大学、西交利物浦大学、北京师范大学—香港浸会大学联合学院。而上

海纽约大学（NYU Shanghai，以下简称"上纽大"）是第一所获得中国教育部批准筹建的、具有独立法人资格的中美合作大学，由美国纽约大学、中国华东师范大学两所知名高校强强联合办学。中美两国教育家称上纽大是中美教育领域的"试验田"，同时也为中国深化教育改革播下了希望的种子，是"探索建设高水平中外合作大学的有益尝试"。

1. 厘清误解

不少舆论把上纽大称为纽约大学"上海分校"，这是对学校办学模式的误解。中外合作办学和分校是两个完全不同的概念。如果是纽约大学上海分校，那么这所学校的招生、培养、管理、学位授予都应该采取和母体校一样的方式，完全自主招生、自授学位；但中外合作则不同，学校的整体管理，是纳入我国内地的高等教育管理体系的，在招生时，考生不可能同时拿到上纽大的录取通知书和内地其他学校录取通知书再做选择；在学位授予时，上纽大授予的是国内统一承认为文凭而非学校自主授予、社会专业机构认证。

2. 成立过程

上纽大于 2012 年 10 月在上海陆家嘴揭牌成立，2013 年面向全球招收第一批本科生。作为第一所中美合作办学的国际化大学，学校由上海市教委、浦东新区、美国纽约大学、华东师范大学联合建设，位于陆家嘴竹园商贸区的"黄金位置"，西南邻世纪大道，东北邻松林路，东南侧为上海期货大厦和长甲大厦，西北侧是在建的嘉瑞中心大厦。学校将借鉴纽约大学与曼哈顿金融区"融为一体"（in and of the city）的经验，紧密依托陆家嘴金融城，由一座座高楼构建，没有围墙，完全融入这个城市，与这个城市一起成长。

根据《中外合作办学条例》，上纽大的校长必须由中国国籍人士担任，华东师范大学校长俞立中将担任上海纽约大学第一任校长，原康奈尔大学校长、现任北京大学国际法学院创始院长 Jeffrey S. Lehman 将担任上海纽约大学常务副校长兼 CEO。华东师范大学将派遣行政管理人员挂职，部分教师将参与到上纽大的教学中，还将成立联合研究机构。通过双方合作，去解剖国际一流大学教学、科研、社会服务、学校管理等全方位的做法和经验，反思自身在发展中遭遇的问题和需要改进的地方。同时，作为纽约大学全球教育体系的组成部分，这会是一个多语言、多种族、多元文化汇聚的平台。

3. 师资学科

上纽大是一所提供四年制文理科通识教育的综合性研究型大学。与纽约大学阿布扎比校园（NYU AD）、纽约校园（NYU NYC）共同组成纽约大学全球系统中的三个具有学位授予权的门户校园。

在师资构成上，全球招聘的专任教师达 40%，与纽约大学和华东师范大学联合聘用的教师占 40%，来自国内外其他一流大学和研究机构的兼职教师和客座教授占 20%。此外，还将以两所母体大学为依托，在神经科学、应用数学、社会工作、计算化学等若干领域成立联合研究中心，吸引更多高水平人才加盟，提供师资和科研支撑。例如，目前学校有 9 位美国国家科学院院士或是美国艺术与科学院院士，这样的豪华阵容，在全球都很少见。

在学科设置上，主要考虑从国家和地方发展需要出发，结合纽约大学本身在国际排名最前的学科，比如金融、应用数学、经济学等。拟定首批开设的本科专业，包括自然科学、数学、工程科学、生命和行为科学、商业和金融、经济学、综合人文学等七个方向。

4. 教育模式

一般来讲，多数学生会通过前两年的学习完成核心课程，在第二学年结束时选择专业。核心课程板块将由语言、写作、社会与文化基础、数学和科学五个方面组成，所有课程的教学语言都是英语，部分语言课程会用其他语言授课。所有课程都由学生任选，没有任何限制条件。每门课，都会配有助教和一对一的辅导老师。辅导老师是对正课后的补充，有任何问题，如果找不到教授，就可以找他们。

虽然目前还没有首届毕业生，但可以明确的是学生工作面向或者申研方向都是国外。而在大学 4 年里，学生将有 1～3 个学期可以选择在遍布世界各大都市的"纽约大学全球教育体系"中学习，包括纽约、阿布扎比、伦敦、巴黎、佛罗伦萨、悉尼、布宜诺斯艾利斯、华盛顿在内的 15 个教学中心，为将来出国就业或深造提供了很好的过渡试验期。利用国际化网络，在课程设置方面互相之间能够对接、贯通，课程学分都可以相互转换。除了相互贯通的课程学习，学生还可以得到很好的文化和社会体验。

5. 招生工作

所有申请者必须通过 Common Application（美国大学通用申请）提交信息，它是美国大学入学申请的通用网站，旨在让校方对申请人的资格进行全面综合的评价。而中国大陆考生不仅要完成通用申请，还要参加中国高考。毕业后取得纽约大学学位证书和上海纽约大学学位证书及毕业证书。

上纽大定位是小规模的精英学校。当筹备者向教育部申请招生时，他们的问题与其他办学者截然相反："允许学校最小可招多少学生？"最后确定前两年每年招收 300 名本科生，第三年 500 名，最终学校规模是 3 000～4 000 名学生。2013 年招收第一批学生，中国学生招 150 名，国际学生招 150 名；2015 年国际学生招 149 名，中国学生招 151 名，招生计划不做分省安排，各省招生名额不设上限和下限，在所有申请学生中择优录取，港澳台地区学生招生方案另行公布。

上纽大属于一类本科院校，在招生录取过程中，强调"匹配度"。考生的高考成绩必须达到一本以上，但除了优异的学业成绩，还将综合评价考生学业和课堂以外的其他因素，比如参加社区服务的情况等。还会邀请符合条件的申请人参加"校园活动日"（学生分批 24 小时住在校园里，"表现真实的自我"。每组有 10 位考评老师，在定量打分的同时还有描述性的评价），通过演讲、面试、写作、团队合作等多种方式综合考察学生的求知欲、语言能力、应变能力和领导能力等。

上纽大学费与纽约大学纽约校园的学费一致，约为每年 4.5 万美元（不含其他杂费及生活费）；但是，通过高考招收的中国学生将获得专门的助学金，即每年只需交纳 10 万元人民币的学费。学校也将为国际学生提供助学金，为优秀学生提供奖学金。

除了招收本科生外，上纽大还设有两个专业硕士学位项目，分别是与纽约大学斯特恩商学院合作开设的商业分析硕士学位项目和与纽约大学蒂诗艺术学院合作开设的交互创意硕士学位项目。同时，上纽大正在与华东师范大学就多个学术领域合作制定双博士学位项目。

四、启 示

目前，我国中外合作办学仍然处于探索阶段。由于发展时间短，开放幅度大，实践经验少，不可避免地存在着一些问题，出现过一些争议。对此，高校既要有清醒的认识，充分认识到中外合作办学的复杂性；又要有发展的眼光，坚持通过发展解决实践中遇到各种问题。要坚持依法治教、依法管理，推动中外合作办学健康、有序发展，为建设创新型国家和人力资源强国做出应有贡献。

我国目前已有 2 600 多所高校，我国高等教育的发展，已走过数量时代，步入质量时代。高等教育的改革，重点在解决质量问题而不再是数量问题，而只有突破现有教育管理制度的局限，才可能整体提高内地高等教育的质量。"洋高校来袭"，虽然占领了一部分国内教育市场，但也提供了更多的教育资源：一方面是满足不同层次的教育需求，而另一方面则是许多教育界人士所看重的：能够给中国本土的高等教育带来什么？答案是显而易见的，它将引发"鲇鱼效应"，通过引进海外知名高校，在目前中外合作办学模式基础上，进一步加大开放力度，探索分校模式。那么，我国内地马上就会收获完全按现代学校制度举办的大学。而且，学校"自主招生，自授学位"将给内地其他高校带来强烈的冲击，促进高校间的竞争，促使高校改革快步前行。

中外合作办学应进一步开放自主招生，尝试跨越高考门槛，给学生更多的选择，真正将管理权、办学权、评价权交给学校。倡导教师参与学校管理、教学决策，强调行政部门的服务功能，从而把学校交回教授、交回教师、交回学生、交回家长以及交回整个社会。当国内大学纷纷提出建设"研究性综合性大学"的目标时，中外合作大学们无一例外都把提高本科教学质量作为首要任务，培养出来的人能够与世界名校学生同台竞争。在某些中外合作大学，讲师与高级研究员的薪酬相同。

当前，中外合作办学面临新的发展机遇和一系列发展中的新课题。要坚持以引进优质教育资源为导向，以提高教育竞争力为核心，以培养高素质、国际化人才为宗旨，积极开展中外合作办学，满足中国学生对高质量、多样化教育的需求，缩短中国建设世界一流大学进程。把中外合作办学作为推动教育改革和发展、提高国际化水平的战略措施，纳入国家、地方和学校教育事业整体发展规划。积极引进优质教育资源，着力提高学校整体办学实力，加快培养高素质国际化人才；建立质量保障制度，加强质量管理，建立中外合作办学信息披露制度，保护受教育者合法权益；探索引进境外高端、精品、特色教育的有效途径，根据国内外人才需求，引进质量有保障的国外院校合作办学，培养外向型、复合型人才。

高水平行业特色型大学的
概念、特征与指向辨析①

陈益刚②

摘要：行业特色型大学是我国高等学校的重要组成部分，是建设创新型国家、实现教育强国梦的生力军。目前，学界对这一概念的内涵、特征和指向存在着较大分歧。本文基于文献研究、历史演进、语义语法和 2012 一级学科评估的四个视角，辨析这一概念的内涵、特征及其具体指向并进一步探讨 48 所高水平行业特色型大学的主要特征与发展动向。

关键词：行业特色型大学　概念　指向　高水平

高水平行业特色型大学是我国高等教育体系的重要组成部分，在国家实施科教兴国、建设人力资源强国战略和实现"两个百年梦想"的历史进程中占有重要位置，发挥着不可替代的作用。自 2007 年"首届高水平特色型大学论坛"召开以来，这一问题成为理论关注与实践探索的重要课题，得到政府主管部门、相关行业和专家学者的重视，一系列论坛、研讨会相继召开，一批行业联盟相继成立，大量学术论文不断涌现，产生了广泛而积极的影响。③ 但研读相关文献，会发现在概念的界定上存在较大歧义，表现为称谓不一、内涵不清、指向不明。判识的标准是什么？"谁是？""有多少是？"等问题尚需明晰，而厘清这些问题对

---

①　本文系教育部人文社会科学规划基金项目（西部）"高水平行业特色型大学学科群发展战略研究—基于典型案例的实证"（11XJA880002）的成果；西南财经大学"中央高校基本科研业务费专项资金-2013 年度培育项目"（Supported by the Fundamental Research Funds for the Central Universities，JBK140904）的成果。

②　陈益刚，西南财经大学发展规划处，副研究馆员。

③　从 2007—2012 年，相继召开了六届高水平行业特色型大学论坛，分别是：首届，2007 年，北京邮电大学，提出"高水平特色型大学"的概念；第二届，2008 年，北京对外经贸大学，将"高水平特色型大学"的概念改为"高水平行业特色型大学"；第三届，2009 年，西安电子科技大学，国务院相关部门派员出席；第四届，2010 年，合肥工业大学；第五届，2011 年，江南大学，成立"高水平行业特色型大学战略合作联盟"；第六届，2012 年 2 月，华北电力大学，首届联盟理事会议召开。

于进一步把握其特征与规律，推动其科学发展无疑具有重要的理论与实践意义。本文拟对此进行辨识和探讨，以求教于大家并期望对这一问题研究有所裨益。

一、研究思路与数据来源

行业特色型大学是我国高等教育办学体制的一个重要特色，具有历史悠久、对象广泛、类型众多、水平参差、特色鲜明、个性迥异的特点。对于这一问题的考察、辨析需要从文献研究、语义语法、历史演进和 2012 年一级学科评估的视角进行。

1. 文献综合研究。系统地搜集、整理相关文献资料，主要是基于中国知网（CNKI）、维普期刊网、国家数字图书馆、卓越网。

2. 语义语法辨析。概念是反映对象本质属性的思维形式，有着特定的内涵与外延并随着社会历史和人类认识的发展而变化，主要从语义语法构成两个方面对概念进行分析。

3. 行业办学历史。主要从行业办学的历史视角考察其变迁。分分合合、几经改制，数据以行业变迁、主管部门更替为依据。

4. 2012 年一级学科评估。全国 391 个单位、4 235 个学科参加了 95 个 2012 年一级学科评估，尽管各学科参评数不一，但位居前三甲的一级学科代表了同类学科的高水平。

二、文献研究及其主要内涵特征探析

（一）文献研究综述

在相关文献中，除"高水平行业特色型大学"的称谓外，还有诸如行业特色型、高水平专门型、多科性行业特色型、行业特色高水平、行业特色研究型等名称，以这些关键词进行检索①。结果显示，与概念相关的文献有 720 条。其中，书目 12 条、学术论文 588 条、硕博论文 11 条、会议论文 11 条、新闻报道 98 条。其中，有近 30 篇论文对其概念的内涵、特征与指向进行了探讨（参见表 1）。

---

① 检索时间：2013 年 12 月；书名、题名、作者、出版社、刊名、时间等完全相同为重复信息；与研究问题无关的结果为冗余信息。

表1　　　　　　　　　　　　　　　　文献分布

图书	学术论文			硕博论文	会议论文	报纸
	相异（知网）	相同（知网、维普）	相异（维普）			
12	153	318	117	11	11	98

关于办学特色与行业特色，比较一致的表述是"特色是格外突出的风格或特点，大学的办学特色是指一所大学在发展历程中形成的比较持久稳定的发展方式和被社会公认的、独特的、优良的办学特征。"有学者认为特色是高校在一定办学思想指导下和长期办学实践中逐步形成的独特的、优秀的和富有开创性的个性风貌，包括办学理念特色、学科专业特色、教师特色、课程设置特色、教学特色与科研特色。教育主管部门领导指出：称行业高校，强调的是服务面向；称特色型大学，强调的是学科分布特点，所说的是同一类大学。

基于行业背景和历史渊源，有学者指出，行业特色高校指源于行业管理，在世纪之交教育体制改革中划入省（市、区）特别是教育部为主管理的原行业部门所属高等学校。有学者指出其具有行业背景和突出的学科优势，在教学、科研、社会服务方面形成独特优势。有学者指出其特征表现在富有特色的学科专业设置、理论密切联系实际的教学、学生有明确的就业去向、教师的知识结构与行业对应、相对稳定的科研领域及善于经营的管理。

有学者认为高水平特色型大学既是高等教育体系中的一个重要组成部分，又是一个特别的群体，需要从类型定位、层次定位、历史定位和发展定位等方面理解。有的学者认为其是我国高等教育发展的鲜明特色。有的学者指出其在长期的办学过程中形成了与行业密切相关的办学优势和学科特色，是推动行业发展的重要力量。

基于学科（学科群）水平与特色，有学者指出所谓高水平特色大学是在某些学科或学科群具有显著特色的高等学校。有的学者认为其在相关学科领域形成明显比较优势和显著特色，在某个或某几个学科领域具有明显的核心竞争力，最终将转为"学科特色型"大学。有学者认为其具有显著行业特色与突出学科群优势。有学者认为其依托行业发展起来、在某个或某几个领域内有卓越建树的能带动行业发展、为行业提供高水平人才。

此外，还有其他一些观点。有学者指出特色型大学还是一个需要不断探讨的新概念。有的学者指出它是我国特有的称谓，在类型划分、人才培养、服务对象、科研取向方面存在误区。有的学者指出这不是一个"好"提法，既无法明确内涵和外延，也不是独特的高校类型。

（二）主要内涵特征探析

1. 基于语义语法的辨析

概念是反映对象本质属性的思维形式，有着特定的内涵与外延，并随着社会历史和人类认识的发展而变化。从语义语法角度，"高水平行业特色型大学"是由"高""水平""行业""特色""型""大学"六个词组构成的偏正短语，前五个为修饰词，后一个为中心词。

《现代汉语大词典》（2009 年）中，"高"有二十多种基本字义，如由下到上距离大的，与"低"相对；在一般标准或平均程度之上；厉害等。"水平"有三层含义：一是与水平面平行；二是在某一方面所达到的高度；三是开采水平。"行业"指职业的类别，也泛指职业。"特色"是事物所表现的独特的色彩、风格。"型"一是指铸造器物用的模子；二是指样式。大学泛指实施高等教育的学校，包括高等专科学校、学院、综合性大学；也特指多科系的高等学校。从词性的变化看，"高"相对于"低""下"；"水平"具有相对性、参照性和可变性；"行业"既泛指所有行业，又特指与高校具有历史渊源的特定行业；"特色"具有独特性、层次性和主观性；"大学"既有泛指，又有特指（参见表 2）。

表 2   词义与词性

词语	词义	词性
高	二十多种字义：如由下到上距离大的；高度；等级上的；在一般标准或平均程度之上；厉害等	用途广泛、含义多变
水平	一是指同水平面平行；二是指在某一方面所达到的高度；三即开采水平	具有相对性、参照性和变化性
行业	指职业的类别，也泛指职业	既泛指所有行业，又特指与高校具有历史渊源关系
特色	指事物所表现的独特的色彩、风格等	具有独特性、层次性和主观性
型	一是铸造器物用的模子；二是样式。	一组具有相同、相似特征的事物
大学	泛指实施高等教育的学校，包括专科学校、学院、综合性大学；也特指多科系的高等学校	既泛指整个高校，又特指与专科学校、学院相对的高校

从思维逻辑看，这一概念历经"特色→特色型→行业特色型→高水平行业特色型"的认识过程。在这一过程中，内涵不断丰富、外延逐渐缩小，指向渐趋明朗。"特色"内涵较窄，但外延宽广，包含办学特色、学科特色、专业特色、行

业行色、地域特色等多样性。"行业特色型"增加"行业"与"类型",内涵进一步增加,外延缩小,淡化了大学的其他诸如地域特色、人才培养特色。最后进一步突出"高水平",指向学科水平的先进性。

2. 基于行业办学的历史分析

从1898年京师大学堂成立到现在,我国高等教育已经走过110多年的风雨历程。其间,经历了王朝更替、政治动荡、战火摧残和办学管理体制变化等国内外重大事件所带来的深刻影响。截至1949年,全国有高等教育机构227所。其中,公立学校138所、私立学校65所、教会大学24所。1952—1953年,我国对高等院校进行了较大范围的调整,本科大学分为文理性质的综合大学和师范院校,由教育部管理;单科性和多科性院校大多由中央业务部门管理,少数由教育部门管理。经过调整,中央政府各部门相继创办大批专业性高校,主要任务是为本行业、本系统培养高级专门人才,涉及农业、林业、水利、地质、矿产、石油、电力、通信、化工、建筑、交通等众多领域,也包括一批与文化、艺术、体育、财经、政法等社会事业紧密相关的高校。这样形成了行业主管部门办学的特殊的管理体制和运行机制,开启了行业特色型大学的历史新篇章。

行业主管部门是指国家政权机构的某一职能机构,代表中央政府对某一类别的生产经营活动进行组织与管理,是政治体制和管理体制的有机组成部分。一国的政治体制和管理体制决定着行业主管部门的设立、变更和职能职责,而行业主管部门的变化又深深地影响着行业大学的命运。随着时代变迁和发展需要,国家政治管理体制必然要进行不断改革,行业主管部门职能职责将随之变化,由行业主管部门举办、面向行业办学的行业大学也随之发展变化。建国六十多年来,为适应经济社会发展和建设中国特色社会主义的重大需要,我国政治管理体制进行了多次重大调整,行业主管部门、行业大学也随之分分合合、几经曲折。

我国中央政府机构的组成,由新中国成立初期的30个发展到20世纪五六十年代的80多个、100多个,再到20世纪80年代的40多个、2013年的25个,经历多次重大调整,对高等教育产生了重大影响,导致高等学校的数量变化起伏很大。而且,这种变动往往在中央部委机构改革完成之后出现。由此,在国家政治管理体制、行业主管部门和行业大学之间形成一个具有决定性作用的单向度的连锁反应:政治管理体制→行业主管部门→行业大学(参见表3、图1)。

表3　　　　　　　国家机构改革、教育主管部门及高等学校变动情况

改革时间	中央部委（个）	教育主管	高等学校（所）	
			数量	具体年份
1949	30	文化教育委员会、教育部	205	1949
1951—1953	42			
1954—1956	81	教育部、高等教育部	434	1965
1956—1959	60			
1960—1965	70	教育部	598	1978
1966—1975	52	教育部、高等教育部	675	1980
1976—1981	100	教育部	1016	1985
1982	61		1063	1987
1988	41	国家教育委员会	1020	1997
1993	41		1022	1998
1998	29	教育部	1 041	2000
2003	28		1 972	2005
2008	27		2 358	2010
2013	25		2 491	2013

来源：中央政府门户网站：http://www.gov.cn/test/2009-01/16/content_1206928.htm，2009-1-16/2014-11-9。

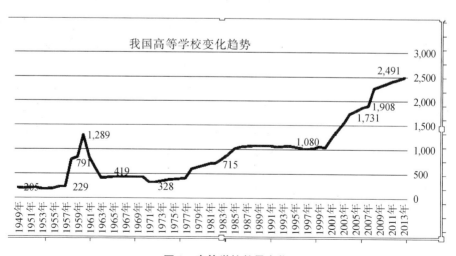

图1　高等学校数量变化

数据来源：国家统计局年度数据，http://www.stats.gov.cn

3. 2012 年一级学科评估排名

考察行业特色型大学的学科水平，基于两大思路：一是根据行政主管部门不同，将大学划分为五种类型，其中两类属于行业大学；二是基于 2012 年一级学科评估，排名进入前三名（含并列）的一级学科及其所在大学。

（1）大学类型划分

2012 年，全国普通高校（不含独立学院）共计 2 138 所。其中，中央政府层面，各部委所属院校 111 所；地方各级政府举办高等院校 2 027 所。根据举办者不同，划分为 I、II、III、IV、V 五类，分别代表体制改革前教育部的 34 所、体制改革后划入教育部管理的 38 所、由中央其他部委举办的大学（包括军队院校，教育部外）、具有行业背景的省（市区）属大学和没有行业背景的省（市区）属大学（见表 4）。

表 4　　　　　　　　　　　　　　大学类型划分

I 类	II 类	III 类	IV 类	V 类
教育部管理 34 所（体改前）	教育部管理 38 所（体改后）	中央其他部委举办	具有行业背景的省（市区）属	没有行业背景的省（市区）属

注：国际关系学院未归入 I 类或 II 类中

（2）排名前三位的一级学科及其大学

2012 年一级学科评估是基于《学位授予和人才培养学科目录》对具有学位授予资格的一级学科的整体水平的排名，对于促进高校学科发展、提升人才培养质量具有重要意义。从排名前三的一级学科分布看，I 类中，排名第一、第二、第三的大学及其一级学科数量最多，分别有 19 所、72 个，25 所、72 个，25 所、76 个。II 类中，排名第一、第二、第三的大学及其一级学科，分别有 21 所、31 个，19 所、23 个，13 所、19 个。III 类中，排名第一、第二、第三的大学和一级学科，分别有 8 所、10 个，7 所、13 个，7 所、12 个。IV 类中，排名第一的大学和一级学科分别有 1 个，排名第二的大学及其一级学科分别有 7 所、7 个；排名第三的大学和一级学科分别有 10 所、12 个。V 类中，排名第一的大学和一级学科分别有 1 个，排名第二的大学和一级学科分别有 7 所、7 个；排名第三的大学及其一级学科分别有 17 所、19 个。

五种类型大学中，II 类、IV 类属于高水平行业特色型大学，代表着行业特色型大学的学科水平。从整体上看，II 类、IV 类大学，排名第一的大学 22 所、一级学科 32 个，占总量的 44%、27.8%；排名第二的大学 26 所、一级学科 30 个，占总量的 40%、24.6%；排名第三的大学 22 所、一级学科 30 个，占总量的

32%、22%（参见图2）。

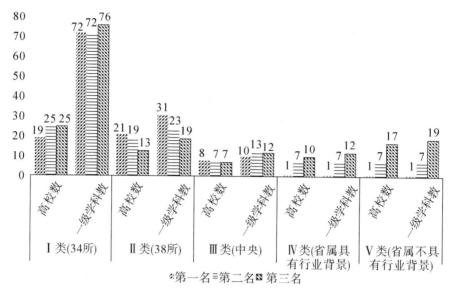

图2　排名前三位的大学及其一级学科分布

三、高水平行业特色型大学的指向辨析

（一）行业特色型大学的指向

概念是反映对象的本质属性的思维形式，由内涵和外延组成，具有特定涵义和适用范围，一般有广义和狭义之分。"行业特色型大学"是由一系列具有特定含义的词语构成，从多位专家学者的相关界定以及语义语法、历史演进和一级学科评估的视角去辨析，指向具有狭义、广义和特指三种。

狭义的行业特色型大学，指向相对狭窄，具有行业背景、学科水平较高的国家、省（部）重点建设的大学可以归入这一类，这也是众多学者的观点。着重强调学科专业的特色、行业的渊源、教学科研面向、办学水平的先进性。有的学者强调其独特的办学风格、优势明显的学科专业、明确的服务面向、稳固的行业地位。

广义的行业特色型大学，指向较为广泛，具有行业背景、学科特色鲜明的大学大都可以归入这一类，着重于强调学科的特色性、行业联系的普遍性和水平的相对性。有的学者强调有显著的优势特点、较长的办学历史、深厚的文化底蕴、广泛的社会认可、造诣深厚的学术大师、先进的教学科研体系；有的学者认为其优势主要体现在学科专业的类型和结构特征上；有学者认为既不能简单"抛弃"行业特色，也不能"唯"行业特色（参见表5）。

表5　　　　　　　　　　　广义与狭义的概念特点

	狭　义	广　义
办学层次	"985 工程""211 工程""2011 计划"	省部共建、省（市区）重点、国家示范性
办学规格	具有一定规模、条件和层次	所有高等学校
办学特色	与行业共生的优势学科或学科群	以特色立校，包括地域特色、民族特色等
学科实力	国家重点学科，博士一级学科授权	省部级重点学科，博士、硕士学科授权
学科水平	国内一流、国际领先的特色学科或学科群	在同类学科中领先、示范
历史渊源	体改前由中央部委举办，后划归教育部	体改前由中央部委举办，后划省地方
服务面向	与行业联系密切，渊源深厚，人脉关系良好	面向行业办学
社会声誉	国际国内大奖，学术大师，学科评估排名靠前	重大奖励，排名中相对靠前

（二）高水平行业特色型大学的指向及类型与特征

1. 具体指向

有专家指出，特指中的高水平行业特色型大学共有 33 所。但这种观点有待商榷：一是持论较少，只有 2 篇文章提及；二是谁是、谁不是，具体是哪 33 所，没有详细名单；三是为什么是，对其上榜理由缺乏深入具体的探讨。我们认为，特指中的高水平行业特色型大学，应当具备行业办学的背景、国家或地方重点建设的现状、排名领先的学科（学科群）、多门类的学科生态结构等典型特征。其具体指向应从三个方面考查：首先管理体制。20 世纪 90 年代先后有 38 所大学划转教育部管理，这批大学大多是行业重点院校，办学历史悠久、综合实力强、学科水平高，具有一定的代表性。其次是具有行业背景、体制改革中划归省（市区），一级学科排名进入前三。三是学科门类为多科。教育部规定"称为学院的应拥有一个以上学科门类作为主要学科，称为大学的应拥有三个以上学科门类作为主要学科"。（参见表6）。

表6　　　　　　　　　　高水平行业特色型大学的特征

	特　征
文献研究	行业办学、现为国家或地方政府重点、高水平学科（学科群）
语义语法	高水平、行业背景、特色鲜明、大学等词组构成
历史演进	历史悠久、具有行业办学背景
学科水平	评估排名前三、多学科门类、学科生态优良

从上述几个方面综合评价、判别，有48所大学在行业性、特色性、多科性、重要性和高水平等方面基本符合高水平行业特色型大学的典型特征，是行业特色型大学的主力阵容，引领、代表着行业特色型大学发展。从现行管理体制看，教育部主管35所、省级教育部门主管13所（参见表7）。

表7　　　　　　　　　　48所高水平行业特色型大学

中央人民政府举办（部部共建） 教育部主管（35所）	地方人民政府举办（省部共建） 省级教育行政部门主管（13所）
中国农业大学、中央财经大学、中国政法大学、中国传媒大学、中国石油大学、北京邮电大学、北京交通大学、北京科技大学、北京化工大学、北京林业大学、北京中医药大学、对外经济贸易大学、东北大学、东北林业大学、华北电力大学、合肥工业大学、江南大学、东华大学、上海财经大学、中南财经政法大学、中南大学、河海大学、湖南大学、中国矿业大学、中国药科大学、中国地质大学、南京农业大学、华中农业大学、武汉理工大学、西南财经大学、电子科技大学、西南交通大学、西安电子科技大学、西北农林科技大学、长安大学	上海海洋大学、上海体育大学、上海音乐学院、天津科技大学、大连海洋大学、南京林业大学、南京工业大学、南京信息工程大学、武汉体育学院、广东外语外贸大学、广州中医药大学、成都理工大学、西南石油大学

注：中央音乐学院、中央美术学院、中央戏剧学院和中国美术学院均只设立1个学科门类，故未列入。

2. 办学类型与层次及其基本特征

（1）类型与层次

"类"反映大学的学科特点，"型"表现大学的科研规模，二者组成大学的分类标准。根据"类"和"型"的不同特点，我国所有的大学被划分为综合、理工、农科、林科、医药、师范、语言、财经、政法、艺术、体育、民族等12种类型。从类型上看，48所高水平行业特色型大学，理工类22所、农林类9所、财经类5所、综合类3所、医药类3所、体育与艺术类各2所、语言与政法类各

1所。从层次上看，大多属于国家或者地方政府重点建设。35所教育部主管的大学，5所为"985工程"重点建设，25所为"985优势学科创新平台"重点建设，36所为"211工程"重点建设；13所省（市区）地方主管的大学，6所属于重点建设，8所属于省、部（总局）共建，2所属于省"211工程"重点建设。

（2）基本特征

第一，办学历史悠久。有的大学的历史可以追溯到100多年前甚至更长时间，但从成立时间看，以20世纪50年代成立为主，有44所大学相继成立，仅1952年就达21所；另外，有2所大学分别成立于新中国成立前和60年代初。这批大学隶属行业主管部门的时间，以设立时刻为起点，以教育管理体制改革（划归教育部或地方政府）为止，时间最长的53年，时间短的也有30年，平均46年。近半个世纪的行业办学历史，大学与行业之间烙上了深深的时代印记，形成了一种水乳交融、相互促进、共同发展的密切关系。

第二，学科门类较宽，分布在3~12个之间，以6~9个学科门类居多。48所大学设立的学科门类共计376个，平均每所大学为7.8个；29所大学的学科门类高于平均值。在13个学科门类中，管、文、经、理、法、工六大学科门类在40多个大学都有开设，范围最广，其他门类的学科也多有涉及（参见表8）。

表8　　　　　　　　　　48所大学的学科门类分布

管	文	经	理	法	工	艺	教	哲	农	医	史	军事
48	47	45	44	44	43	24	22	20	16	13	7	3

第三，学科水平高，具有较强的综合竞争力。体现在两个方面：一是一级学科评估排名。48所大学，有22所大学的32个一级学科排名第一，分别占总量的44%、27.8%；有26所大学的30个一级学科排名第二，分别占总量的40%、24.6%；有22所大学的30个一级学科排名第三，分别占总量的32%、22%。其中，中国农业大学、华中农业大学、南京工业大学分别拥有9个、6个、5个位居前三名的一级学科，优势突出。二是在各种大学排行榜上。如武书连"2013中国大学总排名"，对704所全日制普通高等学校进行了综合实力总排名。48所大学的总排名，分布在11~20名间的1所，21~30名间的1所，31~50名间的9所，51~100名间的17所，101~150名间的10所，151~200名间的2所，201~350名间的2所，301~350名间的大学2所，401~450名之间的大学2所（参见表9）。

表9　　　　　　　　48 所大学综合排名分布（2013 "中国大学总排名"）

排　名	1~10	11~20	21~30	31~50	51~100	101~150	151~200
学　校	0	1	1	9	17	10	4
排　名	201~250	251~300	301~350	351~400	401~450	451~704	
学　校	2	0	2	0	2	0	

第四，学科特色鲜明，建成了与行业密切相关的优势学科（学科群）。学科建设与行业发展密切关联、学科特色与行业特色互为彰显是其主要特征。我国历经 1986—1987、2001—2002 和 2006 年三次评选，评选出 286 个一级学科国家重点学科、677 个二级学科国家重点学科和 217 个国家重点（培育）学科。据统计，48 所大学拥有 57 个一级学科国家重点、164 个二级学科国家重点和 19 个国家重点（培育）学科，是大学及其学科在全国高等学校中学术地位、科研水平及人才培养质量的主要表征。在国家设立的 38 家 "2011 协同创新中心" 名单中（2013 年 14 家，2014 年 24 家），北京交通大学牵头的 "轨道交通安全"、中南大学牵头的 "有色金属先进结构材料与制造"、西安电子科技大学牵头的 "信息感知技术"、北京科技大学牵头的 "钢铁共性技术" 等面向行业的协同创新中心和中国政法大学牵头的 "司法文明协同创新中心" 赫然在册；此外，西南交通大学、电子科技大学、北京邮电大学、东北大学也参与了国家协同创新中心的建设。

第五，社会美誉度高，社会影响大。为适应我国社会主义计划经济模式，行业特色型大学应运而生，乘势而为；顺应改革开放和建设中国特色社会主义的需要，行业特色型大学历经多次调整，一路波澜曲折，但始终以服务国家和行业发展为己任，体现了国家在本领域的意志和战略，成了行业原始创新、技术创新和集成创新的引领者、发动机和推动力，为各行各业培养和成就了数以万计的领袖、栋梁和骨干，得到国家和社会的高度认同。

四、结　语

本文从四个方面对行业特色型大学及其高水平行业特色型大学的内涵、特征和具体指向进行辨析，见仁见智、抛砖引玉，以窥大观。笔者认为有几个问题需要引起主管部门、大学管理者和专家学者的高度重视。

第一，对其类型层次与发展趋势认识仍有待进一步深化。目前的研究在一定程度上厘清了行业特色型大学概念的内涵和特征，但共识还比较少。中央、地方各级政府及其教育行政主管部门出台的有针对性的政策、措施还不多。行业特色型大学还处在自我探索、自我发展的阶段，"如何建""怎么建"等问题仍影响和制约着其迈向国际国内一流水平的步伐。

第二，学科特色提升与彰显有待制度的顶层设计。对这一类大学而言，办学特色、学科特色与行业特色是三位一体、一体三位，是在大学既服务又引领于行业、行业既哺育又作用于大学的双向互动的历史进程中逐渐形成的。因此，离开了行业的需求，大学发展动力、特色彰显都会失去原动力。目前，这类大学与行业的联系处于松散状态，"联系松散""特色淡化""优势弱化"是二者面临的共同问题，需要政府和行业主管部门从顶层设计上构建两者间的战略联盟，在体制机制上强化彼此间的合作关系。

第三，学科结构有待优化，综合实力有待进一步提升。其学科结构主要存在三类问题：一是学科门类逐渐增多，有向综合化发展的趋势；二是学科门类较窄，基本上没有调整增加；三是趋同现象突出，集中在理、工、经、管、文、法等。学科生态位理论表明，一定宽度的"学科态"和一定厚度的"学科势"是学科生存力、发展力和竞争力的有效载体。学科生态位"太宽"，不利于聚焦发展、特色彰显；学科生态位"太窄"，不利于学科交叉融合与新兴学科的发展。

参考文献

[1] 王亚杰. 挑战与出路：特色型大学的发展之路 [J]. 高等工程教育研究，2008 (1)：1.

[2] 姜晓平，杨杏芳. 建设高水平有特色的多科性研究型大学 [J]. 江苏高教，2003 (5)：85-87.

[3] 赵沁平. 走出高水平特色型大学发展新路 [J]. 中国高等教育，2008 (3、4)：8-10.

[4] 高文兵. 新时期行业特色高校发展战略思考 [J]. 中国高等教育，2007 (15、16)：24.

[5] 王亚杰. 自强与扶持：特色型大学的发展之路 [J]. 中国高等教育，2008 (3、4)：10.

[6] 王亚杰. 关于行业特色型大学建设的几点思考 [J]. 中国高教研究，2009 (3)：4-6.

[7] 潘懋元，车如山. 特色型大学在高等教育中的地位与作用 [J]. 国家教育行政学院学报，2008 (4)：33.

[8] 柏昌利. 高水平特色型大学的内涵探析 [J]. 中国电子教育，2010(2)：11-16.

[9] 王芳. 建设高水平行业特色型大学 培养支撑经济社会发展的高素质创新人才 [J]. 北京教育，2010 (3)：8-10.

[10] 陈治亚. 行业特色型大学发展的路径探析 [J]. 中国高等教育，2011 (22)：16-18.

[11] 王水清. 高等教育国际化和高水平特色大学的建设 [J]. 未来与发展，2005 (1)：37.

[12] 王亚杰，陈岩，谢苗锋. 论学科特色型大学竞争力的形成与发展 [J]. 高等工程教育研究，2010 (4)：14.

[13] 钟秉林，王晓辉，孙进，周海涛. 行业特色大学发展的国际比较及启示 [J]. 高等工程教育研究，2011 (4)：4-9，81.

[14] 毛雪，张瑾. 新时期行业特色型大学的发展路径探析 [J]. 学理论，2012 (20)：188-189.

[15] 山红红. 对特色型大学建设的探讨 [J]. 中国高教研究，2008 (8)：12-14.

[16] 张森. 国外特色型大学的特点及启示 [J]. 煤炭高等教育，2010 (7)：60-63.

[17] 张森. 特色型大学之概念辨析及发展思路 [J]. 学术论坛，2010 (7)：197-201.

[18] 王骥. 对"行业特色型大学"提法的质疑——兼论其发展特征 [J]. 江苏高教，2011 (5)：65-68.

[19] 阮智富，郭忠新. 现代汉语大词典 [M]. 上海：上海辞书出版社，2009.

[20] 唐任伍，刘泰洪. 中国高等教育管理体制演进：1949—2009 [J]. 改革，2009 (11)：15-19

[21] 唐守廉，王亚杰. 行业特色型大学和区域经济社会发展互动机制的研究 [M]. 北京：北京邮电大学出版社，2011：57-60.

[22] 焦新. 袁贵仁考察教育部学位与研究生教育发展中心 [N]. 中国教育报，2013-02-06.

[23] 陈益刚，白宇. 行业特色型大学的学科水平与学科特色探析——基于2012一级学科评估的研究 [M] //高等教育评论：第2卷. 北京：中国社会科学文献出版社，2014.

[24] 西南财经大学. 加强高水平特色型大学建设促进我国高等教育科学发展 [J]. 中国高教研究，2009 (3)：6.

[25] 教育部. 关于印发《普通本科学校设置暂行规定》的通知（教发〔2006〕18号）. 2006-09-28.

高校舆论引导力提升策略研究

孙大光①

摘要：党的十八大报告提出："要牢牢掌握意识形态工作领导权和主动权，坚持正确导向，提高引导能力，壮大主流思想舆论。"本文对高校面临的舆论环境进行了客观分析和把握，提出实现高校舆论引导力提升应树立现代传播理念，注重"三个契合"：契合新闻传播规律、契合大众传媒理念、契合新闻传播特点。针对高校舆情形成传播特点，本文提出应建立"三种机制"：舆情监测预警机制、信息发布平台集群联动机制、与大众传媒良性互动机制，以实现舆论引导快速反应。最后，本文提出提升高校舆论引导力的"三维路径"：坚持内容为王，提高舆论引导影响力；完善信息发布，提高舆论引导主动性；洞悉舆情特质，提高舆论引导科学性。

关键词：高校 舆论引导 舆论引导力

党的十八大报告提出："要牢牢掌握意识形态工作领导权和主动权，坚持正确导向，提高引导能力，壮大主流思想舆论。"当前意识形态领域形势日趋复杂，各种思想文化交流交融交锋日益频繁，互联网已然成为舆论斗争的主战场。高校处于意识形态工作的前沿。中办、国办印发的《关于进一步加强和改进新形势下高校宣传思想工作的意见》为进一步加强和改进高校宣传思想工作指明了方向。基于此，进一步提升高校舆论引导力，不断增强宣传思想工作的针对性、实效性，更好发挥宣传思想工作引领思潮、培塑价值、凝聚人心、汇聚力量、推动发展的强大作用，掌握话语权、赢得主动权，是我们需要关注和研究的重要课题。

一、认识"三种形象"，把握高校面临的舆论环境

舆论引导力是指运用大众传媒以舆论形式倡导主流价值的方法、策略及效

---

① 孙大光，西南财经大学宣传统战部。

能。① 实现高校舆论引导力提升，应客观把握高校面临的舆论环境，积极探索构建工作新机制。大众传媒视野中的高校形象，在操作层面被具化为三个方面的形象：领导者形象、师生形象、意见领袖形象。可以说，这三类形象通过大众传媒的报道和放大效应，在一定程度上就代表了高校形象。

（一）领导者形象

大众传媒视野中的高校领导者形象主要是指以高校书记、校长形象为代表的高校领导班子形象。众多历史悠久的名牌大学往往和高校领导者的教育理念、个人魅力密切相关。比如早期北京大学校长蔡元培、清华大学校长梅贻琦、南开大学校长张伯苓、当代著名的华中科技大学校长李培根院士、南方科技大学校长朱清时院士（已离任）等。他们通过自身倡导的教育理念、肩负的大学使命来塑造良好的本校品牌形象。2011 年，被主流媒体广泛关注的西南财经大学"校长为每一位毕业生授位"新闻事件，是高校领导者形象塑造的典型代表案例。事件被四川本地媒体报道后，人民网、新华网、中央人民广播电台、江西卫视等各类媒体纷纷进行转载和专题报道。传统媒体与网络媒体间的频繁互动，促使该事件成为社会舆论关注的焦点，对提升学校形象起到了极大的促进作用。2011 年，南昌大学校领导班子集体演唱歌曲《心手相连》的视频在网上引起热议。视频中，该校领导班子成员们戴着耳机，站在麦克风前进行歌曲演唱，令人倍感亲切。该视频在网络上被迅速点击、转发，引发网民高度关注。此外，诸如"根叔式"毕业演讲、"校长撑腰体"等有关高校领导者的新闻事件同样引起广泛关注，在一段时间内成为舆论热点，起到了提升高校形象和美誉度的作用。

（二）师生形象

高校教师形象和大学生形象（简称师生形象）是高校媒介形象的重要组成部分，也是媒体关注较多的群体。媒介高校教师形象主要涵盖其社会贡献、发明成就、崇高精神、学术道德、个人生活等方面。② 传统媒体视野中的大学生形象，总体来说正面或中立报道较多，重点关注大学生的价值观和心理状态等问题。而网络媒体等新兴媒体视野中的大学生形象则有负面倾向增加的趋势。③

（三）意见领袖形象

高校意见领袖是指活跃在大众传媒上，并由此进入公众视野的知名学者或学术机构。在传播媒介被影像主导的今天，众多高校知名专家和学者活跃在电视屏

---

① 陈堂发. 领导与管理者引导舆论能力问题浅析 [J]. 当代传播，2009 (3).
② 王培. 我国平面新闻媒体上的大学教师形象研究 [D]. 武汉：华中科技大学，2006.
③ 侯迎忠，罗利娜. 主流媒体大学生形象塑造的实证研究 [J]. 广东外语外贸大学学报，2010 (2).

幕、网络屏幕、手机屏幕这"三块屏幕"上。他们通过担任特约嘉宾、评论员，开通博客、微博微信、专栏等多种方式对社会时事和热点事件发表看法，能够对社会公众产生较大影响。高校学术组织和机构也正在成为媒介议程设置的重要力量，其发布的原创性学术研究成果、调查报告等直面社会现实，与大众生活密切相关，具有很强的现实针对性。经大众传媒报道后能够产生较大的舆论影响。例如清华大学发布的《中国市级政府财政透明度研究》、中国传媒大学发布的《中国网络舆情指数年度报告》，西南财经大学发布的《中国家庭金融调查报告》《中国绿色发展指数报告》《四川消费者信心指数报告》等都是高校学术机构成为媒介意见领袖的典型案例。

新媒体时代，大学塑造自身良好的公共形象是一种必不可少的能力。互动、亲切、以人为本应该是大学形象塑造策略应有的价值取向。转变观念，贯彻"以学生为本""以教师为本"的思路，走出展示自己形象的新路子，才更符合大学的发展逻辑。在大学形象识别系统、大学形象宣传片、校园开放日活动中都应坚持这样的大学形象之道。此外，要加强校报、新闻网、电视、广播、官方微博微信等校园媒体的融合力度，注重形成合力，提高校园信息在主流媒体的"二次传播"率，进而塑造大学形象。"二次传播"率越高，了解学校的人就更多，对学校的宣传效果就越好，对传播学校形象就越有利，学校提升舆论引导力的媒介环境就越好。

二、注重"三个契合"，树立现代传播理念

新媒体时代，已有的传播模式和舆论格局发生深刻变革。高校是意识形态工作的前沿阵地，要牢固树立政治意识、政权意识、使命意识、责任意识，牢牢掌握意识形态工作的领导权、管理权、话语权。具体来说就是要主动适应舆论引导工作的新常态，探索在传播广度和深度"两个维度"上建"立交桥"、出"组合拳"，扩大覆盖面，增强渗透力。实现高校舆论引导力提升，必须树立现代传播理念，着力实现"三个契合"：

（一）契合新闻传播规律

随着新媒体时代的到来和媒介受众的成长，传统的宣传话语体系、叙事方式、呈现方式越来越显现出弊端所在，迫切需要变革和创新。具体来说就是要以做新闻的手段来做宣传，以传媒实际运作的思维思考当前高校舆论引导工作。南方报业传媒集团总编辑张东明先生就认为，要用读者愿意接受、乐于接受的方式

实现新闻传播与宣传引导的双赢局面，使正面宣传真正映入读者眼中，走进读者心中。①

（二）契合媒介融合理念

互联网时代，新闻内容生产者和内容的发布平台逐渐发生分离。新闻生产流程和传播流程发生变化必然伴随着标准和规则的变化。中央全面深化改革领导小组审议通过的《关于推动传统媒体和新兴媒体融合发展的指导意见》指出，推动传统媒体和新兴媒体融合发展，要遵循新闻传播规律和新兴媒体发展规律，强化互联网思维，坚持传统媒体和新兴媒体优势互补、一体发展，坚持先进技术为支撑、内容建设为根本，推动传统媒体和新兴媒体在内容、渠道、平台、经营、管理等方面的深度融合。不同的媒介理念代表着不同的媒介思维方式。媒介特质决定媒介行为。从高校的角度来讲，必须非常清楚媒体需要什么，并保持同步，这就要对不同媒介的理念和定位有深刻理解。同样的新闻事实，党报和都市报、行业报的报道方式、呈现方式、关注重点会存在区别。不同媒介形态之间也会存在区别。在具体实践中，要在明晰媒介生态差异性基础上，着力构建高校与大众传媒之间的环境友好型关系。

（三）契合新闻传播热点

今天的新闻就是明天的历史。大众传媒的显著特点就是强调时效性，要与当前舆论现实相契合。高校的校长毕业演讲、毕业照、毕业微电影只有在每年毕业季才会得到媒体关注就是这个道理。在高校舆论引导工作中，要认真分析大众传媒的关注重点，踩准步点，把握节奏，力争形成良性互动。在具体工作中，要不断提高与媒体打交道的能力，能善待媒体、善用媒体，不断提高媒介素养。信息化是当今时代最鲜明的特征，手机短信、互联网络等新兴媒体已成为许多公众接受信息的主渠道。美国著名未来学家托夫勒断言："谁掌握了信息，控制了网络，谁就拥有了世界。"高校提升舆论引导力必须要着力提高驾驭新兴媒体的能力。

三、明确"三种机制"，实现舆论引导的快速反应

（一）舆情监测预警机制

舆情日常监测、研判、预警是提升舆论引导力的基础性工作。要加强对高校宣传思想领域重大问题的分析研判和具体领导，着力构筑覆盖面广、责任明确、渠道畅通、处理及时、研判准确的舆情监控体系，校内校外相结合，实现立体监

---

① 张东明. 创新理念手段方法机制，提高主流舆论引导能力 [OL]. http://media.people.com.cn.

控。定期和科学编制舆情报告。舆情报告不仅要包含校内舆情，也应包括校外媒体、网站等出现的舆情。校内各部门应加强沟通联系，实现舆情的及时整理、研判和反馈。

（二）信息发布平台集群联动机制

对于学校信息发布平台集群建设来说，当前要对校园媒体发展现状进行系统梳理，树立媒介融合理念，实现集群联动。传统媒体方面，进一步创新思路，以内容为王，推动校报、新闻网、电视、广播等校内媒体的深度融合，形成合力。新媒体方面，要以新机制建设官方微博、微信等新媒体平台集群。从功能定位上来讲，学校微博微信等新媒体平台应该建设成为舆情监测平台、品牌形象宣传平台、信息发布平台和网络思想政治教育平台。

（三）与大众传媒良性互动机制

大学与大众传媒之间的关系是大学外部关系的重要组成部分。高校要精心做好对外宣传工作，创新对外宣传方式，讲好故事，传播好声音。新媒体时代，新闻宣传需要内容和渠道并重，着力构建学校与大众传媒之间的环境友好型关系，为高校改革发展营造良好舆论环境。

四、探索"三大路径"，进一步提升高校舆论引导力

（一）坚持内容为王，提升舆论引导影响力

高校的形象离不开高校的现象，要提高舆论引导工作质量和水平，主动挖掘好故事，发出好声音，在把握好时、度、效的基础上，增强吸引力和感染力。提升舆论引导力，在强调技术引领和驱动的同时，必须始终坚持"内容为王"，把内容建设摆在十分突出的位置，以内容优势赢得发展优势。如何将高校人才培养、科学研究、社会服务、文化传承创新过程中的新举措、新思路、新办法、新典型挖掘出来，并用合适的叙事方式和呈现方式表达出来，是实现学校舆论引导力提升的关键所在。值得一提的是，要充分发挥传统媒体在讲好高校故事中的重要作用，要求新、求异、求变，变学校党政正在思考的问题为全校师生员工共同思考的问题。网络时代为随时随地的互动和自由自在的表达提供了便利，但越是面临海量的信息，越是需要思想和创意，越是需要一种理性的声音，越是需要更加专业的深度报道和分析，让我们的师生不仅知道是什么，还知道为什么、应该怎么去做。这些都是传统媒体的优势所在。

（二）完善信息发布，提升舆论引导主动性

高校要做主动的信息发布者，探索以新闻发布会等形式，主动将学校各方面

的典型事件和鲜活故事传播出去。2011 年，西华大学召开新闻发布会，就该校学生的概念车设计进行专题新闻发布，安排周密，内容充实，取得较好的宣传效果。2012 年 9 月，中国人民大学就该校 75 周年校庆举行专题新闻发布会。《人民日报》、新华社、《光明日报》、中央电视台、中央人民广播电台、新浪网等 40 余家新闻媒体参加发布会，较好地扩大了校庆活动影响力。2015 年 3 月，西南财经大学就该校工商管理学院通过欧洲质量改进体系 EQUIS 认证举行专题新闻发布，来自新华社、《中国教育报》《四川日报》、四川卫视、《成都商报》、国际在线、中国网、四川新闻网等多家新闻媒体参会，极大彰显了学校的国际化形象。这些成功案例都值得我们借鉴。此外，我们还可结合自身实际，探索网络发言人制度。

（三）洞悉舆情特质，提升舆论引导科学性

按照传播学的观点，舆情发生发展的过程通常呈波浪形，波峰为舆情上涨的顶点，波谷为舆情下落的顶点，波峰波谷交替出现，波动前进。北京大学新闻与传播学院程曼丽教授认为，互联网的出现以及网民的意见参与，使得公众舆论的形成过程不再是由量变的缓慢积累而逐渐发生质变的可控、可测、可逆的过程，而是在短期内就有可能因量变的急剧增加而发生质变的不可控、不可测、不可逆的过程。在具体的舆论引导实践中，要更加主动地针对舆论产生和发展的不同阶段采取相应的应对策略，并根据传统媒体、新媒体的不同特质，灵活选择，合理搭配。

参考文献

［1］陈堂发. 领导与管理者引导舆论能力问题浅析 ［J］. 当代传播，2009 （3）.

［2］王培. 我国平面新闻媒体上的大学教师形象研究 ［D］. 武汉：华中科技大学，2006.

［3］侯迎忠，罗利娜. 主流媒体大学生形象塑造的实证研究 ［J］. 广东外语外贸大学学报，2010 （2）.

［4］张东明. 创新理念手段方法机制 提高主流舆论引导能力——在文化发展与传媒创新论坛上的讲话 ［OL］. http://media. people. com. cn/GB/137800/235653/16400874.html.

体验式学习在学生社团管理中的模式设计与实施①

邹　燕② 葛韵琦

摘要：本文提出，要切实提高学生管理能力，突破传统人才培养模式，构建体验式学习框架，促使学生在不断的体验学习中，实现体验与管理相互促进，切实提高大学生的综合素质。本文介绍了某财经类高校一学术类社团在 ARCS 激励模型理论的指导下，建立体验式学习内在逻辑，搭建平台，组织管理，辅以多元的社团活动以保证体验式学习与管理模式的顺利建设与执行。

关键词：体验式学习　学生社团　ARCS 激励模型 管理模式

能力，尤其是管理能力，对于当代大学生职业生涯的发展有着重要的作用。但是，大学生在校期间，学业负担重、实习机会少、体验成本高，很难有机会参与到组织的管理中，得到管理技能的训练。怎样才能搭建并运营学生锻炼管理技巧的平台，从而切实有效地提高学生的管理能力呢？西南财经大学的 ERP 沙盘俱乐部（简称"ERP 社团"，ERP，企业资源计划，Enterprise Resource Planning），将学生管理能力的获得、培养和提升与社团活动的开展以及自我管理进行了有机结合，探索出了一条适合财经类高校大学生在体验中学习管理，在管理中加深体验的合理高效之路。

一、基于学生主体和环境影响创立体验式学习的管理模式

学生的管理能力并不是依靠老师的教授就可以得到提高，而是需要学生在课堂内外的各项活动中，将自己置身于不同场景中进行体验，依靠自己进行总结归纳，吸取每一次体验的经验教训才能有所觉悟与锻炼。

---

① 本文受到 2014 年校级教学改革项目与四川省教学改革项目（2013—2016）《实践课程和学生社团的整合、协调与创新：基于 ERP 沙盘实验教学新范式的研究》和西南财经大学教师教学发展中心教学发展专题项目资助。

② 邹燕，西南财经大学会计系副教授，会计学院实验教学中心主任。

在这样的背景下，就需要老师换位思考，将学生作为活动的主体，积极调动学生学习的兴趣，充分发挥学生的主观能动性，从学生参与过渡到学生主导，才能系统性地启蒙他们的管理能力。那么，如何将学生作为活动的主体，调动其参与积极性呢？这不仅需要学校根据多感官协调配合的原则，为学生创设一个合适的学习环境，还需要老师通过环境对学生进行潜移默化的影响，重在让学生参与其中，协作思考，针对提前设定好的一项又一项的具体问题，探索出自己擅长的，能适应环境变化的解决方法。学生在模拟的情境中得到锻炼，并通过多次活动从参与方变成组织方，不断提高自身的管理能力。

唐华（2013）谈到，新员工加入时，应当以积极的学习和参与的态度投入工作中，在真实的工作体验中尽早地融入新团体。袁遐（2006）研究了某机构派员赴日参加由国家人事部组织的学习，在学习过程中，以实际案例为主，创设具体的体验环境，让学员们亲身体验，不断探索，最后经过测试，发现本次培训的效率较以往的培训有了明显的提高。那么，如何让学生在新环境中更有效率地进行学习呢？需要注意两点，一是使学习者真正成为课堂的主角。教师可以利用多感官的教学媒体，努力为学生做好体验开始前的准备工作，让学生产生一种渴望学习的冲动，自愿地全身心地投入学习过程，并积极接触、运用，在亲身体验过程中掌握。二是高效。体验式学习会给学习者带来新的感觉、新的刺激，加深学习者的记忆和理解，使得同学的心理、态度、行为都有所改善，这种改变的影响将持久深远。

ERP 社团成立于 2007 年，挂靠校团委，由会计学院任课教师进行指导，学院进行管理。在 8 年的实践与探索中，社团建立了体验式学习的管理模式，以组织模拟企业经营管理活动为主，鼓励学生在其模拟的公司中担任首席执行官（Chief Executive Officer，缩写 CEO），首席财务官（Chief Financial Officer，缩写 CFO）等一系列职位，体验这些角色的工作，并指导部分学生将活动中的体会运用到社团的管理中来，用自己的体验与所学来运营与管理社团，切实提高社团管理人员的计划、组织、协调与创新能力。

二、体验式学习的运用与开展

从理论层面上，根据体验式学习理论的代表大卫·科尔布（Kolb，1984）的观点，通过实践来认识周围事物，利用那些可视、可听、可感的教学媒体，努力让学生投入学习，使学生产生一种渴望学习的冲动，自愿地全身心地投入学习过程。在投入学习过程后，能够积累经验教训，从而完成知识的获得与创造。可见，学习是内容的获得与传递，经验是学习和发展的来源，学生的学习不仅仅要获得知识，更重要的是通过经验的转换来创造知识。那么如何进行转换呢？ERP 社团采取的做法是进行体验式学习。首先，给定条件，构建虚拟社会经济环境，让学生进入其中体验与经历；然后，指导学生从多个角度进行观察与思考；接着，归纳总结出合乎经济规律的抽象概念和思路；最后，用于制订决策和解决问题，由此来验证相关的概念和思路。

体验式学习的实施对象是社员，即参加到社团活动中来的大学生，他们通过企业模拟经营的平台进行锻炼。体验式学习的实施主体是学生社团的管理者，他们负责对活动进行开展、维护、总结、完善和更新。管理者分为两类，一类是主要负责人，由在该社团中有工作经验的同学担任，负责计划、实施、完善与创新社团的体验式学习活动，多为多次经历者，他们具有一定的体验经历，通过社团活动锻炼了自己的能力，积累了经验。另一类被称为"干事"，是由新进社团，积极热情，有责任心的同学担任，在主要负责人的指导与管理下开展工作，管理社员，他们也被称为"初次体验者"，重在感受过程，希望得到更多的机会加强锻炼。管理者们在社团活动的平台中，一方面，进入企业模拟经营进行运营与管理的体验，另一方面，通过社团管理，将模拟体验中所学运用到真实的管理活动中。老师一般不进行管理，更多的时候是作为顾问的角色，建设体验式学习的内容，指导实施主体进行管理。

三、基于 ARCS 模型构建体验式学习的管理模式

ARCS 模型由约翰·M. 凯勒（John M Keller）在 1983 年提出，由注意（Attention），关联性（Relative），信心（Confidence）和满足感（Satisfy）四个部分组成。在已经开展了体验式学习的基础上，社团根据 ARCS 模型，帮助管理者们激发学习和运营管理活动的兴趣，提高活动效率，锻炼大家的管理能力，设计与指导着社团的管理活动。

1. 吸引学生注意力，强化社团的宣传与培训

只有当学生注意了某事物以后，才能产生学习与活动的兴趣。社团考虑通过宣传和培训两项活动来吸引同学们对社团活动的兴趣。首先是宣传，一般而言，社团举办活动之初，都会在学校内通过线上线下两种渠道进行多种形式的宣传，如海报，宣讲等。我们发现，如果对每次活动的宣传效果进行分析与总结，并启示于下一次活动宣传，那么效果会得到提高。社团活动进行宣传，目的在于唤起同学们对于社团活动乃至整个社团的注意力，激发兴趣，从而更好地安排后续活动。

另一种宣传是通过社团的培训活动来体现的。社团培训部根据社员个体的特

殊性，如专业背景、年级等情况，创设不同的商业环境用于社员的活动初始体验。初始体验活动考虑到了受训会员的需求进行个性化设计，最大程度上引起他们对社团活动的注意。

2. 提升关联性，启发学生积极思考

让社员关注社团活动的内容，需要管理者们在活动设置的时候，注意把活动与社员已有经验关联。同时，指导他们把新学到的知识与现实的问题相关联，切实让他们产生学习的兴趣。因此，这就要求在培训活动的开展中，通过循序渐进的迭代提高关联性。先是设计培训内容，在社员们已经学习了相关理论知识基础上，通过培训中创设的具体环境，理论结合实际，让他们体会到运营管理难在过程，而非结果。同时，培训者需要指导受训者总结问题，积累经验。

布鲁姆在其认知目标分类的理论中提到，对于一个态度的培养要经过五个阶段，接受、反应、价值评价、组织，性格化。社团管理也重在社员的态度培养上。以 ERP 社团为例，最初，社团主要负责人会布置一系列的任务，要求同学们在某一体验环境中完成某些任务，同学们最初是被动地接受；随后，多次类似体验后，他们会逐步发现自己在某方面有了提高，从而对体验式学习有了一定的敏感度，产生了满意的反应；之后，便有了主动寻找体验活动的愿望，进入对体验式学习的偏好阶段；再来，是同学们认识到体验式学习对自我学习能力的锻炼有益后，不仅在价值层面上认同，而且他会把这些对他自主学习能力的培养和自身的价值体系进行一种整合，并在许多问题的处理上都会自觉不自觉的采用这种方式；最后，当然也是态度领域的最高境界，把体验式学习的能力变成他终身的能力，内化成为他的能力。

3. 树立自信心，收获满足感

信心会起到正向的促进作用，让受训者越来越爱体验式学习，感受它带来的益处。为此，ERP 社团设计了竞赛这一要素。竞赛分为两类：一类是通过比赛，让社员在体验过大部分管理角色的基础上，展开的同一类型多家公司价值最大化的竞争活动，以此检验自己所学。比赛中的优胜队自信心增强，对这样的体验式学习更感兴趣，而其他队伍还是会借助体验，找寻自己的问题，在老师的帮助下，进行改进，这样的过程反馈也会帮助他们树立学习的信心。另一类是管理职位的竞争，主要负责人和干事在社团管理的过程中均得到了管理能力的培养与提升，参照企业的实际运营，他们开展自身的人事考评，进行职位的竞聘与争取，在此过程中通过对所做进行总结，发现了自己或他人的闪光点，在相互的潜力挖掘中均树立了信心。

不管比赛的输赢，社员们都获得了多次"试错"进行企业运营的机会，他们不断地发现自己的不足，进而改进，并对商场之战逐渐有了清晰的认识与理解，收获了所学理论知识为自己实践所用的满足感。而社团的管理者们，不论谁主谁辅，在自主体验式的学习与管理中，给予和得到鼓励与肯定，更能促进其对自身管理能力得到锻炼的满足感。对在培训和比赛过程中表现优秀的同学，社团还会将其评为优秀社员，为新成员介绍自己的感悟与经验，同学们受到积极的评价与鼓励，体会到体验的意义，既是自身荣誉感的满足，也为他们带来自我价值提升的满足感。也许，满足感并不是所有的同学都可以得到，但这样的管理模式势必会促进同学之间的良性竞争，促进大家都不断进步，在体验式学习中收获更多。

四、体验式学习管理模式的实施与维护

1. 体验式学习的团队化、市场化、场景化

体验式学习，是构建社团管理模式的基础，只有将学习这一环节抓好，才能吸引更多的社员参与，从而锻炼管理者们的管理能力，并将整个模式的基础打牢。而要把握好体验式学习这一环节，需要做到三点：一是团队化，协同合作，让每一位同学在团队中感受自己体验角色的不同要求，有针对性地提高自己的管理能力；二是市场化，只有让同学们体验到逼真的市场环境，并有机会在其中进行相关决策，才能真正地锻炼其管理能力；三是场景化，要让同学们有足够多的机会进行体验，将一个个活动场景化，根据所学做出自己认为合理地判断，再分析总结，参与同伴互评，所锻炼的管理能力才会有所提高。

2. 体验式组织的层次化、指导化、多元化

体验式学习既是管理模式的基础，其活动的组织又控制着管理的运行。社团进行管理组织，首先，可分为三个层次，从角色体验到管理体验，再到运行体验，迭代深入，在模拟经营中进行体验并积累了经验或教训，有机会在真实环境中再次体验并提升。其次是指导化，在社团的内部管理中，实行"传帮带"的方法，资深社团管理者将自己在社团中的实际管理与角色体验介绍给新的社团管理者，帮助他们尽快熟悉社团的各项事务。事实证明，这样的方法颇具成效，也在社团内部形成了以宽容性为主要特色的社团文化，最大限度的容忍成员在管理体验中的错误，并予以纠正、指导与解决，一届又一届的社团管理人员在这样的社团文化下对文化进行传承与创新，也使得管理经验不断延续、更新。最后是多元化，在社团的管理与活动中，社员们都可以根据自己的实际情况选择不同的组合体验，这样既可以满足多元化的需求，也可以有针对地提高自身的管理能力。

3. 激励与约束机制的建立与运行

体验式学习要在社团中得到良好的运行，还需要构建科学有效的社团管理机制，主要是激励与约束机制。否则，社团活动的组织就会显得混乱，难以达到活动设置的预期效果。

激励机制可以保证同学在参与管理时有足够的动力。引导管理者们带领社员积极参与，合理竞争，团结协作等，辐射管理的不同层级与阶段，多维度予以鼓励，并对激励的结果给予物质和精神两方面的形式。当然，仅用激励来调动同学们的积极性，不足以保障整个社团活动的有序开展，约束机制也是必不可少的。约束机制，是以遵守社团的规章制度为主，辅以工作绩效的考核，严于控制，充分协调，创设一种认真严谨的工作氛围。

4. 人才培养模式的创新与实施

体验式学习在社团的活动中充分发挥了其效果，基于此的管理模式也为社团活动的开展与组织带来了生机，这都为财经类人才的培养模拟提供了参考。

我们认为，基于体验式学习的管理模式可以纳入财经类人才的培养计划，通过实践环节，设立学分，归入绩点组成。现阶段，只有在制度上认可这样的学生活动，并配以政策进行支持，再造课程与活动，继而推广，提高实效，才会使师生们真正受益于这样的社团活动

本文试图以 ERP 社团管理模式的探讨为基础，推广体验式学习，目的是在于提高当代大学生以管理能力为主的能力，挖掘其管理潜质，培养适应社会要求的管理人才，促进经济转型与社会发展。

参考文献

[1] 冯晓丽. 基于个性化人才培养的主动实践教学思考 [J]. 中国大学教学，2015（2）：84-86.

[2] 唐华. 如何提高新员工的团队融入 [J]. 人力资源管理，2013（8）：61-62.

[3] 袁退. 一个体验式培训成功案例的启示 ——兼论税务培训中的体验式教学 [J]. 扬州大学税务学院学报，2006（4）：70-74.

[4] 祝珣 马静文. 布鲁姆教育目标分类理论对大学英语阅读教学的启示 [J]. 中国大学教学，2014（9）：67-71.

[5] Khanal Laxman. Shah Sandip. Koirala Sarun. Exploration of preferred learning styles in medical education using VARK modal. Russian Open Medical Journal，2014（3）：1-8.

基于高校教师组织公民行为
提高教师工作绩效研究[①]

廖春华　李永强　谢冠男[②]

摘要：本文从分析高校教师群体中存在分裂的"科研观""教学观"和"教学科研观"情况、学校的教学成效短期难以量化以及对教学奖励范围不够广等问题出发，引入组织公民行为，并试图通过激发教师组织公民行为提高教师工作绩效，鼓励教师投身教学，提出促进教学观重构、构建教学与科研"同频共振"机制、营造重视教学的氛围，使科研"反哺"教学的建议和措施。

关键词：高校教师；组织公民行为；工作绩效；教学投入

《国家中长期教育改革和发展规划纲要（2010—2020 年)》明确指出，全面提高高等教育质量和人才培养质量将是高等教育未来工作的重中之重。高水准的质量，是高等教育发展和延续的生命线，是衡量、修正和规划高等学校人才培养、科学研究、社会服务和文化传承等各环节的关键要素。何以提高高等教育质量和人才培养质量？教师是关键。作为教学、科研和管理的重要主体组成，教师群体直接与学生互动，承担日常教学和科研任务。但不可否认的是，伴随着高等教育的市场化改革和高等教育大众化的发展，高等教育中已产生了诸多问题，如教师群体中出现了教学教改投入不足、学校教学建设乏力、轻教学重科研、教学投入不够、部分教师产生职业倦怠等情况，直接影响了高校教育质量和人才培养质量。因此，要提升高校的人才培养质量，必须牢牢把握高校工作中的主体，从高校教师这一群体入手，进而抓住主要矛盾和问题实质、寻求破解当前困局的良方。本文引入组织公民行为的概念，以期从提高教师组织公民行为的角度改善教师工作绩效尤其是教师对教学绩效的投入程度。

---

①　本文系西南财经大学中央高校基本科研业务费专项资金 2015 年交叉与新兴学科项目"高校教师当责行为、组织公民行为与工作绩效的关系和影响机制研究"（JBK150207）的阶段性成果。

②　廖春华，西南财经大学教务处，助理研究员；李永强，西南财经大学教务处处长，教授；谢冠男，西南财经大学教务处。

一、教师工作绩效中存在的问题

笔者与多所高校教师进行深入交流，对教师教学投入不足等问题进行深入剖析，认为目前教师工作绩效主要存在以下五个方面的问题。

（一）狭窄的"教学观"

教师缺乏对教学内涵的深层认识。教学的内涵是丰富的，教学的表达形式是多样的，大部分教师没有真切认识到教学的深层意义，觉得只要完成课时量，上课、下课、考试、批卷，就算完成了教学，对学生的指导、课程建设与改革等没有明确的要求和考核。各高校职称管理办法以及教师聘任合同中教师教学方面的要求一般都只有课时量的要求。这可能导致部分新老师认为只要完成了工作量要求就算有高的教学绩效。这也与教学不易量化有直接的关系。目前高校教师教学放水现象时有发生，如不分课程性质与类别使用 PPT 进行简单化教学；多年使用同一教学案例，教学内容跟不上形势和学生需要等。部分教师甚至功利性地认为自己的工资、奖金、福利待遇与职称、工作量和论文等科研成果紧密相关，上课的目的往往多是为了完成工作量，或者是赚取讲课费，这直接导致了教师不重视教学以及对教学投入的不足。

（二）狭窄的"科研观"

科研的内涵和表达形式是多元的。博耶创造性地将学术工作划分为四个类型：发现的学术研究、综合的学术研究、应用的学术研究和教学的学术研究。四种类型的研究，既有不同的性质与功能，又是一个相互依赖的整体。博耶从理论上对学术研究概念的外延进行了拓展，将综合、应用、教学的研究纳入到学术研究的范畴中，并且与经典的发现研究相提并论，从而为高校科研内容的多样化提供了理论依据。当前不少高校的"科研"定义基本上限定在发现研究方面的学术论文的发表和科研项目立项上，科研立项又强调资助经费的额度，教师所认为的"科研任务难"也是体现在发表文章和完成级别高的科研项目上的难度，在综合、应用和教学方面的科研鲜有涉及。

（三）分裂的"教学科研观"

教师的教学工作具有过程的复杂性和效果的滞后性特征。教师在教学工作中需要面对具有不同经历、特点和兴趣的学生群体，这意味着教学工作的过程必然是复杂的。部分大学的教师，还需要将科研前沿引入到教学工作中去，这意味着他们必须不断地追踪专业的发展状况，这更加深了教学过程的难度。教师可能认为科研和教学是两个事情，但他们忽视了：科研可以为教学服务。在我们的访谈中，不乏教学名师，其科研能力和教学水平都非常出色。

（四）教学成效短期难以量化

十年树木百年树人，教学的效果具有明显的滞后效应，学生的好坏可能要在十数年后才能显现出来，由于人才培养的群体性，一个学生的成才与某位老师的教学效果关系甚微，而是群体共同造就的结果，这使得教学的工作量可以计量，其效果却难以衡量。因此，一名教师可能在教学上付出了巨大的努力，却收效甚微。相比之下，科研虽然其研究过程也是极其复杂的，但其成果比较容易衡量，而且会得到他人对其能力的认可与尊重，并得到随之而来的学术地位与待遇的提升。尤其在研究型大学里，科研水平是教师赖以谋职和发展的关键因素。因此，从教师个人角度讲，教学相对于科研的内部动力明显不足，这造成很多教师将大量精力投入到科学研究而少有愿意用过多精力投入教学工作，遑论教学与科研在教师身上的结合了。

（五）教学奖励范围不够广

目前，对教学的奖励主要集中在优秀教师、课件大赛等项目上，相对于科研立项和科研奖励的范围，较为不足。很多教师认为自己在教学上认真备课、精心制作 PPT、利用多种形式的教学方式进行授课、指导学生完成科研项目或实践活动，但是少有高校对此类活动进行奖励，被肯定的成绩过少，挫伤了教师对教学的积极性。即使是对优秀教师等方面的奖励，也是获奖人数有限、金额数目较少，部分对教学重视却没有得到相应肯定或表彰的教师会感到不公平，影响未来的教学投入力度。某高校奖励某教授 100 万元的"心平杰出教学贡献奖"，在教师中引起了强烈反响，一方面反映当前高校对教师教学已经引起了重视，也反映出对于教师的奖励范围仍比较狭窄。

二、教师组织公民行为对教师工作绩效的影响

高校教师作为特定职业群体，在剥离自身职业和身份属性之外，仍然具有一般社会人特征，其意识规范和行为取向高度契合"组织中的公民"各项特征，正如 Organ（1990）及其同僚所提出的组织公民行为所阐释的那样：它是一种员工自愿性的个体行为，这些行为并没有得到组织中正式的报酬系统直接或明确的回报，但能从总体上提升组织的有效运作。而由于大学教师工作相对更具有特殊性，例如工作时间自由、直接受益群体（学生）较大和工作具有创造性、复杂性等特征。同时，尤其以课堂教学为代表，劳动成果具有部分隐蔽性，在科层制的组织架构（行政体系与学术体系并轨）中，这一群体的组织公民行为更加凸

显，因此组织公民行为理论的引入，有助于探讨在科研要求显性化的背景下，其对教师教学投入的影响。

（一）教师组织公民行为的提出

组织公民行为最早源于 1938 年 Barnard 提出的"想要合作的意愿"，1966年，Katz 和 Kahn 提出"公民行为"的概念，认为"公民行为"成员需要做出角色外的创新和自发行为。随后，管理学家 Barnard 关于正式结构中组织成员意愿的研究进一步发展此概念，Barnard 指出：组织中每一个体的真诚合作对整个组织系统而言都有着极为重要的作用。他认为对于正式结构的一个关键影响因素是员工的合作意愿。这相较于传统的古典理论而言具有了很大的进步，传统的古典管理理论认为只要有合适的正式组织结构对员工进行控制则员工就无须具有自觉合作的个性和倾向。从 Barnard 的观点中可以窥视出对组织公民行为的研究已初见端倪。1967 年，Thompson 进一步阐释了自愿合作对组织的重要意义。可以理解自愿合作对任何一个组织都有着举足轻重的作用，如果组织目标的完成只是靠正式的组织结构来"机械"的规范控制而无员工的自愿合作作为"润滑油"来协调，那就很难实现组织目标。尽管早期的研究未提出组织公民行为这一概念，但从已有的文献中我们可以窥视出对组织公民行为的探讨已初见雏形。

1983 年，Organ 和 Bateman 在研究工作绩效和工作满足关系时正式提出组织公民行为（Organizational Citizenship Behavior，OCB）的概念："公民行为是未包含在正式的工作说书中，单位组织所需要之行动"。它是一种有利于组织的角色外行为，与组织正式要求无关，是一种组织成员的自发行为，虽然这种行为没有获得组织正式的回报，却对组织整体的有效运作具有积极地提升作用。这里暗含了三个基本假设：动机上，具有无私或利他性；目的上，是为了提升组织运作的有效性；作用上，最终有利于员工。这一概念一经提出就获得了大部分学者的高度关注。在之后的研究中，很多学者又提出和验证了许多与 OCB 相关的概念。比如 1995 年 Van Dyne 提出了角色外行为（extra-role behavior），他认为该概念是根据与角色内行为的比较来下的定义，突出强调一种组织成员自愿无私的奉献行为。角色外行为不包含在组织与组织成员订立的职务说明之内，它的有无不会给组织带来损失，并且组织的正式奖励系统并不认可该行为。又如，Graham 和 Van Dyne 提出关于员工组织公民身份认同的相关理论。他们以社会学和哲学的视角来审视和研究 OCB，并把一切有利于组织集体利益的个体行为定义为组织公民身份。同时，George 和 Brief 也提出了组织自发行为（organizational spontaneity）的概念，他们认为其是组织成员在组织规定的自身职责要求之外，采取的一切有利于组织的行为。

目前，学者们的多数研究都是比较赞同 Organ 给出的 OCB 定义。研究组织公民行为就是了解其对组织的影响，并探究其在整体提升组织绩效中发挥的润滑作用，可以把现有对组织公民行为作用归纳为：使组织减少对稀缺资源的占用，摆脱资源束缚，促进生产效率的提高，从而有效地协调团队成员和工作群体之间的活动。

对于教师，组织公民行为研究开始较晚，且多为中小学校，对于高校教师这一特殊群体的组织公民行为特质研究较少。高校教师较于中小学教师更具有主动性、有明显的外部性，教师更注重价值的体现，因此高校教师的组织公民行为更加值得深入研究。

（二）教师组织公民行为促进教师工作绩效

根据学者们的现有研究，OCB 与工作绩效关系的研究主要有三个方面即 OCB 影响绩效、OCB 本身就是一种绩效关系以及二者关系的界定。其中以 Podsakoff 和 Mackenzie 为代表的学者通过对文献的整理，并运用实证分析得出组织公民行为对工作绩效有重要影响。Karambayya 通过对 OCB 与工作群体绩效和工作满意感三者的关系的研究，认为较多表现出组织公民行为的组织成员具有较高的绩效和满意度。国内学者孙江丽也通过实证分析得出组织公民行为对工作绩效的提高有促进作用。另一方面，以 Borman 和 Motowidlo 为代表的学者认为组织公民行为本身也是一种关系绩效。他们认为组织公民行为与绩效存在很高的联系，企业管理人员在对员工进行绩效考核时往往都考虑了员工的组织公民行为。

简而言之，组织公民行为是组织成员自发的一种角色外行为，这种行为的产生是组织成员自愿而非组织规章制度的硬性要求，另外从这种行为的后果来看，其不仅有利于员工自身的进步同时也有利于组织的发展。对于高校教师这一高知识群体，更需要教师的组织公民行为。当高校教师感受到来自学校物质和精神方面的回报或奖励时，他们对学校、对职业的认同感也会随之提高，进而主动地为学校科研、教学以及社会服务方面作出贡献，这是来自教师方面的自发性的组织公民行为。

三、激发教师组织公民行为的对策

高校是人才聚集的地方也是人才培养的摇篮，教师是学校发展的核心资源，人们将更多的目光投向教师的人力资源管理问题，并开始越来越关注如何进一步提高教师工作绩效、如何对教师进行绩效考评以及鼓励教师投身教学等问题。增强教师组织公民行为，提高教师对教学的投入不仅需要从教师个人方面出发，也需要学校各部门的密切配合，同时也是一个长期的过程，需要稳步进行。

（一）强化文化氛围营造，促使教师产生组织公民行为

1. 丰富宣传形式，强化学校办学理念和办学目标的解读

对于高校组织而言，需要在组织文化环境方面为教师提供有力的软件支持。当教师个体在组织中得到尊重，获得组织认同感时，就会积极主动地参与组织活动，产生良好的组织公民行为，从而提高工作绩效。优秀的组织文化需要制度来保障，完善学校组织结构，建章立制，实现依法治校、依章办事，构建公正公平的组织氛围是提升教师工作绩效的有效手段。因此，学校在工作分配、年终考核、评优评先、晋级晋职等问题上要通过制度规范，做到公平合理，不断强化公平、公正意识，促进把教师个体责任感外在化和显性化，真正做到"内化制度，外化责任"，使教师获得组织认同感，从而保障教师工作绩效的提升。

2. 营造重视教学的氛围，使教师对教学的重视内化于心

要营造重视教学的氛围，使教师积极转变教学范式、加大教学投入内化于心，外化于行。①学校在办学思想上给予高度重视，使教学工作在学校发展规划中得以充分体现。②在制定发展规划时，有关教学工作的内容有明确的目标和可操作与评价的指标体系。③教学质量保证应有明确的责任体系，通过制度规范，使各个教学质量保障主体职责明确，工作有章可循，将质量保障贯穿教学的全过程，体现在学校工作的各方面。

（二）构建教学与科研"同频共振"机制，促进二者互通共融

1. 利用科研加大教学内容的"含金量"和"含新量"。在教学过程中及时引入研究成果及在研究过程中获得的最新科技信息，以教学案例的方式内化于课堂教学中去，将科研成果提炼成教学内容，编进教材，进入课堂，解决学生所学知识与现代科技前沿、社会实践隔膜，不断提高教学质量。

2. 利用"成果转化"制度来让科研为教学"补充营养"。教师在教学中要注意挖掘新鲜的教育资源，把所承担的国家级、省部级科研项目中收集的素材结合课程理论知识，制成多媒体课件、建设慕课课程，使原本逻辑性不强、教材图片量较少且模糊不清的难讲内容，变成立体化、形象化的课堂教学内容。

3. 促使学生从"学而知之"转到"感而知之"。将有关教师发表的与课程有关的论文作为课外阅读资料，使学生通过实实在在的研究项目、研究内容、研究方法，加深对课本理论概念的理解及运用，使枯燥的理论变得鲜活，激发学习热情和积极性，真切实现科研与教学互动和谐发展。

（三）建立健全的教学激励机制，鼓励教师投身教学

1. 评选教学新秀：促进青年教师成长，培养后续教学队伍

①通过对青年教师教学质量的检查和评估，摸清青年教师的教学现状；探索树立"教学新秀"奖推广优秀青年教师的教学经验，对广大教师起示范带头作用，也为学校培养教学后续队伍奠定基础。②收集新教师有创造性的教学 Idea，编制《教学新秀经验汇编》，鼓励青年教师探索有益的教学方式。③加大青年骨干教师出国跟教力度，吸取国外先进优秀的教学理念和教学方法。

2. 加强教师队伍建设，提升教师教学能力

①推行集体备课制，注意教师之间经验的交流，增强教师之间教学方法、教学手段、教学内容以及教学理念等方面的沟通，发挥基层教学组织作用。②做好对教师的教学评价，要求学院、教务处和系所主任走进课堂，深入教学实践，将听课常态化、制度化，并对听课情况以及对教师的评价进行检查和审核。③加强对教学的反馈和落实工作，对于学生和教师反馈的教学问题，要及时、妥当地予以落实。④进一步完善和创新教师的教学训练制度与机制，落实教师培训学分制度，落实学院（中心）教学培训与咨询、教学评估、学业指导等方面的责任。同时，完善研究生助教制度，遴选一批优秀的脱产攻读博士学位和硕士学位研究生担任助教，明确工作职责，并给予合理的报酬，推动大班教学、小班讨论。

参考文献

[1] 孙江丽，王益宝，徐再仕. 员工心理契约违背对组织公民行为及工作绩效的影响研究 [J]. 经济论坛，2009.

[2] 封展旗，杨同卫. 中国文化情境下高校教师组织公民行为研究 [J]. 经济管理，2009（7）.

[3] 李宝斌，许晓东. 高校教师评价中教学科研失衡的实证与反思 [J]. 高等工程教育研究，2011（2）.

[4] 张俊超，吴洪富. 变革大学组织制度，改善教学与科研关系 [J]. 中国地质大学学报：社会科学版，2009（5）.

[5] Organ D W. The motivational basis of organizational citizenship behavior. Research in Organizational Behavior, 1990（12）：43-72.

[6] Barnard C I. The functions of the executive. Cambridge, MA：Harvard University Press, 1938, 67-68.

[7] Katz D. Motivational basis of organizational behavior [J]. Behavioral Science,

1964, 9: 131-146.

[8] Thompson J. Organizations in action. New York: Mc Graw-Hill, 1967, 8-9.

[9] Vigoda-Gadot E. 2006. Compulsory Citizenship Behavior: Theorizing Some Dark Sides of the Good Soldier Syndrome in Organizations [J]. Journal for the Theory of Social Behaviour, 2006, Vol. 36 (1): 77-93.

[10] Borman, W. C, Motowidlo, S. J. 1997. Task performance and contextual performance: The meaning forpersonnel selection research. Human Performance. (10): 99-109.

基于实际需求的本科生就业能力研究

——以会计学领域为例

李玉周　徐美玲①

摘要：不同的行业所需具备的就业能力虽有共性，但依旧存在着不小的差距。本文从会计学领域着手，基于用人单位的实际需求构建会计学领域本科生就业能力结构，分析当前高校会计学领域本科生的就业能力现状，并与用人单位的满意程度做对比，提出提升就业能力的应对策略，切实提升会计学领域本科生的就业能力。

关键词：就业能力　就业能力构成　会计学　本科生

一、问题的提出

现代高等教育同社会发展进步有紧密联系，发挥着人才培养、科学研究和社会服务的重要作用。然而随着我国高等教育由精英教育过渡到大众教育的同时，逐年增长的毕业生却面临着不小的就业压力。如何帮助高校毕业生适应就业市场的变化，提升大学生的"就业能力"成为了高校教育必须关注的一个问题。

自郑晓明 2002 年提出"就业能力"之后，许多专家和学者纷纷参与到大学生"就业能力"的探讨中来，大学生"就业能力"的相关研究得到了快速的发展。然而当前大部分的研究主要集中在"大学生"这一较为宽泛的研究对象上。虽然不同的领域，不同的行业所需的就业能力具有一定的共性，但同时也存在着较为明显的差异。目前已有学者注意到这一问题，并开始着手进行相关的研究，但尚不多见。

会计行业是知识密集型行业，从事会计领域的专业人才的整体素质关系到资本市场的有效运作和国民经济。随着中国经济的发展，会计的重要性日益凸显。然而纵观以往的研究，对于应用性较强、本科层次就业需求较大的会计专业领域

---

① 李玉周，西南财经大学会计学院，副教授；徐美玲，西南财经大学会计学院。

所需具备的就业能力尚待探索。此外，目前大多数研究也存在着仅关注大学生就业能力构成，而较少评价当前高校教育的大学生就业能力的具备情况。基于此，笔者从用人单位的实际需求出发，构建会计专业本科生所需具备的就业能力结构模型，衡量评价当前会计专业本科生就业能力现状，在综合用人单位、高校教师和学生意见的基础之上，提出提升会计专业本科生就业能力的对策和建议，以期完善高校会计专业本科生的培养，提升会计专业本科生就业能力。

二、会计专业本科生就业能力结构体系

目前对于大学生就业能力构成要素的研究普遍认为，大学生就业能力主要由知识、技能和态度三方面构成，每方面包含着相应的能力要素。这一就业能力结构虽对各个专业的大学生均有较强的普适性，然而对于会计学领域而言，却没有充分体现会计行业对会计专业人才的特殊要求。为了更加准确地衡量会计行业对会计类本科生就业能力的要求，笔者面向用人单位，通过问卷调查的方式，经过分析和筛选，总结出了会计类本科生就业能力的影响因素，并据此构建了会计类本科生就业能力结构。如图 1 所示，会计学本科生就业能力由个人素养、基本能力和专业能力这三部分构成。

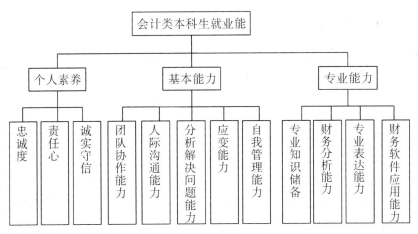

图 1   会计学领域本科生就业能力结构

基本能力是本科生应具备的、具有普适性的能力，主要包括团队协作能力、人际沟通能力、分析解决问题的能力、应变能力和自我管理能力。个人素养方面，会计类本科生需具备的最为重要的三项个人素养分别是忠诚度、责任心和诚实守信。由于会计类本科生就职岗位多与公司财务相关，涉及大量的公司机密，因此要求会计类本科生应当具备一定的忠诚度，具有保密意识，而此外作为经常

与钱账打交道的会计行业，责任心和诚实守信的品质也被用人单位所看重。专业能力方面主要有专业知识储备、财务分析能力、专业表达能力和财务软件应用能力四方面组成。专业能力主要由会计行业的特性所决定。由于会计行业较多涉及公司账务，因此要求从业者具有较高的专业知识储备、财务分析能力和财务软件应用能力，此外从业者还应当具有良好的文字表达能力，能够将分析结果简单明了地呈现给上级。因此个人素养和专业能力是用人单位招聘会计学领域本科生时重点考察的能力。

三、会计专业本科生就业能力的现状分析

为了解当前会计类本科生是否符合用人单位的能力需求，笔者以问卷调查的方式，根据上述会计学领域就业能力结构设计相应题目，每道题目均设置很不符合、不符合、不确定、符合和很符合五个选项，面向西南地区会计学领域本科生进行调研。此次调研共发放 200 份问卷，有效问卷有 152 份。

调查结果表明（见图 2），本科生就业能力具备情况总体而言不太理想，在三大部分就业能力中，个人素养和基本能力的具备情况高于专业能力的具备情况。进一步分析发现，个人素养和基本能力主要涉及的是个人品质和团队协作、人际沟通等方面的能力，这一类能力的获取与自身成长经历和教育程度有关，随着阅历的增加和受教育程度的提升，本科生逐步具备团队协作能力、人际沟通等基本能力，而个人素养也在这一过程中有所提升。

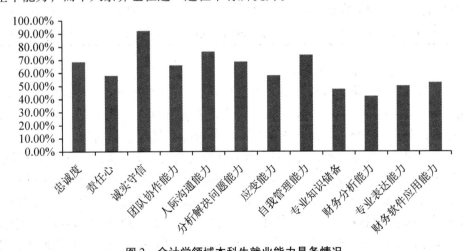

图 2　会计学领域本科生就业能力具备情况

对专业能力进行更加深入的分析（见表1），可以发现，在细化的专业能力要素中，"具备扎实的专业基础知识"方面情况最好，符合程度最高，符合和很符合达到79%，而"财务软件学习和应用"次之，其符合和很符合达到69%，而其他能力要素则处于较低水平，具体表现在以下几个方面：

表1   会计学领域本科生应具备的专业能力

能力分类	能力要素	很不符合和不符合	不确定	符合和很符合
专业知识储备	1. 我具有扎实的专业基础知识	0%	21%	79%
	2. 我具有丰富的专业相关知识（如会计专业了解学习金融方面相关知识等）	10%	41.03%	49%
财务分析能力	1. 我具有较高的数据处理能力	8%	41.03%	51%
	2. 面对企业财务报表等相关资料，我能在较短的时间内发现一些问题	13%	64.10%	23%
	3. 通过对企业财务问题的相关分析，我能找到一些实质性的问题并能提供一些可供解决的方案	13%	51%	36%
	4. 我能综合企业的全局进行分析，找到问题	12.82%	38.46%	48.72%
专业表达能力	我能够将分析过程和结论用合适的形式（报告、演讲或者是展示等）生动清晰地表述出来	3%	46.15%	51%
财务软件应用能力	1. 我能熟练地运用某一财务软件	10.25%	30.77%	58.98%
	2. 我能较快地学习应用一个新的财务软件	3%	28.21%	69%

1. 专业相关知识掌握不够

完备的知识体系是本科生进行创新研究和实践应用的基础。根据调查显示，在"具有丰富的专业相关知识"这一能力要素选项中，有10%的被调查者选择了很不符合和不符合，仅有49%的被调查者选择了符合和很符合这一项。究其原因，一是课程设置不合理，对于相关课程开设的重视程度不高，造成学生学科视野较为狭窄，而开设课程的学时未能有效满足课程的需求，使课程质量下降；二是学生接受知识长期以来处于被动情况，即长期以老师教授知识为主，而实践课程和讨论课程开放较少，导致学生自主学习积极性不高，理论与实践脱节，教育教学无法跟上社会经济的发展变化；三是本科生选课目前主要是半自主形式，具有一定的盲目性，除了本专业开设的必修课程和基础课程必须选修之外，对与专业相关的课程大多数学生则是凭借自己的感觉和前人经验选修简单容易的课程，这样使得学生不能掌握足够的专业相关知识，从而导致知识结构不全面。

2. 财务软件应用能力有待提升

对于会计学领域的学生来说，具备财务软件应用能力是必不可少的。根据调查表明，当前具备"能熟练运用某一财务软件"的本科生仅占58.98%，而对于"能较快学习应用一个新的财务软件"的本科生则占据69%，前后数据的差异主要是由于被调查本科生中有尚未学习财务软件应用课程的大一学生。然而从整体情况来看，被调查者的财务软件应用能力仍然处于较低水平，这主要是由于没有真实的实务操作经验以及在教育教学过程中学生存在着敷衍应对的情况。

3. 财务分析能力亟待提高

进行财务分析对会计学领域的学生来说也是十分重要的。根据调查显示，目前会计学领域本科生的财务分析能力整体处于较低水平，虽然具有一定的数据处理能力和全局观视野，但是在企业财务问题方面的发现、分析和解决能力则较差。对于能力要素"面对企业财务报表等相关资料，我能在较短时间内发现一些问题"选择符合和很符合的仅占23%，而"通过对企业财务问题的相关分析，我能找到一些实质性问题并提供一些可供解决的方案"也仅有36%的被调查者选择了符合和很符合一项。经过回访部分被调查者以及与专业老师进行沟通，发现财务分析能力较差的原因主要是由于学生阅读上市公司年报，进行财务分析的主动性低、积极性差，此外由于老师在教学过程中往往会直接给学生十分全面的分析模板让学生进行分析，而缺乏对学生发现问题和分析问题等相关的引导，使得学生在分析时常常有较重的心理负担，最后演变为对老师布置的财务分析敷衍了事的情况。

4. 专业表达能力较为薄弱

对会计学领域的本科生而言，具备将财务分析的结论用简明恰当的方式进行表述和汇报的能力是不可或缺的。财务分析的过程决定财务分析结论的可靠程度，而财务分析结论则决定公司的经营决策，对于企业经营者来讲，其更希望能够从简单明了的财务分析中得到有用的结论而不是长篇累牍的财务分析过程，因此拥有专业的表达能力，能够恰当简明地进行表述也是用人单位十分看重的。然而当前会计学领域本科生的专业表达能力不太理想，仅有51%的被调查者选择了符合和很符合"能够将分析过程和结论用合适的形式（报告、演讲或者是展示等）生动清晰地表述出来"。经过分析，笔者认为造成专业表达能力不高的原因一方面是由于部分老师在教学过程中看重学生所作财务报告的量，忽视了报告的质，而学生为了获取高分采取投机取巧，注重全面性和各个分析的长篇叙述而轻视分析与结论之间的关联性与有用性，造成结论似是而非的情况；另一方面是由于学校和老师对于学生专业表达能力不够重视，而学生本身在被动教学过程中对自身专业表达能力的重要性认识不够，从而使得学生提升专业表达能力的主动性降低。

四、会计学领域本科生就业能力提升方面及应对策略

为探究当前会计学领域本科生就业能力尚待提升之处，笔者以问卷调查方式调查了制造业、建筑业、金融业、房地产业等行业对会计类本科生就业能力的满意程度，调查单位共计40个，其中回收有效问卷30份。

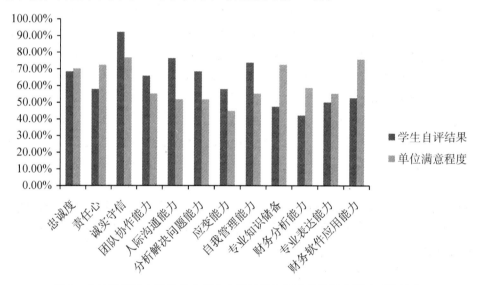

图3 会计学领域本科生就业能力自评结果与用人单位满意程度对比情况

笔者将用人单位对会计学领域本科生就业能力的满意程度同学生自评情况做对比发现，用人单位对当前会计学领域本科生就业能力中基本能力的满意程度明显低于个人素养和专业能力，而被调查的会计学领域本科生则认为自身所具备的专业能力相对于个人素养和基本能力而言处于较低水平。造成这种现象的原因有两点：一是高校对于大学生的就业能力培养缺乏应有的重视。这主要表现在三个方面：①当前高校更多的强调科研发展，对教师的考核停留在其负责或参与的科研项目上，对将学生能力培养列入教学任务的认识不够清晰。此外，大多数高校对于学生的就业能力培养停留在就业指导、心理咨询等方面，没有从根本上解决学生就业能力培养和提升问题。②随着招生人数的增多，办学规模的扩大，高校

办学条件紧张的情况日益严重。对于会计学领域而言，许多高校都面临着师资、教学条件较为紧缺的情况，教学质量有所下降，此外又由于教师考评主要集中在科研方面，致使教师精力大部分以科研为中心，对教育教学有所忽视，从而忽视了学生就业能力的培养。③当前大部分高校会计类专业的培养未能根据市场需求设置动态的课程体系。课程设置没有根据会计学领域的特色，并根据社会变化来进行知识面的拓展和实践实习环节，这导致高等学校的会计教育专业化有余而复合程度较低，所培养的会计类本科生未能有效地与社会需求接轨，除了书本专业知识，学生综合素质和知识应用能力尚待加强，尤其是会计类本科生财务分析能力与专业表达能力培养方面，缺乏实效性和针对性。调查显示，61.71%的会计学本科生参加过与专业相关的实习，但是大部分实习时间在半个月到一个月之间，仅有不到30%的同学实习时间在一个月以上。此外，调查结果表明，参加过校内竞赛活动并获得奖项的被调查者占61.47%，但这其中仅有33.29%的被调查者参加过会计类的专业竞赛。因此整体看来，会计学本科生实习实践不足，使得学生的知识应用水平较差，学生不能有效地将知识与实际联系起来，进而不能有效地培养学生的专业表达能力。用人单位的调查数据也显示会计学领域本科生的表达能力欠缺，不能满足用人单位的需求。基于以上分析，笔者认为会计学领域的本科生应从以下几方面提升就业能力。

1. 转变教学理念，科研教学两不误

高校应当树立以学生能力培养为核心的教学理念，深化教学改革，实现培养社会需求人才的目标。具体而言，一是实现教育重心从教师到学生的转变，注重学生的自我探索与学习，将学生就业能力培养贯穿于整个教育教学阶段，为学生基本就业能力培养创造良好条件；二是注重学生能力培养，而非一味重视知识传授，将学生就业能力作为衡量办学水平和质量的重要指标；三是转变教师考评标准，重视教师教育教学质量，可以通过学生评教和教学抽查听课的方式进行教师教学质量的评估。此外由于会计学领域对实务要求较高，而会计学博士较少，当前高校存在师资力量不足，科研教学无法协调的情况，可以适当转变教师招聘的观念——招收一些实务经验丰富、有教学特色和方法的教师，而非一味求取名校博士，从而可以避免大部分高校会计学领域本科生教育教学所面临的师资紧缺，教学质量下滑的状况。

2. 加强就业指导，强化职业生涯规划

高校作为学生就业能力培养的重要场所，应当配备专业的职业规划师队伍，根据不同年级的实际需求安排职业生涯规划指导课程，激发学生的职业意识，培养学生的职业素养，做出职业决策，适应工作、寻求发展。具体而言，对于高校大学生的职业指导可以将大一、大二阶段作为学生的职业兴趣探索阶段，主要是激发学生的职业意识，初步形成专业学习规划；大二、大三阶段作为学生的职业意向初步定向阶段，主要是探索学生职业意向，指定初步的职业目标；大三、大四阶段作为学生职业意向的试行阶段，主要是指导学生进行专业实习，对自己的职业意向做出初步判断；大四、初次就业作为职业意向的稳定阶段，此阶段主要是提供学生应聘技巧指导等。此外，作为应用性较强的会计学领域，高校在进行会计学领域本科生教育教学时更应当注重借助社会专业的职业规划力量，引入社会人力资源服务机构和知名企业人力资源负责人进入高校，通过讲座、经验分享、面试训练等方式对会计学本科生进行职业规划培训和就业能力培养。

3. 调整课程设置，提升财务分析能力和专业表达能力

在课程设置上，根据经济环境的变化和会计学专业的发展情况适当进行调整。针对当前会计学本科生财务分析能力和专业表达能力偏弱的情况，可以增加案例教学课程，引导学生关注当前经济和上市公司财务状况，并尽量以个人为单位进行汇报演讲，锻炼学生的财务分析能力和专业表达能力。此外还可以开展上市公司财务分析和案例比赛等，并将其纳入学生考评体系当中，以此来促进学生财务分析能力和专业表达能力的提升。

4. 完善大学生实践能力培养

虽然当前会计专业人才培养以学校培养为主，但将学校培养和社会培养相结合，促使学生就业能力不断提高的同时，更能满足社会对会计专业人才的需求。因此学生在校期间应当积极参与会计或财务的实务实习工作，通过实习过程来发现和提升自身能力的不足之处。①学校应当同相关单位和部门接洽，建立稳定的实习基地，为会计学本科生就业能力的培养和提升建立渠道；②由于会计学领域的特殊性，地方政府应当同各高校积极建立联系，让会计学本科生深入到地方产业孵化园区中开展相关实习工作，实现学生就业能力培养的长效机制。

自身的成长经历、社会环境和校园氛围等均对本科生的就业能力有较大影响，本文从会计学领域为例，对用人单位需求的就业能力的构成及现状等相关问题进行了初步探索和讨论，若要更加全面地探讨提升会计学领域本科生的就业能力，则还需要从心理学、教育学等方面进行更加深入的分析研究。

参考文献

[1] 郑晓民. 就业能力论 [J]. 中国青年政治学院学报，2002，28（3）：91.

[2] 肖云，杜毅，刘昕. 大学生就业能力与社会需求差异研究——基于对重庆市1618名大学生和272家用人单位的调查 [J]. 高教探索，2007（6）.

[3] 胡伟. 会计应用型人才就业能力与职业发展能力培养模式研究 [J]. 中国青管理信息化，2011（2）.

[4] 郭永清. 论我国高级会计人才培养体系的构建 [J]. 会计研究，2008（10）.

[5] 陈勇. 大学生就业能力及其开发路径 [D]. 杭州：浙江大学，2012.